日本の新聞におけるアフリカ報道

マクブライド委員会報告の今日的検証
――外国通信社への記事依存度の変遷を視座にして――

鈴木 正行

学文社

はじめに

"関心領域"という言葉がある。

文字通り個人が関心をもつ領域のことである。たとえば音楽であり，たとえば絵画・彫刻・建築等の芸術であり，また文学においてもあり，スポーツ分野においても使われる言葉である。しかしここではそれは，「地域」のことを指す。

日本人にとってのその領域は，地球上ではどこだろう。一般的にはアメリカ，あるいはヨーロッパだろう。いや近年になって，アジア，オセアニアにも関心が広がってきていることはきているが。

それでは「アフリカ」はどうか。たぶん昔も今も最も関心の薄い地域であるに違いない。それはなぜなのか。距離的にひどく遠いとか，経済的，文化的交流が希薄だとか等，いくつもの様々な理由が考えられる。

無関心は，それでは報道においてはどのような形となって現れてくるのだろうか。すなわち，関心外の国に対してそれを伝える時，"報道"はどのような姿勢を示すのか。このことを検証しようと研究のテーマに据えた。

一般の日本人にとって関心の薄い地域はいくつもある。だから何故「アフリカ」なのか，と。それは筆者にとっては，そこが，そここそが他のどこよりも関心をもつ地域であるからに他ならない。文字通り「関心領域」において，これを検証したいと。

マス・メディアと報道に関しての自省的討論の場はいくつも設けられているが，ユネスコの「コミュニケーション問題研究国際委員会」(The International Commission for the Study of Communication Problems) もそのひとつであり，そこで 1980 年に，"Many Voices, One World —— Communication and Society, Today and Tomorrow" (邦題『多くの声，一つの世界——コミュニケーションと社会，その現状と将来』永井道雄＝監訳　日本新聞協会「国際的な情報交流の自由に

関する研究会」＝訳）という報告書がまとめられた。それは別に，その委員会の委員長の名から'マクブライド委員会報告'とも言われているが，その中では多くのことが検証されている。

　そして，そこでのキーワードの一つに，『新情報秩序（New Information Order）』というのがあるが，そこにおいて情報とコミュニケーションについて，いくつものことが述べられている。

　その中で言われている「秩序」とは何かを同書の中から——当該すると思われる文章を——，引用する。

「新世界情報秩序の問題が国際的にとりあげられたのは，70年代の前半である。
　1974年4月の国連総会では，新国際経済秩序についての宣言が満場一致で採択されたが，そこには二十項目の原則がふくまれていた。論点を整理すると，三つあったと思われる。第一は，こんごの世界経済の意思決定に，すべての国が平等に参加すること。第二に，発展途上国の政治主権だけではなく，経済主権を重んじる方向で各国が協力すること。第三は，発展途上国の開発戦略を具体的に明らかにして，国際的合意をつくってゆくということであった。
　新世界情報秩序の提案は，新国際経済秩序への動きと併行して，70年代の前半，主として第三世界のあいだで，次第に具体化されたものである。<u>第三世界が不満としていたのは，世界の情報が，主要国にあるAP，UPI，ロイター，AFP，タスなどの国際通信社に握られており，発展途上国が政治や経済の主権をかちえつつあるにしても，情報主権の獲得には，ほど遠い状態にあることであった。</u>すでに，ユーゴスラビアのタンユグ通信社を中心に，数多くの途上国が参加するプール通信社がつくられているが，こうしたものを強化してゆきたい。それには，ユネスコのような国際機構で，世界的な合意をえたいというのが発展途上国の願望であった」（邦訳書　序8頁7行目。アンダーラインは筆者）

　つまり世界の情報が主要国（米英仏のAP，UPI，ロイター，AFPなど）に握られているという事実，そのことに対して第三世界から不満が沸き上がっているということ。ここで言う「秩序」とは，彼ら自身の情報に対する主導権の

回復である。回復したいという動きから出たものである。

　世界を飛び交う情報の多くは、こと発展途上国について言えば、必ずしも正確なものではない。そこには巨大プレスによる何らかの意図の込められたものが見られる。マイナス・イメージを増幅させるような内容は途上国側にとって、正しくプラスには作用していない。国を越えてゆく彼らの情報に対して、自らの言葉で語れていないということの現実。そうであるからこそ、つまり自らの言葉で正確に発信したいという願いが生じ、そこからこの"New Information Order＝新情報秩序"という概念は生起した。

　ここではアフリカについての報道が、どのようになされているのか。日本の新聞——主要先進国を含む外国のそれには残念だが当たっていない——においてはどうであったのかを見てゆく。

　日本は僅か30数年前までは第三世界に数えられていた。38年前の1960年においては発展途上国であることに違いなかった。つまり後進国であった当時における、加えて今より以上に関心の薄いアフリカについての報道はどのようなものであったか。

　そしてそこから一応安定し、先進国に数えられるようになってからの報道はどのようになっていったのか。その間に何か変化は生じているのか。さらにごく近い年のその記事を考察することによって、日本におけるアフリカ報道の傾向を検証してみる。

　また比較するという観点から、遡って戦時中の報道も見てみる。終戦の年の1年間には果たしてアフリカのことに関して報道されることはあったのかどうか。またそれから10年後の1955年の報道はどうであったのかを見てみる。

　日本のアフリカ報道のそれら5つの時点における変遷を見ることによって、日本における報道の主権、つまり自らの言葉で語られた記事がどのように変化していったかを検証する。借り物でない記事はどれほど増えていったのかを見てみる。そうすることによって日本が「新情報秩序」と言う時、どのような位置にいるのかを窺い知ることができる。

　同委員会報告は様々な角度から、メディアと国、メディアと人間、あるいは

コミュニケーションのあり方，権利，世論，国際協力等を取り上げている。本稿はその内容を要約するためのものではない。従って参考にはするが，多くのスペースを割くことはない。あくまで日本の新聞におけるアフリカ報道の実際に視点を当ててゆく。

1960年の所謂「アフリカ独立の年」(17の国が独立した) の全国紙 (＝朝日新聞)，ブロック紙 (＝中日新聞)，地方紙 (＝中国新聞)，3紙のアフリカ関連記事を比較検証することで，どのような差異があるのかを考察する。同時に新聞から情報の多くを得ている者は，その読む紙種によって情報の多寡が違ってくるのかどうかも推察する。

またそれから20年後の1980年，そして最も近い年の1年である1997年のアフリカ報道を見ることによって——ここでは1年12カ月分ではなく，1，4，8，12月の4カ月分ずつ——，主に外国通信社からの記事への依存状態を見てみる。1960年から約40年の間に，その3紙においてどのような変容が現出されているかを，外国通信社 (含む，同新聞・雑誌・放送等) 発記事の比率を見ることによって検証してみる。外電への依存度合の推移を見ることは，"情報主権の獲得"という観点からは大切なことだろう。

量的分析は，その3紙，3カ年分を精査するつもりであったが，進めるに従って膨大な量——36カ月×3＝108——となることがわかり，残された時間の関係から80年，97年は前述の4カ月のみを対象とした。全国紙，ブロック紙，地方紙でその差異に予想された結果が出ているかは本稿中で明かされる。

量的分析の具体的方法は，アフリカ関連の記事を抜き出し，ヨコ・タテの長さを定規で測り，その面積を算出して比較した。それからその記事はアラブ・アフリカ (＝A・A——主として北部アフリカ，所謂サハラ以北) のものか，ブラック・アフリカ (＝B・A——A・A以外のアフリカ) のものか，国あるいは地域別で分けた。

そしてそれぞれ当該年の1年間の記事数と面積の総計を出し，その比率を検証した。時の経過とともに報道される国 (地域) に変化はあるのか。もしあるとすればその理由は何なのかを考察する。

またA・Aの国，B・Aの国とは具体的にはどこなのか，それを一つ一つ抜き出して当該年を締めくくる時，カウントして総計を出し，どの国の記事が多く報道されたかを明らかにする。

さらに外国通信社発の記事をピックアップし，それぞれの社の記事数及び総面積も計算し，どの社に多く依存していたかを析出した。

また自社特派員記事，解説・報告・編集・企画・紹介等の記事も同様に，その数と面積を最後に総計して出し，全体に対するその比率を見た。そうすることで自然と外国通信社発記事との関連が明らかになってくる。ここでは社説として取り上げられていれば，別にその項を設けてカウントする。

自社記事でも外電でもない記事もある。それは共同通信社，及び時事通信社発（日本人が書いたということでは，非外電）のもので——1945年度は同盟通信社——，これも現出してきた時には別項を設けて，数及び面積を出した。

但し，共同や時事記事でもその内容が一般報道記事ではなく，解説・報告等記事である場合，区け上は解説等の方に入れた。日本人記事であれば，出処より記事内容の方を優先しようとした為である。読者にアフリカをより理解してもらう為に書かれたもの，ということの方に重点を置いたからである。

他に写真と地図もその枚数と面積を出し，やはりその1年における総計を出して，紙面に占める割合を算出した。

各項の総面積（cm^2）から，その分量のイメージを容易にするため，それぞれ紙面何面（頁）・何段分かの大きさであるかも換算表記している。

質的分析は，まず記事をその内容によって，大まかではあるが，二つに分けた。つまり一つは，「マイナス・イメージ」を読者に与えるもの（＝X群），あと一つは，必ずしもそのようなイメージを与えない——と言っても，「プラス・イメージ」を与えるもの，というのでもない（ニュートラル・イメージ）——もの（＝Y群）である。

そして前者・X群をその内容によって，7つ（A～G）の項に分けた。またY群は，8（H～O）項に分けた。

X群（「マイナス・イメージ」）に当たる内容として，最も分かりやすいのは，

戦争，紛争，内戦，暴動，衝突，天災関連，クーデター，暗殺，飢餓貧困，疾病，植民地，核関連，支援・援助，等々である。

Y群（「ニュートラル・イメージ」）は，それ以外の記事すべてということになる。

本稿を書くに当たって量的な計算に時間の多くは取られたが，重点はこちらの質的分析の方にある。

マクブライド委員会報告におけるキーワードの一つ，「新情報秩序」の意を鑑みれば，質的分析のもう一つに観点として外国通信社発か，自国の記者発か，ということが照射される。

つまり外電からの事実のみの報道ではなく，自社（及び自国通信社）記者による報告，解説，紹介（企画，特集等を含む）記事が注目される。そこに書かれているすべての記事の精読はできなかったが，その"見出し"から，また記事そのものの数及び面積の比較によって，日本におけるアフリカへの関心の度合状況が見えてくると思える。

どのような内容の記事が日本では多いのか。そして事実の報道だけでなく，アフリカの習俗や習慣，文化，風土等を解説，紹介する記事は——そのような記事は，再び書くがアフリカ理解の一助となる——いつ頃，どのような形で報道されるようになったのかを検証する。たかだか任意で抜き取った3カ年という期間を考える時，このことに疑問・批判，そして異論はあるだろうが，記事内容の変遷によってこのことを考察してみる。

日本に伝えられる情報はその多くが，テレビの出現以前までは新聞からであった。そして近年にあってもその傾向に大きな違いはない。ただここ十数年来，時折NHKが特集番組としてアフリカの実情を紹介するものも見られるようになってきてはいるが。

新聞は，報じられるニュースも欧米ものに比べると，極めて少ない。その少ない情報にあっても，それが正確なのかというと，伝聞の伝聞を記事にしている場合もある。しかし重きを置かれていないアフリカ報道であるが故に，その誤謬を問題とすることも殆どない——それでもしかし，報道されるだけでもい

いともいえるが。

　極東の日本にあってアフリカは今後も遠い大陸だろう。しかしだからといって無関心であっていい筈はない。マス・メディアのグローバル化，及び情報技術（IT）の発達によって，"地球"は十数年前に比べれば，はるかに狭く，そしてどの地域も遠い存在ではなくなってきている。メディア（情報）だけでなく，人の心もそれに伴って理解し合えるようにならなくてはならない。そのためにも多くの，そして正確な情報を，と願う。人々が関心を持つことによって，その正確さはより増すことになるだろう。

　またこれまでの新聞のアフリカ報道を検証することで，日本のそれに対する姿勢が見えてくる。どのような記事が傾向として多いのかを見ることで，アフリカに対する「ステレオタイプ」も顕現されるだろう。結果として，そのことをいくらかでも解消できればという思いがある。筆者が20年近く前に訪れた当時とは現在は多くが違う状況になっていることだろう。しかしその頃のことにも少し触れながら考察してゆきたい。

　尚，先行研究があれば参考にしたいと可能な限り調べたが，このようなアフリカに関する研究は見当たらなかった。アフリカに関しての研究は，その社会や経済，文化，言語，習俗などについての文化人類学的・言語学的分野，あるいは動物学及び，それを敷衍した人間生活学の分野においてはあるが，本稿のような，日本のマス・メディアにおけるアフリカ報道のそれを数量的に調べたものは検索できなかった。ただアフリカ全般を語るうえで，またメディアとオーディエンスを――あるいはマス・コミュニケーションを――語るうえで参考とした書物等は末尾に付記した。

　論を進めるに当たっての構成を簡単に述べておく。
　第1章では，日本に新聞が出現した明治初期（5〜8年=1872〜1875）のアフリカ報道（アフリカに関連すると思われる内容のものを含む）を東京日々新聞から見てゆく。その当時のアフリカの状況と照らし合わせながら触れていく。

但し，この章は本稿のテーマ＝＝"マクブライド委員会報告の今日的検証——外国通信社への記事依存度の……"＝＝とは直接的な関連性はない。ただ当時日本でアフリカはどのように伝えられていたのかを検証するという意味において，挿入した。

　第2章では，1945年（昭和20年）の太平洋戦争（第2次大戦）終結の年と，それから10年後の1955年（昭和30年）の記事を朝日新聞から見てゆく。戦争最終盤においてアフリカのことなど伝えていたのかどうか。また，まだ敗戦の跡色濃く残る——全くの後進国である——状況にあって，果たしてアフリカなどに関心があったのかどうかを見てみる。

　第3章は，1960年（昭和35年）の一年間の記事を，全国紙，ブロック紙，地方紙とで比較し，アフリカ報道においてはどのような差異があるのか，何が一番の違いなのかを，いくつかの項目を取り上げて検討してゆく。

　第4章は，1980年と1997年の上記3紙のそれぞれ，1月，4月，8月，12月から報道の質的・量的変遷を見て，内容分析をする。

　第5章は"結び"として，本稿を締めくくる。

　尚，第2章からの各章のまとめとする節に，記事の各種項目の数量，面積量，及び比率等に関する表や各種グラフを添付した。文章での記述より，数値のイメージ化が容易となると思われる。

1998年8月

日本の新聞におけるアフリカ報道
─────────────────
目　次

はじめに

第1章 日本の新聞におけるアフリカ報道のはじまり ── 1
   第1節 東京日々新聞の記事から ………………………………… 1
   第2節 記事の背景 ……………………………………………… 13
   第3節 19世紀後半から20世紀前半（明治期）のアフリカの状況 … 19

第2章 1945年（昭和20年），及び1955年（昭和30年）の朝日新聞の記事から ── 25
   第1節 1945年の報道 …………………………………………… 25
   第2節 1955年の報道 …………………………………………… 30
   第3節 1945年，及び1955年の記事の内容分析 ……………… 54

第3章 1960年（昭和35年）のアフリカ報道 ── 67
   第1節 朝日新聞にみる報道 …………………………………… 67
      1 1月〜4月　67
      2 5月〜8月　81
      3 9月〜12月　95
   第2節 中日新聞にみる報道 …………………………………… 111
      1 1月〜4月　111
      2 5月〜8月　125
      3 9月〜12月　138
   第3節 中国新聞にみる報道 …………………………………… 154
      1 1月〜4月　154
      2 5月〜8月　167
      3 9月〜12月　179
   第4節 1960年の3紙の比較分析 ……………………………… 191
      1 朝日新聞　191
      2 中日新聞　202
      3 中国新聞　211
      4 分　析　219

第4章　1980年（昭和55年），及び1997年（平成9年）のアフリカ報道 ── 225

　　第1節　1980年の報道 …………………………………………… 225
　　　　1　朝日新聞　225
　　　　2　中日新聞　240
　　　　3　中国新聞　254

　　第2節　1997年の報道 …………………………………………… 269
　　　　1　朝日新聞　269
　　　　2　中日新聞　285
　　　　3　中国新聞　299

　　第3節　1980年，及び1997年の3紙の比較分析 ……………… 313
　　　　1　1980年　313
　　　　2　1997年　332

第5章　結　び ──────────────────────── 357
参考文献 ───────────────────────────── 373
あとがき ───────────────────────────── 375

第1章

日本の新聞におけるアフリカ報道のはじまり

第1節　東京日々新聞の記事から

1　明治5～6年（1872～73）

　上智大学図書館の所蔵するマイクロフィルムからは，筆者の認め得たその最初のアフリカに関連する記述は，明治5年壬申3月12日（1872年4月19日）付の中（＝第21号）にある。「**海外新報**」という常設項目において，タイトル「**アラバマ船の話**」（**瑞穂屋卯三郎．記**）の中に出て来るもので，内容はアメリカ合衆国についてのものである。
　──いまからおよそ四百年前にイタリア人のコロンブス（注．記事原文は「**コロムビヤ**」，以下同じ）がイスパニア（**イスハニヤ**）の女帝に依頼されて航海し，発見したのがアメリカという国である。そこは三十三の州（**部**）からできており，一人の大統領（**大親分**）を立て，これをプレジデント（**フレシデン**）と呼び，国王同様の権力を持たされている。彼は四年毎に交代されるが，評判がよければ年を重ねることもある。これをユナイテッドステイツ（**ユナイツステイ**）と言い，合衆国（**寄合国**）の意なり。

　¶．明治期の記事においては，漢字，カタカナ，ひらがなが混在し，また句読点も現代のようには振られていないものが多く，読みづらいが，その当時に触れるものとして──触れることも意味あることと考え──，旧（漢）字を含めそのままで，誤字，脱字がないよう極力注意して，転写した。

　「其国ニハクロンボ又『クロス』とも云ふ色の黒い人が多く住めど是を牛馬の如く賣買して一生無慈悲に追仕う事を『スレイフ』とて国の仕来りとなり其

さまハ我日本の女郎か年季奉公か従前武家の家来のごとく己の身の自由にならぬ──以下略」

これはアフリカからアメリカに連れて来られた黒人奴隷の記述である。この頃のアメリカには多くの黒人が何も解らぬままに強制的に連れて来られていたのである。しかしこの当時この記事を読んで内容を真に理解できた日本人は殆ど居なかったのではなかろうか。白人は言うに及ばず，まして黒い肌の人など一般庶民は想像もできなかったろうと推察される。

因みにその3日後の3月15日（4月22日）には，「二十一号に記セるアラバマ船の話──続」と題する記述があり，そこにはアメリカで起こった南北戦争のことが触れられている。

「扨クロンボの身の上から大変な戦が始り一日の内に四十万人の人死もありしほどの大乱にて五年の間絶えず戦ふうち南方の大勝もあったけれど果ハ北方の勝利となりし──略」

次は4月23日（1872年5月29日）**「海外新報」**欄。

「──大統領（注．『大親分』ではなくなっている）リンコルン曽て賣奴禁絶の令を発せし期日の由にて当府内の黒奴多人数或 騎馬或ハ馬車にて楽を奏し隊を列し（略）」（アンダーラインは筆者）

奴隷売買禁止令のことの記述である。

新聞に「アフリカ」の文字が最初に現れたのは，明治6（1873）年4月6日，金曜日（336号）である。**「海外新報」**欄に，

「アフリカ州内英国所轄ノ地愚當ヨリ近頃鑽石ヲ産ス絶大ナル者重サ二百八十加律ハ四粒穀ノ量ナリ──略」（注．愚當は意味不明）

とある。この記述が筆者の調べた中では嚆矢である。

因みにその少し後に，「鑽石之ヲ金鋼石ト名ク堅キ──略」とあり，これがダイヤモンドの記述であることが判る。英国所轄でダイヤモンド産出といえば南アフリカの記述であると思われる（注．鋼のアミカケは，原文のママ。以下同

次にある記述は同年9月7日，日曜日の473号においてである。
「江湖叢談」欄に紹介されているもので，英公使アールコッタの外国人初登頂に続いて，仏人レピシェーが7月に富士山に登頂し，その高さを測量したというものである。そして，
「今富士山と世界の高山とを比較する為め左の表を掲」
と記し，その中に，印度のイベレスト峯（二万九千零零二フート）や亜米利加のアコンカギエア峯（二万三千九百十フート），欧羅巴のモンブラン峯（一万五千七百四十四フート）と並んで，「亜非利加　キリマンジヤロ峯　二萬フート」とあることである。
因みに富士山の測定高度はアールコッタのもので一万四千百七十七フート，レピシェーのは一万一千五百四十二フートである（注．単位はいずれも英国フート＝フィート。「万」と「萬」の二種使われているが，原文のママ記した）。

次の記述は同年12月4日（金），549号である。
「海外電報」欄（新報ではなく電報となっている）には，プロシア国で「ビスマーク　ヲ議院長官ニ任」じたという記事や，スペイン国の「商船数艘」が海賊船にあった，という記事と並んで，「アシャンテー戦争」のことが載せられている。
「アシャンテー戦争ハゴールド海岸ニ於テ英國軍兵并ニアシャンテー軍兵共ニ別條ナシ唯海岸船艦ノ出入ヲ禁止シタリ其故ハ佛國及ビ米國ノ軍船火薬ヲ土人ニ販賣セシコト發覺セシニ因レリ――略」
とある。この頃，ゴールド海岸（現ガーナ）辺において英国とアシャンテーの間に戦争が行なわれていたことが知られる。
ではこのアシャンテーとはどういう国なのであろうか。以後，頻繁に出てくるので簡単に触れておく。
18世紀のはじめ頃，西アフリカの内陸サヘルでは国々の興亡が繰り返されていた。またギニア湾沿岸の森林地帯においても，ヨーロッパ人の進出があっ

たが，国家は誕生していた。アシャンテーもそんな森林地帯に誕生した王国だった。そこはハウサ王国の南に位置し，優良な金の産出地でもあった。

やがて同王国は海岸にも勢力を伸ばし，そこに先住していたアカン人を支配し，そこで対ヨーロッパ交易を行ない繁栄していった。

この頃同沿岸には，同じような経済基盤で栄えるダホメー王国，ベニン王国などがあったが，しかしアシャンテー王国とはいくつかの点でその様態を異にしていた。

政体でいえばアシャンテーは，"王国"とは言っていたが，一種の首長連合体であり，ダホメーやベニンは，その一人の国王への権力集中が甚だしかった。

また王権を支えるイデオロギーにおいても，アシャンテーでは祖霊信仰があったが，ダホメー，ベニンでは創世神話と結びついた現人神としての王への崇拝が強くあった。

17〜18世紀に興隆したこれら三つの王国は，ヨーロッパ諸国との交易，特に奴隷売買を重要な経済上の基盤として発展したが，それはヨーロッパの利益ともぶつかり合うようになっていった。植民地支配者としての英国と，アフリカ人側の支配者，アシャンテーとの戦いもそういった植民地行政上の施策に端を発していた。

つまりヨーロッパの国はアフリカ人支配者に，彼らの保護領となることを求めたのだ。アフリカ人支配者たちは屈辱的な協定に同意させられるか，さもなければ軍事的闘争を行なうか迫られたのであった。

勇猛なる種族の居たアシャンテーは後者を選び，1823年，英国との間に第一次戦争が起こった。この時はアシャンテーがイギリス軍を破っている。そして3年後の1826年に第二次戦争が起こる。ここでも征服はされなかった。

それからしばらく時が経った1863年，第三次イギリス・アシャンテー戦争が起こる。ここでもイギリスの意のままにならなかった。がしかし11年経った1874年，第四次戦争でアシャンテー王国はついにイギリスに征服された。

以後同王国は主権を奪われ，王権は植民地行政の下部機関に過ぎなくなった。この記事が書かれたのは征服される前年（1873）のことである。

（以上，「アシャンテー」については，川田順造著『アフリカ』＝「地域からの世界

史」9＝朝日新聞社，1993年，を参照した）

次は554号，明治6年12月9日（火）にある。やはり「**海外新報**」欄に，
「十一月十七日英軍亞非利加ノエルミヤニ於テアシャンテー人ト戦ヒ大イニ是ニ打勝チ村落五ケ所ヲ焼キ拂ヒ最モ大ナル敵ノ陣營ヲ毀チタリ此合戦ニハ英人ノ傷ヲ蒙ムル者二十八人アリ」
エルミヤという処で両軍が戦闘したことが伝えられている。

次もアシャンテーの記事である。570号で，前記述から18日あとの12月27日のそれである。「**海外電報**」欄（再び電報となっている）。
「ウオルセー曰ク『アシャンテー』人先度ノ敗軍以来萬事盡ク瓦解セリト」
アシャンテー軍は英軍に敗れたことがここで知られる。しかしこの欄最後尾の記事に，「アシャンテート再度戦争の評判アリ」とある。アシャンテー軍の意気はそれでも衰えていないということか。

2　明治7年（1874）

最初は1月13日の「**海外電報**」欄に出てくる。
「アシャンテーノ上軍隊コラーヲ過ギ行ケリ英軍ハマンスウニ陣セリ」
アシャンテーとイギリスとの間で戦いがまだ起こっていることが伝えられている。

次は1月31日の「**海外電報**」欄。ここには26の海外記事があるが，そのうち9つがアフリカ関連のものとなっている。
①「十二月十八日（ケープコースト）新聞（プラー）河新架橋成リタリ」
②「同十五日（ケープコースト）新聞（ウオルセレー）五百人ノ水夫ヲ率ヒ（アシャンテー）軍ヲ追ヒ（プラー）ニ向テ七十マイル進ミタリ始メ（アシャンテー）ノ退軍セルヤ（プラー）ハ形勝ノ地ナレバ此ニ留ルベシト思ヒシガ此ニモ留マラズシテ既ニ遠ク退ケリ」
③「ロンドン一月一日新聞（プラー）河近傍ニ英人種アリ（アシャンテー）人ハ軍容甚ダ不整ニシテ此河ヲ渡リシト」

④「(ケープコースト)ニ援兵着船セリ面モ健康ノ為ニ直ニ上陸セズシテ海中ニ錨泊セリ一月中ニハ(フウマレー)ニ進ムナルベシ」
⑤「(ピーナン)一月十七日新聞(アシャンテー)ヨリノ確報ニ(クレートン)ノ教會中(アチン)人降參セズンバ一月三日ヨリ砲撃ヲ始ムベシト」
⑥「(アシャンテー)ニテ(ダンクワー)ニ一戰アリタリ(ダンクワー)ハ始(コロ子ル，フエスチン)幕下ノ軍官一人殺サレ外ニ(フエスチン)及ビ餘ニ名傷ケラレ此地ヲ退カントセシ所ナリ(アブラクランパーニ)猛戰アリ(アシャンテー)人全ク敗走シテ戰ヒ終レリ――略」

　他にあと3つあるが，ここではアシャンテーの文字が出てくる記事を抜き出した。アシャンテー軍がここでもウオルセレー(注．前頁，12月27日の記事では，「ウオルセー」)率いる水夫軍に敗れて敗走したことが伝えられている。

　次は2月8日(日)603号「**海外新聞**」欄。(新報でも電報でもない)
「合衆國(メンタナー)ノ(キングソロマンス，ケープ)ト云フ巖洞ニ新發見アリ――略」
とその岩洞窟内の奇観を述べた後，
「此頃(アフリカ)古跡探討ノ事アリ今マタ此事アリ東西ノ双奇事ト云フベシ世界興亡ノ理ハ尚ホ料ルベカラズ」
と語られている。この頃アメリカとアフリカで奇怪なる事物の発見があったことを伝えている。

　2月15日(日)609号「**海外新聞**」欄。
「(アシャンテー)王ハ死セリトノ説アレド一説ニハ大軍ヲ率ヒテ進軍セリトモ云フ」
　2月16日(月)610号「**海外新聞**」欄。
「(ゴウルド，コウスト)英國植民地奴僕ノ賣買恐ルベキ景状ニ至リ――略」
と書き，英国によるゴールドコーストでの奴隷売買の好況を伝えている。対外的には英国は1807年に"奴隷貿易廃止"を謳っているが，後段には英国の奴隷法が，「植民地境内ニテハ恰モ牛馬ヲ賣買スル如ク」「行ハレリ」とあり，

現実には奴隷制度は生きていたことが窺われる。このさらに後段には,「ガンビヤ」,及び「赤道近傍アフリカ海岸」の文字が見られ,そこでは概ね奴隷や病気について語られている。

　3月6日　626号「海外新聞」欄。

「(イヂプト) 國ニ奴隷ナシト云フ古語アリ然ルニ他ヨリ今日 (イヂプト) 形況ヲ見ルニ――」

　とあり,紙面一段半強のスペースをすべてイヂプト (=エジプト) のことで費やしている。同国のこの当時の状況を書き,ピラミッドやナイル川のことにも触れている。

　3月27日　645号「海外新聞」欄。

　ここにもイギリスの紹介記事に関連してエジプトについて述べられている箇所がある。ギリシヤ,トルコ,イタリア,そしてエジプトの王宮廟に模して,イギリスにある水晶宮は造られているという記事である。

　4月24日　669号「海外新聞」欄。

「(スエズ) 峽ハ日ナラズシテ再ビ修浚セザル可カラズ此修繕ニハ二年間ハ緒船ノ往還ヲ閉サザルヲ得ズ――略」「(スエズ) ハモト (アヂア) (アフリカ) 洲ノ地峽ナルガ前年大土木ヲ興シテ之ヲ開流シ遂ニ海峽トセシヨリ世界ノ利便其幾何ナルヲ知ラズ今此説出ヲ此後果シテ如何」

　と,ここではスエズ運河改修のことについて書かれている。

　5月3日　677号「海外新報」欄。

「地球上ニ一箇列国トスルニ是ルモノ百二十邦アリ多ハ男子ノ治ムル所女王ハタダ三名ノミ英ノ (ビクトリアー世) (メサイテー) 島ノ (ボンマレー) (マダガスカル) ノ (ラナボーラ) 二世ナリ」

　と,マダガスカルについてである。

　5月14日　687号「海外新報」欄。

「(アシャンテー) 王子使節ヲ伴ヒ三月十二日 (ケープ) 岬ニ着くセリ是レ和睦條約論議ノタメナリ」

「此頃同地ヨリ帰リシ (ヘンリー　エム　スタンレー) 此度合戦ノ次第ヲ編集

シ書名ヲ（クマツセー）及（マクダラ）英國両戰争記ト云即今摺立最中ナリ」

と，アシャンテーの戦いの記事がここでも出てくる。

6月2日　704号「**海外新報**」欄。

「リビングストン氏ハ英國ノ人ナリ六年前ヨリアフリカ内地ノ理發見ニ出テ深奔荒野瘴癘野蛮ノ地ヲ厭ハズ彼此ノ窮索彼ノ漠土河源ヲ窮メシ者ト其労如何ゾヤ然ルニ遂ニ彼地ニ客死シセリ同行ノ（スタンレー）氏其遺体ヲ一月間許大陽ニ暴シ木棺ニ収メ──略」

英国人のリビングストンがアフリカ探検に行って行方不明になり，それを探しに行ったスタンレーが1871年11月にタンザニア，タンガニーカ湖畔のウジジ（= ujiji）でひどく病気で弱っている彼を発見した。

スタンレーは一緒にイギリスへ帰ることを進めたが，リビングストンは「ナイル川の水源を見極めるまでは，絶対帰らない」と言い，二人は翌年3月に別れた。リビングストンはそれから1年2カ月後の1873年5月，現サンビア北部，Bangweule（バングウエウル）湖の南方のチタンボ（= Chitambo）という村で静かに息を引き取った。

上記の記事では，スタンレーがそれに立ち会って遺体を引き取ったようにも読めるが，実際はリビングストンに同行していた現地人たちによって遺体は担がれて，2500kmもの道を9カ月かけて，大陸東海岸に運ばれて来たようだ。

この後，そこでイギリスの役人に引き取られて本国へ帰った。この記事は，「ロンドン新聞の記事を訳したものである」と附記されている。

（リビングストンとスタンレーの記述については，岩村忍著『秘境を探検した人々』さ・え・ら書房，1965年，及びH・M・スタンリー原作，仙名紀訳『緑の魔界の探検者──リビングストン発見記』小学館，1995年，を参照した）

9月12日　796号「**海外新報**」欄。

「（ヂブラルタル）海峡ハ地中海ノ咽喉ニシテ猶我國馬關ノ海門ト髣髴タリ其埔頭英國ノ扼スル所ニシテ盛大ノ砲臺アリ──」

地中海のジブラルタル海峡の記事で対岸，アフリカを望んでいることを示唆している。

9月28日　810号「海外新聞」欄。

「(グレナートニー) 船ハ長サ三百三十尺幅三十五尺深サ二十五尺三百三十馬カニテ二千六百トン積ミ其船将ハ (カピタン，ジョン　ケー) ナリ此人ハ帆前船ニテ喜望峰ヲ繞リシ時ヨリ航海精熟ノ聞ヘアリシト云フ是ニ因テ (スエズ) 海峡ノ便利ト龍動府茶商ノ盛ンナルヲ見ルベシ」

スエズ海峡のできたことで，それまでの喜望峰回りのアジアへの航海が非常に楽になったということ。それによって，ロンドンにおける茶の商売が盛んになったという記事である。

10月28日　837号「海外新聞」欄。

「英國版圖内ニ常ニ旭日既ニ昇リ──略──其屬地ノ人口ヲ得タレバ茲ニ排列ス

- 英領印度　　　　　　一億九千六百六十六万三千六百二十三
- 北阿美利加　　　　　三百七十四万八千八百五十七
- オーストラリヤ　　　一百九十七万八千七百四十八
- 喜望峰及ナタル　　　八十五万五千九百三十一
- アフリカ西岸諸洲　　五十三万九千七百五十四
- モリチヤス　　　　　三十一万八千五百八十四
- 香港　　　　　　　　十二万四千百九十八

以下 (略)」

当時の英国植民地に住む人口を記している。アフリカでは3カ所である。モリチヤスはインド洋に浮かぶモーリシャスのことである。ここに列記した以外の地を加えての植民地内の総人口は二億二百四十万五千六百九十八とある。アフリカ西岸諸洲の一つにはゴールドコーストがある。

10月30日　839号「海外新聞」欄。

「横濱刊行レコジユジヤポン新聞」によると，

「(アフリカ) 洲中ノ (カコンゴ) ニ在留スル佛郎西國地理學士某ハ此 (カコンゴ) 州内地ノ地形ヲ験査シ且ツ此國王近頃逝去セシニ付キ一奇譚アルヲ以テ之ヲ委細記録シ巴里府地理學社中ヘ送致セシ所ノ信書ヲ得──略」

フランス人学者のアフリカでの見聞録が書かれている。

12月12日　876号「**外報**」欄。

「英國本年四月四日繪入新聞ニ載スル所ノ『アシャンテー』勝軍凱陣ノ畧譯『アシャンテー』ノ戰爭ヨリ凱旋スル総軍其數凡ソ一千六百人ニシテ前週間ノ月曜日『ウ井ントリール』ノ大園ニ於テ女王陛下之レヲ縦覧セリ──略」

　アシャンテーとの戦争に勝って，本国に帰った兵の凱旋の光景が伝えられている。英国の新聞よりの転載である。尚これに関連する記事は翌13日にもある。

③　明治8年（1875）

2月20日　939号「**外報**」欄。

「英國カップ，トウンノ新聞ニ曰ク昨年八月十一日英國海軍士官プルーク氏ハ『ビユルチユル』号ノ巡察船ノ長ト成リテ黒奴搭載ノ『ドウ』ト云ヘル船ヲ追捕シタリ此巡察船ハマダガスカル（印土海中ノ一島）西北ノ地方──略」

を警戒していたところ，一隻の不審船を見つけ，その船を追尾してようやく五時間後に捕らえた。中を調べたところ，男3人女59人子供137人がいた。

「此『ドウ』船ハアラビヤ人ノ所有ニシテ其徒三十五人各々武器ヲ携ヘ居レリプルーク氏ハ先ヅ是等ノ人員ヲ自個ノ船ヘ積ミ乗セ彼ノ『ドウ』船ヲバ其場ニ焼キ捨テ夫ヨリザンジバル（印土海中ノ一島）ヘ趣キ此地ニ於テ黒奴賣買ナルアラビヤ人ノ裁判ヲ行ハント決シ十餘日ヲ歴テ到着シタリ──略」

　奴隷貿易に絡んで，インド洋の島，マダガスカルとザンジバルの名が登場している。

2月28日　946号「**雑報**」欄。

「橫濱ノ英海兵ハ既ニ本國ニ向テ發航スベキ治定ナリシガ昨夜俄ニ本國ヨリ電報アリテ南阿非利加ニ進行スベキコトヲ命ゼラレタリ是ハ彼地ノ土族中ニテ近日何事カ紛議ニ起リタルニ因レリ──略」【ガゼット】

　南アフリカで地元民・黒人が暴動を起こしたことから英国の海兵員がその地に向かわされたとの記事だが，しかし別報では，

「阿非利加ヨリノ近報ニハ彼地ニ於テ騒動ノコトハ絶テ見エズ去レバ今度ノ

電報ハ如何ニモ疑ハシク阿非利加ニ於テ斯ク切迫ニ此海兵ノ入用アリトハ信ジ難シ——略」【アドワルタイザル】

とあり，その騒動について，疑問を投げかけている。

3月13日　957号。

ここには，世界の人口を記する記事がある。阿非理加洲のところには「七千万人」とある。

5月7日　1006号「**外報**」欄。

「世ノ銕ヲ用ユル日久シ近ゴロ埃及國ノピラミーデヨリ銕杙及銕板ヲ掘出シタリ其細工タルヤ五千四百年前チイチプス人名ノ時ニアリ是ヲ以テ之レヲ見レバ世初メテ銕ヲ用ユルヤ人ノ想像セシ時ヨリ三千五百年前ニ在ルベシ——略」

エジプトのピラミッドで鉄製の杭（あるいは轡）とか鉄板が発見されたというもので，世界で最初に鉄を用いた人ではないかと考えられる。そうであるからこそピラミッドで見られるような大きな堅い石も切ることができたのだと。

5月25日　1022号「**近世功名傳七**」欄。

「　　ガリバルヂ

伊多利ノ勇将ガリバルヂハ文化五年サルヂニヤ州ニースニ生ル貧民ノ子ナリ生レテ海遊ヲ好ミ未ダ弱冠ナラズシテオッデッサ并ニ羅馬ニ航セリ天保二年年二十五ニシテマルヂニニ黨シサルヂニヤ王アルベルトニ背キ事破レテ國ヲ去リ同ク五年再ビ前國ヲ継ントシテ死刑ニ擬セラレ遁レテ佛蘭西ノマーシールニ上リ此地ヨリ埃及國船ニ乗リ込ミ阿非利加ニ至リチウニス総督ヲ説キ海軍士官タランコトヲ求ム——略」

イタリアのガリバルヂは時の王サルヂニヤに背いたため死刑を宣せられた。そこで彼はエジプト船に乗ってアフリカに逃れ，チュニス総督に海軍士官にしてくれるよう頼んだという記事である。

8月6日　1088号「**寄書　説ノ可否信偽ハ我輩之レヲ保證セズ**」欄。

「　　昨日ノ續キ

抑モ風習ナルモノハ五道ノ益ヲ為スコトアルアレドモソノ風習性トナルトキ

ハ大ニ世ノ害ヲ為スコト古來歷々徵スベシ足下阿非利加州ノ不開化ヲ以テ時運到來セザル者ト論說セラルハ僕亦之ニ異說ナキ能ハス僕愚按スルニ阿非利加ノ開化セザルハ固リ氣候ノ酷熱ト人民ノ怠惰ニ由ルト雖ドモ歐洲諸國抑壓ノ風習ニ染着スルノ弊多キニ居ル試ミニ見ヨ阿非利加州中リベリヤノ一國ハ米利堅自由ノ風ヲ移シ來リテ一國共和ノ民政國トナリ光ヲ地球ノ南部ニ耀カス」

　アフリカの現状を語り，その未開なのは天候に由来するところもあるが，欧州による抑圧も原因の一つであるとしている。それはリベリアという国を見れば判る。この国はアメリカの自由という風を受け入れているので，他のアフリカの国とは違った風をつくっていると。欧州人の搾取はアフリカを未開のままにしていると指摘している。

　9月9日　1119号「外報」欄。曲木如長譯
「倫頓八月十五日報ニ議事院閉院ノ節女王ノ詔中ニ今度ザンヂバール（阿非利加國名）國王ノ英國ニ來リシハ阿非利加東方ニ於テ賣奴ノ商業ヲ全ク禁遏スルコトヲ得セシムベキヲ期スノ話アリ」

　ロンドンにアフリカ，ザンジバル（注．現在はタンザニアの一部となっている）の国王が来て，アフリカ東部地方における奴隷売買を禁止してくれるよう願い出たと言う記事である。

　12月14日　1202号「郵便船出發公告」欄の中の一項目に，
「一，外國郵便書狀稅上海ヲ除之外左之通減少候事」

　とあり，世界各国の郵便料金が示されている。その中でアフリカについての記述は一つである。

「（略）埃及（略）西班牙ノ所有地［亞弗利加ノ北海岸］西班牙諸郵便局［モロツコウ］西海岸」

　である。エジプトと，当時スペインの所有地であったアフリカ北海岸，そしてモロッコの西海岸への日本からの料金は「拾七錢」であるという。アフリカの他地域の記述がないと言うことは，つまりそれらへは郵便を送る者は居なかったということである。そのように推測される。

第2節　記事の背景

　明治5年から8年までの4年間のアフリカ関連記事を東京日々新聞からピックアップしてきた。見落とした記事——見落としのないよう，極力注意深く読んで来たつもりだが，百％とは言えないので——も当然あると思われるが，一応筆者の目に触れた記事数は，
・明治5年＝3件——しかしこの年には，アフリカ，亜佛利加，阿墨利加，あるいは阿非利加という文字は見当たらない。
・明治6年＝5件——この年の記事にはアフリカ，亜非利加という文字も見え，のみならず，アフリカの特定の場所，地域も記されている。キリマンジャロ峯であり，ゴールドコーストである。そしてこの年に特記されなければならないのは，アシャンテーの戦争である。これは翌7年にも出てくる記事で，アフリカにおける19世紀後半の大きな民族戦争であったことが窺われる。
＊　アシャンテー（現ガーナ＝かつてのゴールドコースト）については既に述べているが，再度簡単に触れる。

　　17〜18世紀に西アフリカ海岸地方に興隆した王国であり，ヨーロッパ諸国と奴隷売買などを行なって発展した。またその内陸部には森林地帯があり，そこから金が産出されて，その経済基盤にのって発展した。

　　しかし第3の大航海時代に入っていた当時，同海岸地域もヨーロッパ人の侵攻を受けることになり，1823年にイギリス軍の最初の侵略を受けた。

　　この時は破っているが，しかしイギリスは1862年，隣国ナイジェリア（ベニン，ハウサの諸国家）のラゴスを領有し，1874年，ゴールドコーストに一方の勢力を持っていたファンティ族と結んで，アシャンテーをついに征服した。以後その王権が回復することはなかった。

　　（ここでも，第1節＝4頁＝に記した，川田順造著の前掲書を参照した）

・明治7年＝25件——前年に比べて5倍と多くなっている。この年もイギリス軍とアシャンテー軍の戦いの記事がいくつもある。しかし奇観の洞窟発見と

いうトピック記事，またエジプトのピラミッドやスエズ関連，さらにはジブラルタル海峡，喜望峰の記事もあり，その内容にも幅が出てきている。

だがこの年で最も興味をひく記事は，6月2日の「海外新報」だろう。アフリカを探検したリビングストンとスタンレーの記事である。二人のことを今少し補足する。

* 1813年スコットランドに生まれたデビッド・リビングストンはグラスゴーの大学で医師の資格を取った後，ロンドンに出て伝道教会に入り，既にアフリカでキリスト教の布教に力を入れていたロバート・モファット（スコットランド人）の影響を受けて，彼と交代するように，1841年初めてアフリカに渡った。そして1845年，モファットの娘メアリーと結婚してからは二人で布教や病人の世話にあたった。

彼はまたこの大陸の探検にも大いに関心を持っていて，1849年にはカラハリ砂漠を通って，現ボツワナのSehithwa（セヒトワ）近くでNgami（ヌガミ）湖を発見した。そして，同55年にはビクトリアの滝を，さらに同59年にはNyasa（ニアサ）湖（現マラウィ湖）も発見した。しかしそれらの行動は未開である故に困難を極めていた。

ヘンリー・スタンレーは1841年イギリス，ウェールズに生まれたが，その後アメリカに渡って，さまざまな曲折を経て，同65年，「ミズーリ・デモクラット」紙の新聞記者となった。

1869年ニューヨーク・ヘラルド社の社長より，「この一年余り便りのないリビングストンを探すように」との命令を受けた彼は，翌70年8月にその旅に出，71年2月にアフリカ大陸のバガモヨ（現タンザニア）海岸に到着した。

そして苦労しながら西へ進み，同年11月，バガモヨを発って236日目にタンガニーカ湖に着き，その湖畔にあるウジジという村でついにリビングストンを発見した（既述）。この時リビングストンはナイル川の水源を解く為の旅を続けていたのだが，それはひどく苦しいものであった。しかしスタンレーを見ると彼は元気を取り戻した。

1872年3月，2人は別れる。リビングストンはアフリカに残り，翌73年

5月チタンボで亡くなった（既述）。

　スタンレーは別れるとバガモヨに戻り，アフリカを離れ，そのスクープを報じた。彼は1874年に再び大陸に入り，そして今度は彼自身がこの大陸を探検し出した。それは1877年まで続き，その間に，コンゴ川下りに成功し，またその後リビングストンのやり残した「ナイル水源」を発見して，その問題を解決した＝ビクトリア湖の北，'リポンの滝'となって流れ出す処が，その大河の始まりであることをつきとめた。

　筆者はその再会の地，タンガニーカ湖畔ウジジを，10数年前（1981年）に訪れたが，その当時にあっても人家のあまりない，"ジャングルの中"といった土地だった。それよりさらに約110年前となると，想像するに余りあるように思われる。

　（ここでも，第1節＝8頁＝に記した，岩村忍著，及び仙名紀訳の前掲書を参照した）

・明治8年＝10件──この年にはアシャンテー関連の記事はなくなっている。場所的にはマダガスカル，ザンジバル，南アフリカ，エジプト，リベリア，そしてモロッコという名が挙がっている。

　内容では，植民地，奴隷売買，黒人の暴動，そしてアフリカの置かれている状況を記したものがあり，それは形は変えているが今日まで続いている問題である。

　変わったところでは12月14日の日本発の郵便料金の記事である。アフリカは，エジプトとスペインの対岸のスペイン領北アフリカ海岸とモロッコ辺のことしかないが，因みに他の外国を見てみると，かなり詳細な地域，国が出てくる。パナマ，ニカラグワ，ポルトリコ（プエルトリコ），コスタリカ，西インド諸島，サントドミンゴ，キューバ，という中部米州（拾七銭）や，オーストラリヤ，フイヂアイランド，といったオセアニア（拾七銭）。ボリビヤ，チリ（以上，弐拾九銭），ブラヂル（弐拾七銭）の南米。また勿論，伊太利亜，ロキセンボルク，ローマニヤ，魯西亜，ホンガリー，葡萄牙，和蘭，土耳其，佛蘭西，希臘，瑞西，瑞典，白耳義，丁抹，アイスランド，アインランド，といっ

たヨーロッパ（拾七銭）や，亜米利加合衆国（拾弐銭）である。

けっこう多くの国と郵便の交換があったことが窺われる。

以上総計 43 件だが，それ等を国（地域）別（含，内容別）に分けると，次のようになる。

・アシャンテー（含む，ゴールド海岸）	16 件
・エジプト（うち，スエズ 2，ピラミッド 2）	6 件
・スレイフ，黒人，賣奴，奴僕，奴隷，暴動	5 件
・南アフリカ	3 件
・マダガスカル，ザンジバル　各 2 件	計 4 件
・タンガニーカ，ジブラルタル　各 1 件	計 2 件
・モーリシャス，キリマンジャロ　各 1 件	計 2 件
・リベリア，モロッコ，ガンビア　各 1 件	計 3 件
・カコンゴ，アフリカ北海岸　各 1 件	計 2 件
・岩洞窟，植民地，アフリカの人口　各 1 件	計 3 件
総計	46 件

図 1 - 1　明治期のアフリカ関連記事（国，内容）別比率（全46件）

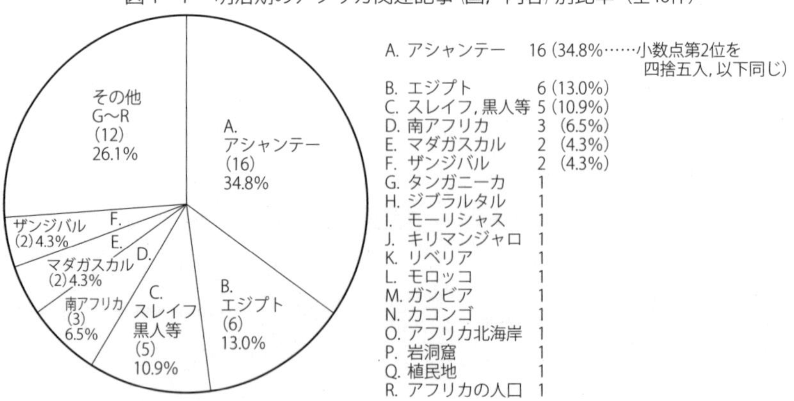
その他
G〜R
(12)
26.1%
A.
アシャンテー
(16)
34.8%
B.
エジプト
(6)
13.0%
C.
スレイフ
黒人等
(5)
10.9%
D.
南アフリカ
(3)
6.5%
E.
マダガスカル
(2) 4.3%
F.
ザンジバル
(2) 4.3%
A. アシャンテー　16 (34.8%……小数点第2位を四捨五入，以下同じ)
B. エジプト　6 (13.0%)
C. スレイフ，黒人等　5 (10.9%)
D. 南アフリカ　3 (6.5%)
E. マダガスカル　2 (4.3%)
F. ザンジバル　2 (4.3%)
G. タンガニーカ　1
H. ジブラルタル　1
I. モーリシャス　1
J. キリマンジャロ　1
K. リベリア　1
L. モロッコ　1
M. ガンビア　1
N. カコンゴ　1
O. アフリカ北海岸　1
P. 岩洞窟　1
Q. 植民地　1
R. アフリカの人口　1

記事数 43 と一致しないのは，1 記事中に 2 地域のことが書かれているもの

があるからである。全体の3分の1以上の16件がアシャンテー関連の記事である。

　明治時代，日本人でアフリカに関心を持つ人がどれほど居たか，定かではないが，東京日々新聞の読者はその戦争のことは自然に覚えたかもしれない。

　現在もある国として多く登場するのはエジプトで，6件だが，内容もピラミッドとスエズのもので最近にあってもよく記事になるものである。

　特別な国名を伴う記事ではなく，奴隷（スレイフ—注，本来は slave ＝スレイブと記すのだろうが，紙面のままでスレイフとする）に関連した記事は5件ある。これは3件が明治5年のものでアフリカを舞台にしたものでなく，アメリカにおける黒人売買の記事といった方が正確である。

　残り19記事は多くトピック記事である。アフリカ大陸内にある地域で当時の記事が今にもつながっているのは，8月6日に出てくる「リベリア」位だろう。モロッコもガンビアもただその名が登場するだけで具体的な記述はない。

　マダガスカル，ザンジバル，モーリシャスは島嶼で，大陸側とは違った風情が今も残る場所である。

　キリマンジャロはその通りのアフリカを示す記事であり，岩洞・古跡探訪記事は筆者の推測では，南部アフリカにある旧南ローデシア，現ジンバブエのそのジンバブエ遺跡を言っているものと思われる。この記事の書かれたのは，明治7年つまり1874年だが，その2年前（1872年）ドイツの地理学者マウフ（Mauch）がそこに到達し，それが日本に伝わってきたものと思われる。

　この遺跡について少し触れてみると，この地を含め南部アフリカにはこのような石の廃墟が沢山ある。かつてこの地域一帯を支配していたベナメタパ大帝国の建造物，保塁の遺跡であったと思われる。そのベナメタパの王——モノモタパ——は現在のモザンビーク，ジンバブエの大部分を支配し，そこにジンバブエ文化を築いたと思われる。今日存在している大ジンバブエの廃墟は，その端緒は一千年以上も昔（5〜6世紀頃）に遡るかもしれないが，多くの建造物は消滅してしまっている。

　大ジンバブエが栄えたのは西暦1250年〜1750年の間の時期と考えられる。現在訪れて目を瞠る，頭上高く聳える大囲壁が完成したのは，その最終期の

1700～1750年頃と思われる。建造物の中でずば抜けて高い山頂にある「アクロポリス」も，下の平原にある「神殿＝楕円形建物」もすべて土地産の花崗岩，剥脱した岩の広い層から巧みに切り出した平たい煉瓦様の石で作られている。

時が経つにつれて，石を石の上に積み重ねる単純な技術が洗練され，丸みをおびた入口，材木の横木のあるドア，階段のある奥の院，閉ざされた通路，たった一本立っている一枚岩のほっそりしたシルエットを見せる高壇，等がジンバブエ独特の特徴となっている。

しかし初めてこのジンバブエを見たヨーロッパ人たちは，彼らの知っているアフリカ人の先祖がこれらの石造の囲壁や堂々たる建造物を造ったとは信じられなかった。探鉱者，狩猟者，開拓者である彼らはそれらの廃墟がいつか分からぬが，遠い古代の文明民族が造ったものと，この民族はその時のヨーロッパ人がやっていたのと同じく，この忘れられた土地の開拓者だったと信じていた。何しろ彼らの知るアフリカ人は泥と藁の家しか建てぬのだから，このような高度の技術のいる構築物を造るとは考えられなかったのだ。それは前記，マウフも，そしてまた彼より4年前（1868年）にジンバブエを見た狩猟家レンダース（Renders）もそのように信じていた。しかしこの考えは今日では否定され，この遺跡がアフリカ人によるものであると広く認められている。

（「ジンバブエの遺跡」については，バズル・デヴィッドソン著，内山敏訳『古代アフリカの発見』紀伊国屋書店，1961年，を参照した）

第3節　19世紀後半から20世紀前半（明治期）のアフリカの状況

　アフリカ大陸は，人類の歴史とその文化の最も古い，旧世界の旧世界と位置づけられている。またそれより以前の"地球"という枠組みからみると，大陸移動説によれば，諸大陸が分かれてゆく前においては，アフリカは世界の陸塊の中心に位置していた——おそらく約400万年前に遡る人類発祥の地であり，猿人が用いた最古の道具である「レキ石器」，約150万年前の原人の「握斧」，狩猟の痕跡，最古の火の使用などから見て，人類の技術文化の最初期の段階での先進地帯であったと推察される。つまり人類進化の大部分はこのアフリカ大陸において起こったと考えられる。

　そんなわけで，人類の発明した技術の最も原始的な段階で，アフリカは地球上で最も進んだ地域であったのだ。このことをまず，アフリカに対する知識として念頭に置いておく必要がある。現代人のアフリカに対するイメージはそう考えると，必ずしも正しくないことが分かる。

　アフリカはその後の人類の歴史のなかで，同じく旧世界のユーラシアと密接に結びついてゆく。それは地中海を挟んでのヨーロッパと，紅海の向こうの西アジアとの関係においてである。

　本稿では「アフリカ」の範疇を，アフリカ大陸，及びマダガスカル島を含む大陸周辺の島々，つまり現在においてアフリカとされる地域とした。北アフリカとサハラ以南のアフリカとでは，文化及び歴史的経緯等多くの点で異なるが，アフリカ大陸という観点から双方を調査検討の対象とした。一般に日本においては北アフリカ（アラブ・アフリカ）も，それ以外のアフリカ（ブラック・アフリカ）も，「アフリカ」という枠で見れば同様に考えられているからである。

　アフリカ研究において行なわれている時代区分には大まかに——つまり広いアフリカ大陸全体にあてはめるのは必ずしも正確ではないが——，次の四つがある。

Ⅰ　人類の始原から紀元後1000年位までで，アフリカ諸文化の基層形成の時

代。この間に起こった主な事柄として，
- サハラの砂漠化に伴う，北アフリカとサハラ以南の分化。
- バントゥ語族の大移動による「黒人」アフリカの形成。
- 農耕，鉄加工などの基本的な生活技術の成立と伝播。
- エジプト，クシュ，アクスム等の王国の成立。
- 環地中海，環インド洋交流。

Ⅱ 8世紀頃から16世紀末の大規模な通商国家，及び都市の発達と長距離交易を媒介とするアフリカ大陸内部の広範な文化交流の時代。この間の出来事として，
- 北アフリカへのイスラームアラブの進出とイスラーム王朝の興亡。
- サハラ縦断交易を基礎とするサハラ南縁の通商国家の形成と繁栄。
- 東アフリカのインド洋を媒介としてのイスラームアラブとの交渉に伴うスワヒリ文化の形成——環インド洋交流。

Ⅲ 15世紀後半から19世紀初頭のヨーロッパ勢力の進出と，それに伴うアフリカ社会の変動，様々な地域における政治的統合の成立。主な出来事として，
- ポルトガルの海洋探検に伴う西アフリカ，中部アフリカの海岸部でのヨーロッパ勢力との交渉。
- 16世紀以降のオスマン帝国の北アフリカ進出の影響，それに伴う多様な王国文化の形成。
- アメリカ，ヨーロッパとを結ぶ三角貿易と奴隷の積み出し。
- オランダの南アフリカ入植。
- 栽培植物のアメリカ大陸からの渡来——環大西洋交流。

Ⅳ 19世紀後半から現在まで，ヨーロッパによる植民地化と独立後の新しいアフリカへの模索の時代。この時代の事柄として，
- 列強によるアフリカ分割協議。
- 第2次大戦後の植民地の独立。
- アフリカの世界文化への貢献。

以上，これら時代区分の中で起こった出来事が示すように，アフリカ大陸は

決して孤立した大陸ではなく、古くから様々な民族と接触し、それによる影響を受けてきている。改めて書けば、古代ギリシャ人、古代ローマ人の北アフリカ植民、アラブ人の西アフリカ、サハラ越え交易と東アフリカ海岸部との交易、奴隷貿易とその後の合法貿易、布教探検、そして植民化過程でのヨーロッパとの接触等々である。これらのことを見れば、はるか昔から孤立した大陸でなかったことは明白なことである。

つまりここで再確認しなければならないのは、長いアフリカの歴史にあってヨーロッパ人による植民化は19世紀末から20世紀半ばまでの僅か70〜80年に過ぎないということである。アフリカ史全体の流れの中では極めて短い期間に過ぎないのである。だが勿論それ以前にも、15世紀のヨーロッパ人の進出（時代区分Ⅲ）による、人種的侮蔑や文化的汚辱、そしてそれに伴う隷属と略奪があったことも承知しておかなければならないが。

一般に我々（日本人も含めて）がもつ「アフリカ」に対するイメージの一つに、"未開"がある。それはつまり、文字を持っているかどうかという基準が「文明」と「未開」とを分けていたからである。アフリカは確かにかつては無文字社会であったが、だからと言って文化が存在しなかったかと言えばそうではない。彼らは口頭で彼ら独自のそれを伝承してきた。このことは逆に言えば文字のあることよりも高い文化性を示すことでもある。

しかし文字は社会の掟や取り決めを確定するのに重要な手段であり、国家という社会的統合、そしてその維持には不可欠なものであったことは言うまでもない。さらに文字は知識の伝達、智得、蓄積にとって極めて有用な媒体だった。これによって人間の知識は飛躍的に増進されたのであったのだから。

文字と社会の質をめぐるこうした考え方はある面では正しいが、しかしすべて程度の問題であって、文字のあるなしは社会や人間の質を決める唯一絶対の基準にはならない。文字記録によらない考古学遺物や物質文化、口頭伝承など、人間の文化遺産の総体に基づく過去の探究は、文字資料だけでたどる歴史がむしろ極めて限られたものでしかないことを明らかにしてきている。

また書かれた契約書も手形もなしに数百年の間、西アフリカ内陸の広大な地域に交易網を維持してきたワンガラ商業集団などは、成文化された法や契約書

のない社会では国家のような社会的統合は作り出せない，という前提を覆す人々である。

このように人間のもつ多様な表現，伝達手段の中で文字が占める位置は相対的なものとなるが，しかし文字が他の媒体と比べて格段に優れた特徴を持っていることも確かである。

文字の長所の第一は，時間空間を隔ててメッセージを伝えられること，第二にその帰結として，何度でも同じメッセージを繰り返し参照できること。そして第三に，文字というある数の組み合わせで多様な言語メッセージを伝達できること，という三点に集約できる。

一方これらの特質を，文字を書いて表現・伝達を行なう主体の側から見ると，第一にコミュニケーションの媒体として人間の身体の外で定着されること（外在性），第二に文字は話し言葉のように，時間の流れに左右されないこと（脱時間性），第三に文字に書き表すことによって，書く人間が自分の考えを対象化して認識すること（自己認識性），などの点を挙げることができる。文字のこうした特質は，文字を他のコミュニケーションの方法のなかに置いてみると一層明確になるし，同時に文字の持っている特別の役割も相対化し易くなる。

このような見方から，文字を一方の極に置いたとすると，反対の極には，身振り・ダンスなどの身体表現を置くことができる。これらの表現，伝達方法は表現する者にとって外在性がなく，時間の中に消えてしまうものであり，表現されるものと表現する主体との分裂が殆どないか（例えば，忘我の状態での身体表現の中への自己埋没），著しく弱い。表現されるメッセージの遠隔伝達性も微弱だし，反復参照性も低く，日本舞踊で「あて振り」と呼ばれる模倣的なゼスチャーや，かなりの程度，文字をベースにしている手話などを除けば，伝達される意味の分節性も殆どないといってよい。

以上が文字のもつ特質であり，それが深く文明・文化と結びついていることの一見解である。と同時にそうであっても，アフリカに（無文字文化のアフリカに）文明・文化が存在していたことを示す考察でもある。

大陸の歴史を改めて検証すると，時代区分で言えば，第Ⅰ期に当たる8世紀

初めから11世紀末まで，アフリカ最古の黒人帝国ガーナが栄えた。その黒人帝国は，現在のモーリタニア東南部に位置し，またその帝国の末期には，東方にあるニジェール川大湾曲部西部に，のちマリ帝国となる政治的統合の核が形成されていたと考えられる。そしてその大湾曲部東部には，15〜16世紀に黒人アフリカ最大の版図を誇ることになるソンガイ帝国の萌芽が現れていた。

14世紀にはエジプトのマムルーク朝（1250〜1517年）を中心とするイスラーム世界と黒人世界との交渉が商業活動を核として一つの頂点に達した時代だった。

一方東アフリカでは7世紀末のイスラーム教の伝来以後もアラビア，ペルシャ商人の往来が続き，バントゥ系住民との混血も進んだ。そして13世紀頃を中心としてこの海岸地方に商業都市的色彩の強いスワヒリ文化が形成された。

16〜17世紀のポルトガル進出の時代，18〜19世紀のオマーン支配下のスルタン領の時代，19世紀後半からのイギリス，ドイツなどヨーロッパ勢力による植民地支配の時代を経て，スワヒリ文化は土着化しながら内陸へ拡大され，部族を超えた広範な地域共通文化となっていった。

マムルーク朝は強大な軍事力によって地中海東部から十字軍の残存勢力を駆逐し，モンゴル軍のエジプト侵入も阻止して，東方世界との交易を掌握していった。黒人アフリカとの関係でもマムルーク朝時代のイスラーム世界は，東アフリカのスワヒリ文化，サハラ南縁の西スーダンの黒人帝国との間で既に確立されていた交易関係を一層強固なものにした。

東アフリカのインド洋岸の港町は繁栄を謳歌した。14世紀初めにこの地方を訪れたアラブの大旅行家イブン・バットゥータ（1304〜77年）は港町キルワ（タンザニア南東部）を，「世界でいちばんよくつくられた町」と絶賛している。彼はその後，西アフリカのマリ帝国の都も訪れて，宮廷の栄華を書き記している。

黒人アフリカのこれら二地域からイスラーム世界に輸出された主なものは，奴隷と金，東アフリカからはこれに加えて，象牙だった。イスラーム世界からは衣類，装身具をはじめとする奢侈品，威信財，北アフリカからはその他に馬，サハラ砂漠でとれる岩塩が重要な商品として持ち込まれた。

東アフリカでは、イスラームの船乗り商人カリーミーが直接、内陸の通商網を掌握するスワヒリ商人と取引を行なった。これに対して西アフリカではトンブクトウ、ジェンネなどの大交易都市を拠点とするモール人やモロッコ系アラブ人の商人が、北アフリカとサハラの交易ルートを支配した。

さらにサハラ以南のサバンナから森林にいたる通商網は、黒人のマンデ系商人ワンガラが支配して、北アフリカから西アジアにいたるイスラーム世界との交易の仲介をしていた。

マリ帝国はこうしたイスラーム世界との交易のうえに繁栄を築き、地中海世界にまで「黄金の帝国」の名をとどろかせた。イスラーム教に入信していたマリの王は威信の裏付けとして豪華なメッカ巡礼を行なった。とくにマリ帝国最盛期の王マンサ・ムーサは、メッカ巡礼（1324～25年）の途上、カイロの町を金の施し物で溢れさせた。このためカイロの金の相場が下落したと、当時のエジプトのスルタンの書記が記している。

（本節も、第1節、第2節における「アシャンテー」の記述において参照した、川田順造著『アフリカ』＝「地域からの世界史」9＝朝日新聞社、1993年、から多く参照、及び引用した）

第2章

1945年（昭和20年），及び1955年（昭和30年）の朝日新聞の記事から

第1節　1945年の報道

　昭和20年（1945年）は第2次大戦，日本にあっての大東亜戦争終結の年である。8月にその時を迎えるが，報道にあっては，戦時真只中であり，従ってこの年のアフリカ関連の記事は12カ月にあって，12記事に過ぎない。総面積は73.54cm^2で，一面（16段）比で，1.71段分（73.54÷43.13≒1.7050──43.13は下記¶.を参照），つまり10.5％（73.54÷701.43≒0.1048──701.43も同参照）のスペースだった。

　この年の朝日新聞は朝刊のみで，一枚表裏の2面だけである。その9割以上が戦争関連記事で埋められている。現在から見ると異様な紙面である。国内の各軍の動向と，日本軍の征く外地戦域，そしてヨーロッパではドイツ軍の動きを伝える記事が主となっている。

　1月は，アフリカ大陸関連の記事はない。最初に登場するのは2月も終わりに近い26日になってからである。

¶．国名及記事中のゴシック体はBlack-Africa（B・A）の国，及び地域。明朝体はArab Africa（A・A）を表す。
　　記事の次に示す【　】内の数字は，記事の面積の数値＝平方センチメートルである。
　　尚，この1945年と1955年分の数値は縮刷版の実寸（タテ，ヨコのcm）を測って出したものである。タテ・ヨコの積を出し，小数点第3位を四捨五入して第2位まで出した。1945年はタテ16段で，1段は約1.9cm。単純に掛けると30.4cmだが，実際は1段毎の誤差があり，実測値は30.9cmである。ヨコは22.7cm。従って1面当たりの面積は【701.43】であり，1段では1.9×22.7で【43.13】である。

また，配信元（発信源）の次にある「内容区分」（A～O）とは，以下のことである。

※ **内容区分**

X群（A～G）── マイナス・イメージを，あるいはどちらかというと，そのイメージを与える記事。

- A．戦争，紛争，内戦，動乱，暴動，衝突，混乱，反乱，対立，断交，追放，虐殺，拷問，テロ，人種差別，デモ，国情不安，大事故，放火，汚職，詐欺，制裁，等々。
- B．天災（地震，干ばつ，洪水，風水害），異常気象。
- C．クーデター，暗殺（含．未遂），犯罪（密猟，密輸，密航等）。
- D．貧困，飢餓，疾病（マラリア，エイズ，風土病等），難民問題，奇習，風習。
- E．植民地政策（含．独立関連），合併・併合，自治付与交渉。
- F．核実験，核開発・核製造（含．抗議，討議，会議等）。
- G．支援・援助，相互協力，多国籍軍，国連軍派遣，PKO，武器輸出・売買。

Y群（H～O）── 一般記事。あるいは必ずしもマイナス・イメージを伴わない記事（ニュートラルな記事）。

- H．文化，習俗，自然，観光地（遺跡等），国情・実情の紹介。
- I．書籍，紙誌，人物，動物，植物等の紹介。
- J．政治，外交，人事，国際交渉，国際会議，国連加盟，独立承認，会談，インタビュー（政治家）。
- K．経済，貿易，通信，協定，産業等々。
- L．スポーツ，芸術（芸能），映画，演劇等。
- M．日本人（船）の動向。
- N．外国人の相互訪問（出発・帰国）。
- O．一般社会記事，トピック，化石・遺跡等発見，随想・エッセイ，インタビュー（一般人）。

(1) **2月**

① 26日（月） リスボン発24日─同盟（カイロ来電） 内容区分（以下，明記省略）⇒ Ⓐ

エジプト①「埃及も宣戦」【3.51】

枢軸国に対してエジプトが宣戦布告。

② 26日（月） 以下①に同じ Ⓐ

エジプト②「ワフド黨は宣戦反対」【6.05】

エジプト議会の在野のワフド党は宣戦に反対し，直ちにその旨をファルーク一世と米英に通告した。

③ 26日（月）　同　C

エジプト③「埃及首相暗殺される」【5.46】

宣戦布告書を持って下院から上院へ向かう途中で，アーメッド・マヘル・パシャ首相は暗殺された。

④ 26日（月）　リスボン発25日―同盟　J

エジプト④「ファルーク国王，首相代行にファクリ・ナクラシ・パシャ外相に要請」【2.34】

⑤ 27日（火）　リスボン発―同盟　J

エジプト⑤「エジプト後継首相決まる。ナクラシ・パシャ外相」【3.51】

《2月分　5記事は，いずれもエジプト関連。面積の計は【20.87】》

(2) 3月

① 12日（月）　リスボン発―同盟　O

「東アフリカで"世界一のダイヤ発見"」【7.22】

これは英国植民省発表のもので明確な国名の記述はない。このようなトピック的記事が時として載ることがあるようだ。

3月はこれ1件で，次の4月，そして5月，6月もない。

(3) 7月

① 3日（火）　リスボン発1日―同盟（ロンドン来電）　A

「**南阿聯邦，対日戦参加**」【8.58】

これは自治領各国に対日戦参加を要請していた英国に対して，南アフリカもそれに加わることを伝えた記事である。艦艇5隻が太平洋域に赴く予定，と記事は続けている。

② 15日（日）　ストックホルム発―同盟（デーリーメール紙　カイロ電報）　A

「**埃及，駐留英国軍の撤収を要求**」【8.39】

近東諸国における独立要求気運に刺激されて，エジプトの対英態度が微妙なものとなってきていることを報告している。

③　26日（木）　リスボン発―同盟　Ⓐ

「**埃及首相狙撃犯を死刑**」【5.85】

　エジプト軍法会議はパシャ首相狙撃犯のイサウイに対して死刑を宣告した。

《　記事数3件［エジプト関連2，南アフリカ関連1］　総面積【22.82】》

(4)　8月

①　2日（木）　リスボン発―同盟　Ⓐ

「**エジプト，外国軍隊のエジプトからの撤兵を要求**」【6.63】

　ワフド党事務当局は英国政府に対して，エジプト国内からの外国軍隊の撤収，並びにスーダン地方のエジプトへの引き渡しを要求した。

②　6日（月）　リスボン発―同盟　Ⓔ

「**埃及，スーダンの合併要求**」【6.83】

　ワフド党のナハス・パシャ党首はカイロ駐英大使に覚え書きを送り，英駐留軍のエジプトからの撤収，及びスーダンのエジプト併合を強硬に要求した。

＊8月6日，広島に原爆が投下された日の第一面の記事である。まだこの紙面を作った時にはその被爆は起こっていない。しかし翌7日にあっても，それを報ずる記事は僅か5行でしかない（見出しは「広島を焼爆」とだけ）。

《　エジプト（と，カタカナと，「埃及」との漢字を，双方使っている）関連の記事が2件。面積の計は【13.46】》

(5)　9月

①　26日（水）　チューリッヒ特電24日―カイロ発エキスチェンジ電　Ⓐ

「**埃及，英軍の撤兵を要求**」【9.17】

　（※　戦争が終結した後に最初に報じられたアフリカ関連記事である）

　カイロ政府は英国政府に対し，エジプト領からの英国の撤退とエジプトによるスーダンの合併を要求した。

　因みに，この月の14日で同盟通信社の業務は停止された（米軍による停止命令が出された）。

第1節　1945年の報道

※　10月〜12月の3カ月の間に，アフリカの記事は見当らない。アフリカ関連の占める比率は，紙面の僅かでしかない。

1945年のアフリカ関連記事数は12件。
エジプト = 10件，**南ア** = 1件，**東アフリカ** = 1件。
面積量的にも，1.71段分しか報道されていない。それぞれの比率グラフは以下である。

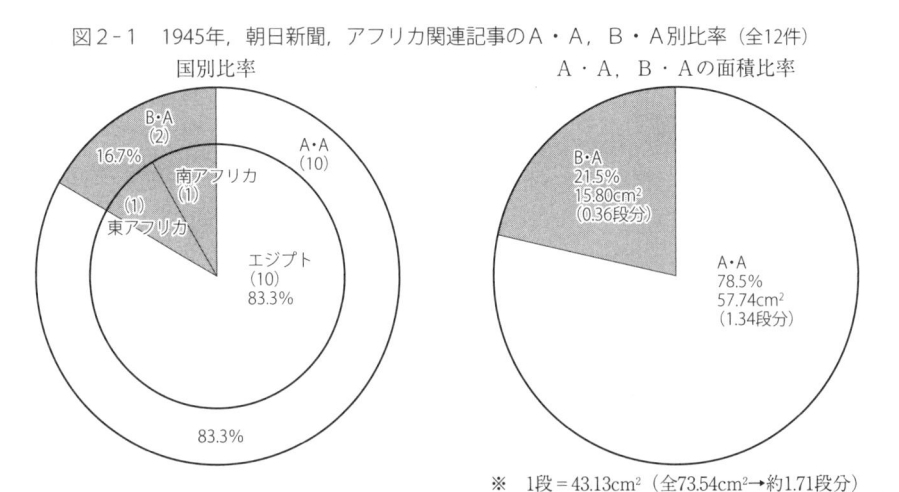

図2-1　1945年，朝日新聞，アフリカ関連記事のA・A，B・A別比率（全12件）
国別比率　　　　　　　　　　A・A，B・Aの面積比率

- B・A (2) 16.7%
- A・A (10)
- 南アフリカ (1)
- 東アフリカ (1)
- エジプト (10) 83.3%
- 83.3%

- B・A 21.5%　15.80cm² (0.36段分)
- A・A 78.5%　57.74cm² (1.34段分)

※　1段 = 43.13cm²（全73.54cm² → 約1.71段分）

図2-2　1945年，朝日新聞，記事数の月別変遷

(件)
1月: 0, 2月: 5, 3月: 1, 4月: 0, 5月: 0, 6月: 0, 7月: 3, 8月: 2, 9月: 1, 10月: 0, 11月: 0, 12月: 0

第 2 節　1955 年の報道

　敗戦から 10 年後の記事を見てみる。日本は，町にまだバラック小屋などの目立つ戦後の陰の色濃く残る時期であり，人も国も困窮していた。高度経済成長へと進む少し前である。

　この年の朝日新聞は 1 月〜12 月まで概ね，朝刊 8 頁，夕刊 4 頁である。

　尚，1955 年の縮刷版は 1945 年時とは段組もタテ・ヨコの長さも違っている。つまりこの年においてはタテ（15 段）33.8cm，ヨコ 24.4cm である。そしてこの数値を今後 1960 年以下の各紙各年の基準とした。但し，ヨコは定規で測った実寸だが，タテは段で区切られている時は各紙その段数の定値で充てた。つまりこの縮刷版でのタテ 1 段は，ほぼ正確には 2.25cm（33.8 ÷ 15）だが，計算の煩瑣になることから，小数点第 2 位を四捨五入して，2.3cm とした。しかし 2 段は実測値に近いという意から 4.5cm とした。以下 3 段は 6.8cm，4 段は 9.0cm という風に。

　従って，1 段と 2 段とのあいだには等倍でないという差が生じていることを最初に断っておく。面積で出したが，ここでもイメージしやすいように総計においては，相当の段数を示した。

　つまり，1 段の面積が 2.25 × 24.4 = 54.9 であるので，その 54.9cm^2 でそれら総計値を割って，相当の段数を出して示した。因みに 1 面は 24.4 × 33.8 = 824.72cm^2 である。また，日付の次に，「夕刊」あるいは「夕」と記していないのは，朝刊に掲載の記事である。

　この年の全紙面に占める外国記事の平均的割合は，朝刊 = 8 頁中の 1 頁。夕刊は 4 頁中，1/2 頁である。その外国記事（総面積 = 451,534.20cm^2）のうち，アフリカ関連記事の占める割合は，22.2%（10,029.99cm^2）である。

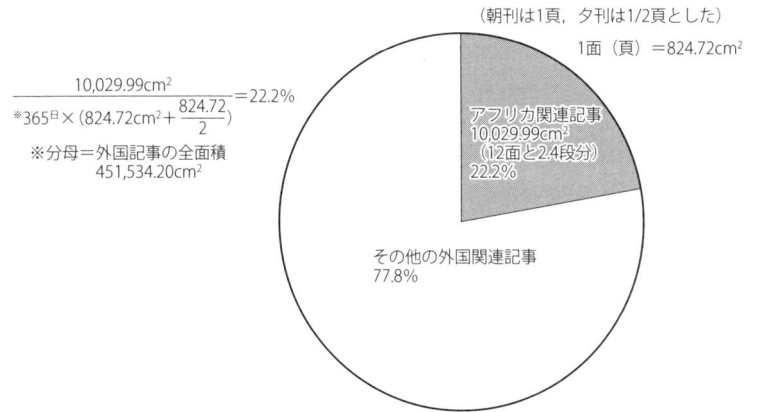

図2-3　1955年　朝日新聞，全外国記事中，アフリカ関連の記事面積の比率
（朝刊は1頁，夕刊は1/2頁とした）
1面（頁）＝824.72cm²

$$\frac{10{,}029.99\text{cm}^2}{365\text{日}\times(824.72\text{cm}^2+\frac{824.72}{2})}=22.2\%$$

※分母＝外国記事の全面積
451,534.20cm²

アフリカ関連記事
10,029.99cm²
（12面と2.4段分）
22.2%

その他の外国関連記事
77.8%

1　1〜3月の記事

(1)　1月

① 14日（金）夕刊2面　**英領ナイジェリア**，ポート・ハァコート発―佐藤特派員（写真も）　K

「西アフリカの日本品」（4段）「親切でよい品希望」（3段），以上見出し。

「各国衣料展示会のようなラゴスの街」写真1枚（2段），そして地図「英領ナイジェリア辺」1枚。総面積は【158.40】。

西アフリカ，ナイジェリアでの日本製品（衣料，亜鉛鉄板等）の評判を伝える記事。ほぼ1面の5分の1（8段）のスペースを占めていることは，この時期としては大きな記事と言える。

② 26日（水）夕刊1面　パリ26日― AFP　J

「新**アルジェリア**総督を任命」【5.06】

フランスはアルジェリア新総督に共和社会行動連合（前ドゴール派）の指導者，ジャック・スーステル氏を任命した。

《この月は以上の，ナイジェリアとアルジェリア関連の2記事で，その面積の合計は【163.46】（約3段分。以下"約"は省略）である。**アフリカ発記事は14日の日本人記事1件である**》

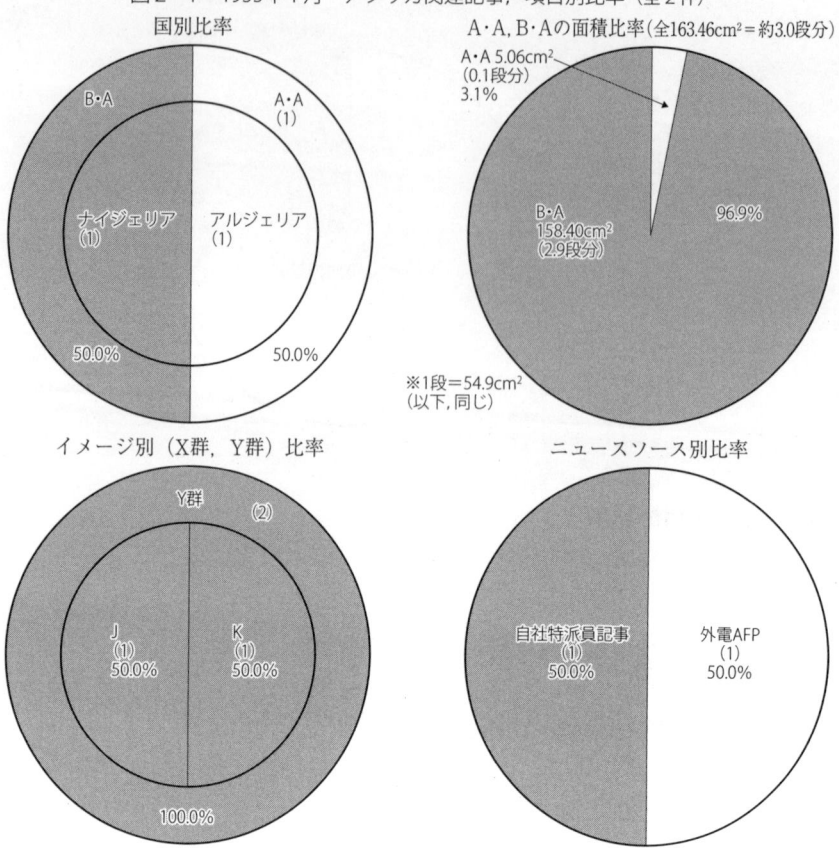

図2-4　1955年1月　アフリカ関連記事，項目別比率（全2件）

国別比率：B·A ナイジェリア(1) 50.0%／A·A アルジェリア(1) 50.0%

A·A, B·Aの面積比率（全163.46cm² ≒ 約3.0段分）：A·A 5.06cm²（0.1段分）3.1%／B·A 158.40cm²（2.9段分）96.9%
※1段＝54.9cm²（以下，同じ）

イメージ別（X群，Y群）比率：Y群(2) 100.0%／J(1) 50.0%　K(1) 50.0%

ニュースソース別比率：自社特派員記事(1) 50.0%／外電AFP(1) 50.0%

(2)　2月

①　4日（金）　2面　カイロ3日— AFP　Ａ

エジプト①「エジプト政府，アラブ連盟から脱退を決定」【7.02】

アラブ連盟集団安全保障条約脱退の意思決定をする。

②　21日（月）　夕1面　カイロ20日—ロイター　Ｊ

エジプト②「ナセル首相と会談――イーデン英外相」【16.33】

当時は大統領ではなく，首相である。英外相イーデンと中東問題について話し合った。

③ 22日（火） 1面　アジスアベバ21日―AP　J

　エチオピア①「エチオピア，日本と国交を再開」【6.90】

　外交使臣の交換についてのもの。

④ 22日（火） 2面　カイロ21日―ロイター　N

　エジプト③「イーデン英外相，カラチへ」【5.29】

　ナセル首相らに見送られてエジプトを離れる。

⑤ 25日（金） 夕1面　カイロ24日―AP　J

　エジプト④「エジプトは，イラク，トルコ相互防衛協力調印に対して不満表明」【14.26】

　中東の動きを伝える記事の一つである。

⑥ 28日（月） 3面　ハーコート発―佐藤特派員（写真も）　K

　西アフリカ①「西アフリカの産業」（4段）「貧弱な資源工業―繊維などで貿易は入超」（3段）。写真（1枚）「ナイジェリアの土人市場」（2段）。地図（1枚）「西アフリカ一帯」

　西アフリカ全般についての特集解説記事だが，ここでは主にセネガルの産業について述べている。1月にナイジェリアの記事を書いた特派員の手になる記事である。総面積は，【155.20】。

《 総記事数は6件，総面積は【205.80】で，3.7段分。写真は1枚で【28.80】，地図も1枚で【6.90】。地域別では，**エジプト**が4件，**エチオピア**が1件，そして**西アフリカ全体**が1件である。アラブ・アフリカのエジプトの記事が多い。⑥の特集記事以外は事実を伝える報道記事で，6件のうち5件（ロイター―2，AP―2，AFP―1，80％以上）が外電である 》

内容区分では，**X群のA項**が1件で，**Y群のJ項**が3件，**K項**，**N項**各1件である。

アフリカ発記事は，外電5，自社特派員記事1である。

(3) **3月**

① 2日（水） 2面　カイロ1日―AP　A

　エジプト①「エジプト，イスラエル軍衝突」【14.03】

figure 2-5 1955年2月 アフリカ関連記事,項目別比率(全6件)

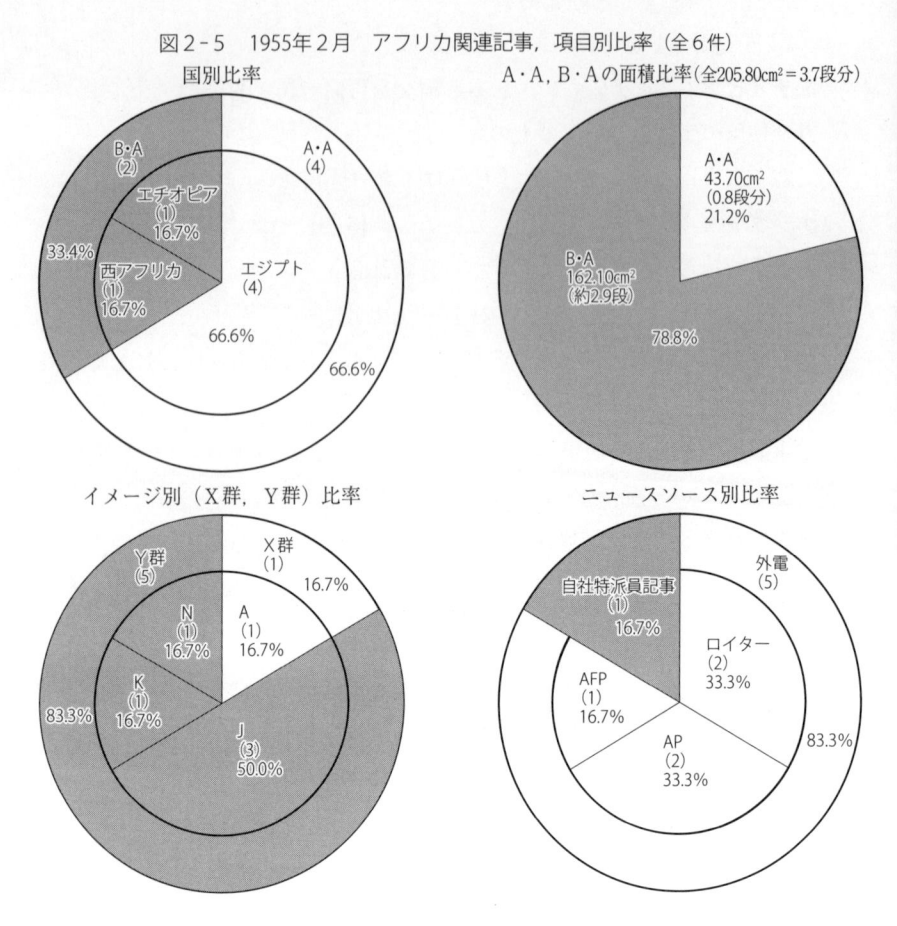

国別比率
- B・A (2)
- エチオピア (1) 16.7%
- 西アフリカ (1) 16.7%
- 33.4%
- A・A (4)
- エジプト (4) 66.6%
- 66.6%

A・A, B・Aの面積比率(全205.80cm² = 3.7段分)
- A・A 43.70cm² (0.8段分) 21.2%
- B・A 162.10cm² (約2.9段) 78.8%

イメージ別(X群,Y群)比率
- Y群 (5) 83.3%
- X群 (1) 16.7%
- N (1) 16.7%
- A (1) 16.7%
- K (1) 16.7%
- J (3) 50.0%

ニュースソース別比率
- 自社特派員記事 (1) 16.7%
- 外電 (5) 83.3%
- ロイター (2) 33.3%
- AFP (1) 16.7%
- AP (2) 33.3%

エジプト政府はイスラエル軍がエジプト沿岸のガザ地区の陸軍司令部に不意打ちをかけ,38名を殺害したと非難した。

② 2日(水) 2面 カイロ1日—ロイター Ⓐ

エジプト②「エジプト,安保理提訴」【5.98】

エジプトがイスラエル軍のガザ地区攻撃について提訴したもの。

③ 3日(木) 2面 NY2日—AP Ⓐ

エジプト③(2段見出し)「安保理開催を要請——エジプト,ガザ侵略事件で」【8.85】

②の記事の続報である。

④　3日（木）　2面　ガザ2日—AP　Ⓐ

エジプト④「難民デモ隊，警官と衝突」【10.58】

ガザで起こったエジプト，イスラエル両軍の衝突で怒ったパレスチナ難民数百名がデモをし，それを抑えるためにエジプト警察と軍が発砲したもの。

⑤　3日（木）　夕刊1面　NY2日—ロイター　Ⓐ

エジプト⑤（2段）「ガザ事件，エジプトの要請で5日に安保理開催」【10.35】

⑥⑦　4日（金）　2面　ダマスカス3日—AFP×2　Ⓙ×2

エジプト⑥⑦（2段）「エジプト，シリア，単一司令部協定に調印」【30.15】

⑧　4日（金）　2面　アンマン3日—AFP　Ⓙ

エジプト⑧「エジプト，ヨルダン首脳会議」【5.75】

⑨　4日（金）　2面　カイロ3日—ロイター　Ⓐ

エジプト⑨「エジプト声明，国連に頼らず」【7.82】

ナセル首相が，今後は外国からの攻撃を受けた場合はこれに強力な反撃を加え，もはや国連に頼らない，と述べたものである。

⑩　6日（日）　2面　**解説記事**　Ⓐ

エジプト⑩（横長見出し）「中東の中立主義ゆらぐ」【6.96】。（2.5段）「今後の方向決するガザ事件——切崩されたイラク・アラブ連盟歩調乱れる」【14.49】。地図（1枚）「エジプトを含む中近東」【17.10】。6段記事【117.45】

⑪　6日（日）　2面　パリ5日—ロイター　Ⓙ

チュニジア①「仏，チュニジア会談再開」【6.90】

チュニジアの自治問題について両国は会談を再開すると発表。

⑫　10日（木）　夕1面　カイロ9日—AFP　Ⓐ

エジプト⑪「エジプト紙—米，アラブ連盟崩壊を策す，と非難」【20.70】

エジプトの各紙が，米国のイスラエル寄り姿勢でのアラブ政策を非難している。

⑬　13日（日）　2面　ジャカルタ12日—ロイター　Ⓙ

中央アフリカ連邦①「中央アフリカ連邦，バンドン会議への出席を拒否」【14.49】

インドネシア、バンドンで開かれるアジア・アフリカ会議に同国の欠席を伝えている。

⑭　14日（月）　2面　カイロ13日—AP　Ⓐ

エジプト⑫「エジプト、アラブ人66人を捕う」【9.89】

エジプト憲兵隊はイスラエルと関係あるとの容疑でアラビア人66名を逮捕した。

⑮　19日（土）　夕2面　ガザ18日—AP　Ⓐ

エジプト⑬「イスラエル兵の子供射殺でエジプト抗議」【13.80】

ガザ南方の国境線で遊んでいたアラブの子供2人をイスラエル兵が射殺したことにエジプト代表は抗議した。

⑯　25日（金）　2面　ジャカルタ24日—AFP　Ⓙ

ゴールドコースト①「ゴールドコーストもアジア・アフリカ会議へ出席」【4.60】

同会議事務局がゴールドコーストの出席を承諾したもの。

⑰　26日（土）　2面　ベールシェバ25日—ロイター　Ⓐ

エジプト⑭「イスラエル人を侵入のエジプト人が殺傷」【8.51】

イスラエル側の報道によると、ベールシェバ村近くに侵入したエジプト人がイスラエル人に対して発砲し、1名を殺し、18名を負傷させた。

⑱　27日（日）　2面　カイロ26日—AFP　Ⓙ

エジプト⑮「エジプトは首相と外相がバンドン会議に出席」【7.13】

以上、3月は計18件の記事が報道された。

国別では**エジプト**15件、**チュニジア**1件、**中央アフリカ連邦**1件、**ゴールドコースト**1件である。アラブ・アフリカのエジプトとチュニジアの計は16件で、全体の約89％に当たる。2月同様、高い比率を占めている。

内容的にはエジプトとイスラエルを含む中東関係が多い。ブラック・アフリカ地域の中央アフリカ連邦とゴールドコーストの記事はいずれもこの年の4月に開かれたアジア・アフリカ会議への出欠席記事である。

この月の18件の中で、国や地域を読者に理解させる目的で書かれた解説（紹

介，報告）記事は，3月6日の1件だけ（中東情勢の不安定さについて）である。つまり読者にこの地域について，積極的に良いイメージを与え得る記事は1つもなかった月といえる。

内容区分では，**X群のA項—11件で，Y群のJ項—7件**である。

解説記事以外の17件は，いずれも外国通信社電である。ロイターが6件，APが5件，AFPが6件である。

総面積は，アラブ・アフリカ【277.89】＝5.1段分，ブラック・アフリカ【19.09】＝0.3段分，で計【296.98】。これは約1/3面（頁）＝5.4段分に相当する分量である。

アフリカ発記事は，外電7のみで，日本人記事はない。

図2-6　1955年3月　アフリカ関連記事，項目別比率（全18件）

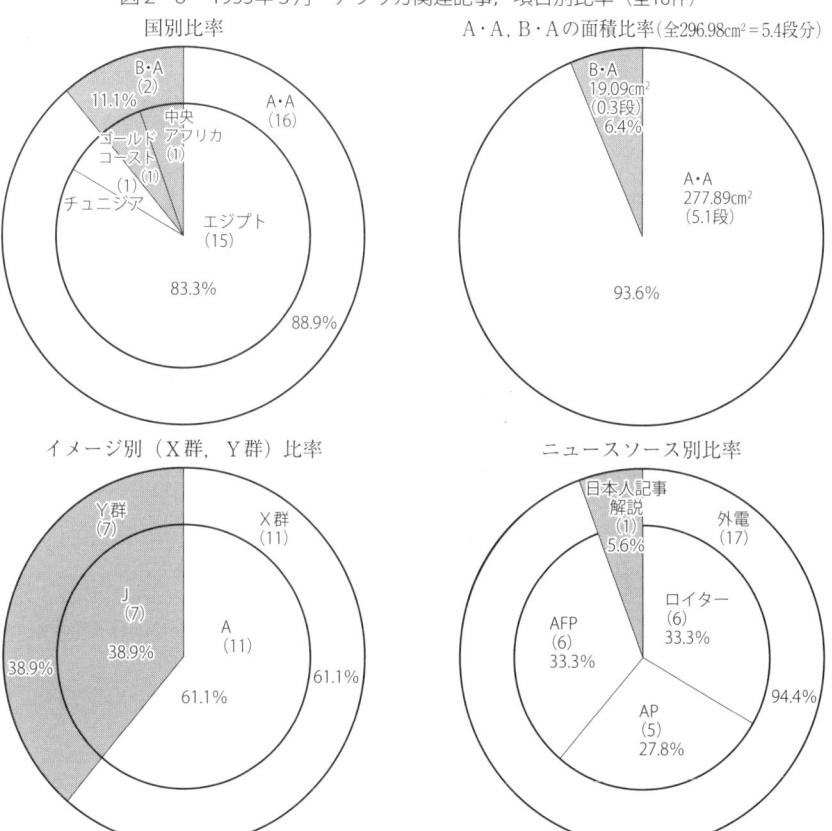

国別比率　　　　　　　　　　　A・A, B・Aの面積比率（全296.98cm² = 5.4段分）

B・A (2) 11.1%
中央アフリカ (1)
ゴールドコースト (1)
チュニジア (1)
A・A (16)
エジプト (15) 83.3%
88.9%

B・A 19.09cm² (0.3段) 6.4%
A・A 277.89cm² (5.1段)
93.6%

イメージ別（X群，Y群）比率　　　　ニュースソース別比率

Y群 (7)
X群 (11)
J (7) 38.9%
A (11) 61.1%
38.9%
61.1%

日本人記事 解説 (1) 5.6%
外電 (17)
ロイター (6) 33.3%
AFP (6) 33.3%
AP (5) 27.8%
94.4%

2 4～8月の記事

　以下，4月からは1記事毎に見てゆくことはしない。そのことにそれほどの意味もないし，そのような時間もない。ここからは，記事数及び面積の合計，そしていくつかの記事内容の傾向と特徴を記してゆく。

(1) 4月

　記事数，14件。A・A 12件，B・A 2件で，A・Aが85.7％（小数点第2位を四捨五入，以下同じ）を占めている。総面積は【482.39】(8.8段分)で，A・Aは【114.83】，B・Aは【367.56】。件数ではA・Aが6倍だが，面積量では3分の1以下である。つまり，A・Aの記事は継続性のある，経過報告記事であることが推察される。また，それらの記事のすべては外国通信社発のものである。

　B・Aは，一つはアジア・アフリカ会議開幕のバンドンからの特派員記事であり，あと一つは「アフリカの"悲劇"と"悪"」と見出される編集・解説記事である。但し，この月のB・Aは，**A・Aの国がいくつか含まれている"アフリカ全体"という項目である——注．"アフリカ全体"は，B・Aの方に国分け，範囲分けしているが，純然たるB・Aではなく，A・Aの国のいくつかも含まれていることを断っておく。アフリカ大陸には，国の数の上では，B・Aの方が多いので，便宜上，そちらに項目分けしている（以下同じであり，また後に出て来る，"OAU"も同じである）。**

　B・Aの二つ目の記事もバンドン会議に関連してのものであり，見出し(4段)には次のようにある。「バンドン会議でクローズアップ——可耕地半分白人が独占，民族運動は激化へ」。アフリカ全体の地図【18.00】や，「スエズ運河地帯道路」を写した写真1枚【21.60】もあって，面積は【213.24】を占め，広告を除いた1面のスペースのほぼ3分の1を埋めている。

　A・A 12件の内訳は，**エジプト**が10で，**アルジェリア**と**チュニジア**がそれぞれ1である。それらはすべて外電であるが，通信社別では，ロイター——3，AP——5，AFP——4である。

図2-7 1955年4月 アフリカ関連記事，項目別比率（全141件）

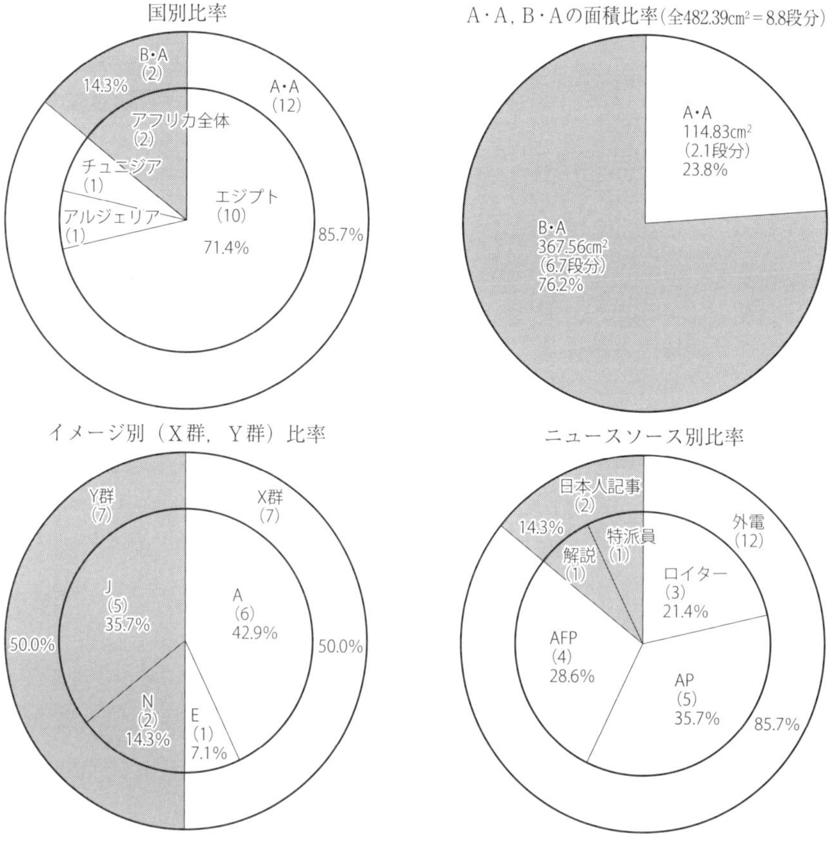

国別比率
- B・A (2) 14.3%
- A・A (12) 85.7%
- アフリカ全体 (2)
- チュニジア (1)
- アルジェリア (1)
- エジプト (10) 71.4%

A・A, B・Aの面積比率（全482.39cm² = 8.8段分）
- A・A 114.83cm² (2.1段分) 23.8%
- B・A 367.56cm² (6.7段分) 76.2%

イメージ別（X群，Y群）比率
- X群 (7) 50.0%
- Y群 (7) 50.0%
- A (6) 42.9%
- E (1) 7.1%
- J (5) 35.7%
- N (2) 14.3%

ニュースソース別比率
- 日本人記事 (2) 14.3%
- 解説 (1)
- 特派員 (1)
- 外電 (12) 85.7%
- ロイター (3) 21.4%
- AFP (4) 28.6%
- AP (5) 35.7%

　内容的には3月と変わりなく，エジプトとイスラエルの紛争関連が多く，アルジェリア，チュニジアは対仏との関連記事である。バンドンからの特派員記事で顔写真が10枚あった他は，上記の写真と地図があるのみである。

　内容区分では，**X群7件（A—6，E—1）**で，**Y群も7件（J—5，N—2）**である。

アフリカ発記事は，外電の3だけである。

(2) 5月

　記事数は6件と減っている。すべてA・A記事で，B・A関連はない。

国では**エジプト**3件，**アルジェリア**，**チュニジア**，**北アフリカ**が各1件である。北アフリカというのは2日付の記事で，フランスのリール市で前日（1日）にメーデーのデモ隊と警官隊が衝突したという記事である。その際，北アフリカ人が多数逮捕されたというもの。

　6記事の総面積は【84.64】（1.5段分）。2段以上の見出しがあるのは1件だけで，5件はベタ記事である。発信元はすべて外国通信社で，ロイター―2，AP―1，AFP―1，そしてソビエト・ニュース（東京・モスクワ放送）と，NANAの各1である。

　内容区分では，**X群4件（A―3，E―1），Y群2件（J―1，O―1）**で

図2-8　1955年5月　アフリカ関連記事，項目別比率（全6件）

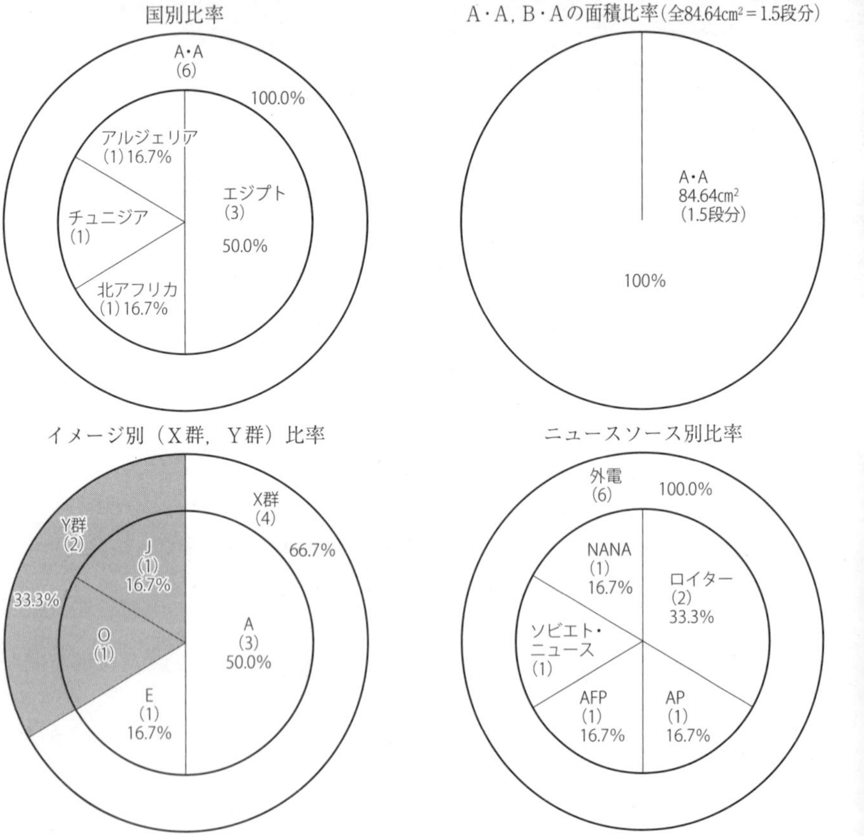

国別比率

A・A (6) 100.0%
アルジェリア (1) 16.7%
チュニジア (1)
エジプト (3) 50.0%
北アフリカ (1) 16.7%

A・A, B・Aの面積比率（全84.64cm² = 1.5段分）

A・A 84.64cm² (1.5段分) 100%

イメージ別（X群，Y群）比率

X群 (4) 66.7%
Y群 (2) 33.3%
J (1) 16.7%
A (3) 50.0%
O (1)
E (1) 16.7%

ニュースソース別比率

外電 (6) 100.0%
NANA (1) 16.7%
ロイター (2) 33.3%
ソビエト・ニュース (1)
AFP (1) 16.7%
AP (1) 16.7%

ある。

この月はアフリカ発の記事はない。

(3) 6月

記事数，8件で総面積【58.19】(1.1段分)，A・Aが7件(【51.06】＝0.9段分)，B・Aは1件(【7.13】)である。B・Aの1件とは**リベリア**で大統領が暗殺を免れたという，ワシントンからのロイター記事である。

A・Aの内訳は，**エジプト**2件，**チュニジア**3件，**アルジェリア**2件で，内容的にはエジプトがイスラエル関連，チュニジアがフランスとの自治協定関連，

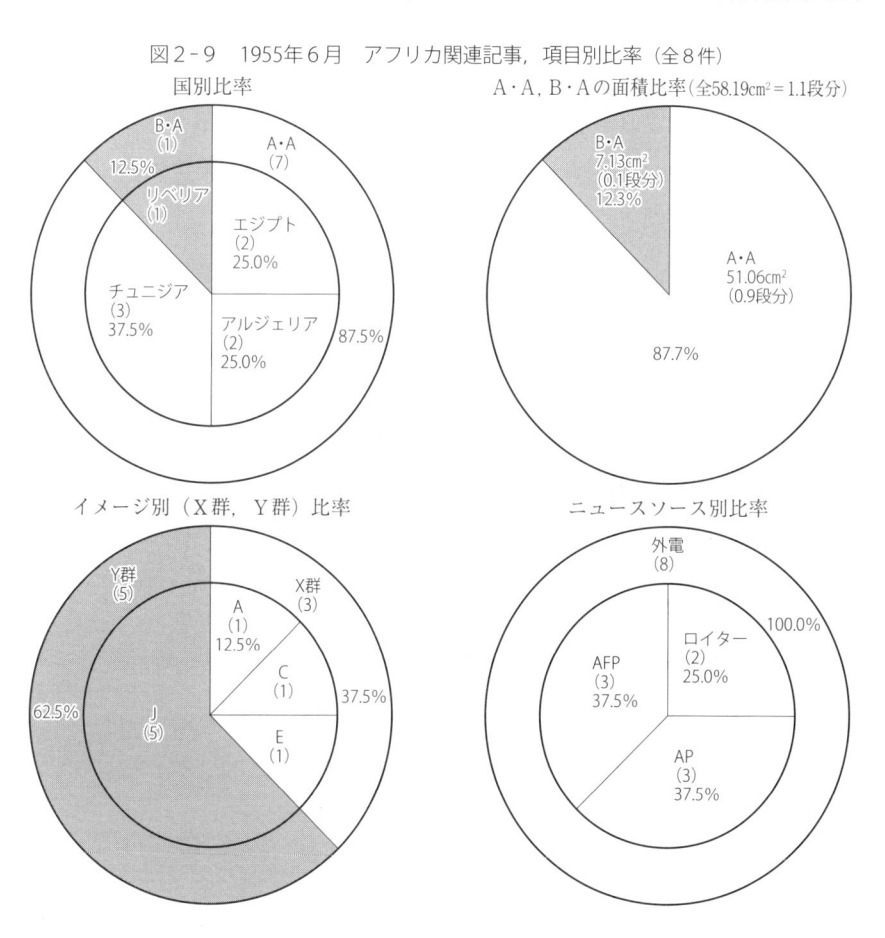

図2-9　1955年6月　アフリカ関連記事，項目別比率（全8件）

国別比率

B・A (1) 12.5%
A・A (7) 87.5%
リベリア (1)
エジプト (2) 25.0%
チュニジア (3) 37.5%
アルジェリア (2) 25.0%

A・A，B・Aの面積比率（全58.19cm²＝1.1段分）

B・A 7.13cm² (0.1段分) 12.3%
A・A 51.06cm² (0.9段分) 87.7%

イメージ別（X群，Y群）比率

Y群 (5) 62.5%
X群 (3) 37.5%
A (1) 12.5%
C (1)
E (1)
J (5)

ニュースソース別比率

外電 (8) 100.0%
ロイター (2) 25.0%
AFP (3) 37.5%
AP (3) 37.5%

アルジェリアが国内暴動情勢記事である。2段以上の見出しが付いた記事はアルジェリアの1つで，あとはすべてベタ記事である。発信元はロイター—2，AP—3，AFP—3である。

内容区分では，**X群3件（A—1**「アルジェリアの情勢悪化」，**C—1**「リベリア大統領，暗殺免る」，**E—1**「フランスとチュニジアは自治協定に正式に調印」），**Y群は5件ですべてJ項である**。「イスラエル，エジプトの首脳会議」，「ガザに中立地帯設置」，「仏大統領　チュニジアの全政治犯釈放」等の記事である。

アフリカ発記事は，外電のみの4である。

(4) 7月

記事数は10件ですべてA・A。内訳は**モロッコ—4，エジプト—3，アルジェリア—1，チュニジア—1，北アフリカ—1**，である。エジプトを除けば，どの国のものもフランスとの関連の記事である。

比較的大きなスペースを割いた記事は，24日（日）付の北アフリカのもので，4段「仏領北アフリカの紛争，アラブ代表団，米に調停を要請」という大見出しがある。これは主としてモロッコ，アルジェリアでの現地民族主義者とフランス人との衝突について，アメリカに仲介を依頼したという記事である【38.41】。それら2国の他に，チュニジア，西アフリカ（現ニジェール辺），赤道アフリカ（現チャド）がその仏領に含まれている。

10件の総面積は【102.12】（1.9段分）。発信元は，ロイター—5，AP—3，AFP—1，ソビエト・ニュース—1。北アフリカの記事以外はベタ記事である。

内容区分では，**X群7件（A—5，E—2），Y群3件（すべてJ）**である。
アフリカ発記事は，この月も外電のみで，5である。

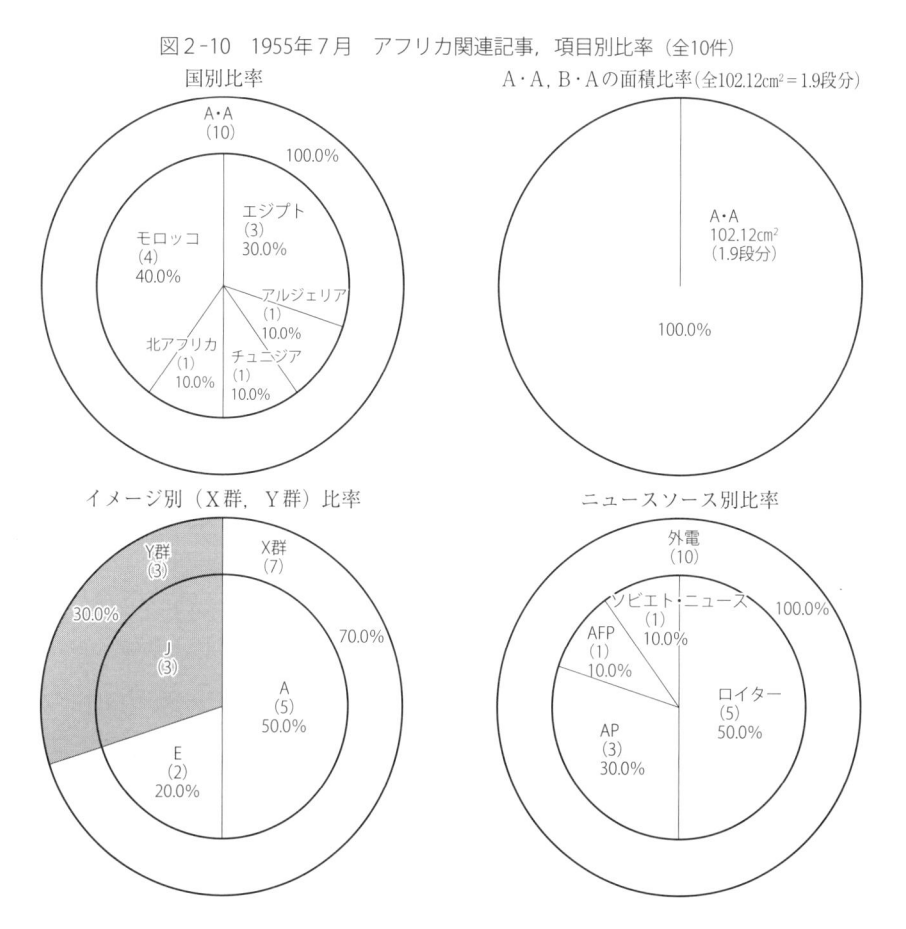

図2-10 1955年7月 アフリカ関連記事，項目別比率（全10件）

国別比率：A・A (10) 100.0%／モロッコ (4) 40.0%／エジプト (3) 30.0%／アルジェリア (1) 10.0%／チュニジア (1) 10.0%／北アフリカ (1) 10.0%

A・A, B・Aの面積比率（全102.12cm² = 1.9段分）：A・A 102.12cm²（1.9段分）100.0%

イメージ別（X群，Y群）比率：X群 (7) 70.0%／Y群 (3) 30.0%／A (5) 50.0%／E (2) 20.0%／J (3)

ニュースソース別比率：外電 (10) 100.0%／ロイター (5) 50.0%／AP (3) 30.0%／AFP (1) 10.0%／ソビエト・ニュース (1) 10.0%

(5) 8月

　記事数65とこれまでに比べると一気に増える。それはしかし，A・Aの記事が増えたことによるもの。B・Aも9記事すべてが**スーダン**のもので，エジプトとの関連が見て取れる。A・A 56記事の内訳は，**モロッコ**—26，**エジプト**—10，**北アフリカ**—10，**アルジェリア**—5，**チュニジア**—4，そして**リビア**—1，である。

　モロッコは国内に起こった暴動関連と，そのことに対するフランスとの協議記事が主なものである。エジプトは，対イスラエル（ガザ地区の暴動等）や，

対ソ対中,関連である。北アフリカは仏の北アフリカ対策記事,及び北アフリカに起こる暴動に関連する対策記事である。

アルジェリアはまた暴動記事で,チュニジアは仏との間の自治交渉関連である。リビア1件は仏との間で「友好条約調印」というベタ記事である。

内容区分では,**X群45件（A―33, E―12）, Y群20件（J―18, N―2)** である。Ａ項とした見出しの言葉には次のようなものがある。暴動,非常事態宣言,ゼネスト,危機,除名,放火,衝突,政情不安,対立,等々である。Ｅとしたものには,自治権で条約批准,（スーダンからの）撤兵・撤退,自治協定署名,等がある。Y群のＪでは,友好条約調印,（仏とモロッコが）会

図2-11　1955年8月　アフリカ関連記事,項目別比率（全65件）

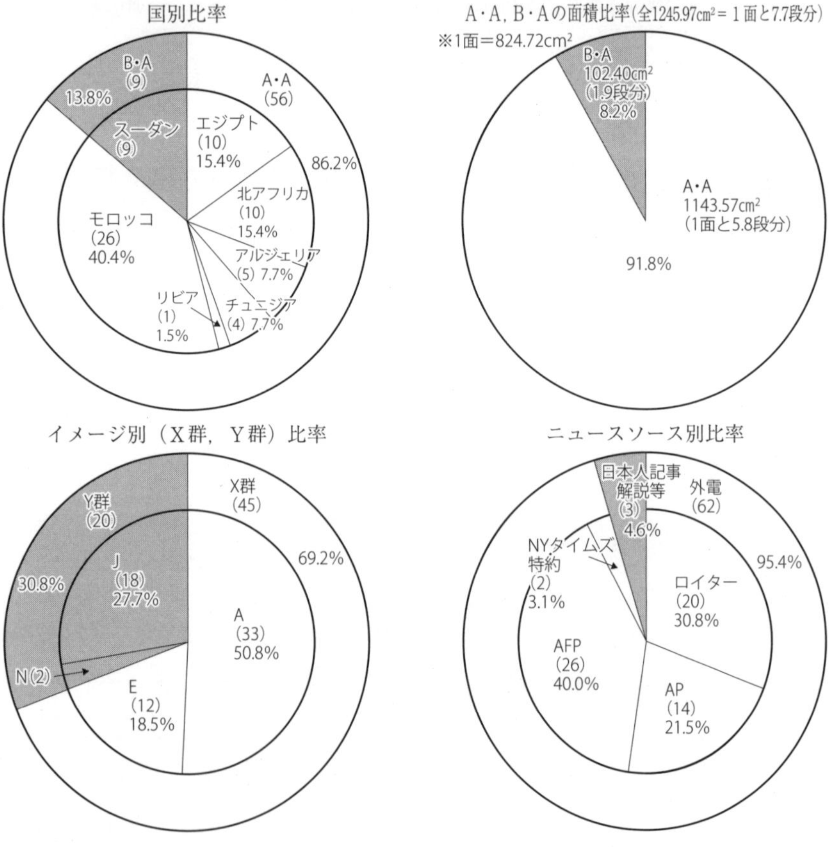

国別比率

B・A (9) 13.8%
スーダン (9)
エジプト (10) 15.4%
モロッコ (26) 40.4%
北アフリカ (10) 15.4%
アルジェリア (5) 7.7%
リビア (1) 1.5%
チュニジア (4) 7.7%
A・A (56) 86.2%

A・A, B・Aの面積比率(全1245.97cm² = 1面と7.7段分)
※1面=824.72cm²

B・A 102.40cm² (1.9段分) 8.2%
A・A 1143.57cm² (1面と5.8段分) 91.8%

イメージ別（X群,Y群）比率

Y群 (20) 30.8%
X群 (45) 69.2%
J (18) 27.7%
N (2)
A (33) 50.8%
E (12) 18.5%

ニュースソース別比率

日本人記事解説等 (3) 4.6%
外電 (62) 95.4%
NYタイムズ特約 (2) 3.1%
ロイター (20) 30.8%
AFP (26) 40.0%
AP (14) 21.5%

談・会議，安保理に解決要請，（政界から）引退，等である。Nの２つは「モロッコ総督のパリ帰着」と「仏首相のモロッコからの帰国」記事からである。

総面積は【1245.97】（１面と7.7段分）で，A・Aはそのうち91.8%を占める【1143.57】（１面と5.8段分）で，B・Aは【102.40】（1.9段分）である。

外国通信社及び外国新聞特約記事は62件あり，その合計面積は【924.17】（１面と1.8段分）で，それぞれ総数の95.4%，総面積の74.2%である。内訳は，ロイター―20【214.93】，AP―14【273.04】，AFP―26【303.49】，そしてNYタイムズ特約―2【132.71】となっている。

外国通信社以外の残り３記事は，いずれも「北アフリカ」関連の解説・編集記事である。１つは「今日の問題」欄の記事であり，あと２つは「仏のアフリカ政策」という特集記事で，上・下と２回に分けて掲載されている。その３件の合計面積は【321.80】で，全面積の約25.8%を占めている。このような解説（紹介，報告）記事は読者の当該地に対する理解を促すもので，その割合が増えることが《マクブライド報告》にある「マス・メディア」の「外国の支配下」から遠ざかるもののように思える。65記事のうち３記事という数は僅か4.6%に過ぎないが，このような自社の記者，あるいは編集担当の手になる記事が増えることが望まれる。

写真は７枚【49.19】あり，うち５枚は顔写真【14.09】であり，あとの２枚はその記事に相応する状況（モロッコ関連）のものである【35.10】。地図は４枚で【20.81】。写真との面積の合計は【70.00】となり，面積全体に占める割合は，5.6%になる。この面積も増えてゆけば，アフリカ理解の有効な一助となることだろう。別の観点からは，それらのスペースが増えるということは，日本のマスコミのアフリカに対する意識に変化が生じたということだからである。

アフリカ発記事は30で，すべて外電である。

③ ９〜12月

(1) ９月

46記事，総面積は【740.31】で，それは１面＝15段のうちの13.5段に相当

する。地域的分類ではA・Aが45件で全体の97.8％，面積的には【735.94】で99.4％を占める。

A・Aの国別内訳は，**エジプト—28，モロッコ—12，アルジェリア—4，チュニジア—1**で，内容は，エジプトはこの月もイスラエルとの関連記事が半数以上を占める。他には，ソ連からの武器購入関連である。モロッコは，仏人新総督関連，及び自治権付与問題と暴動等がある。アルジェリアは国内暴動。そして，チュニジアは新内閣記事である。

B・Aの1件は，**ニアサランド（現マラウィ）**で，その新総督に前キプロス総督がなるという人事記事である【4.37】。

図2-12　1955年9月　アフリカ関連記事，項目別比率（全46件）

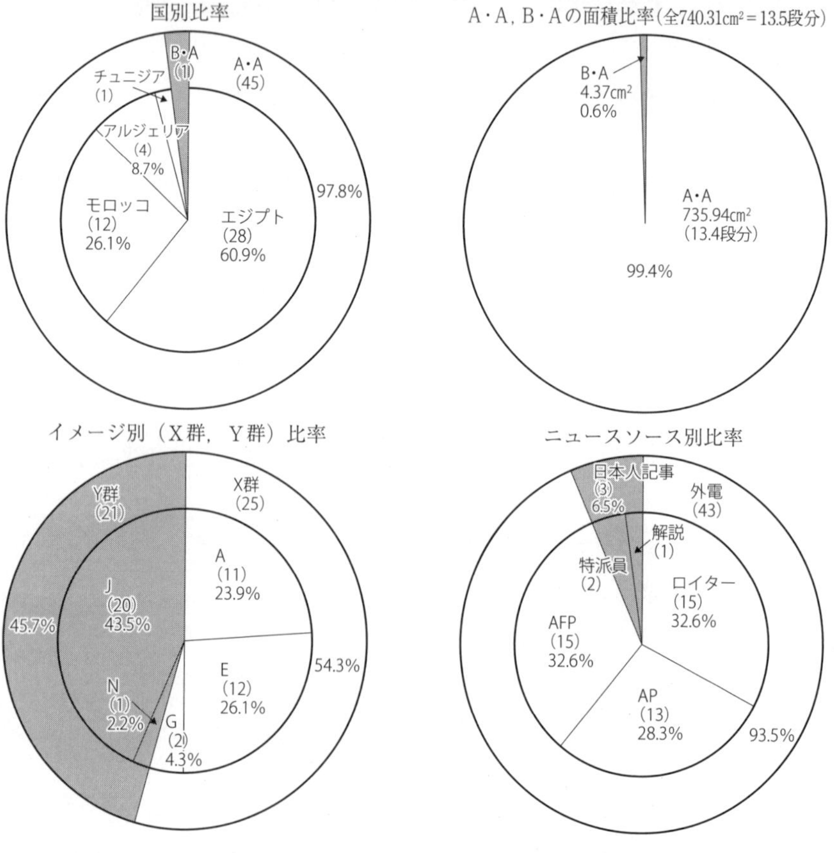

国別比率

A・A，B・Aの面積比率（全740.31cm² = 13.5段分）

イメージ別（X群，Y群）比率

ニュースソース別比率

46記事のうち、93.5%に当たる43件が外国通信社発（以下、外電）のものである。ロイター―15、AP―13、AFP―15で、その面積の総計は【479.21】で、全体面積での割合は64.7%である。

　この9月にして初めて、この年の自社特派員記事が出てくる（2件）。1つはパリ発のアルジェリア関連記事で【97.92】のスペースを取り、もう1つはロンドン発のエジプト関連記事で【99.82】あり、どちらも解説的意味合いの濃い内容となっている。

　残り1記事はモロッコ関連の編集記事で【63.90】ある。3段の見出しは、「複雑さ増すモロッコ問題」である。

　写真は4枚あり、すべて顔写真である【10.78】。地図は2枚で【10.81】である。

　内容区分では、X群25件（A―11、E―12、G―2）、Y群21件（J―20、N―1）である。Ⓐではやはり、暴動、衝突、占領、対立といったものである。Ⓔはフランスの植民地政策記事が多い。Ⓖの2件は**エジプトのソ連とチェコからの武器購入、武器協定記事**である。Y群、Ⓝの1件は「**エジプト軍事使節団、チェコへ出発**」記事である。

アフリカ発記事は19あるが、この月もすべて外電である。

(2) 10月

　記事数が初めて100を超える。

　エジプトの動向を伝えるものが多く、116記事中、ほぼ40%の46が同国関連である。その内容は、アメリカのイスラエルへの肩入れに反駁するかのように、ソ連への接近。そしてソ連やチェコからの武器購入に絡む記事が多い。またサウジアラビアとの軍事協定調印との記事も下旬には出てくる。

　次に多い国は**モロッコ**で33件を数える。同国内での政府軍と反乱軍の衝突、ゲリラの出没、そしてその混乱に伴うフランスの動きが主なものである。下旬（10/30付）には、親仏モロッコ人指導者が暗殺されている。

　次が**アルジェリア**で20件。ここでもアルジェリア問題、対仏関係がそのほとんどを占めている。そして、**北アフリカ**という項の9件。これはアルジェリ

ア，モロッコ，チュニジアにまたがる記事である。

そして**チュニジア**が1件。以上，A・Aの記事の合計は109件で，全体の94.0％を占める。

全116記事の面積は【3257.91】で，ほぼ4面分ある。A・Aはその93.9％を占める【3058.13】を埋めている。B・Aは従って7記事で，面積は【199.78】。7件中5件は**スーダン**のもので，英のスーダン軍撤退やソ連からの武器購入関連である。他は**ナイジェリア**―1と**英領アフリカ**―1である。ナイジェリアは，英女王の訪問記事であり，英領アフリカは，南部アフリカの英植民地に関するものである。

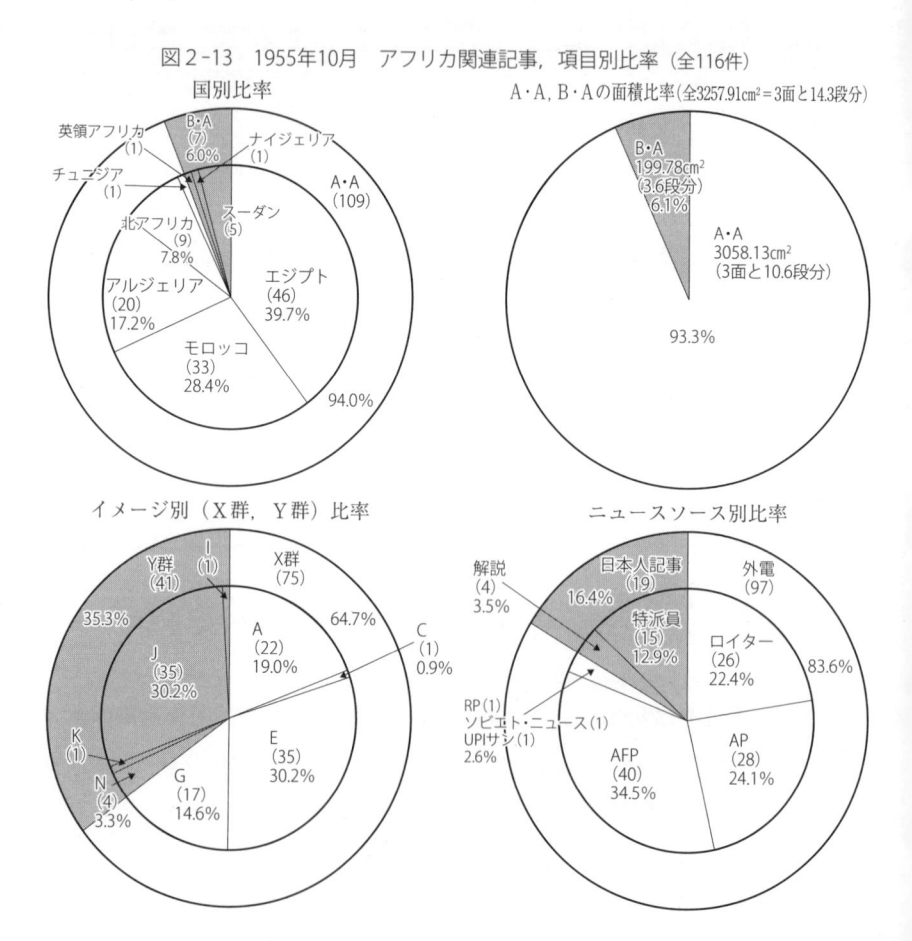

図2-13　1955年10月　アフリカ関連記事，項目別比率（全116件）

国別比率

英領アフリカ(1)
B・A(7) 6.0％
ナイジェリア(1)
チュニジア(1)
スーダン(5)
A・A(109)
北アフリカ(9) 7.8％
エジプト(46) 39.7％
アルジェリア(20) 17.2％
モロッコ(33) 28.4％
94.0％

A・A，B・Aの面積比率（全3257.91cm²＝3面と14.3段分）

B・A 199.78cm²（3.6段分）6.1％
A・A 3058.13cm²（3面と10.6段分）
93.3％

イメージ別（X群，Y群）比率

I(1)
Y群(41) 35.3％
X群(75) 64.7％
A(22) 19.0％
C(1) 0.9％
J(35) 30.2％
K(1)
N(4) 3.3％
G(17) 14.6％
E(35) 30.2％

ニュースソース別比率

解説(4) 3.5％
日本人記事(19) 16.4％
外電(97) 83.6％
特派員(15) 12.9％
ロイター(26) 22.4％
RP(1)
ソビエト・ニュース(1)
UPIサシ(1) 2.6％
AFP(40) 34.5％
AP(28) 24.1％

内容区分では，X群75件（A—22，C—1，E—35，G—17），Y群41件（I—1，J—35，K—1，N—4）である。

[C]は既述した「暗殺」記事であり，Y群の[I]は，ナセル首相の人物紹介記事である。また[K]は，**エジプト**と東独との貿易交渉記事であり，[N]は，米・国務次官補のカイロ到着や**スーダン**政府貿易代表のチェコ訪問記事，そして既述の英女王**ナイジェリア**訪問，等である。

外電は97記事で，全体の83.6％。面積は【1784.69】（2面と2.5段分）で全体の54.8％である。ロイターは26，AP—28，AFP—40，RP—1，ソビエト・ニュース—1，UPIサン（写真のみ）—1である。

この月は自社の特派員発記事も15と増えている。パリ発—6，ロンドン発—3，NY発—3，ワシントン，ベイルート，ニューデリー発がそれぞれ1であり，面積の総計は【1149.55】（1面と5.9段分）。記事数は全体の12.9％と少ないが，面積的には35.3％と3分の1強となっている。これは各地にいる記者の解説的なものが含まれているからである。

解説（報告，編集，企画等）記事は4つあり，「今日の問題」欄には2つ取り上げられている。1つはアルジェリア関連で，「内政干渉」という見出しで，もう1つはエジプト関連で「ナイルの怒り」との見出しである。

他は「クローズアップ」欄で，3段見出しで「中東問題の焦点に立つエジプト　ナセル首相，"中東のネール"ヘソ連接近」とある。

あと1つは7段の編集記事。4段の大見出しが2つある全体で【152.64】のアルジェリア関連記事である。「アルジェリア問題の推移」と「同化できない現地人——欧州化して反抗に立つ」という見出しである。

この月にはアフリカ関連記事が一面トップを飾った日もある。16日（日）で「モロッコ改革具体化，仏四摂政に任命」と5段見出しで。【67.71】。

アフリカ発記事は40。すべて外電である。

(3) **11月**

81記事と前月に比べると少し減る。

この月もA・A関連が全体の90.1％（73件）とその殆どを占める。**エジプト**

がさらにその半数以上の42記事と多い。ガザ地域での紛争が続いていて，それが国連で取り上げられての記事もある。「国連休戦監視委員長のカイロ着」(11日付)という記事も見られる。他には，ユーゴのチトー大統領の訪問，仏や米からの武器供与，そしてソ連関連と多い。日本のエジプト，及びこの中東情勢に対する関心の高さを示している。

次いで多いのは，**モロッコ**の25件。自治をめぐる問題が仏を交じえて行なわれている。民主化と首長制，そして仏総督との関係，等々。

アルジェリアは5件。アルジェリア問題が国連の議題になるか，ならないか，という記事が下旬に多く出てくる。残りのA・Aの1件は**リビア**で，「米英が武器提供」という記事である。

B・Aは8記事で，**スーダン**―4，**南アフリカ**―2，**ケニア**―1，**ナイジェリア**―1で，スーダンでは，「国民投票案を英が受諾」，「内閣総辞職」及び「ソ連が代表部設置」等の記事がある。南アではトピック記事の「3日間死んだ少女が生き返った」と，国連関連の「国連の南ア代表団引き揚げ――人種問題で不満」がある。

ケニアは「警官隊，モウモウ団11名殺す」であり，ナイジェリアは経済欄で「工業大臣が来日」というものである。

内容区分では，X群27件（A―14，C―1，E―8，G―4），Y群54件（I―2，J―44，K―1，N―4，O―3）となる。ここではX群よりY群の方が多い。全体の半数以上の44件を締める J の多くは，**エジプト**とイスラエルの動向に対する国連や米英の対応であり，また**アルジェリア**問題についての，国連の動きの報道である。それらをここではその項に含めているのでY群が多くなっている。

総面積は【1813.60】(2面と3.0段分)である。うちA・Aは【1743.41】(1記事平均は【15.60】)で96.1％を占める。B・Aは【70.19】(1記事平均【8.77】)。

外電は70記事(全体の86.4％)で【1092.01】(60.2％)1面と4.9段分。内訳は，ロイター―17【212.23】，AP―28【409.79】，AFP―24【376.82】，NY・タイムズ特約―1【93.17】である。

自社特派員記事は9記事で総計面積は【637.21】(11.6段分)。1記事平均は

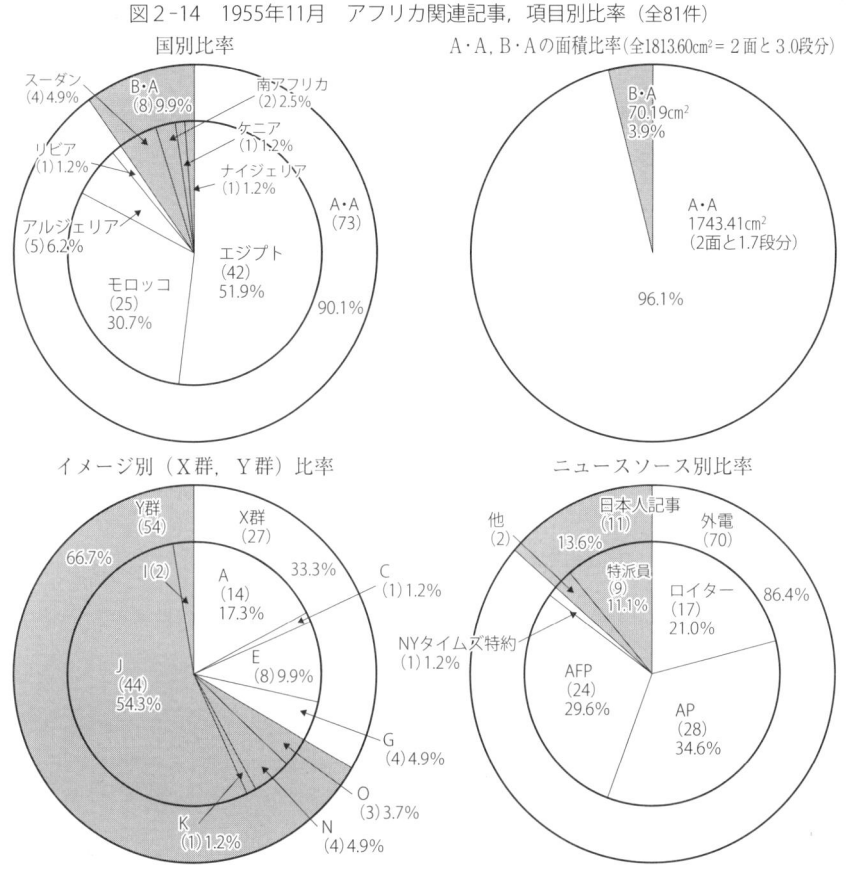

図2-14　1955年11月　アフリカ関連記事，項目別比率（全81件）

国別比率
- スーダン (4) 4.9%
- B・A (8) 9.9%
- 南アフリカ (2) 2.5%
- ケニア (1) 1.2%
- リビア (1) 1.2%
- ナイジェリア (1) 1.2%
- アルジェリア (5) 6.2%
- A・A (73) 90.1%
- エジプト (42) 51.9%
- モロッコ (25) 30.7%

A・A，B・Aの面積比率（全1813.60cm² = 2面と3.0段分）
- B・A 70.19cm² 3.9%
- A・A 1743.41cm²（2面と1.7段分）96.1%

イメージ別（X群，Y群）比率
- Y群 (54) 66.7%
- X群 (27) 33.3%
- A (14) 17.3%
- C (1) 1.2%
- I (2)
- E (8) 9.9%
- J (44) 54.3%
- G (4) 4.9%
- O (3) 3.7%
- K (1) 1.2%
- N (4) 4.9%

ニュースソース別比率
- 他 (2)
- 日本人記事 (11) 13.6%
- 外電 (70) 86.4%
- 特派員 (9) 11.1%
- ロイター (17) 21.0%
- NYタイムズ特約 (1) 1.2%
- AFP (24) 29.6%
- AP (28) 34.6%

【70.80】で，外電の【15.60】(A・A) より4倍以上の面積がある。これはそれだけ中身の濃い報道ということが言える。内訳は，カイロ発が4件【399.74】，NY発が4件【183.22】，ロンドン発1件【54.25】。

「クローズアップ」欄に人物紹介がある。「モロッコ首長のベン・ユーセフ」でアフリカ (A・A) 人だが，今後増えていくことが予測される【80.24】。

写真は12枚【83.80】で，うち顔写真が8枚【25.54】である。地図は3枚【19.78】である。

総面積【1813.60】は2面と3.0段分である。

アフリカ発記事は31。外電27，日本人記事4である。

(4) **12月**

48記事で総面積は【1578.62】，1面と約13.7段分のスペースである。

A・Aはうち38件（79.2％）で【1390.64】（88.1％）。B・Aはそれ以外の10件（20.8％）【187.98】（11.9％）である。

外電は36記事（75.0％）【413.05】7.5段分（26.2％）と，数では7割以上を占めるが，面積的には1/4程度になっている。

これは何を意味しているのか。それは自社特派員発と解説記事等が増えたことを意味している。数的には少ないが，紙面を埋めるスペース的には外電を凌駕していることを示している。自社発は4件【305.37】。内訳はワシントン発が2【138.89】，カイロ発が1【119.72】，ロンドン発が1【46.76】である。

解説及び企画記事は5記事で総面積は【762.22】。「世界の街から」「世界の歳末」各1件，いずれもカイロの特派員発（それぞれ【71.53】【126.33】）。

そして，「曲がり角に来た世界」＝北アフリカ関連【143.78】と，「エジプトの＝計画するアスワンハイダム，サバクを豊かな耕地に――資金援助に東西が競争――ナイルの歴史を変える史上最大のダム」【214.14】。

また中東関連で，ロンドンからの特派員レポート，「アラブ・イスラエル紛争，イスラエル側の言い分『アラブ側が侵略』」【206.44】がある。

これら5記事のスペース的比率は全体の48.3％で，前記自社特派員記事の【305.37】を加えると，【1067.59】（1面と5.4段分）となり，67.6％が解説的な記述を含む記事となる。この月に限って言えば，数的には外電の依存度は高いが，内容的には自社の見解が多く示されていることが言える。

他には，「シュバイツァー博士」関連が1件，経済記事が2件ある。

写真は9枚（うち顔写真は4枚）で，面積は【151.14】。地図は5枚で【35.42】。計【203.58】であり，全体の12.9％，段数的にいうと約2段分となる。

記事内容は，A・A 38件（**エジプト**―30，**アルジェリア**―4，**モロッコ**―3，**北アフリカ**―1）は前月までと特別変わりはないので，B・Aを取り上げる。

10件のうち，**スーダン**―5は，対エジプト，対英，それに連動する独立関連で占められる。**ナイジェリア**―2は，工業大臣の来日に伴う技術援助要請と，同大臣の離日記事。**エチオピア**―1は，チトー大統領の訪問記事。**南アフリカ**

―1は,社会面に載った,「今世紀最大の盗難――2億円の宝石」記事。そして**仏領アフリカ（ガボン）**の,シュバイツァー関連記事（社会面）である。

内容区分では,X群18件（A―2,E―7,G―9）,Y群30件（H―3,J―20,K―1,N―3,O―3）である。この月もマイナス・イメージを与えるX群よりも,そうでないY群に入る記事の方が多い。

アフリカ発記事は19あり,外電は16,日本人記事は3である。

図2-15　1955年12月　アフリカ関連記事,項目別比率（全48件）

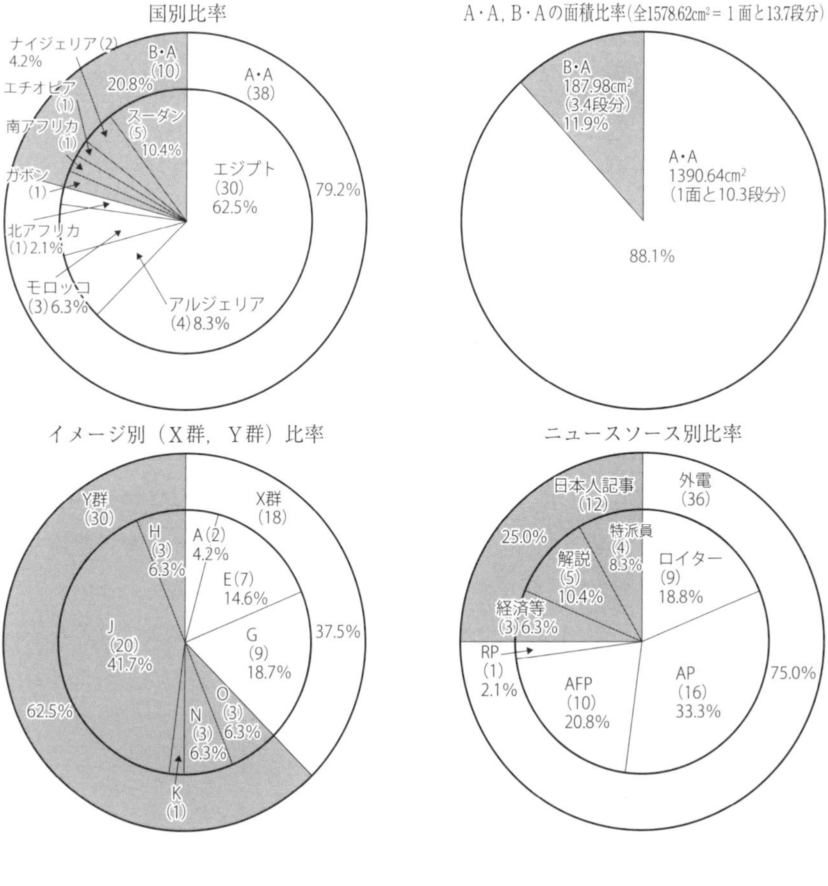

国別比率

ナイジェリア(2) 4.2%
エチオピア(1)
南アフリカ(1)
ガボン(1)
北アフリカ(1) 2.1%
モロッコ(3) 6.3%
B・A(10) 20.8%
スーダン(5) 10.4%
A・A(38) 79.2%
エジプト(30) 62.5%
アルジェリア(4) 8.3%

A・A,B・Aの面積比率（全1578.62cm² = 1面と13.7段分）

B・A 187.98cm² (3.4段分) 11.9%
A・A 1390.64cm² (1面と10.3段分) 88.1%

イメージ別（X群,Y群）比率

Y群(30) 62.5%
X群(18) 37.5%
H(3) 6.3%
A(2) 4.2%
E(7) 14.6%
G(9) 18.7%
J(20) 41.7%
O(3) 6.3%
N(3) 6.3%
K(1)

ニュースソース別比率

日本人記事(12) 25.0%
外電(36) 75.0%
特派員(4) 8.3%
解説(5) 10.4%
経済等(3) 6.3%
RP(1) 2.1%
AFP(10) 20.8%
AP(16) 33.3%
ロイター(9) 18.8%

第3節　1945年，及び1955年の記事の内容分析

　各記事の内容を分析するにあたり，一つの解り易い区分けとして，マイナス・イメージを与えるものか否かをみてきた。できる限り整合性を保つ区分けをしてきたつもりだが，記事によって判断に困るものがあったことも事実である。戦争・内乱・紛争・暴動・テロ，暗殺・虐殺，貧困・飢餓等といった内容のものは，はっきりしているが，植民地関連記事や和平交渉記事等は，その前後の文面でX群に入れることも，Y群に含めることも可能となるものがある。従って，その截然とした区分けという意味においては，自ずと限界があったことをやはり断っておきたい。

1　1945年

　第1節のところでも記したようにこの年は戦争が終わりを迎える年であり，アフリカに関する記事もそのことに関係するものがある。総記事数は12だが，8月15日以前の記事が11件を占める。つまり敗戦を迎えてからは1記事だけ報道されているに過ぎない。混乱の中にあって，"アフリカ"のことを伝える意味はあまりなかっただろう。その1記事とは，9月26日付の，エジプト領からの英軍の撤退を要求するものである。

　国別内訳では**エジプト**関連が10で，8割以上を占める。他は**南ア連邦**と**東アフリカ**関連がそれぞれ1件ずつである。写真は1枚も使われていない。

　記事の総面積は，73.54cm^{2}でこれは約1.7段分（1面の10.5％）に過ぎない。エジプトの10記事分のスペースは【57.74】と，総記事面積の78.5％を占めている。

　内容では，首相暗殺とその後の記事関連4件，スーダンの併合とそれに伴う英国軍との関連を伝えるもの4件，そして対日参戦関連2件である。

　エジプトの事件，出来事はイギリスと連関していることで記事となることが多い。残り2件の南ア連邦と東アフリカも，この地域がイギリスの勢力内であ

ることで記事となっているように考えられる。いくらかはそのことが関係しているだろう。

　この頃の記事は起こった出来事を事象として伝えるもので，そこには解説的要素は含まれていない。

　また本論考のあと一つのテーマである「マクブライド委員会報告」——以下，同委員会あるいは同報告——との関連から言えば，当然に「新情報秩序」という主題は全く顧みられていない時期のものである。

　報道の出処は，9月26日のチューリッヒ（カイロ発・エキスチェンジ電）——日本にはチューリッヒから入電しているので，アフリカ発には含めない——特電以外の11件は，同盟発（リスボン発10，ストックホルム発1）の記事である。当時日本は間違いなく後進国であり，コミュニケーションの自由もそれに比例して，無いに等しかった。いや自由な部分はあったのだろうが，現在で言う「自由」とは同質のものではなかった。つまり，情報に対する不満も感じなかったと思われる。自由とかその逆の不自由・不満は，社会（あるいは「国」）がある程度成熟していないと，意味を成さない。当時の日本にあっては，新聞を今日のように身近に感じていた者はそれほど多くなかっただろう。少なくとも学問をつけることが一般的ではなかった当時の女性たちにあっては，概ねそうであろうし，また男性であっても，旧制中学へ上がる者はそれほど多くはなかったことを考えるとそう言える。

　同報告に，
「マスメディアが，外国の支配下にある国は，国とはいえない」（邦訳書93頁18行目）
とあるが，国ではあってもマス・メディアそのものが貧弱であれば，やはり偏頗な国と言わざるを得ないだろう。この当時の報道を，同委員会報告に充当することは意味のないことだ。

　内容区分は，X群9件で，A—7，C—1，E—1。Y群は，3件でJ—2，O—1である。Jとは2月26，27日の「エジプト，後継首相を要請」と「首相，決まる」であり，Oは3月12日の「世界一のダイヤ発見」である。Aの

56　第 2 章　1945 年（昭和 20 年），及び 1955 年（昭和 30 年）の朝日新聞の記事から

記事内容は，宣戦布告，駐留軍の撤退要求，狙撃犯死刑等であり，Ｃは首相暗殺であり，Ｅはエジプトのスーダン合併要求である。

　こう見てきて明らかなように，現地人にとって明るい未来を展望できるような記事は，「世界一のダイヤ発見」を除けば——それとても，真に彼等にとって明るいものかは疑問だが——見当らない。

図 2-16　1945年，朝日新聞，イメージ別比率と発信源別比率

イメージ別（X群，Y群）比率

- Y群(3) 25.0%
- X群(9) 75.0%
  - A (7) 58.3%
  - C (1) 8.3%
  - E (1) 8.3%
- J (2) 16.7%
- O (1) 8.3%

発信源別比率

- チューリッヒ特電（カイロ発エキスチェンジ電）(1) 8.3%
- 同盟 (11) 91.7%

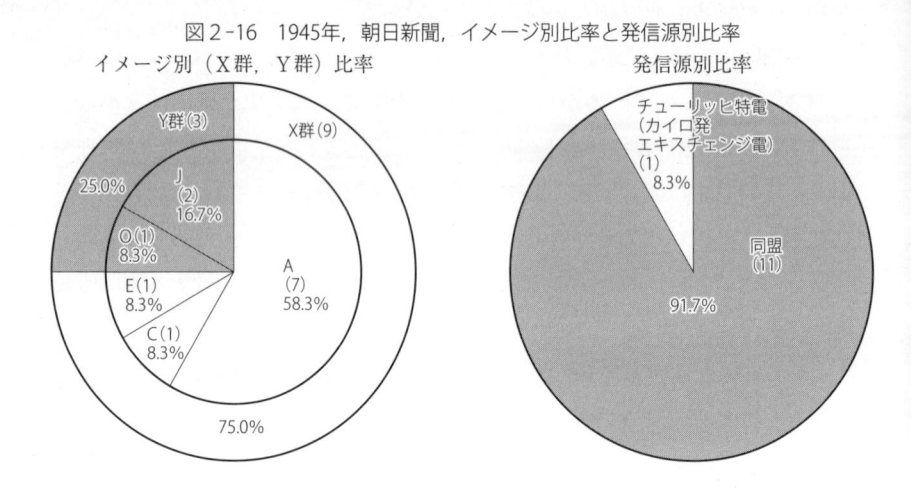

表 2-1　1945 年，朝日新聞，X 群・Y 群の表

1945年朝日	X+Y	A	B	C	D	E	F	G	計／%	H	I	J	K	L	M	N	O	計／%
1月																		
2月	5	2		1					3／ 60.0			2						2／ 40.0
3月	1																1	1／100.0
4月																		
5月																		
6月																		
7月	3	3							3／100.0									
8月	2	1				1			2／100.0									
9月	1	1							1／100.0									
10月																		
11月																		
12月																		
計	12	7		1		1			9／ 75.0			2					1	3／ 25.0

2 1955年

　この年の総記事数は420である。地域別内訳は，A・Aが377で，B・Aが43。圧倒的にA・A関連の記事が多い。8倍以上である（全体の89.8％）。

　総面積は【10029.99】で，うちA・Aは【8750.19】で全体の87.2％を占める。B・Aはその残りの【1279.80】。

　総面積のスペースは紙面に換算すると12面と約2.4段分に当たり，うちA・Aは10面と9.1段分，B・Aは1面と8.3段分である。

表2-2　1955年，朝日新聞のアフリカ関連記事の総記事数・総面積量，及びA・A／B・Aの区分け表

月	朝日新聞（1955年）		A・A			B・A		
	記事数	面積（cm²）	記事数	面積（cm²）	面積比率・％	記事数	面積（cm²）	面積比率・％
1	2	163.46	1	5.06	3.1	1	158.40	96.9
2	6	205.80	4	42.90	20.8	2	162.90	79.2
3	18	296.98	16	277.89	93.6	2	19.09	6.4
4	14	482.39	12	114.83	23.8	2	367.56	76.2
5	6	84.64	6	84.64	100.00			
6	8	58.19	7	51.06	87.7	1	7.13	12.3
7	10	102.12	10	102.12	100.00			
8	65	1245.97	56	1143.57	91.8	9	102.40	8.2
9	46	740.31	45	735.94	99.4	1	4.37	0.6
10	116	3257.91	109	3058.13	93.9	7	199.78	6.1
11	81	1813.60	73	1743.41	96.1	8	70.19	3.9
12	48	1578.62	38	1390.64	88.1	10	187.98	11.9
計	420	10029.99	377	8750.19	87.2	43	1279.80	12.8
1記事平均面積	23.88cm²	面数換算 12面と2.4段分	記事数の比率 89.8％	1記事平均23.21 換算10面と9.1段分		記事数の比率 10.2％	1記事平均29.76 換算1面と8.3段分	

　国別では，A・Aにおいては，

- エジプト————193記事（これは総数の46.0％で，A・Aにあっては51.2％に当たる）
- アルジェリア——44記事（10.5％，同11.7％）
- モロッコ————103記事（24.5％，同27.3％）
- チュニジア——13記事（3.1％，同3.4％）
- リビア————2記事（0.5％，同0.5％）
- 北アフリカ———22記事（5.2％，同5.8％）

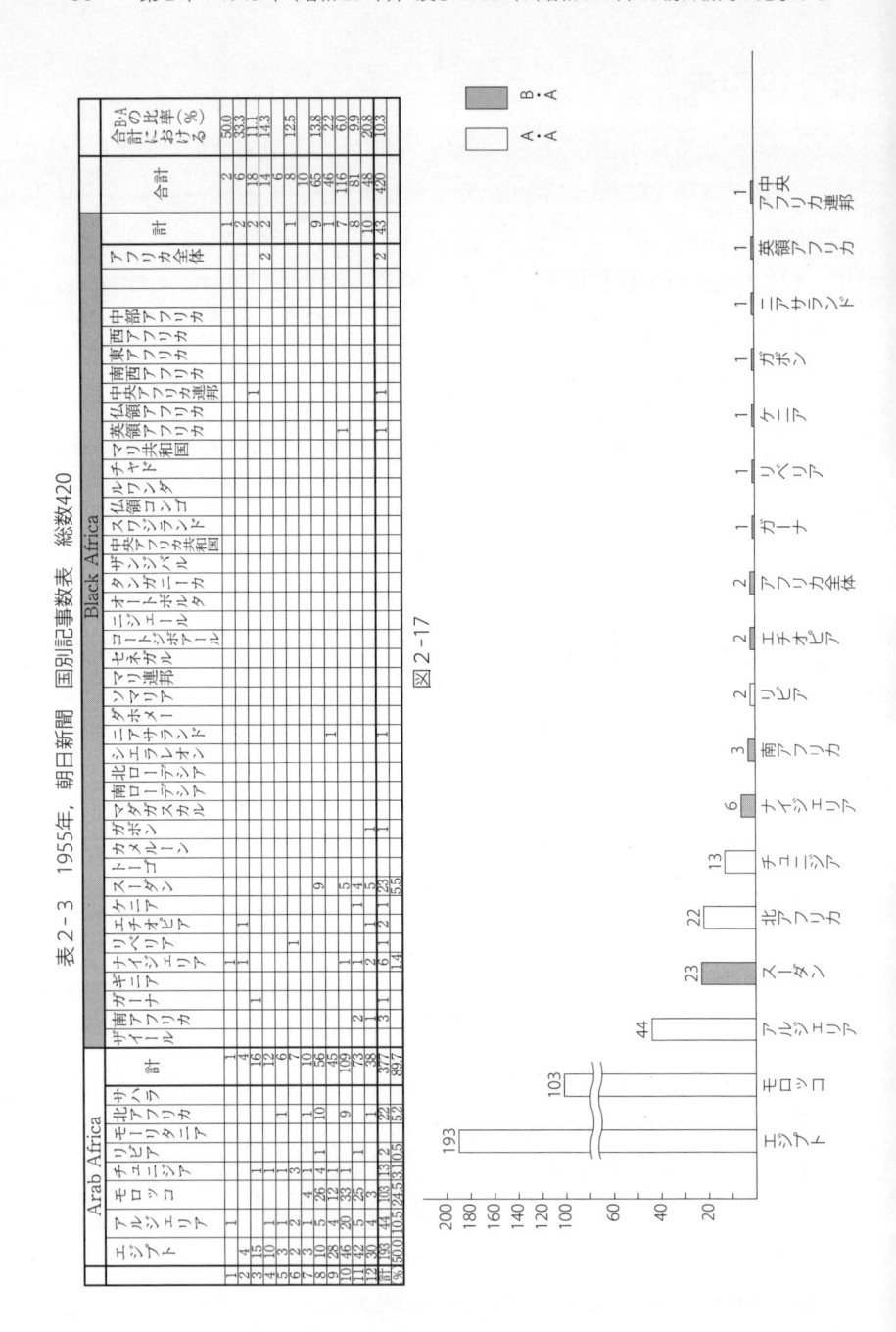

表2-3 1955年，朝日新聞 国別記事数表 総数420

図2-17

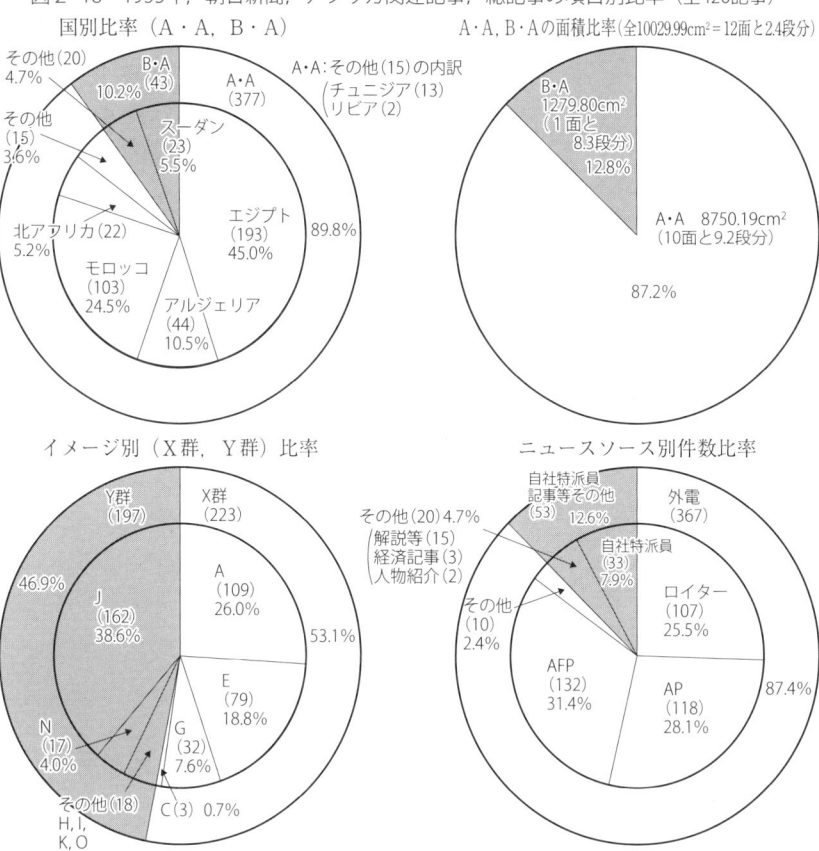

第3節　1945年，及び1955年の記事の内容分析　　59

図2-18　1955年，朝日新聞，アフリカ関連記事，総記事の項目別比率（全420記事）

国別比率（A・A，B・A）

- その他(20) 4.7%
- B・A (43) 10.2%
- A・A (377) 89.8%
- A・A：その他(15)の内訳（チュニジア(13)，リビア(2)）
- その他(15) 3.6%
- スーダン(23) 5.5%
- 北アフリカ(22) 5.2%
- エジプト(193) 45.0%
- モロッコ(103) 24.5%
- アルジェリア(44) 10.5%

A・A，B・Aの面積比率（全10029.99cm² = 12面と2.4段分）

- B・A 1279.80cm²（1面と8.3段分）12.8%
- A・A 8750.19cm²（10面と9.2段分）87.2%

イメージ別（X群，Y群）比率

- Y群(197) 46.9%
- X群(223) 53.1%
- A(109) 26.0%
- E(79) 18.8%
- G(32) 7.6%
- C(3) 0.7%
- J(162) 38.6%
- N(17) 4.0%
- その他(18) H, I, K, O

ニュースソース別件数比率

- 自社特派員記事等その他(53) 12.6%
- その他(20) 4.7%
- 解説等(15)
- 経済記事(3)
- 人物紹介(2)
- 自社特派員(33) 7.9%
- その他(10) 2.4%
- 外電(367) 87.4%
- ロイター(107) 25.5%
- AFP(132) 31.4%
- AP(118) 28.1%

B・Aでは，

- スーダン―――23記事（総数では5.5%，B・Aにあっては53.5%）
- ナイジェリア――6記事（1.4%，同14.0%）
- 南アフリカ―――3記事（0.7%，同7.0%）
- エチオピア―――2記事（0.5%，同4.7%）
- アフリカ全体――2記事（同上）
- ガーナ―――――1記事（0.2%，同2.3%），以下すべて1記事で，比率は同じ
- リベリア，ケニア，ガボン，ニアサランド（現マラウィ），英領アフリカ，

中央アフリカ連邦（現ザンビア，ジンバブエ，マラウィ辺）

外国通信社発記事の総数は，367で全体の87.4％を占めている。総面積は【5287.30】で全体の52.7％である。数的には9割近くを占めているが，面積的には5割をいくらか超える程度である。これは自社特派員発の記事や解説，報告，編集等の記事，及び経済や人物紹介等の記事のスペースが大きくなったことによる。

外電の内訳：数，面積—（　）内は，外電分全体に占める比率。但し，主要3社のみ

・ロイター—————————107記事【1233.65】（29.2％，23.3％）
・AP————————————118　　　【1870.58】（32.2％，35.4％）
・AFP———————————132　　　【1889.70】（36.0％，35.7％）
・NYタイムズ特約—————3　　【225.88】
・ソビエト・ニュース特約——3　　【19.09】
・RP—————————————2　　【12.65】
・UPIサン—————————1　　【26.55】
・NANA———————————1　　【9.20】

うちアフリカ発記事数は156で，外電全体の42.5％に，総記事数では37.1％に当たる。

自社特派員記事の総計は33で，面積の総計は【2758.05】（3面と5.2段分）である。これはそれぞれ全体の7.9％，27.5％に当たる。

ナイジェリアから，「同国及び西アフリカの産業」についての紹介，インドネシアのバンドンから，「アジア・アフリカ会議」についての解説，等々だが，発信地のみをさらに列記すると，パリ発とNY発が各7件，ロンドン発が6件，カイロ発が5件，ワシントン発が3件，ベイルートとニューデリーが各1件である。

パリ発の多くは北アフリカ（アルジェリアやモロッコ）における問題を伝えるものである。NY発も国連におけるアルジェリア及びモロッコ問題討議関連

表 2-4　1955 年，朝日新聞，外国通信社記事の表

朝日新聞1955年 外国通信社			ロイター共同		AP 特約		AFP 特約		UPI 共同		RP		ANS		ソビエト ニュース		UPIサン (写真)		NYタイムズ 特約		ガーディアン 特約		NANA	
	記事数 総計(%)	面積 (cm²) 総計(%)	数	cm²	数	cm²	数	cm²	数	cm²	数	cm²	数	cm²	数	cm²	数	cm²	数	cm²	数	cm²	数	cm²
1月	1	5.06					1	5.06																
2月	5	49.08	2	21.62	2	21.16	1	7.02																
3月	17	179.53	6	54.05	5	57.15	6	68.33																
4月	12	114.83	3	21.39	5	47.15	4	46.29																
5月	6	84.64	2	49.91	1	11.27	1	7.13							1	7.13							1	9.20
6月	8	58.19	2	11.96	3	23.46	3	22.77																
7月	10	102.12	5	36.80	3	55.66	1	3.91							1	5.75								
8月	62	924.17	20	214.93	14	273.04	26	303.49											2	132.71				
9月	43	479.21	15	168.23	13	163.58	15	147.40			1	5.75												
10月	97	1784.69	26	381.12	28	621.16	40	743.90							1	6.21	1	26.55						
11月	70	1092.01	17	212.23	28	409.79	24	376.82			1	6.90							1	93.17				
12月	36	413.05	9	61.41	16	187.16	10	157.58																
計	367 (87.4)	5287.30 (52.7)	107	1233.65	118	1870.58	132	1889.70			2	12.65			3	19.09	1	26.55	3	225.88			1	9.20

62　第2章　1945年（昭和20年），及び1955年（昭和30年）の朝日新聞の記事から

図 2-19　1955年，総記事における外国通信社発の記事以外の自社（①特派員，②社説，③解説報告等）記事及び共同通信発，その他（経済等）記事の占める比率

外円：ニュースソース別，件数比率
内円：自社等記事数53件の内訳

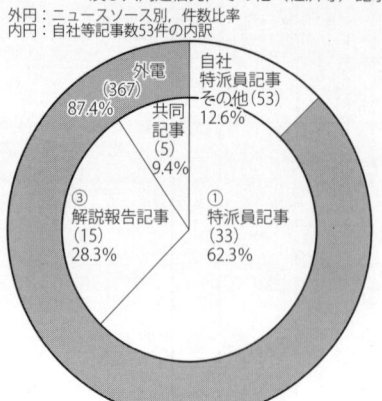

- 外電 (367) 87.4%
- 自社特派員記事その他 (53) 12.6%
- 共同記事 (5) 9.4%
- ③解説報告記事 (15) 28.3%
- ①特派員記事 (33) 62.3%

外円：総面積 (10029.99cm²) に対する外電の面積比率＝52.7%
内円：その他記事（①②③と共同）の面積 4742.69cm²（5面と11.3段分）の比率

- 外電 5287.30cm² 52.7%
- ①②③及び共同 4742.69cm²（5面と11.3段分）45.5%
- 共同 3.8%
- ③解説報告記事 1802.28cm²（2面と2.8段分）38.0%
- ①特派員記事 2758.05cm²（3面と5.2段分）58.2%
- 共同 182.36cm² 1.8%

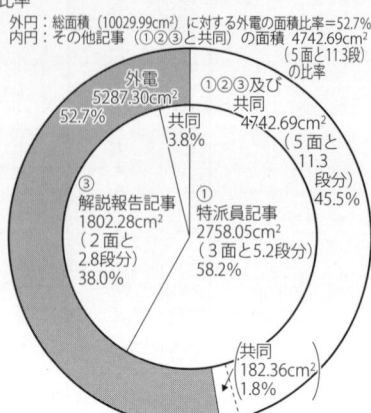

外電のうち主要4社（ロイター，AP, AFP, UPI）が占める面積，及び件数比率
外円：総面積 5287.30cm²（6面と6.2段分）
内円：総件数 367件

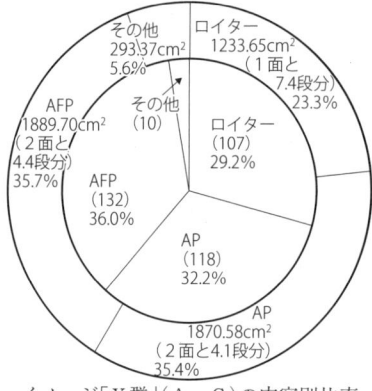

- その他 293.37cm² 5.6%
- ロイター 1233.65cm²（1面と7.4段分）23.3%
- その他 (10)
- ロイター (107) 29.2%
- AFP 1889.70cm²（2面と4.4段分）35.7%
- AFP (132) 36.0%
- AP (118) 32.2%
- AP 1870.58cm²（2面と4.1段分）35.4%

外円：総面積中に写真，地図，似顔絵の占める割合
内円：写真，顔写真と地図，似顔絵等の割合
写真等の面積量 713.64cm²＝約13.0段分

- 記事分 92.9%
- 7.1%
- 地図, 表, グラフ等 159.78cm²（2.9段分）22.4%
- 写真 380.21cm²（6.9段分）53.3%
- 面積量 713.64cm²（約13.0段分）
- 顔写真 173.65cm²（3.2段分）24.3%

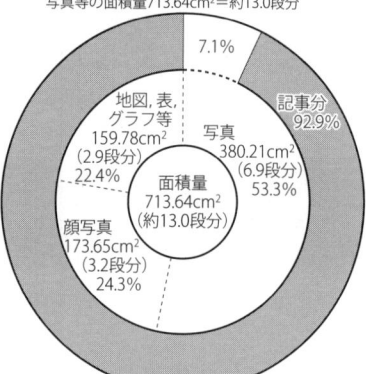

イメージ「X群」(A〜G) の内容別比率

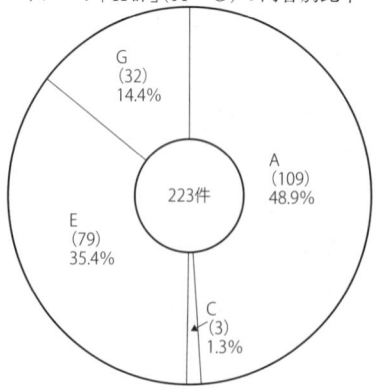

- G (32) 14.4%
- A (109) 48.9%
- 223件
- E (79) 35.4%
- C (3) 1.3%

イメージ「Y群」(H〜O) の内容別比率

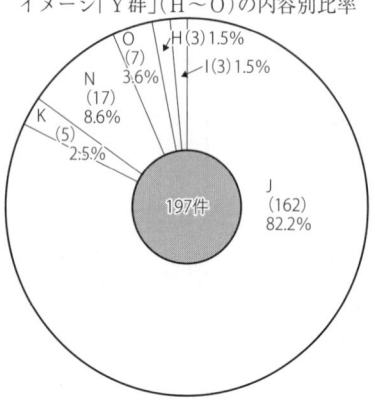

- O (7) 3.6%
- H (3) 1.5%
- N (17) 8.6%
- I (3) 1.5%
- K (5) 2.5%
- 197件
- J (162) 82.2%

第3節　1945年，及び1955年の記事の内容分析　　63

表2-5　1955年，朝日新聞のアフリカ関連記事の自社特派員記事，及び共同等発記事の数量，面積量の表

朝日新聞 1955年 月	①自社特派員記事		②社説 ③解説報告等	共同通信 その他	写真 (顔写真)		地図　似顔絵，表，グラフ	
	数	面積(cm²)	数/面積(cm²)	数/面積(cm²)	数	面積(cm²)	数	面積(cm²)
1	1	158.40			1	25.20	1	4.00
2	1	156.00			1	28.80	1	6.90
3			1／117.45				1	17.10
4	1	154.32	1／213.24		11 (10)	57.60 (36.00)	1	18.00
5					2 (2)	6.90 (6.90)		
6					1 (1)	4.60 (4.60)		5.98
7								
8			3／321.80		7 (5)	49.19 (14.09)	4	20.81
9	2	197.20	1／63.90		4 (4)	10.78 (10.78)	2	10.81
10	15	1149.55	4／323.67		21 (18)	118.83 (58.72)	3	20.98
11	9	637.21		2／84.38	12 (8)	83.80 (25.54)	3	19.78
12	4	305.37	5／762.22	3／97.98	9 (4)	168.16 (17.02)	5	35.42
計	33	2758.05	15／1802.28	5／182.36	69 (52)	553.86 (173.65)	22	159.78

1記事平均面積，83.58。①②③の合計面積は，4560.33で，5面と8.1段分。総面積に対する比率は，45.5%である。
写真，地図，似顔絵等3点の合計面積は713.64で，これは面数換算，13.0段分である。

で，ロンドン発はエジプトのソ連からの武器輸入関連，同国を含む中東・パレスチナ問題，及びスーダンの独立関連である。カイロ発はエジプト自身の自主独立への解説記事，またガザ難民キャンプを訪れての現地報告などである。

ワシントン発はエジプトのアスワンダム建設に際しての世銀からの借款関連，及び同国の共産圏からの武器輸入に対する解説記事である。ベイルート発もエジプトのソ連からの武器購入関連である。ニューデリー発もまたエジプトの武器関連で，なぜインド発かというと，見出しを見れば窺い知ることができる。

「エジプト，チェコ　兵器取引はインドと話合い済み」

解説，報告，編集等記事の総計は15で，総面積は【1802.28】である。内容

的には「中東問題」「北アフリカの暴動，及び仏の政策」，またカイロ特派員の筆になる企画記事，「世界の街から」や「世界の歳末」という，人々の暮らしを紹介するようなものもここに含めている。

　自社記事と解説記事の合計は48。それら記事の総面積は【4560.33】(5面と7.9段分)で，この数値は全体の45.5%に当たる。外電以外の自社の記者が書いたアフリカ関連記事が，この1955年にこれだけの割合を占めているということは，意外なことであったが，それだけ朝日に関して言えば，アフリカについての報道も自らでまかなおうとしているということである。

　「その他」の記事は5で，経済記事が3件と人物紹介記事が2件である。面積の合計は，182.36cm^{2}である。人物とは，既述のベン・ユーセフ(モロッコ首長)とシュバイツァーである。

　尚，この年にはアフリカに関して述べている社説は1件もない。

　内容区分では，この1年のX群に区分けされた記事の総計は223で，Y群は197である。前者の方が半数よりいくらか多い(53.1%)。

　X群の内訳は，A―109(総数の26.0%)，C―3(0.7%)，E―79(18.8%)，G―32(7.6%)。Y群は，H及びI―各3(0.7%)，J―162(38.6%)，K―5(1.2%)，N―17(4.0%)，O―7(1.7%)。

表2-6　1955年，朝日新聞，X群・Y群の表

1955年朝日	X+Y	X群							Y群							
		A	B	C	D	E	F	G	計／%	H	I	J	K	L	M	N	O	計／%
1月	2										1	1						2／100.0
2月	6	1							1／16.7		3	1				1		5／83.3
3月	18	11							11／61.1		7							7／38.9
4月	14	6				1			7／50.0		5				2			7／50.5
5月	6	3				1			4／66.7		1						1	2／33.3
6月	8	1		1		1			3／37.5		5							5／62.5
7月	10	5				2			7／70.0		3							3／30.0
8月	65	33				12			45／69.2		18				2			20／30.8
9月	46	11				12		2	25／54.3		20		1					21／45.7
10月	116	22		1		35		17	75／64.7	1	35	1			4			41／35.3
11月	81	14		1		8		4	27／33.3	2	44	1			4	3		54／66.7
12月	48	2				7		9	18／37.5	3	20				3	3		30／62.5
計	420	109		3		79		32	223／53.1	3	162	5			17	7		197／46.9

記事数が増える10月は Ⓐ 項が64.7％と比率的にも増えている。しかし11と12月はそれぞれ30％台となって，Y群の方が多い。これは各種問題に対する交渉，会談・会議，折衝，協議，さらに警告，自重要請記事なども Ⓙ 項に含めたことによる。どの記事も政治，外交，人事に含めることも可能だからだ。

この年で明らかに Ⓐ 項といえるものは，そしてそれは記事として継続的に伝えられているものは，北アフリカで起こった暴動・衝突，及び中東のエジプトとイスラエルとの紛争である。

この年にも明るい話題の記事は1件もない。

アフリカ発の総記事数は165で，うち外電は156，自社特派員記事は9（カイロ発7，ナイジェリア発2）である。

図2-20　1955年，朝日新聞，総記事数に占めるアフリカ発の記事数とその比率，及びそこに占める外電，日本人記事の記事数の比率（全420件）

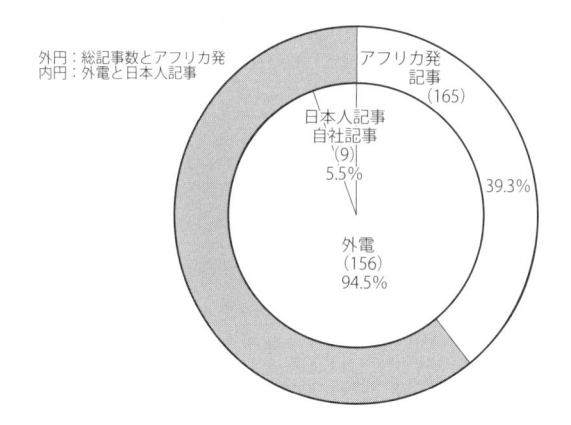

外円：総記事数とアフリカ発
内円：外電と日本人記事

アフリカ発記事 (165) 39.3％
日本人記事 自社記事 (9) 5.5％
外電 (156) 94.5％

次に写真と地図だが，これらは，面積は記事の中に含まれている。

写真は総数，69枚で，そのうち顔写真は52枚である。総面積は【553.86】で，顔写真分は【173.65】である。地図は総数，22枚で，その面積は【159.78】である。その他，似顔絵等は1枚もない。写真，地図の合計面積は【713.64】で，これはほぼ13.0段分に当たる。1面分には達しないが，アフリカをよりよく伝えるために，確実に写真等が記事の中に増えてきている。

第 2 章　1945 年（昭和 20 年），及び 1955 年（昭和 30 年）の朝日新聞の記事から

記事数及び面積量（面数／段分）の月別変遷の図（グラフ）は以下である。

図 2-21　1955 年　朝日新聞，記事数と面積量（面数／段分）の月別変遷

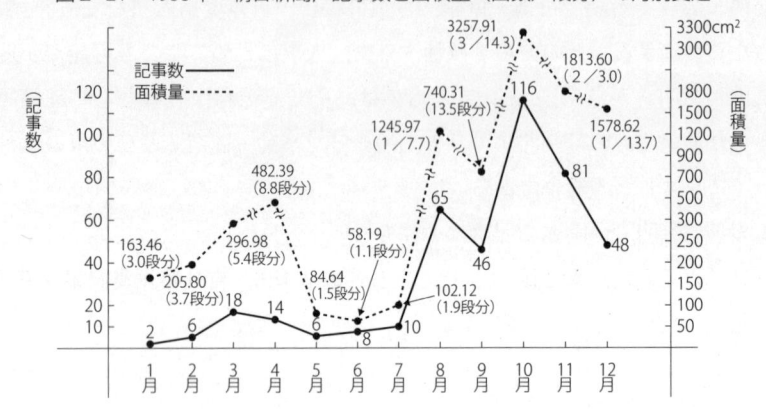

第3章

1960年（昭和35年）のアフリカ報道

第1節　朝日新聞にみる報道

1　1〜4月

＊重複になるが，以後本稿の終わりまで，1面（頁）の面積は【824.72】，1段は【54.90】である。

(1) 1月

　記事数は153で，総面積は【7047.42】。これは8面と8.2段分に相当する。この面積量は1955年当時であれば，1日分の朝刊以上に当たる。A・AとB・Aの内訳はA・Aが106記事で【5046.56】であり，B・Aは47記事で【2000.86】である。数では7割近く，面積では7割を超えて，A・Aが占めている。

　A・Aの国別内訳は，**アルジェリア**—73，**エジプト**—21，**サハラ**—8，**チュニジア**—3，**モロッコ**—1，である。アルジェリアはこの月の下旬，仏軍司令官が「非常事態」を布告したことにみられるように，国内状態は騒乱の一途をたどっていた。エジプトでは，対イスラエル関連，そしてアスワンダム建設関連記事である。サハラは仏の核実験関連であり，チュニジアは対仏関連，モロッコの1件は，日本との貿易協定記事である。

　B・Aの国別内訳は，**アフリカ全体**—10，**南アフリカ**—6，**カメルーン**—6，**英領アフリカ**—5，**ガーナ**—4，**ザイール**(注)—3，**ナイジェリア**—3，**ギニア**—2，と**ケニア**，**マリ**，**スーダン**，**ガボン**，**エチオピア**，**ルワンダ**，**ニアサラ**

ンド，北ローデシア，各1である。

《注：ザイールとは，この当時においては，**ベルギー領コンゴ**のことだが，仏領コンゴと区別するため，ここでは独立後の国名「ザイール」とする》

　記事内容では「アフリカ全体」は，アフリカに在する日本の公館の公館長たちによる会議の報道等であり，南アフリカはトピックや黒人暴動関連，カメルーンは独立とそれに伴う安保理加盟関連，英領アフリカは英マクミラン首相の訪問記事，ガーナはマクミランの訪問及び政体変更に伴う国民投票関連である。ナイジェリアはマクミラン訪問，ギニアは鉄鉱山開発記事，等々である。各国で独立の動きを伝える記事が出てきている。

　外国通信社記事は114で，面積は【1868.37】（2面と4.0段分）である。これは記事全体の，数では74.5％，面積では26.5％の比率である。各通信社等の内訳は，

・ロイター——40件【667.04】　・AP——24件【351.20】　・AFP——31件【628.16】

　そして，1955年時点ではまだその誕生をみていなかった，UPIが共同の名を付けて出てくる。16件【178.73】である。他にはRP—1【5.75】，ANS—1【11.73】，UPIサン（写真のみ）—1【25.76】である。

　自社特派員記事は1955年からの5年間に大きく増える。この月には23件あり，その面積は【2097.00】（2面と8.1段分）あり，総面積の29.8％になっている。これは日付の入った記事をその項に入れているのであり，同じく特派員発の記事でも解説的意味合いの強いものはそちらの（解説記事）項に入れていることを考えると，実際はもっと多い。

　そしてその解説（報告，紹介等）記事は，11件あり，面積は【2981.76】ある。

　これら2つの記事の面積の計は【5078.76】（6面と2.4段分）あり，全体の72.1％にもなる。スペース的には，外電分を凌駕している。情報における「主権あるいは主導権」が回復され始めているといえる。

　尚，特派員記事23件のうち，14件はパリ発で，多くがアルジェリア問題についてのものである。

　解説記事等の内容では，元旦にサハラについての特集記事が組まれている。

第1節　朝日新聞にみる報道　69

　これは2面にわたる各10段のもので，「よみがえる死のサハラ」「開発進む地下の富，壮大な夢描くフランス——ハシ・メサウドで」「砂アラシの"洗礼"魂ひきちぎる，その叫び——エル・ゴレアで」等，という見出しがある。

　他には企画連載記事の「世界の中の日本人」，これはアフリカで活躍する日本人を取り上げている。また編集解説記事「英首相に最大の試練——解決を待つ，白黒対決」との見出しで，マクミラン首相関連がある。

　内容区分では，X群は103で67.3%を占める。内訳はA—36，C—1，E—54，F—7，G—5，である。Y群は50，内訳はH—5，I—3，J—21，K—7，M—3，N—6，O—5，である。

　A項の主なものは，9割以上が**アルジェリア**での暴動，反乱，衝突，革命戦争等の記事であり，残りは，英首相の訪問に対する**ナイジェリア**や**ニアサランド**でのデモ関連，**南ア・ダーバン**におけるアフリカ人の逮捕，そしてガザ地区でのイスラエル機の上空侵犯に対する**エジプト**の抗議記事である。Cの1件は，**北ローデシア**で発覚した英首相暗殺計画記事である。Eの多くも**アルジェリア**問題で，仏の植民地政策という観点からこの範疇にした。Fも仏の**サハラ**での核実験計画に対する各国の反対記事である。Gは主にアスワンダム建設におけるソ連の技術的・及び経済的援助記事である。

　Y群では，Hは**サハラ**の自然を伝える記事や**アフリカ全体**の現状を報告する記事である。Iは**南ア**で活躍する日本人や**アルジェリア**反乱の指導者の人物紹介である。Jは各種の会議，会談や独立承認の記事等である。Kは**ギニア**と東独との通商協定調印，日本と**モロッコ**及び**チュニジア**との貿易，通商協定関連である。Mはアフリカ公館長会合記事である。Nは英首相の各国訪問記事であり，ハマーショルド国連事務総長の**エチオピア**及び**チュニジア**到着記事である。Oは**エジプト**や**南ア**でのトピック記事等である。

　この月の総記事数153のうち，**アフリカ大陸から発せられた記事数は，58件で全体の37.9%に当たる。その中に自社カイロ特派員発，3件が含まれる。**

　写真は47枚で【1309.69】（1面と8.8段分），うち顔写真は16枚【51.30】，その他は31枚【1258.39】である。地図は10枚【236.02】，似顔絵1枚【4.60】総計58枚で【1550.31】となる。この面積量は1面と13.2段分に相当する。視

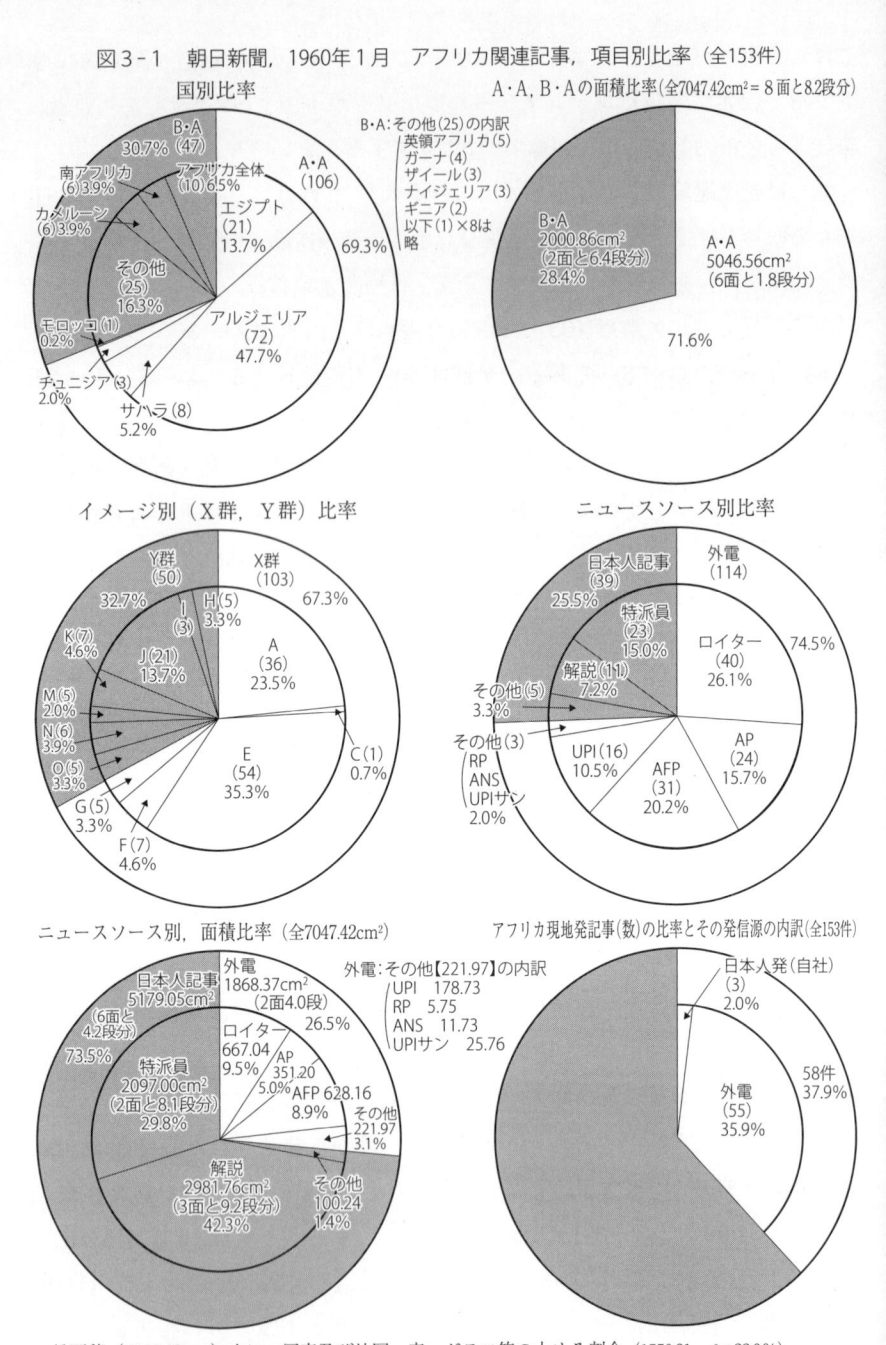

70　第3章　1960年（昭和35年）のアフリカ報道

図3-1　朝日新聞，1960年1月　アフリカ関連記事，項目別比率（全153件）

国別比率

- B・A (47) 30.7%
- 南アフリカ (6) 3.9%
- カメルーン (6) 3.9%
- アフリカ全体 (10) 6.5%
- A・A (106) 69.3%
- エジプト (21) 13.7%
- その他 (25) 16.3%
- モロッコ (1) 0.2%
- チュニジア (3) 2.0%
- サハラ (8) 5.2%
- アルジェリア (72) 47.7%

B・A：その他(25)の内訳
英領アフリカ(5)
ガーナ(4)
ザイール(3)
ナイジェリア(3)
ギニア(2)
以下(1)×8は略

A・A，B・Aの面積比率（全7047.42cm² ＝ 8面と8.2段分）

- B・A 2000.86cm² (2面と6.4段分) 28.4%
- A・A 5046.56cm² (6面と1.8段分) 71.6%

イメージ別（X群，Y群）比率

- Y群 (50) 32.7%
- X群 (103) 67.3%
- I (3)
- H (5) 3.3%
- K (7) 4.6%
- J (21) 13.7%
- A (36) 23.5%
- M (5) 2.0%
- N (6) 3.9%
- O (5) 3.3%
- G (5) 3.3%
- F (7) 4.6%
- E (54) 35.3%
- C (1) 0.7%

ニュースソース別比率

- 日本人記事 (39) 25.5%
- 特派員 (23) 15.0%
- 解説 (11) 7.2%
- その他 (5) 3.3%
- 外電 (114) 74.5%
- ロイター (40) 26.1%
- AP (24) 15.7%
- AFP (31) 20.2%
- UPI (16) 10.5%
- その他 (3) RP ANS UPIサン 2.0%

ニュースソース別，面積比率（全7047.42cm²）

- 日本人記事 5179.05cm² (6面と4.2段分) 73.5%
- 特派員 2097.00cm² (2面と8.1段分) 29.8%
- 解説 2981.76cm² (3面と9.2段分) 42.3%
- その他 100.24 1.4%
- 外電 1868.37cm² (2面4.0段) 26.5%
- ロイター 667.04 9.5%
- AP 351.20 5.0%
- AFP 628.16 8.9%
- その他 221.97 3.1%

外電：その他【221.97】の内訳
UPI 178.73
RP 5.75
ANS 11.73
UPIサン 25.76

アフリカ現地発記事（数）の比率とその発信源の内訳（全153件）

- 日本人発（自社）(3) 2.0%
- 58件 37.9%
- 外電 (55) 35.9%

総面積（7047.42cm²）中に，写真及び地図，表，グラフ等の占める割合（1550.31cm² ⇒ 22.0%）

22.0%　　1面と13.2段分

覚的にも読者にアフリカを身近にさせるだろう。

(2) **2月**

　記事数は187，総面積は【5152.01】と1月より数は増えているが，スペース的には減っている。この面積量は6面と3.7段分に当たる。これはのちにも触れるが，総面積が減っているにもかかわらず，外国通信社分面積が増えていることによる。全体に占めるそれの面積比率は43.3％にもなっている。

　ここでのA・A，B・Aの数値は，A・Aが157記事で，B・Aは30。比率で言うと，前者は84.0％，後者は16.0％である。面積ではA・A【4087.40】で79.3％，B・A【1064.61】で20.7％となる。

　国別ではA・A，サハラ―66，アルジェリア―59，エジプト―21，モロッコ―8，チュニジア―2，北アフリカ―1，である。サハラは仏の核実験関連，及びそれに対する各国の反応記事。アルジェリアは1月から引き続く国内騒乱，仏政府の対応記事。エジプトは対イスラエル関連，アラブ連盟の動向記事。モロッコは，対仏，対中東関連。チュニジアも対仏，アルジェリア関連である。北アフリカはトピック欄の記事で，タイトルは，「砂漠のかたつむりは人命救助になるか」である。

　B・Aは，**アフリカ全体**―10，**南アフリカ**―4，**カメルーン**―3，**ガーナ**―3，**ザイール**―3，**東アフリカ**―3，**ケニア**―2，**スーダン**―1，**英領アフリカ**―1，である。アフリカ全体，は主として，全アフリカ人民会議，国連のアフリカ経済委員会，アジア・アフリカグループの動向，そして「ゆらぐアフリカ」と題する編集記事（上・中）である。南アは炭坑の落盤，英首相の訪問，及びトピック記事等である。カメルーンは国内暴動と憲法制定に対する国民投票記事である。ガーナは仏核実験への抗議，及び領海漁業制限記事。ザイールは独立関連。東アフリカは，国連の同地域への調査団派遣記事，ソ連の東アフリカ向けの放送開始，及びこの地域の紹介記事である。ケニアは制憲記事，スーダンはダム建設への西独の協力記事，英領アフリカは英首相の訪問関連記事である。

　外国通信社記事は，145で【2229.28】（2面と10.5段分）。それぞれ全体の

77.5％，43.3％。内訳は，ロイター―52【983.20】，AP―28【414.13】，AFP―42【527.74】で，3社の合計は数で122，面積で【1925.07】となり，外電分のそれぞれ84.1％，86.4％を占める。UPI（共同）を含めると，133【2060.59】となり，面積では92.4％を占める。英米仏系の通信社に依存する割合が高いことが分かる。

しかし自社特派員発も24記事【1429.40】（1面と11.0段分）と1955年に比べると，その僅か5年の間に確実に増え，アフリカに関心の高まりつつあることが窺われる。

内訳は，パリ発―8【629.56】，ロンドン発―6【324.50】，NY発―5【162.22】，ワシントン発―2【192.48】，ボン発―1【24.92】，モスクワ発―1【83.30】，ニューデリー発―1【12.42】である。

パリ発が多いのは，アルジェリア問題とサハラ核実験関連記事の報告があるからである。ロンドン発は英首相のアフリカ訪問と，ロンドンで開催のケニア制憲会議関連である。NY発はサハラ実験に対する各国の反応記事である。

解説，紹介等記事は8件【986.05】（1面と2.9段分）を占める。また本稿中における朝日新聞において初めて，「社説」にアフリカのことが語られている【64.20】。内容は仏のサハラ核実験強行に対する抗議である。他にも同実験に対しての抗議記事がある。社会面の投稿（芹沢光治良）記事がそうである。仏のその実験は日本においても大きな意味を持ち，翌日の朝刊とその次の日の夕刊でも1面トップの扱いとなっている。

ボン，ニューデリー，モスクワからの特派員記事も核実験関連である。「その他」の範疇に含めた気象庁記事も，同実験の気象に与える影響を伝えるものである。日本人にとって無関心ではいられない内容のものであれば，遠いアフリカのことであっても大きく報道されるという良い実例となるものだろう。

またこの月から共同通信社記者による記事も出てくる。ここでは2記事【21.55】である。朝日の記者のカバーしきれないものを外国通信社に伍して発信していくことになる（パリとNY発，各1）。

内容区分では，**X群145（全体の77.5％）**で内訳は，A―25，B―1，E―47，F―71，G―1。Y群は42で内訳は，H―3，J―31，K―2，N―1，

第1節　朝日新聞にみる報道　73

図3-2　朝日新聞，1960年2月　アフリカ関連記事，項目別比率（全187件）

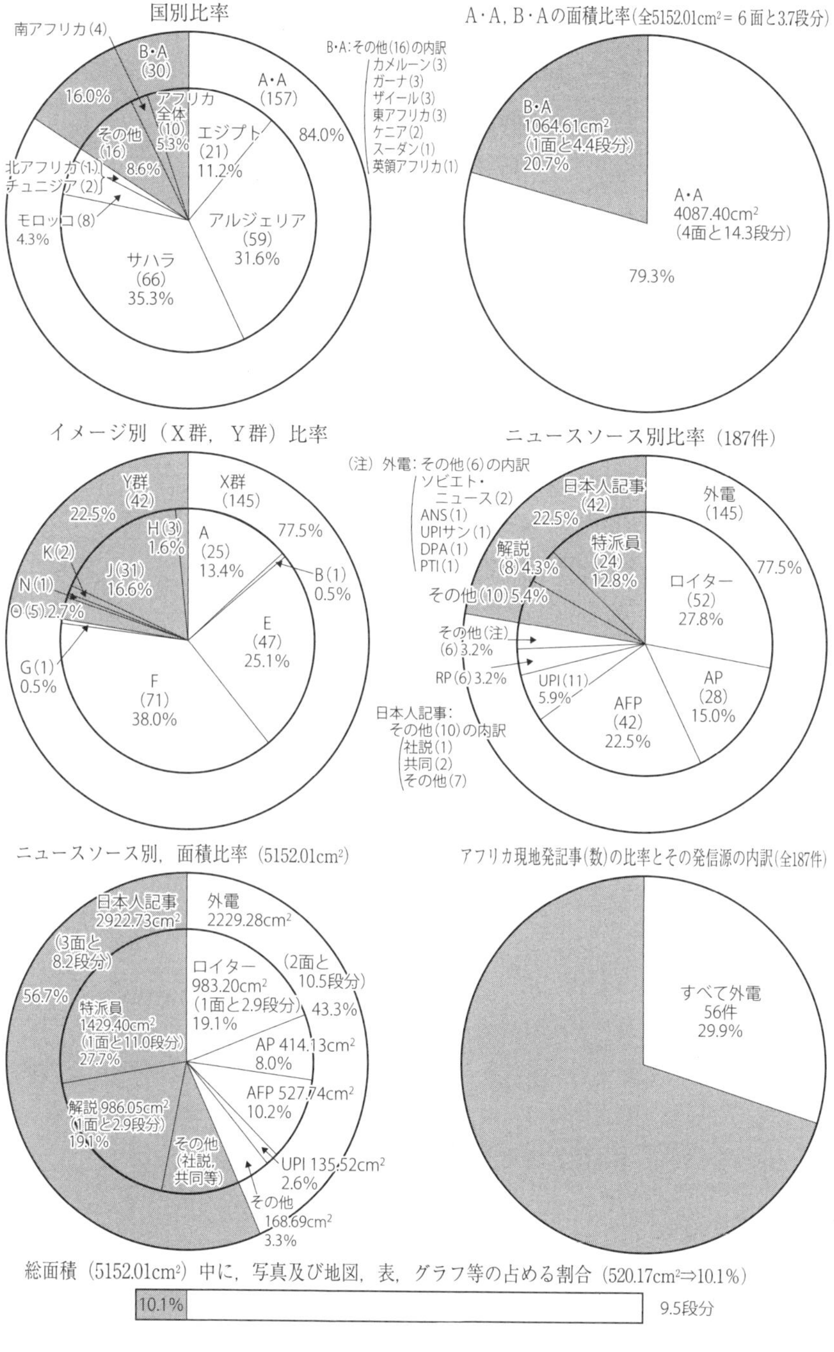

国別比率

- A・A (157) 84.0%
- B・A (30) 16.0%
  - 南アフリカ (4)
  - アフリカ全体 (10) 5.3%
  - その他 (16) 8.6%
  - B・A：その他(16)の内訳
    - カメルーン (3)
    - ガーナ (3)
    - ザイール (3)
    - 東アフリカ (3)
    - ケニア (2)
    - スーダン (1)
    - 英領アフリカ (1)
  - エジプト (21) 11.2%
- 北アフリカ (1)
- チュニジア (2)
- モロッコ (8) 4.3%
- アルジェリア (59) 31.6%
- サハラ (66) 35.3%

A・A, B・Aの面積比率（全5152.01cm² = 6面と3.7段分）

- B・A 1064.61cm² (1面と4.4段分) 20.7%
- A・A 4087.40cm² (4面と14.3段分) 79.3%

イメージ別（X群，Y群）比率

- X群 (145) 77.5%
  - A (25) 13.4%
  - B (1) 0.5%
  - E (47) 25.1%
  - F (71) 38.0%
  - G (1) 0.5%
- Y群 (42) 22.5%
  - H (3) 1.6%
  - J (31) 16.6%
  - K (2)
  - N (1)
  - O (5) 2.7%

ニュースソース別比率（187件）

- 外電 (145) 77.5%
  - ロイター (52) 27.8%
  - AP (28) 15.0%
  - AFP (42) 22.5%
  - UPI (11) 5.9%
  - RP (6) 3.2%
  - その他 (注) (6) 3.2%
- 日本人記事 (42) 22.5%
  - 特派員 (24) 12.8%
  - 解説 (8) 4.3%
  - その他 (10) 5.4%

(注) 外電：その他(6)の内訳
- ソビエト・ニュース (2)
- ANS (1)
- UPIサン (1)
- DPA (1)
- PTI (1)

日本人記事：その他(10)の内訳
- 社説 (1)
- 共同 (2)
- その他 (7)

ニュースソース別，面積比率（5152.01cm²）

- 外電 2229.28cm² 43.3%
  - ロイター 983.20cm² (2面と10.5段分) 19.1%
  - AP 414.13cm² 8.0%
  - AFP 527.74cm² 10.2%
  - UPI 135.52cm² 2.6%
  - その他 168.69cm² 3.3%
- 日本人記事 2922.73cm² (3面と8.2段分) 56.7%
  - 特派員 1429.40cm² (1面と11.0段分) 27.7%
  - 解説 986.05cm² (1面と2.9段分) 19.1%
  - その他（社説，共同等）

アフリカ現地発記事(数)の比率とその発信源の内訳（全187件）

- すべて外電 56件 29.9%

総面積（5152.01cm²）中に，写真及び地図，表，グラフ等の占める割合（520.17cm² ⇒ 10.1%）

| 10.1% | 9.5段分 |

O—5, である。

ここでは少数の記事を見てみる。Bの1件は22日付朝刊にある,「東アルジェリアで地震, 44名死ぬ」【5.98】で, Gは, 9日付朝刊の「西独, スーダンのダムに出費」【3.45】—援助—である。Hは「アルジェ事件に見るフランス人の気質」との見出しでの解説—文化・風俗—と, アフリカにおける日本ブームを伝えるもので, これも日本の文化を伝えるものとして, この範疇に入れている。そのほかに1件ある。Kは「外電豆手帳」欄にあるもので「ソ連の東アフリカ向け放送開始 (スワヒリ語で)」【3.45】—通信—と,「経済短信」欄にある「日立, エジプトへ大型ポンプ輸出」【4.60】との記事 (どちらも3日付) である。Nは, ハマーショルド国連事務総長のアフリカからの帰国記事である (「外電豆手帳」欄【2.53】)。尚, この月に最も多いFは, 13日付夕刊で報じられる「仏, 初の原爆実験, サハラで」で, それから3日ほどはこの関連記事で海外面は埋め尽くされるためである。

この月のアフリカ発の記事数は56で全体の29.9%である。日本人記事はない。

写真は24枚 (うち顔6枚) で【403.97】(同【20.51】), 地図は5枚で【65.20】, 漫画1枚【30.60】, グラフ1枚【20.40】, 計31枚【520.17】(9.5段分) である。

(3) 3月

153記事で【4178.81】は, 5面と1.0段分に当たる。A・Aは53件で【1056.92】と, それぞれ全体の34.6%, 25.3%に当たる。B・Aは100件【3121.89】と, 1月2月と違って, B・Aの方が数, スペースともに勝っている。

外電は116記事【1529.05】(1面と12.8段分) で総記事における数では75.8%と多いが, スペース的には36.6%と50%を割っている。1記事平均では【13.18】で, 多くがベタ記事である。

一方, 自社特派員記事 (日付つき) は16件で【1034.27】(1面と3.8段分) あり, 1記事平均は【64.64】あり, 彼らの記事が事実を伝えるものだけでなく, 解説的内容も含まれていることを意味している。NY発は8件【509.51】, 主に仏の核実験に対する国連の対応, アジア・アフリカ諸国の反応記事, そして下

旬に起こった南アフリカの暴動に対する安保理関連である。パリ発は3件【188.55】でアルジェリア問題である。ワシントン発は，1つは「ギニアの東独承認が米政府に与えた衝撃」を報告したものであり，あと1つは「南アにおける黒人弾圧を米国務省が憂慮している」ことを伝えるものである（計【156.34】）。ボン発は2件【133.41】ともギニア関連，ロンドン発は南ア関連である【46.46】。

　A・A，53記事の内訳は，**アルジェリア**—19，**モロッコ**—13，**サハラ**—12，**エジプト**—6，**チュニジア**—3で，アルジェリアは主に国内暴動と仏との関係，モロッコは初旬に起こったアガジールでの大地震記事である。サハラは核実験関連であり，エジプトは対イスラエルと，ナセルのインド訪問記事等である。チュニジアは日本との貿易取り決め関連。

　B・A，100記事の内訳は，**南ア**—47，**ギニア**—24，**アフリカ全体**—10，**ガーナ**—9，**ケニア**—2，**リベリア**—2，**ザイール**，**マダガスカル**，**シエラレオン**，**ガボン**，**エチオピア**，**北ローデシア（現ザンビア）**各1である。南アは各地で起こるデモ，暴動，と警官との衝突，残虐行為（死者多数）に対する国際的非難記事。また日本の南極観測船「宗谷」の出入港記事もある。ギニアは，東独，西独との関連記事。アフリカ全体は，「ゆらぐアフリカ（下）」記事や，アフリカ独立諸国会議やその援助記事，「世界の鼓動」欄記事「アフリカに乱れ飛ぶ電波」等々である。ガーナは議会の新憲法草案採決，仏の核実験抗議としての同国内における仏財産凍結などである。

　外電記事116の内訳は，ロイター—41【498.13】，AP—26【381.16】，AFP—26【355.36】，この月もこの3社で記事数，面積とも80.0％以上を占める。以下 UPI（共同）が8で【73.13】，RP—5【41.40】，ANS—3【21.16】と続く。残りは，UPIサン—2【78.71】，ソビエト・ニュース—1【15.06】，タス—1【13.50】，NYタイムズ特約—1【22.50】，DPA（ドイツ）—1【13.95】，NANA—1【14.95】である。

　共同の記者記事は4で【92.38】。これに自社記事16と，解説報告等記事7を加えると，27記事【2447.84】（2面と14.6段，ほぼ3面分）となる。これは面積では全体の58.6％となり，数的には外国への依存度は高いが，内容的には日本人による記事が半数以上であることを示している。

76   第3章　1960年（昭和35年）のアフリカ報道

図3-3　朝日新聞，1960年3月　アフリカ関連記事，項目別比率（全153件）

国別比率

B・A (100) 65.4%
A・A (53) 34.6%
エジプト (6) 3.9%
アルジェリア (19) 12.4%
モロッコ (13) 8.5%
サハラ (12) 7.8%
チュニジア (3) 2.0%
ガーナ (9) 5.9%
アフリカ全体 (10) 6.5%
その他 (10)
ギニア (24) 15.7%
南アフリカ (47) 30.7%

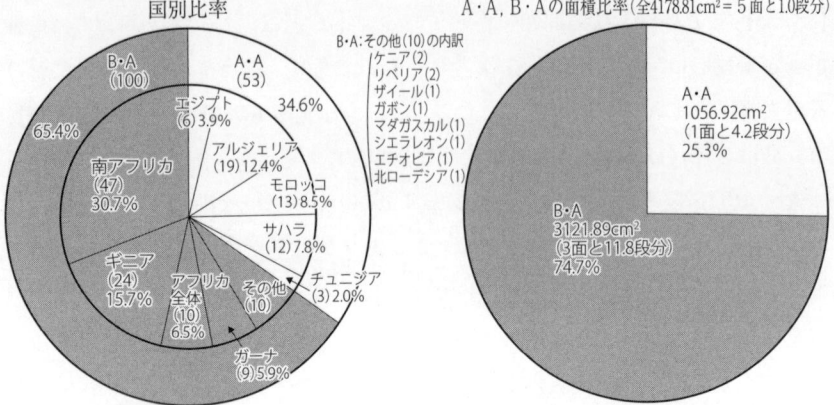

B・A：その他(10)の内訳
ケニア (2)
リベリア (2)
ザイール (1)
ガボン (1)
マダガスカル (1)
シエラレオネ (1)
エチオピア (1)
北ローデシア (1)

A・A, B・Aの面積比率（全4178.81cm² ＝ 5面と1.0段分）

A・A 1056.92cm² (1面と4.2段分) 25.3%
B・A 3121.89cm² (3面と11.8段分) 74.7%

イメージ別（X群，Y群）比率

X群 (92) 60.1%
Y群 (61) 39.9%
A (47) 30.7%
B (11) 7.2%
E (16) 10.5%
F (13) 8.5%
G (5) 3.2%
H (2) 1.3%
J (43) 28.1%
K (3) 2.0%
M (6) 4.0%
N (2) 1.3%
O (5) 3.2%

外電：その他(15)の内訳
RP (5)
ANS (3)
UPIサン (2)
ソビエト・ニュース (1)
タス (1)
NYタイムズ (1)
DPA (1)
NANA (1)

ニュースソース別比率（153件）

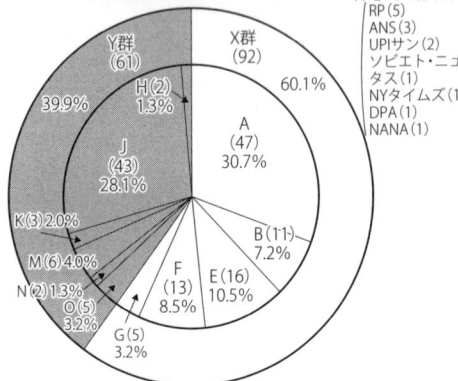

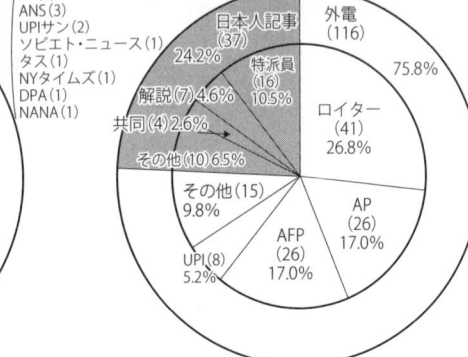

外電 (116) 75.8%
日本人記事 (37) 24.2%
特派員 (16) 10.5%
解説 (7) 4.6%
共同 (4) 2.6%
その他 (10) 6.5%
ロイター (41) 26.8%
AP (26) 17.0%
AFP (26) 17.0%
UPI (8) 5.2%
その他 (15) 9.8%

ニュースソース別，面積比率（4178.81cm²）

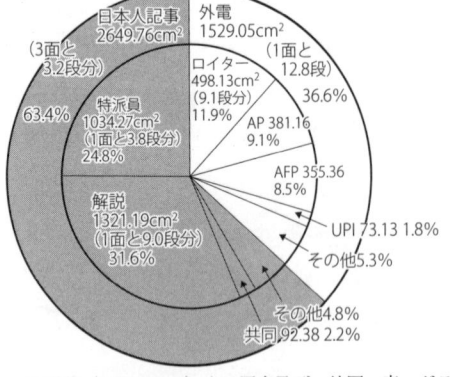

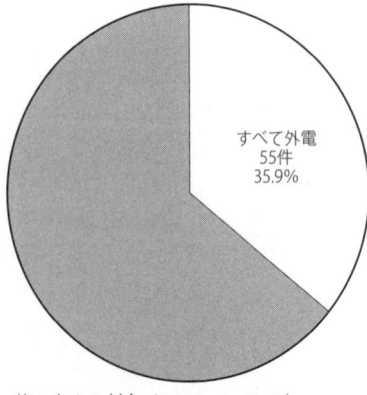

日本人記事 2649.76cm² (3面と3.2段分) 63.4%
外電 1529.05cm² (1面と12.8段) 36.6%
特派員 1034.27cm² (1面と3.8段分) 24.8%
解説 1321.19cm² (1面と9.0段分) 31.6%
ロイター 498.13cm² (9.1段分) 11.9%
AP 381.16 9.1%
AFP 355.36 8.5%
UPI 73.13 1.8%
その他 5.3%
その他 4.8%
共同 92.38 2.2%

アフリカ現地発記事(数)の比率とその発信源の内訳（全153件）

すべて外電 55件 35.9%

総面積（4178.81cm²）中に写真及び，地図，表，グラフ等の占める割合（477.78cm² ⇒ 11.4%）

11.4%   8.7段分

内容区分では，X群92（A—47，B—11，E—16，F—13，G—5）であり，**全体の60.1％**を占める。Y群は61（H—2，J—43，K—3，M—6，N—2，O—5）である。

この月のA項には**南ア**の47記事の多くが含まれる。たとえばヨハネスブルグで，たとえばケープタウンで，ポートエリザベス，ジャープビルでの暴動とそれに対しての鎮圧に際する発砲，残虐行為等の報道である。Bは**モロッコ**で発生した大地震関連である。死者は5，6千人にも及ぶと報道されている。Eは仏の**アルジェリア**政策関連である。Fは核実験であり，Gはソ連の**エチオピア**，東独の**ガーナ**への経済援助，また日本のガーナへの技術援助記事などである。Y群に多いJは，主に**ギニア**の政治的外交的記事，及びアフリカ各国の会議記事である。

夕刊でだが，1面トップにも1回アフリカ関連記事が載っている。26日付で，「**南ア事件　安保理　30日に開催**」（5段），「**実質的決定望み薄　英仏の出方に興味**」（4段）との見出しでNY特派員から【165.64】。

この月の**アフリカ発の記事数は55で全体の35.9％**である。**日本人記事はない**。

写真は16枚（顔8枚）で【256.43】（【29.62】）。地図は7枚【221.35】で，計23枚【477.78】。これはスペース的には8.7段を占める量である。

(4) **4月**

記事数172，面積【4944.41】。これはほぼ6面（5面と14.9段分）分のスペースである。A・Aは59記事【2363.12】で全体のそれぞれ34.3％，47.8％。B・Aは113記事【2580.99】で，それぞれの65.7％，52.2％である。内訳は，A・Aが**サハラ**—20，**エジプト**—18，**アルジェリア**—11，**チュニジア**—9，モロッコ—1である。B・Aは**南アフリカ**—72，**ガーナ**—10，**ギニア**—10，トーゴ—7，カメルーン—3，**アフリカ全体**—3，マリ連邦—2，ニアサランド—2，スーダン—1，ガボン—1，マダガスカル—1，シエラレオン—1である。

A・Aの記事内容は前月までと大きな違いはなく，核実験関連（サハラ），ナセル外訪，対イスラエル関連（エジプト），対仏，対中国，内国問題（アル

ジェリア），対仏（チュニジア）である（モロッコは地方選挙記事）。ここでは B・A でこれまであまり登場しない国を見てみる。

- シエラレオン——英が独立を約束【4.60】
- マダガスカル——仏と独立協定に調印【8.74】
- ガボン——シュバイツァーの元で働く日本人医師【6.44】
- スーダン——人種差別に抗議して南ア製品ボイコット【3.45】
- ニアサランド——民族運動指導者バンダ博士自立を主張【4.83】と制憲会議7月開催【4.14】
- マリ連邦——セネガルと旧仏領スーダンとマリ連邦結成【13.80】及び，対仏関係【18.40】
- カメルーン——暴動と独立後初の総選挙，同選挙での与党勝利記事。計【20.16】
- トーゴ——独立と各国（含，日本）の承認記事，首相の人物紹介。計【103.08】

外電は 137 記事【1676.36】（ほぼ 2 面分）。それぞれ全体の 79.7％，33.9％である。内訳は，ロイター——37【352.16】，AP——41【676.48】，AFP——26【298.78】，UPI（共同）——14【109.04】，4 社の計は 118【1436.46】で，それぞれ全体の 68.6％，29.1％である。数的には多くを占めるが，スペース的には 30％を切っている。大手通信社への依存の割合は強いが，記事そのものの構成にはそれらの社の記事に頼っていないことが窺われる。

自社特派員記事は，16【900.63】（1 面と 1.4 段分）で，うち 10 件【486.96】は NY 発のもので，南ア問題と仏の核実験に対しての報道である。他は，ヨハネスブルグ【158.67】，パリ【31.91】，ロンドン【75.11】，ワシントン【8.74】，ボン【64.53】，ニューデリー【74.71】発がそれぞれ 1 件ずつである。

共同の記者記事は 1 件【8.74】，3 日付パリ発「古垣大使，サハラ実験に抗議」である。

解説等記事は 13 件【2298.66】（2 面と 11.8 段分）。日曜版に「日本の動き，世界の動き」があり，南アの人種差別についての解説報告がある【168.58】。また前カイロ支局長の手になる，「中東から帰って——アラブは一つか」とい

第1節　朝日新聞にみる報道　79

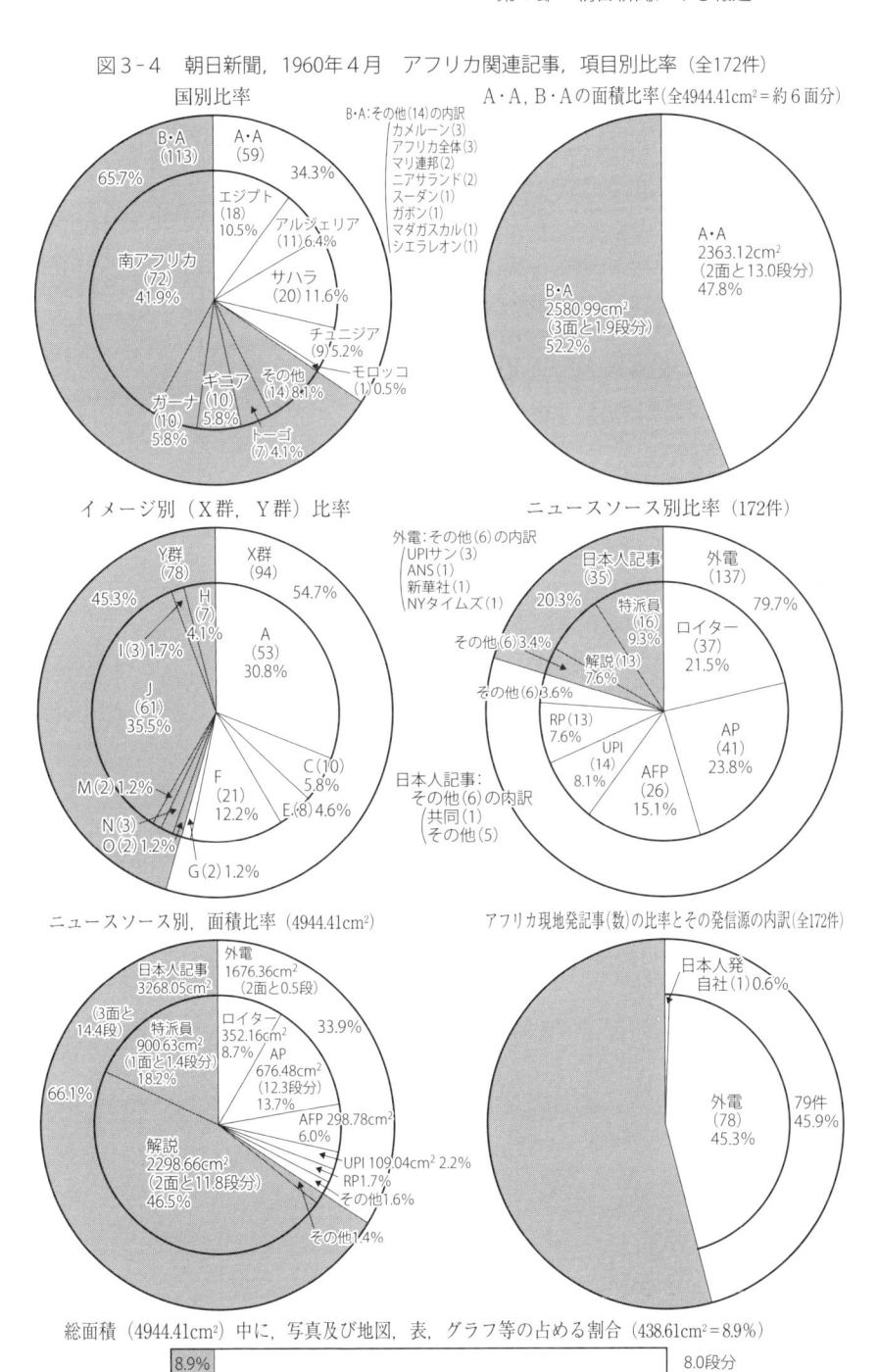

図3-4　朝日新聞，1960年4月　アフリカ関連記事，項目別比率（全172件）

国別比率

- A・A (59) 34.3%
- B・A (113) 65.7%
- エジプト (18) 10.5%
- アルジェリア (11) 6.4%
- サハラ (20) 11.6%
- チュニジア (9) 5.2%
- モロッコ (1) 0.5%
- その他 (14) 8.1%
- トーゴ (7) 4.1%
- ガーナ (10) 5.8%
- ギニア (10) 5.8%
- 南アフリカ (72) 41.9%

B・A：その他(14)の内訳
- カメルーン (1)
- アフリカ全体 (3)
- マリ連邦 (2)
- ニアサランド (2)
- スーダン (1)
- ガボン (1)
- マダガスカル (1)
- シエラレオン (1)

A・A，B・Aの面積比率（全4944.41cm² = 約6面分）

- A・A 2363.12cm² (2面と13.0段分) 47.8%
- B・A 2580.99cm² (3面と1.9段分) 52.2%

イメージ別（X群，Y群）比率

- X群 (94) 54.7%
- Y群 (78) 45.3%
- A (53) 30.8%
- C (10) 5.8%
- E (8) 4.6%
- F (21) 12.2%
- G (2) 1.2%
- H (7) 4.1%
- I (3) 1.7%
- J (61) 35.5%
- M (2) 1.2%
- N (3)
- O (2) 1.2%

ニュースソース別比率（172件）

- 外電 (137) 79.7%
- 日本人記事 (35) 20.3%
- 特派員 (16) 9.3%
- 解説 (13) 7.6%
- その他 (6) 3.4%
- ロイター (37) 21.5%
- AP (41) 23.8%
- AFP (26) 15.1%
- UPI (14) 8.1%
- RP (13) 7.6%
- その他 (6) 3.6%

外電：その他(6)の内訳
- UPIサン (3)
- ANS (1)
- 新華社 (1)
- NYタイムズ (1)

日本人記事：その他(6)の内訳
- 共同 (1)
- その他 (5)

ニュースソース別，面積比率（4944.41cm²）

- 外電 1676.36cm² (2面と0.5段) 33.9%
- 日本人記事 3268.05cm² (3面と14.4段) 66.1%
- 特派員 900.63cm² (1面と1.4段分) 18.2%
- 解説 2298.66cm² (2面と11.8段分) 46.5%
- ロイター 352.16cm² 8.7%
- AP 676.48cm² (12.3段分) 13.7%
- AFP 298.78cm² 6.0%
- UPI 109.04cm² 2.2%
- RP 1.7%
- その他 1.4%
- その他 1.6%

アフリカ現地発記事(数)の比率とその発信源の内訳（全172件）

- 外電 (78) 79件 45.9% 45.3%
- 日本人発 自社 (1) 0.6%

総面積（4944.41cm²）中に，写真及び地図，表，グラフ等の占める割合（438.61cm² = 8.9%）

| 8.9% | 8.0段分 |

う連載（5回）特集。さらに特集企画として，1面の2/3（10段）を使っての「人種問題でもめる南ア連邦」「法律で黒人を差別——生活力と数で不安抱く」「白人同士もいがみ合い——英系におされるアフリカーナ」等の大見出しで，南ア問題を報告している。こういった解説記事が掲載されることによって，アフリカ理解はより深まる。

　また「テレタイプ」という常設欄にも，アルジェリアについての解説記事がある。

　内容区分は，**X群94で全体の54.7%**。内訳はA—53, C—10, E—8, F—21, G—2である。**Y群は78**，内訳はH—7, I—3, J—61, M—2, N—3, O—2である。

　Ⓐは**南アの暴動**だが，Ⓒの10件も**南ア関連**で，首相への発砲，暗殺未遂事件である。Ⓔは**トーゴ独立**，および**マリ連邦**の結成，そして英の**南ア政策，アルジェリア**の自治権関連である。Ⓕは**サハラ核実験**であり，Ⓖは西側諸国からアフリカへの援助記事である。Ⓗは中東や**アルジェリア**の実情現状報告記事である。Ⓘは人物紹介，書籍紹介である。Ⓙは各国の外交政策一般であり，Ⓜはアジア・アフリカ会議での日本代表の演説であり，シュバイツァーの元で働く日本人のことであり，Ⓝはナセルの外訪，帰国記事である。Ⓞはトピック記事である。

　この月のアフリカ発の記事は79件で，全体の45.9%。うち日本人記事は1件である。

　尚，1面トップ記事も2回ある。1つは朝刊（2日付）で「仏　再び原爆実験，サハラで小型化へ一歩」という5段見出しで（全体で【114.65】）。あと1つは夕刊（やはり2日付）「南ア事件決議を可決——無修正，英は棄権」という5段見出しで【116.21】。

　また第1面及び国際面だけでなく，文化面や社会面にもアフリカ関連の記事が掲載され出している。概ねこの年の紙面数は，朝刊は12面で夕刊は6か8面である。日曜においては朝刊は20面になる。

　写真は21枚【362.54】，うち顔写真は3枚【8.57】。地図は9枚【66.17】，グラフ1枚【9.90】で3つの合計は31枚【438.61】（8.0段分）である。

2　5〜8月

(1)　5月

　記事数50，面積【1528.42】と3月4月に比べると，数では1/3以下，スペースでは半分以下（1面と12.8段分）に減る。これはこの月に大きなアフリカ関連の事件，事象が起こらなかったことによる。

　A・Aは15記事【114.11】，B・Aは35記事【1414.31】。この月はB・Aの記事が面積では全体の92.5％を占めている。なかでも日本人記事の解説記事5件で【1072.81】を占め，それだけで全体の70％を越すものとなっている。これは5件のうち，南ア・ヨハネスブルグ発の特派員報告2件，「南アの黒人街を見る」「南ア人種差別の実情」と，アジア・アフリカ会議に出席しての岡倉古志郎の報告記事。また専修大の古川原教授の，「黒いアフリカの青年たち」と見出された，アフリカ青年たちの日本留学記事，及び藤原弘達記の「教授の目——西アフリカの大学」による。アフリカ人，アフリカ社会についての解説的意味合いの強い記事である。こういった記事が増えることが，アフリカ理解につながると思える。

　A・Aの国別内訳は，**エジプト**—8，**アルジェリア**—4，**モロッコ**—2，**リビア**—1である。B・Aは**南アフリカ**—12，**ガーナ**—5，**アフリカ全体**—4，**トーゴ**—3，**ザイール**—2，そして**ギニア**，**ナイジェリア**，**ケニア**，**エチオピア**，**カメルーン**，**シエラレオン**，**リベリア**，**ソマリア**，**西アフリカ（主にナイジェリア）** が各1である。

　エジプトはナセル外遊，スエズに発電所建設関連，そして対米記事。アルジェリアは対仏，対中国，及び地方選挙記事。モロッコは組閣記事，リビアは対米記事である。

　南アは英連邦会議，人種差別　暴動関連，特集での実情紹介記事。ガーナは対ソ，駐日大使着任記事。アフリカ全体はアジア・アフリカ会議，特集「日本との関係」。トーゴは国連加盟，ソ連との大使交換。ザイールは対ベルギー関連（計【8.74】）。ギニアはチェコと貿易協定【2.99】。ナイジェリアは英との独立交渉【4.14】。ケニアは新党首にケニヤッタ氏【5.52】。エチオピアはエリト

82 第3章 1960年（昭和35年）のアフリカ報道

図3-5 朝日新聞，1960年5月 アフリカ関連記事，項目別比率（全50件）

国別比率

- A・A (15) 30.0%
- B・A (35) 70.0%
- エジプト (8) 16.0%
- アルジェリア (4) 8.0%
- モロッコ (2) 4.0%
- リビア (1) 2.0%
- その他 (9) 18.0%
- ザイール (2) 4.0%
- トーゴ (3) 6.0%
- アフリカ全体 (4) 8.0%
- ガーナ (5) 10.0%
- 南アフリカ (12) 24.0%

B・A：その他(9)の内訳
ギニア
ナイジェリア
ケニア
エチオピア
カメルーン
シエラレオン
リベリア
ソマリア
西アフリカ
各(1)

A・A，B・Aの面積比率（全1528.42cm² ＝ 1面と12.8段分）

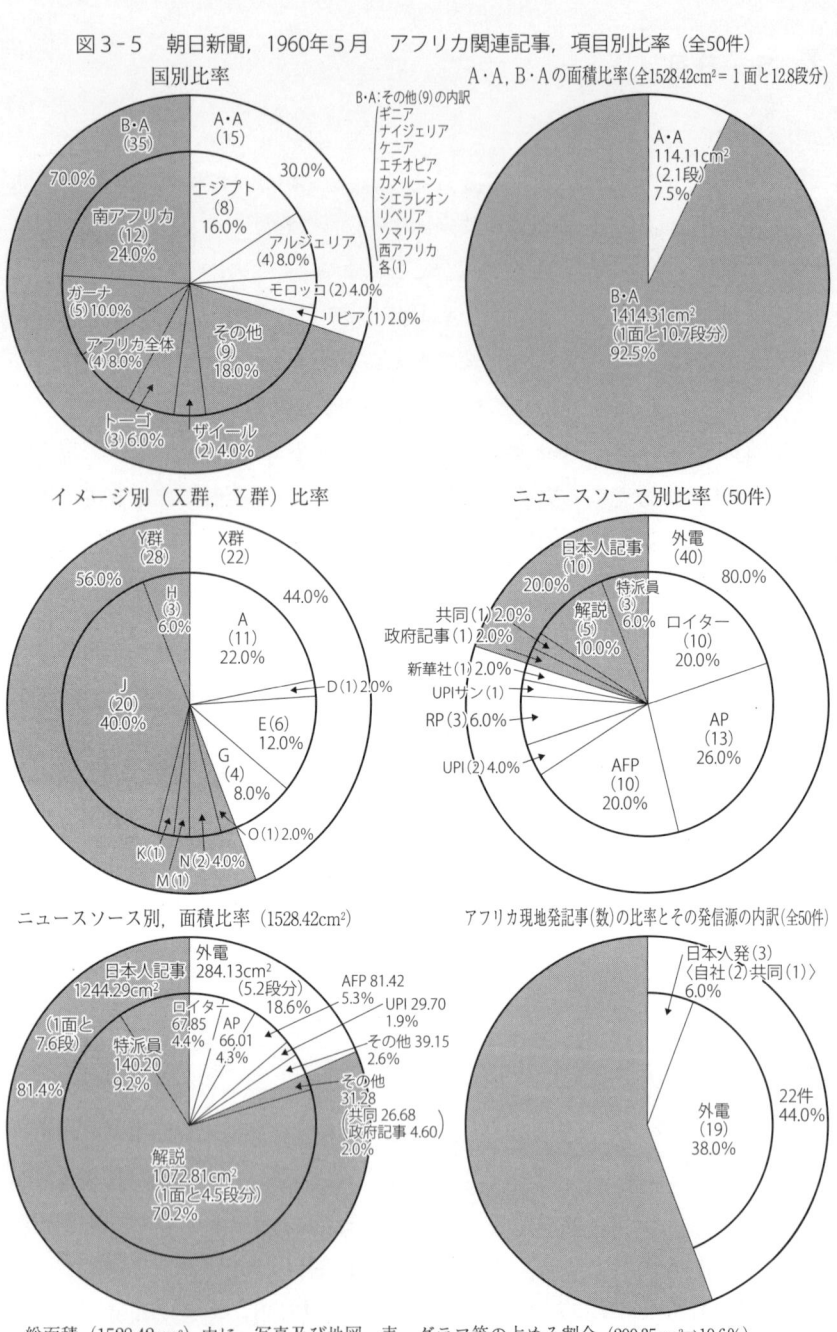

- A・A 114.11cm² (2.1段) 7.5%
- B・A 1414.31cm² (1面と10.7段分) 92.5%

イメージ別（X群，Y群）比率

- X群 (22) 44.0%
- Y群 (28) 56.0%
- A (11) 22.0%
- D (1) 2.0%
- E (6) 12.0%
- G (4) 8.0%
- O (1) 2.0%
- M (1)
- N (2) 4.0%
- K (1)
- J (20) 40.0%
- H (3) 6.0%

ニュースソース別比率（50件）

- 外電 (40) 80.0%
- 日本人記事 (10) 20.0%
- 特派員 (3) 6.0%
- 解説 (5) 10.0%
- 共同 (1) 2.0%
- 政府記事 (1) 2.0%
- 新華社 (1) 2.0%
- UPIサン (1)
- RP (3) 6.0%
- UPI (2) 4.0%
- AFP (10) 20.0%
- AP (13) 26.0%
- ロイター (10) 20.0%

ニュースソース別，面積比率（1528.42cm²）

- 外電 284.13cm² (5.2段分) 18.6%
- 日本人記事 1244.29cm² (1面と7.6段分) 81.4%
- 特派員 140.20 9.2%
- ロイター 67.85 4.4%
- AP 66.01 4.3%
- AFP 81.42 5.3%
- UPI 29.70 1.9%
- その他 39.15 2.6%
- その他 31.28（共同 26.68，政府記事 4.60）2.0%
- 解説 1072.81cm² (1面と4.5段分) 70.2%

アフリカ現地発記事（数）の比率とその発信源の内訳（全50件）

- 22件 44.0%
- 外電 (19) 38.0%
- 日本人発 (3)〈自社(2)共同(1)〉6.0%

総面積（1528.42cm²）中に，写真及び地図，表，グラフ等の占める割合（299.35cm² ⇒ 19.6%）

| 19.6% | 5.5段分 |

リアと合邦【4.60】。カメルーンは新首相決まる【2.76】。シエラレオネは英が独立を許可【13.34】。リベリアは電話局サービス不足で給料停止【12.42】。ソマリアは英領ソマリランド独立協定に調印【11.50】。西アフリカは既述の「教授の目」記事【90.35】。

外電は40【284.13】(5.2段分)で、それぞれ80.0%、18.6%である。1記事平均【7.10】で、多くがベタ記事である。内訳は、ロイター――10【67.85】、AP――13【66.01】、AFP――10【81.42】、UPI（共同）――2【29.70】。他には、RP――3【14.49】、新華社（共同）――1【2.99】、UPIサン（写真）――1【21.67】がある。

自社特派員記事は、すべて「南ア問題」を報じるロンドン発の3件【140.20】。

共同記者記事は、カイロ発の1件で「アジア・アフリカ会議終わる――政治的対立目立つ」である【26.68】。他に解説・報告が5記事（既述）あり、自社記事と共同記事との合計面積は【1239.69】となり、全体の比率は81.1％に達する（日本人記事の残り【4.60】は、ガーナ関連の「駐日大使着任」という、政府・外交記事）。

この月の、全体の記事数の少ないのは、つまり外電の少なさを物語るのである。総面積【1528.42】は1面と12.8段分に相当する。これは4月に比べると約4面分も少なくなっている。

内容区分は、X群22で全体の44.0％である。内訳は、A――11、D――1、E――6、G――4である。Y群は28で全体の56.0％を占め、この年において初めてX群より勝っている。

内訳は、H――3、J――20、K――1、M――1、N――2、O――1である。少ない中で報じられたA項の記事は、南ア及びアルジェリアでのデモ、暴動である。初めての範疇Dは、南ア関連の特派員報告で黒人街の貧困を伝えるものである。Eは英連邦関連で、旧植民地政策記事と判断してである。Gはソ連、中国、そして英国のアフリカへの援助記事である。Hは解説記事のところで述べた記事である。Jはアフリカ各国の政治一般である。Kはギニアとチェコの貿易協定であり、Mは既述の岡倉氏の動向紹介である。Nはガーナ議員団のソ連訪問と、同じくガーナだが、こちらは日本への大使の着任記事である。Oはガーナを訪問したフルシチョフ・ソ連首相の動向を伝えるトピック的記

事である。

アフリカ発記事は 22 件で，全体の 44.0％。うち日本人発は，自社（解説記事）2，共同 1 の 3 件である。

写真は 9 枚（うち顔写真 1 枚【1.44】）で，面積は【289.05】。地図は 3 枚で【10.30】。計 12 枚【299.35】。

(2) 6 月

この月は再び記事数が 100 を越えて 103 になる。面積は【4830.27】で 5 面と 12.9 段分。A・A は 48 件で全体の 46.6％，面積は【1201.85】で 24.9％。B・A は 55 件で 53.4％【3628.42】で 75.1％である。A・A の内訳は，**アルジェリア―36，エジプト―9，サハラ―2，チュニジア―1** であり，B・A は **ザイール―18，マリ連邦―8，南アフリカ―5，マダガスカル―4，ギニア―3，ケニア―3，ソマリア―3，アフリカ全体―3，ニアサランド―2，西アフリカ―2，ガーナ，ナイジェリア，トーゴ，南ローデシア** が各 1 である。A・A と B・A とは数の上では大きな差はないが，面積では B・A の方がほぼ 3 倍多い。先月もそうだったが，この現象は 3 月から続いている。

外電は 83 記事で，全体の 80.6％に当たる。しかし面積は【979.25】（1 面と 2.8 段分），20.3％でしかない。内訳は，ロイター―21【249.47】，AP―25【262.34】，AFP―23【289.26】，UPI（共同）―7【98.96】，ANS―3【14.95】，RP―2【9.43】，UPI サン―2【54.84】である。

自社特派員記事は，10 件で【626.42】，解説等記事は 8 件で【3208.73】，その他（政府・外交記事）は 2 件で【15.87】である。特派員記事の内訳は，パリ発―8【425.07】，ロンドン発―1【71.79】，アルジェ発―1【129.56】で，パリ発はすべてアルジェリア関連である。ロンドン発はザイール関連であり，この月から同国をめぐる動きは不穏なものになってくる。そして紙上でも大きく，また活発に報じられるようになってくる。アルジェ発はアルジェリア紛争の停戦の動きを伝えるものである。この 10 件と解説等記事 8 件の面積の合計は【3835.15】（4 面と 9.8 段分）で全体の 79.4％を占めている。外電への依存度はかなり低い構成になっている。

解説等記事の内容は，カイロ支局長によるアフリカ取材旅行の報告であり，各地から発せられている。まずケニアのナイロビから（3日付朝刊）で，1頁の2/3―10段―を埋めている。見出しは「ケニアを訪ねて」「珍しい混血小学校」，写真7枚（合計面積【371.10】），地図1枚［ケニア周辺］【11.84】入りである。そしてこのあとこの報告は，ほぼ同じスペースを割いて連載されてゆく。

　2回目は6日夕刊で，ニアサランドのブランタイヤ発。タイトルは「中央アフリカ連邦，ニアサランドを訪ねて」「独立をさけるバンダ博士"他国民への支配悪い"」で，やはりケニアと同じスペースほどの写真7枚と地図1枚入り。

　3回目（10日朝刊）は，南ローデシアのソールズベリ発。「ローデシアを訪ねて――7年前に生まれた人工国」「複雑な連邦政体――激しい民族運動」。写真6枚【422.70】地図1枚［ローデシア周辺］【10.24】である。

　4回目（13日朝刊）は，南ア，ケープタウン発。「『太陽の国』南ア連邦――美女にアバタの人種問題」，写真6枚，地図1枚入り。

　以上ここまでの4回の面積は各【549.00】である。

　5回目（24日朝刊），ザイール，レオポルドビル発（上）。「独立直前のコンゴ」「部族別の政党60余――去年暮れから流血の闘争」，写真1枚【21.08】，地図1枚＝ベルギー領コンゴ辺【6.44】。面積（8段）【178.20】。

　6回目（25日朝刊），レオポルドビル発（下）。「独立直前のコンゴ」「総選挙に死傷者百余――弓矢で合戦」，写真1枚【24.75】。面積（8段）【165.60】。

　7回目（28日夕刊），レオポルドビル発。「独立するコンゴ」，写真9枚（含，顔写真1枚―初代首相ルムンバ【4.41】）【484.28】，地図1枚【11.84】。面積（10段）【549.00】。

　ここまでがカイロ支局長（瀬戸口）の署名入り記事である。残り1つは，22日付の無署名，本社の解説記事である。「新段階に入ったアルジェリア問題」「解決への糸口つかむか――基本的にはなおへだたり」というタイトルの記事で【119.93】である。

　瀬戸口の記事は，真のブラックアフリカを知るために参考になるものである。1960年にこのような企画記事があったことは少し意外だが，嬉しくも筆者には感じられる。しかし当時果たしてどれほどの読者が興味を持って読んだかは

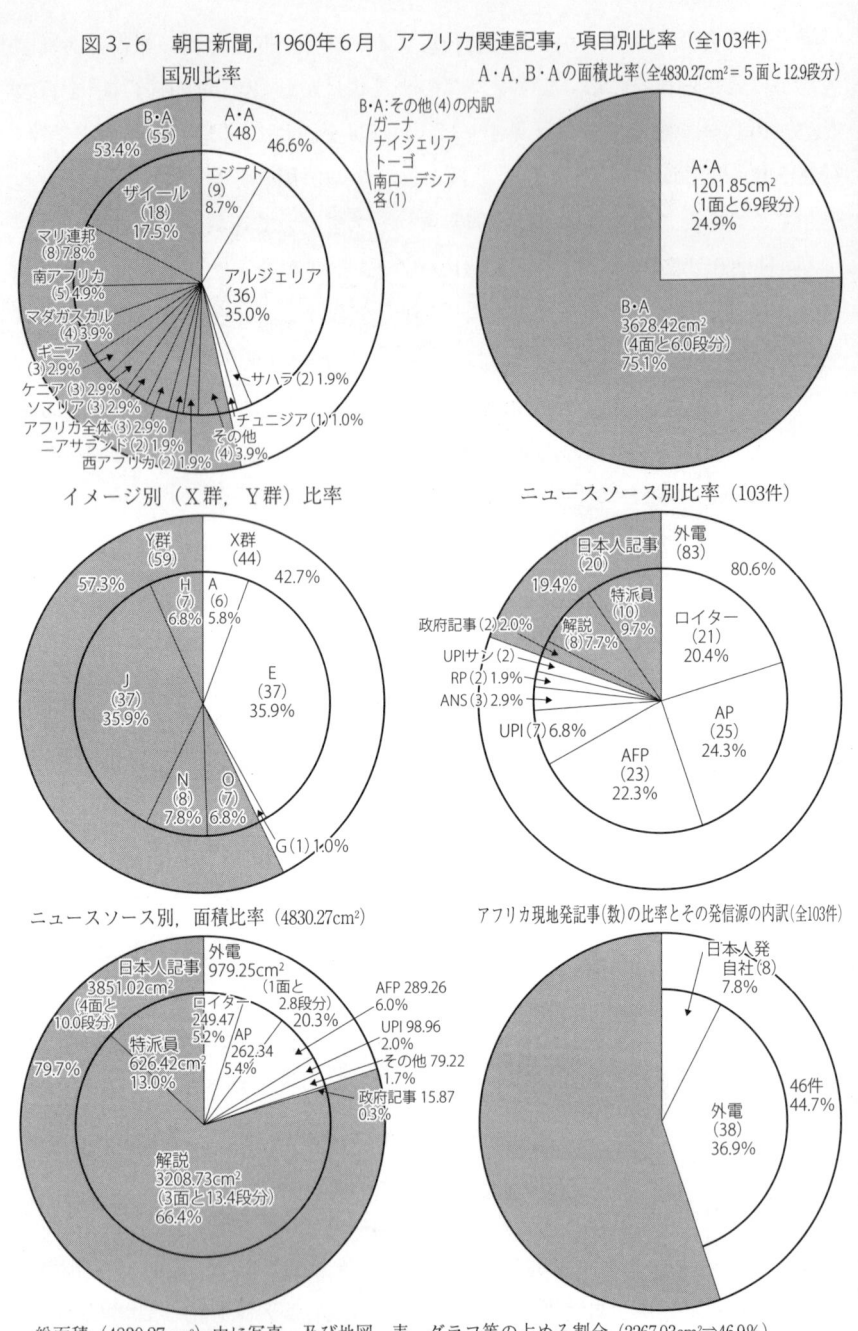

図3-6　朝日新聞，1960年6月　アフリカ関連記事，項目別比率（全103件）

国別比率

- B・A (55) 53.4%
- A・A (48) 46.6%
- B・A：その他(4)の内訳
  - ガーナ
  - ナイジェリア
  - トーゴ
  - 南ローデシア
  - 各(1)
- エジプト (9) 8.7%
- ザイール (18) 17.5%
- マリ連邦 (8) 7.8%
- 南アフリカ (5) 4.9%
- マダガスカル (4) 3.9%
- ギニア (3) 2.9%
- ケニア (3) 2.9%
- ソマリア (3) 2.9%
- アフリカ全体 (3) 2.9%
- ニアサランド (2) 1.9%
- 西アフリカ (2) 1.9%
- アルジェリア (36) 35.0%
- サハラ (2) 1.9%
- チュニジア (1) 1.0%
- その他 (4) 3.9%

A・A，B・Aの面積比率（全4830.27cm² = 5面と12.9段分）

- A・A 1201.85cm² (1面と6.9段分) 24.9%
- B・A 3628.42cm² (4面と6.0段分) 75.1%

イメージ別（X群，Y群）比率

- Y群 (59) 57.3%
- X群 (44) 42.7%
- H (7) 6.8%
- A (6) 5.8%
- J (37) 35.9%
- E (37) 35.9%
- N (8) 7.8%
- O (7) 6.8%
- G (1) 1.0%

ニュースソース別比率（103件）

- 外電 (83) 80.6%
- 日本人記事 (20) 19.4%
- 特派員 (10) 9.7%
- 解説 (8) 7.7%
- 政府記事 (2) 2.0%
- UPIサン (2) 1.9%
- RP (2) 1.9%
- ANS (3) 2.9%
- UPI (7) 6.8%
- AFP (23) 22.3%
- AP (25) 24.3%
- ロイター (21) 20.4%

ニュースソース別，面積比率（4830.27cm²）

- 外電 979.25cm² (1面と2.8段分) 20.3%
- 日本人記事 3851.02cm² (4面と10.0段分) 79.7%
- ロイター 249.47 5.2%
- AP 262.34 5.4%
- AFP 289.26 6.0%
- UPI 98.96 2.0%
- その他 79.22 1.7%
- 特派員 626.42cm² 13.0%
- 政府記事 15.87 0.3%
- 解説 3208.73cm² (3面と13.4段分) 66.4%

アフリカ現地発記事(数)の比率とその発信源の内訳（全103件）

- 日本人発
- 自社 (8) 7.8%
- 外電 (38) 36.9%
- 46件 44.7%

総面積（4830.27cm²）中に写真，及び地図，表，グラフ等の占める割合（2267.03cm² ⇒ 46.9%）

- 46.9%　2面と11.2段分

疑問であるが…。

内容区分は，X群44（A—6，E—37，G—1）で全体の42.7%。Y群は59（H—7，J—37，N—8，O—7）である。

Aはザイールのデモを伝えるもので，Eはそのほとんどが仏とアルジェリアとの交渉をめぐる動きである。Gの1件はソ連のギニアへの協力援助記事である。Hは解説記事をここに入れた。Nはナセルのギリシャ，ユーゴ訪問。ナイジェリア蔵相の訪日，アルジェ代表団のチュニス到着記事等である。Oは「海外トピックス」欄にある「サハラで暑さの人体実験」や，「スエズ運河の下にトンネル」等の記事である。Jはそれら以外の政治記事である。

この月のアフリカ発記事数は46で，全体の44.7%に当たる。うち日本人発は，自社特派員8件（報告1，解説7）である。

写真は45枚（うち顔写真5枚），面積【2195.04】（【14.78】）で，多くは前記の特派員記事にあるものである。この量はこの月の総面積の5割に近い45.4%に達するものである。珍しい月と言える。地図は9枚【71.99】である。写真との合計面積は【2267.03】で2面と11.2段分に相当する。

(3) 7月

記事数は6月の約4倍近くの393になる。面積は約2倍の【9270.60】で，これは11面と3.6段分に相当する。A・Aは27件で全体の僅か6.9%，面積でも【673.20】で7.3%に過ぎない。B・Aはそれ以外の366件【8597.40】でそれぞれ9割以上を占める。

A・Aの国別内訳は，アルジェリア—21，エジプト—5，チュニジア—1である。アルジェリアの記事内容は仏との自治権獲得に絡む交渉だが，それも月初めの1週間までで，その後2週間はそのアルジェリアに関する2件を除くとA・Aは皆無となる。そしてその間のB・Aもザイールについてのものだが，8割を越えるのである。366件のうちの88.3%に当たる，323件（全体では82.2%）がザイール関連であるからだ。同国以外では，ソマリア—9，南ローデシア—7，ガーナ—6，アフリカ全体—4，ギニア—3，ナイジェリア—3，仏領アフリカ—3，ケニア—2，ガボン—2，南アフリカ—1，スーダン—1，

仏領コンゴ―1，**マリ連邦**―1，である。

　ザイールの323は，この7月1日に新コンゴ共和国になったことから始まる。カサブブ大統領，ルムンバ首相が国を運営していくことになるが，4日付には早くも「種族衝突」という記事が出てくる。それ以後は毎日のように，軍隊の反乱，保安隊の反乱，ベルギー人との衝突，国の混乱・情勢悪化等の記事となっていく。所謂「コンゴ動乱」の始まりである。大統領派，首相派，旧組織のベルギー指導者派，等いくつにも分かれて主導権争いをしてゆく。国の東南部のカタンガ州が「独立宣言」して（11日付），より一層混乱は深刻化していく。

　米，英，仏，ソの介入。さらにはアフリカ諸国も各派への異なった支援をし，収拾がつかないものとなっていく。国連の力は空回りして，有効な手だてを講ずることはできなかった。当時のハマーショルド事務総長はコンゴを訪れたりして，解決に力を注いだが，各派を納得させることはできなかった。

　この月の外電は，ロイター，AP，AFP，そしてUPIと，コンゴ（ザイール）各地――レオポルドビル，エリザベイトビル，スタンレービルなど――に加え，ブリュッセル，NY，ワシントン，ロンドン，パリ等から，その動向を伝えている。

　この月は従って，当時のもう一方の大きな国際問題，アルジェリア紛争はわきに追いやられ，記事数的にも多くなくなっている。その21記事は，17記事までは6日までのもので，残り4記事はザイールの記事の狭間で見落とされそうな感じで，11日，17日，23日，31日に点々と出てくるだけである。

　B・Aの他の主な記事としては，ソマリアの9のうち8までが，6日までの記事で，独立関連である。残り1つは25日付の「第一次内閣成立」（「外電豆手帳」欄【3.45】）である。

　南ローデシアの記事は，逆に後半に集中している。最初のものは，①22日付の夕刊で「南ローデシアでデモ続く」のベタ記事（ソルズベリー発ロイター電）【7.59】で，次は②23日付「南ローデシア　平静に」（ソルズベリー，ロイター）【11.70】。③25日付夕刊「デモ険悪化――英軍派遣も」（ブラワヨ，AP）【14.26】と伝えられ，混乱の収まっていないことを伝え，さらに同日記

事には，④「第2のコンゴの恐れ，とヌコモ氏語る」（ロンドン，AP）【11.04】と出ていて，国内情勢が深刻化していることを報じている。⑤26日付夕刊「暴動続く」（ブラワヨ，ロイター）【6.67】。⑥27日付「ブラワヨで焼き打ち続く」（ブラワヨ，ロイター）【18.54】。⑦28日付夕刊「暴動でアフリカ人12人死亡」（RP東京—BBC放送）【5.52】。コンゴ（ザイール）の報道に見落とされがちだが，南ローデシアのことも伝え続ける。

　外電発は333記事で（全体の84.7%），面積は【4611.11】（5面と8.9段分）。内訳は，ロイター—106【1537.57】，AP—91【1282.51】，AFP—89【1119.17】，UPI（共同）—21【260.51】，RP—8【45.31】，ソビエト・ニュース—7【132.16】，ANS—4【28.29】，UPIサン—4【115.89】，新華社（共同）—2【16.05】，タス—1【73.65】。

　ロイター，AP，AFP，UPI，4社分で307記事，【4199.76】は外電全体の91.1%である（数では92.2%）。

　自社特派員記事は44件で，面積【2859.55】は全体の30.8%，内訳は，NY発が18で【799.71】，ワシントン発が12で【973.26】。他は，ロンドン—4【262.95】，カイロ—3【262.78】，パリ—2【123.38】，レオポルドビル—2【279.98】，エリザベトビル—1【128.36】，アクラ—1【15.18】，ラゴス—1【13.95】である。

　NY発18件とワシントン発12件，そしてロンドン発4件はいずれもザイール関連の記事であり，カイロ発の1，パリ発の1も同関連である。ザイール内のレオポルドビル，エリザベトビル発の3記事も当然にそうであり，ナイジェリアのラゴス発もザイール関連である。つまり44件中40件は，ザイールもので占められ，面積的には【2539.72】（3面と1.2段分），自社記事における88.8%にもなる。

　これに加えて解説報告記事9件【1516.13】のうち，同関連は4件【307.86】であり，自社発分を加えると44件【2847.58】となり，総面積の30.7%が日本人の手になる同問題に関する記事である。

　また同問題はこの月2回のトップ記事になっている。1度は22日夕方で，「コンゴ安保理開催——ベルギー軍撤退は早急に」NY発・沢山支局長【73.25】

図3-7　朝日新聞，1960年7月　アフリカ関連記事，項目別比率（全393件）

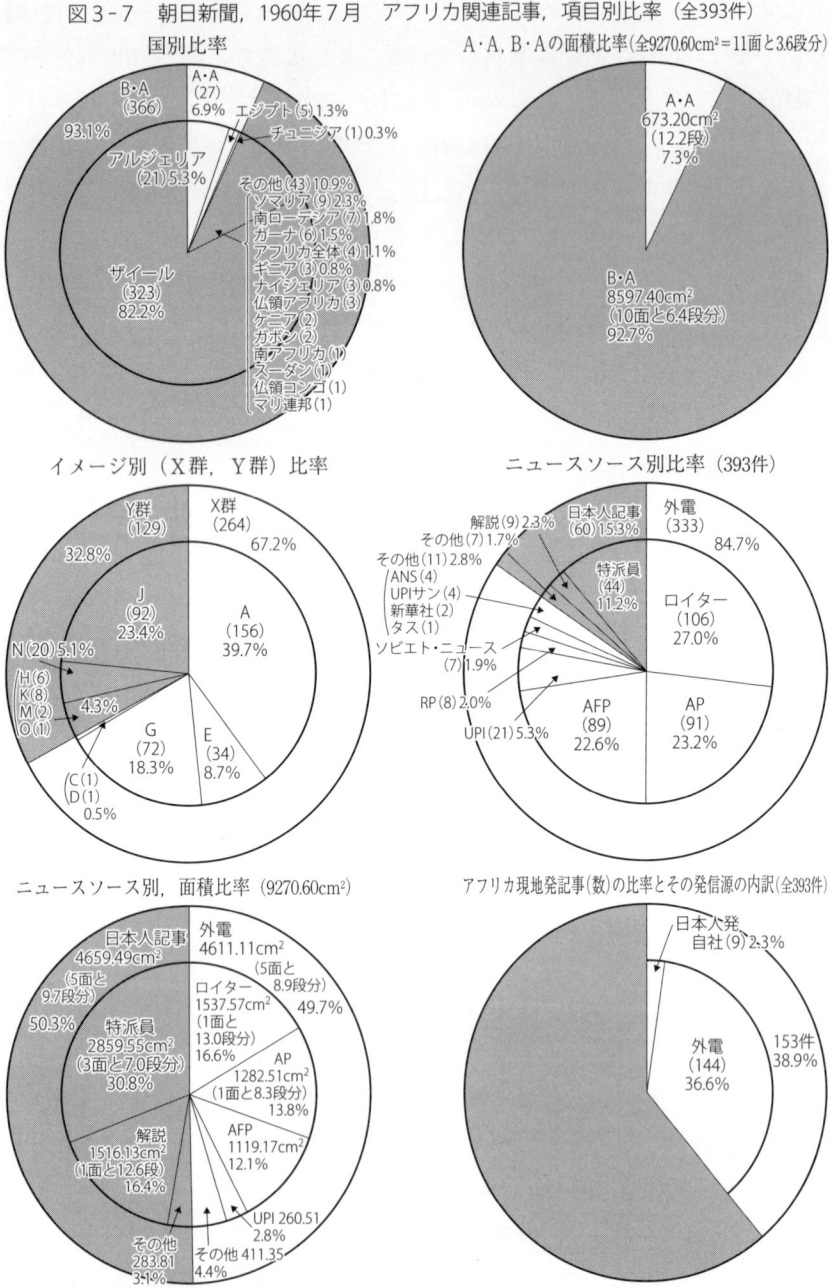

国別比率

- A・A (27) 6.9%
- エジプト (5) 1.3%
- チュニジア (1) 0.3%
- B・A (366) 93.1%
- アルジェリア (21) 5.3%
- ザイール (323) 82.2%
- その他 (43) 10.9%
- ソマリア (9) 2.3%
- 南ローデシア (7) 1.8%
- ガーナ (6) 1.5%
- アフリカ全体 (4) 1.1%
- ギニア (3) 0.8%
- ナイジェリア (3) 0.8%
- 仏領アフリカ (3)
- ケニア (2)
- ガボン (2)
- 南アフリカ (1)
- スーダン (1)
- 仏領コンゴ (1)
- マリ連邦 (1)

A・A, B・Aの面積比率（全9270.60cm² = 11面と3.6段分）

- A・A 673.20cm² (12.2段) 7.3%
- B・A 8597.40cm² (10面と6.4段分) 92.7%

イメージ別（X群, Y群）比率

- X群 (264) 67.2%
- Y群 (129) 32.8%
- A (156) 39.7%
- J (92) 23.4%
- G (72) 18.3%
- E (34) 8.7%
- N (20) 5.1%
- H (6)
- K (8)
- M (2)
- O (1) 4.3%
- C (1)
- D (1) 0.5%

ニュースソース別比率（393件）

- 日本人記事 (60) 15.3%
- 外電 (333) 84.7%
- 解説 (9) 2.3%
- その他 (7) 1.7%
- 特派員 (44) 11.2%
- ANS (4)
- UPIサン (4) 2.8%
- 新華社 (2)
- タス (1)
- ソビエト・ニュース (7) 1.9%
- RP (8) 2.0%
- UPI (21) 5.3%
- AFP (89) 22.6%
- AP (91) 23.2%
- ロイター (106) 27.0%

ニュースソース別，面積比率（9270.60cm²）

- 日本人記事 4659.49cm² (5面と9.7段分) 50.3%
- 外電 4611.11cm² (5面と8.9段分) 49.7%
- 特派員 2859.55cm² (3面と7.0段分) 30.8%
- 解説 1516.13cm² (1面と12.6段) 16.4%
- その他 283.81 3.1%
- ロイター 1537.57cm² (1面と13.0段分) 16.6%
- AP 1282.51cm² (1面と8.3段分) 13.8%
- AFP 1119.17cm² 12.1%
- UPI 260.51 2.8%
- その他 411.35 4.4%

アフリカ現地発記事(数)の比率とその発信源の内訳（全393件）

- 日本人発 自社 (9) 2.3%
- 外電 (144) 36.6%
- 153件 38.9%

総面積（9270.60cm²）中に，写真及び地図，表，グラフ等の占める割合（958.49cm² ⇒ 10.3%）

10.3%　　　　1面と2.4段分

であり，2回目は29日夕刊で，「緊張するカタンガ州に入る」「不安の中に落ち着き――町には迷彩のベルギー軍」との各大見出しで，エリザベイトビルから萩森特派員が伝えている。地図【5.98】入りで【128.36】。

内容区分では，X群264で全体の67.2％，Y群は129，32.8％である。それぞれの内訳は，X群，A―156，C―1，D―1，E―34，G―72。Y群はH―6，J―92，K―8，M―2，N―20，O―1，である。

ザイール関連記事はⒶ，Ⓔ，Ⓖ，Ⓙ，Ⓝ項にそれぞれ内容によって分けられている。アルジェリア関連では，Ⓐ，Ⓔ項に入っている。Ⓒの1件とは，22日付のザイール関連で「首相らの暗殺計画発覚」であり，Ⓓの1件とは，9日付の「海外トピックス」欄の，「ナイジェリア，裸生活に禁止令」というものである。

この月のアフリカ発の記事数は，153件で全体の38.9％。うち日本人発は9件（報告8，解説1）である。

尚，写真は36枚（うち顔写真13枚）【636.14】（【45.85】）で，地図は14枚【322.35】で，合計50枚【958.49】。これらの面積は総面積の10.3％に当たり，また紙面1面分以上に当たる。

(4) 8月

記事数323，総面積【8463.81】。これは10面と3.9段分に当たる。この月も全記事の76.5％の247記事がザイール関連で占められている。それを含むB・A記事は312で全体の96.6％，面積でも【8191.83】でやはり96.8％を占め，A・A記事はポツンポツンと11件【271.98】あるだけだ。こんな時のA・Aとはどのような内容なのか。

エジプト6は，アスワンダムのソ連援助記事2つと，トピック＝「テレタイプ」欄の民法改訂記事と，「夏休みは3カ月半，猛暑にうだる市民」というカイロの紹介記事。そして残る2つは，コンゴ問題に関するエジプトの医療団や使節団の派遣記事である。アルジェリアの2は，「アルジェで海水浴客に発砲。11人死亡」UPI（共同）【6.90】―アルジェ発と，「臨時政府，国連管理の住民投票要求」AFP【25.84】―チュニス発。モロッコ1は，「東独，モロッコ通商

協定調印」=「外電豆手帳」欄，ＲＰ【6.67】—モスクワ発放送。**リビア**1は，「米との交渉終わる」=「外電豆手帳」欄，ロイター【4.14】。**サハラ**1は，「仏，10月にサハラで地下核実験か」AP【14.40】—アルジェ発。以上のような記事がどれも大きくないスペースで掲載されている。

Ｂ・Ａは**ザイール**の他には，**マリ連邦**—17，**アフリカ全体**—10，**ガーナ**—8，**チャド**—5，**ダホメー（現ベニン）**—4，**南アフリカ**，**ナイジェリア**，**ニアサランド**，**コートジボアール**，**ニジェール**，**中央アフリカ**，**仏領コンゴ**，**仏領アフリカ**，以上各2，**ガボン**，**オートボルタ**，**北ローデシア**，**英領アフリカ**，**西アフリカ**，各1である。

ザイールの次に17件と多いマリ連邦の内容の主なものは，セネガルの連邦離脱，及びそれに伴うあと一方の当事国，スーダン（現，マリ共和国）の反応。そして仏の動向関連である。アフリカ全体の10件のうちには企画紹介記事，連載解説記事等が入っている。前者では「世界の鼓動」欄で，「アフリカの明暗」「"独立人口"今や半数——なお残る国際資本の支配」の大見出しで【495.32】のスペースを取って語られている。後者では「低開発国援助を現地にみる」というシリーズを4回にわたって掲載している。初回は【276.68】で，あと3回は【165.92】を割いている。これは特派員（萩森）がアフリカ各地を取材しながら（モロッコ→マリ連邦→ギニア→ガーナ）報告しているものである。

外電は270件で全体の83.6％，面積【4373.92】（5面と4.6段分）は51.7％である。内訳は，ロイター—97【1583.22】，AP—70【1170.10】，AFP—67【1056.78】，UPI（共同）—17【238.39】，この4社の計，251件【4048.49】は面積では外電分の92.6％を占める。他には，RP—7【129.94】，ソビエト・ニュース—6【60.72】，ANS—2【7.36】，タス—2【11.04】，NYタイムズ—1【91.53】，UPIサン—1【24.84】。

自社特派員記事は，30件で【1849.85】。内訳は，NY発—22【843.43】，エリザベイトビル発—3【136.45】，ロンドン発—3【154.50】，パリ発—1【7.59】，ジャートビル（カタンガ州）—1【69.78】。30件のうち28件はザイール関連である。

この月には1面トップを飾ったことも3回ある。①9日付夕刊，NY発，尾崎特派員，「コンゴ問題安保理，2つの決議案採決へ」「カタンガへ国連進駐，ソ連もベルギー撤兵求む」【110.02】。②22日付朝刊，外交記事，「外務省，国連対策の検討始める」「アフリカ諸国加盟で，立場ますます複雑」「西側とA・A諸国の板バサミ」【137.70】。③27日付夕刊，NY発，尾崎特派員，「国連，"アフリカ総会"迫る」「日本外交にも試練――A・A諸国の中で孤立化の心配」【180.38】である。①はコンゴ問題への懸念であり，②③は独立続くアフリカ諸国に対する日本の立場をめぐるものである。アフリカとの関連が否応なしに迫られることになる最初の時期である（尚，見出し文における「A・A」とは，アジア・アフリカの意である）。

　解説等記事は，12件【1991.97】であり，スペース的には全体の23.5%を占め，自社特派員記事分の【1849.85】を加えると，【3841.82】（4面と9.9段分）となり全面積の45.4%にもなる。この月のほぼ半分の面積を占める記事が自社記者によるものということになる。その他には，共同の記者記事が2件【27.37】（2つともレオポルドビル発のザイール関連）と，社会記事2【59.31】，政府・外務省記事6【156.56】，支援援助記事1【4.83】の計11件【248.07】がある。

　内容区分では，**X群が228で全体の70.6%**を占める。内訳は，A―164，C―2，D―1，E―11，F―1，G―49，である。**Y群は95で29.4%**。内訳は，H―6，J―63，K―5，M―3，N―17，O―1，である。

　Aにはザイールとマリ連邦，南アフリカ，アルジェリア等の記事が含まれる。Cとは11日付に出てくる，「ルムンバ首相襲われる」の2記事である。Dもザイール関連で，「コンゴのレオポルドビルの動物園で食糧不足深刻」である。Eは各国の独立宣言（後述）と，ニアサランドの新憲法立案関連である。Fは28日にある「仏，10月にはサハラで地下核実験か」記事である。Gにはザイール他各国が関連している。Hにはカイロやニューヨークからの特派員解説記事等が含まれる。Kは通商協定を結ぶなどの経済関連，Mは日赤医療班のコンゴ派遣記事，Nは国連関連人物のザイールへの入出国と，ザイール当事者のNY等への出国帰国記事である。Oは「海外トピックス」欄記事で，「ガーナ五輪選手，大統領の肖像入りシャツ」とのものである。Jはそれ以外の政治的動

94　第3章　1960年（昭和35年）のアフリカ報道

図3-8　朝日新聞，1960年8月　アフリカ関連記事，項目別比率（全323件）：独立「ダホメー」他7カ国

国別比率

- B·A (312) 96.6%
- A·A (11) 3.4%
- その他 (5)
- エジプト (6) 1.9%
- その他 (38) 11.8%
- アフリカ全体 (10) 3.1%
- マリ連邦 (17) 5.3%
- ザイール (247) 76.5%

B·A：その他(38)の内訳
- ガーナ(8)
- チャド(5)
- ダホメー(4)
- 南アフリカ(2)
- ナイジェリア(2)
- ニアサランド(2)
- コートジボアール(2)
- ニジェール(2)
- 中央アフリカ(2)
- 仏領コンゴ(2)
- 仏領アフリカ(2)
- ガボン
- 北ローデシア
- オートボルタ
- 英領アフリカ
- 西アフリカ　各(1)

A·A：その他(5)の内訳
- アルジェリア(2)
- モロッコ(1)
- リビア(1)
- サハラ(1)

A·A, B·Aの面積比率（全8463.81cm² ＝ 10面と3.9段分）

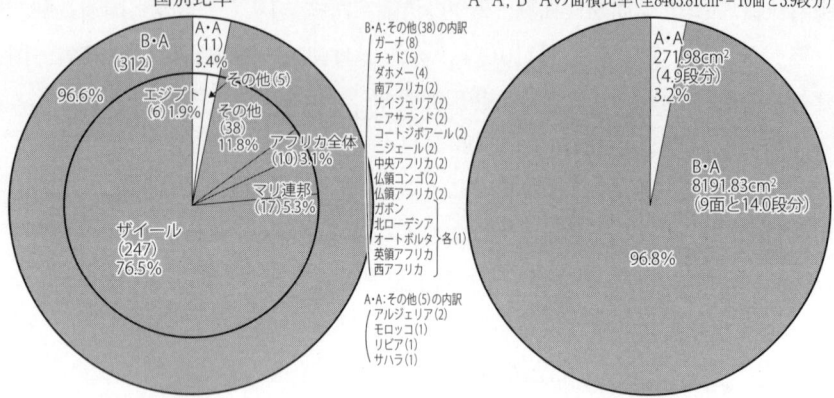

- A·A 271.98cm² (4.9段分) 3.2%
- B·A 8191.83cm² (9面と14.0段分) 96.8%

イメージ別（X群，Y群）比率

- Y群 (95) 29.4%
- X群 (228) 70.6%
- H (6) 1.9%
- J (63) 19.5%
- A (164) 50.8%
- K (5)
- M (3)
- O (1)
- N (17) 5.3%
- C (2)
- D (1)
- F (1)
- G (49) 15.2%
- E (11) 3.4%

ニュースソース別比率（323件）

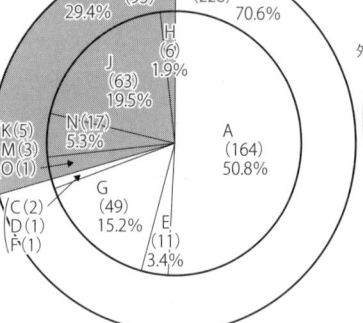

- 日本人記事：その他 (11)
  - 共同 (2)
  - その他 (9)
- 外電 (270) 83.6%
- 日本人記事 (53) 16.4%
- 解説 (12) 3.7%
- 特派員 (30) 9.3%
- 外電：その他 (19)
  - RP (7)
  - ソビエト・ニュース (6)
  - ANS (2)
  - タス (2)
  - NYタイムズ (1)
  - UPIサン (1)
- その他 (11)
- その他 (19)
- ロイター (97) 30.0%
- UPI (17) 5.5%
- AFP (67) 20.7%
- AP (70) 21.7%

ニュースソース別，面積比率（8463.81cm²）

- 日本人記事 4089.89cm² (4面と14.4段分) 48.3%
- 外電 4373.92cm² (5面と4.6段分) 51.7%
- 特派員 1849.85cm² (2面と3.6段分) 21.9%
- 解説 1991.97cm² (2面と6.2段) 23.5%
- ロイター 1583.22cm² (1面と13.8段分) 18.7%
- AP 1170.10cm² (1面と6.3段) 13.8%
- AFP 1056.78cm² (1面と4.2段) 12.5%
- UPI 238.39 2.8%
- その他 325.43 3.8%
- その他 248.07 2.9%

アフリカ現地発記事（数）の比率とその発信源の内訳（全323件）

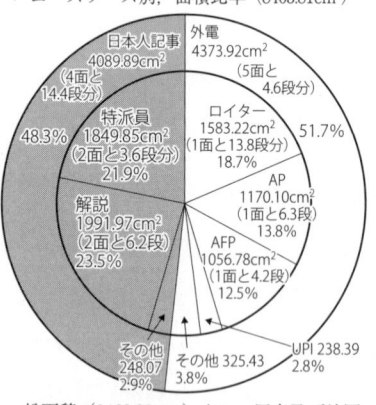

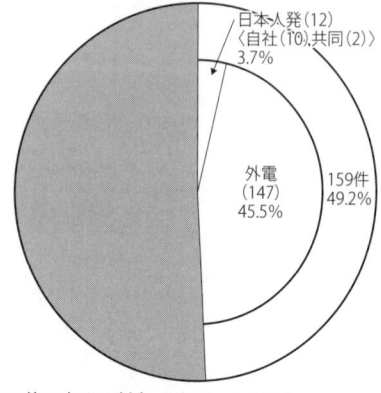

- 日本人発 (12) 〈自社(10), 共同(2)〉 3.7%
- 外電 (147) 45.5%
- 159件 49.2%

総面積（8463.81cm²）中に，写真及び地図，表，グラフ等の占める割合（725.17cm² ⇒ 8.6%）

| 8.6% | 13.2段分 |

向記事である。

　この月のアフリカ発の記事数は，159件で全体の49.2％，ほぼ半数である。その中には日本人記事も12件含まれている。自社10（報告4，解説6）と共同2である。

　写真は32枚（うち顔写真19枚），【341.12】（【69.06】）で，地図は17枚【360.26】，挿し絵とグラフが1枚ずつある。それぞれ【7.59】【16.20】である。

　尚，この8月に<u>独立した国</u>は8カ国を数える。1日付で「**ダホメー**」，3日付で「**ニジェール**」，5日付で「**オートボルタ**」，7日付で「**コートジボアール**」，10日付で「**チャド**」，13日付で「**中央アフリカ**」，15日付で「**仏領コンゴ**」，17日付で「**ガボン**」であり，すべての国がフランスからの独立である。従ってこれらの国の記事内容は，その多くが独立関連である。

3 9〜12月

(1) 9月

　この月も数では300を越す362で，面積は【11348.13】と初めて1万cm^{2}を越えた。13面と11.4段分に相当する。

　A・Aは30記事で【753.43】，それぞれ全体の8.3％，6.6％に過ぎない。国別内訳は，エジプト—18，アルジェリア—8，モロッコ—2，サハラ—2，である。エジプトの記事内容は主に，ナセル大統領の国連出席，それに伴う各国首脳との会談，そしてエジプト（この当時はシリアとのアラブ連合）軍のコンゴ駐留関連である。アルジェリアは，国内紛争関連，臨時政府代表の国連出席等である。モロッコは対仏関連であり，サハラは核実験関連である。

　B・Aは，**ザイール**が250と総記事数の69.1％，B・Aにおいては75.3％を占める。内容は前月，前々月より続く内乱に対する国連及び各国の対応記事である。ザイール以外では多くの国，地域が記事になっている。**アフリカ全体**—26，**ガーナ**—15，**ギニア**—14，**セネガル**—8，**ナイジェリア**—5，**マリ共和国**—3，**南アフリカ**—3，**マリ連邦**—2，**マダガスカル**—1，**南ローデシア**—1，**ダホメー**—1，**タンガニーカ（現タンザニア）**—1，**エジプト・ガーナ**—1，

ガーナ・ギニア—1, である。

　ガーナ・ギニアは，両国の国連への加盟についての解説記事で【77.69】。エジプト・ガーナは，中立国5首脳（他にインド，インドネシア，ユーゴスラビア）会談，NY発・AP【21.62】。タンガニーカは「初の黒人内閣成立」「外電豆手帳」欄，RP【3.45】。ダホメーは，国内の政情不安記事，ポルトノボ（同国の首都）発・UPI共同【21.76】。南ローデシアは「黒人数千人騒ぐ」ソルズベリー発・ロイター【8.74】。マダガスカルは，同国の総選挙記事，「外電豆手帳」欄，ロイター【3.68】。マリ連邦は「非常事態宣言」バマコ発・AFP【6.44】と，「連邦首相，仏大統領と会談」パリ発・ロイター【7.82】。南アフリカは「人種差別反対の司祭追放される」他。マリ共和国は，マリ連邦を解体し，共和国の発足。セネガル，マリ両国の国連加盟承認。ナイジェリアは，日本政府は独立を承認。そして国内暴動。セネガルは「大統領にサンゴール氏，首相にディア氏」。仏，独立を承認。ギニアは「大統領，中国へ」，モスクワ到着，フルシチョフ首相を訪問等々である。ガーナは，大統領の国連出席，そしてザイール問題に対する動向，等々である。

　外電は，278記事で面積は【4692.23】（5面と10.3段分），全体のそれぞれ76.8%，41.3%である。内訳は，ロイター―87【1496.09】，AP―76【1115.63】，AFP―66【1082.22】，UPI（共同）―22【218.36】で4社の計は数で251記事（外電分の90.3%），面積で【3912.30】（同83.4%）。他には，RP（VOA，BBC，モスクワ放送等）―10【317.35】，ANS―8【52.44】，ソビエト・ニュース―4【130.72】，UPIサン―3【61.80】，NYタイムズ特約―1【61.02】，ロンドン・タイムズ特約―1【156.60】である。レオポルドビルから，NYタイムズとロンドン・タイムズの特約記事が入っている。ザイールの現状報告である。

　自社特派員記事は57件で，面積は【3874.66】，総面積の34.1%まで達している。内訳は，NY発―40【2732.05】，ロンドン発―13【803.46】，ワシントン発―3【319.78】，ニューデリー発―1【19.37】であり，ここでもその多くはザイール関連であり，あるいは国連からのアフリカ援助という「アフリカ全体」の記事で占められている。

　解説等記事は，17件で【2368.02】ある。内訳は，ザイール関連が6件，「ア

フリカ全体」に入れた連載企画記事,「低開発国を現地にみる」が3件,同じく連載企画記事(但しこちらは,アルジェリア,モロッコ,コンゴ等にわたっての記事である)の「アフリカの旅愁」5件がある。残り3件は,「アフリカ全体」に含めた解説が2つと,ガーナ・ギニア関連の解説が1つである。

　この月には2月以来の「社説」に,アフリカ関連が載っている。18日だが,その見出しは「だれがコンゴの危機を救うのか」であり,ザイールの収拾を見ない混乱を憂慮している。同社がコンゴ問題に強い関心を持っていることが示されている【79.00】。

　解説17件と社説1件,そして自社特派員記事57の面積の合計は,【6321.68】(7面と10.0段分)であり,全体の55.7%に相当する。

　1面トップを飾ったのも3回ある。①10日付夕刊,NY発,尾崎特派員,「安保理コンゴ討議——ソ連のレオポルドビル開催案を否決」「大統領に首相解任の権限——ハ総長演説」,写真1枚入りで【126.32】。②18日付夕刊,NY発・津島特派員,「コンゴ問題,国連緊急総会開く」「冒頭,米代表,アフリカ諸国加盟の新提案提出」「ソ連,巧妙な遷延作戦」,写真3枚入りで【173.93】。③23日付朝刊,NY発・沢山支局長,「国連総会,一般討論に入る」「米大統領,アフリカ援助に5原則,国連こそ正義の道」,写真1枚入りで【238.45】。

　①,②はザイール関連であり,③はアフリカ全体の記事である。社説で取り上げ,またトップでも扱うザイール問題はこの当時の国際的関心事であり,そのことに対して朝日は自分の言葉で語りかけている。外電分の記事面積が全体の41.3%ということは,残り58.7%がそうでない記事,つまり朝日の記者及び共同の記者が書いた——4件【95.48】——ものであり,この当時にあっても情報が外国の傘下にあったとは言えない。

　内容区分は,**X群239で全体の66.0%,Y群は123**である。内訳は,**X群,A—211,C—2,E—4,F—2,G—20。Y群,H—9,I—2,J—97,K—2,M—2,N—10,O—1**,である。

　アフリカ発記事数は,163で全体の45.0%に当たる。うち日本人記事は,自社(解説)8と,共同2の10件が含まれている。

　写真は52枚(うち顔写真21枚)【843.85】(【79.60】)。地図は15枚で面積は

図3-9　朝日新聞，1960年9月　アフリカ関連記事，項目別比率（全362件）

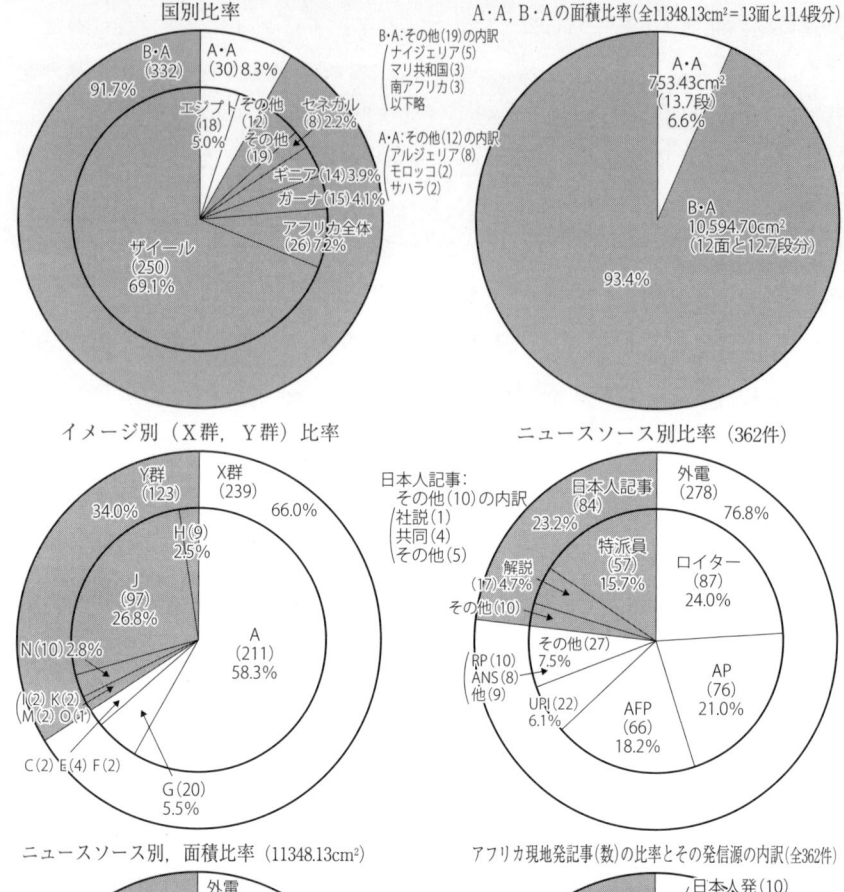

国別比率

- B・A (332) 91.7%
- A・A (30) 8.3%
- B・A：その他 (19) の内訳
  - ナイジェリア (5)
  - マリ共和国 (3)
  - 南アフリカ (3)
  - 以下略
- エジプト (18) 5.0%
- その他 (12)
- セネガル (8) 2.2%
- その他 (19)
- ギニア (14) 3.9%
- ガーナ (15) 4.1%
- アフリカ全体 (26) 7.2%
- ザイール (250) 69.1%
- A・A：その他 (12) の内訳
  - アルジェリア (8)
  - モロッコ (2)
  - サハラ (2)

A・A，B・Aの面積比率（全11348.13cm² = 13面と11.4段分）

- A・A 753.43cm² (13.7段) 6.6%
- B・A 10,594.70cm² (12面と12.7段分) 93.4%

イメージ別（X群，Y群）比率

- Y群 (123) 34.0%
- X群 (239) 66.0%
- H (9) 2.5%
- J (97) 26.8%
- A (211) 58.3%
- N (10) 2.8%
- I (2) K (2) M (2) O (1)
- C (2) E (4) F (2)
- G (20) 5.5%

ニュースソース別比率（362件）

- 日本人記事 (84) 23.2%
- 外電 (278) 76.8%
- 特派員 (57) 15.7%
- ロイター (87) 24.0%
- 解説 (17) 4.7%
- その他 (10)
- 日本人記事：その他 (10) の内訳
  - 社説 (1)
  - 共同 (4)
  - その他 (5)
- その他 (27) 7.5%
- RP (10)
- ANS (8)
- 他 (9)
- UPI (22) 6.1%
- AP (76) 21.0%
- AFP (66) 18.2%

ニュースソース別，面積比率（11348.13cm²）

- 日本人記事 6655.90cm² (8面と1.1段分) 58.7%
- 外電 4692.23cm² (5面と10.3段分) 41.3%
- 特派員 3874.66cm² (4面と10.5段分) 34.1%
- ロイター 1496.09cm² (1面と12.2段) 13.2%
- AP 1115.63cm² 9.8%
- AFP 1082.22cm² 9.5%
- 解説 2368.02cm² (2面と13.1段分) 20.9%
- UPI 218.36 1.9%
- その他 779.93 6.9%
- その他 413.22 3.6%

アフリカ現地発記事（数）の比率とその発信源の内訳（全362件）

- 日本人発 (10) 〈自社 (8) 共同 (2)〉 2.8%
- 163件 45.0%
- 外電 (153) 42.2%

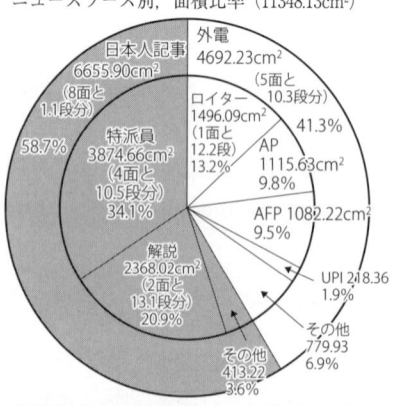

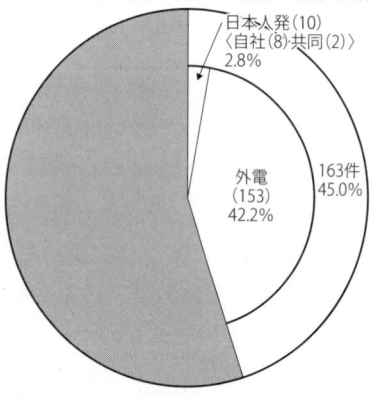

総面積（11348.13cm²）中に，写真及び地図，表，グラフ等の占める割合（1144.50cm² ⇒ 10.1%）

| 10.1% | 1面と5.8段分 |

【297.66】，似顔絵は1枚【2.99】。計68枚【1144.50】（1面と5.8段分）。この面積は全面積の10.1％に当たる。

(2) 10月

記事は194と前月に比べると，半数近くに減っている。総面積も半分近い【5131.41】。これは6面と3.3段分。

A・Aは42記事【851.51】。B・Aは152記事で【4279.90】，これは全体の，数で78.4％，面積で83.4％を占める。

外電発は156で【1856.54】（2面と3.8段分），全体のそれぞれ80.4％，36.2％である。内訳は，ロイター──45【515.08】，AP──49【612.08】，AFP──26【332.02】，UPI（共同）──13【201.58】，4社計133記事で（外電の85.3％）【1660.76】（同89.5％）である。他に，RP（VOA，BBC，ニューデリー放送，イスラエル放送等）──10【106.18】，ANS──5【25.07】，ソビエト・ニュース──3【22.08】，新華社（共同）──2【7.13】，タス──1【2.76】，オブザーバー紙特約──1【12.19】，PANA（写真）──1【20.37】がある。

自社特派員記事は，19件【1321.30】。内訳は，NY発──13【897.42】，ロンドン発──4【220.23】，カイロ発──1【95.04】，ワシントン発──1【108.61】，で前月までと違って，ザイール関連はNY発の4記事だけである。全体の記事量が減ったのは，そのままザイールの状況を伝える記事が減ったことによる。

解説記事は9件で【1616.52】。うちザイール関連は，1件【495.32】とここでも減っている。この9件分の【1616.52】と前述，自社特派員分の面積の計は【2937.82】（3面と8.4段分）で全体の57.3％である。

この月にも1面トップを飾った記事が2つある。どちらも1日付で朝刊と夕刊である。朝刊は，NY発ロイター電で，写真5枚入りで伝えている【126.23】。その見出しは，「中立5首脳，米ソ首脳会談をと国連総会へ決議案」「総会初の具体的措置と注目」というものであり，夕刊は，同じくNY発だが，こちらは特派員（津島）記事で写真はなく【102.97】，「決議案に米は抵抗示す──フ首相には政治的勝利」という見出しである。どちらも中立5首脳（エジプト，ガーナ，インド，インドネシア，ユーゴスラビア）の国連での動向である。

A・A 42記事の国別内訳は，**アルジェリア―27，エジプト―6，チュニジア―3，モロッコ―2，リビア―2，モーリタニア―2**で，アルジェリアは，臨時政府首脳のソ連訪問，仏国内の動向記事である。エジプトは，ナセルの国連よりの帰国，日本の経済援助関連。チュニジアは，アルジェリア関連。モロッコは，対仏関連とトピック（世界最古の大学で祝典）。リビアは，内閣更迭・新内閣。モーリタニアは，仏との間で権限委譲交渉，調印記事。

B・Aは，**ザイール―76，ナイジェリア―10，ガーナ―10，中立5カ国―10，ギニア―8，アフリカ全体―7，南ローデシア―6，南アフリカ―5，マリ共和国―3，仏領アフリカ―3，中央アフリカ連邦―3，アフリカ16カ国―3，北ローデシア―2**，列国議会（アフリカ関連分）―2，**カメルーン，セネガル，タンガニーカ，中部アフリカ**，各1である。

内容は，中部アフリカ（ザイール辺）は，同地に軍縮地域を，と国連でエール外相が提唱。タンガニーカは，近く独立。セネガルは，同国とマリを日本政府が承認。カメルーンは，ソ連と使節交換。北ローデシアは，トピックで「アフリカ象，友をていねいに葬る」，カタンガ州国境で衝突。アフリカ16カ国とは，独立した同16カ国とキプロスの国連新加盟である。中央アフリカ連邦は，同国における人種差別の改善勧告を英委員会が出すが同国首相の拒否と，そして独立めざす現地人記事。仏領アフリカは，同地域の首脳会議等。マリ共和国は，中国が承認と国交回復。等々である。ザイールでは，混乱が続いている。

内容区分は，**X群 107**（A―79，C―2，D―1，E―15，G―10）で，**Y群 87**（H―6，I―1，J―66，K―4，M―2，N―6，O―2）である。

X群について言えば，Ⓐ項は，**ザイール，南ローデシア，南アフリカ**の暴動・混乱，また**北ローデシア**の，ザイールとの国境辺での衝突，**アルジェリア**の反乱・テロ，等々である。Ⓒは①「ナセル大統領がヨルダン国王暗殺を命令，とサンデー・タイムズ紙報道」，②「**コンゴ**で国連承認のもとで，**ガーナ，ギニア**等のクーデター計画」という見出しの記事である。Ⓓは「**コンゴ首都，飢える失業者**」。Ⓔは英の旧植民地・**中部アフリカ**の混乱に対する対応，仏の**北アフリカ・西アフリカ**に対する政策，等々である。Ⓖはソ連の**マリ，ザイール**への援助，ザイールへの国連軍の派遣記事等である。

第1節　朝日新聞にみる報道　101

図3-10　朝日新聞，1960年10月　アフリカ関連記事，項目別比率（全194件）：独立「ナイジェリア」

国別比率

- B・A (152) 78.4%
- A・A (42) 21.6%
- エジプト (6) 3.1%
- アルジェリア (27) 13.9%
- その他 (9) 4.6%
- ザイール (76) 39.2%
- その他 (38) 19.5%
- ガーナ (10) 5.2%
- ナイジェリア (10) 5.2%
- 中立5カ国 (10) 5.2%
- ギニア (8) 4.1%

B・A：その他 (38) の内訳
- アフリカ全体 (7)
- 南ローデシア (6)
- 南アフリカ (5)
- マリ共和国 (3)
- 仏領アフリカ (3)
- 中央アフリカ (3)
- アフリカ 16カ国 (3)
- 以下，略

A・A：その他 (9)
- チュニジア (3)
- モロッコ (2)
- リビア (2)
- モーリタニア (2)

A・A, B・A の面積比率（全5131.41cm² = 6面と3.3段分）

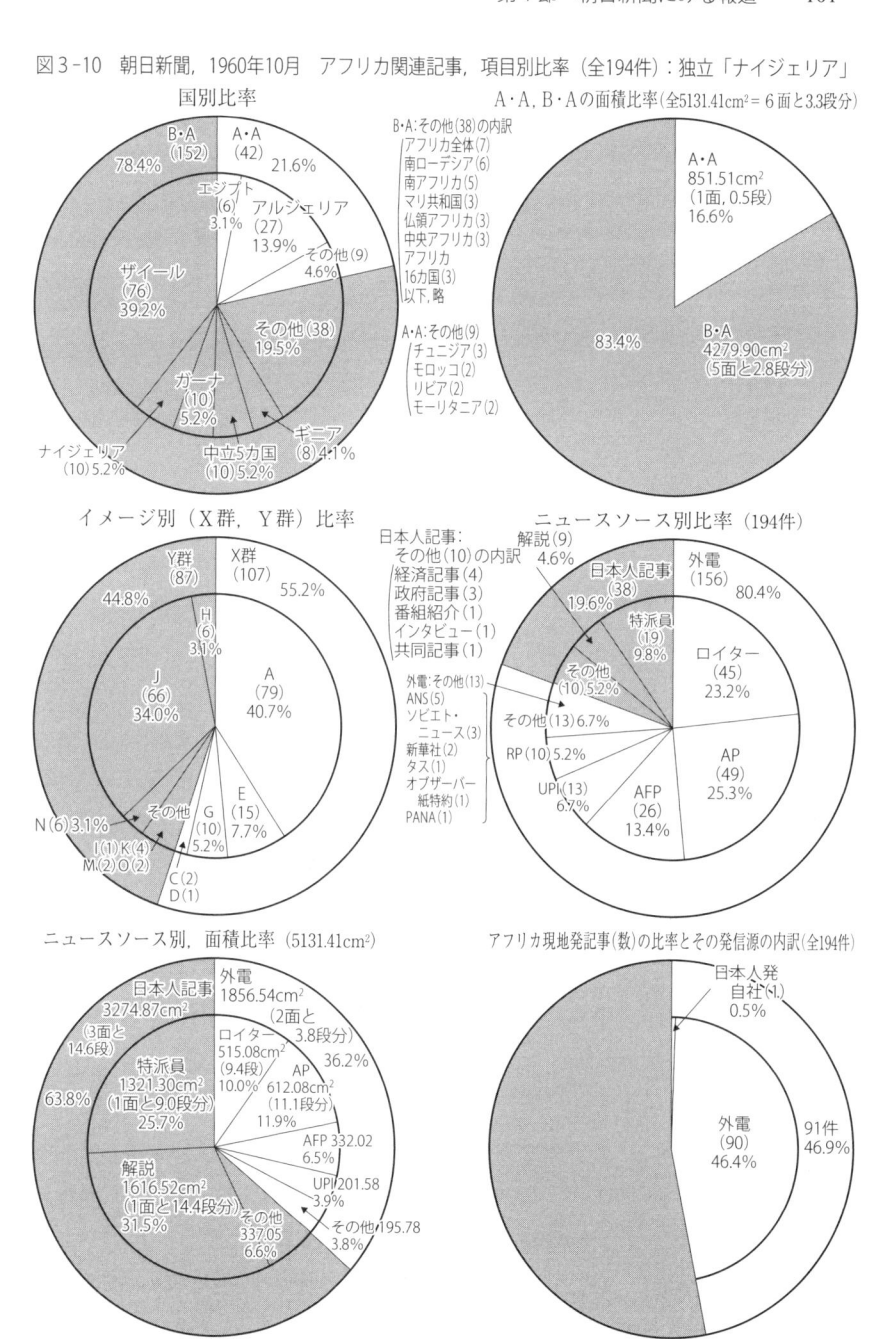

- A・A 851.51cm² (1面, 0.5段) 16.6%
- B・A 4279.90cm² (5面と2.8段分) 83.4%

イメージ別（X群, Y群）比率

- X群 (107) 55.2%
- Y群 (87) 44.8%
- H (6) 3.1%
- J (66) 34.0%
- A (79) 40.7%
- E (15) 7.7%
- G (10) 5.2%
- N (6) 3.1%
- その他
- I (1) K (4)
- M (2) O (2)
- C (2)
- D (1)

ニュースソース別比率（194件）

日本人記事：その他 (10) の内訳
- 経済記事 (4)
- 政府記事 (3)
- 番組紹介 (1)
- インタビュー (1)
- 共同記事 (1)

外電：その他 (13)
- ANS (5)
- ソビエト・ニュース (3)
- 新華社 (2)
- タス (1)
- オブザーバー紙特約 (1)
- PANA (1)

- 解説 (9) 4.6%
- 日本人記事 (38) 19.6%
- 特派員 (19) 9.8%
- 外電 (156) 80.4%
- ロイター (45) 23.2%
- AP (49) 25.3%
- AFP (26) 13.4%
- UPI (13) 6.7%
- RP (10) 5.2%
- その他 (13) 6.7%
- その他 (10) 5.2%

ニュースソース別，面積比率（5131.41cm²）

- 日本人記事 3274.87cm² (3面と14.6段) 63.8%
- 外電 1856.54cm² (2面と3.8段分) 36.2%
- 特派員 1321.30cm² (1面と9.0段分) 25.7%
- 解説 1616.52cm² (1面と14.4段分) 31.5%
- ロイター 515.08cm² 10.0% (9.4段)
- AP 612.08cm² (11.1段分) 11.9%
- AFP 332.02 6.5%
- UPI 201.58 3.9%
- その他 337.05 6.6%
- その他 195.78 3.8%

アフリカ現地発記事(数)の比率とその発信源の内訳（全194件）

- 日本人発 自社 (1) 0.5%
- 外電 (90) 46.4%
- 91件 46.9%

総面積（5131.41cm²）中に，写真及び地図，表，グラフ等の占める割合（621.42cm² ⇒ 12.1%）

| 12.1% | | 11.3段分 |

この月の**アフリカ発記事は，91件で全体の46.9%に当たる。うち日本人発は，自社（報告）1**だけである。

写真は28枚【236.77】で，うち顔写真は21枚【84.89】である。地図は5枚【359.57】で，他に「アフリカ16カ国」のところでそれらの国の国旗が掲載されている【25.08】。面積の総計は【621.42】で全体の12.1%に当たる。

この月の独立は，1日の**ナイジェリア**である。

(3) 11月

記事数205。うちA・A 75で全体の36.6%，B・Aは130で63.4%。総面積は【6178.31】（7面と7.4段分），A・Aは【1712.16】全体の27.7%，B・Aは【4466.15】72.3%である。10月に比べると，A・Aの数が増え，面積もほぼ倍になっている。全体に占める割合も，16.6%→27.7%と10%以上増えている。これは**アルジェリア**のことを伝える記事が大きく（27件→47件）増えたことによる。それは全体のプラス33記事の60.6%を占めている。但し，内容的にはこれまでと同じ，仏との関係，臨時政府の動向，アルジェリア問題に対する仏国内の動き，そして**チュニジア**や**エジプト**をはじめとする北アフリカ諸国の反応記事で占められている。

A・Aの他の国別記事数は，**エジプト**―11，**モロッコ**―7，**モーリタニア**―6，**チュニジア**―2，**サハラ**―2である。エジプト（アラブ連合）は，英国との国交正常化や，パキスタン大統領の訪問関連，そして経済開発に関する特派員の解説記事等がある。モロッコは，中国との貿易協定・国交回復，モーリタニア独立に対する抗議記事等。モーリタニアは逆に，27日付夕刊での独立と，国連のその前後の動き。サハラは，核実験関連である。

B・Aは，**ザイール**関連が半数以上の77件ある。この月も国内の混乱状況は続いている。他に，**エチオピア**―14，**ガーナ**―11，**アフリカ全体**―6，**ギニア**―3，**ナイジェリア**―2，**コートジボアール**―2，**カメルーン**―2，**南西アフリカ**―2，**中央アフリカ連邦**―2，ガボン，スーダン，ニジェール，シエラレオン，マリ共和国，スワジランド，ザンジバル，エチオピア・スーダン・リビア，アフリカ7カ国（エチオピア，リベリア，ガーナ，ナイジェリア，ソマ

リア，チュニジア，マリ連邦），各1である。

　エチオピアは，日本の皇太子夫妻の訪問があり，それに関連するもので普段の月より増えている。他にこれまでにない国名として，南西アフリカとスワジランドがある。前者の記事は，1つはエチオピアとリベリアとともに人種差別撤廃要請をしたというものであり，もう1つは同国を国連管理下に，との国連決議記事である。後者は，経済記事で「川崎製鉄ら，スワジランドから鉄鉱石を長期購入」との見出しの記事（ヨハネスブルグ発，ロイター【19.09】）である。

　外電は，152件で【1933.81】（2面と5.2段分）。それぞれ全体の，74.1％，31.3％である。ここ数カ月，記事数の割合は，70％以上を占めているが，面積は50％以上が1回（8月）で，他の月はすべて半数を割り，平均すると30％台と考えられる。アフリカに関して言えば，この1960年代において，外国の記事に頼らなくなったことが窺える。

　内訳は，ロイター—42【565.83】，AP—49【575.85】，AFP—34【535.65】，UPI（共同）—17【190.56】で，これら4社の計は142件，外電分の93.4％，面積では【1867.89】，同96.6％に達する。他には，RP（BBC，モスクワ放送，インド放送等）—5【18.86】，ANS—3【16.79】，ソビエト・ニュース—1【3.45】，NYタイムズ特約—1【26.82】である。

　自社特派員記事は，39件で【2431.54】。面積的には全体の39.4％を占める。外電分より多くなっている。内訳は，NY発—22【1464.46】，アジスアベバ発—9【358.41】，カイロ発—3【99.00】，パリ発—3【358.05】，ロンドン発—2【151.62】。NY発は20件がザイール関連であり，他はアフリカ全体関連とシエラレオン独立関連である。アジスアベバ発は，6件が皇太子訪問の同行記者からの現地報告，他の3件も同地からのアベベ選手関連である。パリ発はすべてアルジェリア関連，カイロ発もエジプト関連である。ロンドン発の2件は，1つはザイール関連であり，あと1つは中央アフリカ連邦関連である。

　解説報告等記事は，5件で【1429.95】。①「読者応答室」欄における，中国とアフリカの関係の解説【22.44】や，②「テレタイプ」欄のアラブ連合の習慣紹介【72.90】。③カイロからの特派員（宮本）現地報告特集＝「アラブ連合の経済開発（エジプト）」「渦まく東西の援助——主軸は工業化の2計画」との

大見出し，写真1枚，地図1枚入りで【346.41】。④さらに北アフリカ3国（エチオピア，スーダン，リビア）を紹介した特集（宮本特派員）＝「北アフリカ三国の経済情勢をさぐる」「エチオピア——米ソが経済援助競争」「スーダン——対日不満消える，緩和された貿易制限」「リビア——石油ブームにわく。7カ国18社が試採掘」との各大見出しで，写真4枚，地図1枚入り。10段【549.00】。⑤あと1つは，皇太子夫妻に同行した記者（佐藤）の報告である。「エチオピアでの皇太子夫妻」との見出しで，ここでは写真6枚と，スペースの大部分を写真が埋めている。【439.20】のうち【402.07】で，91.5％が写真である。

この月には，そして「社説」で2件，アフリカ関連のことが語られている。1つは5日付でザイールの実情に対するもの。「コンゴ問題を打開する道」「国連調停案に期待，アフリカ諸国に良識を」と，2つの見出しがある社説面全体を使ってのもの【116.92】。極東の日本においても，強く関心を示す状況になってきていることを物語っている。

あと1つは26日付で，やはりザイール問題を扱っている。「コンゴ情勢と収拾の方向」。これはしかしこの日書かれた社説2つのうちの1つのものであり，スペースも【69.44】と，5日付に比べると狭いものである。

自社特派員記事【2431.54】，解説等記事【1429.95】，そして社説の計【186.36】の総計面積【4047.85】（4面と13.6段分）は面積全体の65.5％を占めるまでになっている。

この月にも一度だけ，1面トップを飾った記事がある。23日付夕刊で，「国連総会本会議，コンゴ討議に新段階」「代表権，カサブブ氏に——米に有利な表決結果」「アフリカ諸国の判断割れる」との大見出し3つの記事で【178.68】を占めている。やはりザイールに関する国連ものである。

内容区分は，**X群が100（48.8％）**で，**Y群が105（51.2％）**である。内訳は，A—64，E—27，F—2，G—7。Y群ではH—5，J—74，K—4，L—3，M—10，N—6，O—3，である。

Ⓐはザイールとアルジェリア関連が多いが，他にガーナ，ガボン，モロッコ等の記事もいくらか含まれている。Ⓔは仏の**アルジェリア政策**，及び**シエ**

第 1 節　朝日新聞にみる報道　105

図 3-11　朝日新聞, 1960年11月　アフリカ関連記事, 項目別比率（全205件）: 独立「モーリタニア」

国別比率

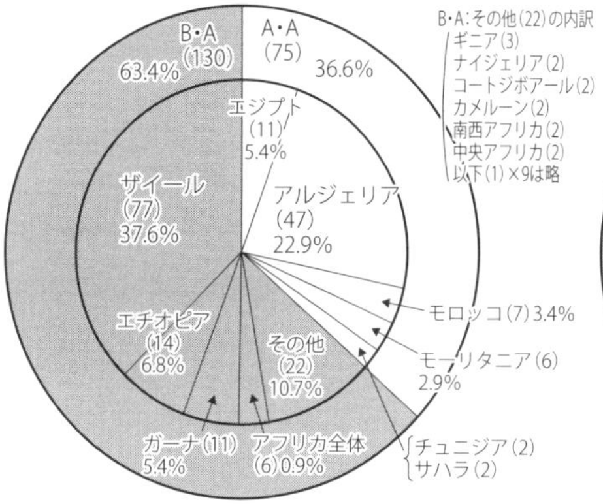

- B・A (130) 63.4%
- A・A (75) 36.6%
- エジプト (11) 5.4%
- ザイール (77) 37.6%
- アルジェリア (47) 22.9%
- エチオピア (14) 6.8%
- その他 (22) 10.7%
- モロッコ (7) 3.4%
- モーリタニア (6) 2.9%
- ガーナ (11) 5.4%
- アフリカ全体 (6) 0.9%
- チュニジア (2)
- サハラ (2)

B・A：その他 (22) の内訳
- ギニア (3)
- ナイジェリア (2)
- コートジボアール (2)
- カメルーン (2)
- 南西アフリカ (2)
- 中央アフリカ (2)
- 以下 (1) ×9は略

A・A, B・Aの面積比率（全6178.31cm² = 7面と7.4段分）

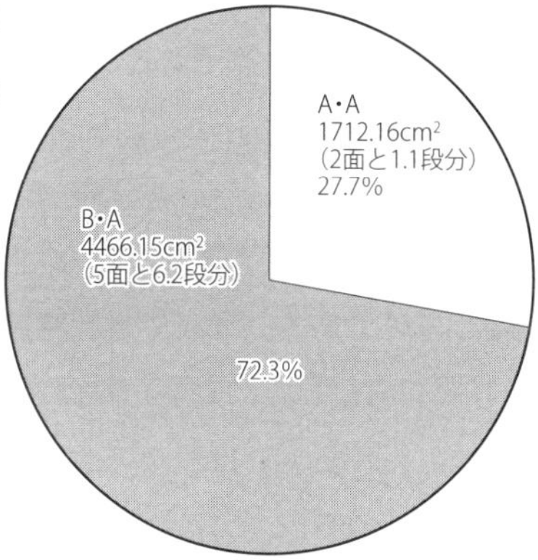

- A・A　1712.16cm²（2面と1.1段分）27.7%
- B・A　4466.15cm²（5面と6.2段分）72.3%

イメージ別（X群, Y群）比率

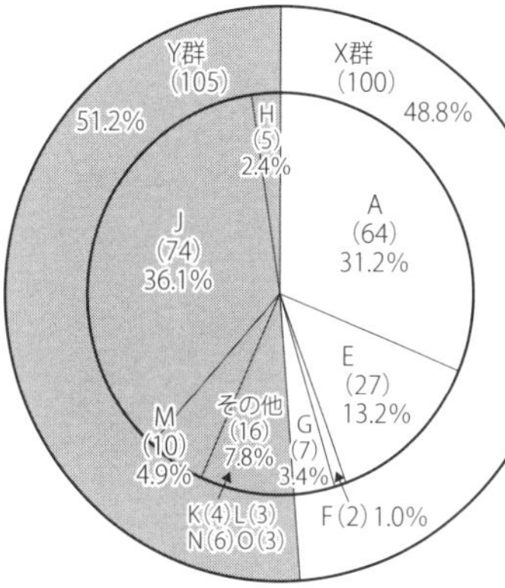

- Y群 (105) 51.2%
- X群 (100) 48.8%
- H (5) 2.4%
- A (64) 31.2%
- J (74) 36.1%
- E (27) 13.2%
- M (10) 4.9%
- その他 (16) 7.8%
- G (7) 3.4%
- K (4) L (3) N (6) O (3)
- F (2) 1.0%

ニュースソース別比率（205件）

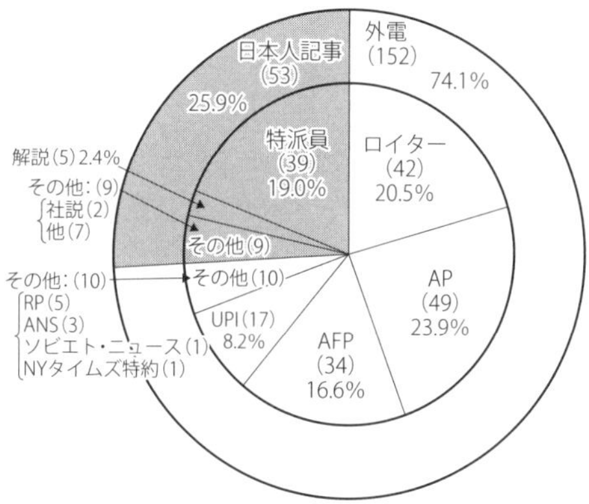

- 日本人記事 (53) 25.9%
- 外電 (152) 74.1%
- 特派員 (39) 19.0%
- ロイター (42) 20.5%
- 解説 (5) 2.4%
- その他 (9) 社説 (2) 他 (7)
- その他 (9)
- その他 (10)
- AP (49) 23.9%
- RP (5) ANS (3) ソビエト・ニュース (1) NYタイムズ特約 (1)
- UPI (17) 8.2%
- AFP (34) 16.6%

ニュースソース別, 面積比率（6178.31cm²）

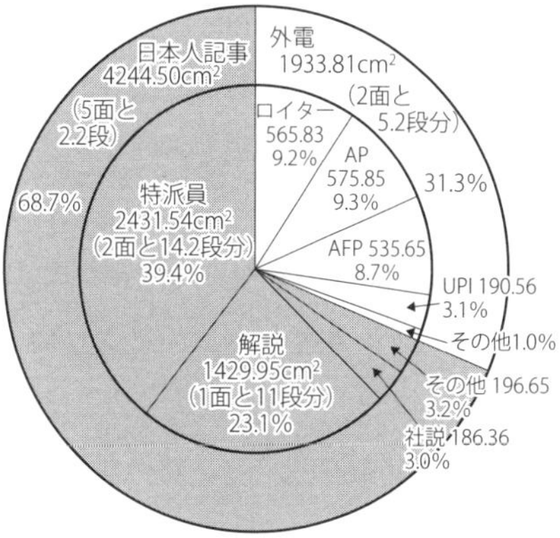

- 日本人記事 4244.50cm²（5面と2.2段）68.7%
- 外電 1933.81cm²（2面と5.2段分）31.3%
- ロイター 565.83 9.2%
- AP 575.85 9.3%
- 特派員 2431.54cm²（2面と14.2段分）39.4%
- AFP 535.65 8.7%
- UPI 190.56 3.1%
- その他 1.0%
- 解説 1429.95cm²（1面と11段分）23.1%
- その他 196.65 3.2%
- 社説 186.36 3.0%

アフリカ現地発記事（数）の比率とその発信源の内訳（全205件）

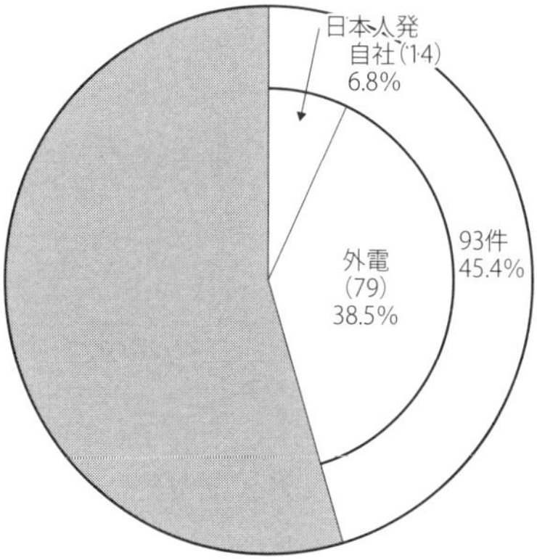

- 日本人発 自社 (14) 6.8%
- 93件 45.4%
- 外電 (79) 38.5%

総面積（6178.31cm²）中に, 写真及び地図, 表, グラフ等の占める割合（904.85cm² ⇒ 14.6%）

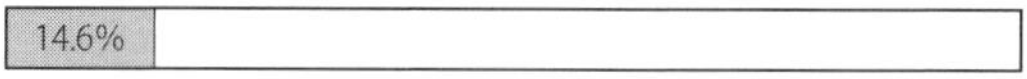

| 14.6% | | 1面と1.5段分 |

ラレオン，モーリタニアの独立関連，F はサハラの核実験，G はソ連のガーナ，モロッコ，スーダンへの援助，中国のアルジェリア援助，米のギニア，チュニジア援助関連である。Y群ではこれまであまり出てこなかった，L は3件ともエチオピアからのもので，スポーツ関連である。アベベ選手2件と，特派員自身がアジスアベバの町を走った感想記事である。

　この月のアフリカ発記事は93件で，全体の45.4％に当たる。うち日本人記事は14件である。すべて自社特派員記事（報告10，解説4）である。

　写真は32枚（うち顔写真12枚），【840.69】（【41.94】）。地図6枚【54.28】，表2枚【9.88】。計40枚であり，面積の【904.85】は全体の14.6％に当たる。

　この月に独立したのは，27日付夕刊に出ているモーリタニアである。

(4) 12月

　この月には再び300記事近くに増える。298で，面積も11月に比べると2500cm^{2}以上多い【8754.19】となっている。これは10面と9.2段分に相当する分量である。

　A・Aは103記事（34.6％）で【3228.17】36.9％，B・Aは195（65.4％）で【5526.02】63.1％。A・A関連が数的にも面積的にも盛り返してきた月である。アルジェリア—64 が，A・Aの6割以上を占め，同国の混乱が続いていることを示している。エジプト—20 は，ソ連，ユーゴ，西独，インドネシアと，外交の活発なことを伝えている。また新アスワンダム建設も伝えられている。アラブ諸国との関係，イスラエルとの関連記事もある。サハラ—14 は，28日付で，仏が3回目の核実験を行なった後の記事が13件を占める。各国（含，日本）からの抗議，非難記事である。他は，リビア，モロッコ，モーリタニア，各2である。

　B・Aは，ザイール—97，エチオピア—65，アフリカ全体—6，南アフリカ—5，ガーナ—5，仏領アフリカ—3，中央アフリカ連邦—3，アフリカ5カ国（エチオピア，ガーナ，ギニア，モロッコ，マリ）—3，アフリカ3カ国（ガーナ，ギニア，マリ）—2，ギニア—1，ナイジェリア—1，リベリア—1，ソマリア—1，北ローデシア—1，スーダン—1，である。

ザイールは国内の動乱が続いていることを伝えるもの。エチオピアは，15日付でクーデターを伝えてから，関連記事が続いていく。結果として，これは失敗に終わることになるが，その15日は1面のトップで扱われ，日本にあっても関心をひくものであった。65記事中，2日付にあった皇帝の中南米歴訪を伝えるもの以外すべてが，そのクーデター関連である。15日から65記事目の29日までの2週間で64件を報じることは，1日平均4.5記事ということであり，関心の高さを示している。これはその少し前に皇太子夫妻が訪問していたことも少なからぬ理由となっていると思われる。

B・Aで他に関心をひくのは，アフリカ5カ国の3件である。これはその5カ国が国連に"アフリカ核禁止地帯"を提案したもの。そして5カ国でのアフリカ首脳会議開催記事である。アフリカ3カ国は，首脳会談後"連邦結成"を伝えるものである。しかし歴史はそれが現実とはならなかったことを伝えているが。

その他には，あまり聞かれない国として「ソマリア」がある。その1件とは「中国との外交関係樹立」「外電豆手帳」欄掲載で，ANS発【3.45】というベタ記事である。

外電は，216件で【3043.88】（3面と10.4段分），全体のそれぞれ72.5％，34.8％である。内訳は，ロイター—68【862.14】，AP—81【1163.77】，AFP—32【400.69】，UPI（共同）—20【315.80】，4社計，201記事（外電分の93.1％）で【2742.40】（同90.1％）。数，スペースとも9割を越えている月となっている。他には，RP（BBC，モスクワ放送等）—7【96.82】，ソビエト・ニュース—3【23.00】，ANS—2【6.44】，PTI—1【50.24】，NYタイムズ特約—1【111.87】，オブザーバー紙特約—1【13.11】である。

自社特派員記事は56件。面積は【2775.11】で全体の31.7％。内訳は，NY発—29【1559.45】，カイロ発—10【291.75】，ロンドン発—6【385.21】，パリ発—4【308.18】，アジスアベバ発—3【137.99】，ニューデリー発—2【41.02】，ワシントン発—1【20.24】，ジュネーブ発—1【31.27】である。

アフリカ以外からの記事はNY発が，ザイール関連24件，アルジェリア関連2件，リベリア関連1件，仏領アフリカ関連1件，アフリカ5カ国1件であ

る。ロンドン発は，エチオピア（クーデター）関連3件，中央アフリカ関連2件，ザイール関連1件，である。パリ発はアルジェリア関連であり，ニューデリー発は2件ともザイール関連である。ワシントン発はサハラ核実験にアメリカが不快感を示した記事であり，ジュネーブ発は南ア連邦関連，「国際法律学会委員会，人種差別政策非難」【31.27】である。

この月には他に，共同記者記事が1件，NY発としてある。「ハマーショルド総長，2日にコンゴへ」というザイール関連のものである【11.50】。

解説記事は15件で【2622.53】。内容は，①ニューデリー市局長発の「インドとコンゴ問題——中立外交で収拾望む」【123.24】。②「世界の鼓動」欄でアルジェリア問題を扱っている【495.32】。③パリ市局長発でやはりアルジェリア問題を，【124.90】。④日曜版，アフリカ全体記事「アフリカの年の今後——持ち込まれた冷戦」【154.50】。⑤「今日の問題」欄，アルジェリア関連「ドゴールの苦悩」【49.50】。⑥⑦エチオピア・クーデター関連「原因はお家騒動的——部屋住みの皇太子の不満」【54.24】，「セラシエ皇帝の横顔——亡命六年の体験も」【44.20】。⑧カイロ特派員発の特集記事，「新アスワンダムを見る」写真8枚，地図1枚入り【549.00】。⑨本社解説，エチオピアのクーデターに関して「男ざかりの皇太子——国の若返り願う？」【88.14】。⑩本社解説，ザイール関連「コンゴ紛争，A・A諸国の苦慮」「冷戦持ち込みを回避——特定諸国の圧力に反発」【131.14】。⑪エチオピア・クーデターの現地報告「反乱鎮圧直後のアジスアベバに入る」「二日天下の革命軍，戦場となった空港・国防省」写真2枚入り【176.90】。⑫アフリカ全体記事，NY特派員発「激動の1960年—③」「冷戦をまともに反映——アフリカ新顔で大変化」「あらしの国連総会」【154.80】。⑬アジスアベバからの特派員報告「エチオピア革命の背景，腐敗一掃に決起」【124.20】。⑭本社解説，アフリカ全体記事「激動の1960年—⑥」「アフリカ全土の77％が独立国——国連でも最多の勢力に」【160.67】。⑮カイロ支局長，解説，エチオピア関連「アジスアベバ，二日革命のあと」「激しかった撃ち合い」写真3枚入り【191.78】。以上である。

外電，自社電，共同電，そして解説等，以外の記事は10件ある。その内容的内訳は，政府・外務省関連—6【86.40】，経済記事—2【114.77】，書籍紹介

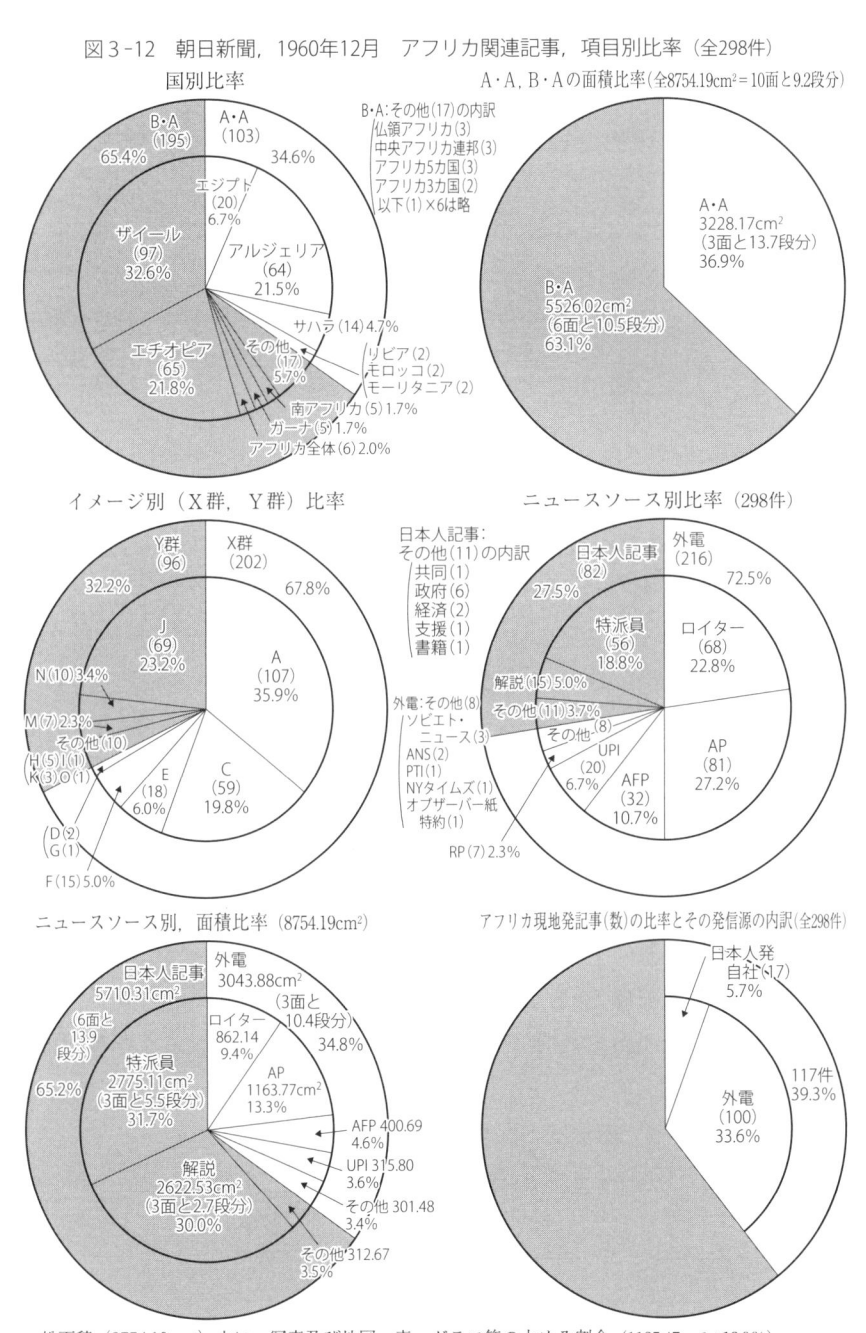

第1節　朝日新聞にみる報道　109

図3-12　朝日新聞，1960年12月　アフリカ関連記事，項目別比率（全298件）

国別比率

B・A (195) 65.4%
A・A (103) 34.6%

B・A：その他(17)の内訳
仏領アフリカ(3)
中央アフリカ連邦(3)
アフリカ5カ国(3)
アフリカ3カ国(2)
以下(1)×6は略

エジプト (20) 6.7%
ザイール (97) 32.6%
アルジェリア (64) 21.5%
サハラ (14) 4.7%
エチオピア (65) 21.8%
その他 (17) 5.7%
リビア (2)
モロッコ (2)
モーリタニア (2)
南アフリカ (5) 1.7%
ガーナ (5) 1.7%
アフリカ全体 (6) 2.0%

A・A，B・Aの面積比率（全8754.19cm² = 10面と9.2段分）

A・A 3228.17cm² (3面と13.7段分) 36.9%
B・A 5526.02cm² (6面と10.5段分) 63.1%

イメージ別（X群，Y群）比率

Y群 (96) 32.2%
X群 (202) 67.8%
J (69) 23.2%
A (107) 35.9%
N (10) 3.4%
M (7) 2.3%
その他 (10)
H (5) (1)
K (3) O (1)
E (18) 6.0%
C (59) 19.8%
D (2)
G (1)
F (15) 5.0%

ニュースソース別比率（298件）

日本人記事：その他(11)の内訳
共同 (1)
政府 (6)
経済 (2)
支援 (1)
書籍 (1)

日本人記事 (82) 27.5%
外電 (216) 72.5%
特派員 (56) 18.8%
ロイター (68) 22.8%
解説 (15) 5.0%
その他 (11) 3.7%
外電：その他 (8)
ソビエト・ニュース (3)
ANS (2)
PTI (1)
NYタイムズ (1)
オブザーバー紙特約 (1)
その他 (8)
UPI (20) 6.7%
AP (81) 27.2%
AFP (32) 10.7%
RP (7) 2.3%

ニュースソース別，面積比率（8754.19cm²）

日本人記事 5710.31cm² (6面と13.9段分) 65.2%
外電 3043.88cm² (3面と10.4段分) 34.8%
特派員 2775.11cm² (3面と5.5段分) 31.7%
ロイター 862.14 9.4%
AP 1163.77cm² 13.3%
AFP 400.69 4.6%
UPI 315.80 3.6%
その他 301.48 3.4%
解説 2622.53cm² (3面と2.7段分) 30.0%
その他 312.67 3.5%

アフリカ現地発記事（数）の比率とその発信源の内訳（全298件）

日本人発自社 (17) 5.7%
117件 39.3%
外電 (100) 33.6%

総面積（8754.19cm²）中に，写真及び地図，表，グラフ等の占める割合（1135.47cm² ⇒ 13.0%）

13.0%　　　　　　　　　　　　　　　1面と5.7段分

―1【54.14】,支援援助―1【45.86】である。

　自社電,及び解説の合計は71記事で,面積は【5397.64】(6面と8.2段分)。それぞれ自体の23.8％,61.7％である。面積では6割以上が朝日の記者の手になるアフリカを報じる記事である。

　12月は,トップが3回ある。①15日付朝刊の「エチオピアでクーデター,皇太子が政権樹立か」【83.34】であり,②17日付夕刊で,NY発・特派員(津島)「国連総会,コンゴ再討議始まる」「A・A七国が決議案――ハ総長へ不信示す」(注.A・Aは,アジア・アフリカ)【146.91】であり,③21日付夕刊で,やはりNY発・支局長(沢山)記事,「コンゴ問題,国連総会も結論出せず」「米英案成立に一票不足,ガーナ含む8カ国案も」【141.30】,である。

　内容区分は,**X群**202で**全体の67.8％**,**Y群**96で**32.2％**。内訳は,X群A―107,C―59,D―2,E―18,F―15,G―1。Y群はH―5,I―1,J―69,K―3,M―7,N―10,O―1,である。

　Ａは**ザイール**関連で,Ｃは**エチオピア**のクーデター関連である。Ｄは2件とも**ザイール**関連で,1つは日赤医療班の衛生状態の悪いことを伝えるもので,もう1つは「カサイ州で連日200人が餓死」という記事である。Ｅは,**アルジェリアの民族自決権問題**とそれに対する仏の,ドゴールの対応記事である。Ｆは**サハラ核実験**であり,Ｇはソ連のルムンバ派への支援記事である。Y群に数えられているＪ項の中にも,X群に入れてもいい内容のものもあることを付記しておきたい。

　アフリカ発記事数は117件で,全体の39.3％。うち日本人記事は17件で,すべて自社特派員記事(報告13,解説4)である。

　写真は57枚(うち顔写真29枚)【835.87】【102.83】)。地図は8枚で【257.95】,似顔絵1枚【9.52】,アスワンダムの模型図1枚【32.13】。合計,67枚【1135.47】(1面と5.7段分)で,面積では全体の13.0％に当たる。

　1960年最後の月も,かなりの記事数,面積量のアフリカ関連の記事があった。しかしこの月にも,アフリカにとってプラスのイメージを与えるような内容の記事は,1件もなかったように思われる。

第2節　中日新聞にみる報道

　1960年の報道をブロック紙である中日新聞で見てみる。同紙の1960年と1980年は国会図書館のマイクロフィルムを利用した。朝日の縮刷版とはサイズが異なるが，可能な限り正確を期した。マイクロフィルムは計る位置によって，その数値は違ってくるが，ほぼ同じ画面の部位で計ることによってフィルム内での誤差を最小限にした。ここではフィルム映像での計測の結果を，タテ46.4cm（1段は3.0）×ヨコ35.0cmとした。これを朝日1955年度版の縮刷サイズに合わせるために，ヨコは計測値を0.697倍（24.4÷35.0）し，タテは0.742倍（2.3÷3.0）したが，タテは段で区切られている場合は段数で出した。

　中日新聞は，愛知県名古屋市に本社を置き，中部日本を主な講読先としている。愛知，三重，岐阜，長野，静岡，各県及び，北陸の石川，富山，福井辺もその主力販売エリアとしている。

1　1～4月

(1)　1月

　1月にアフリカ関連の記事は81件ある。うち7割以上の59件がA・Aの記事で，そのうち76.0%の45件が**アルジェリア**に関するものである。その内容は，朝日においてのものと同様，国内の暴動・反乱，及び仏の動向・対応，である。次にA・Aで多いのは，10件の**サハラ**で，これも朝日にあったものと同じ，仏の核実験関連である。またそれに対する各国の抗議記事である。

　A・Aでは他に，**エジプト**の4件がある。これはアスワンダム関連3件（ソ連の援助とその起工式）と，特派員による解説記事【78.76】，「簡単に妻と離婚成立」「改革運動，再び活発化」との見出しのエジプトの習慣・現状を伝えるものである。

　B・Aは22件で，10の国々のことを伝えている。内訳は，**カメルーン**―4，**ガーナ**―4，**ケニア**―3，**アフリカ全体**―3，**南アフリカ**―2，**英領アフリカ**―

2，ザイール―1，ギニア―1，スーダン―1，北ローデシア―1，である。第1節の朝日の項でも書いているので，ここでは簡単にその内容を記す。

　カメルーンは，仏領カメルーンのことであり，そこの独立及び英領カメルーンへの統一呼びかけ記事。ガーナは，対英関連と，アフリカ合州国結成の呼びかけ記事。ケニアも，対英と憲法会議の開催関連。アフリカ全体は，全アフリカ会議開催関連と，ロンドンから特派員の解説・報告記事がある。その見出しは，「塗りかえられるアフリカ地図」「盛んな独立運動，東西両陣も勢力拡張競争」である。南アは，ソ連による南ア非難。英領アフリカは，英・マクミラン首相の同地訪問記事。ザイール（ベルギー領コンゴ）は，独立(6/30)記事。ギニアは，中国との国交。スーダンは，対日輸入制限を解く，とのもの。北ローデシアは，英首相の暗殺計画発覚記事，である。

　面積的には81記事で【1927.11】。これは2面と約5.1段分である。A・Aは【1416.55】で73.5％を占める。B・Aは【510.56】。

　外電発は，68件で全体の84.0％を占め，面積は【1040.71】（1面と3.9段分）54.0％を占める。内訳は，ロイター（共同）―17【260.32】，AP特約―20【266.06】，AFP特約―23【447.31】，UPI（共同）―7【62.69】。残る1つは，「海外短信」欄にあるベタ記事【4.33】で，新華社（共同）である。内容はサハラ関連で，「サハラ核実験抗議の英国人ら7人，仏植民地当局に逮捕される」である。

　自社特派員記事は，6件で【418.82】。内訳は，パリ（曽我部）発―2【220.60】，ロンドン（出田）発―2【135.70】，チュニス（大坪）―1【41.20】，ワシントン（若松）―1【21.32】である。

　ロンドン発の1つ（5日付）は，英領アフリカに関するもので，「転換期に立つ英国植民地政策」「マクミラン英首相きょうアフリカへ出発，再検討に手がかりか」の大見出し（各4段），顔写真3枚（マクミラン，バンダ博士・ニアサランド議長，ウエレンスキー・中央アフリカ連邦首相），それに中部アフリカの地図入り【127.52】。1960年当時，英国は西アフリカと中南部アフリカに植民地をかかえていた。しかしアフリカの民族主義の台頭にあって，その政策の転換を迫られていた。英首相の訪問はそのことを確認するためのものであった。

この記事は項目分けとしては，自社記事に含めたが，解説等記事でもよいものである。ロンドンからだが，アフリカを紹介するにはタイムリーな記事である。

あと1つは，14日付の「英，ケニアの非常事態宣言を解除」との1段の事実報告記事である。

パリ発2つはどちらもアルジェリア関連で，1つ（27日付）は「アルジェ暴動，反徒孤立する一方，仏国内にも強い反感」との見出しで，写真1枚入りで【53.77】。もう1つ（30日付夕刊）は，写真2枚入りで，見出し（5段）は「アルジェリア問題，ドゴール大統領演説，自決政策断じて変えぬ，軍に治安の回復望む」である。【166.83】とかなりのスペースを取っている。特派員記事には多くが解説的内容が含まれている。

ワシントン発（31日付）も，アルジェリア関連である。「米，ドゴール収拾策に注目，アルジェ問題，東西会談へ影響憂慮」との見出しで，米国の同問題に対する関心を伝えている。

チュニス発は，アフリカ全体関連で，「全アフリカ諸国会議開く，チュニジア・ブルキバ大統領演説」と3段見出しである。

解説記事は4件ある。面積は【388.65】。1つはすでに触れたカイロ特派員による，エジプトの習慣を伝えるものである。2つ目は，25日付ロンドン特派員（中村）からのもので，これもすでにアフリカ全体の項で記したものである。（「塗りかえられるアフリカ地図」）。

3つ目（29日付）はパリからのもので，やはり特派員（曽我部）の筆になる，「アルジェの暴動，ほころび出た仏政策」「入植者の不満爆発，国民はドゴール大統領信頼」の2段のヨコ長見出しと共に書かれている。ドゴールのアルジェリア政策を解説している【86.73】。4つ目は「週間トピックス」欄で，矢野健一郎の署名入り記事である。やはりアルジェリア関連で，「根深いアルジェリア問題，ドゴール屈せぬか」のヨコ長大見出しのある全体で，【124.36】の記事である。4つのうち3つがA・A関連である。

これら解説と自社記事のスペースの計は【807.47】（14.7段分）であり，全体の41.9%を占める。

「その他」は，政府記事，経済記事，学術会議記事が1件ずつある。

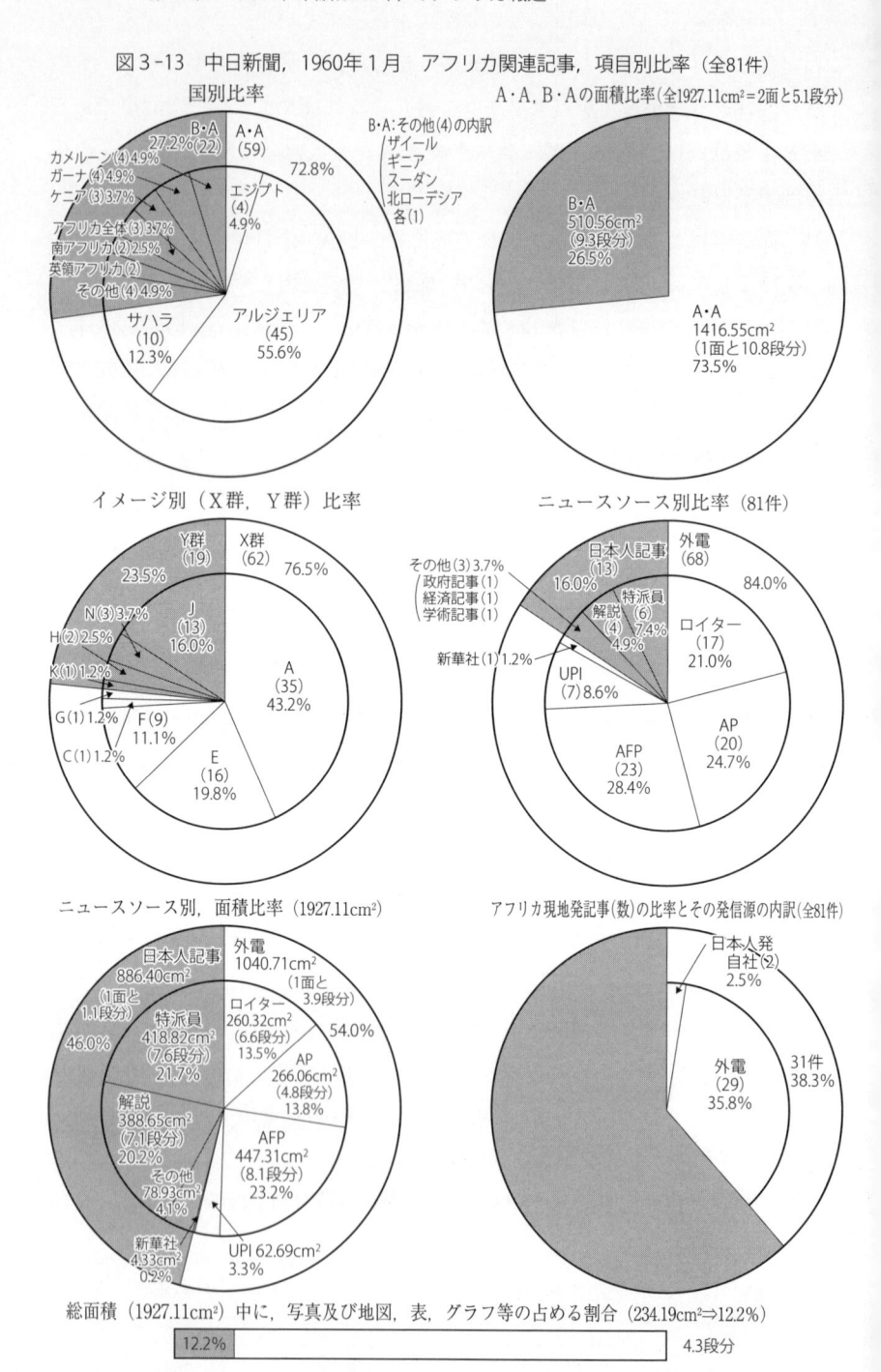

図3-13 中日新聞，1960年1月 アフリカ関連記事，項目別比率（全81件）

国別比率

- B・A 27.2%(22)
- A・A (59) 72.8%
- カメルーン(4) 4.9%
- ガーナ(4) 4.9%
- ケニア(3) 3.7%
- アフリカ全体(3) 3.7%
- 南アフリカ(2) 2.5%
- 英領アフリカ(2)
- その他(4) 4.9%
- エジプト(4) 4.9%
- サハラ(10) 12.3%
- アルジェリア(45) 55.6%

B・A:その他(4)の内訳
ザイール
ギニア
スーダン
北ローデシア
各(1)

A・A, B・Aの面積比率（全1927.11cm²=2面と5.1段分）

- B・A 510.56cm² (9.3段分) 26.5%
- A・A 1416.55cm² (1面と10.8段分) 73.5%

イメージ別（X群，Y群）比率

- Y群(19) 23.5%
- X群(62) 76.5%
- N(3) 3.7%
- H(2) 2.5%
- K(1) 1.2%
- G(1) 1.2%
- C(1) 1.2%
- F(9) 11.1%
- J(13) 16.0%
- A(35) 43.2%
- E(16) 19.8%

ニュースソース別比率（81件）

- 日本人記事(13) 16.0%
- 外電(68) 84.0%
- その他(3) 3.7%
  - 政府記事(1)
  - 経済記事(1)
  - 学術記事(1)
- 特派員(6) 7.4%
- 解説(4) 4.9%
- 新華社(1) 1.2%
- UPI(7) 8.6%
- AFP(23) 28.4%
- AP(20) 24.7%
- ロイター(17) 21.0%

ニュースソース別，面積比率（1927.11cm²）

- 日本人記事 886.40cm² (1面と1.1段分) 46.0%
- 外電 1040.71cm² (1面と3.9段分) 54.0%
- 特派員 418.82cm² (7.6段分) 21.7%
- 解説 388.65cm² (7.1段分) 20.2%
- その他 78.93cm² 4.1%
- 新華社 4.33cm² 0.2%
- ロイター 260.32cm² (6.6段分) 13.5%
- AP 266.06cm² (4.8段分) 13.8%
- AFP 447.31cm² (8.1段分) 23.2%
- UPI 62.69cm² 3.3%

アフリカ現地発記事(数)の比率とその発信源の内訳（全81件）

- 日本人発 自社(2) 2.5%
- 外電(29) 35.8%
- 31件 38.3%

総面積（1927.11cm²）中に，写真及び地図，表，グラフ等の占める割合（234.19cm² ⇒ 12.2%）

12.2%　　4.3段分

内容区分は，X群に62あり，全体の76.5％を占める。Y群は19に過ぎない。それぞれの内訳は，X群では，A—35，C—1，E—16，F—9，G—1，であり，Y群では，H—2，J—13，K—1，N—3，である。

Ａはアルジェリアの暴動関連でその殆どを占め，Ｃは「北ローデシアで英首相の暗殺計画発覚」であり，Ｅはマクミラン英首相のアフリカ歴訪関連と，ドゴールのアルジェリア政策，そしてカメルーンの独立などである。Ｆはサハラの核実験であることは朝日のときと同じである。Ｇの1件はソ連の新アスワンダム建設への協力記事である。Y群は，Ｈはカイロ大坪特派員からのエジプトの習慣紹介（男性からの離婚は簡単）と，アフリカ全体の紹介記事であり，Ｊは中国とギニアの外交樹立，カメルーンの承認，仏アルジェ地区司令官の解任など，Ｋの1件はスーダン・イラクの対日輸入制限解除記事であり，Ｎはマクミランのアクラ到着，ドゴールのアルジェリア訪問などである。

　この月のアフリカ発記事数は，31件でこれは全体の38.3％に当たる。うち日本人記事は自社（報告1，解説1）2である。

　写真は15枚（【210.91】），うち顔写真は6枚（【23.39】）である。地図は4枚で【23.28】。合計19枚【234.19】，このスペースは全体の12.2％に当たる。

(2)　2月

　記事数は104，総面積も1月より倍近く増えている【3826.12】。これは4面と約9.6段分に相当する。A・Aは79件（全体の76.0％）で，【2277.62】(59.5％)。B・Aは25件で【1548.50】。

　国別内訳は，A・Aは，サハラ—43，アルジェリア—27，エジプト—5，チュニジア—3，モロッコ—1．B・Aは，ケニア—4，アフリカ全体—4，ガーナ—3，英領アフリカ—3，ザイール—2，スーダン—2，ローデシア，ニアサランド—2，カメルーン—1，ギニア—1，南アフリカ—1，ガボン—1，アジア・アフリカ—1。

　A・Aの記事内容は，サハラが核実験関連。アルジェリアは国内問題と対仏。エジプトは対イスラエル，ナセルのインド・パキスタン訪問。チュニジアはアルジェリア関連と，カルタゴの紹介記事。モロッコはサハラ実験への抗議関連。

B・Aは，ケニアは独立関連，制憲会議など。アフリカ全体はアルジェ問題と，独立続くアフリカの解説記事。英領アフリカは，英首相の訪問記事。ガーナは，A・A諸国の核実験抗議記事。スーダンは，国の近況解説。カメルーンは，国内暴動。ギニアは，首都で行なわれたA・A会議。ガボンは，シュバイツァー関連。ザイールは，独立関連である。

　外電は，68【1053.31】(1面と4.2段分)で，全体のそれぞれ65.4％，27.5％。内訳は，ロイター（共同）―9【161.09】，AP（特約）―24【406.45】，AFP（特約）―14【270.87】，UPI（共同）―19【190.93】，ANS―1【5.46】，ソビエト・ニュース―1【18.51】。

　自社特派員記事は，13件で【866.27】。内訳は，パリ発―6【378.16】，ロンドン発―3【188.64】，チュニス発―2【170.57】，カイロ発―1【34.50】，ワシントン発―1【94.40】である。

　パリ発は，アルジェリアとサハラ関連が3件ずつ。ロンドン発は，ケニア関連2つと英領アフリカで，後者は，英マクミラン首相の訪問記事で，解説的なもの。ケニアの1つは，「もめるケニア独立――ロンドン憲法会議の背景」の2段見出し。あと1つは，「ケニア憲法改正――黒人の代表権強化」2段見出しで，独立への実情を解説している。

　チュニス発は，1つはチュニジア大統領とのインタビュー記事で，アルジェリア問題を中心とした内容【95.04】。あと1つは，「アフリカ人民会議の成果――経済的にも独立へ」との4段見出しで，アフリカ全体のことを記述している【75.53】。

　カイロ発は，「海外の経済の動き」欄の経済記事である。国際政治関連でなく，経済に対する記事の報告がこの時期なされていたことは特記される。ワシントン発は，サハラ関連で各国の反響を伝えている。

　また特派員報告だが，解説記事に含めたものもある。それらは8記事で【1373.00】である。ロンドンからの英首相の訪問と，ケニア独立運動指導者，トム・エンボイヤ氏へのインタビュー記事。カルツームからの報告解説記事2つがある。他は，中日ジュニア版のシュバイツァー関連，サハラ実験関連2つと，そして半面のスペースを占める，アフリカ全体を紹介解説する記事がある。

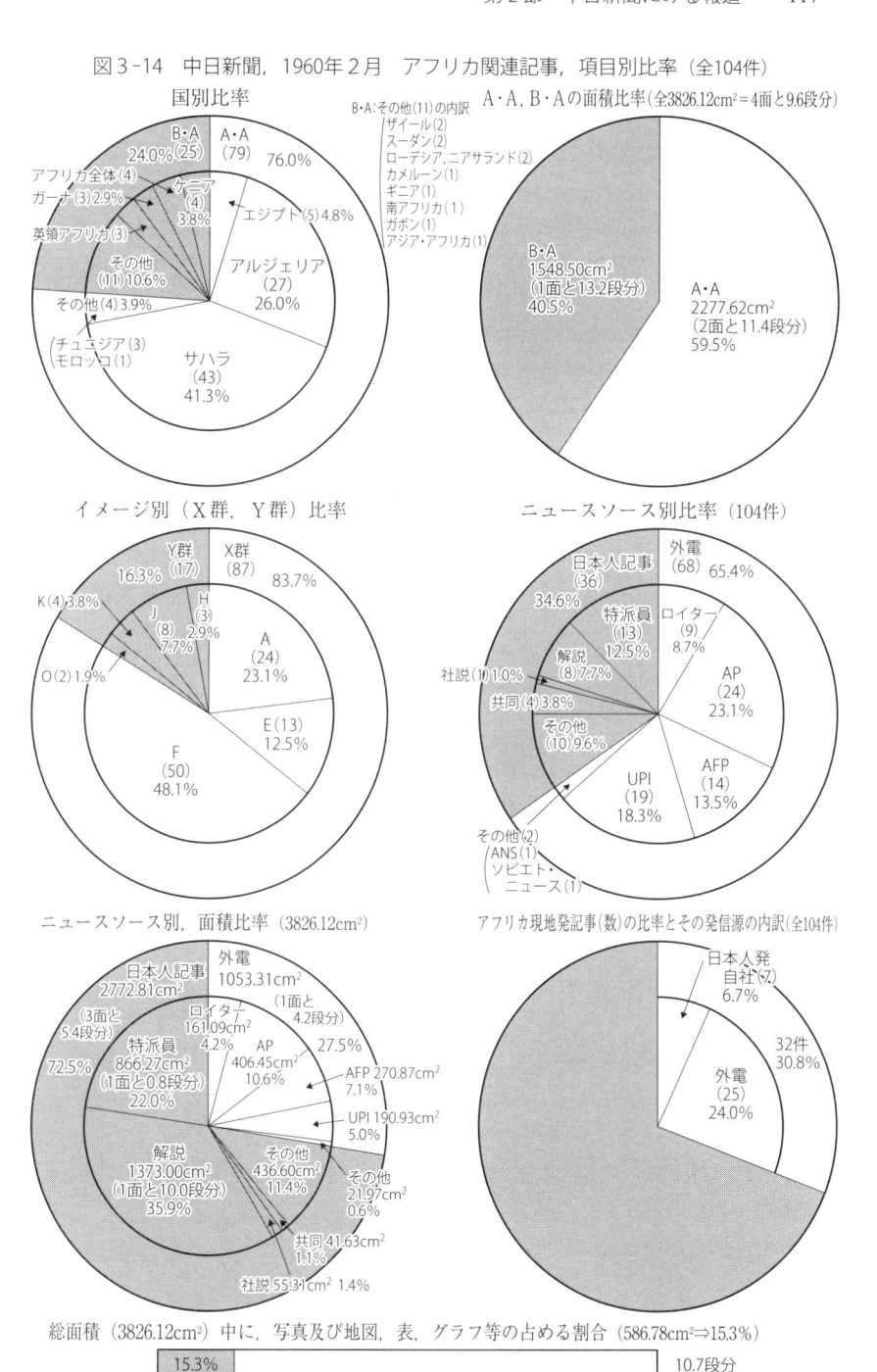

第2節　中日新聞にみる報道　117

図3-14　中日新聞，1960年2月　アフリカ関連記事，項目別比率（全104件）

国別比率

- A・A（79）76.0%
  - エジプト（5）4.8%
  - アルジェリア（27）26.0%
  - サハラ（43）41.3%
  - モロッコ（1）
  - チュニジア（3）
  - その他（4）3.9%
  - その他（11）10.6%
  - 英領アフリカ（3）
  - ガーナ（3）2.9%
  - アフリカ全体（4）
  - ケニア（4）3.8%
- B・A（25）24.0%

B・A：その他（11）の内訳
- ザイール（2）
- スーダン（2）
- ローデシア，ニアサランド（2）
- カメルーン（1）
- ギニア（1）
- 南アフリカ（1）
- ガボン（1）
- アジア・アフリカ（1）

A・A, B・Aの面積比率（全3826.12cm² = 4面と9.6段分）

- A・A　2277.62cm²（2面と11.4段分）59.5%
- B・A　1548.50cm²（1面と13.2段分）40.5%

イメージ別（X群，Y群）比率

- X群（87）83.7%
  - A（24）23.1%
  - E（13）12.5%
  - F（50）48.1%
- Y群（17）16.3%
  - H（3）2.9%
  - J（8）7.7%
  - K（4）3.8%
  - O（2）1.9%

ニュースソース別比率（104件）

- 外電（68）65.4%
  - ロイター（9）8.7%
  - AP（24）23.1%
  - AFP（14）13.5%
  - UPI（19）18.3%
  - その他（10）9.6%
  - その他（2）
    - ANS（1）
    - ソビエト・ニュース（1）
  - 共同（4）3.8%
- 日本人記事（36）34.6%
  - 特派員（13）12.5%
  - 解説（8）7.7%
  - 社説（1）1.0%

ニュースソース別，面積比率（3826.12cm²）

- 外電　1053.31cm²（1面と4.2段分）27.5%
  - ロイター　161.09cm² 4.2%
  - AP　406.45cm² 10.6%
  - AFP　270.87cm² 7.1%
  - UPI　190.93cm² 5.0%
  - その他　436.60cm² 11.4%
  - その他　21.97cm² 0.6%
  - 共同　41.63cm² 1.1%
- 日本人記事　2772.81cm²（3面と5.4段分）72.5%
  - 特派員　866.27cm²（1面と0.8段分）22.0%
  - 解説　1373.00cm²（1面と10.0段分）35.9%
  - 社説　55.31cm² 1.4%

アフリカ現地発記事（数）の比率とその発信源の内訳（全104件）

- 32件 30.8%
  - 日本人発自社（7）6.7%
  - 外電（25）24.0%

総面積（3826.12cm²）中に，写真及び地図，表，グラフ等の占める割合（586.78cm² ⇒ 15.3%）

15.3%　　　10.7段分

その見出しは,「鎖を断つ『黒いアフリカ』」「つぎつぎ独立宣言『統一国家』実現の夢も」「黒い指導者の横顔」である。ここにはアフリカ全体図もあり,独立国別に指示分けされている。本格的なアフリカ解説記事である。そしてあと1つは,既述のチュニジア紹介記事である。「特派員だより——チュニジア紀行」。

また社説にも一度(14日付)取り上げられている。「核実験停止の新提案」の見出しである【55.31】。仏の実験に対する関心は当然高い。その実験の衝撃の強さは,社説の書かれた日の朝刊トップを飾っていることでも窺われる。

またこの月には,共同の記者記事が4本ある。パリ,NY,ローマ,ボンからそれぞれ1つずつ。いずれもサハラ実験に対する抗議を各地から伝えるものである。

同実験は気象にも影響を与え,そのことに関連する記事も3件掲載されている。社会面にも,三重県の津と,長野で放射能雨が観測されたと出ている(19日付夕刊)。

自社記事,解説記事,社説の面積合計【2294.58】(2面と11.7段分)は全体の60.0%に当たる。

内容区分は,X群87で全体の83.7%を占める。内訳は,A—24, E—13, F—50であり,Y群は17で,内訳はH—3, J—8, K—4, O—2である。

アフリカ発の記事数は,32で全体の30.8%,うち日本人記事は7件。すべて自社特派員記事で,内容は報告3,解説3,カイロ発の経済記事1である。

写真は27枚(うち顔写真14枚)で,面積は【445.17】(【52.96】)。地図は10枚で【141.61】。計37枚【586.78】で,スペースでは全体の15.3%に当たる。

(3) 3月

記事数62,総面積【1548.24】。これは1面と13.2段分に当たる。A・Aは23で【654.82】,B・Aは39(全体の62.9%)で【893.42】(同57.7%)である。

国別内訳は,A・Aは,アルジェリア—9, サハラ—6, モロッコ—5, エジプト—2, チュニジア—1で,B・Aは,南アフリカ—26, ギニア—7, 以下,ガーナ,ザイール,マダガスカル,北ローデシア,ポルトガル領アフリカ,

アフリカ4カ国（**ガーナ**，**ナイジェリア**，エジプト，**ケニア**）が各1である。

　A・Aの記事内容は，これまでの月のものと大きな変わりはない。B・Aで不明なものとして，アフリカ4カ国記事とは，三木武夫議員のこれら4カ国訪問視察からの帰国記事である。また，ポルトガル領アフリカとは，ロンドンからの特派員（出田）報告である。見出しは，「揺れるポルトガル領アフリカ」「民族主義高まる──本国内にも同調の動き」（それぞれ3段）で，同国領のモザンビーク，アンゴラ，等について語られている。日本国内のアフリカへの関心の有無に関わりなく，当時においても，このような解説記事が掲載されていたことは，心に止めておくべきだろう。

　北ローデシアは，首都ルサカでのデモ記事【22.27】。マダガスカルは「仏共同体内で独立，来月4日までに」との地図入り記事【16.99】である。

　外電は，45で【610.15】（11.1段分）。それぞれ全体の，72.6％，39.4％である。内訳は，ロイター（共同）─15【182.57】，AP（＊特約，との表示ナシ）─16【223.00】，AFP─5【81.37】，UPI（共同）─8【119.52】，タス（共同）─1【3.69】である。記事数的には全体の7割以上と外国通信社への依存度は高いが，面積的には4割未満なので，自らの書く記事で紙面を埋めていることが分かる。

　自社特派員記事は，9件で【456.65】。内訳は，NY発─6【337.96】あとは，ボン，ニューデリー，香港発が1つずつある（それぞれ【21.01】【55.52】【42.16】）。

　NY発は，11日付のサハラ関連（「サハラ核実験でアジア・アフリカ諸国，国連特別総会招集を要求」）を除き，5件は南アフリカ関連である。それは25日付夕刊（トップで扱われている）以降に続くもので，同夕刊の大見出し，「南ア事件問題化」「29日にも安保理，松平大使も賛意，アジア・アフリカ諸国が要求」とあるように，この一週間前頃より，南ア各地で暴動が発生していて，その鎮圧にあたる警官隊と市民との間で衝突の起こっていたことが挙げられる。結果として市民の側に多くの死傷者を出したことに，このようなアジア・アフリカ諸国の対応となったのである。

　ボン発は，「西独，ギニアと断交か。東独承認問題で苦境に」との見出しの記事である。ギニアが東独を承認したとの情報からの西独の立場を語っている。

ニューデリー発は,「ナセル大統領訪印――きょうネール首相と会談」を伝えるもので,写真入り記事となっている。香港発は,アフリカ4カ国のところで触れた三木武夫氏のアフリカよりの帰国記事である。途中の香港で記者団に語ったものである。

解説・報告等記事は3件で【346.06】。1つはポルトガル領アフリカのところで記述したものであり,あと2つは「週間トピックス」欄の国際項目でのものである。1つはアルジェリア関連で,「ドゴールのアルジェリア政策,早期停戦に見切り」とのヨコ約26cmの大見出しで,写真1枚【12.21】=「5日サハラの前線で回教徒民兵を閲兵するドゴール大統領」とのキャプション入りの解説記事である【125.98】。もう1つは南ア関連で,「どこか狂っている"南アの黒人虐殺事件"」との,やはりヨコ大見出し【24.50】,写真1枚(「抗議デモで射殺された路上の黒人」)入りでの解説報告記事である【125.98】。

自社特派員記事分9件【456.65】を加えると,【802.71】となり総面積の51.8％に当たることになる。少なくともこの時期にすでに自分たちの手による記事で半分以上が占められていたことが分かる。

第1面及び国際面以外にこの月は,6記事が社会面(朝刊では第9面,夕刊では第5面)に掲載されている。うち5記事がモロッコで起きた大地震を伝えるものである。残り1つは,4日付朝刊の【9.30】のベタ記事,「宗谷,ケープタウン入港」である。

内容区分は,**X群49で全体の79.0％,Y群は,13で21.0％**である。内訳はX群は,A―28,B―4,E―8,F―6,G―3で,Y群は,J―8,K―1,M―2,N―2,である。

Ⓐの9割以上は**南ア**の暴動であり,残りは**ザイール,アルジェリア**のうちの1,2の記事である。Ⓑは**モロッコ**で起こった大地震であり,Ⓔはドゴールの**アルジェリア**政策関連である。Ⓕは**サハラ核実験**であり,Ⓖはソ連の**ギニア**援助,日本の**ガーナ**への技術援助,そして東西両ドイツの駆け引きである。Y群は,Ⓙの多くが東独承認をめぐる**ギニア**と西独との外交問題記事であり,Ⓚは日本と**チュニジア**との貿易協定調印記事であり,米軍の**モロッコ**からの撤兵である。Ⓜは,宗谷のケープタウン入港と,三木氏の帰国関連である。

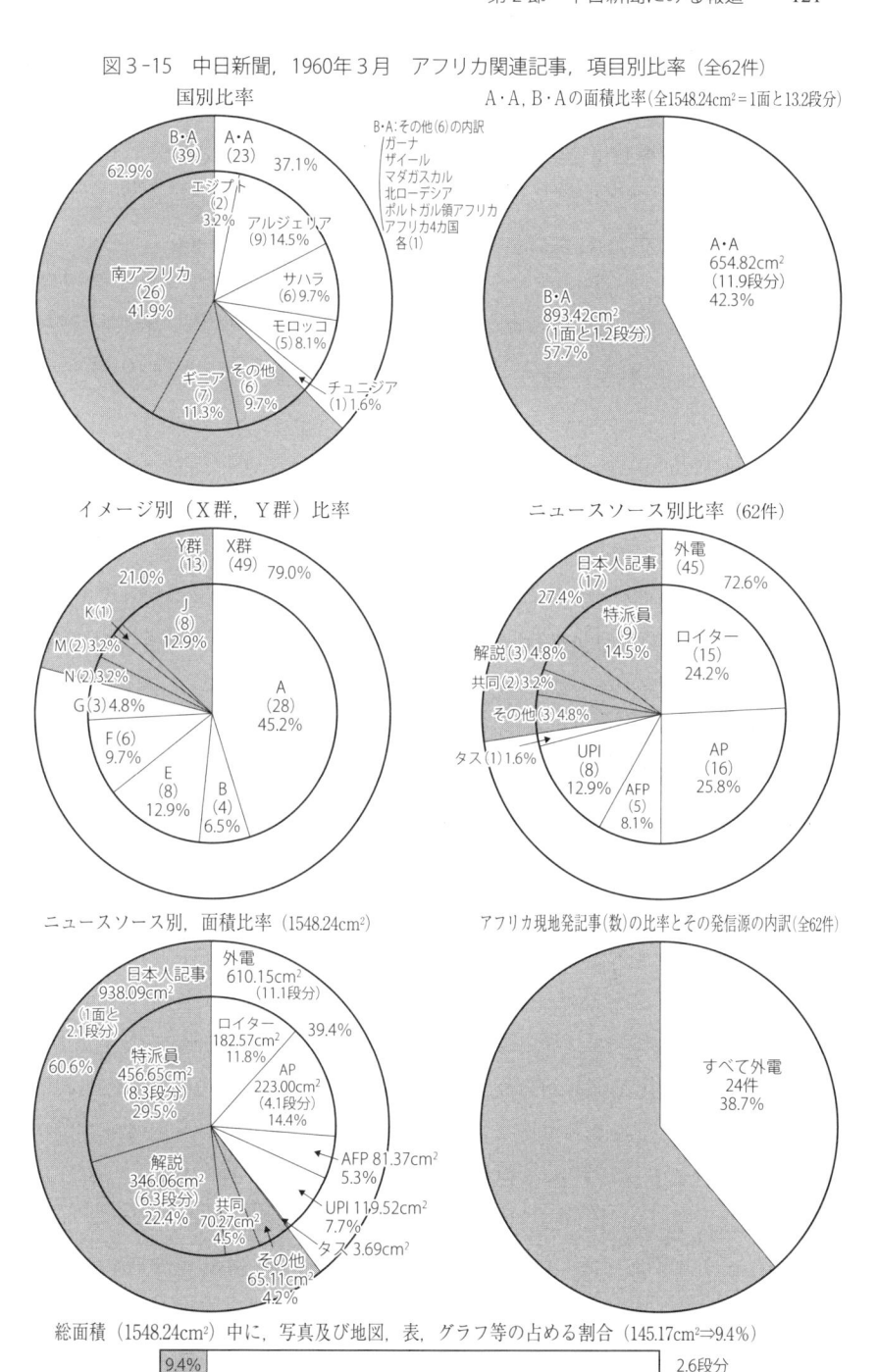

第2節　中日新聞にみる報道　121

図3-15　中日新聞，1960年3月　アフリカ関連記事，項目別比率（全62件）

国別比率

B・A (39) 62.9%
A・A (23) 37.1%
B・A：その他(6)の内訳
　ガーナ
　ザイール
　マダガスカル
　北ローデシア
　ポルトガル領アフリカ
　アフリカ4カ国
　各(1)
エジプト (2) 3.2%
アルジェリア (9) 14.5%
南アフリカ (26) 41.9%
サハラ (6) 9.7%
モロッコ (5) 8.1%
ギニア (7) 11.3%
その他 (6) 9.7%
チュニジア (1) 1.6%

A・A, B・Aの面積比率（全1548.24cm² = 1面と13.2段分）

A・A 654.82cm²（11.9段分）42.3%
B・A 893.42cm²（1面と1.2段分）57.7%

イメージ別（X群, Y群）比率

Y群 (13) 21.0%
X群 (49) 79.0%
K(1)
M(2) 3.2%
N(2) 3.2%
G(3) 4.8%
F(6) 9.7%
E(8) 12.9%
B(4) 6.5%
A(28) 45.2%
J(8) 12.9%

ニュースソース別比率（62件）

日本人記事 (17) 27.4%
外電 (45) 72.6%
特派員 (9) 14.5%
ロイター (15) 24.2%
解説 (3) 4.8%
共同 (2) 3.2%
その他 (3) 4.8%
タス (1) 1.6%
UPI (8) 12.9%
AFP (5) 8.1%
AP (16) 25.8%

ニュースソース別，面積比率（1548.24cm²）

日本人記事 938.09cm²（1面と2.1段分）60.6%
外電 610.15cm²（11.1段分）39.4%
特派員 456.65cm²（8.3段分）29.5%
ロイター 182.57cm² 11.8%
AP 223.00cm²（4.1段分）14.4%
解説 346.06cm²（6.3段分）22.4%
AFP 81.37cm² 5.3%
共同 70.27cm² 4.5%
UPI 119.52cm² 7.7%
タス 3.69cm²
その他 65.11cm² 4.2%

アフリカ現地発記事(数)の比率とその発信源の内訳（全62件）

すべて外電 24件 38.7%

総面積（1548.24cm²）中に，写真及び地図，表，グラフ等の占める割合（145.17cm² ⇒ 9.4%）

9.4%　　　　　　　　　　　　　　　　　　　2.6段分

Ⓝはドゴールのアルジェへの出発と，ナセルのインド訪問記事である。Y群内にポジティブな記事はこの月にもない。

アフリカ発の記事数は 24（全体の 38.7％）で，これはすべて外電である。

写真は，7枚（うち顔写真3枚）【113.18】（【12.19】）で，地図は4枚【31.99】である。面積の合計は【145.17】で，これは全体の 9.4％に当たる。

(4) 4月

記事数 55，面積【1663.40】，これは約2面分（2面と 0.3 段分）のスペースである。

A・A は 16 記事（29.1％）で【422.64】（25.4％）と，数・面積とも 30％を切っている。つまりこの月は B・A 記事が多かったのである（39 記事【1240.76】）。

3月から引き続く**南ア**関連が，B・A 中の 61.5％を占める 24 ある。それは南ア首相の狙撃事件にまで発展する。10 日付朝刊，写真入りで【69.00】。他では，**トーゴ**—3，**アフリカ全体**—3，アジア・アフリカ—3，**ガーナ**—2，**カメルーン**—1，**ギニア**—1，**ニアサランド**—1，**スーダン**・エジプト—1，である。

トーゴは独立関連で，アフリカ全体は，アフリカ関連の書籍紹介と，「米英仏，アフリカへの軍備援助を制限」との見出し記事と，ソ連・フ首相のアフリカ諸国訪問か？　との記事である。アジア・アフリカは同諸国会議記事。ガーナは，対仏，対南ア関連。カメルーンは国内の暴動記事。ギニアはスカルノ大統領の訪問記事。ニアサランドは，解放運動の闘士・バンダ博士の釈放記事。そして，エジプト・スーダンは，カイロから特派員による解説特集記事である。

A・A の内訳は，**サハラ**—13，そして**エジプト**，**アルジェリア**，**チュニジア**の各1である。

外電は，41 で【620.42】（11.3 段分）。それぞれ 74.5％，37.3％で，依然数的な依存度は 7 割以上になっている。内訳は，ロイター（共同）—13【125.62】，AP は 15【274.72】，AFP—2【38.41】，UPI（共同）—9【172.85】，ANS 特約（新華社電）—2【8.82】（これは，トーゴ関連とギニア関連）。

自社特派員記事は，2件【67.94】で，2件とも NY 発（加藤）である。1つは，南ア関連で，安保理における非難決議であり【51.94】，あと1つは，サハラ核

実験問題で，国連特別総会が賛成2/3に達せずに流れたことを伝えるものである【16.00】。

解説等記事は1件で，すでに「エジプト・スーダン」の処で述べた特派員（大坪）記事である。もう少し詳しくは，「ナイル紀行，この目でみたエジプト・スーダン」「洪水はもうご免，やがて大ダムが出現」「アスワンハイダム，年に百億キロワット発電」等の大見出し記事で，写真も8枚，地図も1枚入りのかなりスペースのある（【527.31】）記事である。

この月には社説でも1回取り上げられている。それはサハラ関連（「仏またも核実験」）で，この日（3日付）の，2本のうちの1つとなっている【55.59】。

自社記事2，解説1，社説1，の4つの合計面積は【650.84】（11.8段分）であり，全面積の39.1%である。

外電も4割に達せず，自社等記事も4割に達しないこの月は，あとの残りは共同の記者記事と，書籍紹介等の「その他」とで占められている。共同記事は6件で【192.82】。内訳は，ロンドン発─2【103.80】，カイロ，パリ，NY，ニューデリーが1件ずつである（それぞれ【9.30】【13.17】【55.01】【11.54】）。

ロンドン発は，1つは既述の「ソ連・フ首相，アフリカ諸国訪問か？」であり，あと1つは「南ア首相襲撃事件"犯人は白人"，政府に衝撃」との大見出し（4段）記事である【81.52】。カイロ発は，イスラエル関連。パリ発は，サハラ関連（日本の駐仏大使が抗議書を仏政府に渡す）。NY発もサハラ関連（国連特別総会開催）。ニューデリー発は，アジア・アフリカ民間会議のニューデリー開会を伝えるもの。

南ア首相の狙撃事件という衝撃的なことが起こった場合には，アフリカでのことであってもトップに載せるということはこのブロック紙でも変わらないことを示している。但し，同じアフリカであっても南アの首相でなかったのなら，どういう扱いになっていたのか判然とはしないが。

「その他」の書籍紹介は（24日付・日曜日，文芸面），「『出版界の旅行記ブーム』の中の『アフリカ』」との4段見出し記事。この当時，旅行記ブームが起こっていたようだが，その中にあって「アフリカ」は実際はどうであったのか。現実に旅行する者は少なかったと想像されるが──1960年はまだ渡航自由化

図3-16　中日新聞，1960年4月　アフリカ関連記事，項目別比率（全55件）

国別比率

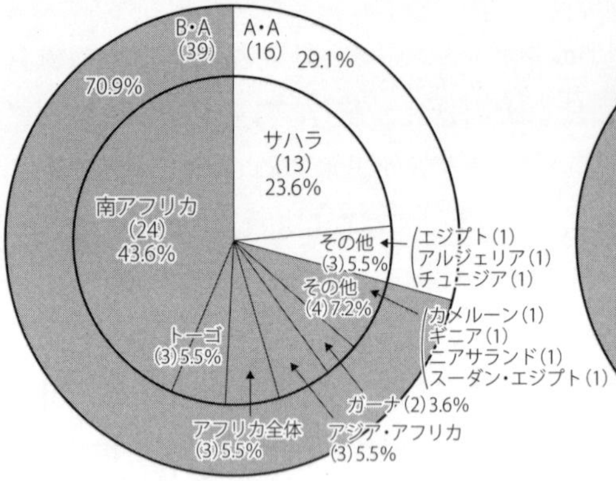

- B・A (39) 70.9%
- A・A (16) 29.1%
- サハラ (13) 23.6%
- 南アフリカ (24) 43.6%
- その他 (3) 5.5%
  - エジプト (1)
  - アルジェリア (1)
  - チュニジア (1)
- その他 (4) 7.2%
  - カメルーン (1)
  - ギニア (1)
  - ニアサランド (1)
  - スーダン・エジプト (1)
- トーゴ (3) 5.5%
- ガーナ (2) 3.6%
- アフリカ全体 (3) 5.5%
- アジア・アフリカ (3) 5.5%

A・A，B・Aの面積比率（全1663.40cm² = 2面と0.3段分）

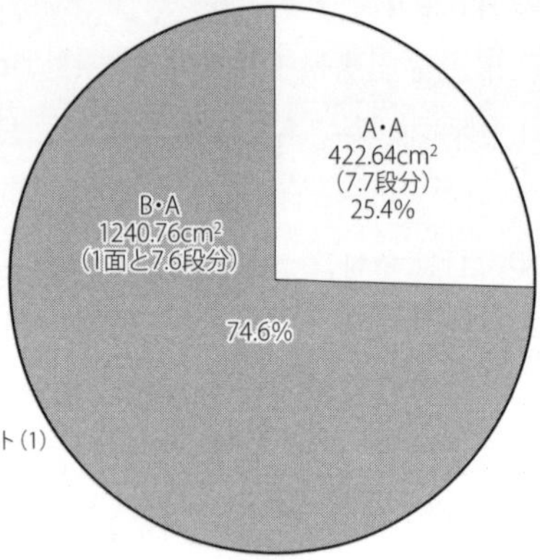

- A・A 422.64cm² (7.7段分) 25.4%
- B・A 1240.76cm² (1面と7.6段分) 74.6%

イメージ別（X群，Y群）比率

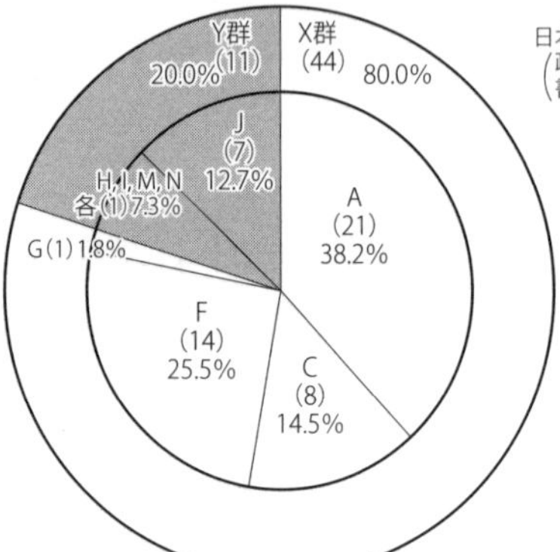

- X群 (44) 80.0%
- Y群 (11) 20.0%
- A (21) 38.2%
- C (8) 14.5%
- F (14) 25.5%
- G (1) 1.8%
- H,I,M,N 各(1) 7.3%
- J (7) 12.7%

ニュースソース別比率（55件）

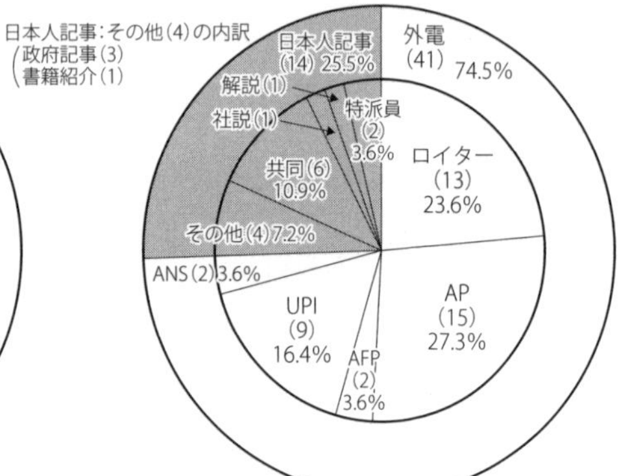

日本人記事：その他(4)の内訳
- 政府記事 (3)
- 書籍紹介 (1)

- 日本人記事 (14) 25.5%
  - 解説 (1)
  - 社説 (1)
  - 特派員 (2) 3.6%
  - 共同 (6) 10.9%
  - その他 (4) 7.2%
- 外電 (41) 74.5%
  - ロイター (13) 23.6%
  - AP (15) 27.3%
  - AFP (2) 3.6%
  - UPI (9) 16.4%
  - ANS (2) 3.6%

ニュースソース別，面積比率（1663.40cm²）

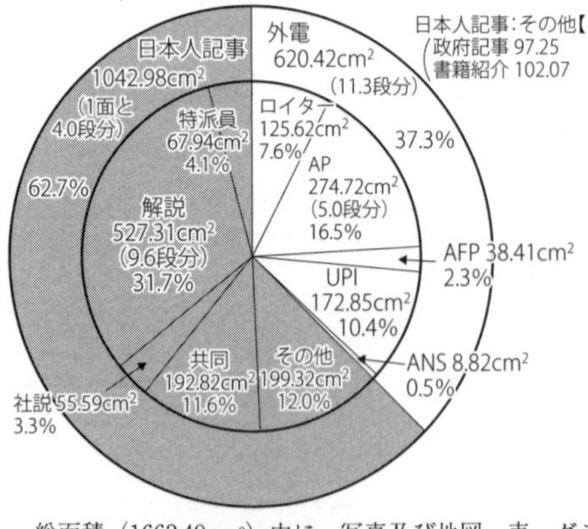

日本人記事：その他【199.32】の内訳
- 政府記事 97.25
- 書籍紹介 102.07

- 日本人記事 1042.98cm² (1面と4.0段分) 62.7%
  - 特派員 67.94cm² 4.1%
  - 解説 527.31cm² (9.6段分) 31.7%
  - 社説 55.59cm² 3.3%
  - 共同 192.82cm² 11.6%
  - その他 199.32cm² 12.0%
- 外電 620.42cm² (11.3段分) 37.3%
  - ロイター 125.62cm² 7.6%
  - AP 274.72cm² (5.0段分) 16.5%
  - AFP 38.41cm² 2.3%
  - UPI 172.85cm² 10.4%
  - ANS 8.82cm² 0.5%

アフリカ現地発記事(数)の比率とその発信源の内訳（全55件）

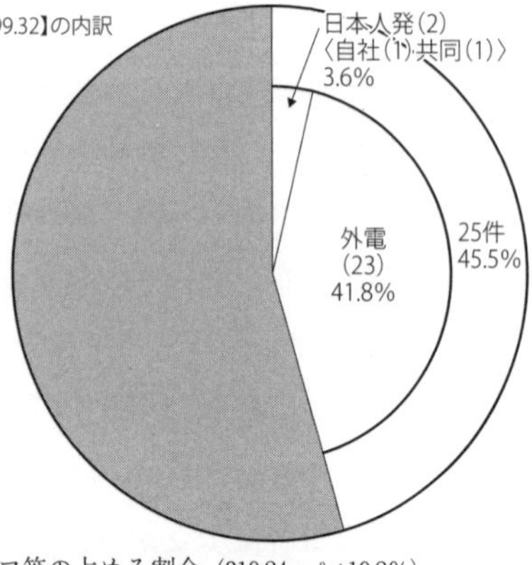

- 日本人発 (2) 3.6%
  - 〈自社(1) 共同(1)〉
- 外電 (23) 41.8%
- 25件 45.5%

総面積（1663.40cm²）中に，写真及び地図，表，グラフ等の占める割合（319.24cm² ⇒ 19.2%）

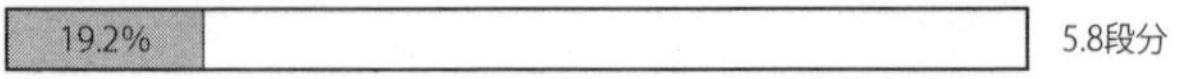

19.2%　　　　5.8段分

はされていない——，それでもこのような紙面に取り上げられること自体，意味があったものと思われる。間違いなくアフリカを購読者に近づけさせることに役立つと思われるからである【102.07】。残りの政府記事は【97.25】。

内容区分は，**X群44で全体の80.0%に達する。Y群は11である**。内訳は，X群は，A—21，C—8，F—14，G—1。Y群は，H—1，I—1，J—7，M—1，N—1，である。

Aは**南アの内の19件**と，**カメルーンの国内暴動の1件**と，**ガーナ分の1件**で，アジア・アフリカの内の南ア非難であり，Cの8もすべて**南ア首相の狙撃事件（暗殺未遂）関連**である。Fは**サハラ実験関連**であり，Gの1は，米英仏のアフリカへの軍備援助制限記事（既述）である。Y群では，Hは**エジプト・スーダンの「ナイル川紀行」の特集記事**であり，Iも既に触れている「旅行記」の書籍紹介記事であり，Mは**トーゴの独立式典に出席する日本人**のことであり，Nは，「スカルノ大統領，ギニア訪問」である。Jはその他の，アフリカの国々の政治・外交関連である。

以上の中で比較的ポジティブな記事と思われるのは，Jの中に含めた**ニアサランドにおけるバンダ博士釈放**とH項の特集解説記事である。

この月の**アフリカ発の記事は，25で全体の45.5%である。このうち外電分は23で**，あと2つはカイロからの特派員記事（区分「H」）と同じく，カイロ発の共同の記者記事である。比率は圧倒的に（92.0%）外電が多い。

写真は，13枚でこの月は顔写真は1枚もない。面積は【306.42】。地図は1枚【12.82】で，写真との面積の合計は【319.24】になる。これはこの月の全体面積の19.2%に当たる。

2　5〜8月

(1) 5月

記事数，19。総面積【548.56】。これは約10段分で，1面分にもいたらず。この5月は，朝日新聞においても50記事【1528.42】と前後の月に比べると，極端に少なかった月である。

A・Aは僅か4件【142.24】，B・Aは15件（78.9％）で【406.02】（74.1％）である。内訳は，**エジプト**―3，**アルジェリア**―1。B・Aは**南アフリカ**―7，**ナイジェリア**―2，**ガーナ**―2，アジア・アフリカ―2，**ザイール**―1，**ガボン**―1，である。エジプトは，「国会召集」と「全新聞の国有化」，そして書籍紹介記事である。アルジェリアは，同戦争に対する特派員による解説記事。南アフリカは，「英連邦会議，南ア問題取りあげ」，首相退院など。ナイジェリアは，英との独立交渉終了関連。ガーナは，ソ連のフルシチョフ首相の訪問関連。アジア・アフリカは，経済会議カイロ開催関連。ザイールは，ピグミー族についての書籍紹介関連。ガボンは，シュバイツァー博士関連である。

　外電分は，12記事で全体の63.2％，面積は【162.74】（3.0段分）で，29.7％である。内訳は，ロイター（共同）―5【95.88】，AP―2【17.47】，AFP―1【30.47】，UPI（共同）―1【5.45】，RP特約―2【7.54】，ソビエト・ニュース―1【5.93】。

　この月は共同の記者記事がカイロから2件あり，1つは，アジア・アフリカ経済会議関連【14.74】，あと1つは，エジプトのところで既に述べた，「全新聞の国有化」を伝えるものである【8.18】。

　自社特派員記事は，ロンドン発（出田）の1件【38.89】で，これは「英連邦会議，南ア問題でシコリ――どうにか分裂を回避」という見出しのものである。

　解説記事も1件で，パリから特派員（曽我部）が送ったものである。アルジェリア関連で，ヨコ長の大見出し【22.12】「奇妙な戦争――果てしないアルジェリア戦争」と，4段大見出し【24.46】「国際化の恐れ含む――仏の『追撃権』発動が危機」で，写真2枚，地図1枚入りで【120.92】の記事である。

　他に，人物紹介記事（シュバイツァー）1件【180.97】と，書籍紹介記事2件【22.12】がある。

　内容区分は，**X群**9で47.4％，**Y群**10で52.6％である。内訳は，A―2，C―1，E―6。Y群は，I―2，J―7，M―1，である。

　Ⓐは，**アルジェリア**の解説記事（前述）「奇妙な戦争」であり，あと1つは，英連邦会議における**南ア**問題でシコリ，記事である。対立，という観点からここに含めた。Ⓒは狙撃された**南ア首相**の退院記事である。Ⓔは英連邦会議関

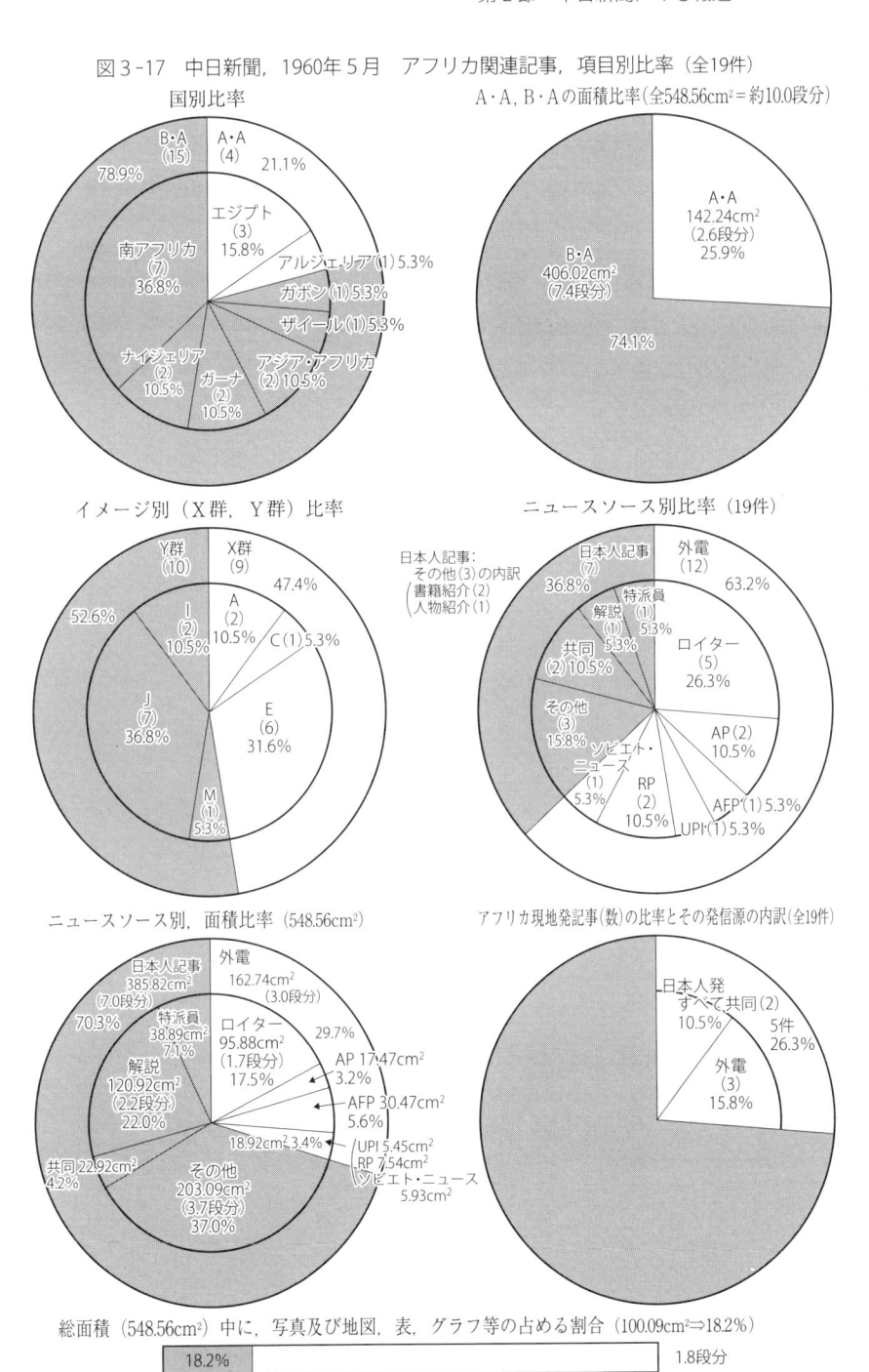

第 2 節　中日新聞にみる報道　127

図 3-17　中日新聞，1960年 5月　アフリカ関連記事，項目別比率（全19件）

国別比率

- B・A (15) 78.9%
- A・A (4) 21.1%
- エジプト (3) 15.8%
- アルジェリア (1) 5.3%
- ガボン (1) 5.3%
- ザイール (1) 5.3%
- アジア・アフリカ (2) 10.5%
- ガーナ (2) 10.5%
- ナイジェリア (2) 10.5%
- 南アフリカ (7) 36.8%

A・A, B・Aの面積比率（全548.56cm² ≒ 約10.0段分）

- A・A 142.24cm² (2.6段分) 25.9%
- B・A 406.02cm² (7.4段分) 74.1%

イメージ別（X群，Y群）比率

- X群 (9) 47.4%
- Y群 (10) 52.6%
- A (2) 10.5%
- C (1) 5.3%
- E (6) 31.6%
- M (1) 5.3%
- J (7) 36.8%
- I (2) 10.5%

ニュースソース別比率（19件）

- 外電 (12) 63.2%
- 日本人記事 (7) 36.8%
  - 特派員 (1) 5.3%
  - 解説 (1) 5.3%
  - 共同 (2) 10.5%
  - その他 (3) 15.8%
- ロイター (5) 26.3%
- AP (2) 10.5%
- AFP (1) 5.3%
- UPI (1) 5.3%
- RP (2) 10.5%
- ソビエト・ニュース (1) 5.3%

日本人記事：その他(3)の内訳
（書籍紹介(2)
　人物紹介(1)）

ニュースソース別，面積比率（548.56cm²）

- 外電 162.74cm² (3.0段分) 29.7%
- 日本人記事 385.82cm² (7.0段分) 70.3%
  - 特派員 38.89cm² 7.1%
  - 解説 120.92cm² (2.2段分) 22.0%
  - 共同 22.92cm² 4.2%
  - その他 203.09cm² (3.7段分) 37.0%
- ロイター 95.88cm² (1.7段分) 17.5%
- AP 17.47cm² 3.2%
- AFP 30.47cm² 5.6%
- 18.92cm² 3.4%
- UPI 5.45cm²
- RP 7.54cm²
- ソビエト・ニュース 5.93cm²

アフリカ現地発記事（数）の比率とその発信源の内訳（全19件）

- 日本人発 すべて共同 (2) 10.5%
- 5件 26.3%
- 外電 (3) 15.8%

総面積（548.56cm²）中に，写真及び地図，表，グラフ等の占める割合（100.09cm² ⇒ 18.2%）

| 18.2% | 1.8段分 |

連を，植民地政策と捉えてのここへの挿入である。Y群では，Ⅰは「エジプトの美術」という書籍紹介，Ｊはカイロで開かれたアジア・アフリカ会議関連，**南ア**上院・国民投票案可決，フルシチョフ首相の**ガーナ**訪問受諾記事などである。Ｍはシュバイツァー博士のもとで働く日本人医師とその奥さんの記事関連である。

アフリカ発の記事は5で，全体の26.3%，うち3がロイターとUPIからで，残り2が日本人記事，カイロからの共同電である。

写真は4枚で【95.92】。うち顔写真は2枚で【7.84】。地図は1枚で【4.17】である。

(2) 6月

記事数は前月に比べてさらに減って，38となる。面積はしかし【834.94】（約1面分）と増えている。A・Aは21（全体の55.3%），【520.26】(62.3%)。B・Aは17で【314.68】である。

内訳は，A・A，**アルジェリア**—20，**エジプト**—1，でアルジェリアの多くの記事が対仏（停戦交渉等）である。エジプトの1は，チトー・ユーゴ大統領のアラブ連合訪問記事である。

B・Aは，**ザイール**—6，**マダガスカル**—3，**南アフリカ**—2，**ソマリア**—2，**ギニア**—1，**トーゴ**—1，**アフリカ全体**—1，**アフリカ4カ国**（**ニジェール，ダホメー，オートボルタ，コートジボアール**）—1。ザイールは，独立への動向関連。マダガスカルも，独立関連。南アは，米州機構の南ア非難等。ソマリアも独立関連。ギニアはフランス人技術者のギニアからの引き上げ。トーゴは，国連加盟関連。アフリカ全体は，アフリカ外相会議のアジスアベバ開催。アフリカ4カ国は，8月の独立関連，である。

外電発は29で【314.05】(5.7段分)，それぞれ76.3%，37.6%。内訳は，ロイター（共同）—9【94.97】，AP—4【48.62】，AFP—10【138.88】，ANS特約—3【17.63】，RP特約—2【8.98】，新華社（共同）—1【4.97】である。

自社特派員記事は6で【206.48】。内訳は，パリ発（曽我部）が5で，すべてアルジェリア関連である。計【201.67】。残り1はロンドン発（出田）で，コン

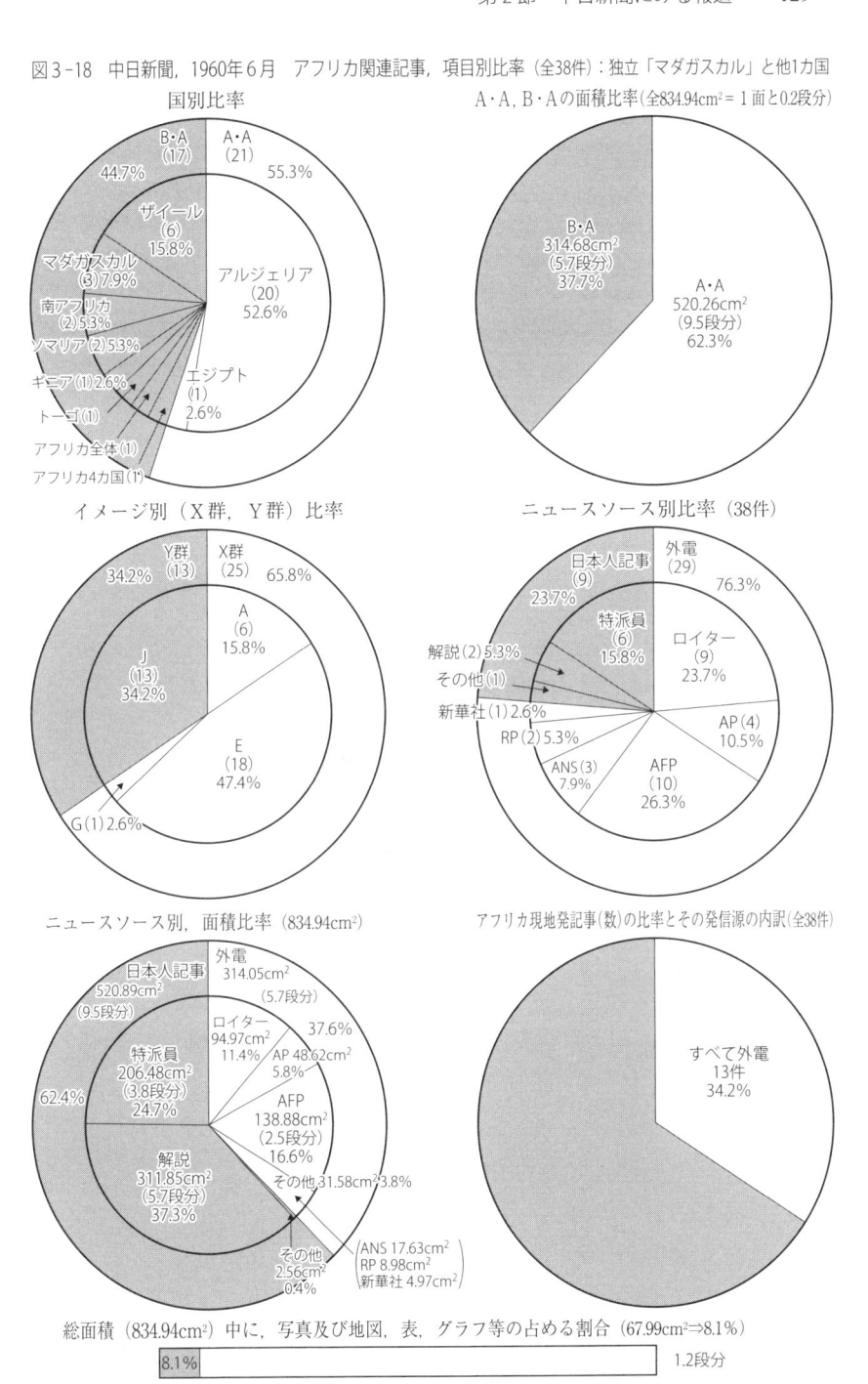

第 2 節　中日新聞にみる報道　129

図 3-18　中日新聞，1960 年 6 月　アフリカ関連記事，項目別比率（全 38 件）：独立「マダガスカル」と他 1 カ国

国別比率

- B・A (17) 44.7%
- A・A (21) 55.3%
- ザイール (6) 15.8%
- アルジェリア (20) 52.6%
- マダガスカル (3) 7.9%
- 南アフリカ (2) 5.3%
- ソマリア (2) 5.3%
- ギニア (1) 2.6%
- トーゴ (1)
- アフリカ全体 (1)
- アフリカ 4 カ国 (1)
- エジプト (1) 2.6%

A・A, B・A の面積比率（全 834.94 cm² = 1 面と 0.2 段分）

- B・A 314.68 cm² (5.7 段分) 37.7%
- A・A 520.26 cm² (9.5 段分) 62.3%

イメージ別（X 群，Y 群）比率

- Y 群 (13) 34.2%
- X 群 (25) 65.8%
- A (6) 15.8%
- J (13) 34.2%
- E (18) 47.4%
- G (1) 2.6%

ニュースソース別比率（38 件）

- 日本人記事 (9) 23.7%
- 外電 (29) 76.3%
- 特派員 (6) 15.8%
- ロイター (9) 23.7%
- 解説 (2) 5.3%
- その他 (1)
- 新華社 (1) 2.6%
- RP (2) 5.3%
- ANS (3) 7.9%
- AP (4) 10.5%
- AFP (10) 26.3%

ニュースソース別，面積比率（834.94 cm²）

- 日本人記事 520.89 cm² (9.5 段分) 62.4%
- 外電 314.05 cm² (5.7 段分) 37.6%
- 特派員 206.48 cm² (3.8 段分) 24.7%
- ロイター 94.97 cm² 11.4%
- AP 48.62 cm² 5.8%
- AFP 138.88 cm² (2.5 段分) 16.6%
- 解説 311.85 cm² (5.7 段分) 37.3%
- その他 31.58 cm² 3.8%
- その他 2.56 cm² 0.4%
- ANS 17.63 cm²
- RP 8.98 cm²
- 新華社 4.97 cm²

アフリカ現地発記事（数）の比率とその発信源の内訳（全 38 件）

- すべて外電 13 件 34.2%

総面積（834.94 cm²）中に，写真及び地図，表，グラフ等の占める割合（67.99 cm² ⇒ 8.1%）

8.1%　　1.2 段分

ゴ共和国（のちのザイール）の発足記事である（30日付）【4.81】。

　解説記事は2で、1つはロンドンから出田特派員によるコンゴ共和国の独立関連である。写真3枚、うち顔写真2枚と地図入りで【187.67】のスペースを割いた記事である。あと1つは、「週間トピックス」欄における、アルジェリア関連である。「やっと停戦に望み、アルジェリア問題話し合い」の見出しで【124.18】である。

　自社記事と解説記事の面積の計は【518.33】（9.4段分）で、全体の62.1％を占める。数では8と2割程度だが、スペース的には外電分を大きく凌いでいる。

　内容区分は、**X群は25（全体の65.8％）**で、Y群は13である。内訳は、Ａ—6、Ｅ—18、Ｇ—1、そしてＹ群は13すべてＪ項とした。

　Ⓐは国で言うと、アルジェリア、ザイール、南ア記事のものである。Ⓔもアルジェリアの記事で多い。他には各国の独立関連である。ＧはギニアからのＡ人の引き上げを入れた。Ⓙは安保理会議や、人事、独立承認関連である。この月にもポジティブといえるような記事はない。

　アフリカ発記事は、13で全体の34.2％。すべて外電分である。

　写真は7枚で、うち顔写真は6枚。それぞれ【49.37】【30.28】である。地図は2枚【9.12】、関連絵は1枚【9.50】。これら10枚の面積合計は、【67.99】である。

　尚、この月に独立したのは、**英領ソマリランド**（26日付夕刊）と**マダガスカル**（27日付朝刊）である。

(3) 7月

　6月に比べると、記事数は約6倍に増えて176になる。面積も4.5倍強も増えて【3889.51】になっている。これは4面と約10.8段に相当する。ここではこの1日に正式に発足したコンゴ共和国（ザイール）が、それと同時に混乱していくことを物語っている。同国関連の記事が139もあり、全記事数の約8割（79.0％）に達しているのである。

　Ａ・Ａは17のみで、それ以外全体の90.3％に当たる159がＢ・Ａで占められている。そしてそのうちの87.4％に当たるのがザイールである。Ａ・Ａはア

ルジェリア—14とエジプト—3である。アルジェリアは，対仏交渉，対中国関連（臨時政府，北京に代表部設置等）。エジプトは，書籍『王家の谷』の紹介，ザイールへの武器提供発言，及びナセルの来春キューバ訪問記事である。

B・Aは**ザイール**の他では，**スーダン—3，ガーナ—3，南ローデシア—3，ソマリア—2，マリ・マダガスカル—2，カメルーン—1，ガボン—1，ケニア—1，ギニア—1，コートジボアール—1，仏領アフリカ—1，アフリカ全体—1**である。うち，ガーナ，南ローデシア，ギニア，アフリカ全体記事は，ザイールに連関しているものである。カメルーン，コートジボアール，ガボン，仏領アフリカ，そしてソマリアは独立関連である。スーダンは対ユーゴ関連，ケニアは，マウマウ団員の逮捕記事である。

外電は，148で全体の84.1％を占める。面積は【2150.10】（2面と9.1段分）で全体の55.3％である。内訳は，ロイター（共同）—31【320.27】，AP—55【761.94】，AFP—29【555.68】，UPI（共同）—19【290.15】，RP（BBC，VOA，モスクワ放送等）—7【123.60】，ソビエト・ニュース—4【61.30】，ANS—2【27.06】，UPIサン（写真）—1【10.10】である。主要4社では134で，外電分の90.5％を占め，スペースでは【1928.04】であり，89.7％を占めて，ほぼ9割になっている。このことはこのあとしばらく続いていく。

自社特派員記事は，18で【952.10】。内訳は，NY発（加藤）—6【267.10】は，すべて国連におけるザイール討議関連である。ワシントン発（若松）—6【267.82】もすべてザイール関連で，国連と米との動きである。ロンドン発（出田）—3【221.64】，ここでもザイール関連のことが取り上げられている。パリ発（曽我部）—2【163.67】は，仏のアルジェリア交渉の動きである。レオポルドビル発（曽我部）—1【31.87】は，ザイール内同地よりの現地報告である。

解説等記事は，5で【613.16】。パリからの仏領アフリカの独立関連，1で【119.50】。レオポルドビルからの現地報告，1【152.40】。「週間トピックス」欄で，ザイール関連を扱うもの【126.71】。それから本社記事としての解説，ザイール関連（見出し「解説，コンゴ暴動の背景」「利益源はなさぬ白人——部族の対立もからむ」）1【87.44】。そして岡倉古志郎の記すアフリカ全体（主としてザイール）の解説記事「コンゴ暴動に思う——アフリカの喜びと悩み」

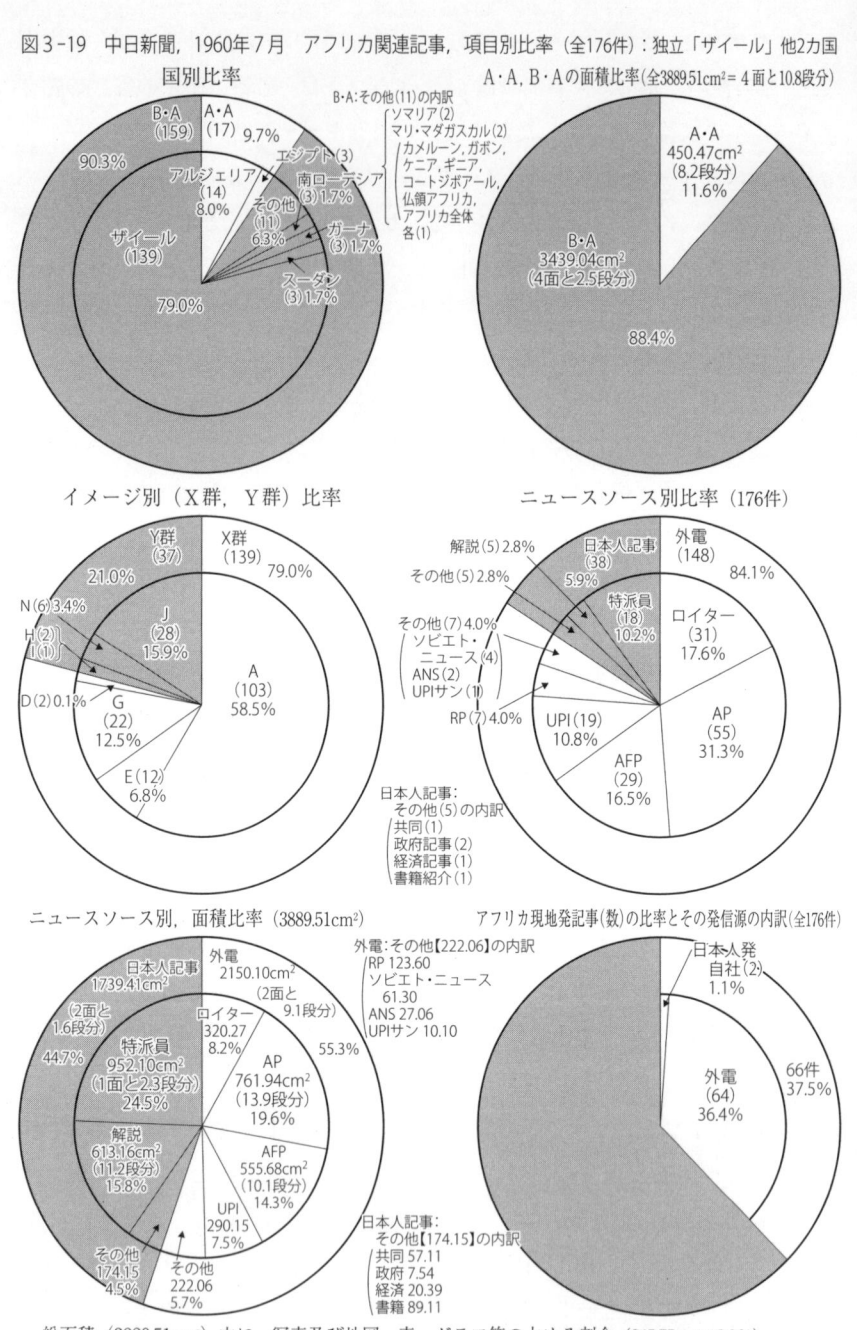

図3-19 中日新聞，1960年7月 アフリカ関連記事，項目別比率（全176件）：独立「ザイール」他2カ国

国別比率

B・A：その他(11)の内訳
ソマリア(2)
マリ・マダガスカル(2)
カメルーン，ガボン，
ケニア，ギニア，
コートジボアール，
仏領アフリカ，
アフリカ全体
各(1)

B・A (159) 90.3%
A・A (17) 9.7%
アルジェリア (14) 8.0%
エジプト (3) 1.7%
南ローデシア (3) 1.7%
その他 (11) 6.3%
ガーナ (3) 1.7%
スーダン (3) 1.7%
ザイール (139) 79.0%

A・A, B・Aの面積比率（全3889.51cm² = 4面と10.8段分）

A・A 450.47cm² (8.2段分) 11.6%
B・A 3439.04cm² (4面と2.5段分) 88.4%

イメージ別（X群，Y群）比率

Y群 (37) 21.0%
X群 (139) 79.0%
N (6) 3.4%
H (2) 1%
I (1)
J (28) 15.9%
D (2) 0.1%
G (22) 12.5%
E (12) 6.8%
A (103) 58.5%

ニュースソース別比率（176件）

外電 (148) 84.1%
日本人記事 (38) 5.9%
解説 (5) 2.8%
その他 (5) 2.8%
特派員 (18) 10.2%
ロイター (31) 17.6%
その他 (7) 4.0%
ソビエト・ニュース (4)
ANS (2)
UPIサン (1)
RP (7) 4.0%
UPI (19) 10.8%
AFP (29) 16.5%
AP (55) 31.3%

日本人記事：
その他(5)の内訳
共同 (1)
政府記事 (2)
経済記事 (1)
書籍紹介 (1)

ニュースソース別，面積比率（3889.51cm²）

外電 2150.10cm² (2面と9.1段分) 55.3%
日本人記事 1739.41cm² (2面と1.6段分) 44.7%
特派員 952.10cm² (1面と2.3段分) 24.5%
ロイター 320.27 8.2%
AP 761.94cm² (13.9段分) 19.6%
解説 613.16cm² (11.2段分) 15.8%
AFP 555.68cm² (10.1段分) 14.3%
UPI 290.15 7.5%
その他 174.15 4.5%
その他 222.06 5.7%

外電：その他【222.06】の内訳
RP 123.60
ソビエト・ニュース 61.30
ANS 27.06
UPIサン 10.10

日本人記事：
その他【174.15】の内訳
共同 57.11
政府 7.54
経済 20.39
書籍 89.11

アフリカ現地発記事(数)の比率とその発信源の内訳（全176件）

日本人発 自社(2) 1.1%
外電 (64) 36.4%
66件 37.5%

総面積（3889.51cm²）中に，写真及び地図，表，グラフ等の占める割合（345.75cm² ⇒ 8.9%）

8.9% | 6.3段分

【127.11】である。

　自社記事 18 の面積【952.10】との合計は【1565.26】(1 面と 13.5 段分) となり，全体の 40.2% となる。記事数の割合 13.1% に比してそれらに占める割合は多いと言える。ザイール問題を中心に解説，そして現地報告も扱われている。

　内容区分は，**X 群 139 で全体の 79.0%** を占める。**Y 群は**，37 である。X 群の内訳は，**A 項が 103** と圧倒的に多い。他は，D－2，E－12，G－22。Y 群の，H－2，I－1，J－28，N－6，である。Ⓐとはその殆どが，**ザイール関連**である。

　この月の 1 日に独立をした同国だが，はやくも 5 日付には，首都レオポルドビルでの衝突記事が出てくる。以後 31 日まで同国の報じられない日はない。加えてそのすべてが混乱を伝えるものである。Ⓖの多いも**ザイールへの国連軍派遣**関連であり，Ⓙの多くも同国関連の安保理等国連の動きである。Ⓝもまた**ザイールへ向かうハ総長**，あるいはルムンバ首相のワシントン到着記事である。Ⓔはフランスの**アルジェリア**，および仏領アフリカ政策記事である。Ⓓはザイールの食糧危機を伝えるものである。

　この月にもその記事内容で，アフリカをポジティブに伝えるものはない。

　アフリカ発は，66 で全記事数の 37.5%。つまり 3 つに 1 つはアフリカからの報道である。うち外電は 64 だが，これは外電全体 148 の 43.2% に当たる。外電以外のアフリカ発記事は，2 つとも自社・曽我部特派員によるレオポルドビルからの記事 (報告 1，解説 1) である。

　写真は 15 枚で【229.88】うち顔写真は 4 枚で【13.98】。地図は 12 枚【88.40】。スケッチ 2 枚【27.47】。面積の計は【345.75】で約 6.3 段分である。

　この月に独立したのは，**コンゴ共和国 (ザイール)** 1 日付。**ソマリア共和国** (旧イタリア信託統治領ソマリア) 2 日付。**ガボン**，16 日付夕刊。

(4) 8 月

　記事数 202。総面積【5165.30】，これは 6 面と 3.9 段分。記事数だけを取ってみれば，ここまでで (そしてこのあとを含めても) 一番多い月である。面積は，翌 9 月についで二番目。202 のうち，その 96.0% に当たる 194 が，B・A

である。さらにそのうちの 76.3%（148）がザイールで占められる。すなわち全体の 73.3% がザイール関連で占められるということである。

A・A は僅か 8 に過ぎない。**エジプト**—5，**アルジェリア**—2，**リビア**—1 である。B・A の国別内訳は，**ザイール**以外では，**セネガル**—9，**マリ連邦**—6，**ガーナ**—5，**アフリカ全体**—4，**仏領アフリカ**—3，**ニジェール**—2，**ダホメー**—2，**中央アフリカ**—2，**仏領コンゴ**—2，**ガーナ・コンゴ**—2，**ガボン**—1，**チャド**—1，**南アフリカ**—1，**コートジボアール**—1，**ウガンダ**—1，**チュニジア・コンゴ**—1，**ガーナ・ギニア・コンゴ**—1，**アフリカ独立諸国**—1，ロンドンのアフリカ人—1，である。この中で説明を要する記事がいくつかある。それについて少し述べる。

「ロンドンのアフリカ人」とは，「海外の話題——特派員だより」の記事であり，項目別では解説等に含めたものである。見出しは「ロンドンのアフリカ人，強いヨコの連絡——独立運動の"別働隊"に」であり，ロンドンに住むアフリカ人の動向をレポートしたものである。ここでは独立に連動する動きと，南アの人種差別に対する抗議行動などが取り上げられている。あるいはここでの国別仕分けでも「南アフリカ」関連ということでそこに，あるいは「アフリカ全体」と類別してもよかったのだが，アフリカを離れたところにいる人々ということで，「ロンドンのアフリカ人」という仕分けにした。写真 1 枚【12.49】もあり，そのキャプションは，「南アの人種差別反対デモの時，逮捕されたロンドンのアフリカ人」である。全体の面積は【109.15】。

「アフリカ独立諸国」とは，「25 日からアフリカ首脳会談開催」との 1 段見出し（9 日付，AFP・モンロビア発【19.72】）で，つまり独立諸国の首脳による会議開催記事である。「ガーナ・ギニア・コンゴ」とは，それら 3 カ国による連邦結成協議議事であり（3 日付，AFP・ロンドン発【7.86】），「チュニジア・コンゴ」とは，両国による共同声明記事であり，「ガーナ・コンゴ」は，両国で統合司令部設置記事であり，「ウガンダ」は，これも「海外の話題——特派員だより」記事である。ロンドン（出田）からのもので，見出しは「ソ連のウガンダ留学生の実態——官費の支給はウソ。しいられる宣伝活動」であり，ソ連に留学したウガンダ人学生の実態報告記事である。

この月は独立関連も多い。順を追って記すと，1日付夕刊に「**ダホメー**」。次いで，3日付夕刊「**ニジェール**」，8日付夕刊「**コートジボアール**」，12日付夕刊「**チャド**」，14日付朝刊「**中央アフリカ**」，15日付夕刊「**コンゴ（旧仏領）**」，と独立している。このほかにもこの月に**セネガル**がマリ連邦から離脱して，一方的にだが，独立宣言している（21日付朝刊）。

外電は，171で全体の84.7％を占める。面積では【2953.35】（3面と8.7段分）で全体の57.2％である。内訳は，ロイター（共同）―47【623.48】，AP（写真のみ4件を含む）―55【1157.54】，AFP―46【758.59】，UPI（共同）―15【178.13】，でこれら4社で163に達し，外電中の95.9％，全体でも80.7％を占める。面積では【2717.74】で外電分の92.0％を占めている。全体では52.6％で，半数以上が面積においてもこの月は外電が占めていた。

他には，RP―2【26.13】，ソビエト・ニュース―2【13.95】，ガーディアン紙特約―2【165.78】，タス（共同）―1【5.29】，UPIサン―1【24.46】がある。

自社特派員記事は，13で【828.52】。内訳は，NY発（加藤）―6【271.02】，エリザベイトビル発（曽我部）―2【191.48】，レオポルドビル発（曽我部）―2【100.90】，パリ発（曽我部）―1【85.31】，ワシントン発（出田）―1【87.08】，モスクワ発（堀）―1，【92.73】である。

NY発は，すべて安保理におけるザイール問題関連であり，エリザベイトビル，レオポルドビルは現地報告である。パリ発は，マリ連邦分裂関連であり，ワシントン発は，ザイール関連，モスクワ発も「コンゴ問題は政治解決の段階へ――動き出したソ連。背後に米の力と仮面をはぐ」との4段見出しのザイール関連である。

NY発の10日付の特派員記事は，朝刊トップで扱われている。5段見出しで，「国連安保理終わる。共同決議案を可決，カタンガ進駐を認む」

とあり，2記事分（2署名）で【65.81】である。

解説等記事は，8【1197.52】で，内訳は，

① カイロ発（大坪特派員記事）―1，エジプト関連で【114.53】。

②③ ロンドン発（出田）―2，ザイール関連。2つの計【148.73】。

④ 第1面下段にある，「中日春秋」欄。5日付にはザイールのことを述べ

たものが載った。「コンゴ暴動をめぐって，その意味，原因」【36.23】。
⑤　「文化」欄に，名古屋大学文学部教授・呉茂一の書く文章がある（5日付）。「エジプトとギリシャ文化，現代文明に対する意義」と題して，エジプト文化を解説している【130.80】
⑥　アフリカ全体の，特集解説紹介記事（14日付）。「絵でみるニュース，独立相次ぐアフリカ」。顔写真7枚，表1枚入り，全体で【252.17】。
⑦　ロンドン発（市丸）特派員だより。既述「ロンドンのアフリカ人」（17日付）。
⑧　特集報告記事。曽我部特派員記，19日付【405.91】。「揺れる新生コンゴ，曽我部特派員の現地報告」「無意味な休業商店——接収邸宅に住む高官」。写真5枚【239.64】地図1枚コンゴ周辺【8.45】入り。

である。

自社記事との面積の合計は【2026.04】（2面と6.8段分）で，全体の39.2％である。

この月は，共同の記者記事も2件【57.91】ある。1つは，エリザベイトビルからで（4日付），「国連軍進駐で衝撃——カタンガ州のベルギー人は恐慌状態」【51.34】。もう1件は，レオポルドビル発で（14日付），「日赤医療班，レオポルドビル着」との見出しで，日本赤十字社の医療チームが協力のために同地に到着したことを伝えている。

政府記事6件【46.81】は，独立に対する日本政府の承認記事である。支援記事1【53.59】とは，日赤医療班3人のザイール派遣記事である。スポーツ記事とは，3日付夕刊社会面に載った，「ローマの五輪村にガーナの選手も到着」である【27.60】。この1960年は，ローマでオリンピックが開催された年であり，エジプトが立候補した1968年は，結局メキシコで開催された。その間の1964年は東京である。

内容区分は，X群142で全体の70.3％，Y群60で29.7％である。内訳は，X群，A—108で全記事数の53.5％と半分以上を占める。以下，E—10，G—24。Y群は，H—6，J—37，K—1，L—2，M—2，N—11，O—1，である。

第2節 中日新聞にみる報道 137

図3-20 中日新聞，1960年8月 アフリカ関連記事，項目別比率（全202件）：独立「ダホメー」他6カ国

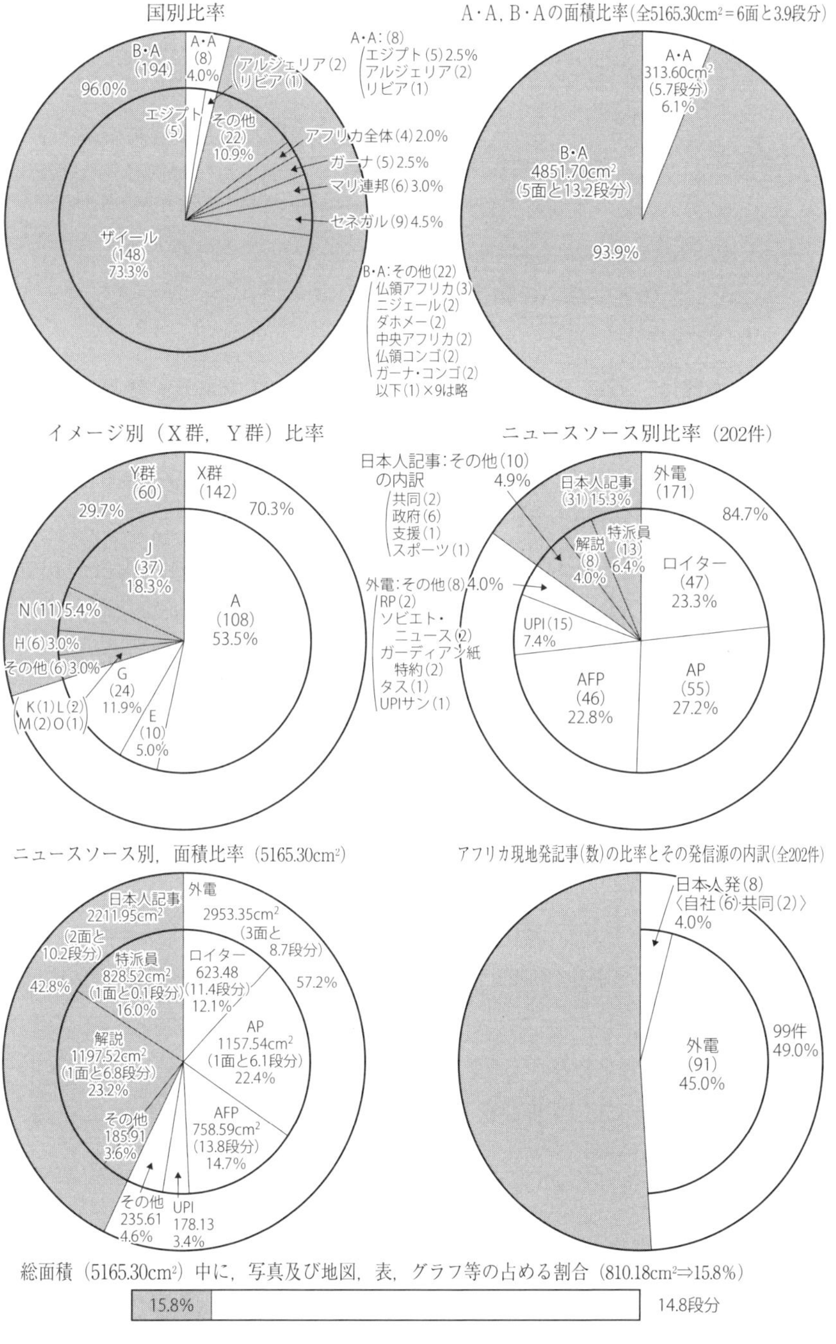

国別比率　　　　　　　　　　　　　　A・A，B・Aの面積比率（全5165.30cm²＝6面と3.9段分）

B・A (194) 96.0%
A・A (8) 4.0%
A・A：(8)
エジプト(5) 2.5%
アルジェリア(2)
リビア(1)

エジプト(5)
その他(22) 10.9%
アフリカ全体(4) 2.0%
ガーナ(5) 2.5%
マリ連邦(6) 3.0%
セネガル(9) 4.5%
ザイール (148) 73.3%

B・A：その他(22)
仏領アフリカ(3)
ニジェール(2)
ダホメー(2)
中央アフリカ(2)
仏領コンゴ(2)
ガーナ・コンゴ(2)
以下(1)×9は略

A・A 313.60cm² (5.7段分) 6.1%
B・A 4851.70cm² (5面と13.2段分) 93.9%

イメージ別（X群，Y群）比率　　　　　ニュースソース別比率（202件）

Y群 (60) 29.7%
X群 (142) 70.3%
J (37) 18.3%
A (108) 53.5%
N (11) 5.4%
H (6) 3.0%
その他(6) 3.0%
K(1) L(2)
M(2) O(1)
G (24) 11.9%
E (10) 5.0%

日本人記事：その他(10)の内訳
共同(2)
政府(6)
支援(1)
スポーツ(1)

日本人記事(31) 15.3%
特派員(13) 6.4%
解説(8) 4.0%
外電：その他(8) 4.0%
RP(2)
ソビエト・ニュース(2)
ガーディアン紙特約(1)
タス(1)
UPIサン(1)

外電 (171) 84.7%
ロイター(47) 23.3%
AP (55) 27.2%
AFP (46) 22.8%
UPI (15) 7.4%

ニュースソース別，面積比率（5165.30cm²）　アフリカ現地発記事（数）の比率とその発信源の内訳（全202件）

日本人記事 2211.95cm² (2面と10.2段分) 42.8%
特派員 828.52cm² (1面と0.1段分) 16.0%
解説 1197.52cm² (1面と6.8段分) 23.2%
その他 185.91 3.6%

外電 2953.35cm² (3面と8.7段分) 57.2%
ロイター 623.48 12.1%
AP 1157.54cm² (1面と6.1段分) 22.4%
AFP 758.59cm² (13.8段分) 14.7%
その他 235.61 4.6%
UPI 178.13 3.4%

日本人発(8)
〈自社(6)共同(2)〉 4.0%
外電 (91) 45.0%
99件 49.0%

総面積（5165.30cm²）中に，写真及び地図，表，グラフ等の占める割合（810.18cm²⇒15.8%）

| 15.8% | | 14.8段分 |

ザイールの記事が Ⓐ項, Ⓖ項, Ⓙ項, Ⓝ項と多岐にわたって入っている。エジプトは, Ⓐ, Ⓖ, Ⓗ, Ⓙ, Ⓛ の各項が1つずつである。アルジェリアは, ⒺとⒼで, リビアは, Ⓙ項(「米と協定交渉終わる」)である。独立関連は, すべてⒺ項に含まれている。セネガルの9とマリ連邦の6は, 前者の後者からの離脱ということで, Ⓐ項に多くが含まれている。Ⓛ—2とは, どちらもスポーツ記事で, 1つは既述のガーナ選手の五輪村到着と, やはり既に触れている, 1968年の五輪にカイロが立候補したことの記事である。Ⓞの1つは, トピックという観点から「ロンドンのアフリカ人」である。

この月にもポジティブな記事は1つもない。

アフリカ発は, 99で全体の49.0%。うち外電は91であり, 残り8が日本人記事である。そのうち2はレオポルドビルとエリザベイトビルからの共同記者電である。そして6 (報告4, 解説2) が自社特派員からのものである。

写真は29枚【478.03】で, うち顔写真は16枚【51.82】である。地図は11枚【269.62】で, スケッチ絵1枚【21.80】, 鉱物資源の表1枚【40.73】。計【810.18】, この面積は全体の15.8%に当たる。ほぼ1面に当たるスペースである。

③ 9〜12月

(1) 9月

記事数182, 面積【5326.68】は6面と6.9段分。

A・Aは8 (全体の4.4%)【147.63】(2.8%) と極端に少ない月である。B・Aはそれ以外の174【5179.05】。ここでも大半を占めるのは, ザイールの135である。それは全記事数の74.2%を占めている。同項目では他に, アフリカ全体—11, ギニア—9, ガーナ—3, ナイジェリア—3, セネガル—2, エチオピア—2, マリ・セネガル—2, アフリカ数カ国—2, ウガンダ—1, ダホメー—1, 南アフリカ—1, ブルンジ・ルワンダ—1, マリ連邦・ザイール—1である。

A・Aは, エジプト—7, アルジェリア—1である。エジプトは, ナセルの国連出席とその関連 (ネルーやカストロとの会談), アルジェリアは, アバス

臨時政府首相の中国訪問記事である。

　B・Aの説明としては，マリ連邦・ザイールとは，18日付の「国連安保理，15カ国加盟案，通常総会初日に審議」で，その15カ国のうちにマリ連邦とザイールが入っている。ブルンジ・ルワンダとは，14日付の「ベルギー領の両国，'62年に独立」との記事である。マリ・セネガルとは，29日付の「国連安保理，両国の加盟承認満場一致」であり，またアフリカ数カ国とは，28日付の「米英首脳，アフリカ代表と会談」である。ウガンダは，ロンドンからの特派員（出田）記事で「英領ウガンダ，コンゴの二の舞か，強硬なカバカ王"ブガンダ離脱も辞さぬ"」との4段見出しで語られている【112.67】。

　外電は，146【2623.12】（3面と2.7段分）で，全体のそれぞれ80.2％，49.2％である。内訳は，ロイター（共同）—36【750.61】，AP（写真のみ2を含む）—52【947.04】，AFP—32【609.82】，UPI（共同）—17【214.53】で，4社の計は137（全体の75.3％）【2522.00】（同47.3％）になる。他は，RP—3【39.43】，ANS—3【23.56】，新華社（共同）—1【2.89】，タス（共同）—1【24.70】，特定不能＝ただ「特約」とのみあり—1【10.54】。外電の，数における割合は8割以上と依然高い。スペース的にはこの月は5割を割った。

　自社特派員記事は，17で【1081.17】。内訳は，NY発—14【858.29】，ロンドン発—2【174.77】，ワシントン発—1【48.11】である。NY発はすべて国連関連，11がザイールで，2がアフリカ全体，残り1つはセネガル・マリの承認記事である。ロンドン発は，1つがザイール関連で，あと1つはウガンダ（既述）である。ワシントンは国連のザイール関連である。ここでの全体スペース【1081.17】は，総面積の20.3％である。

　解説記事は6で【967.42】。

① 11日付「週間トピックス」欄で，アフリカ全体記事。「ソ連・フルシチョフ首相の国連入り狙うアフリカ諸国」の見出しで，アフリカ諸国に対するソ連の動向を解説している【132.56】。

② 14日付，署名なしの本社記事でザイール関連を解説している。「コンゴ紛争に悩む国連，ルムンバ首相"内政干渉"と攻撃」【227.76】。

③ 20日付「文化」欄，名古屋大文学部助教授竹内良知の寄稿したもので

ある。ギニア関連で,「ギニア共和国の国づくり――コナクリの印象」との見出しで,学者の目で同国の実情を報告している【168.91】。

④ 21日付で,②と同様の無署名の本社記事。ザイール関連で,「ソ連外交,コンゴに敗る。過激すぎるやり方。情勢の判断誤る」【192.72】。

⑤ 21日付「海外の話題」欄,特派員だより（ワシントン・宮崎）。アフリカ全体記事で「受難のアフリカ――外交官,住宅も確保できない」【112.91】。

⑥ 25日付,①と同じの「週間トピックス」欄。アフリカ全体記事,「モテすぎアフリカ,加盟国13国でひっぱりだこ」。独立後のアフリカ各国を大国が自らの陣営に引き入れるために動き回っていることを伝えるものである。

この月は他に社説にも1度アフリカのことが取り上げられている。9日付でザイール関連である。「重大化したコンゴ」と題し,同日社説の1/2を占めている【64.40】。コンゴの状況を危惧するものである。自社記事分とこれら解説及び社説の面積の計は【2112.99】（2面と8.4段分）で,全体の39.7％に当たる。

また1面トップを飾ることも4回あった。1つは8日付夕刊で,「皇太子夫妻,アジア・アフリカ4カ国ご訪問,11月12日から約1カ月」【96.92】と,アフリカでは,エチオピアを訪問することを伝えている（同夫妻の顔写真を2枚,同国の地図入り）。

2つ目は10日付夕刊,NY発・加藤特派員記事で,「コンゴ問題で5たび安保理,ソ連決議案を否決。現地で開催を要求」,写真1枚入り【112.05】。

3回目は21日付夕刊でこれもNY発・加藤記事で,「第15回国連総会ひらく,黒い新代表,晴れやかに着席」「14カ国の加盟承認,議長にボランド氏（エール）」,写真1枚入りで【184.16】。

4回目は23日付朝刊,やはりNY発・加藤記事で,「国連総会一般討議にはいる。アイク15項目提案,アフリカ内政不干渉など」（アフリカ関連部分【123.54】）である。

内容区分は,**X群114で全体の62.6％, Y群68で37.4％**である。内訳は,A―99, C―3, E―2, G―10。Y群は,H―3, J―57, K―1, L―1, M―3, N―3,である。

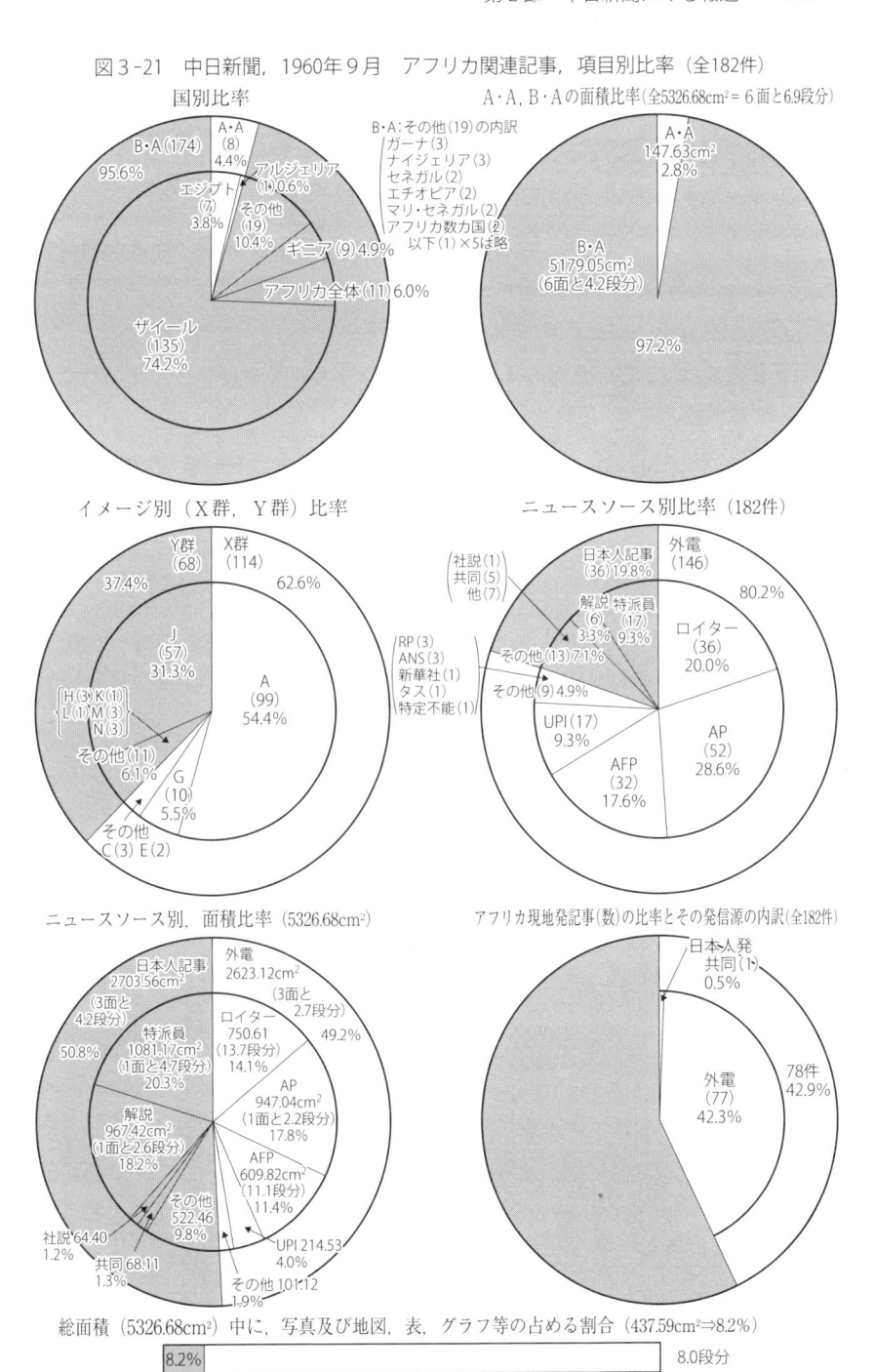

第2節 中日新聞にみる報道　141

図3-21　中日新聞，1960年9月　アフリカ関連記事，項目別比率（全182件）

国別比率

- B・A (174) 95.6%
- A・A (8) 4.4%
- アルジェリア (1) 0.6%
- エジプト (7) 3.8%
- その他 (19) 10.4%
- ギニア (9) 4.9%
- アフリカ全体 (11) 6.0%
- ザイール (135) 74.2%

B・A：その他(19)の内訳
- ガーナ(3)
- ナイジェリア(3)
- セネガル(2)
- エチオピア(2)
- マリ・セネガル(2)
- アフリカ数カ国(2)
- 以下(1)×5は略

A・A, B・Aの面積比率（全5326.68cm²＝6面と6.9段分）

- A・A 147.63cm² 2.8%
- B・A 5179.05cm² (6面と4.2段分) 97.2%

イメージ別（X群，Y群）比率

- Y群 (68) 37.4%
- X群 (114) 62.6%
- J (57) 31.3%
- A (99) 54.4%
- H(3) K(1) L(1) M(3) N(3)
- その他 (11) 6.1%
- G (10) 5.5%
- その他 C(3) E(2)

ニュースソース別比率（182件）

- 日本人記事 (36) 19.8%
- 外電 (146) 80.2%
- 社説(1) 共同(5) 他(7)
- 解説 (6) 3.3%
- 特派員 (17) 9.3%
- その他 (13) 7.1%
- その他 (9) 4.9%
- RP(3) ANS(3) 新華社(1) タス(1) 特定不能(1)
- ロイター (36) 20.0%
- AP (52) 28.6%
- AFP (32) 17.6%
- UPI (17) 9.3%

ニュースソース別，面積比率（5326.68cm²）

- 日本人記事 2703.56cm² (3面と4.2段分) 50.8%
- 外電 2623.12cm² (3面と2.7段分) 49.2%
- 特派員 1081.17cm² (1面と4.7段分) 20.3%
- 解説 967.42cm² (1面と2.6段分) 18.2%
- 社説 64.40 1.2%
- 共同 68.11 1.3%
- ロイター 750.61 (13.7段分) 14.1%
- AP 947.04cm² (1面と2.2段分) 17.8%
- AFP 609.82cm² (11.1段分) 11.4%
- その他 522.46 9.8%
- UPI 214.53 4.0%
- その他 101.12 1.9%

アフリカ現地発記事(数)の比率とその発信源の内訳（全182件）

- 日本人発 共同(1) 0.5%
- 78件 42.9%
- 外電 (77) 42.3%

総面積（5326.68cm²）中に，写真及び地図，表，グラフ等の占める割合（437.59cm²⇒8.2%）

| 8.2% | 8.0段分 |

Ⓐはザイールの混乱で，同国以外でA項となっているのは，ダホメーの政情不安・ゼネスト騒ぎ，ガーナとギニアの国連コンゴ政策への不満・対立，南アの人種差別関連である。Ⓒはザイールで起こったモブツ陸軍司令官によるクーデターである。Ⓔは，ブルンジ・ルワンダの1962年独立関連と，フルシチョフ首相の国連での演説，「植民地全廃提案」である。Ⓖは，国連及び米のアフリカへの援助記事，国連軍派遣，そしてアフリカ国間の相互協力等である。この月にもY群中にポジティブな記事はない。

アフリカ発は78で，全体の42.9%である。うちレオポルドビル発の共同記者電，1件を除いた77は外電である。

写真は40枚で面積は【382.03】，うち顔写真は17枚【71.51】である。地図は8枚【55.56】。計，48枚【437.59】で，その面積スペースは約8段分である。

(2) 10月

記事数62。面積【1636.48】は1面と14.8段，約2面分である。A・Aは15で全体の24.2%，面積は【374.75】。B・Aは47，同75.8%，面積，【1261.73】77.1%である。

前月に比べると1/3近くに減っている。それはザイール関連の記事の減少に起因している。今月は100以上も少ない僅か21になっている。

これは外電記事(46件)がちょうど100減っていることに(9月は146)照応している。ロイター，AP，AFP，UPIがそれぞれ10〜30以上減っている。ロイター(共同)はマイナス26の10で【138.00】，APは−35の17でしかない【212.39】。AFPは−20の12【123.28】，UPI(共同)は−11の6【135.78】である。残り1は，ANS【8.02】で，計46【617.47】(11.2段分)全体のそれぞれ，74.2% 37.7%である。

A・Aの国別内訳は，アルジェリア—12，エジプト—2，チュニジア—1。B・Aはザイール以外では，ナイジェリア—5，南アフリカ—3，マリ共和国—2，ギニア—2，南ローデシア—2，ガボン—1，ガーナ—1，北ローデシア—1，タンガニーカ—1，中央アフリカ連邦—1，仏領アフリカ—1，英領アフリカ—1，セネガル・マリ—1，アフリカ全体—1，アフリカ4カ国(コンゴ，

エチオピア，ケニア，モロッコ）—1，**アフリカ数カ国**（日本のアフリカ公館長国）—1，アジア・アフリカ—1，である。

　内容は，アルジェリアは対仏と国内混迷関連，エジプトは米ソの動きに関連するものと，イスラエルとの空中戦記事，チュニジアはアルジェリア戦争への対応記事である。B・Aでは，アジア・アフリカは，NYから加藤特派員の記事で，「国連のあり方とアジア・アフリカグループ」との見出し記事で，国連の同グループに対する対応を語っている。アフリカ数カ国は，その公館長会議のことであり，アフリカ4カ国は，査察使として同4カ国に行く福島氏を紹介する記事である。アフリカ全体は，「週間トピックス——国際」欄（水谷大介）の，「中小国のスクラム，国際平和安定への期待」との記事である。ここでは以下は，略す。

　自社特派員記事は，4で【317.65】。内訳は，ロンドン発（出田）の2【119.69】，カイロ発（大坪）の1【124.21】，NY発（加藤）で1【73.75】である。ロンドン発は1つはナイジェリア関連で，「ナイジェリア独立，アジア・アフリカブロックで大きな発言力」（1日付）。あと1つは南ア関連で，「きょう国民投票，国民党完全独立をめざす」（5日付）。NY発はアジア・アフリカ関連で，国連総会における発言が載せられている。「国連のあり方とアジア・アフリカグループ」の4段見出しで，また3段見出しでは，「ガーナ代表，まずアフリカ統一を。常任理事国のイス与えよ」「アラブ連合代表，重大な中共加盟問題，新しい帝国主義に警戒」とある。カイロ発はエジプト関連で，「アラブ，インド，米ソの会談拒否に失望，両首脳へ不満の声，中立国の力認識させたいが」写真1枚入り。どの記事も解説的色彩の強い，解説記事に含めてもいい，記事である。

　解説記事は3で【353.96】。1つはアフリカ全体の項で既に述べている「週間トピックス——国際」欄（水谷）の記事である。顔写真2枚（ネルーとナセル）入りである【132.56】。残り2つは，いずれもロンドンから出田特派員の手になるものである。1つは「海外の話題——特派員だより」欄にあるもので，英領アフリカ関連，「英植民地官吏の嘆き，独立ブーム失業，本国でも歓迎されない」【140.28】との見出しであり，あと1つは一般記事としてザイール関連で，

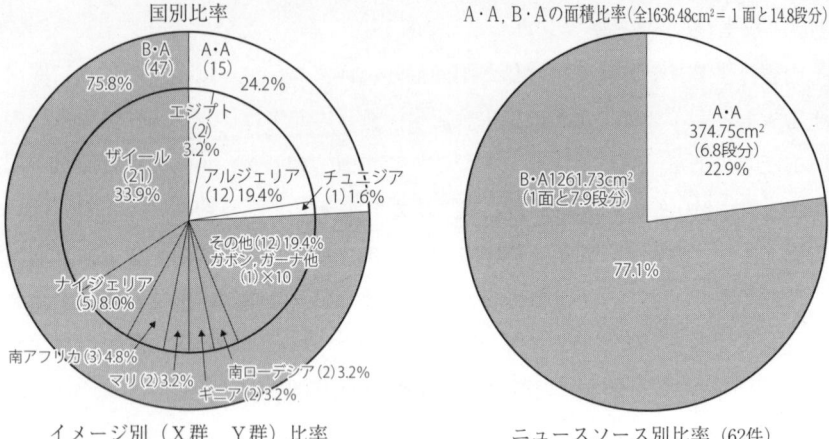

144　第3章　1960年（昭和35年）のアフリカ報道

図3-22　中日新聞，1960年10月　アフリカ関連記事，項目別比率（全62件）

国別比率

- B・A (47) 75.8%
- A・A (15) 24.2%
- エジプト (2) 3.2%
- ザイール (21) 33.9%
- アルジェリア (12) 19.4%
- チュニジア (1) 1.6%
- その他 (12) 19.4%　ガボン，ガーナ他 (1)×10
- ナイジェリア (5) 8.0%
- 南アフリカ (3) 4.8%
- 南ローデシア (2) 3.2%
- マリ (2) 3.2%
- ギニア (2) 3.2%

A・A, B・Aの面積比率（全1636.48cm²＝1面と14.8段分）

- A・A 374.75cm² (6.8段分) 22.9%
- B・A 1261.73cm² (1面と7.9段分) 77.1%

イメージ別（X群，Y群）比率

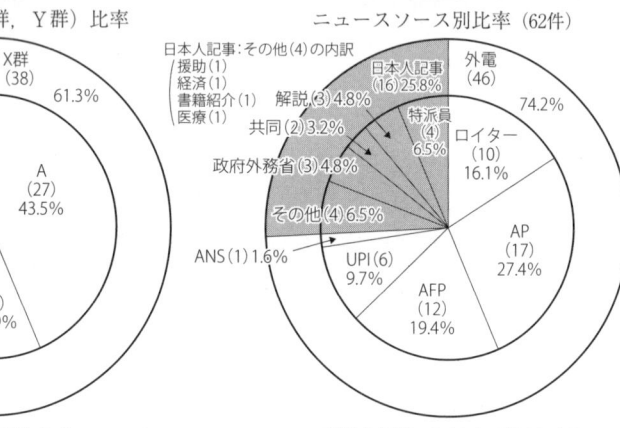

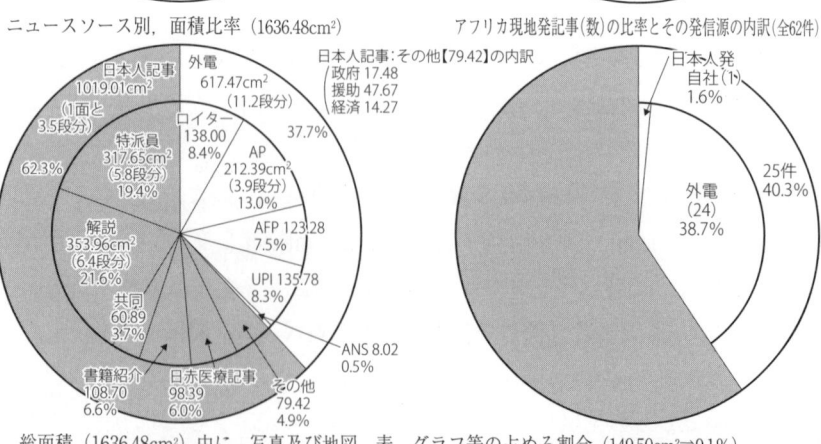

- Y群 (24) 38.7%
- X群 (38) 61.3%
- J (16) 25.8%
- A (27) 43.5%
- M (4) 6.5%
- その他 (4) 6.5%
- G (3) 4.9%
- E (8) 12.9%
- H(1) I(1) K(1) O(1)

ニュースソース別比率（62件）

日本人記事：その他(4)の内訳
- 援助(1)
- 経済(1)
- 書籍紹介(1)
- 医療(1)

- 日本人記事 (16) 25.8%
- 外電 (46) 74.2%
- 解説 (3) 4.8%
- 特派員 (4) 6.5%
- 共同 (2) 3.2%
- 政府外務省 (3) 4.8%
- その他 (4) 6.5%
- ANS (1) 1.6%
- UPI (6) 9.7%
- AFP (12) 19.4%
- AP (17) 27.4%
- ロイター (10) 16.1%

ニュースソース別，面積比率（1636.48cm²）

日本人記事：その他【79.42】の内訳
- 政府 17.48
- 援助 47.67
- 経済 14.27

- 日本人記事 1019.01cm² (1面と3.5段分) 62.3%
- 外電 617.47cm² (11.2段分) 37.7%
- 特派員 317.65cm² (5.8段分) 19.4%
- 解説 353.96cm² (6.4段分) 21.6%
- 共同 60.89　3.7%
- 書籍紹介 108.70　6.6%
- 日赤医療記事 98.39　6.0%
- その他 79.42　4.9%
- ロイター 138.00　8.4%
- AP 212.39cm² (3.9段分) 13.0%
- AFP 123.28　7.5%
- UPI 135.78　8.3%
- ANS 8.02　0.5%

アフリカ現地発記事(数)の比率とその発信源の内訳（全62件）

- 日本人発自社 (1) 1.6%
- 外電 (24) 38.7%
- 25件 40.3%

総面積（1636.48cm²）中に，写真及び地図，表，グラフ等の占める割合（149.50cm²⇒9.1%）

9.1%　　　　　　　　　　　　　　　　　　　　2.7段分

「コンゴの悲喜劇」「主導権争う三政府，国連不干渉決議がアダ」，顔写真3枚（ルムンバ首相，カサブブ大統領，モブツ大佐）入り。

　自社記事と解説記事の面積の計は【671.61】（12.2段分）で，全体の41.0％に当たる。外電とこれら記事以外は，共同の記者記事が2件【60.89】（NYとロンドン発が各1）と，政府・外務省記事3【17.48】，支援・援助記事1【47.67】，経済記事1【14.27】，書籍紹介記事1【108.70】，日赤医療班記事1【98.39】である。

　内容区分はX群は38で全体の61.3％，Y群は24で38.7％。内訳は，A―27，E―8，G―3。Y群は，H―1，I―1，J―16，K―1，M―4，O―1，である。

　Ⓐはザイール，南ローデシア，マリ共和国，アルジェリア，エジプト，チュニジアの記事が含まれる。Ⓔは英の**英領アフリカ**の植民地政策関連，仏の**アルジェリア**政策，国連ギニア代表の「植民地独立は国連の急務」との演説記事，そして**ナイジェリア**の独立関連。Ⓖはソ連，及び中国の**アルジェリア難民**の援助。Y群では，Ⓗは特派員記事で触れた，「国連のあり方とアジア・アフリカグループ」記事である。Ⓘはシュバイツァーの『わが生活と思想より』という書籍紹介記事。Ⓙは**南ア**の国民投票，アフリカ諸国の首脳会議・会談，外交関係樹立等記事である。Ⓚは**ナイジェリア**炭の買い付け交渉が通産相と始まる。Ⓜは日赤医療班，公館長会議，アフリカ査察使派遣，そしてアフリカ・**タンガニーカ**に技術指導に行く日本人の記事である。Ⓞは「こぼれ話――海外版」に載った，「白人娘に徴兵令，抗議したが全身検査に」という見出しのトピック記事である。この月にもポジティブな記事は1件もない。

　アフリカ発は，25で全体の40.3％である。カイロ発・大坪特派員の1つの記事を除いた24が外電である。

　写真は16枚（うち顔写真10枚）【133.60】（【33.08】），地図は1枚【5.61】，似顔絵2枚【10.29】，で計19枚【149.50】約2.7段分である。

（3）**11月**

　記事数103。面積【2532.17】，これは3面と1.1段分のスペースである。

A・Aは37で【1193.45】，それぞれ全体の35.9％，47.1％である。B・Aは66で【1338.72】，64.1％，52.9％。内訳はA・A，**アルジェリア**—30，**モーリタニア**—4，**エジプト**—2，**モロッコ**—1，でB・Aは，**ザイール**—42，**エチオピア**—11，**ガーナ**—3，**ギニア**—2，**アフリカ全体**—2，**ナイジェリア**—1，**コートジボアール**—1，**南西アフリカ**—1，**ガーナ・マリ**—1，**ギニア・マリ**—1，**古代アフリカ**—1．

ザイール関連が増えているが，7，8，9月の100を超えてあった時に比べると半分以下になっている。内容は引き続く国内混乱とそれに伴う国連，米ソ等外国の動きである。B・Aで次に多いエチオピアは，日本の皇太子夫妻の訪問関連である。ガーナは，国連やザイールでの動き関連，ギニアは，米国と援助協定調印と，ザイール問題での国連での動向である。アフリカ全体は，アフリカ公館長会議に出席した欧亜局長の帰国記事と，査察使となった福島氏の人物紹介。ナイジェリアは，「学生が首相に乱暴」との記事である。コートジボアールは，国民投票で首相選出記事であり，南西アフリカは，アフリカ6カ国が同国を国連管理下に，との決議を行なったというものである。ガーナ・マリは，両国で共同議会を持つというものであり，ギニア・マリは，両国は国連あっ旋委への不参加を通知したとの記事である。古代アフリカとは，書籍紹介記事である。『古代アフリカの発見』という題名の本で，どこの国と宛てることもできないので，このような項目を一つ設けた。

外電は，81で【1312.16】（1面と8.9段分），それぞれ全体の78.6％，51.8％である。内訳は，ロイター（共同）—18【228.88】，AP—29【441.48】，AFP—17【292.73】，UPI（共同）—16【211.45】，タイム誌IRP特約—1【137.62】である。このタイム誌IRP特約とは，アルジェリア関連を述べた内容である。解説記事だが，項目分けではこの外電の方に含めた。ヨコ長の大見出し【22.28】，「ドゴールのアルジェリア構想，一生をかけた大ばくち」と，4段見出し【23.84】，「三段構え政策，政府首脳は疑問もつ」とある。

自社特派員記事は，5で【276.40】。内訳は，NY発（加藤）—2【30.99】，パリ発（曽我部）—1【146.84】，カイロ発（大坪）—1【12.55】，アジスアベバ発（大坪）—1【86.08】である。NY発はエチオピア関連【9.30】と，ザイール関

連【21.63】で，前者の見出しは「エチオピアが国連政治委で熱核兵器禁止宣言案提出」であり，後者は「あす，国連，コンゴ総会」である。パリ発は解説的色彩が濃い，「アルジェリア戦争6周年，苦境に立つドゴール。左右軍の支持失う，停戦失敗が致命傷」。カイロ発は「米・新大統領へ各国の反響，カイロ，東西冷戦打開に希望」。アジスアベバ発は社会面のスポーツ関連で，「東京五輪ぜひ参加，アベベ選手と一問一答」である。

解説記事は，4【421.72】。内容は，

① 「週間トピックス——国際」欄（熊田亭）6日付，アルジェリア関連。「良心めぐる内戦へ，底なしのアルジェリア戦争」，顔写真2枚（アバス首相，ベルカセム副首相），似顔絵1枚（ドゴール）【132.56】

② 特集記事：特派員だより「海外の選挙」（カイロ・大坪）16日付夕刊，エジプト関連。「アラブ連合，運動するのはムダ，よいグループに入ること」，写真1枚「カイロの投票風景」【119.74】

③ 解説記事：特派員だより「海外の話題」（パリ・曽我部）23日付夕刊，アルジェリア関連。「サラン将軍の脱出。アルジェリア禁足に対抗，突然スペインに」，顔写真1枚（サラン将軍）【109.78】

④ 本社記事，28日付，モーリタニア関連。「モーリタニア共和国独立。仏共同体中，最後の独立国」「モロッコの横ヤリある。35歳，青年首相」，顔写真1枚（初代首相となるダッダ氏），地図1枚＝モーリタニア周辺。【59.64】

共同記者発の記事も3件【119.17】ある。1つはロンドン発で，ザイール関連【19.40】，1つはNY発で，これもザイール関連【55.75】，あと1つはアジスアベバ発で，エチオピア訪問の皇太子記事【44.02】である。尚，海外からの自社記事の中には項目別で，「皇室記事」に含めたものもある。皇室6件【257.92】のうち，アジスアベバ発（大坪）がそうである。皇室関連でも外国通信社発はそちらに含めた。これまでもそうだが基本的に外電は，内容に拘らず外電枠の方を優先している。皇室の残り2件は本社発である。

この月には，1面トップ掲載が2回ある。1回目は，12日付夕刊で，本社で書かれた皇室記事である。「皇太子夫妻出発，アジア・アフリカ親善の旅」（大

148　第3章　1960年（昭和35年）のアフリカ報道

図3-23　中日新聞，1960年11月　アフリカ関連記事，項目別比率（全103件）

国別比率

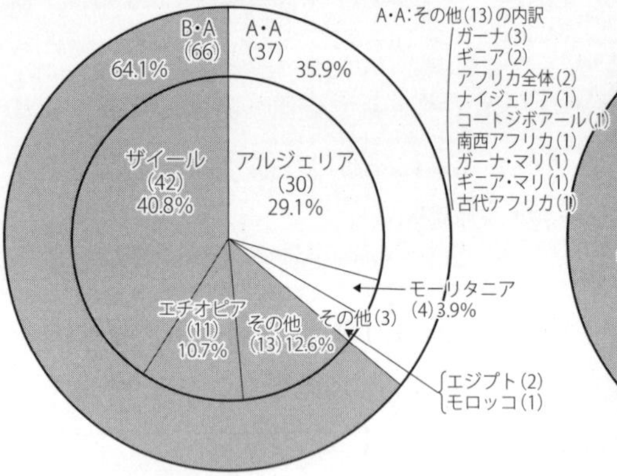

- B・A (66) 64.1%
- A・A (37) 35.9%
- ザイール (42) 40.8%
- アルジェリア (30) 29.1%
- エチオピア (11) 10.7%
- その他 (13) 12.6%
- モーリタニア (4) 3.9%
- その他 (3)
- エジプト (2)
- モロッコ (1)

A・A：その他(13)の内訳
- ガーナ (3)
- ギニア (2)
- アフリカ全体 (2)
- ナイジェリア (1)
- コートジボアール (1)
- 南西アフリカ (1)
- ガーナ・マリ (1)
- ギニア・マリ (1)
- 古代アフリカ (1)

A・A, B・Aの面積比率（全2532.17cm² = 3面と1.1段分）
- A・A 1193.45cm² (1面と6.7段分) 47.1%
- B・A 1338.72cm² (1面と9.3段分) 52.9%

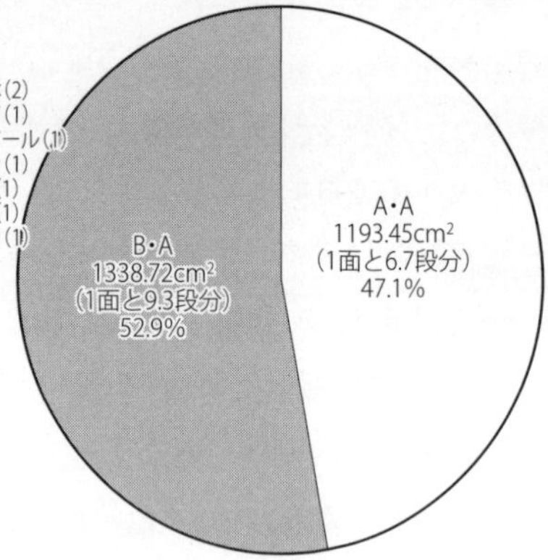

イメージ別（X群，Y群）比率
- Y群 (53) 51.5%
- X群 (50) 48.5%
- J (33) 32.0%
- A (27) 26.2%
- E (20) 19.4%
- M (11) 10.7%
- N (6) 5.8%
- その他 (3) 2.9%
- H (1) L (1) 1 (1)
- G (2) 1.9%
- F (1) 1.0%

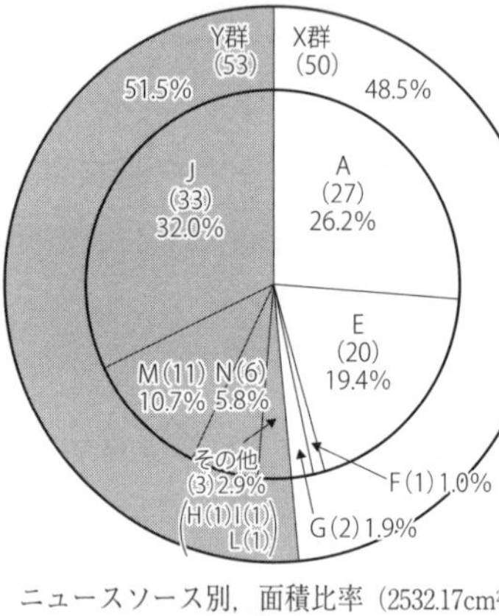

ニュースソース別比率（103件）
- 外電 (81) 78.6%
- 日本人記事 (22) 21.4%
- 解説 (4) 3.9%
- 共同 (3) 2.9%
- 皇室 (6) 5.8%
- その他 (4) 3.9%
- タイム誌IRP特約 (1) 0.9%
- 特派員 (5) 4.9%
- ロイター (18) 17.5%
- AP (29) 28.2%
- AFP (17) 16.5%
- UPI (16) 15.5%

日本人記事：その他(4)の内訳
- 政府記事 (2)
- 人物紹介 (1)
- 書籍紹介 (1)

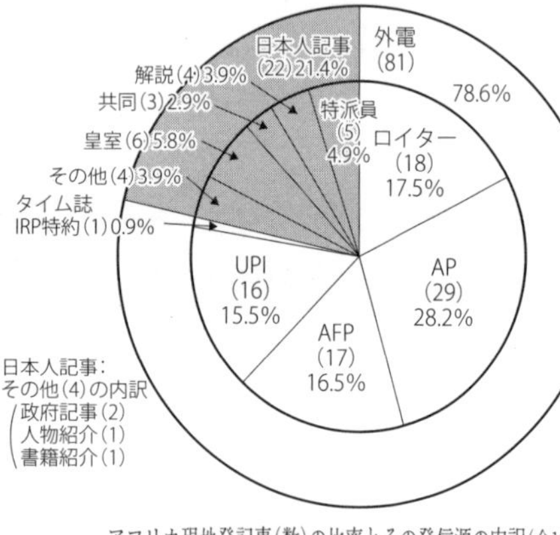

ニュースソース別，面積比率（2532.17cm²）
- 日本人記事 1220.21cm² (1面と7.2段分) 48.2%
- 外電 1312.16cm² (1面と8.9段分) 51.8%
- 特派員 276.40 10.9%
- 解説 421.72cm² (7.7段分) 16.7%
- 共同 119.17 4.7%
- 皇室 257.92 10.2%
- その他 144.80 5.7%
- ロイター 228.88 9.0%
- AP 441.48cm² (8.0段分) 17.4%
- AFP 292.73cm² (5.3段分) 11.6%
- UPI 211.45 8.4%
- タイム誌IRP特約 137.62 5.4%

日本人記事：その他【144.80】の内訳
- 政府 21.59
- 人物 43.13
- 書籍 80.08

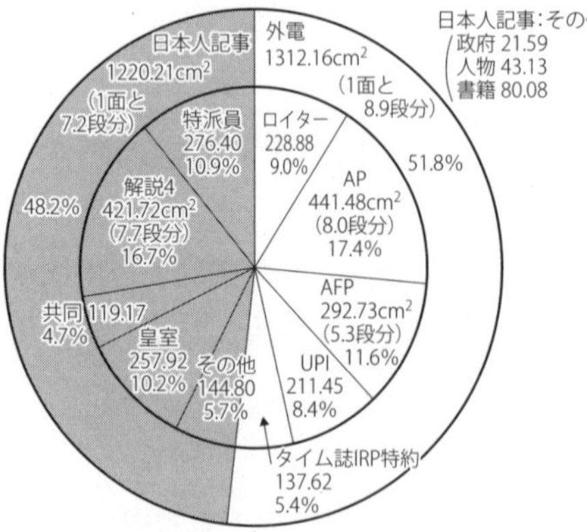

アフリカ現地発記事(数)の比率とその発信源の内訳（全103件）
- 日本人発 (8) 7.8% 〈自社(7) 共同(1)〉
- 外電 (34) 33.0%
- 42件 40.8%

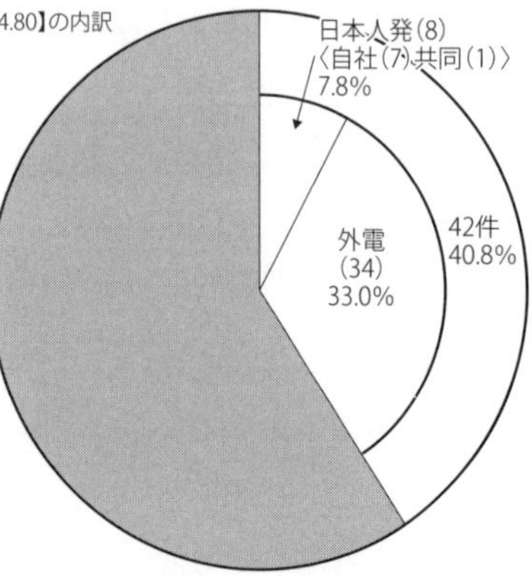

総面積（2532.17cm²）中に，写真及び地図，表，グラフ等の占める割合（191.20cm²⇒7.6%） 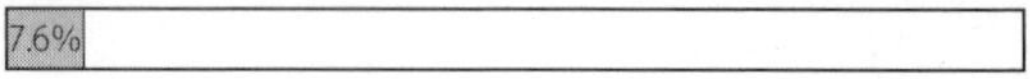
- 7.6%　3.5段分

見出しのみカウント【47.82】)。2回目は，23日付夕刊で，NY発・AP電「カサブブ大統領に代表権，国連総会で認める。賛成53，反対24で」という，国連でのザイール記事である【64.58】。

　内容区分は，X群50で全体の48.5%，Y群53で51.5%である。内訳は，A―27，E―20，F―1，G―2。Y群は，H―1，I―1，J―33，L―1，M―11，N―6，である。

　Ⓐ項は**ザイール**と**アルジェリア**の国内暴動・混乱記事でその多くが埋められる。他に**ギニア**と**ガーナ**があるが，いずれもザイールとの関連記事である。あと1件，**ナイジェリア**があるが，その見出しは「ナイジェリアの学生，国会に乱入し首相に乱暴」である。Ⓔ項も**アルジェリア**の記事である。その20のうちの19がそうであり，残り1つは，**モーリタニア**独立に関連する解説記事である。アルジェリアは仏の同国対策を語るものである。Ⓕの1は既に触れている**エチオピア**の国連での提案，「熱核兵器禁止宣言」である。Ⓖは，1つは米国と**ギニア**の援助協定調印であり，あと1つは**モロッコ**のソ連からのジェット機ゆずり受けである。Y群でこの月にⒿ項の次に多いⓂ項は，皇太子の**エチオピア**訪問があった為である。Ⓛは，アベベ選手とのインタビューで，Ⓘは，「古代アフリカの発見」の紹介記事。Ⓗは，これも自社記事のところで触れている「海外の選挙」で，国情紹介という意でここに含めている。Ⓝは，仏大統領や**ザイール**各派の人々の国外への動きを伝えるものである。Ⓙは，国連での国際会議・交渉，あるいは紛争当事国の政策・戦略を伝えるものである。

　アフリカ発の記事は42で，全体の40.8%に当たる。うち外電分は34で，従って残り8が自社及び共同記事である。共同はアジスアベバ発の1件で，あと7つが自社特派員の発したものである。うち5つはアジスアベバ発で，皇太子夫妻の訪問における現地報告である。残り2つはカイロからの大坪特派員の記事（報告1，解説1）である。

　写真は21枚【172.20】，うち顔写真13枚【45.98】，地図2枚【13.47】，似顔絵1枚【5.53】で，計24枚【191.20】。この面積は全体の7.6%に当たる。

(4) 12月

記事数198，面積【4900.16】（5面と14.1段分）と，数，面積ともに前月に比べるとまた増えている。

A・Aは64【1609.73】で全体のそれぞれ32.3％，32.9％。国別では，**アルジェリア**—50，**サハラ**—6，**エジプト**—4，**モーリタニア**—3，**モロッコ**—1。B・Aは134【3290.43】で，それぞれ67.7％，67.1％。国別では，**ザイール**—73，**エチオピア**—44，**中央アフリカ連邦**—4，**アフリカ全体**—3，**ガーナ**—2，**タンガニーカ**—2，**アフリカ5カ国**（エジプト，モロッコ，**ギニア**，**ガーナ**，**マリ**）—2，**ギニア**—1，**リベリア**—1，**ガーナ・ギニア・マリ**—1，**コンゴ・チャド**—1，である。

この月の記事はアルジェリアとザイールとエチオピアで，その84.3％（167記事）を占める。つまりアルジェリアは混乱がより一層深まっていることを意味し，あちこちで激しい攻防が起こっている。ドゴール大統領も同地を訪問した。

ザイールも同様に，カサブブ，ルムンバ，モブツ，ツォンベ（カタンガ州首相）各派の対立，攻防の月となっている。

エチオピアは，月初めは皇太子関連であったが，15日付朝刊にクーデターの記事が出てから，それ以降の10日間はその関連で埋められる。10日間で40近い記事が掲載されている。皇太子の訪問後すぐに起こったこともあって，日本の新聞の関心も高かった。

外電は，152で【2146.06】（2面と9.0段分）。全体のそれぞれ76.8％，43.8％である。内訳は，ロイター（共同）—36【464.95】，AP（写真のみ2を含む）—55【760.53】，AFP—22【359.48】，UPI（共同）—31【454.42】で，4社計144（総記事数の72.7％）【2039.38】（総面積の41.6％）になる。

他に，UPIサン—3【71.41】，ソビエト・ニュース—2【13.14】，RP（モスクワ放送）—1【4.81】，ANS—1【8.66】，タス—1【8.66】がある。

自社特派員記事は，19【826.38】。内訳は，NY発（加藤）—15【492.27】，ロンドン発（出田）—2【121.35】，パリ発（曽我部）—2【212.76】で，アフリカ発は1件もない。

NY発の内訳は，ザイール関連—10，アルジェリア関連—3，アフリカ全体

—1，リベリア—1である。アフリカ全体とは，国連総会におけるアフリカ関連を含む重要議題に結論が出ないことを伝えるものであり（6日付），リベリア関連とは，「安保理の非常任理事国のアフリカ代表，初の当選。前半はリベリア，後半はエール」を伝えるものである（21日付夕刊）。

　ロンドン発は，タンガニーカ関連とエチオピア関連で，前者（1日付朝刊）は，「共鳴呼ぶ，東アフリカ連邦構想。黒人の手で建設。ニエレレ提案浮かびあがる」で，ニエレレとは後にタンザニア（タンガニーカとザンジバルが合併して出来た国家）の大統領になる人物である。エチオピア関連とは17日付夕刊の，「失敗したエチオピア・クーデター，首謀者の逮捕始まる」【20.67】。

　パリ発は，2つともアルジェリア関連である。

　解説記事は，8【791.04】。国別では，エチオピア—4，ザイール—1，アルジェリア—1，アフリカ全体—1，アフリカ5カ国—1，である。

　エチオピアはクーデターの背景と結果を様々な角度から，様々な人（出田特派員，本社編集委員，ニューオリエント・エキスプレス社東京支店次長・梅津美一，エチオピア宮廷の元女官・福本昭子）が分析解説したものである。

　アフリカ全体とアフリカ5カ国は，どちらもこの1960年を終わるに当たってのアフリカに起こった主な出来事，そして展望を解説しているものである。26日付のアフリカ全体は，「1960年の世界，相ついだ変革のあらし」という特集企画欄にある記事である【219.60】。

　ザイールはロンドンからの特派員（出田）記事で，「コンゴ情勢ドロ沼へ，内戦の危険もはらむ。国連ますますジレンマに」との4段見出しと共に【104.29】を使っている。

　アルジェリアは「週間トピックス——国際」欄で，矢野健一郎の手になるものである。「ドゴール動き出す。アルジェリア政策実施へ」との見出し【25.23】で，顔写真3枚（ドゴール，サラン将軍，ジュアン将軍）入りで，全体では【132.56】になるものである。

　これら自社記事と解説記事，そして4日付にある中央アフリカ連邦のバンダ博士へのインタビュー記事【111.23】を加えた面積は【1728.65】（2面と1.4段分）となり，総面積の35.3％になる。

この月にも皇室記事が 2 件【305.17】ある。エチオピアでの皇太子夫妻関連である。

共同記者記事は 9 件【379.02】。内訳は，NY 発—3【89.11】，ロンドン発—3【110.32】，カイロ発—2【95.63】，パリ発—1【83.96】である。

トップでの掲載は 2 回。1 回目は 9 日付夕刊の皇室関連で，「皇太子夫妻，アジア・アフリカ親善訪問からお帰り」【48.39】。あと 1 つは 20 日付夕刊，アルジェリア関連でパリ発 AP・AFP・UPI（共同）記事で，「アルジェリア問題でドゴール演説。和平交渉をしよう，まず国民投票で支持を」【94.14】である。

内容区分は，X 群 147 で全体の 74.2%，Y 群 51 で 25.8% である。内訳は，A—75，C—39，D—2，E—23，F—6，G—2。Y 群は，H—3，I—1，J—42，M—3，N—2，である。

この月の特徴は何と言っても，15 日付で最初に報道された**エチオピア**のクーデターである。それ以後，**ザイール**や**アルジェリア**の記事を脇へ追いやるほどの比重で伝えられたことである。[C]の 39 はすべてそれである。[A]を占める多くはこれまで通り**ザイール**，及び**アルジェリア**である。[D]は 2 つとも**ザイール**の困窮を伝えるものである。[E]は**アルジェリア**関連が 9 割以上を占め，[F]は月末に行なった仏の 3 回目の核実験記事，及びそれに抗議の記事である。[G]はソ連による**ザイール**・ルムンバ派への援助，ソ連による**ガーナ**への経済技術援助である。

X 群が 7 割以上を占めるこの月も，ポジティブな記事は 1 つもない。

アフリカ発の記事数は，69 で全体の 34.8% である。うち 66 は外国通信社のものである。残り 3 つのうち 2 つはカイロからの共同記事である。あと 1 つがアジスアベバからの大坪特派員の報告記事である。

写真は 45 枚，面積は【616.24】，うち顔写真は 27 枚【92.29】である。地図は 6 枚【35.79】。合計 51 枚【652.03】（11.9 段分）。面積の全面積に占める割合は，13.3% である。

この 1 年を通して，中日新聞においても明るい展望を示すような記事は 1 件もない。

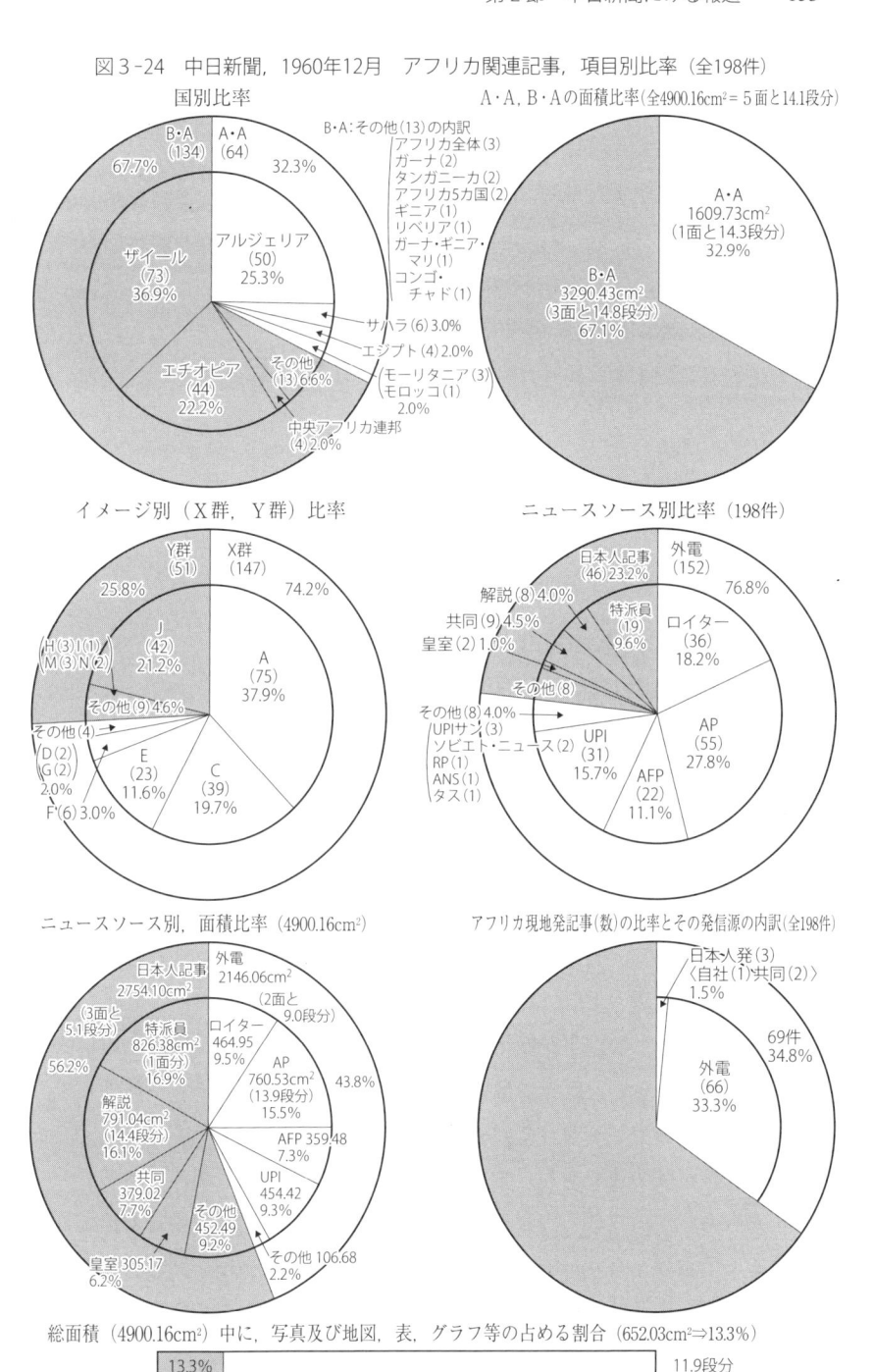

第2節　中日新聞にみる報道　153

図3-24　中日新聞，1960年12月　アフリカ関連記事，項目別比率（全198件）

国別比率

B・A（134）67.7%
A・A（64）32.3%

B・A：その他（13）の内訳
アフリカ全体（3）
ガーナ（2）
タンガニーカ（2）
アフリカ5カ国（2）
ギニア（1）
リベリア（1）
ガーナ・ギニア・マリ（1）
コンゴ・チャド（1）

ザイール（73）36.9%
アルジェリア（50）25.3%
エチオピア（44）22.2%
その他（13）6.6%
サハラ（6）3.0%
エジプト（4）2.0%
モーリタニア（3）
モロッコ（1）
2.0%
中央アフリカ連邦（4）2.0%

A・A, B・Aの面積比率（全4900.16cm² = 5面と14.1段分）

A・A 1609.73cm²（1面と14.3段分）32.9%
B・A 3290.43cm²（3面と14.8段分）67.1%

イメージ別（X群，Y群）比率

Y群（51）25.8%
X群（147）74.2%

J（42）21.2%
A（75）37.9%
C（39）19.7%
E（23）11.6%
F（6）3.0%
D（2）G（2）2.0%
その他（4）
H（3）I（1）M（3）N（2）
その他（9）4.6%

ニュースソース別比率（198件）

日本人記事（46）23.2%
外電（152）76.8%

解説（8）4.0%
共同（9）4.5%
皇室（2）1.0%
その他（8）
特派員（19）9.6%
ロイター（36）18.2%
AP（55）27.8%
AFP（22）11.1%
UPI（31）15.7%
その他（8）4.0%
UPIサン（3）
ソビエト・ニュース（2）
RP（1）
ANS（1）
タス（1）

ニュースソース別，面積比率（4900.16cm²）

日本人記事 2754.10cm²（3面と5.1段分）56.2%
外電 2146.06cm²（2面と9.0段分）43.8%

特派員 826.38cm²（1面分）16.9%
解説 791.04cm²（14.4段分）16.1%
共同 379.02 7.7%
皇室 305.17 6.2%
ロイター 464.95 9.5%
AP 760.53cm²（13.9段分）15.5%
AFP 359.48 7.3%
UPI 454.42 9.3%
その他 452.49 9.2%
その他 106.68 2.2%

アフリカ現地発記事(数)の比率とその発信源の内訳（全198件）

日本人発（3）〈自社（1）共同（2）〉1.5%
外電（66）33.3%
69件 34.8%

総面積（4900.16cm²）中に，写真及び地図，表，グラフ等の占める割合（652.03cm²⇒13.3%）

13.3% ｜ 11.9段分

第3節　中国新聞にみる報道

　中国新聞は，1960年，1980年，1997年，すべての記事を国会図書館所蔵のマイクロフィルムに依拠した。サイズは計測の結果，中日新聞と同様だった。つまり，タテは46.4cm，ヨコは35.0cmである。従って，タテ1段を2.3cmとし，段で区切れない場合は，1段の実測地が3.2cmだったことから，2.3を3.2で割った数値0.71875＝約0.719倍した。ヨコは，24.4cm÷35.0で，0.697倍した。

1　1～4月

(1) 1月

　記事数77，総面積【2695.10】で3面と4.0段分である。

　A・Aは65【2244.17】で，それぞれ全体の84.4％，83.3％である。B・Aは，12【450.93】で，15.6％，16.7％である。

　A・Aの内訳は，**アルジェリア**—56，**サハラ**—8，**エジプト**—1，であり，B・Aは**ガボン**—2，**カメルーン**—2，**英領アフリカ**—2，**アフリカ全体**—2，**ザイール**—1，**南アフリカ**—1，**ニアサランド**—1，**北ローデシア**—1，である。

　ここでは圧倒的にアルジェリアの記事が多い。56という数は全数の72.7％にも当たる数である。それもこの国の記事が最初に掲載されたのは22日ということで，それ以降の10日ほどの間に56件が伝えられたということになる。つまり1日5件以上の記事が伝えられていたのである。アルジェリアの自決政策に絡む，仏との争い。デモが発生し，警官隊と衝突し，死傷者が多数出て，暴動・混乱は一層激しくなっていったのである。

　サハラは核実験関連であり，エジプトはアスワンダム建設関連である。

　B・Aもあるが，ここの内容を改めて見るのはすでに朝日，中日で検証してきているので重複となり，あまり意味はない。ここでは中国新聞の特徴を得るために，解説記事及び自社特派員記事を見てみる。質的な考察はそちらででき

るだろう。

　外電は，59で【1136.38】（1面と5.7段分）。これはそれぞれ全体の76.6%，42.2%である。内訳は，ロイター（共同）—24【576.18】，AP（共同）—13【258.43】，AFP特約—5【81.82】，UPI（共同）—17【219.95】。この月はこの4社発の記事しか外電はない。

　自社特派員記事，1件で【98.89】ロンドン発（出田）。内容は，「マクミラン英首相，アフリカ歴訪へ——植民地政策に転機」，写真1枚入りである。

　解説等記事は，4件で【486.36】。

① 「時の言葉」欄，11日付朝刊。アフリカ全体項。「アフリカ合衆国（注．中日新聞では，「合州国」）計画」の見出しで，その計画を解説している。【19.45】

② 「週間リポート——国際」欄，25日付朝刊。アルジェリア。「ドゴール大統領，マシュ・アルジェ地区司令官解任」記事。【24.20】

③ サハラ関連の本社からの解説記事。30日付夕刊。「フランスのサハラ原爆実験迫る」4段。「復活ねらう大国意識。核実験再開への導火線か」3段。【113.85】

④ アルジェリア関連の特集報告記事。31日付朝刊。「アルジェ反乱の波紋，分裂の危機のりきるか，ド大統領に重大試練」，顔写真2枚（アルジェの指導者，オルチズ氏とラガイヤルト氏）。キャプション「極右分子の反ドゴールデモ」の写真1枚，ドゴールの似顔絵1枚，地図2枚（地中海沿岸諸国と北部アルジェリア）。9段【328.86】。アルジェリアの混迷を詳しく解説している。

　この月には社説でも——2話題のうちの1つとしてだが——一度アフリカ関連の記事が登場する。27日付朝刊で，アルジェリアについて語られている【62.44】。「アルジェの暴動」との見出し【6.92】で。

　自社特派員記事と解説等記事とこの社説の面積の計は【647.69】（11.8段分）で，全体の24.0%である。

　共同記者による記事は，10件【655.97】。内訳は，パリ発（飯塚）—6【499.02】，

ロンドン発（岩永）―2【84.72】，カイロ発（川本）―1【41.20】，NY発（渡辺）―1【31.03】である。

パリ発はすべてアルジェリア関連である。ロンドン発も英国から見たアルジェリア問題を伝えている。カイロ発は，「新アスワンダム建設」関連を伝えている。NY発は，「国連アジア・アフリカ諸国，サハラ核実験で近くハ総長に書簡」との見出しで，サハラ関連である。

その他の2記事はいずれもガボン関連で，医療活動を続けるシュバイツァー博士記事2件（計【255.06】）である。

内容区分は，**X群66で全体の85.7%**，**Y群は11で14.3%**である。内訳は，X群，A―38，C―1，E―19，F―8。Y群，J―9，O―2，である。

Ⓐは38のうち36が**アルジェリア**の記事で，残り2つは**南ア**と**ニアサランド**である。アルジェリアはデモ・衝突・反乱・暴動であり，南アは「炭夫，500人生き埋め」という大事故であり，ニアサランドは「訪問中の英首相に暴徒の群れが投石」記事である。Ⓒは「**北ローデシアで英首相の暗殺計画発覚**」である。Ⓔも15が**アルジェリア**で，仏の政策関連であり，残りは**カメルーン**の独立と，**ベルギー領コンゴ**の6月独立報道と，そして英首相の植民地訪問関連である。Ⓕは**サハラ**の8記事である。月初めの核実験予測報道に始まり，月末にはその準備が着々と進んでいることを伝えている。

Y群では，Ⓞの2つはシュバイツァー博士関連の記事である。Ⓙはx群を含めたこれら以外の記事であり，**エジプト**のアスワンダムの起工式や，既述「時の言葉――アフリカ合衆国計画」，「週間リポート――国際。ドゴール大統領，マシュ・アルジェ地区司令官解任」などが含まれる。他には，国際会議・会談，**カメルーン**の国連加盟承認などがある。この群の中に，しかし"ポジティブ"といえるほどの記事はない。

この月の**アフリカから発せられた記事の数は，25で全体の32.5%**に当たる。**うち24は外国通信社発で，残りの1つはカイロからの共同特派員（川本）記者記事である**（「新アスワンダムの建設」記事）。

写真は17枚で，面積は【308.12】。うち顔写真は6枚【18.32】である。地図は4枚【22.00】で，似顔絵は1枚【10.35】，計22枚【340.47】で，面積は全

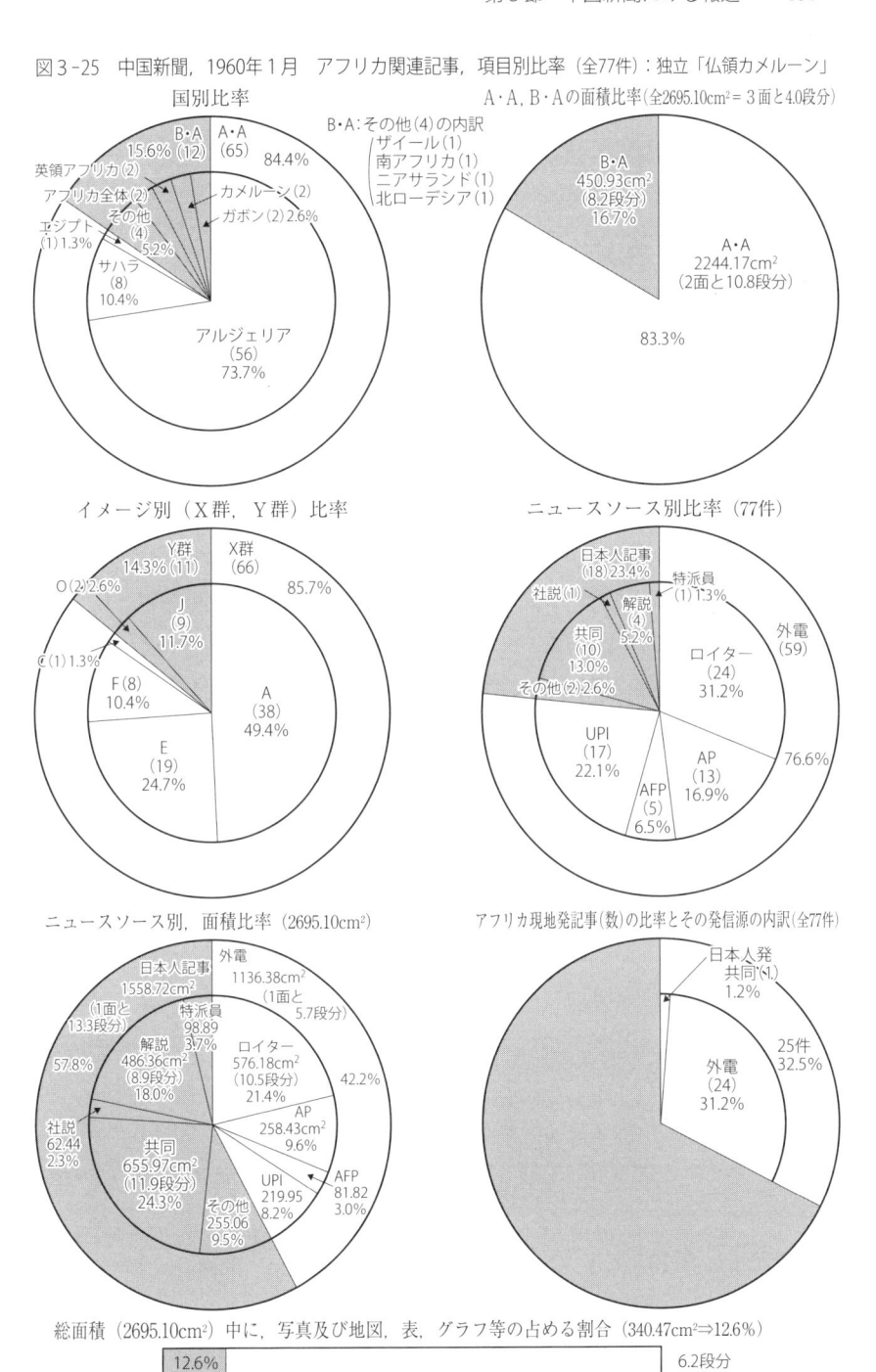

第3節　中国新聞にみる報道　157

図3-25　中国新聞，1960年1月　アフリカ関連記事，項目別比率（全77件）：独立「仏領カメルーン」

国別比率

- B・A：その他(4)の内訳
  - ザイール(1)
  - 南アフリカ(1)
  - ニアサランド(1)
  - 北ローデシア(1)

- B・A 15.6%(12)
- A・A (65) 84.4%
- 英領アフリカ(2)
- アフリカ全体(2)
- その他(4)
- カメルーン(2)
- ガボン(2) 2.6%
- エジプト(1) 1.3%
- サハラ(8) 10.4%
- アルジェリア(56) 73.7%

A・A, B・Aの面積比率（全2695.10cm² = 3面と4.0段分）

- B・A 450.93cm²（8.2段分）16.7%
- A・A 2244.17cm²（2面と10.8段分）83.3%

イメージ別（X群, Y群）比率

- Y群 14.3%(11)
- X群 (66) 85.7%
- O(2) 2.6%
- J(9) 11.7%
- @(1) 1.3%
- F(8) 10.4%
- E(19) 24.7%
- A(38) 49.4%

ニュースソース別比率（77件）

- 日本人記事(18) 23.4%
- 特派員(1) 1.3%
- 社説(1)
- 解説(4) 5.2%
- 共同(10) 13.0%
- その他(2) 2.6%
- 外電(59) 76.6%
- ロイター(24) 31.2%
- AP(13) 16.9%
- AFP(5) 6.5%
- UPI(17) 22.1%

ニュースソース別，面積比率（2695.10cm²）

- 日本人記事 1558.72cm²（1面と13.3段分）57.8%
- 外電 1136.38cm²（1面と5.7段分）42.2%
- 特派員 98.89 3.7%
- 解説 486.36cm²（8.9段分）18.0%
- ロイター 576.18cm²（10.5段分）21.4%
- AP 258.43cm² 9.6%
- 社説 62.44 2.3%
- 共同 655.97cm²（11.9段分）24.3%
- その他 255.06 9.5%
- UPI 219.95 8.2%
- AFP 81.82 3.0%

アフリカ現地発記事(数)の比率とその発信源の内訳（全77件）

- 日本人発 共同(1) 1.2%
- 25件 32.5%
- 外電(24) 31.2%

総面積（2695.10cm²）中に，写真及び地図，表，グラフ等の占める割合（340.47cm² ⇒ 12.6%）

| 12.6% | | 6.2段分 |

体の12.6％である。

尚，独立記事は1日付夕刊の「**仏領カメルーン**」だけである。

(2) **2月**

記事数90。面積は【3245.61】で3面と14.0段分に当たる。

A・Aは78【2754.43】で，全体のそれぞれ86.7％，84.9％。B・Aは12【491.18】で，13.3％，15.1％である。A・Aの内訳は，**アルジェリア**―37，**サハラ**―37，**エジプト**―3，**モロッコ**―1，である。仏の核実験が行なわれた月であり，この地方紙においても，大きくそして頻繁に取り上げられている。アルジェリアは，1月より続く紛争と，ドゴールの動向記事である。エジプト及びモロッコの記事はすべて，仏の実験への抗議である。

B・Aの内訳は**ガーナ**―3，**英領アフリカ**―2，**ガーナ・ナイジェリア**―2，**南アフリカ**―1，**スーダン**―1，**エチオピア**―1，**中央アフリカ連邦**―1，**アフリカ全体**―1，である。

外電は，55【1236.71】（1面と7.5段分）で，全体の61.1％，38.1％である。内訳は，ロイター（共同）―26【632.23】，AP（共同）―14【282.68】，AFP特約―7【155.11】，UPI（共同）―8【166.69】，である。この月にもこの4社以外の記事はない。

自社特派員記事は，9で【496.50】。内訳は，パリ発（曽我部と吉村）―2【59.16】，ロンドン発（出田と中村）―2【147.53】，NY発（加藤）―2【82.33】，カルツーム発（大坪）―1【54.89】，ワシントン発（若松）―1【102.73】，モスクワ発（堀）―1【49.86】である。

パリ発はアルジェリアとサハラ関連で，ロンドン発は英領アフリカとサハラ，NY発は2つともアジア・アフリカ諸国のサハラ実験に対する抗議である。またワシントン発とモスクワ発もサハラ関連である。カルツーム発はスーダン自国関連である。その見出しは，「くすぶる政府批判，複雑なスーダンの内情」である。

解説記事は5【370.62】である。内訳は，アルジェリア関連3，中央アフリカ連邦1，サハラ1。アルジェリアは1つは「週間リポート――国際」欄で，

反乱が続いていることを伝えるもの【39.81】。2つ目は本社記事で,「気をもませた8日間,ド大統領の勝利」との見出しでの記事【55.20】。3つ目も「週間リポート——国際」欄,ここの見出しは,「ドゴールに特別権限」であり,アルジェリア問題にドゴールの意向が反映され出したことを述べている。

中央アフリカ連邦の見出しは,「激動する中央アフリカ,激しい黒人差別"第2のアルジェリアか"」で,この地域での混迷を予測している。サハラは核実験に対する危惧を表明するものである。

この月には社説にも2回取り上げられている(計【143.07】)。1つは14日付の,「困った仏の原爆成功」であり,2つ目も同じくサハラ実験関連で(19日付),「核実験禁止を急げ」と題されたものである。14日にはその朝刊でもトップで報じられている。同日夕刊もトップであり,19日でも朝刊のトップは,その影響を伝える気象記事が扱われている。

自社特派員記事と解説記事と社説の面積の合計は【1010.19】で,総面積の31.1%に当たる。またこの数値は,1面と約3.4段分に相当する。

共同の記者記事は10件で,面積は【539.11】。1月のところでも記したが,この中国新聞には共同の記者の名前が記事毎に明記されている。これは朝日及び中日にはなかったことである。地方紙の場合,それだけ共同に対する依存度が高いということの証左だろう。

内訳は,パリ発(飯塚)—6【363.95】,NY発(太田)—2【72.07】,ロンドン発(岩永)—1【58.77】,ワシントン発(石原)—1【44.32】。パリ発は5件がアルジェリア関連で,1件がサハラである。NY発は2件ともサハラ実験に対する国連の動向を伝えるもので,ロンドン発は英首相のアフリカ訪問に関しての解説的記事である。ワシントン発はアルジェリア問題に対する米の態度を伝えるものである。

内容区分は, X群83で全体の92.2%を占める。Y群は7である。内訳は, A—15, B—1, E—24, F—42, G—1。Y群は, H—1, J—2, K—2, M—1, O—1, である。

AとEは,ほぼアルジェリアの記事で埋められる。Aには他にアフリカ全体とモロッコの記事が1つずつ入るだけである。Eは英領アフリカが2つ入

160   第3章　1960年（昭和35年）のアフリカ報道

図3-26　中国新聞，1960年2月　アフリカ関連記事，項目別比率（全90件）

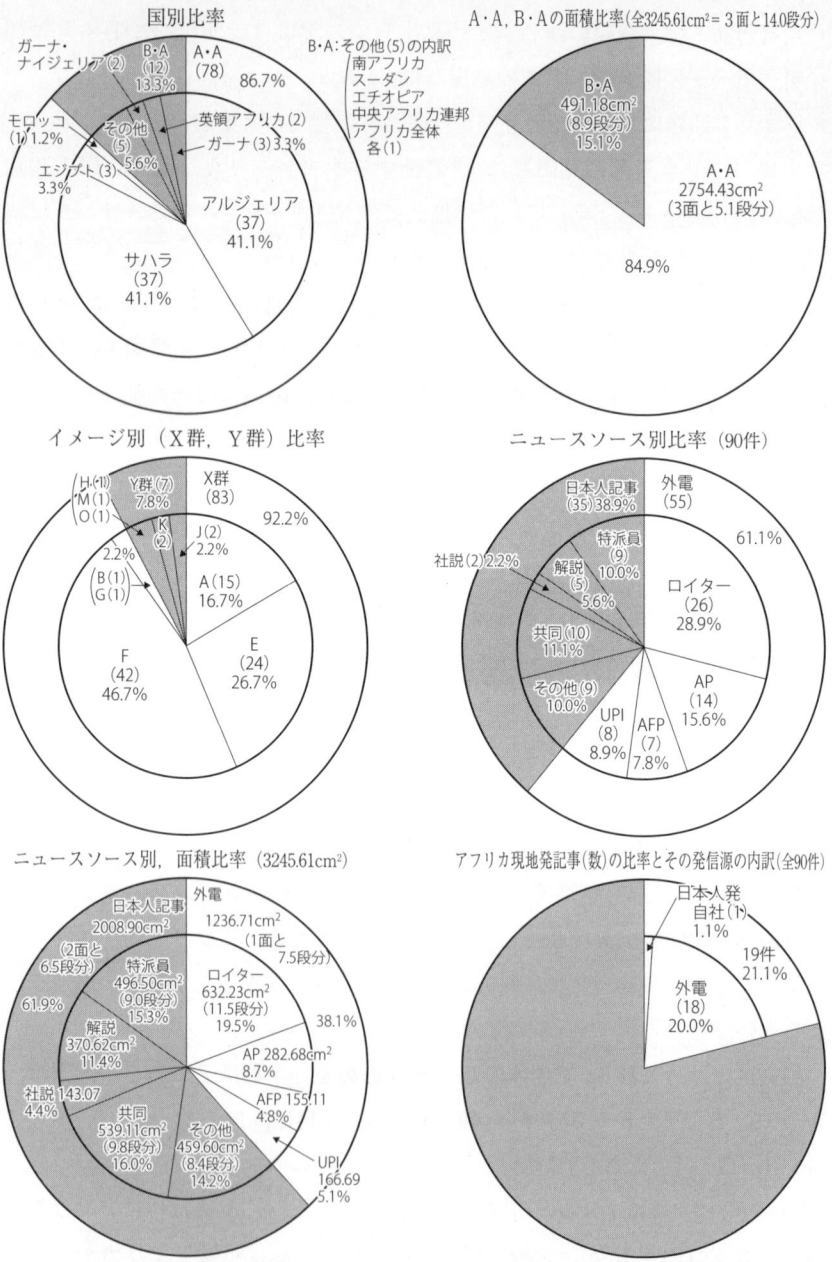

国別比率
- A・A (78) 86.7%
- B・A (12) 13.3%
- ガーナ・ナイジェリア (2)
- モロッコ (1) 1.2%
- エジプト (3) 3.3%
- その他 (5) 5.6%
- 英領アフリカ (2)
- ガーナ (3) 3.3%
- アルジェリア (37) 41.1%
- サハラ (37) 41.1%

B・A：その他(5)の内訳
南アフリカ
スーダン
エチオピア
中央アフリカ連邦
アフリカ全体
各(1)

A・A，B・Aの面積比率（全3245.61cm² ＝ 3面と14.0段分）
- B・A 491.18cm² (8.9段分) 15.1%
- A・A 2754.43cm² (3面と5.1段分) 84.9%

イメージ別（X群，Y群）比率
- X群 (83) 92.2%
- Y群 (7) 7.8%
- H (?1)
- M (1)
- O (1)
- K (2) 2.2%
- J (2) 2.2%
- B (1)
- G (1)
- A (15) 16.7%
- E (24) 26.7%
- F (42) 46.7%

ニュースソース別比率（90件）
- 外電 (55) 61.1%
- 日本人記事 (35) 38.9%
- 特派員 (9) 10.0%
- 解説 (5) 5.6%
- 社説 (2) 2.2%
- 共同 (10) 11.1%
- その他 (9) 10.0%
- UPI (8) 8.9%
- AFP (7) 7.8%
- AP (14) 15.6%
- ロイター (26) 28.9%

ニュースソース別，面積比率（3245.61cm²）
- 外電 1236.71cm² (1面と7.5段分) 38.1%
- 日本人記事 2008.90cm² (2面と6.5段分) 61.9%
- 特派員 496.50cm² (9.0段分) 15.3%
- 解説 370.62cm² 11.4%
- 社説 143.07 4.4%
- 共同 539.11cm² (9.8段分) 16.0%
- その他 459.60cm² (8.4段分) 14.2%
- ロイター 632.23cm² (11.5段分) 19.5%
- AP 282.68cm² 8.7%
- AFP 155.11 4.8%
- UPI 166.69 5.1%

アフリカ現地発記事(数)の比率とその発信源の内訳（全90件）
- 19件 21.1%
- 日本人発 自社 (1) 1.1%
- 外電 (18) 20.0%

総面積（3245.61cm²）中に，写真及び地図，表，グラフ等の占める割合（254.34cm² ⇒ 7.8%）

| 7.8% | | 4.6段分 |

るだけで，残り 22 は**アルジェリア**である。Bは 23 日付朝刊にある，**アルジェリア**での大地震記事を指す。Fは**サハラ**の 37 すべてと，その実験に対する**エジプト**や**ガーナ**の反応記事である。Gの 1 は，日本政府の**ガーナ**と**ナイジェリア**に対する技術援助，技術者派遣記事である。

Y 群の Hは，**中央アフリカ連邦**の解説記事（既述）である。国情・実情紹介という観点からここに入れた。Jはワシントンからの**アルジェリア**関連で，米の休戦へ向けての会談等の記事である。Kは，1 つは「**ガーナ**が日本の機械類の輸入を自由化」という記事であり，もう 1 つは，「岡山県の特産品輸出にアフリカ市場開拓」記事である。Mは**エチオピア**から帰国した日本人支援者の記事であり，Oはソ連の南極観測船のダーバン立ち寄り記事である。

この月にもポジティブな記事はない。

アフリカ発は 19 で，全体の僅か 21.1％でしかない。うち 18 が外国通信社発で，1 件はカルツーム発の大坪特派員記事（既述）である。

この月には中国新聞ならではの記事が 2 件ある。2 件ともつまりローカル記事ということだが，1 つは「広島版」面に載った，「仏大統領のお孫さんに手紙，原爆実験やめるように，原爆の子の像の祈り」との見出しの，サハラ実験に対する記事（写真 1 枚入りで【69.56】）で，もう 1 つは「中国版総合」面に載った前述，「岡山県特産品……」記事である。同記事には「現地に調査団派遣」との見出しもある【28.70】。こういう記事が見られるのが地方紙の良さだ。

写真は 11 枚【226.36】，うち顔写真 2 枚【5.53】。地図 3 枚【23.33】，似顔絵 1 枚【4.65】。計，15 枚【254.34】，これは 4.6 段分のスペースである。

(3) 3 月

記事数 61。面積【1394.12】，これは 1 面と 10.4 段分。

A・A は 22【557.57】で，全体のそれぞれ 36.1％，40.0％である。B・A は 39【836.55】全体の 63.9％，60.0％。A・A の内訳は，**アルジェリア**—7，**サハラ**—6，**エジプト**—4，**モロッコ**—4，**チュニジア**—1。B・A は，**南アフリカ**—23，**ギニア**—11，**アフリカ全体**—3，**ザイール**—1，**マダガスカル**—1，である。この月には，南アの暴動が多く伝えられている。ギニアも東西ドイツ

関連で11の記事になっている。マダガスカルは来月に独立するということを伝える記事である。

外電は，47【807.28】（14.7段＝約1面分），全体のそれぞれ77.0％，57.9％である。内訳は，ロイター（共同）―24【417.28】，AP（共同）―10【149.59】，AFP特約―3【36.92】，UPI（共同）―8【158.71】，RP（共同）―1【7.53】，PANA（写真のみ）―1【36.70】である。

自社特派員記事は，4【242.38】。内訳は，NY発（加藤）―2【133.31】。どちらも国連での討議のことだが，内容は，1つはサハラ関連であり，あと1つは南ア問題関連である。カイロ（大坪）―1【94.32】，これは「15周年を迎えたアラブ連盟，帝国主義のトリデに絶えまない内部対立」との見出しのアラブの国々のことを論じたものである。ニューデリー（三輪）―1【14.75】，これはナセル大統領のインド訪問記事である。

解説記事は，1で「週間リポート――国際」欄の記事で，内容は南アの人種差別に発する暴動問題を取り上げている【28.18】。

この月には「社説」（27日付，2話題のうち1）にもある【51.65】。これも南ア関連で，その見出しは「黒人の大量殺害事件」である。南アの暴動はこの地方紙にも取り上げねばならぬほど国際的に大きな問題になってきていたことが窺われる。

自社記事，解説記事，及び社説の面積の合計は【322.21】で，総面積の23.1％に当たる。またこの量は，段数に換算すると，約5.9段になる。

共同の記者記事は，4【188.25】。内訳は，ボン発（吾郷）―2【79.23】，2つとも東西ドイツをめぐるギニア関連。パリ発（飯塚）―1【63.85】，アルジェリア関連，見出しは「仏とアルジェリアいぜん平行線，政治的解決の期待遠のく」。ロンドン発（奥戸）―1【45.17】，南ア関連で，「南アの施策，英本国も弾圧に憤り，人間として扱わぬ登録証」との見出し記事である。

内容区分は，**X群41で全体の67.2％，Y群は20で32.8％**である。内訳は，A―23，B―3，E―7，F―6，G―2。Y群，J―13，K―3，M―2，N―2，である。

Ⓐはアルジェリアの1以外はすべて南アの記事である。Ⓑはモロッコで起

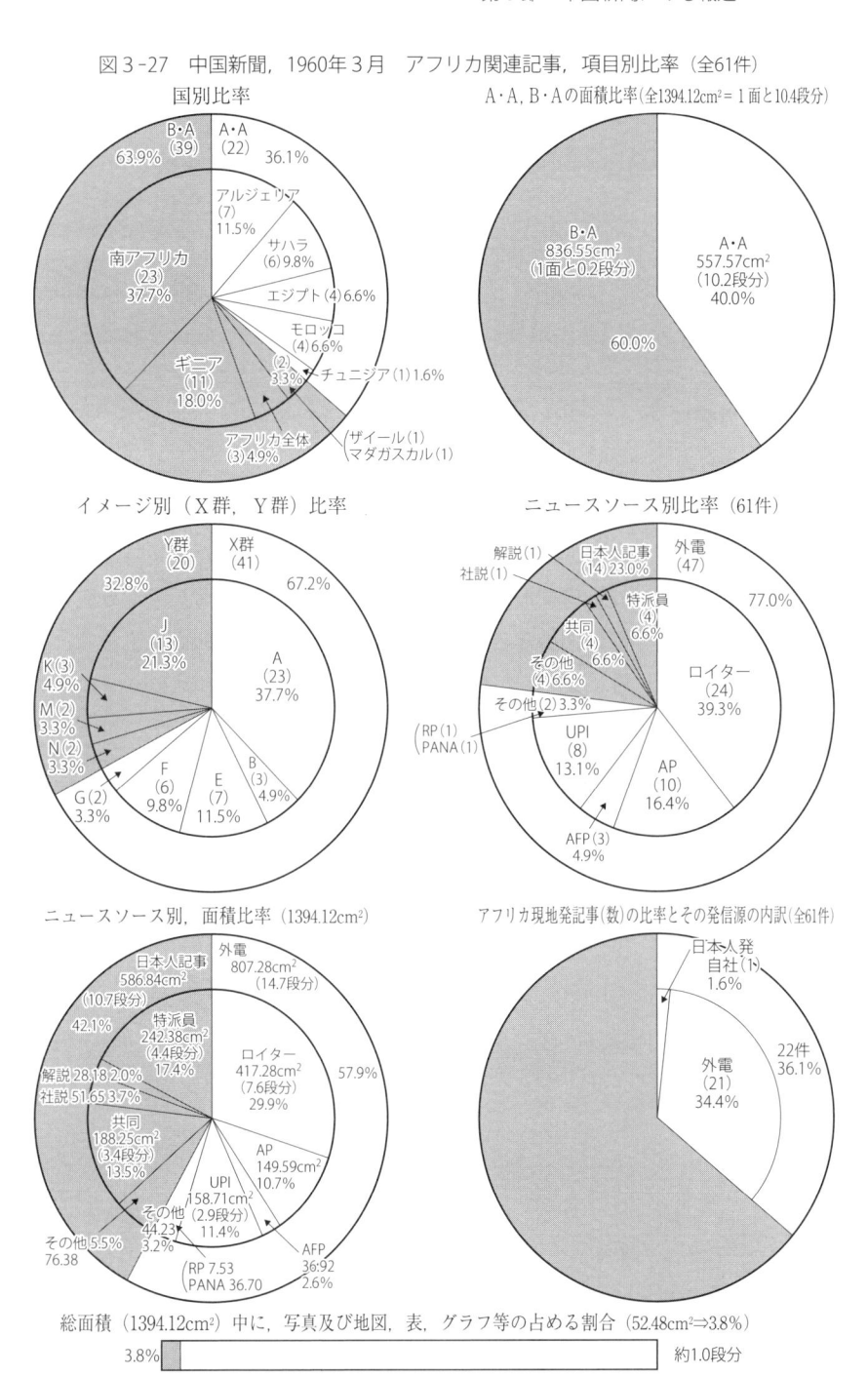

第3節 中国新聞にみる報道 163

図3-27 中国新聞,1960年3月 アフリカ関連記事,項目別比率(全61件)

国別比率

- B・A (39) 63.9%
- A・A (22) 36.1%
- アルジェリア (7) 11.5%
- サハラ (6) 9.8%
- エジプト (4) 6.6%
- モロッコ (4) 6.6%
- 南アフリカ (23) 37.7%
- ギニア (11) 18.0%
- (2) 3.3%
- チュニジア (1) 1.6%
- アフリカ全体 (3) 4.9%
- ザイール (1)
- マダガスカル (1)

A・A, B・Aの面積比率 (全1394.12cm² = 1面と10.4段分)

- B・A 836.55cm² (1面と0.2段分) 60.0%
- A・A 557.57cm² (10.2段分) 40.0%

イメージ別 (X群, Y群) 比率

- Y群 (20) 32.8%
- X群 (41) 67.2%
- J (13) 21.3%
- A (23) 37.7%
- K (3) 4.9%
- M (2) 3.3%
- N (2) 3.3%
- G (2) 3.3%
- F (6) 9.8%
- E (7) 11.5%
- B (3) 4.9%

ニュースソース別比率 (61件)

- 解説 (1)
- 社説 (1)
- 日本人記事 (14) 23.0%
- 外電 (47) 77.0%
- 特派員 (4) 6.6%
- 共同 (4) 6.6%
- その他 (4) 6.6%
- その他 (2) 3.3%
- RP (1)
- PANA (1)
- UPI (8) 13.1%
- AP (10) 16.4%
- AFP (3) 4.9%
- ロイター (24) 39.3%

ニュースソース別,面積比率 (1394.12cm²)

- 日本人記事 586.84cm² (10.7段分) 42.1%
- 外電 807.28cm² (14.7段分) 57.9%
- 特派員 242.38cm² (4.4段分) 17.4%
- 解説 28.18 2.0%
- 社説 51.65 3.7%
- 共同 188.25cm² (3.4段分) 13.5%
- その他 76.38 5.5%
- その他 44.23 3.2%
- ロイター 417.28cm² (7.6段分) 29.9%
- AP 149.59cm² 10.7%
- UPI 158.71cm² (2.9段分) 11.4%
- AFP 36.92 2.6%
- RP 7.53
- PANA 36.70

アフリカ現地発記事(数)の比率とその発信源の内訳(全61件)

- 日本人発 自社 (1) 1.6%
- 22件 36.1%
- 外電 (21) 34.4%

総面積 (1394.12cm²) 中に,写真及び地図,表,グラフ等の占める割合 (52.48cm²⇒3.8%)

3.8% 　　　　　約1.0段分

きた大地震記事。**E**は**アルジェリア**の民族自決交渉と，**ベルギー領コンゴ**，及び**マダガスカル**の独立関連である。**F**は仏の**サハラ核実験**関連であり，**G**は「米軍の**モロッコ**引き上げ」と，「ナセルのソ連からの武器輸入示唆」記事である。

Y群は，**J**は**ギニア**関連でNYやボン発の記事で，すべて東西ドイツとの関連記事である。**K**は日本のアフリカとの貿易関連であり，**M**は南極観測船記事と，アフリカへの特派員派遣記事である。**N**はドゴールの**アルジェリア**訪問と，ナセルのインド訪問記事である。

アフリカ発は22で，全体の36.1%である。そのうち21が外電で，残り1はカイロからの大坪特派員記事である。1月も2月もそうだったが，アフリカ発の記事は全体の20%30%台である。つまりアフリカに関する報道がアフリカ以外の地から発せられているということである。これはまだ英仏に代表される旧宗主国との関わりの中で記事となることが多いことを，そしてあらゆる紛争・問題において国際的関心を避けられぬことから国連の仲介を要することで，NY発，ワシントン発が多いことを物語っている。この月は加えてボンからも多く報告されている。尚，ポジティブな記事は1つもない。

写真は4枚，うち顔写真は3枚で，それぞれ【44.46】【7.76】である。地図は2枚【8.02】である。

(4) **4月**

記事数62。面積【2559.56】，これは3面と1.6段分である。

A・Aは23【1386.21】で，それぞれ全体の37.1%，53.5%である。B・Aは39【1191.35】。内訳は，A・Aが，**サハラ**—11，**アルジェリア**—5，**エジプト**—4，**チュニジア**—2，**モロッコ**—1，でB・Aは，**南アフリカ**—33，**ギニア**—2，アジア・アフリカ—2，**マリ連邦**—1，**アフリカ全体**—1，である。

この月は，サハラと南アの記事で7割以上が占められている。それぞれ前月から引き続く関連記事である。それ以外の特徴として，3月に派遣された記者（浦田）よりの紹介記事が3日から登場していることがある。「アフリカ探訪」と「アフリカ大陸を行く」という表題で，どちらも5月までに渡って連載され

ている。アフリカ各地を訪れ，風俗，習慣，あるいは政治の実情を紹介している。

外電は，41【772.88】(14.1 段分)。これは全体のそれぞれ 66.1%，30.2% に当たる。内訳は，ロイター（共同）―19【255.42】，AP（共同）―10【258.73】，AFP 特約―4【47.29】，UPI（共同）―7【192.93】，UPI サン―1【18.51】である。

自社特派員記事は，2 で面積は【159.86】である。内訳は，ロンドン発（出田）―1【98.39】，NY 発（加藤）―1【61.47】。ロンドン発は「英連邦首脳会議」記事で，南ア問題が焦点と伝えるもので，NY 発も安保理の「南ア非難決議案可決」記事である。

解説記事は，上記浦田の報告 6 件【1028.26】を含めて，9【1230.74】である。浦田以外の 3 とは，エジプトを紹介する本社記事 1 と，「週間リポート――国際」欄の 2 である。エジプトは，カイロのラマダンについての紹介【143.95】で，週間リポートは，1 つは南ア関連で，「裁かれた大量殺人」【22.44】，あと 1 つはサハラ関連で，「サハラ実験で，再び仏非難の空気」【36.09】，というそれぞれの見出しのついた解説記事である。

共同の記者記事は，6【262.09】である。内訳は，NY 発（太田 2，太田・西山 1）―3【192.34】，パリ発（飯塚）―1【10.26】，ロンドン発（山田）―1【37.06】，カイロ発（川本）―1【22.43】。内容は，NY 発はサハラ 2，南ア 1，パリ発はアルジェリア関連で，ロンドン発は「フ首相の今秋のアフリカ訪問」で，アフリカ全体関連である。カイロ発は「アルジェリア代表が訪中」という見出しのアルジェリア関連である。

「その他」の項目の記事としては，政府・外務省記事 2【57.63】，人物紹介 1【43.60】，書籍紹介 1【32.76】がある。

内容区分は，**X 群が 48 で全体の 77.4% を占め，Y 群は 14，22.6%** である。内訳は，A―28，C―6，E―2，F―11，G―1。Y 群は，H―6，I―2，J―5，N―1，である。

Ⓐは，**南ア**がその 26 までを占め，残り 2 は**アルジェリア**と**チュニジア**が 1 件ずつである。南ア 33 の残りの 7 は，Ⓒの 6 とⒺの 1 である。Ⓒはすべて

166　第3章　1960年（昭和35年）のアフリカ報道

図3-28　中国新聞，1960年4月　アフリカ関連記事，項目別比率（全62件）

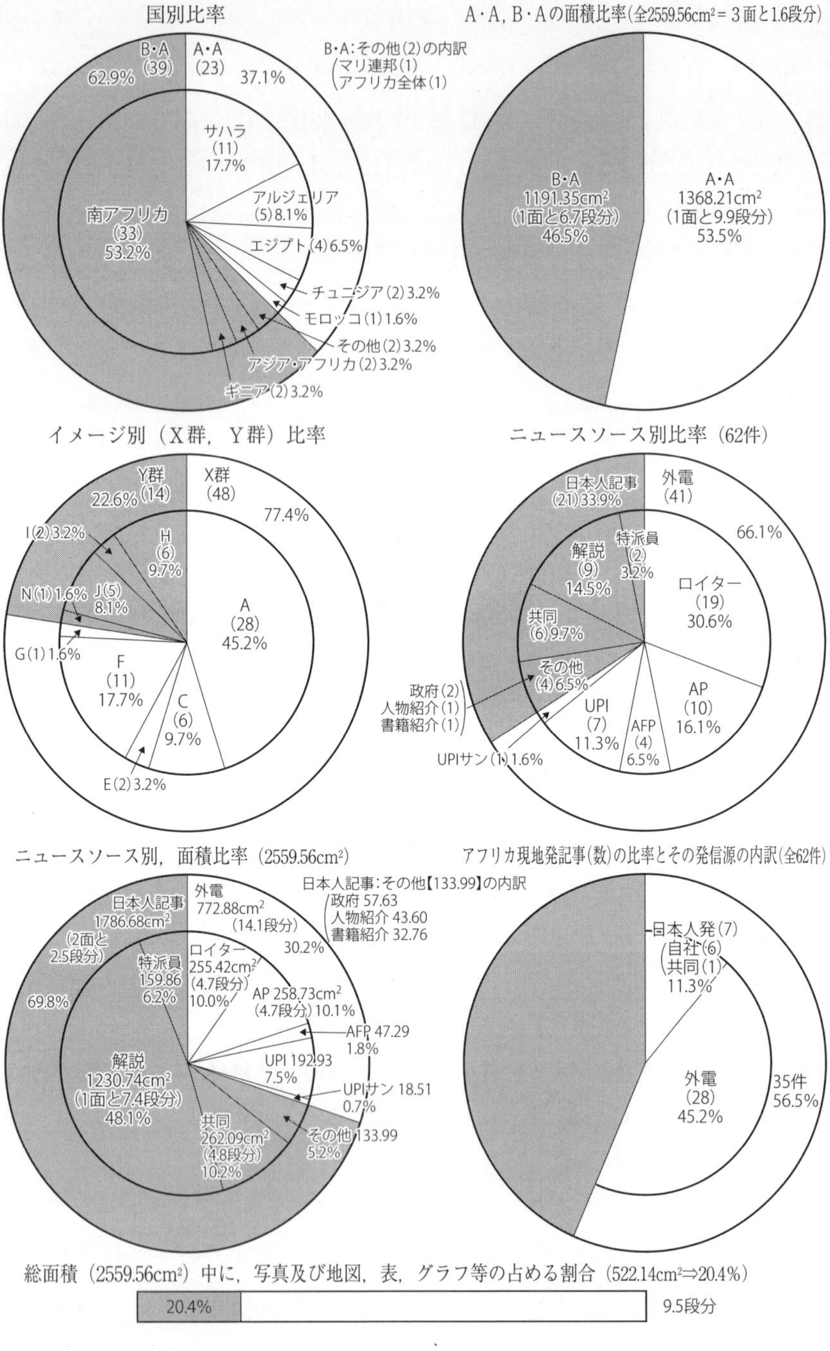

国別比率

B・A (39) 62.9%
A・A (23) 37.1%
B・A：その他(2)の内訳
（マリ連邦(1)
アフリカ全体(1)）
サハラ (11) 17.7%
アルジェリア (5) 8.1%
南アフリカ (33) 53.2%
エジプト (4) 6.5%
チュニジア (2) 3.2%
モロッコ (1) 1.6%
その他 (2) 3.2%
アジア・アフリカ (2) 3.2%
ギニア (2) 3.2%

A・A, B・Aの面積比率（全2559.56cm² = 3面と1.6段分）

B・A 1191.35cm² (1面と6.7段分) 46.5%
A・A 1368.21cm² (1面と9.9段分) 53.5%

イメージ別（X群，Y群）比率

Y群 (14) 22.6%
X群 (48) 77.4%
I (2) 3.2%
H (6) 9.7%
N (1) 1.6%　J (5) 8.1%
A (28) 45.2%
G (1) 1.6%
F (11) 17.7%
C (6) 9.7%
E (2) 3.2%

ニュースソース別比率（62件）

日本人記事 (21) 33.9%
外電 (41) 66.1%
特派員 (2) 3.2%
解説 (9) 14.5%
ロイター (19) 30.6%
共同 (6) 9.7%
その他 (4) 6.5%
政府 (2)
人物紹介 (1)
書籍紹介 (1)
UPI (7) 11.3%
AP (10) 16.1%
AFP (4) 6.5%
UPIサン (1) 1.6%

ニュースソース別，面積比率（2559.56cm²）

外電 772.88cm² (14.1段分) 30.2%
日本人記事 1786.68cm² (2面と 2.5段分) 69.8%
日本人記事：その他【133.99】の内訳
政府 57.63
人物紹介 43.60
書籍紹介 32.76
特派員 159.86 6.2%
ロイター 255.42cm² (4.7段分) 10.0%
解説 1230.74cm² (1面と7.4段分) 48.1%
AP 258.73cm² (4.7段分) 10.1%
AFP 47.29 1.8%
UPI 192.93 7.5%
UPIサン 18.51 0.7%
共同 262.09cm² (4.8段分) 10.2%
その他 133.99 5.2%

アフリカ現地発記事(数)の比率とその発信源の内訳（全62件）

日本人発 (7)
（自社 (6)
共同 (1)）
11.3%
外電 (28) 45.2%
35件 56.5%

総面積（2559.56cm²）中に，写真及び地図，表，グラフ等の占める割合（522.14cm² ⇒ 20.4%）

20.4%　　　　9.5段分

南ア首相の狙撃事件関連で，Eは既述ロンドン出田特派員記事である。Eのあと1つは，仏がマリ連邦（仏領スーダンとセネガル）とその独立協定に調印したというもの。Fはサハラの11で，Gはパリ発の共同・飯塚記者の「FLN（アルジェリア民族解放戦線），外人兵の参加認める」という記事である。Y群では，Hの6という中には既述，浦田記者の記事が5つ含まれている（あと1つはA項に含めた）。Hのあと1つはエジプトの紹介記事である。

　尚，ここでもポジティブな内容の記事は見られない。

　この月のアフリカ発の記事数は，35で全体の56.5％である。うち外電は28で，残り7が日本人の手から発せられたものである。そのうち6が浦田記者であり，残る1つはカイロからの共同・川本特派員からのものである。

　写真は20枚で，面積は【493.28】，うち顔写真は3枚【10.37】。地図は7枚で【28.26】である。合計面積は【522.14】，全体の20.4％を占める。またこの量は，約9.5段分である。

2　5～8月

(1)　5月

　朝日，中日新聞と同様，この5月のアフリカ関連の記事は少ない。地方紙のここでは，前二紙に比べてさらに少ない12記事である。但し，面積的には3月の61記事で【1294.12】より多い，【1983.54】（2面と6.1段分）となっている。これは浦田記者による連載特集記事，「アフリカ大陸を行く」4記事分と，「アフリカ探訪」2記事分によることが大きい。

　A・Aは4で【287.50】。それぞれ全体の33.3％，14.5％。B・Aは8【1696.04】である。それぞれ66.7％，85.5％。内訳は，A・Aはエジプト—3，リビア—1。B・Aはガーナ—2，ナイジェリア—2，南アフリカ—2，ザイール—1，ソマリア—1，である。

　外電は，米人ジャーナリスト（アーネスト・ソング）のリビア・トリポリ発の記事【200.81】を含めて，3【245.34】（4.5段分）である。全体に占める割合は，数で25.0％，面積では12.4％に過ぎない。残り2つは，ロンドン発・ロイ

ター（共同）―1【5.13】と，カイロ発・UPI（共同）―1【19.40】である。

自社特派員記事は，カイロ発（大坪）の1【30.94】で，エジプト関連記事である。見出しは「カイロでアジア・アフリカ会議終わる，経済協力の基盤できる」である。

解説記事は6で【1632.57】。面積ではこの6だけで，全体の82.3%を占めている。これらは前述の浦田記者の報告記事である。

他には，共同の記者（川本）記事が1【16.35】ある。これはカイロ発のアジア・アフリカ会議開催報道である。また「少年少女」面に動物記事が1件ある。南ア関連で，「アフリカ（南ア）に住むヒヒの話。集団で地面に生活」との見出しの紹介記事である【58.34】。内容的には上記ソングの記事も人物紹介ということでこちらに含めてもいいが，ここでは外国人の手になるものは，その範疇を優先しているので外電の方に含めた。尚，ソングの記事の見出しは，「世にも不思議な亡命者，反ユダヤにされた老学者。リビア，サハラさばくの奥地で研究する地質学者，チント氏」というものである（29日付夕刊）。

内容区分は，**X群2で全体の16.7%**，**Y群10で83.3%**である。内訳は，A―1，E―1。Y群は，H―6，I―2，J―2，である。

珍しくX群の方が少ない月である。実際この1年間では，他にはどの月もX群が少なくなっていることはない。

Hの6とは，その浦田記者の記事であるが，読み方によってはネガティブなイメージを持たせる内容のものもある。つまりどれも赴いた国の実情を紹介するものであるから，当然マイナスの面も切り取っている。たとえば8日付の「アフリカ探訪」ではその見出しに，「**ナイジェリアの誇り，今と昔 'ハダカ'から'テレビ'へ。紀元前，驚くべき高度の文明**」とあり，ハダカという文字を取ってみれば，正しくアフリカのイメージそのままであると言える。また28日付の「アフリカ大陸を行く」でも浦田は同国の見たままを伝える故に，「**南ア連邦**，いたる所に差別の表示'鑑札'がいる黒人」との見出しになっている。これらの記事は考えようによっては，類別項目「A」に含めてもいい。但しここでは，今時のアフリカの理解を深めるという意で，「H」に入れた。

Aは**エジプト**関連で，その見出しは「アラブ連合港湾組合，米船の荷役作

第3節 中国新聞にみる報道　169

図3-29　中国新聞，1960年5月　アフリカ関連記事，項目別比率（全12件）

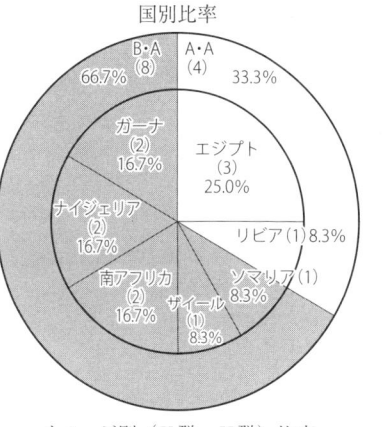

国別比率

- B・A (8) 66.7%
- A・A (4) 33.3%
- ガーナ (2) 16.7%
- エジプト (3) 25.0%
- リビア (1) 8.3%
- ソマリア (1) 8.3%
- ザイール (1) 8.3%
- 南アフリカ (2) 16.7%
- ナイジェリア (2) 16.7%

A・A, B・Aの面積比率（全1983.53cm² = 2面と6.1段分）

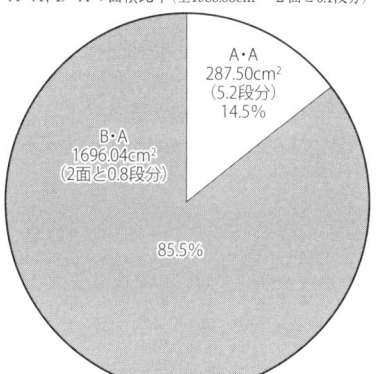

- A・A 287.50cm² (5.2段分) 14.5%
- B・A 1696.04cm² (2面と0.8段分) 85.5%

イメージ別（X群，Y群）比率

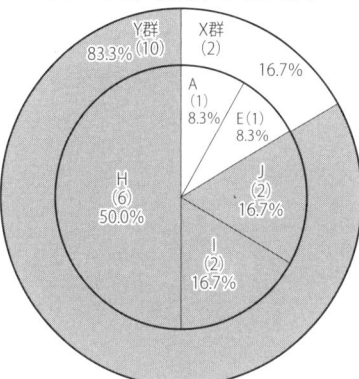

- Y群 (10) 83.3%
- X群 (2) 16.7%
- A (1) 8.3%
- E (1) 8.3%
- H (6) 50.0%
- J (2) 16.7%
- I (2) 16.7%

ニュースソース別比率（12件）

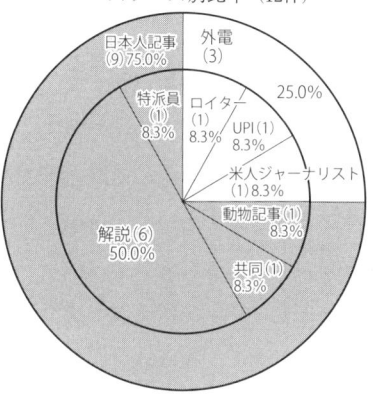

- 日本人記事 (9) 75.0%
- 外電 (3) 25.0%
- 特派員 (1) 8.3%
- ロイター (1) 8.3%
- UPI (1) 8.3%
- 米人ジャーナリスト (1) 8.3%
- 解説 (6) 50.0%
- 動物記事 (1) 8.3%
- 共同 (1) 8.3%

ニュースソース別，面積比率（1983.54cm²）

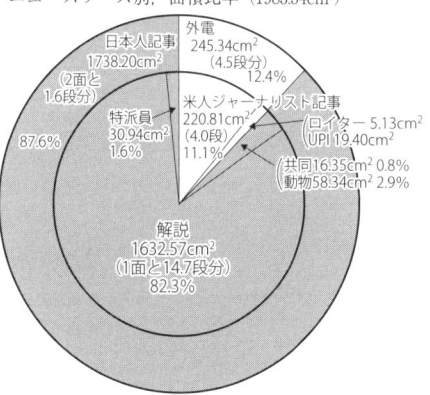

- 日本人記事 1738.20cm² (2面と1.6段分) 87.6%
- 外電 245.34cm² (4.5段分) 12.4%
- 特派員 30.94cm² 1.6%
- 米人ジャーナリスト記事 220.81cm² (4.0段) 11.1%
- ロイター 5.13cm²
- UPI 19.40cm²
- 共同 16.35cm² 0.8%
- 動物 58.34cm² 2.9%
- 解説 1632.57cm² (1面と14.7段分) 82.3%

アフリカ現地発記事（数）の比率とその発信源の内訳（全12件）

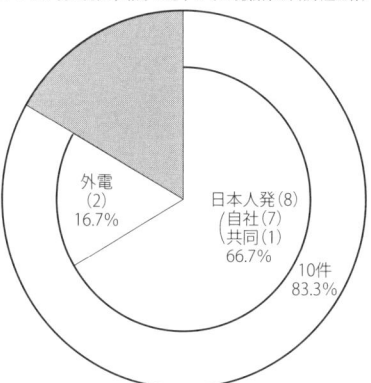

- 日本人発 (8) (自社 (7) 共同 (1)) 66.7%
- 外電 (2) 16.7%
- 10件 83.3%

総面積（1983.54cm²）中に，写真及び地図，表，グラフの占める割合（738.95cm² ⇒ 37.3%）

| 37.3% | 13.4段分 |

業ボイコット」で、「対立」という視点からここに入れた。Eは6日付夕刊の、「**英領ソマリランド，7月に独立**」記事である。

　Y群では、Iは既述「少年少女」面のヒヒの話＝動物紹介記事と、そのソングのチント氏を語る記事（人物紹介）である。Jの2は、これも既に触れている**エジプト**関連の、アジア・アフリカ経済会議の、開催と閉幕の記事である。

　以上見たように、X群の2もこれまでのような、直截的な内容（暴動とか衝突とか混乱等々）のものではない。また、この月にはアルジェリア関連は1つもなく、南アフリカ関連も2つあるに過ぎない。アフリカ関連の記事そのものが、9日以降23日まで1記事も出てこない。つまり10日から22日までは国際面の記事は別の地域のそれで占められていた。因みにこの時、米機のソ連侵犯が大きく取り上げられていた。また実現しなかったが、米ソ首脳会談関連の報道にも紙幅を使っていた。

　アフリカ発の記事は10で、全体の83.3％とこの1年で最も多い比率を占めている。外電は、2（ソングのトリポリ発とカイロ発UPI共同）で、他の8は、浦田6と大坪1、そして既述川本1の伝えたものである。アフリカ発でない記事は、動物記事とロンドン発・ロイター共同である。

　写真は23枚だが、そのすべては浦田記事6件の中のものである。面積【696.67】、うち顔写真は1枚で【2.10】。地図12枚もすべてそれらの記事にあるものである【42.18】。面積の合計は【738.95】で全体の37.3％に当たる。またこの数量は1面分には達しないが、13.4段分に当たる。これまでの、そしてこれからもそうだが、全体に占める比率10％前後の月とは違うことを示している。

(2) **6月**

　記事数19。面積【1832.95】、これは2面と3.3段分。

　A・Aは11【671.61】、それぞれ全体の57.9％、36.6％。B・Aは8【1161.34】、それぞれ42.1％、63.4％である。内訳は、**アルジェリア**—8、**エジプト**—3、B・Aは、**ザイール**—2、**ケニア**—1、**南アフリカ**—1、**マダガスカル**—1、**マリ連邦**—1、**英領ソマリランド**—1、**中央アフリカ連邦**—1、である。

外電は，12【255.82】（4.7段分）で，全体のそれぞれ63.2％，14.0％である。内訳は，ロイター（共同）―7【103.57】，AP（共同）―2【18.92】，UPI（共同）―2【92.80】，PANA（写真のみ）―1【40.53】である。

自社特派員記事は，2【83.40】。2つともパリ発（曽我部）で，いずれもアルジェリア関連の記事である。

解説記事は4【1413.44】（1面と10.7段分）で，うち3は浦田の「アフリカ大陸を行く」で，その面積は【1156.56】（1面と6.0段分）である。この分量は，総面積の63.1％に当たる。僅か3記事だが，この月に占めるスペースでは6割以上である。あと1つは南ア関連だが，本社における報告紹介の記事である【256.88】。その見出しは「ズールー族の生態，未開で一夫多妻。管理はすべて白人」「寝台は男だけ……目もあてられぬスラム街」で，写真も3枚入っている。

共同の記者記事は1で，カイロ発（川本）だが，内容はザイール関連である。見出しは「コンゴ共和国きょう発足。統一保持が最大の課題」【80.29】（地図1枚入り）である。

内容区分は，X群12で全体の63.2％，Y群7で36.8％。内訳は，X群では，A―1，D―1，E―10。Y群では，H―2，J―4，N―1，である。

Aはアルジェリア関連で，同地での緊迫を伝えるものであり，Dは既述の南アの紹介記事で，ズールー族の習慣を伝えるものである。Eは，アルジェリア関連が6で仏の政策を伝え，マダガスカルと英領ソマリランドとザイールは独立関連，また中央アフリカ連邦も英の同連邦に対する政策を報告検証（浦田記事）している。Hは残りの浦田記事である。ケニアとエジプトの実情紹介である。Jはエジプト，ザイール，アルジェリア，マリ連邦関連の記事が1つずつで，Nは，PANA通信の写真で，ナセル大統領の子どもたちのギリシヤ訪問を写している。12記事の中にポジティブな内容のものはない。

この月のアフリカ発は11で，全体の57.9％である。うち7が外電で，4が日本人の手になる記事だが，うち3つが浦田のである。ソルズベリー，ナイロビ，カイロからの記事である。残りは共同の川本記事（カイロ発）である。

写真は28枚【663.88】で，この月には顔写真はなく，28枚すべて情景等の

172   第3章　1960年（昭和35年）のアフリカ報道

図3-30　中国新聞，1960年6月　アフリカ関連記事，項目別比率（全19件）

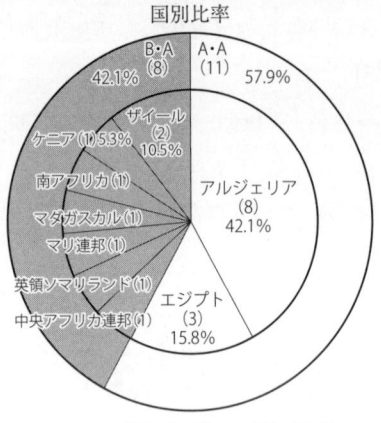

国別比率

- B・A (8) 42.1%
- A・A (11) 57.9%
- ザイール (2) 10.5%
- ケニア (1) 5.3%
- 南アフリカ (1)
- マダガスカル (1)
- マリ連邦 (1)
- 英領ソマリランド (1)
- 中央アフリカ連邦 (1)
- アルジェリア (8) 42.1%
- エジプト (3) 15.8%

A・A, B・Aの面積比率（全1832.95cm² = 2面と3.3段分）

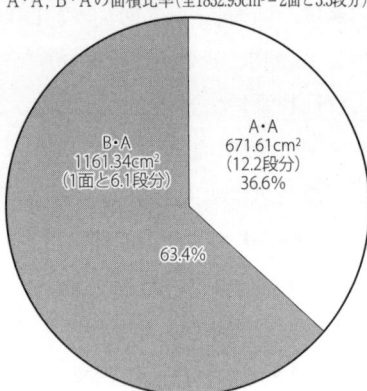

- A・A 671.61cm² (12.2段分) 36.6%
- B・A 1161.34cm² (1面と6.1段分) 63.4%

イメージ別（X群，Y群）比率

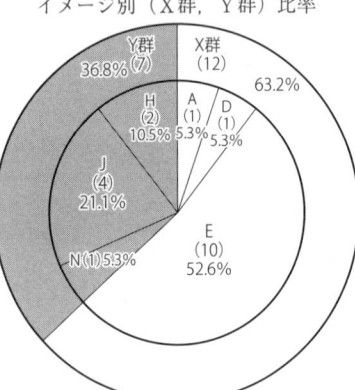

- Y群 (7) 36.8%
- X群 (12) 63.2%
- A (1) 5.3%
- D (1) 5.3%
- H (2) 10.5%
- J (4) 21.1%
- N (1) 5.3%
- E (10) 52.6%

ニュースソース別比率（19件）

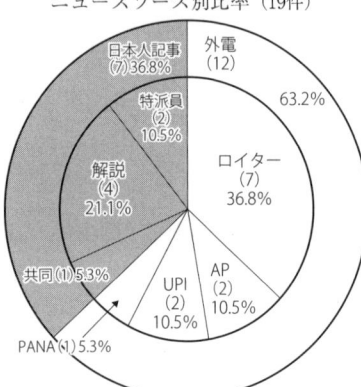

- 日本人記事 (7) 36.8%
- 外電 (12) 63.2%
- 特派員 (2) 10.5%
- 解説 (4) 21.1%
- ロイター (7) 36.8%
- AP (2) 10.5%
- UPI (2) 10.5%
- PANA (1) 5.3%
- 共同 (1) 5.3%

ニュースソース別，面積比率（1832.95cm²）

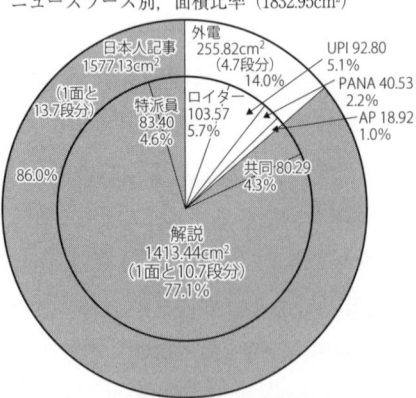

- 日本人記事 1577.13cm² (1面と13.7段分) 86.0%
- 外電 255.82cm² (4.7段分) 14.0%
- 特派員 83.40 4.6%
- ロイター 103.57 5.7%
- 共同 80.29 4.3%
- AP 18.92 1.0%
- PANA 40.53 2.2%
- UPI 92.80 5.1%
- 解説 1413.44cm² (1面と10.7段分) 77.1%

アフリカ現地発記事(数)の比率とその発信源の内訳（全19件）

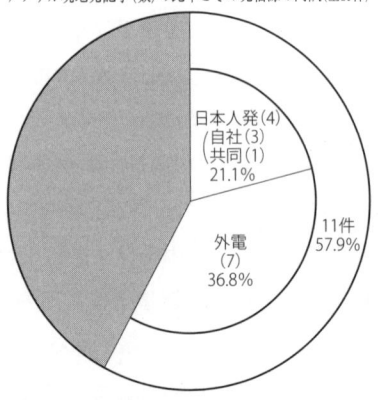

- 日本人発 (4) 自社 (3) 共同 (1) 21.1%
- 外電 (7) 36.8%
- 11件 57.9%

総面積（1832.95cm²）中に，写真及び地図，表，グラフ等の占める割合（696.75cm² ⇒ 38.0%）

38.0%　　　　　　　12.7段分

写真である。地図は 7 枚【32.87】。面積の計は【696.75】で総面積の 38.0％である。またこの量は 12.7 段分である。

(3) 7 月

記事数 126。面積【2817.50】, これは 3 面と 6.2 段分である。

A・A は 11 で【292.94】, それぞれ全体の 8.7％, 10.4％。B・A は 115 で【2524.56】, それぞれ 91.3％, 89.6％である。内訳は, A・A は, **アルジェリア―7, エジプト―3, チュニジア―1**。B・A は**ザイール―107, ソマリア―4, ギニア―1, スーダン―1, ガーナ―1, 仏領アフリカ―1**, である。

5 月に比べ 10 倍以上に, 6 月に比べても 6 倍以上に増えている。これは国別内訳を見れば明らかなように, ザイールの記事が突出していることにある。その記事さえなければ 19 で, 5 月 6 月と変わりない。つまりザイールに何かが起こったということである。それはすでに朝日や中日で見てきた通りである。この地方紙にも前二紙と同様に, この国関連の記事が連日載り出したのである。総記事数的にも中日とは 50 の差でしかなく, この新聞においても関心を持って取り上げていることが分かる。但し, 朝日は 393 記事で 3 倍以上の数となっていて, その関心度, 報道性の違いは明らかであるが。

外電は, 103 で全体の 81.7％を, 面積では【1849.44】(2 面と 3.6 段分) で, 65.6％を占める。奇しくもこの記事数はザイールのそれと相似している。また外電の数の増えた分が全体の数を押し上げているとも言える。5 月は僅か 3 であったし, 6 月も 12 であったことを見れば明らかである。

内訳は, ロイター (共同) ―40【760.22】, AP (共同) ―32【551.19】, AFP 特約―3【83.48】, UPI (共同) ―20【265.70】, RP (共同) ―2【50.99】, ACH (共同) ―2【37.17】, ANS (共同) ―1【3.85】, タス (共同) ―1【29.40】, 新華社 (共同) ―1【9.62】, PANA 特約 (写真のみ) ―1【57.82】である。

自社特派員記事は, 9【504.06】。内訳は, NY 発 (加藤) ―4【214.92】, ワシントン発 (若松) ―3【179.31】, カイロ発 (大坪) ―1【31.02】, ロンドン発 (出田) ―1【78.81】である。NY 発は 4 つともザイール関連で, 国連での討議・採択・可決記事である。ワシントン発も 3 つともザイール関連で, 米国から同

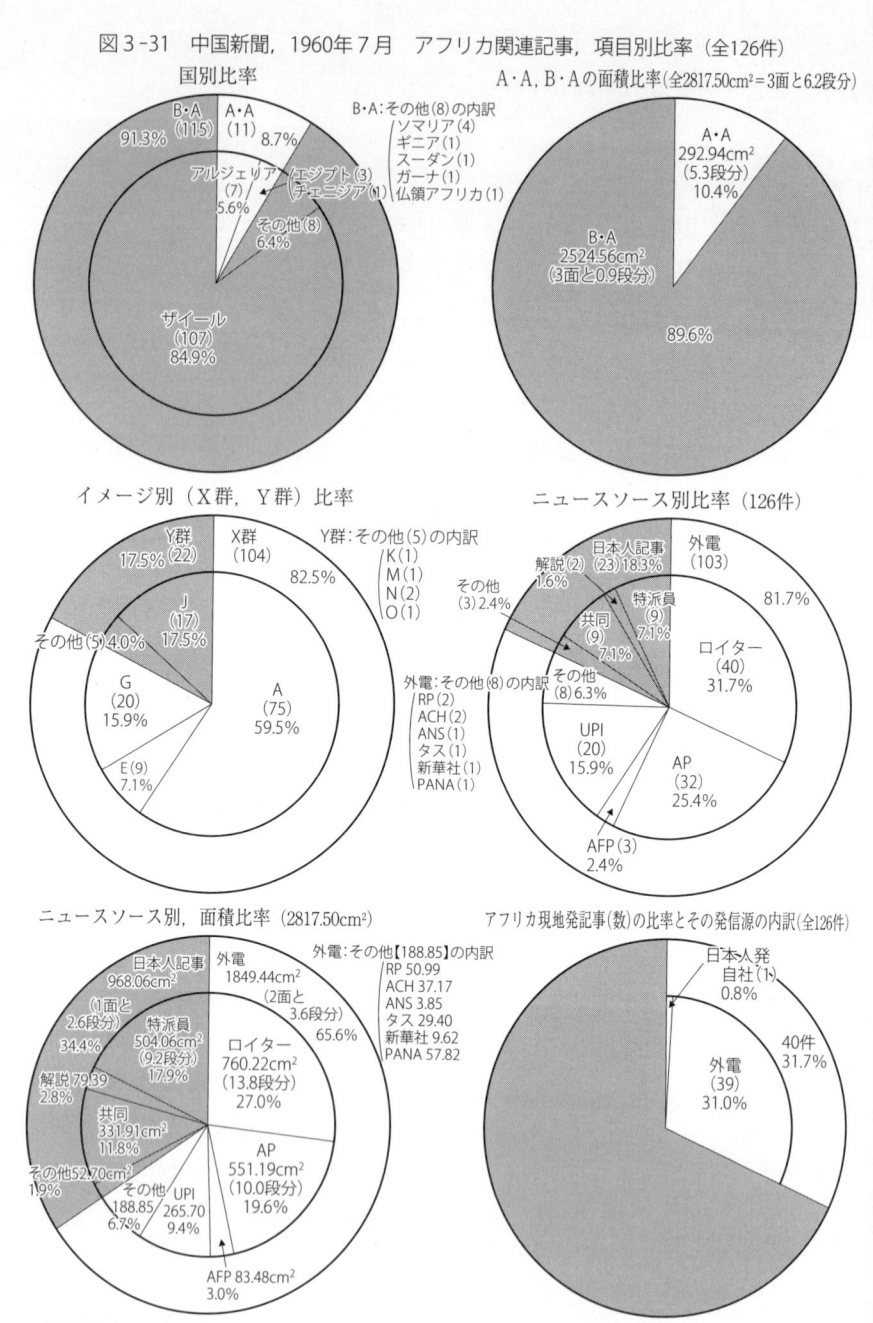

174　第3章　1960年（昭和35年）のアフリカ報道

図3-31　中国新聞，1960年7月　アフリカ関連記事，項目別比率（全126件）

国別比率
- B・A (115) 91.3%
- A・A (11) 8.7%
- B・A：その他(8)の内訳
  - ソマリア(4)
  - ギニア(1)
  - スーダン(1)
  - ガーナ(1)
  - 仏領アフリカ(1)
- アルジェリア(7) 5.6%
- エジプト(3)
- チュニジア(1)
- その他(8) 6.4%
- ザイール (107) 84.9%

A・A, B・Aの面積比率（全2817.50cm² = 3面と6.2段分）
- A・A 292.94cm² (5.3段分) 10.4%
- B・A 2524.56cm² (3面と0.9段分) 89.6%

イメージ別（X群，Y群）比率
- Y群 (22) 17.5%
- X群 (104) 82.5%
- J (17) 17.5%
- その他(5) 4.0%
- G (20) 15.9%
- E (9) 7.1%
- A (75) 59.5%
- Y群：その他(5)の内訳
  - K(1)
  - M(1)
  - N(2)
  - O(1)

ニュースソース別比率（126件）
- 日本人記事 (23) 18.3%
- 外電 (103) 81.7%
- 解説(2) 1.6%
- 特派員 (9) 7.1%
- 共同 (9) 7.1%
- その他 (8) 6.3%
- ロイター (40) 31.7%
- AP (32) 25.4%
- UPI (20) 15.9%
- AFP (3) 2.4%
- その他(3) 2.4%
- 外電：その他(8)の内訳
  - RP(2)
  - ACH(2)
  - ANS(1)
  - タス(1)
  - 新華社(1)
  - PANA(1)

ニュースソース別，面積比率（2817.50cm²）
- 日本人記事 968.06cm² (1面と2.6段分) 34.4%
- 外電 1849.44cm² (2面と3.6段分) 65.6%
- 特派員 504.06cm² (9.2段分) 17.9%
- 解説 79.39 2.8%
- 共同 331.91cm² 11.8%
- その他 52.70cm² 1.9%
- ロイター 760.22cm² (13.8段分) 27.0%
- AP 551.19cm² (10.0段分) 19.6%
- UPI 265.70 9.4%
- その他 188.85 6.7%
- AFP 83.48cm² 3.0%
- 外電：その他【188.85】の内訳
  - RP 50.99
  - ACH 37.17
  - ANS 3.85
  - タス 29.40
  - 新華社 9.62
  - PANA 57.82

アフリカ現地発記事(数)の比率とその発信源の内訳（全126件）
- 日本人発 自社(1) 0.8%
- 40件 31.7%
- 外電 (39) 31.0%

総面積（2817.50cm²）中に，写真及び地図，表，グラフ等の占める割合（277.45cm² ⇒ 9.8%）

9.8%　　5.1段分

問題を見るものである。カイロ発はエジプト関連で,「アラブ連合,イランと断交」との見出しの記事である。ロンドン発はザイール関連で,「収拾つかぬコンゴ暴動,反ベルギー感情爆発」という見出しである。カイロ発以外はザイールを扱っており,各国がその動静に高い関心を持っていることを窺わせる。

解説記事は,2【79.39】で,どちらもザイール関連である。1つは本社の解説記事で,「国際化したコンゴ動乱,部族対立を内包」との見出しで【58.71】。もう1つは「週間リポート——国際」欄で,見出しは「複雑なコンゴ情勢」である【20.68】。

自社記事と解説記事の面積の計は【583.45】で,全体の20.7%。またこの量は約10.6段分である。この月は数,面積ともに外電に圧倒されている。

共同の記者記事は,9【331.91】。内訳は,NY発(太田)—4【91.53】,ワシントン発(石原)—2【104.56】,ロンドン発(奥戸)—2【82.81】,パリ発(飯塚)—1【53.01】である。NY,ワシントン,ロンドン,発の8記事はすべてザイール関連である。自社記事同様,各地からその動静を報告している。パリ発はアルジェリア関連である。「仏とアルジェリアの停戦予備交渉終わる。本交渉には,なお曲折」との見出しで。

内容区分は,X群104で全体の82.5%。Y群は22で17.5%である。内訳は,A—75,E—9,G—20。Y群,J—17,K—1,M—1,N—2,O—1,である。

Aはザイールがその9割以上を占め,残りはアルジェリア,エジプト関連である。ザイールはE項にもG項にも入っている。ことにGは,そのすべてがザイール記事である。Eではアルジェリアが入っている。K,M,Nもザイール記事である。Oはエジプト関連で,PANA通信の写真で,「カイロで4つ子の赤ちゃん誕生」とのキャプションがついた写真である。Jはそれら以外の国の記事でなっている。コンゴ動乱を報道する最初の月であり,他のアルジェリア関連,エジプト関連でも対立・衝突の記事が多く,ポジティブな内容のものは,やはりない。

アフリカ発は,40で全体の31.7%である。1つ,カイロ発の大坪特派員記事以外の39は外電である。

写真は12枚【258.37】で，うち顔写真は1枚【3.53】である。地図は5枚【19.08】。合計は，17枚で【277.45】，この面積は全体の9.8％で，段数換算では，約5段分である。

(4) 8月

記事数，161。面積【3845.80】，これは4面と9.9段分。

A・Aは6【307.88】で，それぞれ全体の3.7％，8.0％である。B・Aは155【3537.92】で96.3％，92.0％である。国別内訳は，A・Aが，**アルジェリア**—3，**エジプト**—2，**サハラ**—1。B・Aは，**ザイール**—141，**マリ連邦**—3，**ガーナ**—2，**セネガル**—2，**中央アフリカ共和国**—2，**ギニア**—1，**ニジェール**—1，**仏領コンゴ**—1，**南アフリカ**—1，**仏領アフリカ8カ国**—1，である。

外電は，138【2593.05】（3面と2.2段分）で，それぞれ全体の85.7％，67.4％であり，この月も数的には総記事数の8割を越え，外国通信社への依存度が高いことが窺われる。内訳は，ロイター（共同）—66【1427.41】，AP（共同）—39【658.36】，AFP特約—7【147.33】，UPI（共同）—24【301.37】，RP（共同）—2【58.58】。ロイター電が，前月同様多い。

自社特派員記事は4【205.37】で，すべてNY発（加藤3，池浦1）のザイール関連である。同問題に対する国連の動向を伝えている。

解説記事は，7【517.84】。うち5はザイール関連で，残りはエジプトと南アが1つずつある。エジプトは「新アスワンダムの悩み　水没する文化財　シンベル神殿の遺跡など」という見出しで，写真4枚，地図3枚入りで【263.47】（8段）記事である。南アは「海外の話題」欄のトピック的紹介記事である。その見出しは「南アのダイヤブーム。一粒千金の夢いだき，銃声を合図に発掘」で，キャプション「白人の見ている処で，スコップを持つ黒人」とある1枚の絵入りの記事である【104.76】。

ザイールの5のうち4は「週間リポート——国際」欄で，同国に対する国連の討議・動向を報告している。残りの1つは共同の解説記事である【34.50】。見出しは「コンゴ，国連初の行政援助，成功すれば大きい影響」。

共同の記者記事は，7【212.34】。内訳は，レオポルドビル発（川本）—4

【118.30】，NY発（太田）―3【94.04】である。前者は当然にザイール関連だが，後者も3つともザイール関連である。コンゴ問題で安保理の開催・終了である。

「その他」の分類項目の記事は，政府・外務省関連―1【5.61】，支援・援助記事―2【69.60】，人物紹介―1【42.97】，そして植物紹介―1【199.02】である。

内容区分は，X群は131で全体の81.4%，Y群は30で18.6%である。内訳は，A―91，E―6，F―1，G―33。Y群は，H―1，I―2，J―17，M―3，N―6，O―1，である。

個々を見てゆくが，ここでは少数の項目から見てゆく。その方が解り易い。Oとは既述，南アの記事である。「海外の話題」欄のそれである。Hも解説記事の所で触れているエジプトの，「新アスワンダムの悩み…」のそれである。Fはサハラの記事であり，Iは，1つはその他の項目に入れた植物紹介記事である。これは「学習面――少年少女」欄にあるもので，見出しは以下である。「熱帯植物の本場ベルデ岬をさぐる――孤立の繁栄をほこる6百平方キロに千三百種」。あと1つは，ザイール関連で「ニュースの主役」欄に載った，コンゴに派遣された日赤医療班班長を紹介する記事である。Mの3はその日赤の医療班の動向記事であり，Nもすべてザイール関連でそこへの入国，あるいは出国記事である。Eはそれぞれ，ニジェール，中央アフリカ，仏領コンゴ，セネガルの独立記事であり，あと2つは，国連におけるアルジェリアの民族自決討議関連と，ベルギー政府のコンゴ（ザイール）政策について，関連である。

Aはエジプトの1以外はすべてザイール記事（90）であり，Gもガーナ，ギニア，アルジェリア，マリ連邦のそれぞれ1つずつ以外の29がザイールであり，Jも中央アフリカ，仏領アフリカ，マリ連邦，それぞれ1を除けばその14がザイールである。

この月の全161記事の中に，ポジティブな内容の記事はない。

アフリカ発の記事数は79で，全体の49.1%に当たる。うち外電は75で，それ以外の4はいずれもレオポルドビルからの共同・川本特派員発である。

この月にはトップ記事になったことが1回ある。13日付夕刊で，「国連，コンゴ行政を全面援助，諮問委員会を設ける――ハ総長計画案を提出」（5段），「カタンガ分離には不介入」（4段）との見出しで，【115.14】のスペースを取っ

第3章 1960年（昭和35年）のアフリカ報道

図3-32 中国新聞，1960年8月 アフリカ関連記事項目別比率（全161件）：独立「ニジェール」他3カ国

国別比率　　　　　　　　　　　　　　　A・A, B・Aの面積比率（全3845.80cm² = 4面と9.9段分）

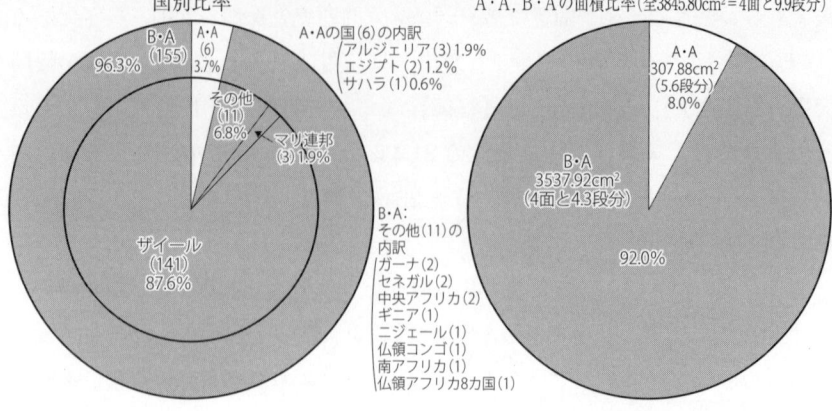

B・A (155) 96.3%　A・A (6) 3.7%
A・Aの国(6)の内訳
　アルジェリア(3) 1.9%
　エジプト(2) 1.2%
　サハラ(1) 0.6%
その他(11) 6.8%
マリ連邦(3) 1.9%
ザイール(141) 87.6%

B・A：その他(11)の内訳
　ガーナ(2)
　セネガル(2)
　中央アフリカ(2)
　ギニア(1)
　ニジェール(1)
　仏領コンゴ(1)
　南アフリカ(1)
　仏領アフリカ8カ国(1)

A・A 307.88cm² (5.6段分) 8.0%
B・A 3537.92cm² (4面と4.3段分) 92.0%

イメージ別（X群，Y群）比率

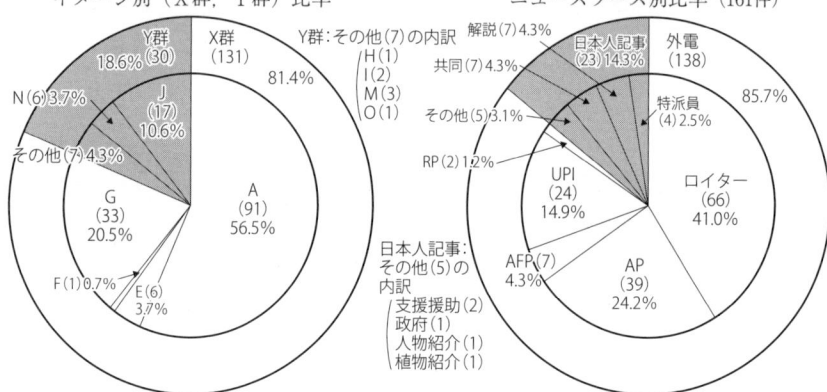

Y群(30) 18.6%　X群(131) 81.4%
Y群：その他(7)の内訳
　H(1)
　I(2)
　M(3)
　O(1)
J(17) 10.6%
N(6) 3.7%
その他(7) 4.3%
G(33) 20.5%
A(91) 56.5%
F(1) 0.7%
E(6) 3.7%

ニュースソース別比率（161件）

日本人記事(23) 14.3%　外電(138) 85.7%
解説(7) 4.3%
共同(7) 4.3%
その他(5) 3.1%
特派員(4) 2.5%
RP(2) 1.2%
UPI(24) 14.9%
AFP(7) 4.3%
AP(39) 24.2%
ロイター(66) 41.0%

日本人記事：その他(5)の内訳
　支援援助(2)
　政府(1)
　人物紹介(1)
　植物紹介(1)

ニュースソース別，面積比率（3845.80cm²）

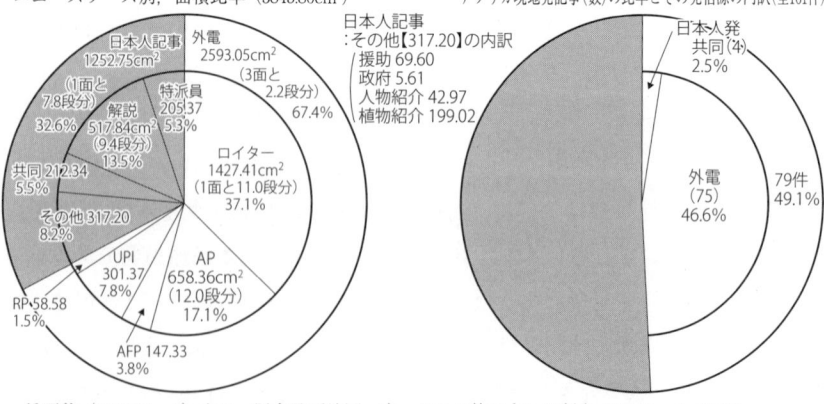

日本人記事 1252.75cm² (1面と7.8段分) 32.6%
外電 2593.05cm² (3面と2.2段分) 67.4%
特派員 205.37 5.3%
解説 517.84cm² (9.4段分) 13.5%
共同 212.34 5.5%
その他 317.20 8.2%
ロイター 1427.41cm² (1面と11.0段分) 37.1%
UPI 301.37 7.8%
RP 58.58 1.5%
AFP 147.33 3.8%
AP 658.36cm² (12.0段分) 17.1%

日本人記事：その他【317.20】の内訳
　援助 69.60
　政府 5.61
　人物紹介 42.97
　植物紹介 199.02

アフリカ現地発記事(数)の比率とその発信源の内訳（全161件）

日本人発 共同(4) 2.5%
外電(75) 46.6%
79件 49.1%

総面積（3845.80cm²）中に，写真及び地図，表，グラフ等の占める割合（371.25cm² ⇒ 9.7%）

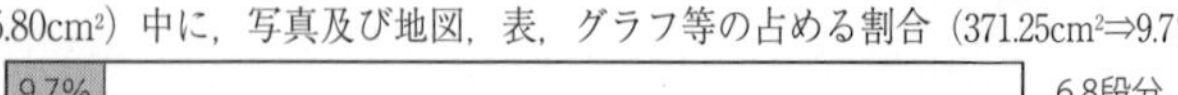

9.7%　　　　　　　　　　　　　　　　　　　　　　　　6.8段分

第3節　中国新聞にみる報道　179

ている。

　すでに触れてきているが，この月に独立した国は，4日付の**ニジェール**，14日付の**中央アフリカ共和国**，16日付の**旧仏領コンゴ**，24日付の**セネガル**，である。

　写真は20枚【326.68】で，うち顔写真は7枚【23.41】である。地図は11枚【44.57】で，写真との面積の合計は【371.25】（全体の9.7％）となり，これは6.8段分に当たる。

3　9〜12月

(1) 9月

　記事数，167。面積【5016.03】で，6面と1.2段分に相当する。

　A・Aは7【82.09】，それぞれ全体の4.2％，1.6％である。B・Aは160【4933.94】，全体の95.8％，98.4％である。この月はほぼB・Aの記事で埋められている。国別内訳は，A・Aは7，すべて**エジプト**である。B・Aは，**ザイール**—144，**アフリカ全体**—5，**ガーナ**—4，**エチオピア**—2，**ケニア**—1，**ギニア**—1，**仏領コンゴ**—1，**マリ連邦**—1，**セネガル・マリ**—1，である。ザイールだけで全記事数の86.2％に達している。7月8月と共に最も同国関連記事が多い時期である。

　外電は，137【2761.33】（3面と5.2段分）。それぞれ全体の，82.0％，55.1％である。内訳は，ロイター（共同）—62【1165.52】，AP（共同）—31【453.86】，AFP特約—3【103.11】，UPI（共同）—35【932.47】，RP（共同）—1【8.02】，ANS（共同）—1【11.06】，ACH—1【41.40】，DPA—1【10.42】，タス（共同）—1【15.71】，UPIサン（写真のみ）—1【19.76】，である。ここでもロイター電が多い。

　自社特派員記事は，3【158.88】である。内訳は，NY発（加藤）—2【60.96】，ワシントン発（若松）—1【97.92】。3つともザイール関連の国連における動きである。

　解説記事は，6【765.41】。うち「週間リポート——国際」欄記事が3（ザイー

ル関連2, アフリカ全体関連1),「少年少女」欄記事が1 (エチオピア関連), 共同・岩永ロンドン特派員記事2である。少年少女欄記事はエチオピアを紹介するものである。見出しは「マラソンのアベベ選手を生んだ国, エチオピア」(5段),「アフリカで唯一の帝国, 古い歴史を守る」(3段),「野生するコーヒー, 将来も日本と仲よく」(2段) である【160.98】。

岩永の記事は, 1つはケニア関連で, そこの社会事件の報道である。見出しは「黒人を殺した罪で初めて白人を死刑に (ケニア)。助命運動もむなしく, 背景に微妙な政治問題」写真2枚入りである【185.68】。あと1つはザイール関連の報告解説である。見出しは「コンゴを手放したベルギーの悲劇, 失われゆく宝庫, 80年の犠牲もむなし」(5段),「完全絶縁は財政危機, まずかった植民地政策の末路, 来年から慢性赤字国へ」(3段), 地図3枚, 似顔絵3枚入り【275.72】である。

共同の記者記事は, 17【860.61】。内訳は, NY発 (太田7, 西山3) ― 10【568.75】, レオポルドビル発 (川本) ― 6【260.98】, ロンドン発 (山田) ― 1【30.88】である。内容は, NY発の太田の1記事を除き, すべてザイール関連である。NY発は国連の動きを伝えるものであり, レオポルドビルからのものは現地からの報告であり, ロンドン発の1も「国連軍はカサブブ大統領支持へ」という見出しの記事である。太田の1記事もアフリカ全体に含めたが, その見出しは「国連総会でアイク演説。アフリカ援助を提案, 軍縮討議再開呼びかけ」というもので, ザイールの状況も考慮に入れたものである。アフリカ報道全体に占めるザイールの記事数を見れば解るように, この時期の関心の多くはザイールに注がれていた。

「その他」の記事には, 支援・援助 (日赤医療班) ― 1【67.04】, 国際会議 (列国議会) ― 1【79.26】, エッセイ (「風紋」欄) ― 1【52.07】, スポーツ (ローマ五輪) ― 1【271.43】の4件がある。

内容区分は, **X群128で全体の76.6%**, Y群39で23.4%。内訳は, A―116, C―4, E―1, G―7。Y群は, H―2, J―32, L―1, M―2, N―1, O―1, である。

ここでも少数記事から見てみる。Oは既述, ロンドンからの**ケニア**の社会

第3節 中国新聞にみる報道   181

図3-33 中国新聞，1960年9月 アフリカ関連記事，項目別比率（全167件）

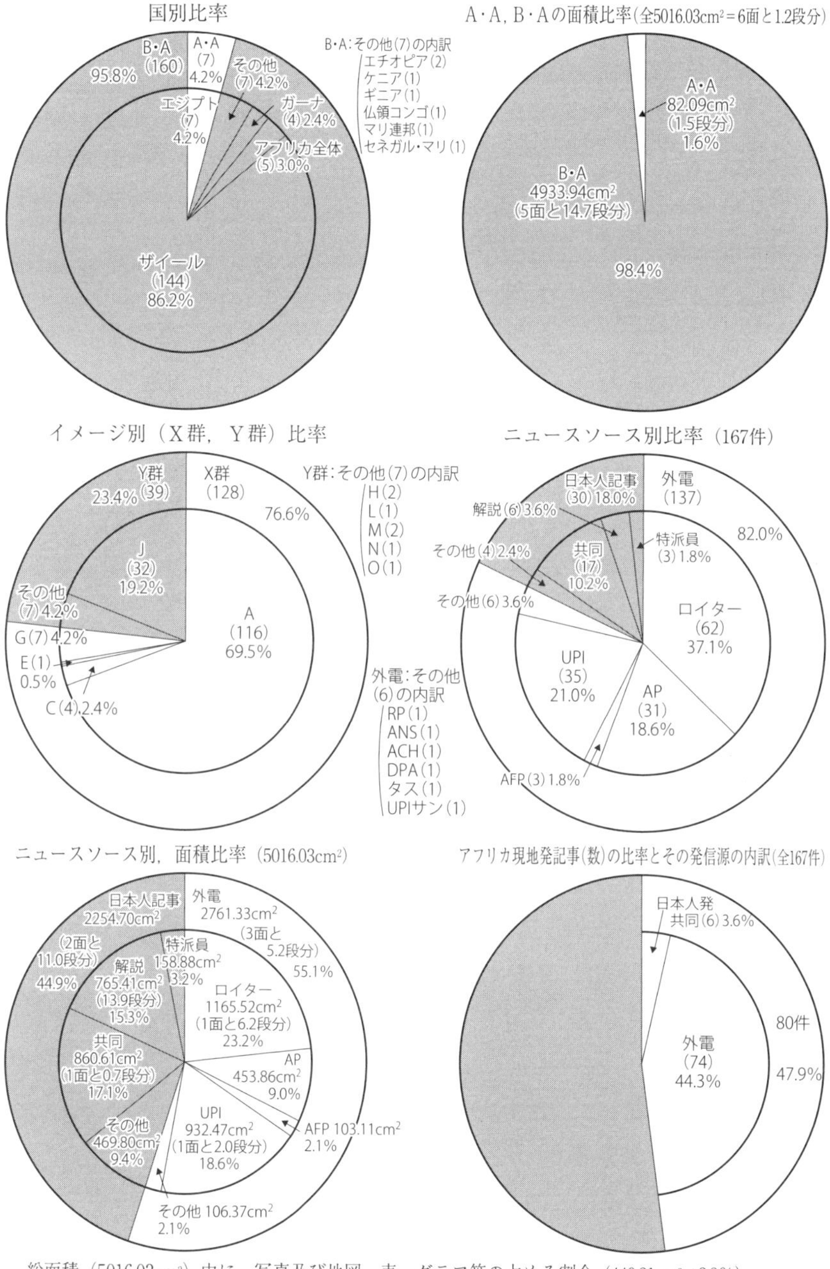

国別比率

- B・A (160) 95.8%
  - ザイール (144) 86.2%
  - エジプト (7) 4.2%
  - ガーナ (4) 2.4%
  - アフリカ全体 (5) 3.0%
  - その他 (7) 4.2%
- A・A (7) 4.2%

B・A：その他(7)の内訳
- エチオピア(2)
- ケニア(1)
- ギニア(1)
- 仏領コンゴ(1)
- マリ連邦(1)
- セネガル・マリ(1)

A・A, B・Aの面積比率（全5016.03cm² = 6面と1.2段分）

- A・A 82.09cm² (1.5段分) 1.6%
- B・A 4933.94cm² (5面と14.7段分) 98.4%

イメージ別（X群，Y群）比率

- X群 (128) 76.6%
  - A (116) 69.5%
  - C (4) 2.4%
  - E (1) 0.5%
  - G (7) 4.2%
- Y群 (39) 23.4%
  - J (32) 19.2%
  - その他 (7) 4.2%

Y群：その他(7)の内訳
- H(2)
- L(1)
- M(2)
- N(1)
- O(1)

ニュースソース別比率（167件）

- 外電 (137) 82.0%
  - ロイター (62) 37.1%
  - AP (31) 18.6%
  - UPI (35) 21.0%
  - AFP (3) 1.8%
  - その他 (6) 3.6%
- 日本人記事 (30) 18.0%
  - 特派員 (3) 1.8%
  - 共同 (17) 10.2%
  - 解説 (6) 3.6%
  - その他 (4) 2.4%

外電：その他(6)の内訳
- RP(1)
- ANS(1)
- ACH(1)
- DPA(1)
- タス(1)
- UPIサン(1)

ニュースソース別，面積比率（5016.03cm²）

- 外電 2761.33cm² (3面と5.2段分) 55.1%
  - ロイター 1165.52cm² (1面と6.2段分) 23.2%
  - AP 453.86cm² 9.0%
  - UPI 932.47cm² (1面と2.0段分) 18.6%
  - AFP 103.11cm² 2.1%
  - その他 106.37cm² 2.1%
- 日本人記事 2254.70cm² (2面と11.0段分) 44.9%
  - 特派員 158.88cm² 3.2%
  - 解説 765.41cm² (13.9段分) 15.3%
  - 共同 860.61cm² (1面と0.7段分) 17.1%
  - その他 469.80cm² 9.4%

アフリカ現地発記事(数)の比率とその発信源の内訳（全167件）

- 80件 47.9%
  - 外電 (74) 44.3%
  - 日本人発共同 (6) 3.6%

総面積（5016.03cm²）中に，写真及び地図，表，グラフ等の占める割合（440.81cm² ⇒ 8.8%）

| 8.8% | 8.0段分 |

記事、Nはザイール関連で「ルムンバ派代表，国連着」，Mは2つともザイール関連で，1つは小坂外相のコンゴ問題に対する国連演説，1つは「中国総合版」面に載る日赤医療班の支援記事である。Lはエチオピア関連で，ローマ五輪でアベベ選手が優勝した記事。Hは既述「風紋」記事と，これも既に述べている「少年少女」欄の記事，Eも既述しているロンドン・岩永特派員記事，「コンゴを手放したベルギー…」である。Cは，1つはエジプト関連で，ヨルダン首相暗殺事件でアラブ連合が反論したというもの。残り3はザイールでモブツ司令官によるクーデターである。

それら以外のA，G，Jはそれぞれ幾つかの国が含まれているが，その多くはザイール関連である。殊にAは116のうち111を占めている。

この月にも明るい内容の記事はない。

アフリカ発は，80で全体の47.9%。外国通信社発は74で，それ以外は共同通信の川本特派員・レオポルドビル発の6である。アフリカで起こっていることだが，日本人の目で見た報道がなされていることは少なくとも外電だけに頼る紙面より説得力がある。

写真は26枚【364.71】，うち顔写真13枚【45.31】。地図5枚【59.16】，似顔絵3枚【16.94】で，面積の合計は【440.81】で，約8段分である。

(2) **10月**

記事数，50。面積【800.58】は14.6段，約1面分である。前月に比べると数で1/3，面積では1/6以下に減っている。この変化はザイール関連の記事の減少による。地域別内訳は，A・Aが8【170.49】で，それぞれ全体の16.0%，21.3%であり，B・Aは42【630.09】，84.0%，78.7%である。国別内訳を見てみると，A・Aは，**アルジェリア**—5，**エジプト**—2，**チュニジア**—1，でB・Aは**ザイール**—26，**ガーナ**—4，**南アフリカ**—3，**ギニア**—2，**アフリカ全体**—2，**ナイジェリア**—1，**南ローデシア**—1，**仏領アフリカ**—1，**ガーナ・エジプト**—1，**アフリカ東海岸**—1，である。

外電は，43【653.48】（11.9段分）で，それぞれ全体の86.0%，81.6%。内訳は，ロイター（共同）—12【167.47】，AP（共同）—18【278.49】，UPI（共同）—11

【182.68】，ANS（共同）―1【12.82】，ACH―1【12.02】。数，面積とも外電が8割以上を占めている。

　自社特派員記事は，2【30.62】。2つともNY発・加藤の国連記事だが，内容はガーナとエジプトの代表にアジア・アフリカ諸国のあり方を問うたものである。

　解説記事はない。

　共同の記者記事は，2【52.90】。これも2つともNY発（太田）で，国連における「コンゴあっ旋委」の動向を伝えるものである。

　総記事50のうち，以上で47だが，残り3は政府関連2【14.75】と，「中国総合版」面にあるローカル記事である。これは南ア関連で，見出しは「南アの教育芸術科学機関誌のワッド編集長，来広。高い日本への関心」というもので，写真1枚入りで面積は【48.83】である。

　内容区分は，X群28で全体の56.0%，Y群22で44.0%。内訳は，X群，A―24，E―2，G―2。Y群，J―18，M―3，O―1，である。

　Aは南アの人種差別問題，また「南ア部隊，カタンガ州へ向かう」との記事の2と，南ローデシアで暴動続く1と，アルジェリア戦争反対デモ，仏で広がる1と，ガーナ大統領，国有化説を否定1。それら5記事以外の19は，ザイール混乱関連である。Eの2つはアルジェリアで，仏・ド大統領の「アルジェの民族自決」関連である。Gは中国のムルンバ政府援助と，ソ連のコンゴへの革命呼びかけ記事である。Mは日本のアフリカ公館長会議関連2と，農林省記事の「水産練習船がアフリカ東海岸目ざして出発」であり，Oは既述，中国総合版の南ア関連の記事である。Jはそれら以外の各国の政治，外交，国際会議等の記事である。ポジティブな記事はない。

　この月のアフリカ発の記事数は，24で全体の48.0%に当たる。すべてロイター，AP，及びUPIからの外電である。地方紙においては独自にアフリカに支局を持つということは稀有なことであるから，派遣した記者がその地を離れれば，必然的に同地のニュースは外国通信社に頼らざるを得なくなる。

　写真は3枚で【32.70】，うち顔写真は1枚【3.53】。地図等はこの月にはない。

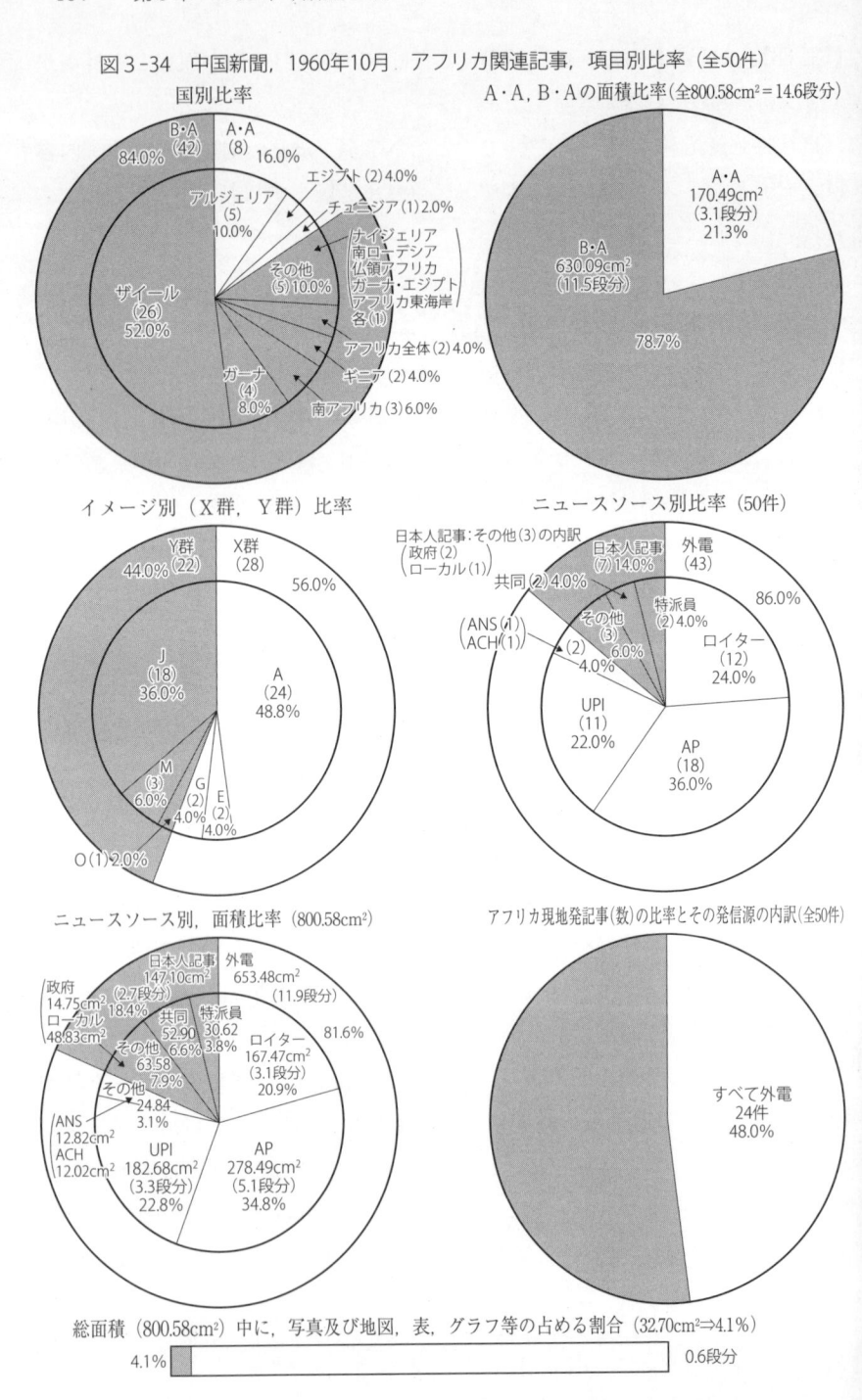

第3章　1960年（昭和35年）のアフリカ報道

図3-34　中国新聞，1960年10月．アフリカ関連記事，項目別比率（全50件）

国別比率

B・A (42) 84.0%
A・A (8) 16.0%
エジプト (2) 4.0%
アルジェリア (5) 10.0%
チュニジア (1) 2.0%
ナイジェリア
南ローデシア
仏領アフリカ
ガーナ・エジプト
アフリカ東海岸
各 (1)
その他 (5) 10.0%
ザイール (26) 52.0%
アフリカ全体 (2) 4.0%
ガーナ (4) 8.0%
ギニア (2) 4.0%
南アフリカ (3) 6.0%

A・A, B・Aの面積比率（全800.58cm² = 14.6段分）

A・A 170.49cm² (3.1段分) 21.3%
B・A 630.09cm² (11.5段分) 78.7%

イメージ別（X群，Y群）比率

Y群 (22) 44.0%
X群 (28) 56.0%
J (18) 36.0%
A (24) 48.8%
M (3) 6.0%
G (2) 4.0%
E (2) 4.0%
O (1) 2.0%

ニュースソース別比率（50件）

日本人記事：その他(3)の内訳
（政府(2) ローカル(1)）
日本人記事 (7) 14.0%
外電 (43) 86.0%
共同 (2) 4.0%
特派員 (2) 4.0%
その他 (3) 6.0%
ANS (1)
ACH (1)
(2) 4.0%
ロイター (12) 24.0%
UPI (11) 22.0%
AP (18) 36.0%

ニュースソース別，面積比率（800.58cm²）

日本人記事 147.10cm² (2.7段分) 18.4%
外電 653.48cm² (11.9段分) 81.6%
政府 14.75cm²
ローカル 48.83cm²
共同 52.90 6.6%
特派員 30.62 3.8%
その他 63.58 7.9%
ロイター 167.47cm² (3.1段分) 20.9%
その他 24.84 3.1%
ANS 12.82cm²
ACH 12.02cm²
UPI 182.68cm² (3.3段分) 22.8%
AP 278.49cm² (5.1段分) 34.8%

アフリカ現地発記事(数)の比率とその発信源の内訳（全50件）

すべて外電 24件 48.0%

総面積（800.58cm²）中に，写真及び地図，表，グラフ等の占める割合（32.70cm² ⇒ 4.1%）

4.1%　　　　0.6段分

(3) 11月

記事数78。面積【2066.94】。これは2面と7.6段分である。10月に比べると記事数，面積ともに増えている。

A・Aは22【556.79】で，それぞれ全体の28.2％，26.9％であり，B・Aは56【1510.15】で，全体の71.8％，73.1％である。内訳は，A・A，**アルジェリア**—20，**モーリタニア**—2。B・Aは，**ザイール**—35，**エチオピア**—12，**ギニア**—2，**ガーナ**—2，**アフリカ全体**—2，**ガーナ・マリ**—2，**アフリカ3カ国（ザイール，ナイジェリア，エチオピア）**—1，である。

外電は，57【973.22】（1面と2.7段分）。これは全体のそれぞれ73.1％，47.1％である。数的には7割を越えている。個々の記事への依存度は高いといえる。しかし面積的には5割を割っていて，それ以外の記事で占めていることが窺える。

内訳は，ロイター（共同）—17【268.79】，AP（共同）—17【283.24】，AFP特約—5【121.97】，UPI（共同）—17【289.76】，RP（共同）—1【9.46】。

自社特派員記事は，3【130.98】。アルジェリア関連のパリ発（吉村）の2記事（計【99.11】）と，NY発（加藤）のザイール関連1【31.87】である。しかし正確にはあと5記事ある。それは内容が皇室記事なので，「その他」の項目に入れたもので，皇太子夫妻のエチオピア訪問を報道するアジスアベバ発が5件あるのである【254.08】。

解説記事は，4【335.26】。1つはアルジェリア関連で，パリから曽我部特派員記事である。見出しは「元総司令官フランスを脱出？　ドゴールのアルジェ政策に反旗　サラン将軍のナゾの旅行」。同将軍の顔写真1枚入りで【125.67】。2つ目はザイール，ナイジェリア，エチオピアの報告記事である。テレビ・ラジオ欄にあるものである。見出しは，「わがアフリカルポ受難記。日本の向こうには何がある。五味和夫」，写真1枚入りで【108.21】。3つ目はアフリカ全体関連で，報告（動物密猟）記事である。「密猟者横行のアフリカ，暗黒大陸の暗黒面広がる」との見出しで【81.34】。4つ目は「週間リポート——国際」欄で，ザイール関連，「国連，カサブブ派を承認」【20.04】との記事である。

共同の記者記事は，7【245.91】。NY発（太田）—ザイール関連2【50.14】と，

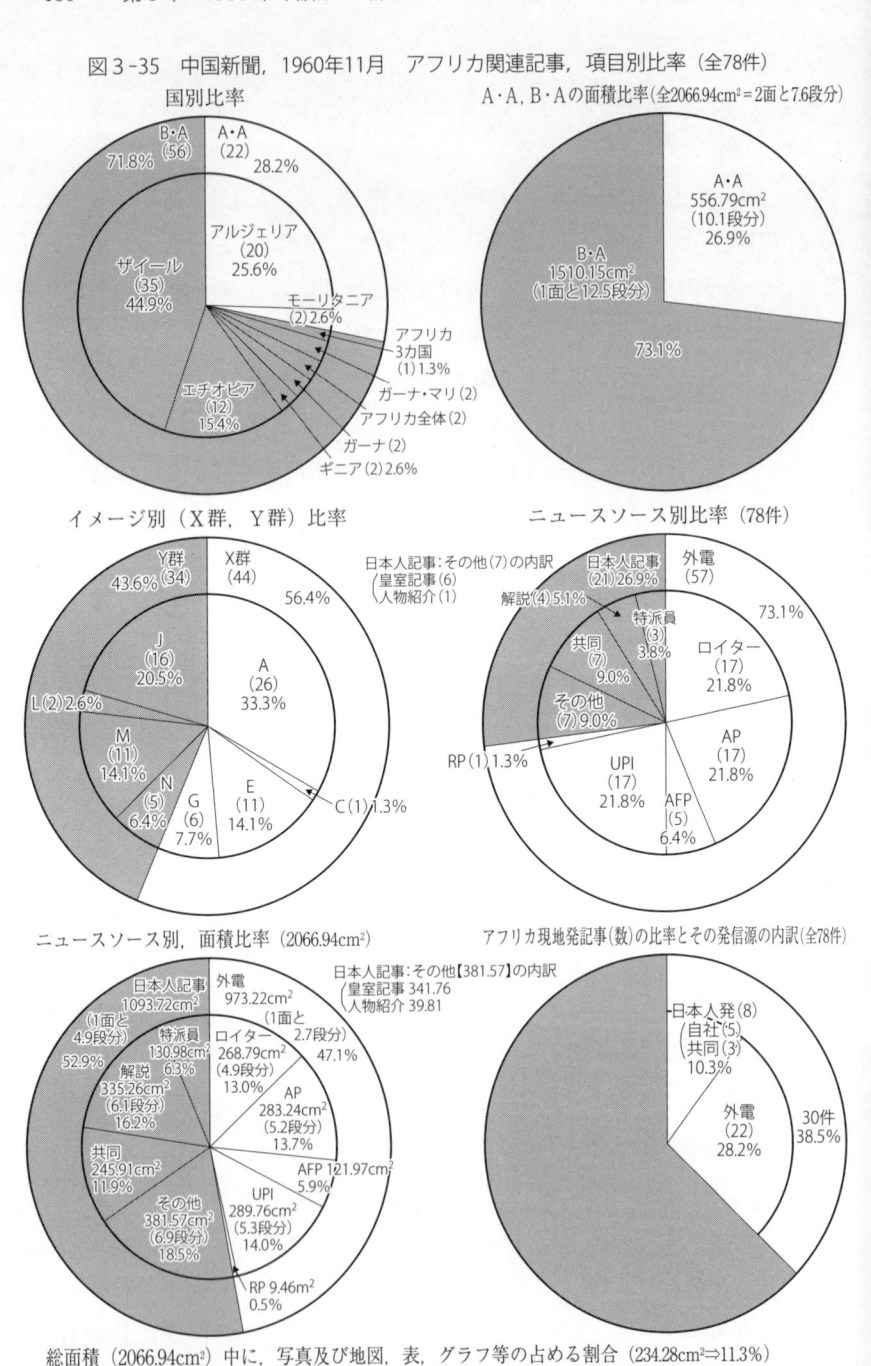

186　第3章　1960年（昭和35年）のアフリカ報道

図3-35　中国新聞，1960年11月　アフリカ関連記事，項目別比率（全78件）

国別比率

- B・A (56) 71.8%
- A・A (22) 28.2%
- アルジェリア (20) 25.6%
- ザイール (35) 44.9%
- モーリタニア (2) 2.6%
- アフリカ3カ国 (1) 1.3%
- ガーナ・マリ (2)
- アフリカ全体 (2)
- ガーナ (2)
- ギニア (2) 2.6%
- エチオピア (12) 15.4%

A・A，B・Aの面積比率（全2066.94cm² = 2面と7.6段分）

- A・A 556.79cm² (10.1段分) 26.9%
- B・A 1510.15cm² (1面と12.5段分) 73.1%

イメージ別（X群，Y群）比率

- Y群 (34) 43.6%
- X群 (44) 56.4%
- J (16) 20.5%
- A (26) 33.3%
- L (2) 2.6%
- M (11) 14.1%
- N (5) 6.4%
- G (6) 7.7%
- E (11) 14.1%
- C (1) 1.3%

ニュースソース別比率（78件）

- 日本人記事 (21) 26.9%
- 外電 (57) 73.1%
- 日本人記事：その他(7)の内訳（皇室記事(6)　人物紹介(1)）
- 解説 (4) 5.1%
- 特派員 (3) 3.8%
- 共同 (7) 9.0%
- その他 (7) 9.0%
- RP (1) 1.3%
- UPI (17) 21.8%
- AFP (5) 6.4%
- AP (17) 21.8%
- ロイター (17) 21.8%

ニュースソース別，面積比率（2066.94cm²）

- 日本人記事 1093.72cm² (1面と4.9段分) 52.9%
- 外電 973.22cm² (1面と2.7段分) 47.1%
- 特派員 130.98cm² 6.3%
- 解説 335.26cm² (6.1段分) 16.2%
- 共同 245.91cm² 11.9%
- その他 381.57cm² (6.9段分) 18.5%
- 日本人記事：その他【381.57】の内訳（皇室記事 341.76　人物紹介 39.81）
- ロイター 268.79cm² (4.9段分) 13.0%
- AP 283.24cm² (5.2段分) 13.7%
- AFP 121.97cm² 5.9%
- UPI 289.76cm² (5.3段分) 14.0%
- RP 9.46cm² 0.5%

アフリカ現地発記事(数)の比率とその発信源の内訳（全78件）

- 日本人発 (8)（自社 (5)　共同 (3)）10.3%
- 外電 (22) 28.2%
- 30件 38.5%

総面積（2066.94cm²）中に，写真及び地図，表，グラフ等の占める割合（234.28cm² ⇒ 11.3%）

| 11.3% | 4.3段分 |

パリ発（飯塚）—アルジェリア関連1【24.21】と，ロンドン発（奥戸）—ザイール関連1【63.75】。以上がアフリカ以外からの記事で，アフリカ発は3件ある。1つは，アジスアベバ発（鈴木）で，皇室関連【8.66】であり，もう1つは，スポーツ記事であるアベベ選手関連【67.78】。あと1つは——記事ではないが——，皇太子夫妻を撮った写真のみ【31.37】である。

「その他」の項目にはあと2つある。1つは社会面に載った，やはり皇太子夫妻のエチオピア訪問の皇室記事【87.68】であり，残る1つは，「ニュースの主役」欄に載るアフリカ全体関連で，査察使になった福島氏を語る，人物紹介記事である【39.81】。既述【254.08】との総計は，【381.57】である。

内容区分は，X群は44で全体の56.4％，Y群は34で43.6％である。内訳は，A—26，C—1，E—11，G—6。Y群，J—16，L—2，M—11，N—5，である。

Ⓐはアルジェリアとザイールで大部分を占め，Ⓒはアフリカ全体関連で，既述，密猟者横行記事である。Ⓔは，モーリタニアの独立以外の10はアルジェリアである。Ⓖは米のギニア援助と，ガーナとマリの相互協力等である。Y群の中にはポジティブな記事はない。

アフリカ発記事数は，30で全体の38.5％である。自社特派員（皇室）記事5と共同記者記事3（スポーツ1，皇室2）のアジスアベバ発，計8以外の22が外電である。

写真は14枚【229.47】，うち顔写真7枚【32.18】。地図2枚【4.81】。面積の合計は【234.28】でこれは4.3段分である。

(4) 12月

記事数140，面積【4360.90】と7，8，9月の頃の数値に戻っている。この面積は5面と4.3段分である。

A・Aは47【1495.96】で，全体のそれぞれ33.6％，34.3％。B・Aは93【2864.94】でそれぞれ66.4％，65.7％である。国別内訳は，A・Aでは**アルジェリア—35，サハラ—7，エジプト—2，チュニジア—1，モロッコ—1，モーリタニア—1**。B・Aは**ザイール—47，エチオピア—32，南アフリカ—3**，

ガーナ―2，アジア・アフリカ―2，リベリア―1，タンガニーカ―1，**アフリカ全体**―1，**コンゴ・チャド**―1，**ガーナ・ギニア・マリ**―1，**東アフリカ**―1，**アフリカ5カ国**（ガーナ・ギニア・マリ・エチオピア・モロッコ）―1，である。

外電は，106【2094.40】（2面と8.1段分）で，これは全体のそれぞれ75.7％，48.0％である。

内訳は，ロイター（共同）―44【850.58】，AP（共同）―29【504.00】，AFP特約―6【94.22】，UPI（共同）―24【564.43】，RP（共同）―1【10.58】，ACH共同―1【38.35】，PANA（写真のみ）―1【32.24】。

自社特派員記事は，5【319.73】。内訳は，NY発（加藤）―4【191.80】，ワシントン発（若松）―1【127.93】。NY発はザイール関連とアルジェリア関連がそれぞれ2件ずつである。ワシントン発は仏の核実験関連である。

解説記事は，6【800.63】。15日付で報道されたエチオピアのクーデター関連の解説が，うち3件ある。共同発2（無署名1【49.05】16日付と，前特派員鈴木真一の署名入り【289.43】19日付）と，「週間リポート――国際」欄でのもの【40.88】。共同NY発（太田）のザイール関連の国連記事【53.99】と，本社発でアジア・アフリカ関連の解説【212.02】，見出しは「激動するアジア・アフリカ諸国。相次ぐ動乱・流血・革命」（5段），「自由求める闘争，東西冷戦激化でふえる」（4段），顔写真4枚，地図1枚入り。あと1つは自社のロンドン特派員（山崎）報告で東アフリカ関連である【155.26】。見出しは「東アフリカ連邦構想進む，黒人自身の運動。『中ア』連邦は解体の危機」，地図2枚入りである。

この月には社説でも2回取り上げられている。1回目は14日付で，「アルジェリアと国連」との見出しで，同欄すべてのスペースを使ってもの【95.04】，2回目は16日付で2話題の1つとして，見出しは「エチオピアの政変」で，前日報道された同記事について早速語られている【33.16】。尚，このエチオピア・クーデターでは，その15日夕刊でトップ記事となっている。

共同の記者記事は，14【594.36】。内訳は，NY発（太田）―5【156.65】，パリ発（飯塚）―4【215.13】，カイロ発（川本）―2【80.19】，ロンドン発（奥戸）―2【107.19】，ジュネーブ発（長与）―1【35.20】。NY発はザイール関連4と，

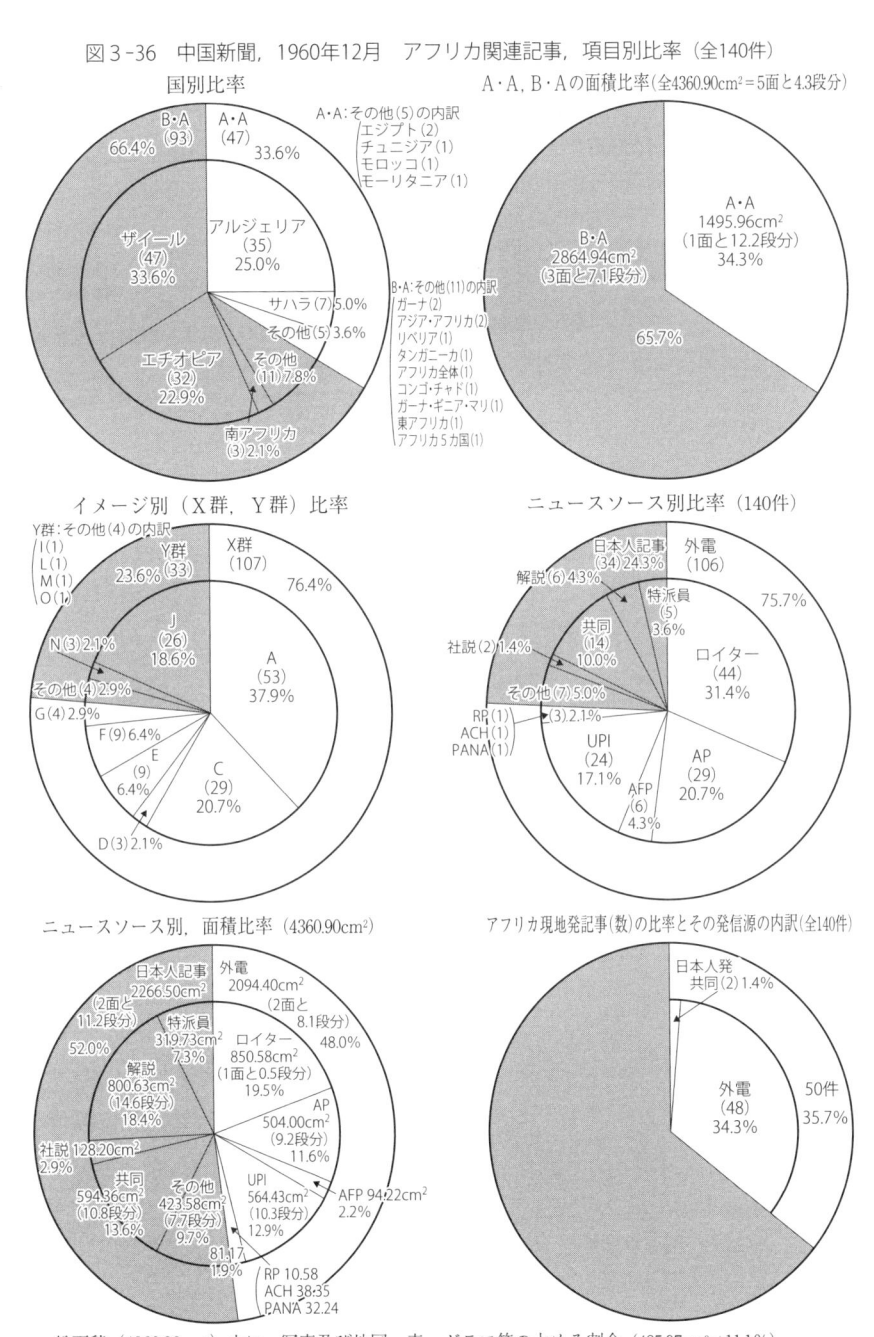

第3節 中国新聞にみる報道　189

図3-36　中国新聞，1960年12月　アフリカ関連記事，項目別比率（全140件）

国別比率

- B・A (93) 66.4%
- A・A (47) 33.6%
- A・A：その他(5)の内訳
  - エジプト(2)
  - チュニジア(1)
  - モロッコ(1)
  - モーリタニア(1)
- ザイール (47) 33.6%
- アルジェリア (35) 25.0%
- サハラ(7) 5.0%
- その他(5) 3.6%
- エチオピア (32) 22.9%
- その他(11) 7.8%
- 南アフリカ(3) 2.1%
- B・A：その他(11)の内訳
  - ガーナ(2)
  - アジア・アフリカ(2)
  - リベリア(1)
  - タンガニーカ(1)
  - アフリカ全体(1)
  - コンゴ・チャド(1)
  - ガーナ・ギニア・マリ(1)
  - 東アフリカ(1)
  - アフリカ5カ国(1)

A・A，B・Aの面積比率（全4360.90cm²＝5面と4.3段分）

- A・A 1495.96cm² (1面と12.2段分) 34.3%
- B・A 2864.94cm² (3面と7.1段分) 65.7%

イメージ別（X群，Y群）比率

- X群 (107) 76.4%
- Y群 (33) 23.6%
- Y群：その他(4)の内訳
  - I(1)
  - L(1)
  - M(1)
  - O(1)
- J (26) 18.6%
- A (53) 37.9%
- N (3) 2.1%
- その他(4) 2.9%
- G (4) 2.9%
- F (9) 6.4%
- E (9) 6.4%
- C (29) 20.7%
- D (3) 2.1%

ニュースソース別比率（140件）

- 日本人記事 (34) 24.3%
- 外電 (106) 75.7%
- 解説(6) 4.3%
- 特派員 (5) 3.6%
- 社説(2) 1.4%
- 共同 (14) 10.0%
- ロイター (44) 31.4%
- その他(7) 5.0%
- RP(1)
- ACH(1) (3) 2.1%
- PANA(1)
- UPI (24) 17.1%
- AP (29) 20.7%
- AFP (6) 4.3%

ニュースソース別，面積比率（4360.90cm²）

- 日本人記事 2266.50cm² (2面と11.2段分) 52.0%
- 外電 2094.40cm² (2面と8.1段分) 48.0%
- 特派員 319.73cm² 7.3%
- 解説 800.63cm² (14.6段分) 18.4%
- ロイター 850.58cm² (1面と0.5段分) 19.5%
- 社説 128.20cm² 2.9%
- 共同 594.36cm² (10.8段分) 13.6%
- その他 423.58cm² (7.7段分) 9.7%
- AP 504.00cm² (9.2段分) 11.6%
- UPI 564.43cm² (10.3段分) 12.9%
- AFP 94.22cm² 2.2%
- 81.17 1.9%
- RP 10.58
- ACH 38.35
- PANA 32.24

アフリカ現地発記事(数)の比率とその発信源の内訳（全140件）

- 日本人発 共同(2) 1.4%
- 外電 (48) 34.3%
- 50件 35.7%

総面積（4360.90cm²）中に，写真及び地図，表，グラフ等の占める割合（485.97cm²⇒11.1%）

| 11.1% | 8.8段分 |

リベリア関連（「安保理選挙，リベリアが理事国に」）【54.12】である。パリ発は4件ともアルジェリア関連であり，カイロ発の1件もアルジェリア関連である。もう1件はアフリカ全体記事である【50.20】。見出しは「1月3日，アフリカ首脳会談，モロッコ提唱。アルジェリア支援など協議」である。ロンドン発は，1つはザイール関連【44.25】で，あと1つはエチオピア関連【62.94】である。後者の見出しは「エチオピアの3日天下のクーデター，近代化への悩み示す」。ジュネーブ発は南ア関連で，国際法律家委員会の調査報告である。「人種差別政策は人権上許し難い」と。

「その他」の項目（政府，支援・援助，書籍紹介，映画紹介等）には，7【423.58】がある。

内容区分は，**X群107で全体の76.4%，Y群33で23.6%**である。内訳は，A—53，C—29，D—3，E—9，F—9，G—4。Y群，I—1，J—26，L—1，M—1，N—3，O—1，である。

AはザイールとアルジェリアI関連で，Cはエチオピアのクーデターであり，Dは3件ともザイールの惨状・窮状・餓死，及び風習を伝えるものであり，Eもそのすべてがアルジェリアであり，Fはすべてがサハラ関連である。Gは東アフリカ，アフリカ全体，ガーナ・ギニア・マリ，アルジェリア等の記事にある。Y群の中にポジティブな記事は含まれていない。

アフリカ発の記事数は50で，全体の35.7%に当たる。カイロ発の共同の記者記事2件，それ以外の48が外電である。

写真は28枚【410.15】，うち顔写真は13枚【38.44】。地図は7枚【75.82】。面積の合計は【485.97】で，これは8.8段分である。

第4節　1960年の3紙の比較分析

　1960年。この年があって，この論考の端緒があった。明治時代のアフリカ報道も，1945年の状況も，そして1955年の考察も，この年のことを書く為の導入でしかない。この年のアフリカ報道を検証する為に，それら過去の記事を見つめて，多くの作業を進めてきた。

　すでに再三書いてきたように，「アフリカの年」と言われる。そんなこれまでにおいてアフリカが最も世界に注目された年の新聞報道はどのようなものであったのか。

　まず1955年と比較してみたい。

　朝日新聞では，この年1年のアフリカ関連の総記事数は420，総面積は10029.99cm^2（12面と2.4段分）。それから5年後の1960年。同じ朝日新聞においては1年間の記事数は6倍強の2593に増え，面積においては7.6倍強の76827.49cm^{2}に増えている。どれほど55年時に比べて多くの紙面が割かれてきたかが分かる。このことはブロック紙，地方紙との比較においても言える。中日新聞の場合，数で約3倍（1282），面積では3.3倍強（【33798.67】）であり，中国新聞においても，数で約2.5倍（1043），面積では3.2倍強（【32618.63】）となっている。

　1955年と「アフリカ（の国家，独立）の年」との，数と面積の比較はこのようなものだが，ここからは3紙間の考察をしていく。

① 朝日新聞

　2593記事で【76827.49】ということは，1記事平均【29.63】である。これは1955年時の【23.93】と大きな違いはない。また総面積量【76827.49】は面数に換算すると，93面（頁）と2.3段分に当たる。うちA・A記事は726件で【21360.41】。この面積量は25面と13.5段分で，1記事の平均面積は【29.42】。

表3-1 1960年，朝日新聞のアフリカ関連記事の総記事数・面積量，及びA・A／B・Aの区分け表

月	朝日新聞（1960年）		A・A			B・A		
	記事数	面積(cm²)	記事数	面積(cm²)	面積の比率・%	記事数	面積(cm²)	面積の比率・%
1	153	7047.42	106	5046.56	71.6	47	2000.86	28.4
2	187	5152.01	157	4087.40	79.3	30	1064.61	20.7
3	153	4178.81	53	1056.92	25.3	100	3121.89	74.7
4	172	4944.11	59	2363.12	47.8	113	2580.99	52.2
5	50	1528.42	15	114.11	7.5	35	1414.31	92.5
6	103	4830.27	48	1201.85	24.9	55	3628.42	75.1
7	393	9270.60	27	673.20	7.3	366	8597.40	92.7
8	323	8463.81	11	271.98	3.2	312	8191.83	96.8
9	362	11348.13	30	753.43	6.6	332	10594.70	93.4
10	194	5131.41	42	851.51	16.6	152	4279.90	83.4
11	205	6178.31	75	1712.16	27.7	130	4466.15	72.3
12	298	8754.19	103	3228.17	36.9	195	5526.02	63.1
計	2593	76827.49	726	21360.41	27.8	1867	55467.08	72.2
1記事平均面積	29.63cm²	面数換算 93面と2.3段分	記事数の比率 28.0%	1記事平均29.42 換算25面と13.5段分		記事数の比率 72.0%	1記事平均29.71 換算67面と3.8段分	

　国別で見ると，**アルジェリア**が371と最も多く，A・A中の半数以上（51.1％）を占める。次いで多いのは**エジプト**149で，約2割である。この2カ国だけが1年＝12カ月，どの月にも欠けることなく登場した国であり，他の国においては，月によって1回も報道されないこともあった。

　3番目に多いのは国ではなくて，「**サハラ**」という地域である。127件。これはフランスによる核実験関連のみをカウントするために設けた項目である。ここで言うサハラは，国で言えばアルジェリアに当たるが，内容が限定されているのでこの項を設けた。

　次いで多いのは38の**モロッコ**であり，以下**チュニジア**の24，**モーリタニア**の10，**リビア**の6，**北アフリカ**の1である。A・A 726という数は全体の28.0％で，換言すれば7割以上はB・A記事であったということである。

　B・Aは1867記事，【55467.08】で，これは67面と3.8段分に当たる。また1記事の平均面積は【29.71】である。国別内訳では，最も多く報道されたのは①**ザイール**で1097と他国を圧倒する。この数はA・A全体よりも多く，総記事数の42.3％に当たる。これは所謂，「コンゴ動乱」の起こったことによる。6月30日，ベルギーから独立すると1週間も経たずに国内は混乱し（7月4日の朝刊に「種族衝突」の記事），内戦に陥り，以後数カ月も続くことになる。従って1097のうち1070が7月以降のものである。6月までは僅か27件あったに

過ぎない。

次に掲載の多い国は，②**南アフリカ**で162。11月を除いて毎月見える。そして，③**アフリカ全体**が99（アフリカ全体とは国を特定できない記事のことだが，A・AよりはB・Aに含めた方が――その面積，国数を見ても――妥当と思われ，こちらに入れた。毎月数記事ずつ掲載があった。以下，「アフリカ○カ国」もB・Aの国の方が多い理由により，こちらに含めた）。次いで，④**ガーナ**で87。このガーナのみB・Aの中において単独の国分類としては毎月の掲載があった国である（ザイールは，4月はない）。

次が，⑤**エチオピア**で82。これは11，12月に集中していて，その2ヶ月で79ある。これは皇太子夫妻の同国訪問と，クーデター生起による。次いで，⑥**ギニア**の69。日本人にとってはなじみの薄い国だが，紙面にはよく出ている。月平均にすると5件以上である。この時期の同国指導者には，ガーナ大統領と共に，B・Aに対する強い発言力があったことが窺われる。ここでは東独承認に絡む記事が多い。

以下，国名と記事数を列記していくと，⑦**マリ連邦**―31，⑧**ナイジェリア**―28，⑨**カメルーン**―16，⑩**南ローデシア**―15，⑪**ソマリア**―14，⑫，⑬，⑭，⑮**ケニア，トーゴ，仏領アフリカ，ガーナ・エジプト**―各11，⑯**セネガル**―9，⑰，⑱，⑲，⑳，㉑，㉒**ガボン，マダガスカル，ニアサランド，マリ共和国，中央アフリカ連邦，英領アフリカ**―各7，㉓，㉔**スーダン，北ローデシア**―各6，㉕，㉖**チャド，ダホメー**―各5，㉗，㉘，㉙，㉚**リベリア，シエラレオン，コートジボアール，西アフリカ**―各4，㉛，㉜，㉝，㉞，㉟**ニジェール，仏領コンゴ，東アフリカ，アフリカ5カ国**（ガーナ，ギニア，マリ，エジプト，モロッコ），**アフリカ16カ国**（国連新加盟国）―各3，㊱，㊲，㊳，㊴**タンガニーカ，中央アフリカ，南西アフリカ，アフリカ3カ国**（ガーナ，ギニア，マリ）―各2，㊵，㊶，㊷，㊸，㊹，㊺，㊻**オートボルタ，スワジランド，ルワンダ，ザンジバル，中部アフリカ，アフリカ7カ国**（エチオピア，リベリア，ガーナ，ナイジェリア，ソマリア，マリ，チュニジア），**アフリカ3カ国**（エチオピア，スーダン，リビア），**アフリカ2カ国**（ガーナ，ギニア）―各1，となる。

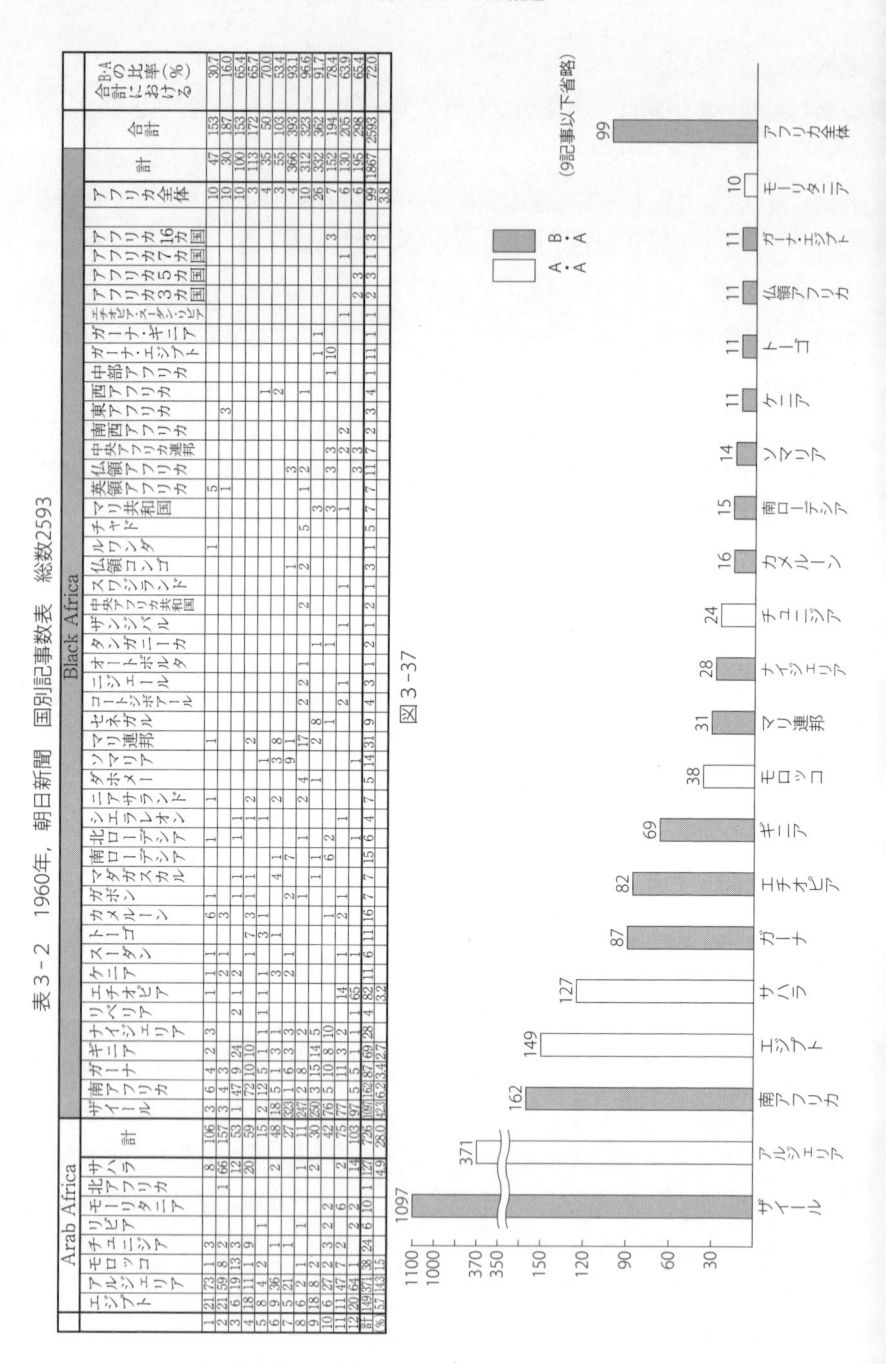

第3章 1960年（昭和35年）のアフリカ報道

表3-2 1960年、朝日新聞 国別記事数表 総数2593

図3-37

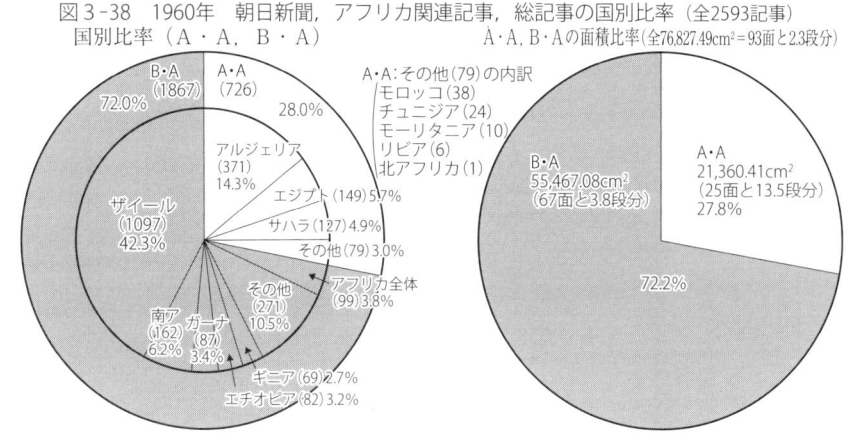

第 4 節　1960 年の 3 紙の比較分析　　195

図 3-38　1960 年　朝日新聞，アフリカ関連記事，総記事の国別比率（全 2593 記事）
国別比率（A・A, B・A）　　　　　　A・A, B・A の面積比率（全 76,827.49cm² = 93 面と 2.3 段分）

B・A 72.0%（1867）
A・A 28.0%（726）
A・A：その他（79）の内訳
モロッコ（38）
チュニジア（24）
モーリタニア（10）
リビア（6）
北アフリカ（1）
アルジェリア（371）14.3%
エジプト（149）5.7%
サハラ（127）4.9%
その他（79）3.0%
ザイール（1097）42.3%
その他（271）10.5%
アフリカ全体（99）3.8%
南ア（162）6.2%
ガーナ（87）3.4%
ギニア（69）2.7%
エチオピア（82）3.2%

B・A 55,467.08cm²（67 面と 3.8 段分）72.2%
A・A 21,360.41cm²（25 面と 13.5 段分）27.8%

以上，この月には B・A では 47 の国（「○カ国」という項目を含む）と地域が登場した。

　外電は，総記事数は 2040 で全体の 78.7％を占める。1955 年の 87.4％に比べれば低いが，依然として 8 割近くを外国通信社に依存していることが分かる。面積では【29077.93】で，これは総面積の 37.8％に当たる。この量は 35 面と 3.9 段分で，1 記事平均面積では【14.25】となる。

　通信社別では，数，面積とも，ロイター電が最も多く，646 記事で【9377.78】であり，外電全体のいずれも 3 割を越している（31.7％, 32.3％）。次いで AP の 573【8071.26】，AFP の 472【6707.25】，UPI の 168【2050.32】と続く。これら 4 社で数，面積とも 9 割を越す。

　その他の配信元を列記すると，RP ― 77【918.26】，ANS ― 33【209.30】，ソビエト・ニュース ― 27【448.04】，UPI サン（写真のみ）― 18【479.52】，NY タイムズ ― 6【390.42】，新華社 ― 6【30.31】，タス ― 5【100.95】，DPA ― 2【17.40】，PTI ― 2【59.90】，オブザーバー紙 ― 2【25.30】，ロンドンタイムズ ― 1【156.60】，NANA ― 1【14.95】，PANA ― 1【20.37】，である。

　うちアフリカ発の記事数は 1014 であり，これは外電分の 49.7％とほぼ半数であり，総記事数では 39.1％に当たる。但し，UPI サン，PANA 等の写真のみの掲載においては，この記事数の中には含めていない。「記事」をカウント

196　第3章　1960年（昭和35年）のアフリカ報道

表3-3　1960年、朝日新聞、外国通信社記事の表

	朝日新聞外国通信社 記事数 総記事数比(%)	1960年 面積(cm²) 総面積量比(%)	ロイター共同 数	ロイター共同 cm²	AP特約 数	AP特約 cm²	AFP特約 数	AFP特約 cm²	UPI共同 数	UPI共同 %	UPI共同 cm²	RP 数	RP cm²	ANS 数	ANS cm²	ソビエトニュース 数	ソビエトニュース cm²	UPIサン(写真) 数	UPIサン(写真) cm²	タス共同 数	タス共同 cm²	新華社共同 数	新華社共同 cm²	NYタイムス特約 数	NYタイムス特約 cm²	その他 数	その他 cm²	その他 数	その他 cm²
1月	114 (74.5)	1868.37 (26.5)	40	667.04	24	351.20	31	628.16	16		178.73	1	5.75	1	11.73			1	25.76										
2月	145 (77.5)	2229.28 (43.3)	52	983.20	28	414.13	42	527.74	11		135.52	6	50.24	1	17.25	2	60.85	1	27.24							1	DPA 3.45	1	PTI 9.66
3月	116 (75.8)	1529.05 (36.6)	41	498.13	26	381.16	26	355.36	8		73.17	5	41.40	3	21.16	1	15.06	2	78.71	1	13.50			1	22.50	1	DPA 13.95	1	NANA 14.95
4月	137 (79.7)	1676.36 (33.9)	37	352.16	41	676.48	26	298.78	14		109.04	13	82.49	1	7.82			3	68.77			1	4.14	1	76.68				
5月	40 (80.0)	284.13 (18.6)	10	67.85	13	66.01	10	81.42	2		29.70	3	14.49			1		1	21.67			1	2.99						
6月	83 (80.6)	979.25 (20.3)	21	249.47	25	262.34	23	289.26	7		98.96	2	9.43	3	14.95			2	54.84										
7月	333 (84.7)	4611.11 (49.7)	106	1537.57	91	1282.51	89	1119.17	21		260.51	8	45.31	4	28.29	7	132.16	4	115.89	1	73.65	2	16.05	1	91.53				
8月	270 (83.6)	4373.92 (51.7)	97	1583.22	70	1170.10	67	1056.78	17		238.39	7	129.94	2	7.36	6	60.72	1	24.84	2	11.04								
9月	278 (76.8)	4692.23 (41.3)	87	1496.09	76	1115.63	66	1082.22	22		218.36	10	317.35	8	52.44	4	130.72	3	61.80					1	61.02	1	London 156.60		
10月	156 (80.4)	1856.54 (36.2)	45	515.08	49	612.08	26	332.02	13		201.58	10	106.18	5	25.07	3	22.08					2	2.76						
11月	152 (74.1)	1933.81 (31.3)	42	565.83	49	575.85	34	535.65	17		190.56	5	18.86	3	16.79	1	3.45					2	7.13	1	26.82	1	オナザー 12.19	1	PANA 20.37
12月	216 (72.5)	3043.88 (34.8)	68	862.14	81	1163.77	32	400.69	20		315.80	7	96.82	2	6.44	3	23.00							1	111.87	1	オナザー 13.11	1	PTI 50.24
計	2040 (78.7%)	29077.93 (37.8%)	646 24.9	9377.78	573 22.1	8071.26	472 18.2	6707.25	168 6.5		2050.32	77 3.0	918.26	33	209.30	27	448.04	18	479.52	5	100.95	6	30.31	6	390.42	5	199.30	4	95.22

第4節　1960年の3紙の比較分析　197

したい為である。このことはこのあとの80年及び97年の検証においても同じである。

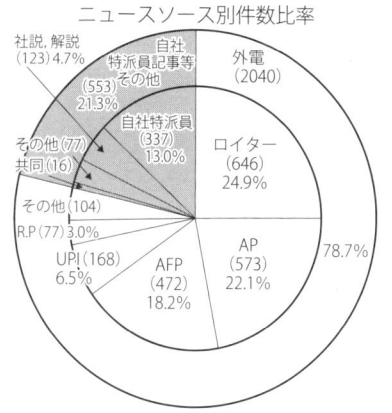

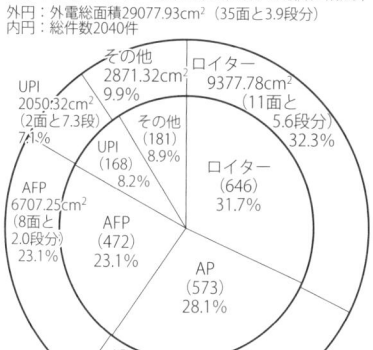

図3-39　1960年　朝日新聞，アフリカ関連記事，ニュースソース別，及外電件数別比率

外電のうち主要4社(ロイター，AP, AFP, UPI)が占める面積，及び件数比率
外円：外電総面積29077.93cm²（35面と3.9段分）
内円：総件数2040件

ニュースソース別件数比率

社説，解説 (123) 4.7%
自社特派員記事等 (553) その他 21.3%
外電 (2040) 78.7%
自社特派員 (337) 13.0%
その他 (77)
共同 (16)
その他 (104)
R.P (77) 3.0%
UPI (168) 6.5%
AFP (472) 18.2%
AP (573) 22.1%
ロイター (646) 24.9%

その他 2871.32cm² 9.9%
ロイター 9377.78cm² (11面と5.6段分) 32.3%
UPI 2050.32cm² (2面と7.3段分) 7.1%
その他 (181) 8.9%
UPI (168) 8.2%
ロイター (646) 31.7%
AFP 6707.25cm² (8面と2.0段分) 23.1%
AFP (472) 23.1%
AP (573) 28.1%
AP 8071.26cm² (9面と11.8段分) 27.8%

自社特派員記事は，337【21339.93】で，1記事平均面積は【63.32】，面数換算では，25面と13.1段分である。

内容的には6月までは，アルジェリア戦争，サハラでの核実験，エジプト・イスラエル間におけるパレスチナ交渉，そしてギニアの東独承認問題などが主な記事である。

7月以降は，ザイール（コンゴ）動乱関連が多くを占める。他にはアルジェリア関連が引き続いて多い。

自社記事のうちのアフリカ発数は41で，その内訳は，カイロ発—18，アジスアベバ発—12，エリザベートビル発—4，レオポルドビル発—2，以下，アルジェ，アクラ，ラゴス，ジャートビル（ザイール），ヨハネスブルグ，発が各1である。

解説等記事は，119【23396.32】で1記事平均は【196.61】と，200cm²に近い面積を費やしている。解説等の中にもアフリカ発の記事が32ある。

社説には4回，アフリカ関連の記事（合計面積は【329.56】）が掲載されている。内容は，仏のサハラ核実験であり（2月），残り3件（9月と11月の2）は，いずれもザイール（コンゴ）動乱関連である。

自社特派員記事，解説等記事，及び社説の合計面積は【45083.81】で，総面積に対する比率は58.7%である。面数換算では54面と10.0段分である。

共同の記者記事は，16【346.26】と，平均すると1ヶ月に1記事ほどの掲載でしかない。面積的にも6.2段分である。

「その他」の項目では，77件【2337.49】ある。記事の内訳は，政府関連37と最も多く，次いで，経済記事が12，社会記事が6，人物紹介4，支援・援助，番組紹介の各3などである。

また写真は，339枚【8551.16】で，これは10面と5.5段分である。うち顔写真は154枚【550.59】。地図は108枚【2323.10】，似顔絵等は12枚【168.89】，

表3-4 1960年，朝日新聞のアフリカ関連記事，自社特派員記事，及び共同等発記事の数量，面積量の表

朝日新聞 1960年 月	①自社特派員記事		②社説 ③解説報告等		共同・時事通信 その他		写真 (顔写真)		地図 似顔絵，表，グラフ	
	数	面積(cm²)	数/面積(cm²)		数/面積(cm²)		数	面積(cm²)	数	面積(cm²)
1	23	2097.00					47	1306.69	10	236.02
			11/	2981.76	5/	100.29	(16)	(51.30)	1	4.60
2	24	1429.40	1/	64.20	2/	21.55	24	403.97	5	65.20
			8/	968.05	7/	439.53	(6)	(20.51)	2	51.00
3	16	1034.27			4/	92.38	16	256.43	7	221.35
			7/	1321.19	10/	201.92	(8)	(29.62)		
4	16	900.63			1/	8.74	21	362.54	9	66.17
			13/	2298.66	5/	59.72	(3)	(8.57)	1	9.90
5	3	140.20			1/	26.68	9	289.05	3	10.30
			5/	1072.81	1/	4.60	(1)	(1.44)		
6	10	626.42					45	2195.04	9	71.99
			8/	3208.73	2/	15.87	(5)	(14.98)		
7	44	2859.55					36	636.14	14	322.35
			9/	1516.13	7/	283.81	(13)	(45.85)		
8	30	1849.85			2/	27.37	32	341.12	17	360.26
			12/	1991.97	9/	220.70	(19)	(69.06)	2	23.79
9	57	3874.66	1/	79.00	4/	95.48	52	843.85	15	297.66
			17/	2368.02	5/	238.74	(21)	(79.60)	1	2.99
10	19	1321.30			1/	62.56	28	236.77	5	359.57
			9/	1616.52	9/	274.49	(21)	(84.89)	1	25.08
11	39	2431.54	2/	186.36			32	840.69	6	54.28
			5/	1429.95	7/	196.65	(12)	(41.94)	2	9.88
12	56	2775.11			1/	11.50	57	835.87	8	257.95
			15/	2622.53	10/	301.17	(29)	(102.83)	2	41.65
計	337	21339.93	4/	329.56	16/	346.26	399	8551.16	108	2323.10
			119/23396.32		77/2337.49		(154)	(550.59)	12	168.89

1記事平均面積，63.32。①②③の合計面積は，45083.81で，54面と10.0段分。総面積に対する比率は，58.7%である。

写真，地図，似顔絵，等3点の合計面積は，11043.15で，これは面数換算，13面と5.9段分である。

第4節　1960年の3紙の比較分析

図3-40　1960年　朝日新聞，総記事（2593件）における外国通信社発記事以外の自社記事（①特派員，②社説，③解説報告等），及び共同通信発，その他（経済等）記事の占める比率

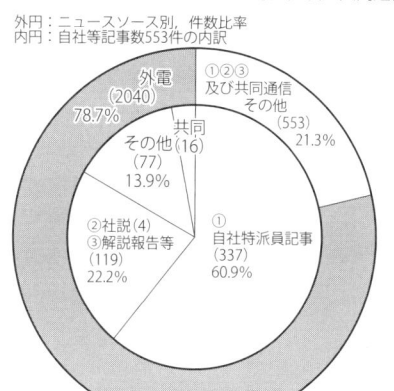

外円：ニュースソース別，件数比率
内円：自社等記事数553件の内訳

外電（2040） 78.7%
①②③及び共同通信 その他（553） 21.3%
共同（16）
その他（77） 13.9%
②社説（4）
③解説報告等（119） 22.2%
①自社特派員記事（337） 60.9%

外円：総面積（76827.49cm²）に対する外電の面積比率＝37.8%
内円：自社等記事（①②③と共同等）の面積（47749.56cm²）比率＝62.2%

外電 29077.93cm²
①②③及び共同通信 その他
共同 346.26cm² 62.2%
その他 2337.49cm² 4.9%
②社説 329.56cm²
③解説報告等 23396.32cm²＝23725.88cm²（28面と11.5段分）49.7%
①自社特派員記事 21339.93cm²（25面と13.1段分）44.7%
（35面と3.9段分）37.8%
（共同分）（346.26cm²）
47749.56cm²（57面と13.5段分）

これら3点の合計面積は【11043.15】で，これは13面と5.9段分に当たる。

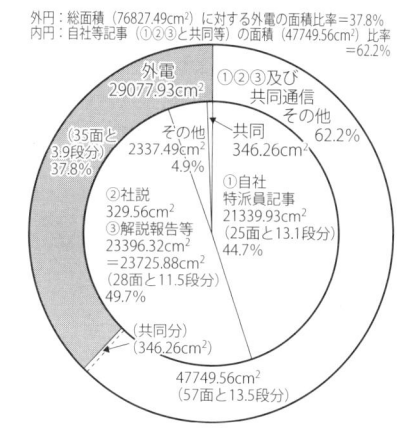

記事に占める写真，地図等（11043.15cm²＝13面と5.9段分）の割合
外円：写真，地図，似顔絵の総面積中に占める割合（14.4%）
内円：写真，顔写真と地図，似顔絵等の割合

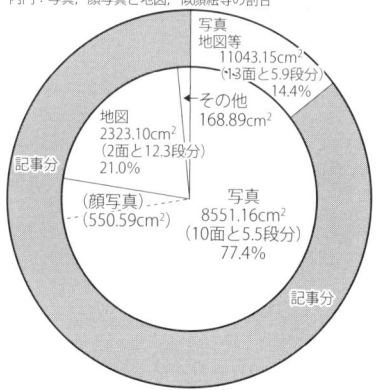

写真 地図等 11043.15cm²（13面と5.9段分）14.4%
その他 168.89cm²
地図 2323.10cm²（2面と12.3段分）21.0%
（顔写真）（550.59cm²）
写真 8551.16cm²（10面と5.5段分）77.4%
記事分

内容分析では，X群1640，Y群は953で，全体のそれぞれ63.2%，36.8%である。

X群は，ザイール動乱と，アルジェリア内戦，南アフリカにおける人種差別，そのことから起こった暴動・衝突，エチオピアのクーデター，サハラ核実験等である。各項の内訳は，A—959，B—12，C—77，D—6，E—277，F—132，G—177，である。

Y群は，パレスチナ交渉，ザイール情勢，アルジェリア情勢をめぐる国連の動き，各国の独立に伴う承認記事等である。項目別内訳は，H—64，I—10，J—674，K—39，L—3，M—38，N—91，O—34，である。

この年の朝日新聞のアフリカ関連記事に，その内容において，独立関連の一部記事を除けば，積極的な明るさの漂う（ポジティブな）記事は1件もない。

200　第3章　1960年（昭和35年）のアフリカ報道

表3-5　1960年，朝日新聞，X群・Y群の表

1960年朝日	X+Y	X群							計／%	Y群								計／%
		A	B	C	D	E	F	G		H	I	J	K	L	M	N	O	
1月	153	36		1		54	7	5	103/67.3	5	3	21	7		3	6	5	50/32.7
2月	187	25	1			47	71	1	145/77.5	3		31	2			1	5	42/22.5
3月	153	47	11			16	13	5	92/60.1	2		43	3		6	2	5	61/39.9
4月	172	53		10		8	21	2	94/54.7	7	3	61			2	3	2	78/45.3
5月	50	11			1	6		4	22/44.0	3		20	1		1	2	1	28/56.0
6月	103	6				37		1	44/42.7	7		37				8	7	59/57.3
7月	393	156		1	1	34		72	264/67.2	6		92	8		2	20	1	129/32.8
8月	323	164		2	1	11	1	49	228/70.6	6		63	5		3	17	1	95/29.4
9月	362	211		2		4	2	20	239/66.0	9	2	97	2		2	10	1	123/34.0
10月	194	79		2	1	15		10	107/55.2	6	1	66	4		2	6	2	87/44.8
11月	205	64				27	2	7	100/48.8	5		74	4	3	10	6	3	105/51.2
12月	298	107		59	2	18	15	1	202/67.8	5	1	69	3		7	10	1	96/32.2
計	2593	959	12	77	6	277	132	177	1640/63.2	64	10	674	39	3	38	91	34	953/36.8
%		37.0		3.0		10.7	5.1	6.8		2.5		26.0	1.5		1.5	3.5	1.3	

図3-41　1960年　朝日新聞，イメージ別，イメージの内容別比率

イメージ「X群」（A～G）の内容別比率

- A (959) 58.5%
- E (277) 16.9%
- G (177) 10.8%
- F (132) 8.0%
- C (77) 4.7%
- B (12) / D (6) 1.1%
- 1640件

イメージ「Y群」（H～O）の内容別比率

- J (674) 70.7%
- N (91) 9.5%
- H (64) 6.7%
- K (39) 4.1%
- M (38) 4.0%
- O (34) 3.6%
- I (10) / L (3) 1.4%
- 953件

イメージ別（X群，Y群）比率

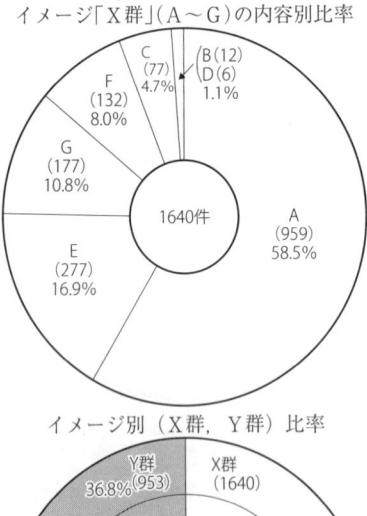

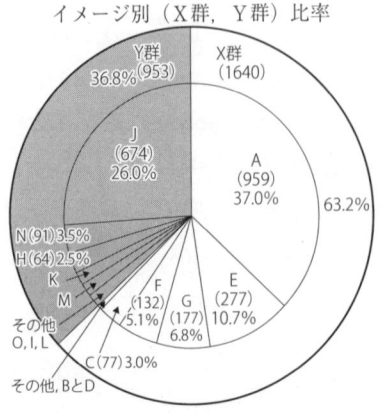

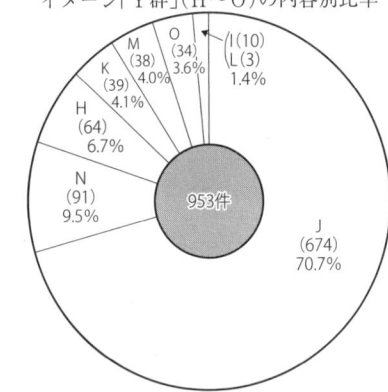

- X群 (1640) 63.2%
- Y群 (953) 36.8%
- A (959) 37.0%
- J (674) 26.0%
- E (277) 10.7%
- G (177) 6.8%
- F (132) 5.1%
- N (91) 3.5%
- H (64) 2.5%
- K, M その他 O, I, L
- C (77) 3.0%
- その他 B と D

　アフリカ発の総記事数は，1092で全体の42.1%。うち外電はすでに記したように1014あり，それ以外は，自社特派員発が41，共同発が5，そして解説等記事のうちの32がそう（自社特派員からのもの）である。

　この年の総面積量を面数に換算すると，93面と2.3段分になると191頁に記したが，これは当時の外国記事全体

第4節　1960年の3紙の比較分析　201

図3-42　1960年　朝日新聞，総記事数に占めるアフリカ発の記事数とその比率，及びそこに占める外電，日本人記事数の比率（全2593件）
外円：総記事数とアフリカ発
内円：外電と日本人記事

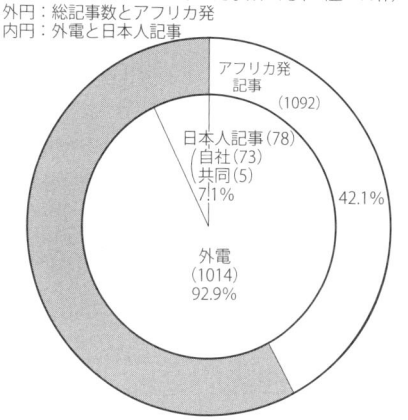

アフリカ発記事 (1092)
日本人記事 (78)
（自社 (73)
　共同 (5)）
7.1%
42.1%
外電 (1014)
92.9%

から見ると，約1/4強である――それだけの部分をアフリカ関連の記事が占めていたことを示している。

※　当時，外国記事は1日平均，1面分を費やしていたのだが，それを1カ月にすると，30面分となり，さらに1年にすると，12倍（12カ月となり），360面ということになる。93面は360面からみると26％近く（93÷360＝0.2583……，＝1/4強）になるのである。

　日本にとって欧米やアジアが大切であることは言うまでもなく，従ってそれまでは，それらの地域に関する報道が主であったのだが，この年においては1/4強もスペースを取っていた。それはつまりこの年が，アフリカにとって「変化，変容の年」であったということができる。日本という，アフリカから甚だ遠い，極東の国でも，これ程頻繁に報じられていたのだから，そういうことができるだろう。

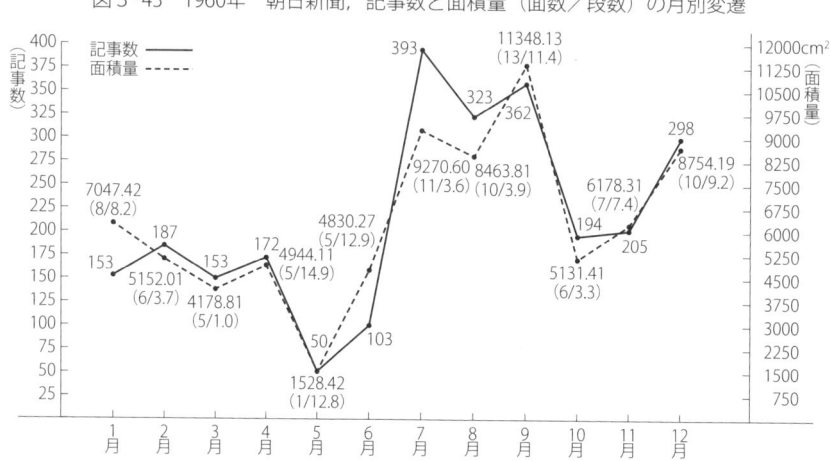

図3-43　1960年　朝日新聞，記事数と面積量（面数／段数）の月別変遷

（記事数） 記事数 ――　面積量 - - -

1月 153　7047.42 (8/8.2)
2月 187　5152.01 (6/3.7)
3月 153　4178.81 (5/1.0)
4月 172　4944.11 (5/14.9)
5月 50　1528.42 (1/12.8)
6月 103　4830.27 (5/12.9)
7月 393　9270.60 (11/3.6)
8月 323　8463.81 (10/3.9)
9月 362　11348.13 (13/11.4)
10月 194　5131.41 (6/3.3)
11月 205　6178.31 (7/7.4)
12月 298　8754.19 (10/9.2)

2 中日新聞

　総記事数1282で，総面積は【33798.67】。1記事平均では【26.36】。面数換算にすると40面と14.7段分，ほぼ41面（頁）分に当たる。

　A・A記事は351【9523.76】。これは全体のそれぞれ27.4％，28.2％に当たり，またこの面積量は11面と8.2段分に当たる。1記事平均面積は【27.13】である。

　B・Aは931【24274.91】。これは全体のそれぞれ72.6％，71.8％。1記事平均面積は【26.07】で，この面積量は29面と6.5段分に当たる。

表3-6　1960年，中日新聞のアフリカ関連記事，総記事数・総面積量，及びA・A／B・Aの区分け表

月	中日新聞（1960年）		A・A			B・A		
	記事数	面積(cm²)	記事数	面積(cm²)	面積の比率・%	記事数	面積(cm²)	面積の比率・%
1	81	1927.11	59	1416.55	73.5	22	510.56	26.5
2	104	3826.12	79	2277.62	59.5	25	1548.50	40.5
3	62	1548.24	23	654.82	42.3	39	893.42	57.7
4	55	1663.40	16	422.64	25.4	39	1240.76	74.6
5	19	548.56	4	142.24	25.9	15	406.32	74.1
6	38	834.94	21	520.26	62.3	17	314.68	37.7
7	176	3889.51	17	450.47	11.6	159	3439.04	88.4
8	202	5165.30	8	313.60	6.1	194	4851.70	93.9
9	182	5326.68	8	147.63	2.8	174	5197.05	97.2
10	62	1636.48	15	374.75	22.9	47	1261.73	77.1
11	103	2532.17	37	1193.45	47.1	66	1338.72	52.9
12	198	4900.16	64	1609.73	32.9	134	3290.43	67.1
計	1282	33798.67	351	9523.76	28.2	931	24274.91	71.8
1記事平均面積	26.36cm²	面数換算40面と14.7段分	記事数の比率27.4%	1記事平均27.13	換算11面と8.2段分	記事数の比率72.6%	1記事平均26.07	換算29面と6.5段分

　A・Aの国別内訳は，**アルジェリア**が212と最も多く，A・A全体の60.4％を占める。次いで**サハラ**の78（同22.2％）である。内容は朝日の処で記したように，アルジェリアは，自治権取得への仏との交渉であり，その関連の紛争・暴動。またサハラは核実験関連である。これら以外には，**エジプト**—39，**モロッコ**—8，**モーリタニア**—7，**チュニジア**—6，**リビア**—1，がある。

　B・Aは，[1]**ザイール**が朝日同様569と圧倒的に多い。B・A全体の61.1％にも達し，全体の数から見ても44.4％と4割以上を占める。ここでもやはり7月以降に集中している。6月までは僅か11でしかない。

　次いで多いのは，[2]**南アフリカ**で，67。こちらは3月4月に50と集中している。3番目は57の，[3]**エチオピア**。11月12月に55と集中している。クー

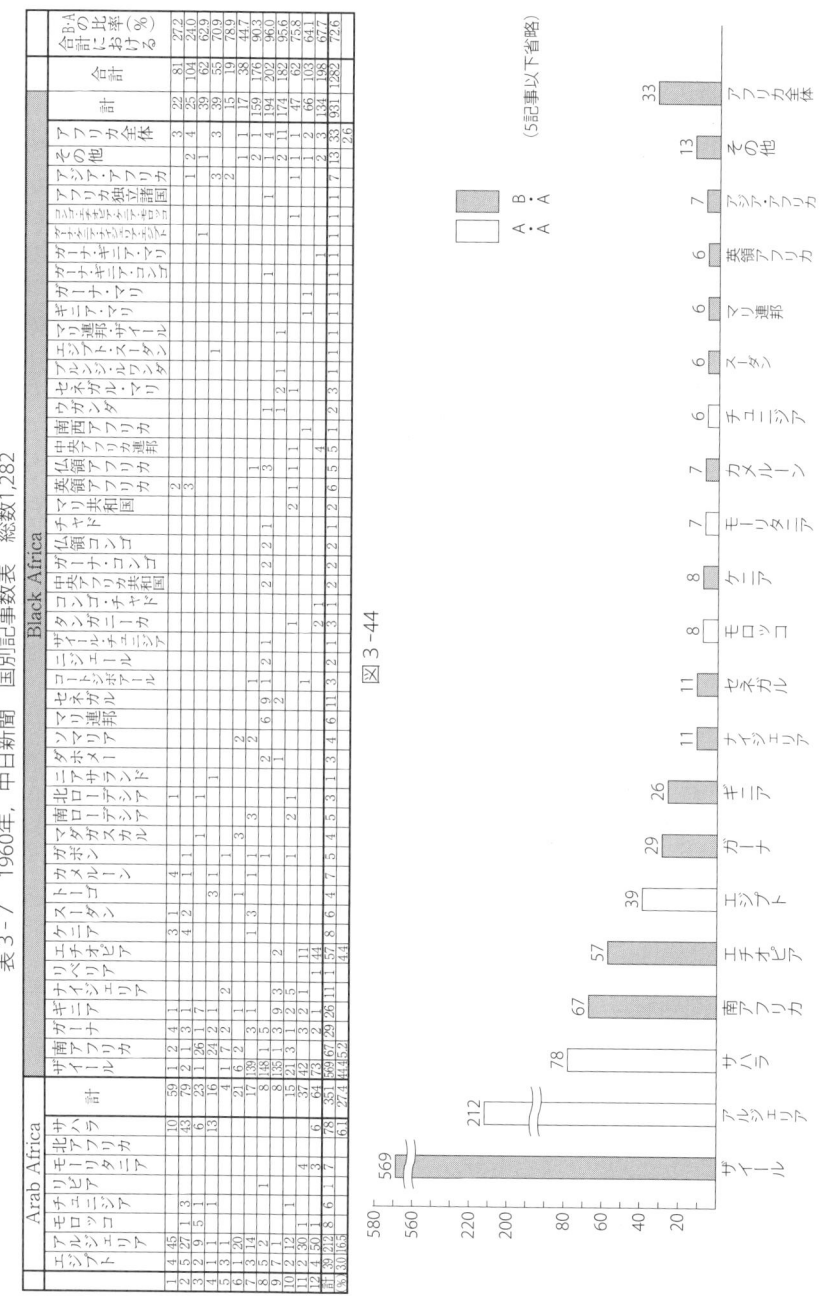

第4節　1960年の3紙の比較分析　203

表3-7　1960年、中日新聞　国別記事数表　総数1,282

図3-44

デターを報じたものである。次は、4アフリカ全体で 33.

以下はいずれも 30 記事に満たない国である。5ガーナ―29, 6ギニア―26, 7, 8ナイジェリア, セネガル―各 11, 9ケニア―8, 10, 11カメルーン, アジア・アフリカ―各 7, 12, 13, 14スーダン, マリ連邦, 英領アフリカ―各 6, 15, 16, 17, 18ガボン, 南ローデシア, 中央アフリカ連邦, 仏領アフリカ―各 5, 19, 20, 21トーゴ, マダガスカル, ソマリア―各 4, 22, 23, 24, 25, 26北ローデシア, ダホメー, コートジボアール, タンガニーカ, セネガル・マリ―各 3, 27, 28, 29, 30, 31, 32, 33, 34, 35, 36ニジェール, マリ共和国, 中央アフリカ共和国, 仏領コンゴ, ウガンダ, ガーナ・コンゴ, ローデシア・ニアサランド, マリ・マダガスカル, アフリカ5カ国（ギニア, ガーナ, マリ, エジプト, モロッコ), アフリカ数カ国―各 2, 37〜57リベリア, ニアサランド, チャド, 南西アフリカ, ルワンダ・ブルンジ, エジプト・スーダン, マリ連邦・ザイール, ギニア・マリ共和国, ガーナ・マリ共和国, ザイール・チュニジア, 仏領コンゴ・チャド, ガーナ・ギニア・マリ共和国, ガーナ・ギニア・ザイール, ザイール・エチオピア・ケニア・モロッコ, ガーナ・ナイジェリア・エジプト・ケニア, ニジェール・ダホメー・オートボルタ・コートジボアール, ポルトガル領アフリカ, アフリカ独立諸国, アフリカ公館長国, ロンドンのアフリカ人, 古代アフリカ―各 1 である。

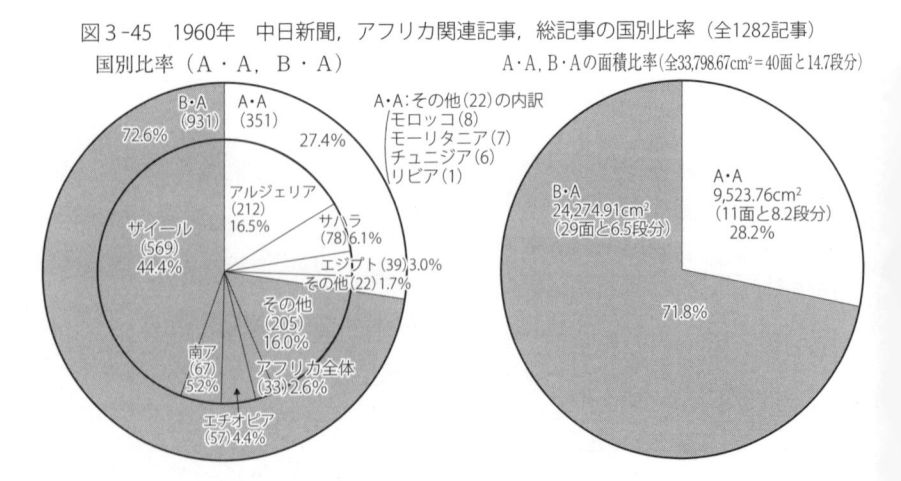

図 3-45　1960年　中日新聞, アフリカ関連記事, 総記事の国別比率（全1282記事）
国別比率（A・A, B・A）　　　　　　　　A・A, B・Aの面積比率（全33,798.67cm² = 40面と14.7段分）

第4節　1960年の3紙の比較分析　205

　外電は 1007【15603.64】で，1 記事平均面積は【15.50】。面積量の面数換算は，18 面と 13.8 段分である。

　通信社別では，数，面積とも最も多いのは AP で 344【5517.24】。これは外電分のそれぞれ 34.2％，35.4％と，全体の 1/3 を占めている。

　以下記事数の多い順に記すと，ロイター——246【3446.64】，AFP ——213【3706.89】（面積量ではこちらの方が多い），UPI ——148【2035.90】である。中日においてもこの 4 社で全体の数，面積量とも 9 割を越す（それぞれ 94.5％，94.3％）。

　以下，RP ——17【210.49】，ANS ——13【99.21】，ソビエト・ニュース——10【112.83】，UPIサン（写真のみ）——5【105.97】，タス——4【42.34】，新華社——3【12.19】，ガーディアン紙——2【165.78】，タイム誌 IRP 特約——1【137.62】，そして「特約とのみ記名の配信会社不明記事——1【10.54】である。

　外電におけるアフリカ発の記事数は 473 で，外電分の 47.0％，総記事数に対

図 3-46　1960 年　中日新聞，アフリカ関連記事，ニュースソース別，及び外電件数別比率

ニュースソース別件数比率

外電のうち主要4社(ロイター,AP,AFP,UPI)が占める面積，及び件数比率
外円：外電総面積15603.64cm²（18面と13.8段分）
内円：総件数1007件

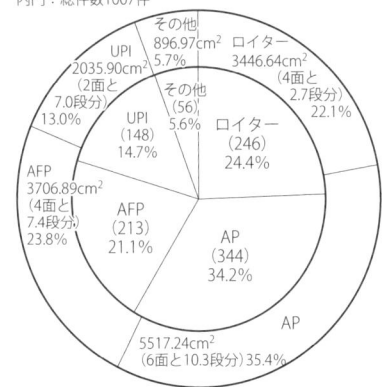

する比率では 36.9％に当たる。

　自社特派員記事は，113【6337.27】で，1 記事平均では【56.08】。面数換算では 7 面と 10.3 段分である。アフリカ発記事数は 12 で，内訳は，カイロ 2，チュニス 3，レオポルドビル 3，エリザベイトビル 2，アジスアベバ 1，カルツーム 1 である。

表3-8 1960年、中日新聞、外国通信社記事の表

中日新聞1960年 外国通信社	記事数 総記事数比(%)	面積(cm²) 総面積量比(%)	ロイター共同 数	cm²	AP特約 数	cm²	AFP特約 数	cm²	UPI共同 数	cm²	RP 数	cm²	ANS 数	cm²	ソビエトニュース 数	cm²	UPIサン(写真) 数	cm²	タス共同 数	cm²	新華社共同 数	cm²	不明(特約とのみ記名) 数	cm²	ガーディアン特約 数	cm²	タイムス誌IRP特約 数	cm²
1月 68 (84.0)		104071 (54.0)	17	260.32	20	266.06	23	447.31	7	62.69											1	4.33						
2月 68 (65.4)		1053.31 (27.5)	9	161.09	24	406.45	14	270.87	19	190.93			1	5.46	1	18.51												
3月 45 (72.6)		610.15 (39.4)	15	182.57	16	223.00	5	81.37	8	119.52									1	3.69								
4月 41 (74.5)		620.42 (37.3)	13	125.62	15	274.72	2	38.41	9	172.85			2	8.82														
5月 12 (63.2)		162.74 (29.7)	5	95.88	2	17.47	1	30.47	1	5.45	2	7.54			1	5.93												
6月 29 (76.3)		314.05 (37.6)	9	94.97	4	48.62	10	138.88			2	8.98	3	17.63							1	4.97						
7月 148 (84.1)		2150.10 (55.3)	31	320.27	55	761.94	29	555.68	19	290.15	7	123.60	2	27.06	4	61.30	1	10.10										
8月 171 (84.7)		2953.35 (57.2)	47	623.48	55	1157.54	46	758.59	15	178.13	2	26.13			2	13.95	1	24.46	1	5.29					2	165.78		
9月 146 (80.2)		2623.12 (49.2)	36	750.61	52	947.04	32	609.82	17	214.53	3	39.43	3	23.56			3	71.41	1	24.70	1	2.89	1	10.54				
10月 46 (74.2)		617.47 (37.7)	10	138.00	17	212.39	12	123.28	6	135.78			1	8.02														
11月 81 (78.6)		1312.16 (51.8)	18	228.88	29	441.48	17	292.73	16	211.45					2	13.14	3	71.41	1	8.66							1	137.62
12月 152 (76.8)		2146.06 (43.8)	36	464.95	55	760.53	22	359.48	31	454.42	1	4.81	1	8.66	2	13.14												
計 1007 (78.5)%		15603.64 (46.2)%	246 19.2	3446.64	344 26.8	5517.24	213 16.6	3706.89	148 11.5	2035.90	17	210.49	13	99.21	10	112.83	5	105.97	4	42.34	3	12.19	1	10.54	2	165.78	1	137.62

第4節　1960年の3紙の比較分析

解説等記事は，54【7523.84】。1記事平均では【139.33】と100cm²は越えている。うちアフリカ発は10件ある。

社説には3回取り上げられている。面積量は【175.30】。2月のサハラ実験関連と，4月のやはり仏がサハラ実験を続けることに対してのものと，9月のザイールの混迷を語るものである。

自社特派員記事，解説記事，そして社説の面数の合計は【14036.41】で，総面積に対する比率は41.5％，面数換算では約17面分である。

共同の記者記事は，36【1069.85】で，1記事平均面積は【29.72】。面数換算では1面と4.5段分である。うちアフリカ発記事は9件ある。発信地別では，

表3-9　1960年，中日新聞のアフリカ関連記事，自社特派員記事，及共同等発記事の数量，面積量の表

中日新聞 1960年 月	①自社特派員記事		②社説 ③解説報告等	共同・時事通信 その他	写真 (顔写真)		地図 似顔絵，表，グラフ	
	数	面積(cm²)	数/面積(cm²)	数/面積(cm²)	数	面積(cm²)	数	面積(cm²)
1	6	418.82			15	210.91	4	23.28
			4/ 388.65	3/ 78.93	(6)	(23.39)		
2	13	866.27	1/ 55.31	4/ 41.63	27	445.17	10	141.61
			8/1373.00	10/ 436.60	(14)	(52.96)		
3	9	456.65		2/ 70.27	7	113.18	4	31.99
			3/ 346.06	3/ 65.11	(3)	(12.19)		
4	2	67.94	1/ 55.59	6/ 192.82	13	306.42	1	12.82
			1/ 527.31	4/ 199.32				
5	1	38.89		2/ 22.92	4	95.92	1	4.17
			1/ 120.92	2/ 203.09	(2)	(7.84)		
6	6	206.48			7	49.37	2	9.12
			2/ 311.85	1/ 2.56	(6)	(30.28)	1	9.50
7	18	952.10		1/ 57.11	15	229.88	12	88.40
			5/ 613.16	4/ 117.04	(4)	(13.98)	2	27.47
8	13	828.52		2/ 57.91	29	478.03	11	269.62
			8/1197.52	8/ 128.00	(16)	(51.82)	2	62.53
9	17	1081.17	1/ 64.40	5/ 68.11	40	382.03	8	55.56
			6/ 967.42	7/ 522.46	(17)	(71.51)		
10	4	317.65		2/ 60.89	16	133.60	1	5.61
			3/ 353.96	7/ 286.51	(10)	(33.08)	2	10.29
11	5	276.40		3/ 119.17	21	172.00	2	13.47
			4/ 421.72	10/ 402.72	(13)	(45.98)	1	5.53
12	19	826.38		9/ 379.02	45	616.24	6	35.79
			8/ 791.04	10/ 757.66	(27)	(92.29)		
計	113	6337.27	3/ 175.30	36/1069.85	239	3232.95	62	691.44
			54/7523.84	69/3088.77	(118)	(435.32)	8	115.32
1記事平均面積，56.08。①②③の合計面積は，14036.41で，約17面分。総面積に対する比率は，41.5％である。					写真，地図，似顔絵，等3点の合計面積は4039.71で，これは面数換算，4面と13.5段分。			

図3-47 1960年 中日新聞，総記事（1282件）における外国通信社発記事以外の自社記事（①特派員，②社説，③解説報告等），及び共同通信発，その他（経済）記事の占める比率

外円：ニュースソース別，件数比率
内円：自社等記事数275件の内訳

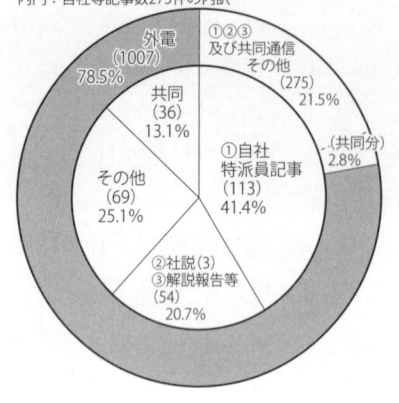

外電（1007）78.5%
共同（36）13.1%
その他（69）25.1%
①自社特派員記事（113）41.4%
②社説（3）③解説報告等（54）20.7%
①②③及び共同通信 その他（275）21.5%
（共同分）2.8%

外円：総面積に対する外電の面積比率＝46.2%
内円：自社記事（①②③と共同）の面積（18195.03cm²）比率＝53.8%

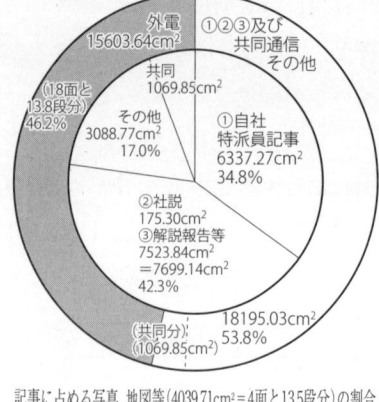

外電 15603.64cm²
①自社特派員記事 6337.27cm² 34.8%
②社説 175.30cm²
③解説報告等 7523.84cm² ＝7699.14cm² 42.3%
その他 3088.77cm² 17.0%
①②③及び共同通信 その他
（18面と13.8段分）46.2%
（共同分）（1069.85cm²）
18195.03cm² 53.8%
共同 1069.85cm²

記事に占める写真，地図等（4039.71cm²＝4面と13.5段分）の割合
外円：写真，地図，似顔絵の総面積中に占める割合（12.0%）
内円：写真，顔写真と地図，似顔絵等の割合

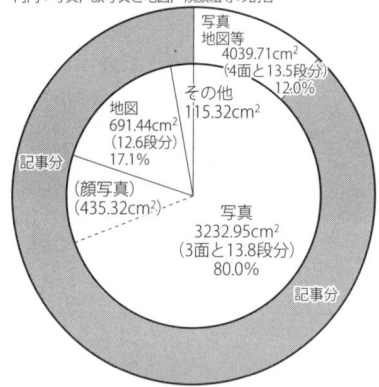

写真 地図等 4039.71cm²（4面と13.5段分）12.0%
その他 115.32cm²
地図 691.44cm²（12.6段分）17.1%
記事分
（顔写真）（435.32cm²）
写真 3232.95cm²（3面と13.8段分）80.0%
記事分

カイロ5，レオポルドビル2，エリザベイトビル1，アジスアベバ1である。

「その他」の項目の総記事数は69で面積は【3088.77】。やはり数的には政府関連が27と最も多く，次いでエチオピアへの皇太子夫妻訪問関連の8が続く。以下，書籍紹介6，経済記事5，社会記事4，支援・援助4，人物紹介3，などである。

写真は，239枚【3232.95】。この面積量は3面と13.8段分に当たる。顔写真はそのうち118枚【435.32】。地図は62枚【691.44】，似顔絵等は8枚【115.32】。これら3つの合計面積は【4039.71】で，これは4面と13.5段分である。

内容分析では，X群906で全体の70.7%，Y群は376で29.3%である。

内訳は，X群，A―555（全体の43.3%に当たる），B―4，C―52，D―4，E―136，F―86，G―69。Y群，H―22，I―7，J―269，K―9，L―4，M―27，N―34，O―4，である。

第4節 1960年の3紙の比較分析　209

表3-10　1960年, 中日新聞, X群・Y群の表

1960年中日	X+Y	X群								Y群								
		A	B	C	D	E	F	G	計/%	H	I	J	K	L	M	N	O	計/%
1月	81	35		1		16	9	1	62/76.5	2		13	1			3		19/23.5
2月	104	24				13	50		87/83.7	3		8	4				2	17/16.3
3月	62	28	4			8	6	3	49/79.0			8	1		2	2		13/21.0
4月	55	21		8			14	1	44/80.0	1	1	7			1	1		11/20.0
5月	19	2		1		6			9/47.4		2	7			1			10/52.6
6月	38	6				18		1	25/65.8			13						13/34.2
7月	176	103			2	12		22	139/79.0	2	1	28				6		37/21.0
8月	202	108				10		24	142/70.3	6		37	1	2	2	11	1	60/29.7
9月	182	99		3		2		10	114/62.6	3		57		1	3	3		68/37.4
10月	62	27				8		3	38/61.3	1	1	16	1		4		1	24/38.7
11月	103	27				20	1	2	50/48.5	1		33	1	1	11	6		53/51.5
12月	198	75		39	2	23	6	2	147/74.2	3	1	42			3	2		51/25.8
計	1282	555	4	52	4	136	86	69	906/70.7	22	7	269	9	4	27	34	4	376/29.3
%		43.3		4.1		10.6	6.7	5.4		1.7		21.0			2.1	2.7		

図3-48　1960年　中日新聞, イメージ別, イメージの内容別比率

イメージ「X群」(A〜G)の内容別比率(906件)

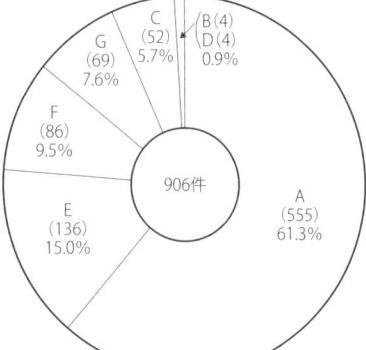

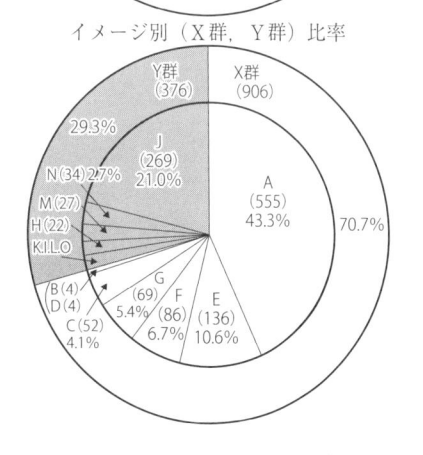

- A (555) 61.3%
- E (136) 15.0%
- F (86) 9.5%
- G (69) 7.6%
- C (52) 5.7%
- B (4) 0.9%
- D (4) 0.9%

イメージ「Y群」(H〜O)の内容別比率(376件)

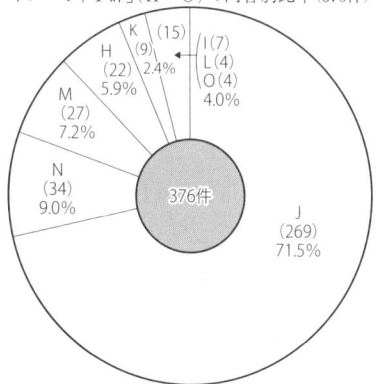

- J (269) 71.5%
- N (34) 9.0%
- M (27) 7.2%
- H (22) 5.9%
- K (15) 2.4%
- I (7)
- L (4)
- O (4) 4.0%

イメージ別 (X群, Y群) 比率

- X群 (906) 70.7%
- Y群 (376) 29.3%
- A (555) 43.3%
- J (269) 21.0%
- E (136) 10.6%
- F (86) 6.7%
- G (69) 5.4%
- C (52) 4.1%
- N (34) 2.7%
- M (27)
- H (22)
- K, I, L, O
- B (4), D (4)

中日においてもA項では, ザイールとアルジェリアの国内紛争・暴動が大きな数を占める。Bの4はモロッコの地震であり, Cはエチオピアのクーデターが主なものである。Eは独立関連, 仏によるアルジェリア政策, 英の植民地政策など。Fはサハラ核実験である。Gには支援・援助, 相互協力等といった各種記事が含まれる。

図3-49 1960年 中日新聞，総記事数に占めるアフリカ発の記事数とその比率，及びそこに占める外電，日本人記事数の比率（全1282件）

外円：総記事数とアフリカ発
内円：外電と日本人記事

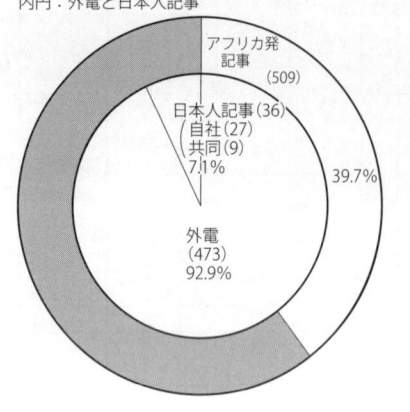

アフリカ発記事 (509) 39.7%
日本人記事 (36) 自社(27) 共同(9) 7.1%
外電 (473) 92.9%

Y群では，Jが圧倒的に多いが，ここでも政治，外交，会議，会談，交渉，そして独立承認などといった様々な内容が含まれている。但し，この新聞にも筆者が読める限りにおいては，ポジティブ（明るさを伴うよう）な記事は1件もない。

アフリカ発の総記事は，509で全体の39.7%に当たる。約4割の記事がアフリカからの記事である。うち外電は，473で，残りは自社特派員記事が12，自社特派員の解説等記事が10，そして共同記事が9で，合計504。残る5はアジスアベバからの4。これは同じく自社特派員発の皇室記事であり，あと1件はカイロからのやはり自社特派員（大坪）の経済記事である。

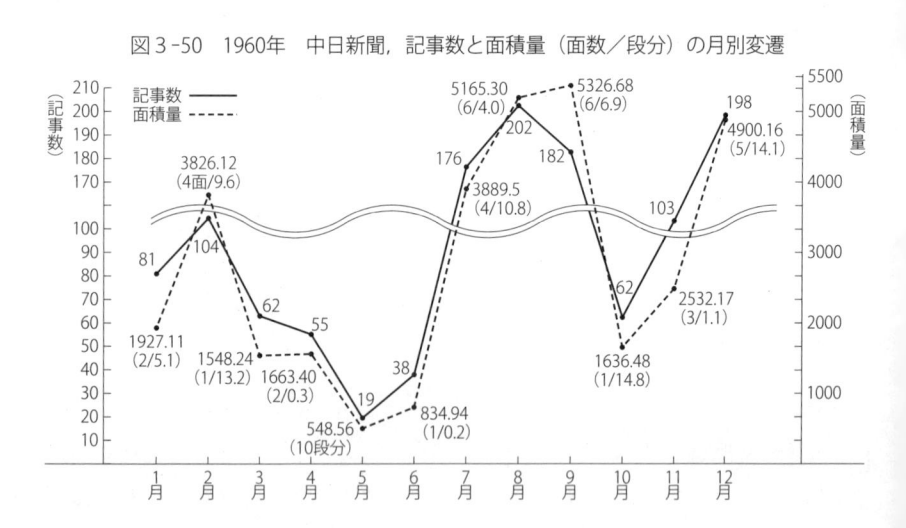

図3-50 1960年 中日新聞，記事数と面積量（面数／段分）の月別変遷

（記事数，面積量）

1月 81, 1927.11 (2/5.1)
2月 104, 3826.12 (4面/9.6)
3月 62, 1548.24 (1/13.2)
4月 55, 1663.40 (2/0.3)
5月 19, 548.56 (10段分)
6月 38, 834.94 (1/0.2)
7月 176, 3889.5 (4/10.8)
8月 202, 5165.30 (6/4.0)
9月 182, 5326.68 (6/6.9)
10月 62, 1636.48 (1/14.8)
11月 103, 2532.17 (3/1.1)
12月 198, 4900.16 (5/14.1)

3 中国新聞

　総記事数 1043，総面積【32618.63】。1 記事平均は【31.27】，面数換算は 39 面と 8.3 段分。

　A・A の記事数は 304 で，面積は【10789.64】。これは全体のそれぞれ 29.1％，33.1％。面積の面数換算は，13 面と 1.2 段分。1 記事の平均面積は【35.49】。

　B・A は 739 で【21828.99】。それぞれ全体の 70.9％，66.9％。1 記事の平均面積は【29.54】で，面数換算では 26 面と 7.0 段分である。

表 3-11 1960 年，中国新聞のアフリカ関連記事，総記事数・総面積量，及び A・A／B・A の区分け表

月	中国新聞（1960 年）		A・A			B・A		
	記事数	面積(cm²)	記事数	面積(cm²)	面積の比率・％	記事数	面積(cm²)	面積の比率・％
1	77	2695.10	65	2244.17	83.3	12	450.93	16.7
2	90	3245.61	78	2754.43	84.9	12	491.18	15.1
3	61	1394.12	22	557.57	40.0	39	836.55	60.0
4	62	2559.56	23	1368.21	53.5	39	1191.35	46.5
5	12	1983.54	4	287.50	14.5	8	1696.04	85.5
6	19	1832.95	11	671.61	36.6	8	1161.34	63.4
7	126	2817.50	11	292.94	10.4	115	2524.56	89.6
8	161	3845.80	6	307.88	8.0	155	3537.92	92.0
9	167	5016.03	7	82.09	1.6	160	4933.94	98.4
10	50	800.58	8	170.49	21.3	42	630.09	78.7
11	78	2066.94	22	556.79	26.9	56	1510.15	73.1
12	140	4360.90	47	1495.96	34.3	93	2864.94	65.7
計	1043	32618.63	304	10789.64	33.1	739	21828.99	66.9
1 記事平均面積	31.27cm²	面数換算 39 面と 8.3 段分	記事数の比率 29.1％	1 記事平均 35.49 換算 13 面と 1.2 段分		記事数の比率 70.9％	1 記事平均 29.54 換算 26 面と 7.0 段分	

　A・A の国別内訳は，**アルジェリア**が 183 と最も多く，A・A の 6 割（60.2％）を占める。次いで**サハラ**の 70（同 23.0％）。内容は朝日，中日と同じである。サハラの次は 34 の**エジプト**であり，以下は，中日同様 10 件未満の国が続く。**モロッコ—7，チュニジア—6，モーリタニア—3，リビア—1，**である。

　B・A は，[1] **ザイール**が 505 で B・A 全体の 68.3％を占める。やはり 7 月以降に 500 という記事の出現を見ている。7，8，9 月はすべて 100 を越していて，これも朝日（は 3 カ月間 200 以上），中日と同様である。

　次いで，[2] **南アフリカ**の 68，[3] **エチオピア**の 47 と続く。ここまでは中日

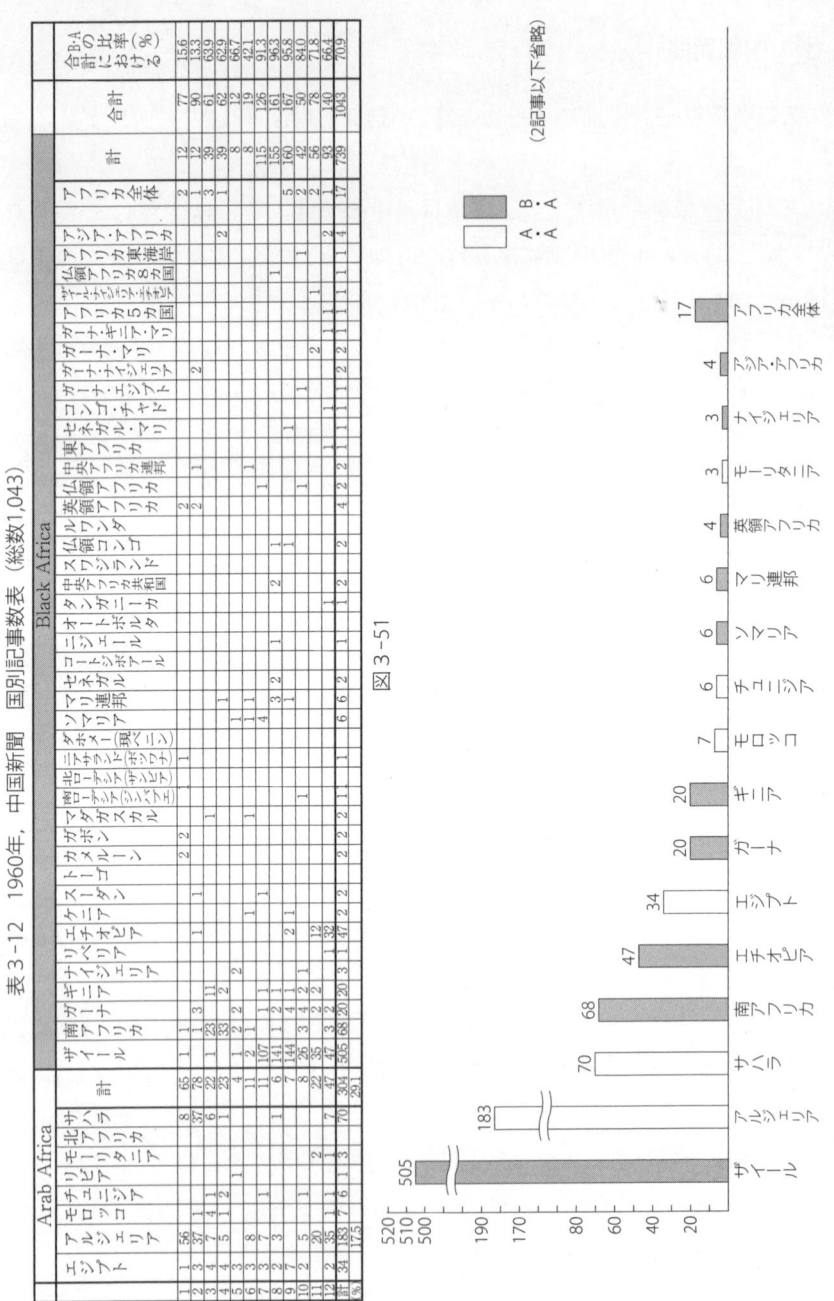

212　第3章　1960年（昭和35年）のアフリカ報道

表3-12　1960年，中国新聞　国別記事数表（総数1,043）

図3-51

第4節　1960年の3紙の比較分析　213

と同じ国である。しかし次の4番目は違って，④，⑤ガーナとギニアがそれぞれ20となっている。中日で4番目のアフリカ全体は次の，⑥アフリカ全体17となっている。

以下はいずれも10件未満である。列記すると，⑦，⑧マリ連邦，ソマリア—各6，⑨，⑩英領アフリカ，アジア・アフリカ—各4，⑪ナイジェリア—3，⑫〜㉓カメルーン，ケニア，スーダン，ガボン，マダガスカル，セネガル，中央アフリカ共和国，仏領コンゴ，中央アフリカ連邦，仏領アフリカ，ガーナ・ナイジェリア，ガーナ・マリ共和国—各2，㉔〜㊳リベリア，南ローデシア，北ローデシア，ニアサランド，ニジェール，タンガニーカ，セネガル・マリ連邦，ガーナ・エジプト，ザイール・チャド，ガーナ・ギニア・マリ共和国，ザイール・ナイジェリア・エチオピア，東アフリカ，アフリカ5カ国（ガーナ・ギニア・マリ共和国・エチオピア・モロッコ），仏領西アフリカ8カ国，アフリカ東海岸—各1である。

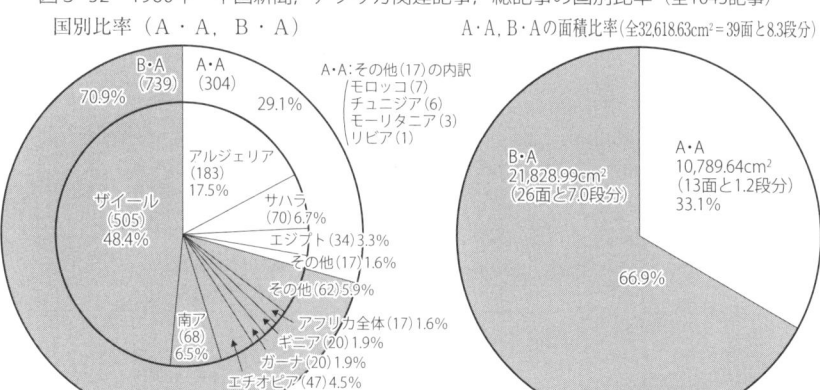

図3-52　1960年　中国新聞，アフリカ関連記事，総記事の国別比率（全1043記事）

国別比率（A・A，B・A）　　　　　A・A，B・Aの面積比率（全32,618.63cm² = 39面と8.3段分）

B・A（739）70.9%
A・A（304）29.1%
A・A：その他（17）の内訳
モロッコ（7）
チュニジア（6）
モーリタニア（3）
リビア（1）
アルジェリア（183）17.5%
サハラ（70）6.7%
ザイール（505）48.4%
エジプト（34）3.3%
その他（17）1.6%
その他（62）5.9%
南ア（68）6.5%
アフリカ全体（17）1.6%
ギニア（20）1.9%
ガーナ（20）1.9%
エチオピア（47）4.5%

B・A 21,828.99cm²（26面と7.0段分）66.9%
A・A 10,789.64cm²（13面と1.2段分）33.1%

外電は，801で【15379.33】。1記事平均面積は【19.20】。面積量の面数換算は18面と9.7段分。

通信社別では，ロイターが342【6630.35】と数，面積とも4割以上（それぞれ42.7%，43.1%）を占め，多い。次いでAPの215【3697.49】，UPIの174【3386.89】と続き，中国新聞ではこの3社でほぼ数，面積とも9割（数は

214　第3章　1960年（昭和35年）のアフリカ報道

表3-13　1960年、中国新聞、外国通信社記事の表

中国新聞1960年	記事数 面積(cm²) 総記事数比(%) 総面積量比(%)	ロイター共同 数 cm²		AP 特約 数 cm²		AFP 特約 数 cm²		UPI 共同 数 cm²		RP 数 cm²		ANS 数 cm²		ソビエトニュース 数 cm²		UPIサン(写真) 数 cm²		タス共同 数 cm²		PANA(写真) 数 cm²		DPA 数 cm²		ACH共同 数 cm²		その他 数 cm²	
1月 59 (76.6)	1136.38 (42.2)	24	576.18	13	258.43	5	81.82	17	219.95																	
2月 55 (61.1)	1236.71 (38.1)	26	632.23	14	282.68	7	155.11	8	166.69																	
3月 47 (77.0)	807.28 (57.9)	24	417.83	10	149.59	3	36.92	8	158.71	1	7.53					1	18.51			1	36.70						
4月 41 (66.1)	772.88 (30.2)	19	255.42	10	258.73	4	47.29	7	192.93																	
5月 3 (25.0)	245.34 (12.4)	1	5.13																							1 米ジャーナリスト・ソンケ 220.81
6月 12 (63.2)	255.82 (14.0)	7	103.57	2	18.92			1	19.40											1	40.53					
7月 103 (81.7)	1849.44 (65.6)	40	760.22	32	551.19	3	83.48	2	92.80	2	50.99	1	3.85					1	29.40	1	57.82			2	37.17	1 新華社 9.62
8月 138 (85.7)	2593.05 (67.4)	66	1427.41	39	658.36	7	147.33	20	265.70	2	58.58							1	15.71							
9月 137 (82.0)	2761.33 (55.1)	62	1165.52	31	453.86	3	103.11	24	301.37	1	8.02	1	11.06			1	19.76					1	10.42	1	41.40	
10月 43 (86.0)	653.48 (81.6)	12	167.47	18	278.49			35	932.47			1	12.82											1	12.02	
11月 57 (73.1)	973.22 (47.1)	17	268.79	17	283.24	5	121.97	11	182.68	1	9.46									1	32.24			1	38.35	
12月 106 (75.7)	2094.40 (48.0)	44	850.58	29	504.00	6	94.22	17	289.76	1	10.58															
計 801 (76.8)%	15379.33 (47.1)%	342 6630.35 32.8		215 3697.49 20.6		43 871.25 4.1		174 3386.89 16.7		8 145.16		3 27.73				2 38.27		2 45.11		4 167.29		1 10.42		5 128.94		2 230.43

図3-53　1960年　中国新聞，アフリカ関連記事，ニュースソース別，及び外電件数別比率

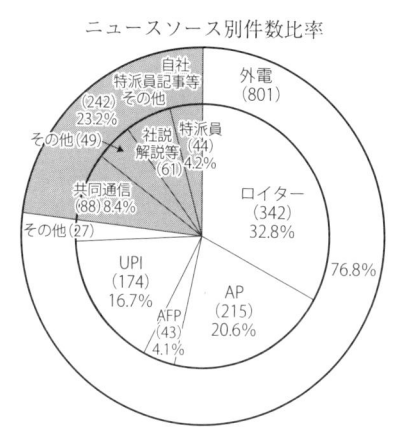

ニュースソース別件数比率

外電のうち主要4社(ロイター, AP, AFP, UPI)が占める面積, 及び件数比率
外円：外電総面積15379.33cm² (18面と9.7段分)
内円：総件数801件

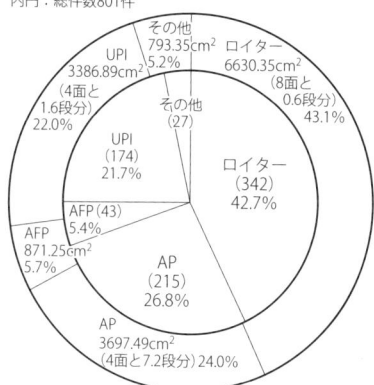

91.2%，面積は89.1%）になる。朝日，中日では3番目に多かったAFPがここでは5%程の43【871.25】と少なくなっている。この4社での計では，数は95%を越え，面積でも94.8%となる。

以下，RP—8【145.16】，ACH—5【128.94】，PANA（写真のみ）—4【167.29】，ANS—3【27.73】，タス—2【45.11】，UPIサン（写真のみ）—2【38.27】，DPA—1【10.42】，新華社—1【9.62】，米人ジャーナリスト記事—1【220.81】。

外電におけるアフリカ発の記事数は384で，外電分の47.9%，総記事数では36.8%に当たる。

自社特派員記事は，44【2351.49】，1記事平均面積は【53.44】，面数換算では2面と12.8段分。うちアフリカ発記事数は9で，内訳は，アジスアベバ発—5，カイロ発—3，カルツーム発—1，である。

解説等記事は，55【7770.56】。1記事平均面積は【141.28】と，ここでも100cm²は越えている。アフリカ発は15件ある。

社説には6回【385.36】取り上げられていて，これは朝日よりも中日よりも多い。記事内容は，1月のものはアルジェリアの国内暴動に対する意見であり，2月に2回あるものはいずれも仏のサハラ核実験関連であり，3月にあるのは

南アフリカで起こった黒人の大量殺害事件関連である。残り2回は12月に掲載されていて，1つはアルジェリア問題での国連の動きを語るもので，あと1つはエチオピアの政変・クーデター関連である。

自社特派員記事と解説等記事，そして社説の面積の合計は【10507.41】で，総面積に占める比率では32.2％に当たる。面数換算では12面と11.1段分である。

共同の記者記事は，88【4040.09】で1記事平均面積は【45.91】。面数換算では4面と13.5段分。アフリカ発記事数は19で，内訳は，レオポルドビル発10と，カイロ発6，アジスアベバ発3である。

表3-14 1960年，中国新聞のアフリカ関連記事，自社特派員記事，及び共同等発記事の数量，面積量の表

中国新聞 1960年 月	①自社特派員記事		②社説 ③解説報告等	共同，時事通信 その他	写真（顔写真）		地図 似顔絵，表，グラフ	
	数	面積(cm²)	数／面積(cm²)	数／面積(cm²)	数	面積(cm²)	数	面積(cm²)
1	1	98.89	1/ 62.44 4/ 486.36	10/ 655.97 2/ 255.06	17 (6)	308.12 (18.32)	4 1	22.00 10.35
2	8	386.38	2/ 143.07 6/ 480.74	10/ 539.11 9/ 459.60	11 (2)	226.36 (5.53)	3 1	23.33 4.65
3	4	242.38	1/ 51.65 1/ 28.18	4/ 188.25 4/ 76.38	4 (3)	44.46 (7.76)	2	8.02
4	2	159.86	9/1230.74	6/ 262.09 4/ 133.99	20 (3)	493.28 (10.37)	7	28.26
5	1	30.94	6/1632.57	1/ 16.35 1/ 58.34	23 (1)	696.67 (2.10)	12	42.18
6	2	83.40	4/1413.44	1/ 80.29	28	663.88	7	32.87
7	9	504.06	2/ 79.39	9/ 331.91 3/ 52.70	12 (1)	258.37 (3.53)	5	19.08
8	4	205.37	7/ 517.84	7/ 212.34 5/ 317.20	20 (7)	326.68 (23.41)	11	44.57
9	3	158.88	6/ 765.41	17/ 860.61 4/ 469.80	26 (13)	364.71 (45.31)	5 3	59.16 16.94
10	2	30.62		2/ 52.90 3/ 63.58	3 (1)	32.70 (3.53)		
11	3	130.98	4/ 335.26	7/ 245.91 7/ 381.57	14 (7)	229.47 (32.18)	2	4.81
12	5	319.73	2/ 128.20 6/ 800.63	14/ 594.36 7/ 423.58	28 (13)	410.15 (38.44)	7	75.82
計	44	2351.49	6/ 385.36 55/7770.56	88/4040.09 49/2691.80	206 (57)	4054.85 (190.48)	65 5	360.10 31.94

1記事平均面積，53.44。①②③の合計面積は，10507.41で12面と11.1段分。総面積に対する比率は，32.2％である。
写真，地図，似顔絵等3点の合計面積4446.89で，これは面数換算，5面と5.9段分。

第4節　1960年の3紙の比較分析

図3-54　1960年　中国新聞，総記事（1043件）における外国通信社発記事以外の自社記事（①特派員，②社説，③解説報告等），及び共同通信発，その他（経済等）記事の占める比率

外円：ニュースソース別，件数比率
内円：自社等記事数242件の内訳

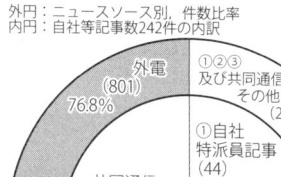

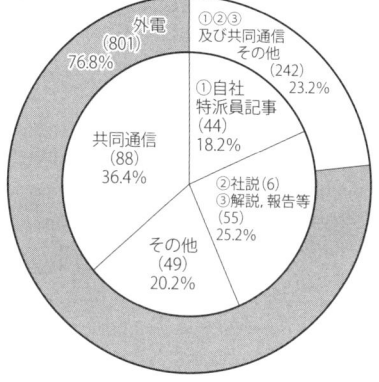

外円：総面積（32618.63cm²）に対する外電の面積比率＝47.1%
内円：自社等記事（①②③と共同等）の面積（17239.30cm²）比率＝52.9%

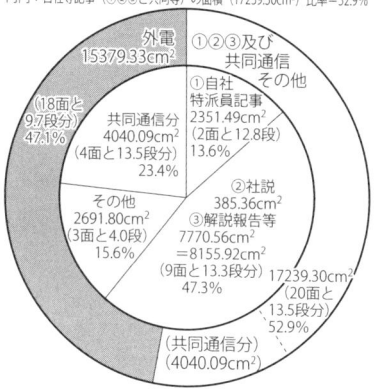

記事に占める写真，地図等（4446.89cm²＝5面と5.9段分）の割合
外円：写真，地図，似顔絵の総面積中に占める割合（12.4%）
内円：写真，顔写真と地図，似顔絵等の割合

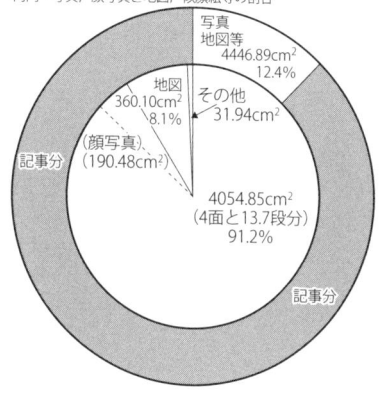

「その他」の項目の記事数は49で，面積は【2691.80】。項目別内訳は，政府記事11，支援・援助6，経済記事4，皇室記事3，人物紹介3，書籍紹介2，映画紹介2，気象記事2，などである。

写真は206枚【4054.85】で，この面積量は4面と13.7段分になる。そのうち顔写真は57枚【190.48】。地図は65枚【360.10】，似顔絵等は5枚【31.94】である。これらの面積の合計は【4446.89】で，5面と5.9段分に当たる。

内容区分では，X群794で全体の76.1%，Y群は249で23.9%。

内訳は，X群，A—491で総記事数の47.1%，5割に近い数である。B—4，C—41，D—4，E—100，F—78，G—76。Y群は，H—18，I—7，J—161，K—6，L—4，M—24，N—21，O—8，となっている。

X群にあってAが一番多く，次にE，F，G。

Y群にあっては，Jが飛びぬけて多いということも朝日，中日と同じである。

表 3-15 1960年，中国新聞，X群・Y群の表

1960年中国	X+Y	X群								Y群							
		A	B	C	D	E	F	G	計/%	H	I	J	K	L	M	N	O	計/%
1月	77	38		1		19	8		66/85.7			9					2	11/14.3
2月	90	15	1			24	42	1	83/92.2	1		2	2		1		1	7/7.8
3月	61	23	3			7	6	2	41/67.2			13	3		2	2		20/32.8
4月	62	28		6		2	11	1	48/77.4	6	2	5				1		14/22.6
5月	12	1				1			2/16.7	6	2	2						10/83.3
6月	19	1			1	10			12/63.2	2		4				1		7/36.8
7月	126	75				9		20	104/82.5			17	1		1	2	1	22/17.5
8月	161	91				6	1	33	131/81.4	1	2	17			3	6	1	30/18.6
9月	167	116		4		1		7	128/76.6	2		32		1	2	1	1	39/23.7
10月	50	24				2		2	28/56.0			18			3	1		22/44.0
11月	78	26		1		11		6	44/56.4			16		2	11	5		34/43.6
12月	140	53		29	3	9	9	4	107/76.4		1	26		1	1	3	1	33/23.6
計	1043	491	4	41	4	100	78	76	794/76.1	18	7	161	6	4	24	21	8	249/23.9
%		47.1		3.9		7.8	6.1	5.9		1.7		15.4			2.3	2.0		

図 3-55 1960年，中国新聞，イメージ別，イメージの内容別比率

イメージ「X群」(A～G)の内容別比率

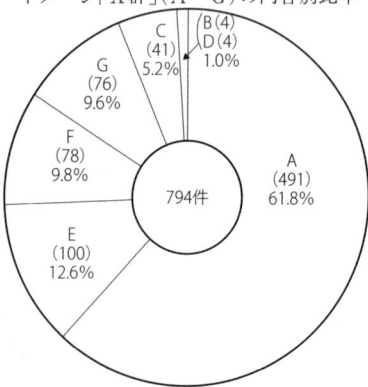

- C (41) 5.2%
- B (4)
- D (4) 1.0%
- G (76) 9.6%
- F (78) 9.8%
- E (100) 12.6%
- A (491) 61.8%
- 794件

イメージ「Y群」(H～O)の内容別比率

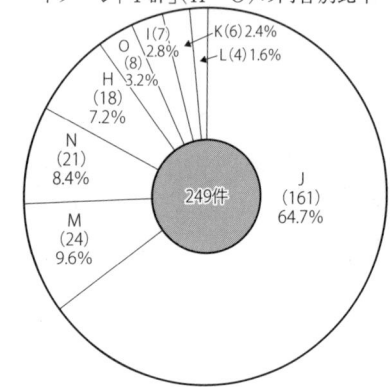

- K (6) 2.4%
- L (4) 1.6%
- I (7) 2.8%
- O (8) 3.2%
- H (18) 7.2%
- N (21) 8.4%
- M (24) 9.6%
- J (161) 64.7%
- 249件

イメージ別（X群，Y群）比率

- Y群 23.9% (249)
- X群 (794)
- J (161)
- M (24)
- N (21)
- H (18)
- I,K,L
- BとD
- C (41) 3.9%
- G (76) 7.3%
- F (78) 7.5%
- E (100) 9.6%
- A (491) 47.0%
- 76.1%

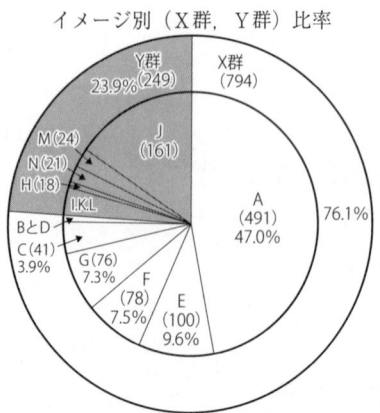

図 3-56 1960年，中国新聞，総記事数に占めるアフリカ発の記事数とその比率，及びそこに占める外電，日本人記事数の比率（全1043件）
外円：総記事数とアフリカ発
内円：外電と日本人記事

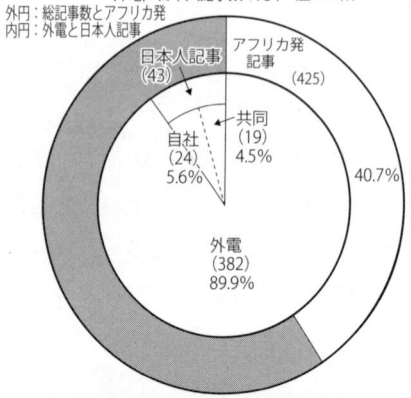

- 日本人記事 (43)
- アフリカ発記事 (425)
- 自社 (24) 5.6%
- 共同 (19) 4.5%
- 外電 (382) 89.9%
- 40.7%

アフリカ発の記事数は425で全体の40.7％に当たる。うち外電は382で，それ以外43が日本人発だが，内訳は次のようになる。自社特派員記事—9，解説等記事—15，共同記事—19，である。

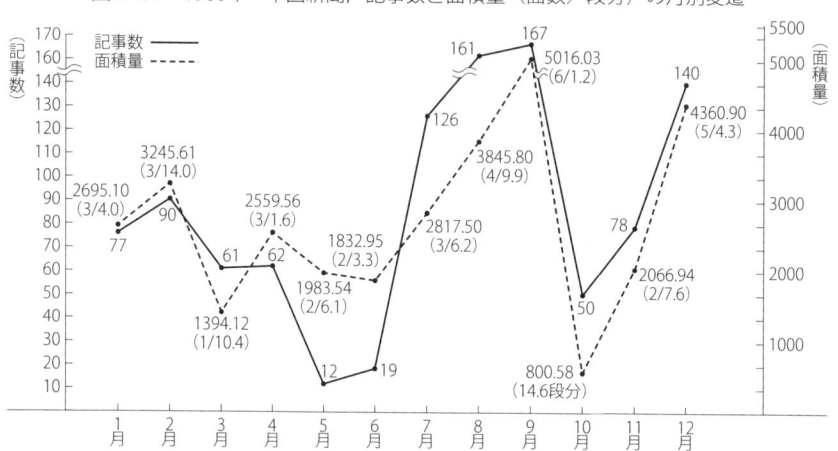

図3-57　1960年　中国新聞，記事数と面積量（面数／段分）の月別変遷

[4] 分　析

　3紙を比較して分かることは，予想された通り，記事数，面積量とも，その分量の多さの順番は，全国紙，ブロック紙，地方紙となっていることである。とりわけ全国紙と，ブロック紙，地方紙との差は大きい。数でも面積でも2倍以上の違いがある。それにひきかえブロック紙と地方紙との間の差はごく僅かでしかない。記事数の差こそ240（月平均にすると20記事）近くあるが，面積量では【1180.04】（1面と6.5段分）の違いでしかなく，月平均にすると【98.34】（1.8段分），地方紙が少ないだけである。これは朝日と中日との差【43028.82】（52面と2.6段分），月平均にすると【3585.74】（4面と5.2段分）を見ると，歴然としてくる。すなわち全国紙の報道量の多さはブロック紙と地方紙の差より，よりはっきりとしているのである。

　但し，1記事平均の面積量は，全国紙より地方紙の方が多く，その数量は地

方紙＝【31.27】，全国紙＝【29.63】，ブロック紙＝【26.36】となっている。

　A・A，B・Aの地域別の比率比較では，3紙とも似た傾向を示す。すなわちこの1960年においては，記事数，面積量ともB・Aが7割近くを占めているということである。朝日はそれぞれ72.0％，72.2％，中日は72.6％，71.8％，中国は70.9％，66.9％という率である。

　また国別で見ても，3紙とも主要な国の記事数比率では似ている。A・Aで最も多いアルジェリアに関して言えば，朝日は371で総記事数2593の14.3％であり，中日では212で，総記事数1282の16.5％，中国では183で，1043の17.5％という風に，比率的には似た数値である。これはB・Aで見ても言える。つまりB・Aでは，最多はザイールだが，朝日は1097で総数2593の42.3％，中日では569で1282の44.4％，中国では505で1043の48.4％，ということからこのことは言える。

　A・Aの国別名は，3紙とも差異はない。つまりA・Aの範囲がアフリカでは限られた地域でしかないからである。ここに挙げた8の国，地域があるだけである（正確にはのちに「西サハラ」も出てくるが）。

　それに比べると，B・Aはそれ以外のアフリカ全域なので，とても多くの国，地域を含むことになる。そして記事の中身によってそれが2国に，3カ国に，あるいはそれ以上，10数カ国にまたがる記事もあり，多くの範囲分けをすることになった（余儀なくされた）。従ってここでも区分けという意味で限界があったことを断っておく。はっきりとある特定の国についての記事であれば区分けは容易だが，境界の明瞭でない場合は記述されている国を列記して，それを一つの地域，ここでの範疇とした。

　3紙を比べてみる時，記事数は朝日がやはり倍以上多いが，区分けの範疇を見ると中日の方が多くなっているのはその為である。但し，それに当たる記事数は1件か，せいぜい2件で，それが一時的な枠組みであることは容易に知れる。個々の国，及び地域の記事数は，既に触れているのでそれを参照されたい。

　自社特派員記事では，3紙にそれぞれ明瞭な差が出ている。つまり予想されたように，数，面積ともに全国紙（朝日）がブロック（中日）紙の3倍以上あり，

ブロック紙は地方紙(中国)より3倍まではゆかないが,ゆうに2倍を越える(数で約2.5倍,面積で約2.7倍)数値になっているということである(尚,1記事あたりの平均面積はそれぞれ【63.32】,【56.08】,【53.44】である)。このことは会社の経営規模,つまり組織の大小を考えれば容易に推察できる。但し,中日と中国に関しては,本稿中でもその折にも触れているが,アフリカへの特派員に関して言えば,重複していることがある。ここでは特段の明記がなかったので,どちらの社においても「自社」記者扱いにしてカウントしている。

従ってそれは解説記事にも充当されて,たとえばカイロ及びカルツーム発の大坪(連載)記事の中には,ほぼ同じ内容のものが両紙に載っているが,どちらにおいても「自社」記事としてカウントしている(アフリカ発以外では,ロンドンの出田,パリの曽我部,NYの加藤記事等が両紙に自社特派員として載っている)。

但し,この解説記事の総記事数,総面積量でみる時,特派員記事項のような顕著な差異はこの2紙に限っていえば見えない。いやむしろ中国の方が中日より数,面積とも僅かであるが勝っている。朝日はこれら2紙に比べると,数で2倍強,面積量では3倍近くになっている。

既に触れてきたことだが,アフリカ関連の記事が社説として掲載された回数の最も多いのは,これは地方紙である中国新聞で6回であった。面積量でも従って一番多い。次いで朝日の4回,中日の3回になっている。

共同の記者記事は,これは自社特派員記事とは見事に対照の数値となって現れている。つまり地方紙が最も多く,次いでブロック紙,全国紙という順である。数でみると,地方紙がブロック紙のほぼ2.44倍,ブロック紙は全国紙の2.25倍となっていて,面積的にはそれぞれ,3.7倍強と,ほぼ3.1倍となっている。これも自社の記者を全国紙ほど派遣できないブロック紙,及び地方紙においては当然の数値である(地方紙と全国紙の比較では,数で5.5倍,面積量で11.7倍となる)。

「その他」の項では,内容においては3紙とも大きな違いはなく,政府記事,経済記事,支援・援助,及び人物紹介等の記事が,そしてこの年は皇太子夫妻のエチオピア訪問ということによる皇室記事が多く掲載されている。

写真，地図，似顔絵等の数値では，ここでは，全国紙＞ブロック紙＞地方紙，とその総数量の多少と同じ傾向を示しているが，個々においては，地図の場合は地方紙の方がブロック紙より多いということも見られる。面積的にみても，その3つの総量においては地方紙の方がブロック紙より多くなっている。地方紙とブロック紙の間では，その差はあっても僅かだが，全国紙とその両紙との差は数的には1.6倍以上，面積的にも2.5倍前後の差異がある。

外電では朝日は，中日，中国よりも記事数的には2倍を越し，面積的には1.8倍強を示している。中日と中国との差異は，数で206，面積で僅か【224.31】の違いでしかない。

この1960年においては，外電の記事数は3紙とも総記事数の7割を越している。いやむしろ8割に近い比率となっている（朝日—78.7％，中日—78.5％，中国—76.8％）。

通信社別内訳では，朝日，中国においてはロイター電が最も多く，次いでAPまでは同じだが，3番目には朝日は，AFPが来て次にUPIとなるが，中国はUPI→AFPの順である。中日では数的に最も多いのはAP電で，次にロイター，そしてAFP（面積的にはAFP→ロイター），UPIである。この4社で3紙とも外電の9割を越えている。

内容区分でみると，比率的には3紙ともX群の方が多い。それぞれ全体に対する比率は，朝日63.2％，中日70.7％，中国76.1％で，総記事数の多い順に比率的には低くなっている。これは記事数が少なければ少ないほど，伝える内容はX群のマイナス・イメージのものになるということを示している。つまり限られた紙面にあってニュースを絞り込む時，ネガティブな印象を与える記事を結果として選んでいるということを明示している。このことはこの年のザイール（コンゴ）動乱，アルジェリア内戦といった明らかに，X群のA項に当てはまる記事の，それぞれの数量によってもはっきりと現れている。

すなわち，朝日においては959で，総記事数（2593）の37.0％であるものが，中日では43.3％（555／1282）と上がり，中国ではそれがさらに47.1％（491

／1043)と高くなっていることをみれば，このことは言える。記事の選択をすればするほど，絞れば絞り込むほど，マイナス・イメージの記事比率は増えていくのである。

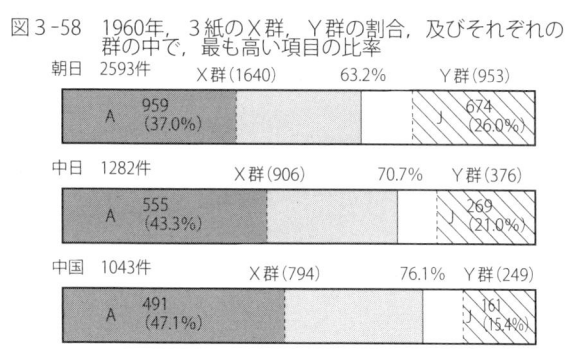

図3-58　1960年，3紙のX群，Y群の割合，及びそれぞれの群の中で，最も高い項目の比率

朝日　2593件　X群(1640)　63.2%　Y群(953)
A　959 (37.0%)　　J　674 (26.0%)

中日　1282件　X群(906)　70.7%　Y群(376)
A　555 (43.3%)　　269 (21.0%)

中国　1043件　X群(794)　76.1%　Y群(249)
A　491 (47.1%)　　161 (15.4%)

　アフリカ発の記事の比率は，これは3紙ともに大きな差異はない。つまり朝日42.1%（1092／2593），中日39.7%（509／1282），中国40.7%（425／1043）で，これは外電の占める比率が高いことに因っている。

　この年のアフリカ報道の多くは，外国通信社に頼っていたことから，アフリカ発の記事は自然にそのような傾向となっている。

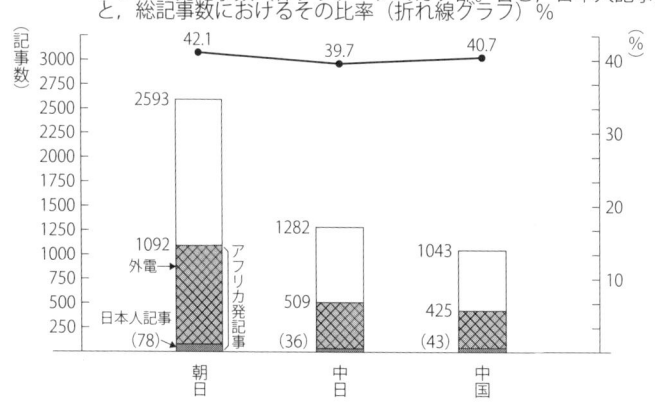

図3-59　1960年，3紙のアフリカ関連総記事数（棒グラフ）及び，アフリカ発記事数（棒グラフ＝アミカケ部。含む，日本人記事）と，総記事数におけるその比率（折れ線グラフ）％

朝日：総記事数2593，アフリカ発記事1092（外電，日本人記事78），42.1%
中日：総記事数1282，アフリカ発記事509（36），39.7%
中国：総記事数1043，アフリカ発記事425（43），40.7%

第4章

1980年（昭和55年），及び1997年（平成9年）のアフリカ報道

第1節　1980年の報道

1　朝日新聞

　1980年当時，アフリカには「カイロ支局」（エジプト）と，「アフリカ支局」（タンザニア＝ダルエスサラーム）の，2支局があった。

　しかしこの年の4月1日をもって，カイロ支局は「中東アフリカ総局」に，アフリカ支局は「ダルエスサラーム支局」と改称された。さらに，10月1日をもって「ダルエスサラーム支局」は廃止され，代ってケニアのナイロビに「ナイロビ支局」が開設された。従ってこの時期アフリカ大陸には，カイロとダルエスサラーム（あるいはナイロビ），2都市に駐在員がいた。

　尚，朝日新聞は縮刷版によっている。面積計算は，1960年と同様にして出している。つまりタテは段数で（1段＝2.3cm，2段＝4.5cm……）見てその数値を当て，ヨコは実測値に1.32を掛けた（1955年の縮刷版の実測値24.4，を1980年の実測値18.5で割った数値が1.3189余で，小数点第3位を四捨五入したもの）値でその積を出した。タテが段数で出せない時は，やはり1955年の実測値33.8，を1980年の実測値25.6で割って出した1.3203…を四捨五入した，1.32倍した数値で出した。

(1)　1月

　記事数，75。面積【5680.60】で，これは6面と13.3段分に当たる。1記事平均【75.74】である。

A・Aは28【828.59】で，全体のそれぞれ37.3％，14.6％。B・Aは47【4852.01】で，それぞれ62.7％，85.4％である。国別内訳は，A・Aが，エジプト―19，リビア―3，チュニジア―2，アルジェリア―1，モロッコ―1，モーリタニア―1，北アフリカ―1，でB・Aは西アフリカ（サバンナ）―18，ケニア―10，ローデシア―5，エチオピア―4，南アフリカ―3，タンザニア―3，ナイジェリア―2，ザイール―1，中央アフリカ―1，である。A・AとB・Aのそれぞれ記事の多いエジプトと西アフリカを見てみると，前者は対イスラエル関連とアフガニスタン関連が多い。アフガニスタン関連とは，そのイスラム反政府勢力にエジプトが軍事援助か，というもので，実際にアフガンのゲリラに対して好意的に接している。西アフリカとは，文化面に載る連載企画記事の「サバンナ手帳」である。これが土日を除いて毎日，計18回掲載されている。

外電は，15【163.02】（約3段分）で，全体のそれぞれ20.0％，2.9％。内訳は，ロイター―5【69.88】，AP―3【23.69】，AFP（時事）―1【7.82】，UPI（共同）―4【43.94】，AP・DJ（共同）―2【17.69】である。面積的にはほんの少しあるだけである。

自社特派員記事は，17【696.17】。内訳は，カイロ発（馬上）―8【153.91】，ダルエスサラーム発（伊藤）―4【103.49】，アスワン発（馬上）―2【60.85】，カルツーム発（伊藤）―2【305.35】，ワシントン発（小川）―1【72.57】である。カイロ発はエジプト関連6とチュニジア関連2であり，ダルエスサラーム発はローデシア関連3と南ア関連1である。アスワン発はエジプトのサダト大統領とイスラエルのベギン首相の会談記事である。カルツーム発は2件ともエチオピアとエリトリアの紛争関連である。ワシントン発はエジプト関連で，見出しは「米，エジプトと演習。中東軍事力強化に本腰」である。

解説記事は，9【1435.68】。内訳は，タンザニアを紹介する記事2と同国関連だが，「家庭」面にある「エアメール」欄の記事で，見出し「国際児童年は終わったが，1980年をタンザニア児童年に，とニエレレ大統領」との'80年特集の紹介記事である。

他は，ケニアの2回連載の紹介・解説記事，見出しはそれぞれ「ケニア・上

──花と木の高原都市」,「ケニア・下──見るサファリ定着」。同じくケニア関連で，アダムソン夫人の死をめぐるもので，彼女の「自然保護──原住民は反感もつ」との見出し記事である。

残りの3件は，1つはリビア関連で「文化」面にある「リビアの緑色革命，砂漠農業へ本格実験"イスラム"再生を図る」という見出しの記事で【168.30】。1つはエジプト関連で，連載企画記事の「十字星」欄に載る文化紹介である。見出しは「カイロ，意外性の中にむしろ福，がらり違う生活観」である【78.30】。3つ目は伊藤特派員の手になる特集報告記事である。面積【439.20】と全8段を使っての大きな記事である。エチオピアとエリトリアの争いを伝えるもので，見出しは「エリトリア──隠れた戦争」(1段のヨコ見出し，12.9cm)，「特派員報告──エリトリアで（写真も）」(5段)，「谷に山に漂う死臭。空襲下，歴史学ぶゲリラ」(4段)，「紅海の覇権ねらう」(3段)。写真3枚，地図1枚入り。

連載企画紹介記事の「サバンナ手帳」は18で【2253.00】。これは川田順造が書くもので，毎回，絵入りで面積【123.30】か，それ以上を取り，西アフリカのサバンナ地帯の歴史や風習・習俗を紹介している。

自社特派員記事と解説記事，及び「サバンナ手帳」の面積の合計は【4384.85】で，これは全体の77.2%に当たる。またこの量は5面と約4.8段分に当たる。

共同の記者記事は，8【220.88】。記事内容による国別内訳は，エジプト─4，であとはザイール，南アフリカ，ローデシア，モロッコがそれぞれ1ずつである。発信地別では，カイロ─2，ヨハネスブルグ─2，で残りの4はナイロビ，アスワン，テルアビブ，ワシントンからの1ずつである。

時事通信社発の記事も2件ある。エルサレム発とベイルート発でどちらも**エジプト**関連である。合計で【26.94】。

「その他」の記事は，社会面記事は3でいずれも，アダムソン夫人関連【282.55】。経済記事は1【32.43】。「ひと」欄の人物紹介記事，「中央アフリカ前皇帝・ボカサ，海外資産取り戻しへ」【20.93】。そして10段のトヨタの広告記事【549.00】。広告だが北アフリカを紹介していることは同じと考え，ここに含めた。写真が6枚入りでアフリカを伝えるには有効なものと思える。ここではチュニジアとモロッコが紹介されている。

228　第4章　1980年（昭和55年），及び1997年（平成9年）のアフリカ報道

図4-1　朝日新聞，1980年1月　アフリカ関連記事，項目別比率（全75件）

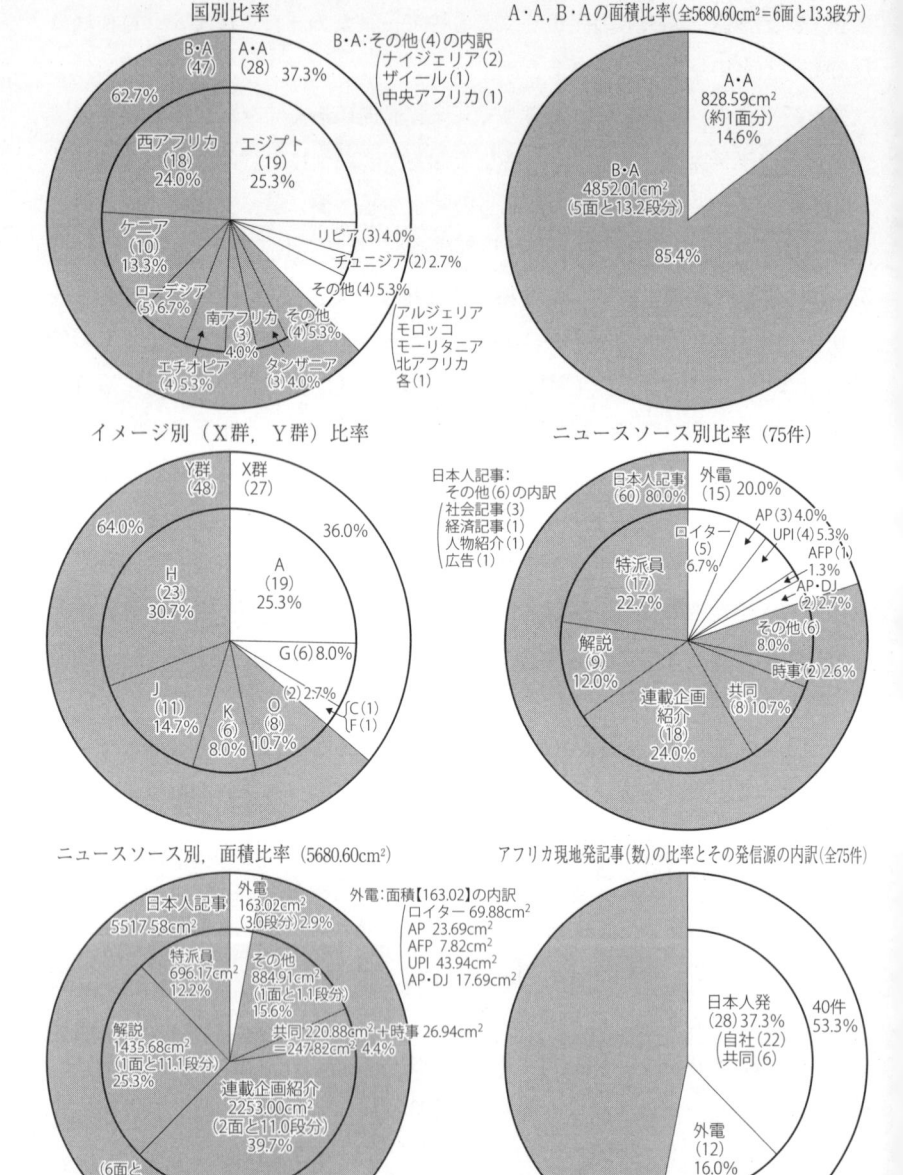

国別比率

B・A（47）62.7%
A・A（28）37.3%
B・A：その他(4)の内訳
ナイジェリア(2)
ザイール(1)
中央アフリカ(1)
西アフリカ(18)24.0%
エジプト(19)25.3%
ケニア(10)13.3%
リビア(3)4.0%
チュニジア(2)2.7%
その他(4)5.3%
ローデシア(5)6.7%
南アフリカ(3)4.0%
その他(4)5.3%
アルジェリア
モロッコ
モーリタニア
北アフリカ
各(1)
エチオピア(4)5.3%
タンザニア(3)4.0%

A・A, B・Aの面積比率（全5680.60cm²＝6面と13.3段分）

A・A　828.59cm²（約1面分）14.6%
B・A　4852.01cm²（5面と13.2段分）85.4%

イメージ別（X群，Y群）比率

Y群(48)64.0%
X群(27)36.0%
A(19)25.3%
H(23)30.7%
G(6)8.0%
O(2)2.7%
C(1)
F(1)
J(11)14.7%
K(6)8.0%
(8)10.7%

ニュースソース別比率（75件）

日本人記事(60)80.0%
外電(15)20.0%
AP(3)4.0%
UPI(4)5.3%
AFP(1)1.3%
AP・DJ(2)2.7%
ロイター(5)6.7%
特派員(17)22.7%
その他(6)8.0%
時事(2)2.6%
解説(9)12.0%
共同(8)10.7%
連載企画紹介(18)24.0%
日本人記事：その他(6)の内訳
社会記事(3)
経済記事(1)
人物紹介(1)
広告(1)

ニュースソース別，面積比率（5680.60cm²）

日本人記事　5517.58cm²
外電　163.02cm²（3.0段分）2.9%
外電：面積【163.02】の内訳
ロイター69.88cm²
AP 23.69cm²
AFP 7.82cm²
UPI 43.94cm²
AP・DJ 17.69cm²
特派員　696.17cm²　12.2%
その他　884.91cm²（1面と1.1段分）15.6%
解説　1435.68cm²（1面と11.1段分）25.3%
共同220.88cm²＋時事26.94cm²＝247.82cm²　4.4%
連載企画紹介　2253.00cm²（2面と11.0段分）39.7%
(6面と10.4段分)97.1%

アフリカ現地発記事(数)の比率とその発信源の内訳（全75件）

40件 53.3%
日本人発(28)37.3%
（自社(22)
共同(6)）
外電(12)16.0%

総面積（5680.60cm²）中に，写真及び地図，表，グラフ等の占める割合（1054.97cm²⇒18.6%）

18.6%　　　　　　　　　　　　　　　　　　　　　　　　1面と4.2段分

写真19枚（うち顔写真—2【7.59】）【733.51】，地図—7【76.27】，表グラフ等—18【245.19】，計44【1054.97】で全面積の18.6％，1面と4.2段分。

内容区分は，X群27で全体の36.0％，Y群は48で64.0％。内訳は，X群，A—19，C—1，F—1，G—6。Y群，H—23，J—11，K—6，O—8，である。

Ａはローデシアでの衝突，エチオピア・エリトリア紛争，エジプトやチュニジアでのゲリラ記事がある。Ｃはモーリタニアでのクーデターであり，Ｆは南アの各実験疑惑であり，Ｇは，米のエジプトへの軍事援助や米のモロッコへの武器輸出や，中国とザイールの共同軍事訓練や，日本のタンザニア技術援助などがある。

Ｈは「サバンナ手帳」と，ケニア紹介の上・下，それにいくつかの解説記事が含まれる。Ｏはアダムソン夫人関連であり，Ｋはナイジェリアの原油価格値上げ等の経済関連記事である。Ｊはその他の政治的，あるいは人事動向記事である。

この月にポジティブな記事は，やはりない。がしかし広く解釈すれば，既述の「1980年を，タンザニア児童年に」というのを含めてもいいかもしれない。

アフリカ発の記事数は，40で全体の53.3％である。うち外電は12で，残り28のうち自社（特派員が書く報告記事，及び解説記事，あるいは紹介記事。以下同じ）が22，共同の記者記事は6である。1960年当時と比べると，外電は総外電分の減少と比例するように少なくなっている。

(2) 4月

記事数63。面積【3711.44】，これは4面と7.5段分である。

Ａ・Ａは23で【1127.33】，それぞれ全体の36.5％，30.4％。Ｂ・Ａは40で【2584.11】，それぞれ63.5％，69.6％である。国別内訳は，Ａ・Ａ，エジプト—18，アルジェリア—2，リビア—2，モロッコ—1，でＢ・Ａは，ジンバブエ—7，リベリア—5，タンザニア—5，ザンビア・ジンバブエ—5，チャド—4，ナイジェリア—2，アフリカ全体—2，ケニア—1，モザンビーク—1，トーゴ—1，ザンビア—1，スーダン—1，南アフリカ—1，東・中部アフリカ—1，

東アフリカ4カ国（ケニア，ウガンダ，タンザニア，スーダン）—1，**南部アフリカ9カ国**—1，アフリカ沖—1，である。

　尚，ジンバブエとは，この月の18日に「ローデシア（注．1960年当時は，南ローデシア）」が黒人国家として独立したあとの国名である。因みに3月同国において総選挙が行なわれ，その結果黒人政党が勝利し，政体の移行となったのだが，同月の同国関連記事数は28で，B・Aの中では一番多い数だった。

　外電は，13で【204.59】（3.7段分）。それぞれ全体の20.6％，5.5％である。内訳は，ロイター—4【43.36】，AP—2【18.63】，AFP（時事）—2【80.44】，UPI（共同）—1【14.49】，AP・DJ（共同）—2【14.72】，UPIサン—1【28.35】，朝鮮通信—1【4.60】である。

　自社特派員記事は，27【1039.82】。これは全体のそれぞれ42.9％，28.0％である。内訳は，ダルエスサラーム発（伊藤）—8【283.95】，カイロ発（馬上）—7【137.29】，ワシントン発（小川）—7【315.61】，ソルズベリー発（芝2，伊藤1）—3【232.82】，テヘラン発（金丸）—1【18.63】，ジュネーブ発（川上）—1【51.30】。

　ダルエスサラーム発の記事は，チャド2，リベリア1，ナイジェリア1，モザンビーク1，東・中部アフリカ1，南部アフリカ9カ国1，そしてタンザニア1と各地の話題を報道している。カイロ発は，エジプト関連6，スーダン1である。ワシントン発は，エジプト関連が6，ジンバブエが1である。ソルズベリー発は，独立関連2とリベリアのクーデター関連である。テヘラン発は，イラン大統領がエジプト国民にサダト打倒を呼びかけたというもの。ジュネーブ発は社会面記事で，「アフリカゾウ密猟，絶滅の危機」という記事である。

　解説記事は，7【1473.54】。面積量では全体の39.7％と4割近い。面数換算すると，1面と11.8段分になる。

　またこの月にも連載企画紹介記事が5【743.02】ある。

　解説記事には，日曜版にある「世界史の舞台88」欄にあるアフリカ関連のものや，混乱のチャド情勢を説明するもの，あるいは新国家・ジンバブエの状況を語るもの，またエジプト関連でその遺跡を紹介する記事などがある。

　連載企画紹介記事とは「世界30万キロ」記事で，この月にはザンビア及び

ジンバブエから5つ送っている。

　これら解説記事及び連載企画紹介記事と自社特派員記事の面積との合計は【3256.38】（3面と14.3段分）となり，総面積の87.7％にもなる。

　共同の記者記事は，6【125.37】。アフリカ発はナイロビ1（東アフリカ4カ国関連）とヨハネスブルグ1（南ア関連）であり，他はロンドン（アフリカ沖でタンカー次々と沈む，記事），NY（ケニアとオマーン，米に海軍基地提供），ベイルート（リビアとPLOの対立記事），テルアビブ（エジプトとイスラエル関連）の各1つである。

　時事通信の記事は，2【11.96】。ロンドン（ジンバブエ大統領関連）とNY（ナイジェリア原油値上げ記事）からの1つずつである。

　「その他」は，政府・外務省記事1【16.10】，経済記事1【73.80】，書籍紹介記事1【23.46】である。

　内容区分は，**X群** 35で全体の**55.6％**，**Y群** 28で**44.4％**。内訳は，A—23，B—1，C—8，E—2，G—1。Y群，H—2，I—1，J—13，K—5，L—1，M—1，N—3，O—2，である。

　Ａはエジプトの国内宗教対立や反サダト集会，また**アルジェリアとの対立**。チャドの内戦・停戦交渉関連，**リビア**とPLOの対立などがある。Ｂは**東・中部アフリカ**関連で，ダルエス・伊藤記者の「アフリカ飢える」記事である。Ｃは**リベリア**で起こったクーデターであり，既述アフリカゾウの密猟記事である。Ｅはジンバブエの独立記事であり，Ｇは**東アフリカ4カ国**でウガンダ再建協力という記事である。

　Y群は，Ｈは既述「世界史の舞台」で**タンザニア**を紹介する記事と，「にゅうす・らうんじ」欄で**エジプト**のヌビア砂漠，及びヌビア遺跡を紹介するものである。Ｉは「海外文化」欄の書籍紹介である。アフリカ文学・反戦文学を紹介している。Ｊは米・カーター大統領とサダト大統領の会談や，**ジンバブエ**の承認等がある。Ｋは**エジプト**の経済問題や**アルジェリア**の天然ガス関連，**ナイジェリア**の原油価格値上げなどがある。Ｌはスポーツ関連で，「新生**ジンバブエ**，IOCに復帰申請」で，Ｍは「世界史の舞台」に載る「チンパンジーを追う日本人」という記事である。Ｎは，**ザンビア**大統領の平壌入り，とサ

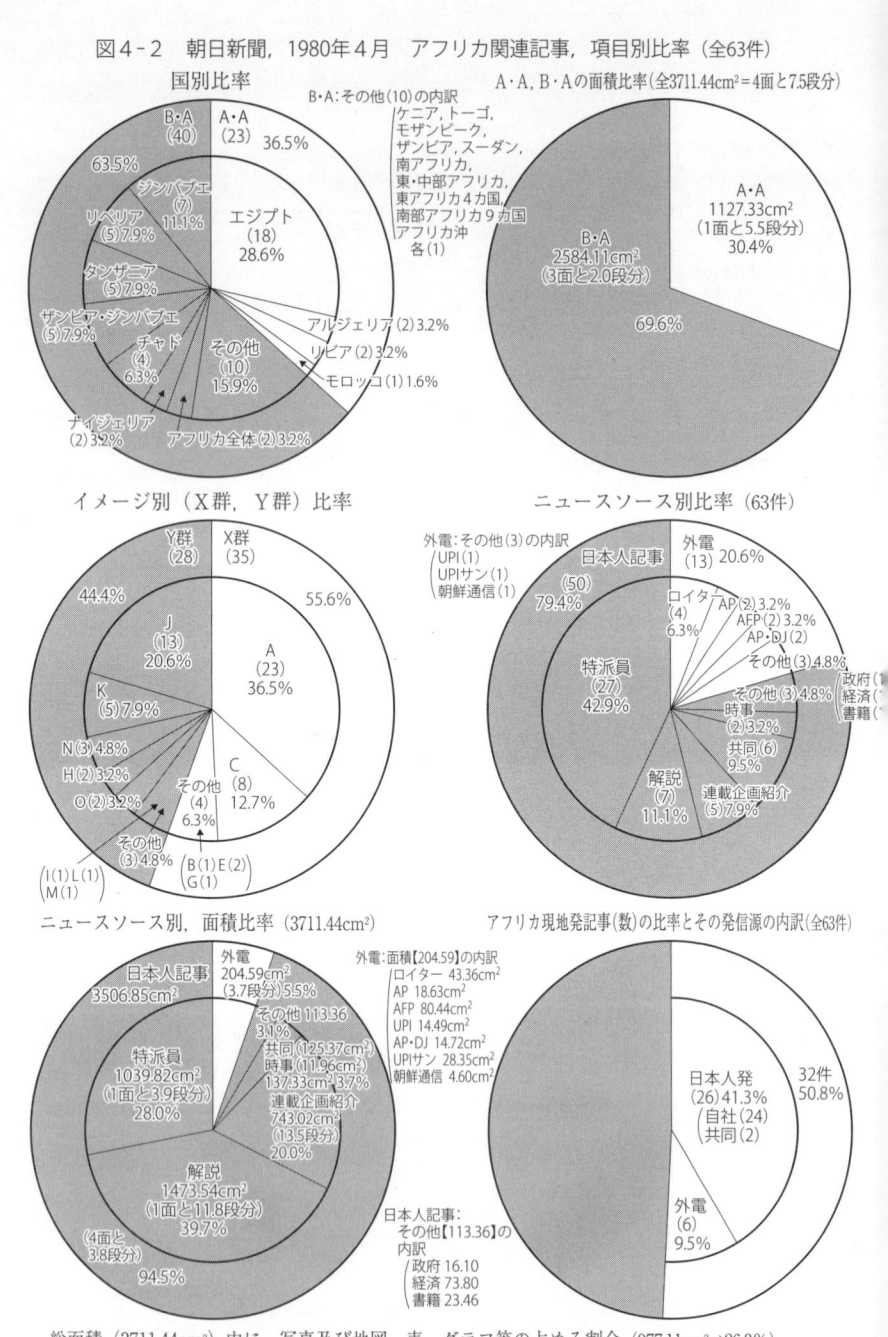

232　第4章　1980年（昭和55年），及び1997年（平成9年）のアフリカ報道

図4-2　朝日新聞，1980年4月　アフリカ関連記事，項目別比率（全63件）

国別比率

- B・A (40) 63.5%
- A・A (23) 36.5%
- B・A：その他(10)の内訳
  - ケニア，トーゴ，モザンビーク，ザンビア，スーダン，南アフリカ，東・中部アフリカ，東アフリカ4カ国，南部アフリカ9カ国，アフリカ沖 各(1)
- エジプト (18) 28.6%
- ジンバブエ (7) 11.1%
- リベリア (5) 7.9%
- タンザニア (5) 7.9%
- ザンビア・ジンバブエ (5) 7.9%
- チャド (4) 6.3%
- ナイジェリア (2) 3.2%
- アフリカ全体 (2) 3.2%
- その他 (10) 15.9%
- アルジェリア (2) 3.2%
- リビア (2) 3.2%
- モロッコ (1) 1.6%

A・A, B・Aの面積比率（全3711.44cm² = 4面と7.5段分）

- A・A　1127.33cm²（1面と5.5段分）30.4%
- B・A　2584.11cm²（3面と2.0段分）69.6%

イメージ別（X群，Y群）比率

- Y群 (28) 44.4%
- X群 (35) 55.6%
- A (23) 36.5%
- C (8) 12.7%
- その他 (4) 6.3%
- B(1) E(2) G(1)
- I(1) L(1) M(1)
- その他 (3) 4.8%
- O (2) 3.2%
- H (2) 3.2%
- N (3) 4.8%
- K (5) 7.9%
- J (13) 20.6%

ニュースソース別比率（63件）

- 日本人記事 (50) 79.4%
- 外電 (13) 20.6%
- 特派員 (27) 42.9%
- 解説 (7) 11.1%
- 連載企画紹介 (5) 7.9%
- 共同 (6) 9.5%
- 時事 (2) 3.2%
- その他 (3) 4.8%
- 政府(1) 経済(1) 書籍(1)
- ロイター (4) 6.3%
- AP (2) 3.2%
- AFP (2) 3.2%
- AP・DJ (2)
- その他 (3) 4.8%
- 外電：その他(3)の内訳
  - UPI (1)
  - UPIサン (1)
  - 朝鮮通信 (1)

ニュースソース別，面積比率（3711.44cm²）

- 日本人記事　3506.85cm² 94.5%
- 外電　204.59cm²（3.7段分）5.5%
- 特派員　1039.82cm²（1面と3.9段分）28.0%
- 解説　1473.54cm²（1面と11.8段分）39.7%
- （4面と3.8段分）
- その他 113.36　3.1%
- 共同 125.37cm² 3.4%
- 時事 111.96cm² 3.0%
- 連載企画紹介 743.02cm²（13.5段分）20.0%
- 外電：面積【204.59】の内訳
  - ロイター 43.36cm²
  - AP 18.63cm²
  - AFP 80.44cm²
  - UPI 14.49cm²
  - AP・DJ 14.72cm²
  - UPIサン 28.35cm²
  - 朝鮮通信 4.60cm²
- 日本人記事：その他【113.36】の内訳
  - 政府 16.10
  - 経済 73.80
  - 書籍 23.46

アフリカ現地発記事(数)の比率とその発信源の内訳（全63件）

- 32件 50.8%
- 日本人発 (26) 41.3%
  - 自社 (24)
  - 共同 (2)
- 外電 (6) 9.5%

総面積（3711.44cm²）中に，写真及び地図，表，グラフ等の占める割合（977.11cm² ⇒ 26.3%）

26.3%　　1面と2.8段分

ダト大統領の米国入り，である。⓪は「座標」欄の**ジンバブエ**関連記事である。

　この月にもポジティブな記事はない。リベリアのクーデターで多くの前政権関係者が処刑されたということが報じられた。またエジプトとパレスチナ，リビアとPLOの対立，そしてチャドの内戦，カダフィ批判のリビア人記者暗殺される，と言った暗い記事が目立つ。

　アフリカ発は，32で全体の50.8％である。うち外電は，6（ロイター2，AFP時事2，UPI共同1，AP・DJ共同1）で，**残り26のうち24は，ダルエス，カイロ，ソルズベリー等からの自社特派員報告であり，2は共同の記者記事である**。

　写真は20枚【828.93】，うち顔写真は2枚【6.90】。地図13枚【148.18】。写真と地図の面積の計は【977.11】であり，これは全体の26.3％である。つまりこの月は総面積の1/4以上であり，この量は1面と2.8段分である。

(3)　**8月**

　記事数65。面積【3010.35】で3面と9.8段分である。1記事当りの平均面積は【46.31】である。

　A・Aは35【1241.54】でそれぞれ全体の53.8％，41.2％。B・Aは30で【1768.81】，それぞれ46.2％，58.8％である。国別内訳は，A・A，**エジプト**—19，**リビア**—16。B・Aは，**ジンバブエ**—6，**南アフリカ**—4，**タンザニア**—3，**エチオピア**—3，**ナイジェリア**—2，**ソマリア**—2，**タンザニア・ザンビア**—2，**ザイール**—1，**ナミビア**—1，**ザンビア**—1，**アンゴラ**—1，**モザンビーク**—1，**ケニア・ウガンダ**—1，**東アフリカ**—1，**アフリカ全体**—1，である。

　外電は，22【441.33】（8.0段分）で，それぞれ全体の33.8％，14.7％である。内訳は，ロイター—6【79.62】，AP—4【70.13】，AFP（時事）—4【60.16】，UPI（共同）—4【51.84】，AP・DJ（共同）—2【23.69】，UPIサン（写真のみ）—1【24.75】，ルモンド紙特約（ソマリア発）—1【131.14】である。

　自社特派員記事は，19【767.40】。内訳は，カイロ発（中東アフリカ総局――以下中ア総――及び新妻）—6【237.52】，ワシントン発（小川，野村）—5【317.09】，ナイロビ発（芝）—4【48.07】，ソルズベリー発（芝）—1【51.30】，

ザンジバル発（芝）—1【61.02】、ベイルート発（支局）—1【11.50】、モスクワ発（支局）—1【40.90】。

カイロ発はそのすべてがエジプト関連でイスラエルとの中東和平交渉、及びムバラク副大統領の西欧訪問記事である。ワシントン発は、5つともリビア関連、カーター米大統領の弟・ビリー氏のリビアとの関係問題である。ナイロビ発は、エチオピア関連2、モザンビーク1と、タンザニアとザンビア間の鉄道敷設に関する中国の援助記事である。

ソルズベリー発は、ジンバブエの首都の、独立後の状況報告である。「植民地主義の象徴、セシル・ローズの銅像撤去」などの見出しがある。

ザンジバル発は、タンザニアのザンジバル島で日本が協力して建造した船が就航したという記事である。ベイルート発は、「ことば」欄にある記事で、「カダフィ大佐、レバノンのキリスト教徒にイスラム教への改宗をすすめる」というもの。モスクワ発は、モスクワ五輪でジンバブエの女子ホッケーチームが金メダルを取得したとの記事である。

解説記事は、9【1139.37】で、この他に連載企画記事、「中東」とのタイトルの4件【224.87】と、「世界30万キロ」1件【137.08】がある。これら14件の面積の計は【1501.32】で、自社記事との総計は【2268.72】となり、この月全体の75.4%に達する。2面と約11.3段分である。

共同の記者記事は、8【240.34】。内訳は、ワシントン発4（ビリー事件関連3と、米のソマリアの軍事施設利用協定関連1）、テルアビブ発2（エジプトとイスラエルの交渉関連）、ヨハネスブルグ発1（ジンバブエ関連）、ベイルート発1（エチオピア関連で、同国がシリアと国交を結んだとの記事）である。

「その他」では、人物紹介（ムガベ・ジンバブエ首相）記事【16.65】と、経済記事（「日軽金、南アにアルミ精錬設備売却」）【43.31】が1つずつである。

内容区分は、X群34で、全体の52.3%、Y群は31で47.7%。内訳は、A—26、B—1、D—1、E—1、G—5。Y群、H—3、I—3、J—14、K—3、L—1、M—1、N—2、O—4、である。

ここでは Ⓐ にビリー事件を入れた。5日付のトップ記事にもなったものであり、関心を集めたものであった。X群の「悪いイメージ」とするのには疑問

がないではないが，スキャンダルという点で，ただの事件とはせずこの区分にした。Ⓐでは他に，**ジンバブエ**で，逮捕の政党書記長の裁判。**南ア**の**アンゴラ**侵攻，及びアンゴラでの 16 人への銃殺刑。**エチオピア**と**ソマリア**の交戦。**リビア**陸軍の反乱（リビア側は否定）などがある。Ⓑは「異常気象，世界に広がる不安」との見出しの解説記事で，Ⓓもまたナイロビからの解説記事で，「飢える大陸，アフリカ」，「世界はきょう——**ウガンダ，ケニア**国境を見る」，「草かみ，空腹をいやす子———部族の滅亡の恐れも」という見出しで，飢えに苦しむ母子，老人を写した写真 3 枚入りのもの【368.78】。Ⓔは既述「ソルズベリーからセシル・ローズの銅像撤去」記事である。Ⓖはその主なものは，中国による**タンザニア・ザンビア**間の鉄道再建建設記事である。

一方，Y 群では，大きく比重を占めるⒿは，その多くが 4 月から引き続く，**エジプト**，イスラエル，米国によるパレスチナ自治交渉問題である。4 月を経，8 月になっても進展を見ないことが窺われる。Ⓛは既述，モスクワ五輪の女子ホッケー記事であり，Ⓜは「土曜の手帳」欄の，「アフリカの国立公園計画を推進する西田利貞氏にきく」という人物紹介記事である。Ⓗは連載企画記事の「中東」2 件と，「各国の女性事情」欄にある**南ア**の女性について記したもの。Ⓘの 3 件はここではすべて人物紹介である。**ジンバブエ**のムガベ首相と，**エジプト**のハッサン・アリ氏と，やはりエジプトのブロスト・ガリ外務担当大臣（のちの国連事務総長）である。Ⓞはトピック的な記事で，家庭面の「エアメール」欄に載った「**タンザニア**，輸入ベビーフードお断り」と，「話題」欄の「**南ア**，サファリランド公園でキリンの赤ちゃん誕生」等といった記事である。この月にもしかしポジティブな記事はない。

　アフリカ発の記事数は，34 で全体の 52.3% である。うち 14 が外電であり，20 は自社及び共同の記者記事である（共同は，ヨハネスブルグ発の 1 件のみ）。数的にも，面積的にもこの時期には外電より自社等，日本人発の記事の方が多くなっている。そしてこのことはこののち変わることはない。

　写真は 14 枚【426.76】，うち顔写真は 1 枚【3.45】。地図 5 枚【75.70】，マンガ 1 枚【18.36】で，これらの合計面積は【520.82】。総面積の 17.3% で，9.5 段分である。

236　第4章　1980年（昭和55年），及び1997年（平成9年）のアフリカ報道

図4-3　朝日新聞，1980年8月　アフリカ関連記事，項目別比率（全65件）

国別比率

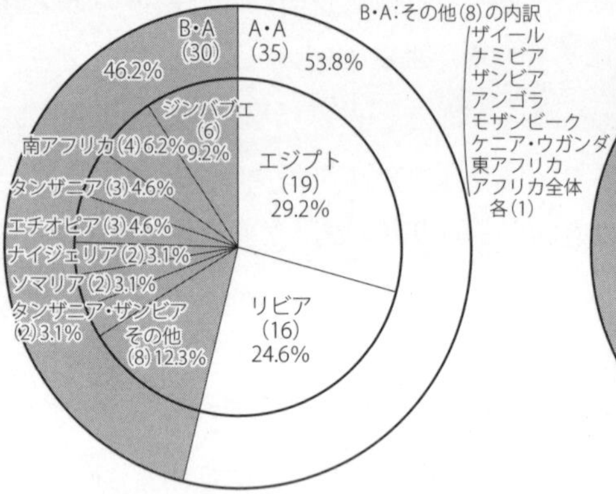

- B・A (30) 46.2%
- A・A (35) 53.8%
- エジプト (19) 29.2%
- リビア (16) 24.6%
- その他 (8) 12.3%
- ジンバブエ (6) 9.2%
- 南アフリカ (4) 6.2%
- タンザニア (3) 4.6%
- エチオピア (3) 4.6%
- ナイジェリア (2) 3.1%
- ソマリア (2) 3.1%
- タンザニア・ザンビア (2) 3.1%

B・A：その他(8)の内訳
ザイール
ナミビア
ザンビア
アンゴラ
モザンビーク
ケニア・ウガンダ
東アフリカ
アフリカ全体
各(1)

A・A，B・Aの面積比率（全3010.35cm² = 3面と9.8段分）

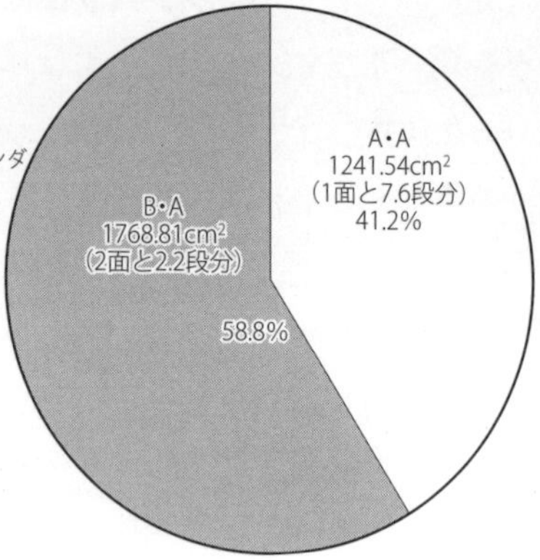

- A・A 1241.54cm² (1面と7.6段分) 41.2%
- B・A 1768.81cm² (2面と2.2段分) 58.8%

イメージ別（X群，Y群）比率

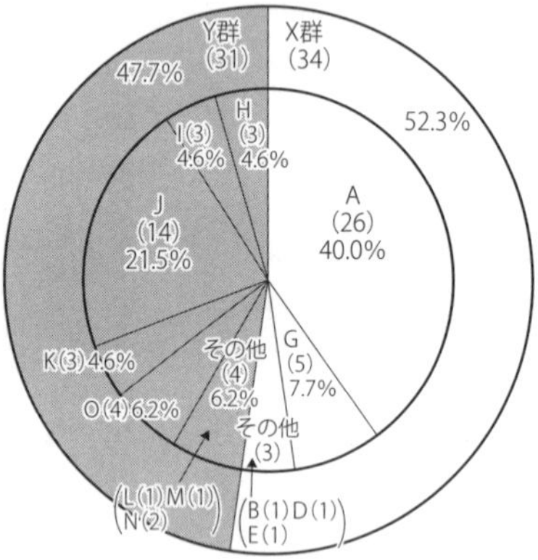

- X群 (34) 52.3%
- Y群 (31) 47.7%
- A (26) 40.0%
- G (5) 7.7%
- その他 (3)
- その他 (4) 6.2%
- B(1) D(1) E(1)
- L(1) M(1) N(2)
- O(4) 6.2%
- K(3) 4.6%
- J (14) 21.5%
- I (3) 4.6%
- H (3) 4.6%

ニュースソース別比率（65件）

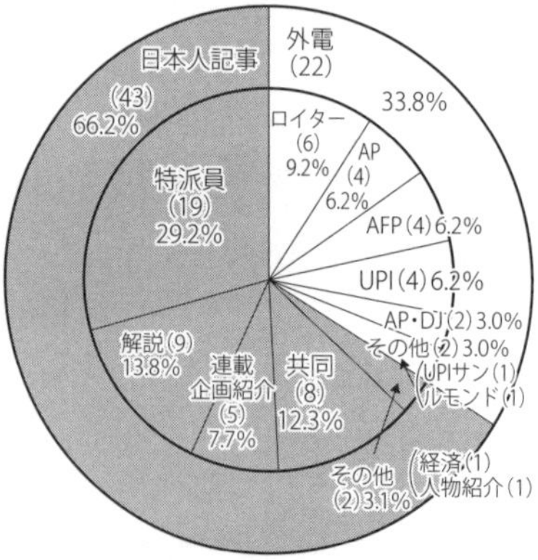

- 日本人記事 (43) 66.2%
- 外電 (22) 33.8%
- 特派員 (19) 29.2%
- 解説 (9) 13.8%
- 連載企画紹介 (5) 7.7%
- 共同 (8) 12.3%
- その他 (2) 3.1%
- ロイター (6) 9.2%
- AP (4) 6.2%
- AFP (4) 6.2%
- UPI (4) 6.2%
- AP・DJ (2) 3.0%
- その他 (2) 3.0%（UPIサン(1)，ルモンド(1)）
- （経済(1)，人物紹介(1)）

ニュースソース別，面積比率（3010.35cm²）

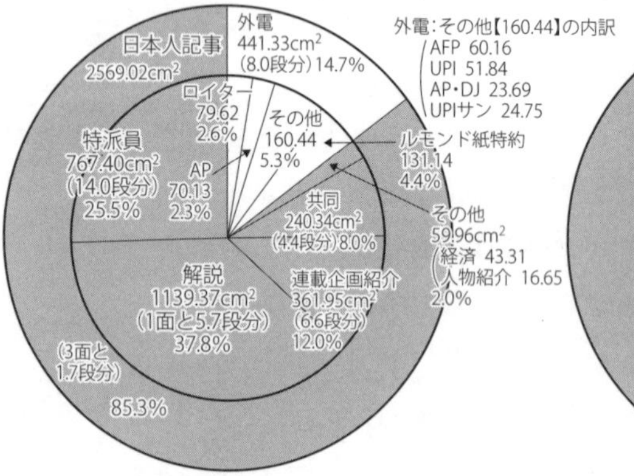

- 日本人記事 2569.02cm²
- 外電 441.33cm² (8.0段分) 14.7%
- 特派員 767.40cm² (14.0段分) 25.5%
- 解説 1139.37cm² (1面と5.7段分) 37.8%
- 連載企画紹介 361.95cm² (6.6段分) 12.0%
- 共同 240.34cm² (4.4段分) 8.0%
- ロイター 79.62 2.6%
- AP 70.13 2.3%
- その他 160.44 5.3%
- ルモンド紙特約 131.14 4.4%
- その他 59.96cm²（経済 43.31，人物紹介 16.65） 2.0%
- (3面と1.7段分) 85.3%

外電：その他【160.44】の内訳
AFP 60.16
UPI 51.84
AP・DJ 23.69
UPIサン 24.75

アフリカ現地発記事（数）の比率とその発信源の内訳（全65件）

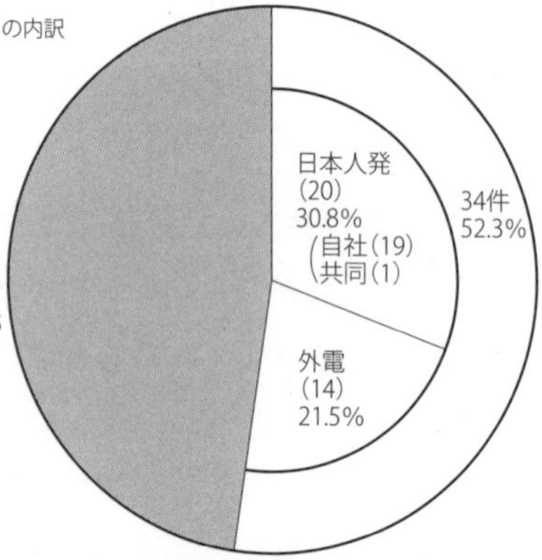

- 34件 52.3%
- 日本人発 (20) 30.8%（自社(19)，共同(1)）
- 外電 (14) 21.5%

総面積（3010.35cm²）中に，写真及び地図，表，グラフ等の占める割合（520.82cm² ⇒ 17.3%）

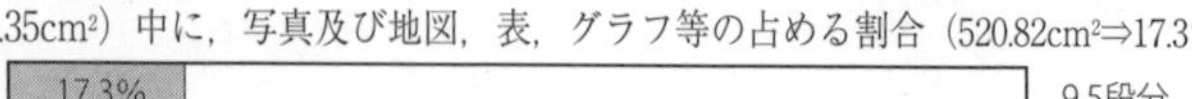

17.3%　　　　9.5段分

(4) 12月

記事数 56。面積【2817.22】で，これは 3 面と 6.2 段分。

A・A は 27【1462.62】で，全体のそれぞれ 48.2％，51.9％である。B・A は 29【1354.60】で 51.8％，48.1％である。内訳は，A・A，エジプト―15，アルジェリア―8，リビア―3，チュニジア―1。B・A は，ウガンダ―7，タンザニア―4，チャド―3，ジンバブエ―2，ケニア・タンザニア―2，アフリカ 5 カ国（ケニア，タンザニア，カメルーン，マダガスカル，コートジボアール）―2，OAU―2，ケニア―1，中央アフリカ―1，南アフリカ―1，ナイジェリア―1，エチオピア―1，エリトリア―1，アンゴラ・エチオピア―1，である。※ OAU は，B・A と A・A 双方にまたがるものだが，ここまでに出て来ている「アフリカ全体」同様，便宜的（B・A の国々の方が多数を占めるということで）に B・A に入れた。以降に出て来る分もこちらに入れている。

外電は，8【101.97】（1.8 段分）で，それぞれ全体の 14.3％，3.6％。内訳は，ロイター―2【35.81】，AP―4【48.91】，AFP（時事）―1【7.82】，UPI（共同）―1【9.43】，である。

自社特派員記事は，20【670.47】。内訳は，ナイロビ発（芝）―8【159.08】，カイロ発（伊藤，秋山，中ア総）―7【255.49】，カンパラ発（芝）―3【89.11】，テヘラン発（岡田）―1【86.54】，ハバナ発（北山）―1【80.25】，である。

ナイロビ発はエチオピア，ケニア，ソマリア，それぞれの関連記事。チャド内戦。ウガンダ新内閣関連，及び OAU 首脳会議関連である。カイロ発はエリトリア・エチオピア紛争。リビア・シリア合邦関連。サダト大統領の訪日関連等である。カンパラ発は，戒厳令下での総選挙関連である。テヘラン発は，イランの米大使館員人質事件でアルジェリア駐イラン大使が仲介に入ったという記事であり，ハバナ発は，キューバのアフリカ（エチオピア，アンゴラ）派兵関連である。

解説記事は，8【1301.74】。国別分類では，エジプト 4，ケニア・タンザニア 2，ジンバブエ 1，チュニジア 1 である。ケニア・タンザニア分の 1 件（「花の履歴書」欄にあるアフリカ生まれの花を紹介解説する学者記事【72.08】）と，この月にも 1 件【71.19】ある連載企画記事「中東」（エジプト関連）を除く 6

件は，カイロ，ナイロビ，ソルズベリーからの特派員，あるいは元特派員の記事である。

共同の記者記事は，8【171.74】。カイロ発―4，ワシントン発―3，ヨハネスブルグ発―1である。カイロ発はエジプト，リビア，エリトリア等の記事，ワシントン発はアルジェリア関連，ヨハネス発はジンバブエ関連である。

時事通信記事も1件【7.36】ある。ベイルート発でエジプト関連，見出しは「エジプトと米，原子力発電協定に調印」である。

またこの月には，「その他」の記事が11件【563.94】ある（但し，図4-4のニュースソース別比率の円グラフにおいては，それぞれ，「経済」，「社会」，「植物紹介」という項を設けて明示している。従って，「その他」は2となっている。以下，「その他」の区分けのものだが，グラフ上でそれなりのスペースを取るものは，面積比率の場合も含めて，それぞれの項目で載せてゆく）。内訳は，経済記事5【163.97】，社会記事2【46.98】，植物紹介2【233.62】，人物紹介（カンパラ発）1【55.37】，身障者のキリマンジャロ登山記事1【64.00】である。

内容区分は，**X群，Y群とも28でこの月は半分ずつに分かれている**。内訳は，X群は，A―19，B―1，G―8。Y群は，H―4，I―4，J―6，K―4，M―7，O―3，である。

Ⓐは内戦のつづく**チャド**関連，**エリトリアとエチオピア**の衝突，**ウガンダ**の戒厳令下の総選挙，そしてイランにおける米大使館員人質事件解放をめぐる仲介役の**アルジェリア**の動向がある。Ⓑは**アルジェリア**，エルアスナムで起きた地震記事。Ⓖはシリアと**リビア**の合邦準備関連，日本の**エジプト**への農業技術協力記事，及び米人質事件に絡む，米大統領と**アルジェリア**代表との会談関連がある。

Y群では，Ⓗは特派員による，**ジンバブエ，エジプト，チュニジア**の習慣や遺跡の紹介記事。Ⓘは動物紹介記事3件と，人物（オボテ・**ウガンダ**大統領）紹介記事である。Ⓙは米大統領人質事件解決を目ざして米代表の**アルジェリア**出発記事や，新生**ウガンダ**の近隣外交，**エジプト**の少年王・ツタンカーメンの遺品の来日記事などがある。Ⓚは**エジプト**，及び**ナイジェリア**の原油輸

第1節 1980年の報道　239

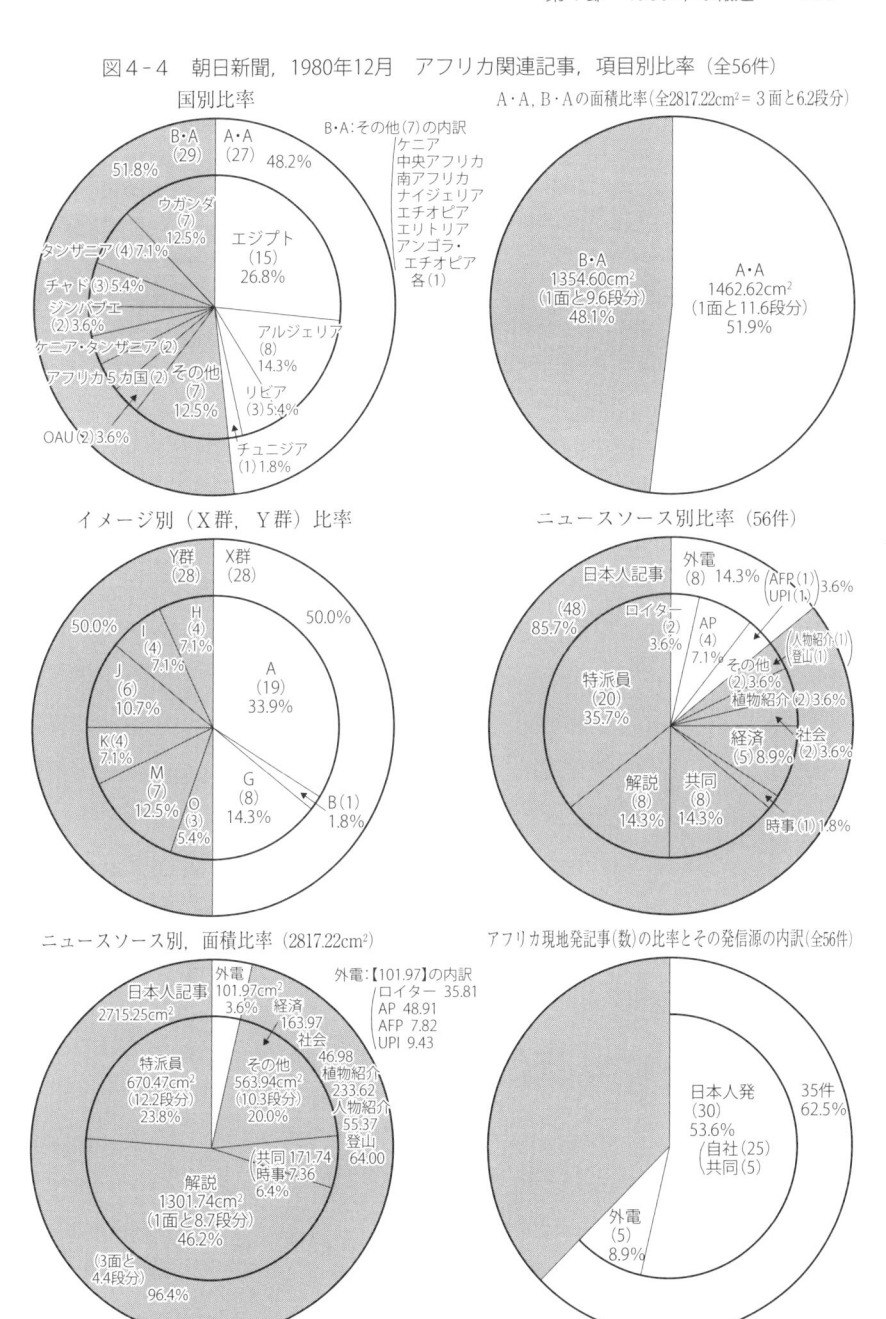

図4-4　朝日新聞，1980年12月　アフリカ関連記事，項目別比率（全56件）

国別比率

B・A (29) 51.8%
A・A (27) 48.2%

B・A：その他(7)の内訳
ケニア
中央アフリカ
南アフリカ
ナイジェリア
エチオピア
エリトリア
アンゴラ・
エチオピア
各(1)

ウガンダ (7) 12.5%
エジプト (15) 26.8%
タンザニア (4) 7.1%
チャド (3) 5.4%
ジンバブエ (2) 3.6%
ケニア・タンザニア (2)
アフリカ5カ国 (2)
その他 (7) 12.5%
OAU (2) 3.6%
アルジェリア (8) 14.3%
リビア (3) 5.4%
チュニジア (1) 1.8%

A・A, B・Aの面積比率（全2817.22cm² = 3面と6.2段分）

B・A 1354.60cm² (1面と9.6段分) 48.1%
A・A 1462.62cm² (1面と11.6段分) 51.9%

イメージ別（X群，Y群）比率

Y群 (28) 50.0%
X群 (28) 50.0%
H (4) 7.1%
I (4) 7.1%
J (6) 10.7%
K (4) 7.1%
M (7) 12.5%
O (3) 5.4%
A (19) 33.9%
G (8) 14.3%
B (1) 1.8%

ニュースソース別比率（56件）

日本人記事 (48) 85.7%
外電 (8) 14.3%
AFP (1) 3.6%
UPI (1)
ロイター (2) 3.6%
AP (4) 7.1%
人物紹介 (1)
登山 (1)
その他 (2) 3.6%
植物紹介 (2) 3.6%
特派員 (20) 35.7%
経済 (5) 8.9%
社会 (2) 3.6%
解説 (8) 14.3%
共同 (8) 14.3%
時事 (1) 1.8%

ニュースソース別，面積比率（2817.22cm²）

日本人記事 2715.25cm²
外電 101.97cm² 3.6%
外電：【101.97】の内訳
ロイター 35.81
AP 48.91
AFP 7.82
UPI 9.43
経済 163.97
社会 55.37
その他 563.94cm² (10.3段分) 20.0%
植物紹介 233.62
人物紹介 55.37
登山 64.00
特派員 670.47cm² (12.2段分) 23.8%
共同 171.74
時事 7.36 6.4%
解説 1301.74cm² (1面と8.7段分) 46.2%
(3面と4.4段分) 96.4%

アフリカ現地発記事(数)の比率とその発信源の内訳（全56件）

35件 62.5%
日本人発 (30) 53.6%
(自社 (25)
共同 (5))
外電 (5) 8.9%

総面積（2817.22cm²）中に，写真及び地図，表，グラフ等の占める割合（626.71cm² ⇒ 22.2%）

22.2%　　　　　　　　　　　　　　　　　　　　　　11.4段分

入や価格の値上げ関連，日本とリビア，及びエジプトとの受注契約関連記事である。Mは伊東外相のエジプト訪問関連がいくつかある。Oは特派員メモのトピック的記事 2 件と，「社外報」欄のやはりトピック的記事である。

　Y群には様々な傾向のアフリカに関する，あるいはアフリカ発の記事が含まれている。しかしポジティブな内容の記事はない。

　アフリカ発の記事数は，35 で全体の 62.5％である。うち外電は 5 で，残り 30 は自社 25 及び共同 5（カイロ発 4，ヨハネス発 1）の特派員記事である。

　写真は 22 枚【578.75】，うち顔写真は 7 枚【25.89】。地図は 2 枚【15.90】，絵 1 枚【14.06】，機関誌のコピー 1 枚【18.00】。写真を含めた面積は【626.71】（総面積の 22.2％）で，11.4 段分に相当する。

2　中日新聞

　国会図書館所蔵のマイクロフィルムによる。

(1)　1 月

　記事数，32。面積【873.76】，これは 1 面と 0.9 段分である。

　A・A は 20【596.02】で，それぞれ全体の 62.5％，68.2％である。B・A は 12【277.74】で，37.5％，31.8％である。国別内訳は，A・A，**エジプト**—16，**リビア**—2，**モーリタニア**—1，**北アフリカ**—1。B・A は，**ケニア**—6，**ナイジェリア**—2，**ローデシア**—2，**タンザニア**—1，**アフリカ全体**—1，である。

　外電は，13【208.05】（3.8 段分）。これは全体のそれぞれ 40.6％，23.8％である。内訳は，ロイター—7【64.49】，AP—1【11.38】，UPI（共同）—3【103.94】，AP・DJ（共同）—1【6.57】，UPI サン—1【21.67】である。このうちアフリカ発は 8 ——カイロ（ロイター）—2，ナイロビ（ロイター）—2，ナイロビ（UPI）—2，ナイロビ（AP）—1，ラゴス（AP・DJ）—1，——である。

　自社特派員記事は，6【169.26】で，カイロ発（河口）は 4，アスワン発が 2 である。アスワン分はサダト・ベギン会談で，カイロ分はリビアとパレスチナ関連が 1 つ以外はエジプト関連である。その中身はソ連外交団の削減と，やは

第1節 1980年の報道

りイスラエルとの関連記事である。

解説記事は，2【185.17】だが，この2つもカイロの河口特派員記事である。北アフリカ関連で，「80年の80人——あすのニュースメーカー」との特集記事で，エジプト，リビア，チュニジア等の指導者が紹介されているもの【53.02】と，アスワンダム関連である【132.15】。

共同の記者記事は，7【93.95】。ヨハネスブルグ発—2，テルアビブ発—2，ナイロビ発—1，ワシントン発—1，北京発—1，である。ヨハネス発は，ローデシアの黒人指導者・ヌコモ氏の亡命先からの帰国関連で，テルアビブ発は，エジプトとイスラエルの国交樹立関連。ナイロビ発は，スポーツ＝モスクワ五輪関連で，ワシントン発は，米とエジプトの合同演習で，北京発は，北京訪問中のムバラク副大統領関連である。

時事通信の記事も1【13.47】ある。ベイルート発で，エジプトとイスラエルの国交樹立に対し，アラブ各国で抗議デモが起こっていることを伝えている。

「その他」には，元日の「世界の80人にアンケート」というアンケート記事【86.81】と，アダムソン夫人死亡事故に関して，畑正憲氏へのインタビュー記事【43.76】。それとタンザニアのチンパンジー調査に対する日本の援助記事【73.29】がある。

内容区分は，X群は9で3割にも満たない28.1%であり，Y群は23である。内訳は，X群は，A—6，C—1，D—1，G—1。Y群，H—1，I—1，J—12，K—2，L—1，N—1，O—4，である。

Ａはアダムソン夫人の死亡が殺人かもしれないと，事故から事件に変わったことを伝える記事が3件含まれる。当初はライオンに襲われたとして，Ｏ項の一般事故としてカウントしていたものである。他にはリビアとパレスチナの断交，エジプト・イスラエルの国交樹立に絡むアラブ各国の抗議デモ，がある。Ｃはモーリタニアにおけるクーデター記事である。Ｄは「アスワンハイダム，9年目の功罪」と題する河口特派員の解説記事で，その完成によって農地が増え，二毛作となり，それがナイルの汚染化をまねき，風土病が蔓延しだしたことを伝えるものである【132.15】。Ｇは米とエジプトとの合同演習記事である。

242　第4章　1980年（昭和55年），及び1997年（平成9年）のアフリカ報道

図4-5　中日新聞，1980年1月　アフリカ関連記事，項目別比率（全32件）

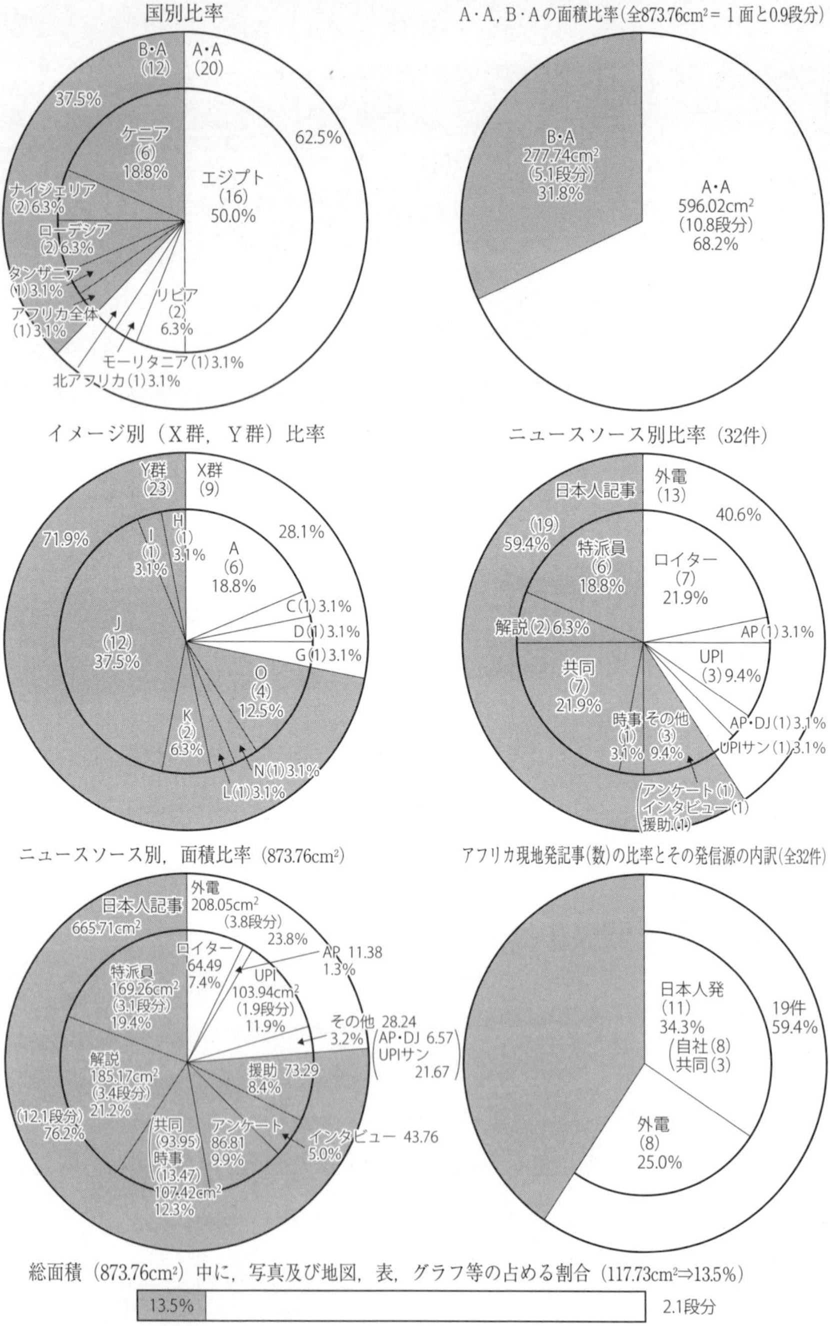

国別比率

- A・A（20）62.5％
- B・A（12）37.5％
- エジプト（16）50.0％
- ケニア（6）18.8％
- ナイジェリア（2）6.3％
- ローデシア（2）6.3％
- タンザニア（1）3.1％
- アフリカ全体（1）3.1％
- リビア（2）6.3％
- モーリタニア（1）3.1％
- 北アフリカ（1）3.1％

A・A，B・Aの面積比率（全873.76cm² = 1面と0.9段分）

- A・A　596.02cm²（10.8段分）68.2％
- B・A　277.74cm²（5.1段分）31.8％

イメージ別（X群，Y群）比率

- X群（9）28.1％
- Y群（23）71.9％
- A（6）18.8％
- C（1）3.1％
- D（1）3.1％
- G（1）3.1％
- O（4）12.5％
- K（2）6.3％
- L（1）3.1％
- N（1）3.1％
- J（12）37.5％
- H（1）3.1％
- I（1）3.1％

ニュースソース別比率（32件）

- 外電（13）40.6％
- 日本人記事（19）59.4％
- 特派員（6）18.8％
- 解説（2）6.3％
- 共同（7）21.9％
- 時事（1）3.1％
- その他（3）9.4％
- ロイター（7）21.9％
- AP（1）3.1％
- UPI（3）9.4％
- AP・DJ（1）3.1％
- UPIサン（1）3.1％
- アンケート（1）
- インタビュー（1）
- 援助（1）

ニュースソース別，面積比率（873.76cm²）

- 外電　208.05cm²（3.8段分）23.8％
- 日本人記事　665.71cm²
- 特派員　169.26cm²（3.1段分）19.4％
- 解説　185.17cm²（3.4段分）21.2％
- 共同　(93.95)　時事（13.47）107.42cm²　12.3％
- ロイター　64.49　7.4％
- AP　11.38　1.3％
- UPI　103.94cm²（1.9段分）11.9％
- その他　28.24　3.2％
- AP・DJ　6.57　UPIサン　21.67
- 援助　73.29　8.4％
- アンケート　86.81　9.9％
- インタビュー　43.76　5.0％
- (12.1段分) 76.2％

アフリカ現地発記事（数）の比率とその発信源の内訳（全32件）

- 日本人発（11）34.3％　19件 59.4％
  - （自社）（8）
  - 共同（3）
- 外電（8）25.0％

総面積（873.76cm²）中に，写真及び地図，表，グラフ等の占める割合（117.73cm² ⇒ 13.5％）

13.5％　　　　　　　　　　　　　　　　　　　　2.1段分

Y群は，この月も Ⓙ 項が多く，**エジプトとイスラエルの国交正常化交渉**や，亡命していた**ローデシアのヌコモ氏の帰国**関連などである。Ⓗ は，「海外版こぼれ話」欄の UPI サンの写真入記事で，ギザのスフィンクス関連。Ⓘ は人物紹介だが，解説記事に含めた**北アフリカの各指導者**記事。Ⓚ は**ナイジェリアの原油**関連（既述）。Ⓛ はモスクワ五輪記事。Ⓜ は援助記事の所で触れた**タンザニアにおける京都大学グループの活動**。Ⓝ はムバラク副大統領の外訪記事，などである。

アフリカ発の記事数は，19 で全体の 59.4％。うち外電は 8 で，残り 11 のうち共同が 3（ヨハネスブルグ 2，ナイロビ 1）で，自社記事は 8（河口記者のカイロ及びアスワン発）である。

写真は 7 枚【104.10】，うち顔写真 2 枚【6.41】。地図は 3 枚【13.63】で，面積の合計は【117.73】（総面積の 13.5％）。これは 2.1 段分である。

(2) 4 月

記事数 53，面積は【1563.70】で，これは 1 面と 13.4 段分である。

A・A は 23【587.09】で，全体のそれぞれ 43.4％，37.5％。B・A は 30【976.61】それぞれ，56.6％，62.5％である。内訳は，A・A が，**エジプト—19，リビア—3，アルジェリア—1**。B・A は，**ジンバブエ—9，リベリア—7，南アフリカ—3**，で以下，**ケニア，ガーナ，ナイジェリア，ザンビア，チャド，ウガンダ，セネガル，ソマリア，ナミビア，南部アフリカ 9 カ国，OAU**，が各 1 ずつである。

外電は，26【352.60】（6.4 段分）で，それぞれ全体の 49.1％，22.5％である。内訳は，ロイター（共同）—6【92.61】，AP—9【100.18】，AFP（時事）—4【45.48】，UPI（共同）—2【25.16】，RP—2【17.47】，AP・DJ（共同）—1【11.38】，中国通信—1【5.29】，UPI サン—1【55.03】。

うちアフリカ発は 12——カイロ（AFP）—2，カイロ（AP）—1，カイロ（UPI）—1，アルジェ（AP）—1，チュニス（AP）—1，トリポリ（AP）—1，ヨハネスブルグ（UPI）—1，ソルズベリー（AP・DJ）—1，カンパラ（ロイター）—1，モンロビア（ロイター）—1，モンロビア（AP）—1，——である。

自社特派員記事は，5【261.83】。内訳は，ワシントン発（大江2，岡本1）—3【94.21】，ロンドン発（成田）—1【23.21】，カイロ発（河口）—1【144.41】。ワシントン発は，カーター大統領を交えてのエジプトとイスラエルのパレスチナ交渉関連である。ロンドン発は，南部アフリカ9カ国関連で，それら国々の首脳会議で経済統合の強化を決したことを伝えている。カイロ発はパレスチナ自治交渉協議のために訪米するサダト大統領を伝え，中東問題解決への糸口を探っている。

解説記事は，6【562.01】。内訳は，花井喜六という記者の署名入り記事2（チャドの内戦【133.25】と，リベリアのクーデターについて【45.17】），ロンドンからの成田特派員記事1，ジンバブエ関連で「あす独立，穏健路線で西側も好感」のタイトルで解説している【107.27】があり，また「海外経済レーダー」欄にある経済記事1だが，内容がエジプトの現状を解説している（カイロ，河口特派員発）ということからこの項に含めたもの——副題に「変容するスエズ運河，複数化計画浮上」とある【114.20】——がある。

あと2つは，「好事林」欄のジンバブエを解説する記事【28.23】と，「ワールド・オピニオン」欄の各国紙を紹介するもので，ジンバブエの独立について，米，英，ケニアの各新聞がどのようにそのことを伝えているかを載せている【133.89】。

共同の記者記事は，11【279.91】ある。内訳は，ソルズベリー発—3【136.28】で，内容はジンバブエの独立関連【98.77】と，黒人区でテロ続出，囚人が集団脱走との記事【27.57】，及びナミビア関連で，解放闘争強めるとのSWAPO議長の言葉を伝えているものである【9.94】。ナイロビ発—2【19.71】で，リベリア関連，新内閣が軍事法廷設置との記事【12.50】と，OAU関連で，経済問題特別会議をラゴスで開催との記事【7.21】である。カイロ発も2【21.16】で，サダト大統領の米国からの帰国記事【5.13】と，「こぼれ話」欄のトピック記事である。「スエズ運河北端のポートサイドで大凧で密輸作戦，警察当局監視強化へ」【16.03】である。以上で7件で，残る4件は以下である。

ヨハネスブルグ発—1【33.87】で，同地で黒人ゲリラが警察署を襲撃との記事である。ベイルート発—1【9.78】はリビア関連で，PLOとの和解交渉記事

第 1 節　1980 年の報道　245

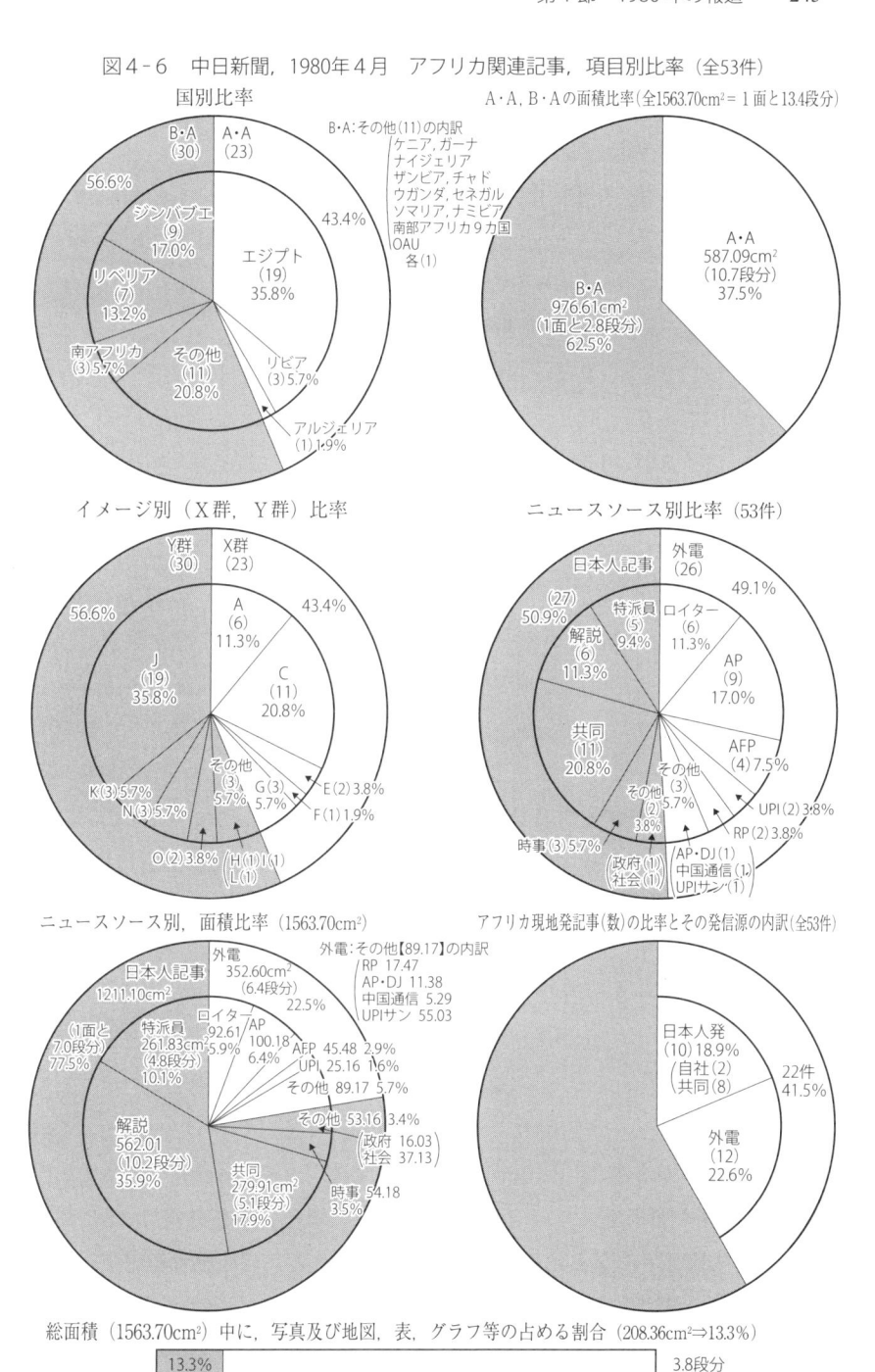

図 4-6　中日新聞，1980 年 4 月　アフリカ関連記事，項目別比率（全 53 件）

国別比率

B・A (30) 56.6%
A・A (23) 43.4%
ジンバブエ (9) 17.0%
リベリア (7) 13.2%
南アフリカ (3) 5.7%
その他 (11) 20.8%
エジプト (19) 35.8%
リビア (3) 5.7%
アルジェリア (1) 1.9%

B・A：その他(11)の内訳
ケニア, ガーナ
ナイジェリア
ザンビア, チャド
ウガンダ, セネガル
ソマリア, ナミビア
南部アフリカ9カ国
OAU　各(1)

A・A, B・A の面積比率（全 1563.70cm² = 1 面と 13.4 段分）

A・A　587.09cm²（10.7 段分）37.5%
B・A　976.61cm²（1 面と 2.8 段分）62.5%

イメージ別（X群，Y群）比率

Y群 (30) 56.6%
X群 (23) 43.4%
A (6) 11.3%
C (11) 20.8%
J (19) 35.8%
K (3) 5.7%
N (3) 5.7%
O (2) 3.8%
その他 (3) 5.7%
G (3) 5.7%
E (2) 3.8%
F (1) 1.9%
H (1) I (1) L (1)

ニュースソース別比率（53 件）

外電 (26) 49.1%
日本人記事 (27) 50.9%
特派員 (5) 9.4%
解説 (6) 11.3%
ロイター (6) 11.3%
AP (9) 17.0%
AFP (4) 7.5%
共同 (11) 20.8%
その他 (3) 5.7%
時事 (3) 5.7%
政府 (1) 社会 (1) 3.8%
UPI (2) 3.8%
RP (2) 3.8%
AP・DJ (1)
中国通信 (1)
UPIサン (1)

ニュースソース別，面積比率（1563.70cm²）

外電 352.60cm²（6.4 段分）22.5%
日本人記事 1211.10cm²（1 面と 7.0 段分）77.5%
特派員 261.83cm²（4.8 段分）10.1%
ロイター 92.61 5.9%
AP 100.18 6.4%
AFP 45.48 2.9%
UPI 25.16 1.6%
その他 89.17 5.7%
解説 562.01（10.2 段分）35.9%
共同 279.91cm²（5.1 段分）17.9%
その他 53.16 3.4%
政府 16.03 社会 37.13
時事 54.18 3.5%

外電：その他【89.17】の内訳
RP 17.47
AP・DJ 11.38
中国通信 5.29
UPIサン 55.03

アフリカ現地発記事（数）の比率とその発信源の内訳（全 53 件）

日本人発 (10) 18.9%
（自社 (2)
　共同 (8)）
外電 (12) 22.6%
22 件 41.5%

総面積（1563.70cm²）中に，写真及び地図，表，グラフ等の占める割合（208.36cm² ⇒ 13.3%）

13.3%　　　　　　　　　　　　　　　　　　　　　　　3.8 段分

である。NY発―1【22.12】，ケニア関連で米と軍事基地使用協定に調印との記事である。ワシントン発―1【37.00】で，サダト大統領の米国入り記事である。

時事通信の記事は，3【54.18】ある。内訳は，ベイルート発―2【45.20】で，2つともエジプトとイスラエルとの間のパレスチナ自治交渉関連である。あと1つはワシントン発で，「イランの米人人質事件で，奪還に失敗した作戦はカイロ郊外の基地から発進した」という記事【8.98】である。

「その他」の記事は，2【53.16】。内訳は，政府記事―1【16.03】，社会記事―1【37.13】である。

内容区分は，X群23で**全体の43.4%**，Y群は30で**56.6%**。内訳は，A―6，C―11，E―2，F―1，G―3。Y群，H―1，I―1，J―19，K―3，L―1，N―3，O―2，である。

この月はX群にあっては，Ⓐよりもむしろ Ⓒ 項の方が多い。それは13日付朝刊に載った**リベリア**でのクーデター発生による。これに7記事が費やされている。またその前日に起こった**リビア**でのカダフィ大佐暗殺未遂事件もある。あと2件は密輸・密航記事である。Ⓐは**チャド**の内戦と，**南ア**のゲリラ記事，**ジンバブエ**でのテロなど。Ⓔは**ジンバブエ**の独立関連であり，Ⓕは**南ア**の核疑惑問題，Ⓖは**エジプト**関連で，イランの米人人質事件記事である。

Y群は，Ⓗは「好事林」欄記事を，文化習俗紹介としたもの，Ⓘは紙誌紹介ということで，「ワールド・オピニオン」欄の記事を，Ⓚは**ナイジェリア**の原油値上げ記事と，イランと**ジンバブエ**の貿易協定調印などであり，Ⓛはモスクワ五輪に**エジプト**が不参加との記事である。Ⓞはトピック記事で，1つは黒人と白人が，どちらが強いかを決めるためにヘビ檻の中に入ってどれだけ長くいられるかを争ったというもの。もう1つは，サダト大統領が米のテレビに出演し，各国指導者をナデ斬りにしたという記事である。Ⓙは19と多くそれだけ様々な記事があるが，目立つ内容として交渉・会議・会談などである。

アフリカ発の記事数は，22で**全体の41.5%**である。うち外電は12で，残り10は日本人の手になる記事だが，うち共同は8と，自社記者の記事(2)より多い。またX群23のうちアフリカ発は11である。

第1節　1980年の報道　247

写真は9枚【178.21】，うち顔写真は2枚【7.53】。地図は7枚【30.14】で，合計面積は【208.36】。これは3.8段分で，この月全体の面積の13.3％に当たる。

(3)　8月

記事数，44。面積【3452.58】で，4面と2.8段分である。

A・Aは31【2374.98】で全体のそれぞれ70.5％，68.8％である。B・Aは13【1077.60】でそれぞれ29.5％，31.2％である。国別内訳は，A・Aは**エジプト**—23，**リビア**—7，**アルジェリア**—1。B・Aは，**ケニア**—2，**ザイール**—2，**ソマリア・エチオピア**—2，**ガボン**—1，**ボツワナ**—1，**ザンビア**—1，**ジンバブエ**—1，**スーダン**—1，**タンザニア**—1，**エチオピア**—1，である。

外電は，13【357.06】(6.5段分)で，全体のそれぞれ29.5％，10.3％である。内訳は，ロイター（共同）—3【29.98】，AP—4【58.46】，AFP（時事）—2【38.88】，UPI（共同）—3【27.41】，ニューズ・ウィーク—1【202.33】。

うちアフリカ発は6——カイロ（ロイター）—2，カイロ（UPI）—1，ナイロビ（UPI）—1，キンシャサ（ロイター）—1，カサブランカ（AFP）—1，——である。

これまでに見ないニューズ・ウィークの記事とは，ビリーゲート事件に関する詳細な解説記事である（但し，ここでは「外電」ということを優先しているので，区分ではこちらに入れて「解説記事」の項には含めていない。区分けの第一段階としては日本人の手になる記事か否かで判断している）。

自社特派員記事は，5【393.12】。内訳は，カイロ発（河口）—4【332.05】，ワシントン発—1【61.07】。カイロ発は3がエジプト・イスラエルのパレスチナ交渉関連で，1がエチオピアとソマリアの緊張記事である。ワシントン発は，ビリー氏のリビア疑惑関連である。

解説等記事は，13【2268.76】（2面と11.3段分）だが，うち12は2つの連載企画ものである。1つは「ナイルに生きる」というタイトルで，アフリカ（カイロ）発・河口特派員の手になるもの，この月には7件ある【1023.29】。あと1つは「アフリカ旅行」とそのものズバリのタイトルの紹介記事5件で，昼間勝子という人の報告である【930.57】。これら以外の1件は，「けさの話題」欄

にある「ビリー事件」を解説した本社記事である【314.90】。

共同の記者記事は，10【187.09】で，うちアフリカ発は5【109.73】である。内訳は，カイロ発―2【77.35】，ヨハネスブルグ発―2【24.20】，ナイロビ発―1【8.18】で，残り5は，テルアビブ発―3【58.53】，ワシントン発―1【7.29】，ベイルート発―1【11.54】である。

カイロ発はエジプト関連だが，米に軍事基地提供と，スエズ運河再開から10万隻目の船の通過発表記事である。ヨハネス発は，1つはジンバブエとモザンビークとの間で8つの事項で協定が結ばれたということであり，1つは「こぼれ話」欄のトピック記事である。タイトルは「ザンビアのルアングア渓谷で狩猟中襲われたレバノン人は空手でヒョウを一撃し難をのがれた」である。ナイロビ発は，ソマリア・エチオピア関連で「エチオピア軍が撤退，とソマリア放送伝える」である。テルアビブ発は，エジプト・イスラエルのパレスチナ交渉関連であり，ワシントン発もパレスチナ関連である。ベイルート発はエチオピアとシリアの国交樹立記事である。

時事通信の記事は，1【11.92】でNY発でリビア関連，ビリー事件に関するものである。

「その他」の記事は，2【234.63】。内訳は，人物紹介―1【179.77】，映画紹介―1【54.86】。

内容区分は，**X群10で全体の22.7％**，Y群は，34で77.3％。内訳は，A―8，G―2。Y群，H―12，I―1，J―15，L―1，N―2，O―3，である。

Ⓐはビリーゲート事件関連が5と，同じく**リビア**で，軍の反乱報道，そして**エチオピア**と**ソマリア**の衝突記事である。Ⓖの2は**エジプト**の米への軍事協力記事である。

Y群では，Ⓙは**エジプト・イスラエル**，そして米を加えてのパレスチナ交渉等である。Ⓝの2は，**エジプトのガリ外相のルーマニア訪問**であり，Ⓞの3は，**ザンビア**，**ケニア**，**エジプト**からのトピック記事，また一般記事である。ザンビアとエジプトは既述している，それぞれ「ヒョウを一撃」と，「スエズ運河の10万隻目」である。あと1つは「ケニア中央高原部の3ケ所で，1万5

第1節　1980年の報道　249

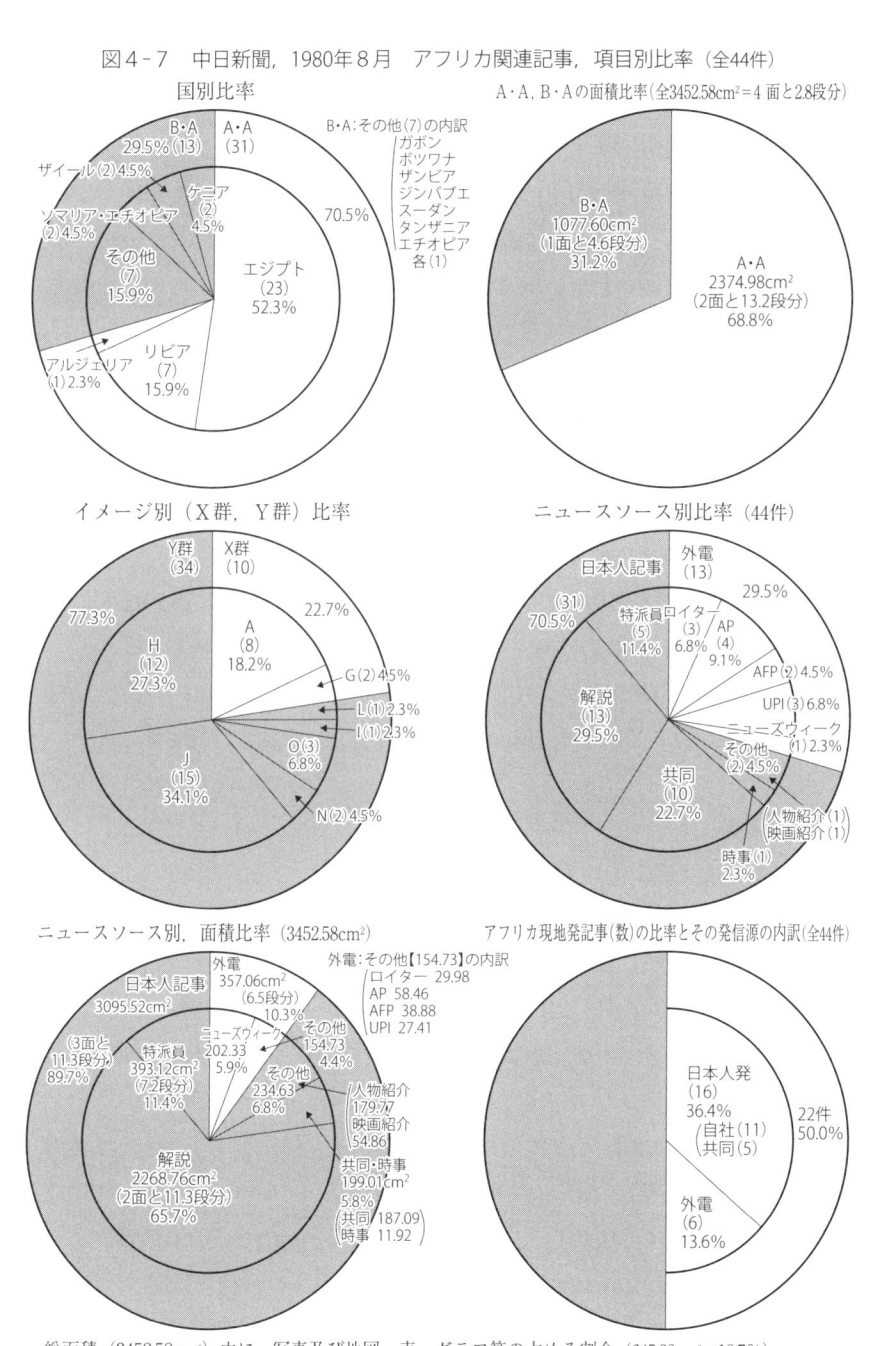

図4-7　中日新聞，1980年8月　アフリカ関連記事，項目別比率（全44件）

国別比率

- A・A (31) 70.5%
  - エジプト (23) 52.3%
  - リビア (7) 15.9%
  - アルジェリア (1) 2.3%
- B・A (13) 29.5%
  - ザイール (2) 4.5%
  - ソマリア・エチオピア (2) 4.5%
  - ケニア (2) 4.5%
  - その他 (7) 15.9%

B・A：その他(7)の内訳
ガボン
ボツワナ
ザンビア
ジンバブエ
スーダン
タンザニア
エチオピア
各(1)

A・A, B・Aの面積比率（全3452.58cm² = 4面と2.8段分）

- A・A　2374.98cm²（2面と13.2段分）68.8%
- B・A　1077.60cm²（1面と4.6段分）31.2%

イメージ別（X群，Y群）比率

- X群 (10) 22.7%
  - A (8) 18.2%
  - G (2) 4.5%
  - L (1) 2.3%
  - I (1) 2.3%
- Y群 (34) 77.3%
  - H (12) 27.3%
  - J (15) 34.1%
  - O (3) 6.8%
  - N (2) 4.5%

ニュースソース別比率（44件）

- 外電 (13) 29.5%
  - ロイター (3) 6.8%
  - AP (4) 9.1%
  - AFP (2) 4.5%
  - UPI (3) 6.8%
  - ニューズウィーク (1) 2.3%
  - その他 (2) 4.5%
- 日本人記事 (31) 70.5%
  - 特派員 (5) 11.4%
  - 解説 (13) 29.5%
  - 共同 (10) 22.7%
  - 時事 (1) 2.3%
  - 人物紹介 (1)
  - 映画紹介 (1)

ニュースソース別，面積比率（3452.58cm²）

- 外電　357.06cm²（6.5段分）10.3%
  - 特派員　393.12cm²（7.2段分）11.4%
  - ニューズウィーク　202.33　5.9%
  - その他　234.63　6.8%
- 日本人記事　3095.52cm²（3面と11.3段分）89.7%
  - 解説　2268.76cm²（2面と11.3段分）65.7%
  - 共同・時事　199.01cm²　5.8%（共同 187.09／時事 11.92）
  - 人物紹介 179.77
  - 映画紹介 54.86

外電：その他【154.73】の内訳
ロイター　29.98
AP　58.46
AFP　38.88
UPI　27.41
その他　154.73　4.4%

アフリカ現地発記事(数)の比率とその発信源の内訳（全44件）

- 22件 50.0%
- 日本人発 (16) 36.4%（自社(11)　共同(5)）
- 外電 (6) 13.6%

総面積（3452.58cm²）中に，写真及び地図，表，グラフ等の占める割合（645.38cm² ⇒ 18.7%）

18.7%　　　　　　　　　　　　　　　　　　　　　　　　　　　11.8段分

千年前のものと思われる最古の家畜化された牛の骨や歯を発見」との記事である【9.94】。

　この月の記事で注目したいのは，Ⓗに入れた既述・連載企画記事すべてである。どちらもアフリカの生活を伝えるものだが，特に昼間の書く「アフリカ旅行」は正しく旅行者の，つまり外交官でもジャーナリストでもない，一市井の者の目を通して語られているもので筆者にはとても興味深いものがある。

　この記事が書かれた一年ほどのちにそれらの地を同じような旅行者として訪れていたこともあるが，多くの人が読む新聞にはこのような視点からの記事も大切なように思われる。むしろ筆者にはこのような記事こそ新聞での連載に必要なものと思える。身分の保証された外交官や学者やジャーナリストの書くものではないアフリカ紹介の記事を一つの理想としていたからだ。そのような記事が今後，より以上に増えることを切望している。

　アフリカ発の記事数は，22で全体のちょうど半分である。外電はすでに書いたが，6で，残り16のうち11が自社記事で，5が共同記事である。

　写真は22枚【598.91】，うち顔写真は5枚【18.61】。地図は7枚【46.47】。面積の合計は【645.38】（総面積の18.7％）で，これは11.8段分である。

(4) 12月

　記事数，33。面積【1084.97】，これは1面と4.7段分である。

　A・Aは21【677.65】で，全体のそれぞれ63.6％，62.5％。B・Aは12【407.32】でそれぞれ36.4％，37.5％である。国別内訳は，A・Aは，**エジプト**─10，**アルジェリア**─8，**リビア**─2，**モロッコ**─1。B・Aは，**ウガンダ**─3，**タンザニア**─2，**ナイジェリア**─1，**中央アフリカ**─1，**ザイール**─1，**ジンバブエ**─1，**南アフリカ**─1，**アフリカ全体**─1，**OAU**─1，である。

　外電は，9【144.45】で全体のそれぞれ27.3％，13.3％。内訳は，ロイター（共同）─3【71.17】，AFP（時事）─4【38.78】，UPI（共同）─1【15.07】，DPA（時事）─1【19.43】。

　うちアフリカ発は5──カイロ（ロイター）─1，カイロ（AFP）─1，アルジェ（AFP）─1，スエズ（UPI）─1，ラゴス（DPA）─1，──である。

自社特派員記事は，8【290.37】。内訳は，カイロ発―4【187.69】，ポートサイド発―1【12.86】，ロンドン発―1【13.31】，ワシントン発―1【20.19】，テヘラン発―1【56.32】。

カイロ発は伊東外相のエジプト首脳との会談記事2と，中東和平交渉でキッシンジャー氏とサダト大統領との会談関連2である。ポートサイド発も河口特派員記事で，「スエズ運河拡幅第一期工事完成」である。ロンドン発（成田）は「ジンバブエ高裁，白人農夫殺害の閣僚に刑を免除」記事であり，ワシントン発（岡本）は，カーター大統領がイラン米人人質事件でアルジェリア代表と会談，との記事である。テヘラン発（平井）もイランでの人質事件関連で，イランの在米凍結資産のアルジェリア移管との記事である。

解説記事は，3【321.23】。1つは，8月に登場している昼間の書く記事。ここではタイトルを，「主婦の海外報告」として家庭面で載せている。「ザイール・キンドゥ，ドラムたたき大合唱。クリスマスにもお国ぶり」との副題で，キンドゥ周辺の現地人の生活ぶりを伝えている【129.95】。2つ目は，モロッコとスペインの間の海峡に橋を架ける計画があるという記事で，日本にも協力要請がきていると紹介している【158.58】。あと1つは，アフリカ全体記事で，「ほころび深まる国際秩序，5百万人が餓死寸前――アフリカ」とのタイトルである【32.70】。

共同の記者記事は，9【185.39】。内訳は，ナイロビ発―3【36.70】，カンパラ発―2【39.56】，カイロ発―1【14.76】，ワシントン発―1【63.75】，ベイルート発―1【24.69】，テヘラン発―1【5.93】。

ナイロビ発は，ウガンダの新内閣発足記事【7.69】，中央アフリカでボカサ前皇帝に死刑宣告，との記事【16.99】。そして，OAU会議の閉幕記事【12.02】である。カンパラ発は，2つともウガンダの総選挙関連で，カイロ発は伊東外相のエジプト訪問記事である。ワシントン発は，イランにおける米人人質事件関連であり，ベイルート発は，リビアとシリアの首脳会談終了記事である。テヘラン発は，人質事件でイラン首脳がアルジェリア代表団と協議，との記事である。

時事通信の記事は，この月にはない。

252　第4章　1980年（昭和55年），及び1997年（平成9年）のアフリカ報道

図4-8　中日新聞，1980年12月　アフリカ関連記事，項目別比率（全33件）

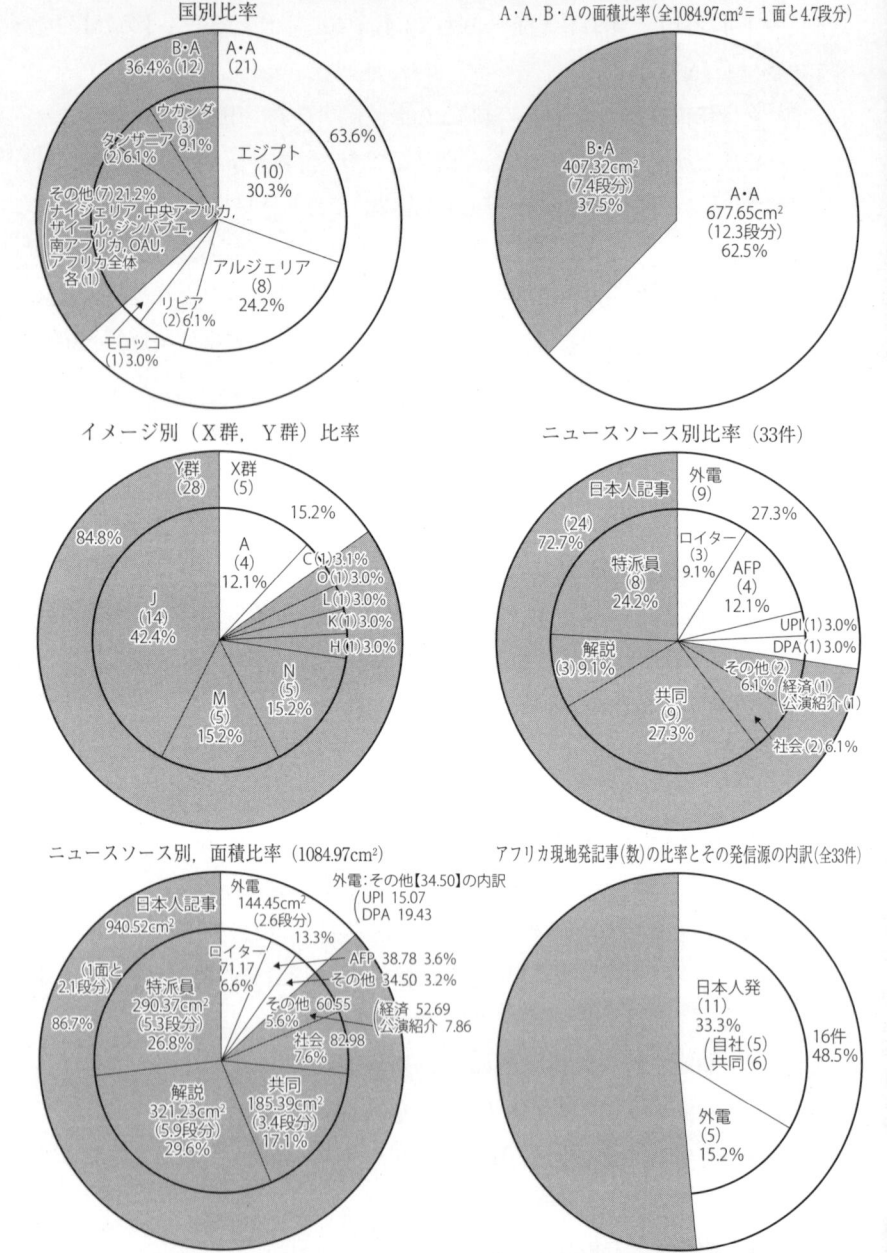

国別比率

- A・A (21) 63.6%
- B・A (12) 36.4%
- エジプト (10) 30.3%
- ウガンダ (3) 9.1%
- タンザニア (2) 6.1%
- その他 (7) 21.2%
  ナイジェリア，中央アフリカ，ザイール，ジンバブエ，南アフリカ，OAU，アフリカ全体　各(1)
- アルジェリア (8) 24.2%
- リビア (2) 6.1%
- モロッコ (1) 3.0%

A・A，B・Aの面積比率（全1084.97cm² = 1面と4.7段分）

- A・A 677.65cm²（12.3段分）62.5%
- B・A 407.32cm²（7.4段分）37.5%

イメージ別（X群，Y群）比率

- X群 (5) 15.2%
- Y群 (28) 84.8%
- A (4) 12.1%
- C (1) 3.1%
- O (1) 3.0%
- L (1) 3.0%
- K (1) 3.0%
- H (1) 3.0%
- J (14) 42.4%
- M (5) 15.2%
- N (5) 15.2%

ニュースソース別比率（33件）

- 日本人記事 (24) 72.7%
- 外電 (9) 27.3%
- 特派員 (8) 24.2%
- 解説 (3) 9.1%
- 共同 (9) 27.3%
- 社会 (2) 6.1%
- 経済 (1)
- 公演紹介 (1)
- その他 (2) 6.1%
- ロイター (3) 9.1%
- AFP (4) 12.1%
- UPI (1) 3.0%
- DPA (1) 3.0%

ニュースソース別，面積比率（1084.97cm²）

- 日本人記事 940.52cm²（1面と2.1段分）86.7%
- 外電 144.45cm²（2.6段分）13.3%
- 特派員 290.37cm²（5.3段分）26.8%
- 解説 321.23cm²（5.9段分）29.6%
- 共同 185.39cm²（3.4段分）17.1%
- 社会 82.98 7.6%
- 経済 52.69
- 公演紹介 7.86
- その他 60.55 5.6%
- ロイター 71.17 6.6%
- AFP 38.78 3.6%
- その他 34.50 3.2%

外電：その他【34.50】の内訳
UPI 15.07
DPA 19.43

アフリカ現地発記事(数)の比率とその発信源の内訳（全33件）

- 日本人発 (11) 33.3%（自社(5)，共同(6)）
- 16件 48.5%
- 外電 (5) 15.2%

総面積（1084.97cm²）中に，写真及び地図，表，グラフ等の占める割合（128.12cm² ⇒ 11.8%）

11.8%　　　2.3段分

「その他」では，社会面記事2【82.98】。1つは日本人障害者がキリマンジャロ登山に挑戦との記事，もう1つはタンザニアのホテルで商用の日本人男性が警官に射殺されたとの記事である。

他では，経済記事1【52.69】と，リビア国立民族舞踏団が，あす愛知で公演との紹介記事がある【7.86】。

内容区分は，X群5で15.2％，Y群28で84.8％。内訳は，X群はA—4，C—1。Y群は，H—1，J—14，K—1，L—1，M—5，N—5，O—1，である。

Ⓐの4件を見出しで見てみると，①「タンザニアのホテルで日本人射殺される」との既に触れている記事【21.78】。②「ナイジェリア，宗教暴動で250人死ぬ。無差別に発砲・放火」【19.43】。③も，既に触れている「ボカサ前皇帝に死刑宣告」【16.99】。④は「スエズで日本船衝突，積荷の車126台損傷」【15.07】である。

Ⓒは31日付の記事だが，これも既に触れている「5百万人が餓死寸前」というアフリカ全体記事である。

Y群では，Ⓙは，米人人質事件のアルジェリア仲介関連記事，ウガンダの総選挙，エジプト・イスラエルに米を加えた中東和平交渉記事等がある。Ⓗは昼間の報告記事。Ⓚは経済記事で，「ホンダとベンツ，業務提携。南ア進出」【52.69】。Ⓛはこれも触れている，リビア国立民族舞踏団関連である。Ⓜは伊東外相関連，キリマンジャロ登山関連，等。Ⓝは米人人質事件解決に向けての国務副長官のアルジェ到着記事や，既述キッシンジャーの中東訪問関連。Ⓞはこれも触れている，モロッコ・スペイン間の架橋計画記事である。

この月にポジティブといえるような記事はない——但し，昼間の記事はそれに近いかも知れない。

アフリカ発記事数は16で全体の48.5％である。うち外電が5，残り11のうち自社特派員記事は5，共同記事が6である。自社はカイロ発4とポートサイド発1である。共同はナイロビ3，カンパラ2，カイロ1である。

写真は7枚【117.70】，うち顔写真は3枚【10.43】。地図は2枚【10.42】。面積の計は【128.12】で，これは約2.3段分である。全体の11.8％の量である。

3 中国新聞

国会図書館所蔵のマイクロフィルムより。

(1) 1月

記事数26。面積【1332.22】，これは1面と9.2段分であり，1記事平均面積は【51.24】。A・Aは14【743.55】で全体のそれぞれ53.8％，55.8％。B・Aは12【588.67】でそれぞれ46.2％，44.2％。

国別内訳は，A・A，**エジプト**—11，アルジェリア—1，チュニジア—1，モーリタニア—1。B・A，**ケニア**—4，**南アフリカ**—4，ローデシア—1，**ナイジェリア**—1，**エチオピア**—1，**東アフリカ3カ国**（ケニア，ウガンダ，タンザニア）—1。

外電は，10【262.93】で全体のそれぞれ38.5％，19.7％。内訳は，ロイター（共同）—3【49.28】，AP（共同）—2【95.23】，UPI（共同）—4【103.83】，AP・DJ（共同）—1【14.59】。

ロイターは，1つはナイロビ発のアダムソン夫人死亡事故（事件）関連で，1つはアスワン発のエジプトが米軍の通過に便宜供与を与えた，という記事。3つ目は南アからのトピックで，「屋根の修理で転落防止にと結んでいた綱の先の車を妻が発進して亭主が転落」したというものである。

APもナイロビ発のアダムソン夫人関連1つと，エジプト発のトピックが1つである。こちらのタイトルは，「海底に眠るクレオパトラの宮殿？」。

UPIもまた，ナイロビ発のアダムソン夫人関連1つと，パリ発の「モーリタニアで無血クーデター」報道と，アスワン発のエジプトとイスラエルの首脳会談記事である。

AP・DJは，ラゴス発のナイジェリア原油の価格値上げ記事である。

以上のように，外電10件中，8件がアフリカ発である。

自社特派員記事は，カイロ発（河口）の1件だけで，「エジプト，アフガン問題でソ連外交団の人員減を要求」という記事【19.56】である。

解説記事は，4【615.08】。うち2つは企画記事で，1つは「80年代世界の女

性」，もう1つは「いま女性は，世界の若い世代」である。前者はカイロ発（河口）で同地の女性を紹介するとともに，エジプトの社会を語るもの【135.45】。タイトルは「主婦のザキさん，犠牲を払っても子どもの教育の為に社会に出て働きたい」。後者は，ヨハネスブルグ共同（佐々木）特派員発で，「南アのリンさん，白人社会守らなきゃ，男だけには任せられない」【144.27】である。

3つ目は，やはりカイロから河口特派員報告で，「エジプトを変えたアスワンハイダム，砂ばくに雨，二毛作も実現。農地は30％も増加，電力240万KWを供給」【159.09】であり，残る1つは，娯楽面「旅」欄の，チュニジアのカルタゴ遺跡の紹介記事【176.27】である。

共同の記者記事は，9【327.32】。内訳は，テルアビブ発―3【144.37】，ナイロビ発―2【114.81】，ヨハネスブルグ発―2【32.71】，カイロ発―1【16.19】，ワシントン発―1【19.24】。

テルアビブ発（佐藤）は3つともエジプトとイスラエル関連で，うち2つは国交樹立関連で，残る1つはイスラエルの報道として，エジプトに米の大空軍基地建設，というものである。ナイロビ発は，1つはアダムソン夫人事故記事（藤塚）で，1つは「ケニア，ウガンダ，タンザニアの3首脳，アルーシャで会談」との支局記事である。

ヨハネスブルグ発は1つ（佐々木）はローデシア関連で，「愛国戦線の指導者ヌコモ氏亡命先のザンビアから大歓迎をうけ帰国」，もう1つ（支局）は「プレトリア近郊でゲリラ銀行を襲撃，20人死傷」。カイロ発は「エジプトもモスクワ五輪不参加を考慮」であり，ワシントン発は「米，エジプト，数週間の合同軍事演習実施」記事である。

「その他」の記事は，2【107.33】。1つは広島版のローカル面に掲載された，「外務省の招きで来日しているアルジェリアの記者が原爆取材」【19.24】という人物紹介記事であり，もう1つはモスクワ五輪のマラソンに出場するエチオピアのイフター選手を語るスポーツ記事である【88.09】。

内容区分は，X群5で全体の19.2％，Y群21で80.8％。内訳は，X群，A―3，C―1，F―1。Y群，H―3，I―3，J―8，K―1，L―2，O―4。

Ⓐは，アダムソン夫人の死亡事故が殺人かも知れないとする記事。エジプ

256　第4章　1980年（昭和55年），及び1997年（平成9年）のアフリカ報道

図4-9　中国新聞，1980年1月　アフリカ関連記事，項目別比率（全26件）

国別比率

- A・A (14) 53.8%
- B・A (12) 46.2%
- エジプト (11) 42.3%
- ケニア (4) 15.4%
- 南アフリカ (4) 15.4%
- ローデシア (1) 3.8%
- ナイジェリア (1) 3.8%
- エチオピア (1) 3.8%
- 東アフリカ3カ国 (1) 3.8%
- モーリタニア (1) 3.8%
- チュニジア (1) 3.8%
- アルジェリア (1) 3.8%

A・A，B・Aの面積比率（全1332.22cm² = 1面と9.2段分）

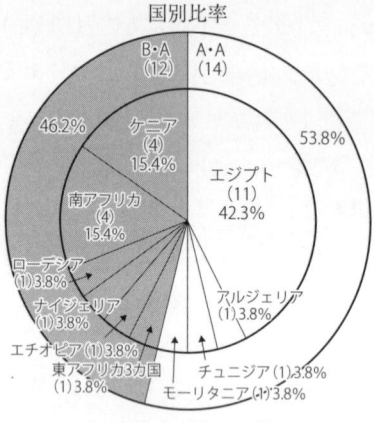

- A・A　743.55cm²（13.5段分）55.8%
- B・A　588.67cm²（10.7段分）44.2%

イメージ別（X群，Y群）比率

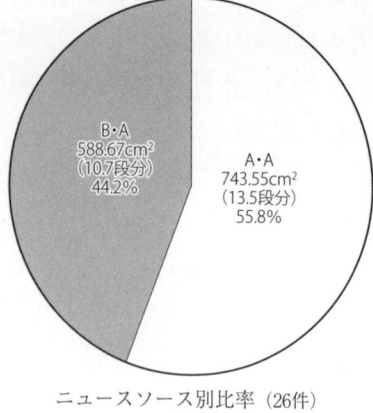

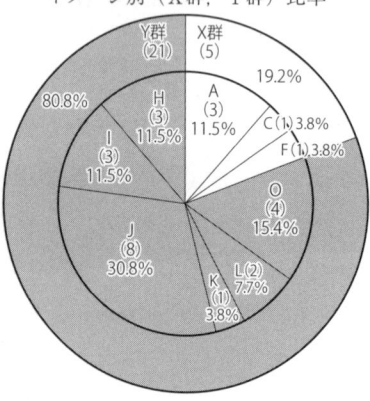

- X群 (5) 19.2%
- Y群 (21) 80.8%
- A (3) 11.5%
- C (1) 3.8%
- F (1) 3.8%
- O (4) 15.4%
- L (2) 7.7%
- K (1) 3.8%
- J (8) 30.8%
- I (3) 11.5%
- H (3) 11.5%

ニュースソース別比率（26件）

- 外電 (10) 38.5%
- 日本人記事 (16) 61.5%
- 特派員 (1) 3.8%
- ロイター (3) 11.5%
- AP (2) 7.7%
- UPI (4) 15.4%
- AP・DJ (1) 3.8%
- その他 (2) 7.7%
- 共同 (9) 34.6%
- 解説 (4) 15.4%
- 人物紹介・スポーツ各 (1)

ニュースソース別，面積比率（1332.22cm²）

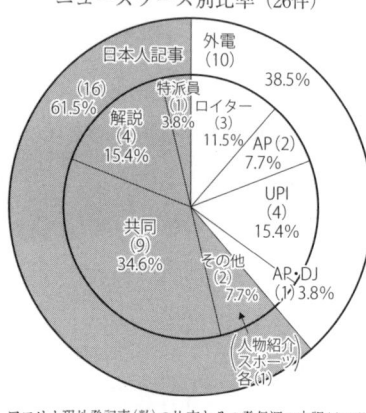

- 外電　262.93cm²（4.8段分）19.7%
- 日本人記事　1069.29cm²（1面と4.4段分）80.3%
- 特派員　19.56　1.5%
- ロイター　49.28　3.7%
- AP　95.23　7.1%
- UPI　103.83　7.8%
- AP・DJ　14.59　1.1%
- その他　107.33　8.1%
- 共同　327.32cm²（6.0段分）24.6%
- 解説　615.08cm²（11.2段分）46.2%
- 人物紹介　19.24
- スポーツ　88.09

アフリカ現地発記事（数）の比率とその発信源の内訳（全26件）

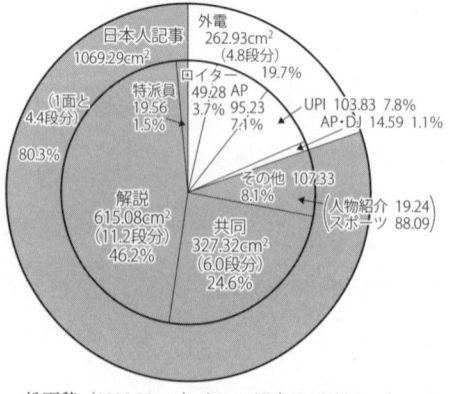

- 17件　65.4%
- 日本人発 (9) 34.6%
  - 自社 (3)
  - 共同 (6)
- 外電 (8) 30.8%

総面積（1332.22cm²）中に，写真及び地図，表，グラフ等の占める割合（308.90cm² ⇒ 23.2%）

23.2%　　5.6段分

トのソ連外交団の人員削減記事。そして，**南ア**・プレトリア近郊で起こった銀行襲撃記事である。

　C は，**モーリタニア**の無血クーデター記事であり，F は**南ア**の核実験疑惑記事である。

　Y群は，H は1つは**エジプト**の海底に眠るクレオパトラ宮殿記事，1つはアスワンハイダム関連紹介記事，残る1つはカルタゴの遺跡等の観光案内的記事である。I は人物紹介記事として，解説記事に含めた**エジプト**の主婦と，**南ア**の白人女性，そして広島版に載った**アルジェリア**の記者の記事である。

　J はこの月も多いが，**エジプト**とイスラエルの国交樹立，パレスチナ交渉，あるいは米とエジプトの関係を伝える記事などである。K は**ナイジェリア**の原油値上げ，であり，L は2つともモスクワ五輪関連である。O は，アダムソン夫人の死亡記事を一般事故として伝えていた時の記事，そして南アからのトピックである。

　この月にもポジティブな記事はない。

　アフリカ発の記事数は17で全体の65.4％。うち外電は8。残り9のうち自社記事は3で，あとの6は共同の記者記事である。

　写真は11枚【297.03】，うち顔写真は2枚【6.73】。地図は2枚【11.87】で写真との合計は【308.90】（総面積の23.2％）。これは5.6段分である。

(2)　**4月**

　記事数，56。面積【1610.62】で，全体の1面と14.3段分の量である。

　A・A は 24【883.94】で，これは全体のそれぞれ42.9％，54.9％である。B・A は 32【726.68】でそれぞれ57.1％，45.1％。

　国別内訳は，A・A は，**エジプト**—17，**リビア**—3，**西サハラ**—3，**チュニジア**—1。B・A は，**リベリア**—8，**ジンバブエ**—7，**チャド**—4，**南アフリカ**—3，**アフリカ9カ国（南アを囲む諸国）**—2，**タンザニア**—1，**ザンビア**—1，**セネガル**—1，**ナミビア**—1，**ソマリア**—1，**ギニア**—1，**ナイジェリア**—1，**OAU**—1，である。

　外電は，31【458.22】（8.3段分）で，全体のそれぞれ55.4％，28.4％。内訳は，

258 第4章 1980年（昭和55年），及び1997年（平成9年）のアフリカ報道

ロイター（共同）—7【82.76】，AP（共同）—13【154.40】，UPI（共同）—5【68.02】，RP（共同）—1【7.05】，AP・DJ（共同）—1【42.53】，新亜・平壌放送（共同）—1【8.02】，UPIサン（共同）—3【95.42】。

うちアフリカ発は13——カイロ（UPI）—3，ソルズベリー（AP）—2，ンジャメナ（ロイター）—2，チュニス（AP）—1，トリポリ（ロイター）—1，ヨハネスブルグ（UPI）—1，プレトリア（UPI）—1，モンロビア（ロイター）—1，フリータウン（AP）—1，——である。

自社特派員記事は，2【43.12】。ロンドン発（成田）【9.94】とワシントン発（岡本）【33.18】が1件ずつである。前者は南部アフリカ9カ国が「経済的独立へ協力」との記事であり，後者は，パレスチナ自治交渉関連でサダトとカーターが会談したというものである。

解説記事は，5【363.36】。このうち3は，「砂ばくの解放戦争」とのタイトルの連載企画記事である。ロンドンの共同通信の亀山特派員の手になる記事で，内容は，その副題「西サハラからの報告」が示すようにモロッコからの独立をめざす同国＝ポリサリオ解放戦線の状況を伝えるものである。3記事の計【320.47】。

残り2は，本社記事である。1つは「豆辞典」欄のことばの解説記事【19.13】である。ここでは「アフリカ前線諸国首脳会議」が取り上げられている。これはローデシアを囲む南部アフリカ8カ国のことである。あと1つは13日付で報道されたリベリアのクーデター記事に付随して同国を解説したもの【23.76】。

共同の記者記事は，12【341.33】。内訳は，カイロ発—3【27.03】，ナイロビ発—2【27.60】，ソルズベリー発—2【106.71】，テルアビブ発—2【39.97】，ワシントン発—2【125.75】，テヘラン発—1【14.27】である。

カイロ発は2がサダト大統領の米国への出発と帰国記事で（それぞれ【5.77】【4.01】というベタ記事），あと1つは「海外サイドミラー」欄の，「スエズ運河の北のポートサイド，凧使う密輸団に空仰ぐ」【17.25】という記事（これも中日新聞にある）である。

ナイロビ発は，リベリア関連でクーデター後の状況を伝えるもので「前政権派有力者13人を公開処刑」【10.74】記事と，OAU関連で同機構が「初めての

経済問題首脳会議,ナイジェリアで開幕」したことを報じるものである【16.86】。

ソルズベリー発は,2つとも佐々木特派員の署名入り記事で,ジンバブエの独立とその式典に関する記事である。

テルアビブ発も2つともエジプトとイスラエル関連の記事である。

ワシントン発は,1つは無署名のサダトの訪米・パレスチナ自治交渉記事【53.34】であり,あと1つは署名入り（横川）でやはりパレスチナ自治問題をめぐってのサダトとカーターの会談報道である。

テヘラン発は,イランのバニサドル大統領がエジプト国民に「サダト打倒」を呼びかけたという記事である。

地方紙であるここでは自社記者による記事よりも,共同の記者による記事の方が多い。

この月には社説にも1回アフリカ関連が取り上げられている。といってもパレスチナ問題だが,エジプト関連ということでここに含めた【129.95】。20日付で,この日の1つのみの社説として,「パレスチナ問題,米・エジプト・イスラエルの交渉でイスラエルの譲歩望む」とのタイトルである。

「その他」の記事では,5つ【274.64】ある（但し,図4-10では,「人物及びグループ紹介」は別項を設けて明示している＝3で【204.62】）。政府関連記事1【10.26】。これは来日しているチュニジア特使が首相に経済協力を要請したというもの。書籍紹介記事1【59.76】,『アフリカの子』という本が家庭面で紹介されている。そして人物紹介（「この人」欄）記事は2で,1つはヨハネスブルグから共同・佐々木特派員よりの,「ジンバブエの初代大統領となったカナーン・バナナ氏」を紹介する記事【70.57】,もう1つはナイロビから,やはり共同の藤塚特派員による,「リベリアの国家評議会議長になったサミュエル・ドエ氏」を報じるものである【75.28】。あと1つは,地平線会議＝あむかす,という日本人グループを紹介する写真のみ記事【58.77】である。キャプションは「ユニークな海外旅行提唱,あむかすメンバー,タンザニア・ムウェカ村で子どもたちと」とある。

内容区分は,X群26で全体の46.4％,Y群30で53.6％。内訳は,X群,A―10,C―9,E―4,F―1,G―2。Y群,I―3,J―18,K―1,

260　第4章　1980年（昭和55年），及び1997年（平成9年）のアフリカ報道

図4-10　中国新聞，1980年4月　アフリカ関連記事，項目別比率（全56件）

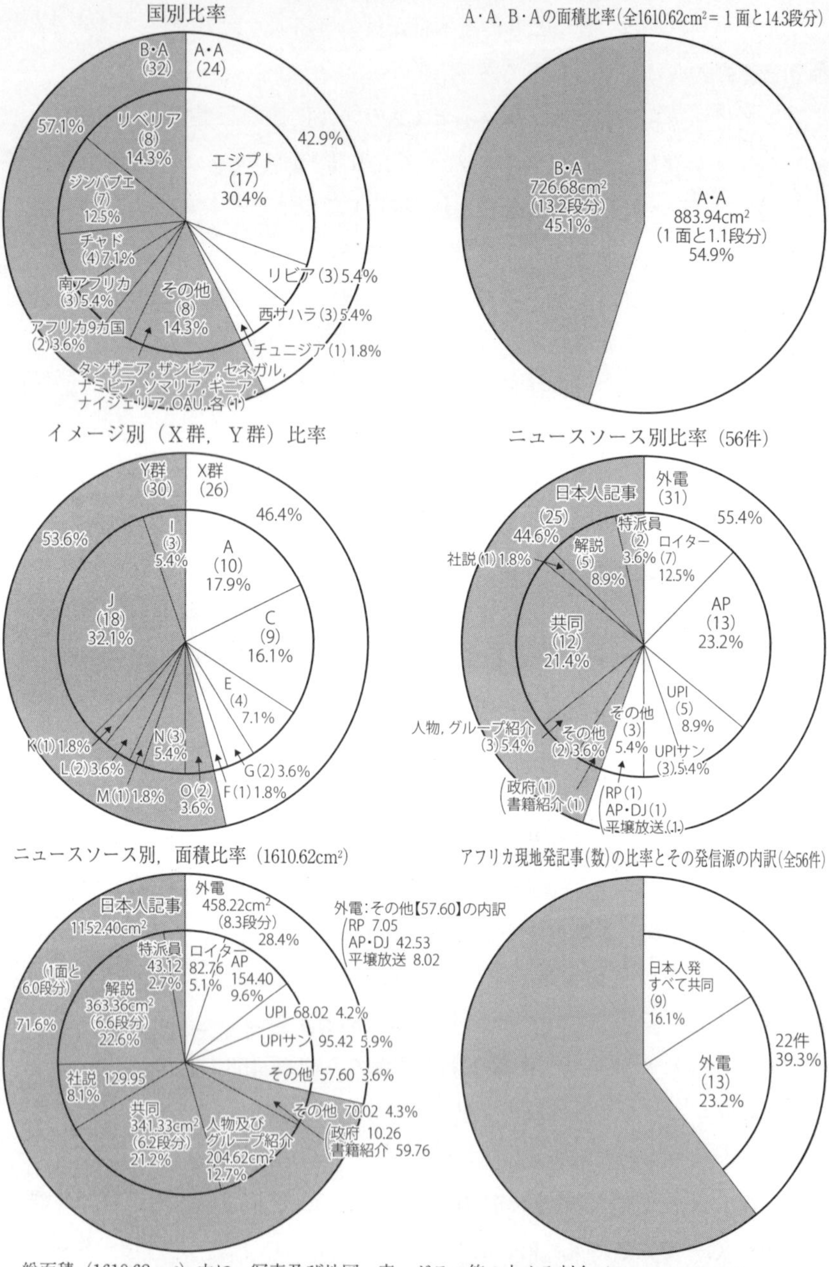

国別比率

B・A (32) 57.1%
A・A (24) 42.9%
リベリア (8) 14.3%
エジプト (17) 30.4%
ジンバブエ (7) 12.5%
チャド (4) 7.1%
南アフリカ (3) 5.4%
アフリカ9カ国 (2) 3.6%
その他 (8) 14.3%
リビア (3) 5.4%
西サハラ (3) 5.4%
チュニジア (1) 1.8%
タンザニア，ザンビア，セネガル，ナミビア，ソマリア，ギニア，ナイジェリア，OAU，各（1）

A・A，B・Aの面積比率（全1610.62cm² = 1面と14.3段分）

B・A 726.68cm² (13.2段分) 45.1%
A・A 883.94cm² (1面と1.1段分) 54.9%

イメージ別（X群，Y群）比率

Y群 (30) 53.6%
X群 (26) 46.4%
I (3) 5.4%
A (10) 17.9%
J (18) 32.1%
C (9) 16.1%
E (4) 7.1%
K (1) 1.8%
N (3) 5.4%
L (2) 3.6%
G (2) 3.6%
M (1) 1.8%
O (2) 3.6%
F (1) 1.8%

ニュースソース別比率（56件）

日本人記事 (25) 44.6%
外電 (31) 55.4%
特派員 (2) 3.6%
ロイター (7) 12.5%
解説 (5) 8.9%
AP (13) 23.2%
社説 (1) 1.8%
共同 (12) 21.4%
UPI (5) 8.9%
人物，グループ紹介 (3) 5.4%
その他 (3) 5.4%
UPIサン (3) 5.4%
政府 (1)
書籍紹介 (1)
RP (1)
AP・DJ (1)
平壌放送 (1)

ニュースソース別，面積比率（1610.62cm²）

日本人記事 1152.40cm² (1面と6.0段分) 71.6%
外電 458.22cm² (8.3段分) 28.4%
特派員 43.12 2.7%
ロイター 82.76 5.1%
AP 154.40 9.6%
解説 363.36cm² (6.6段分) 22.6%
UPI 68.02 4.2%
UPIサン 95.42 5.9%
社説 129.95 8.1%
その他 57.60 3.6%
共同 341.33cm² (6.2段分) 21.2%
人物及びグループ紹介 204.62cm² 12.7%
その他 70.02 4.3%
政府 10.26
書籍紹介 59.76

外電：その他【57.60】の内訳
RP 7.05
AP・DJ 42.53
平壌放送 8.02

アフリカ現地発記事(数)の比率とその発信源の内訳（全56件）

日本人発すべて共同 (9) 16.1%
22件 39.3%
外電 (13) 23.2%

総面積（1610.62cm²）中に，写真及び地図，表，グラフ等の占める割合（338.14cm² ⇒ 21.0%）

21.0%　　　　　6.2段分

L—2, M—1, N—3, O—2, である。

 Aは，チャド内戦関連。西サハラに関する同地からの亀山特派員記事。アラブと米の対立。エジプトとイランの対立など。Cはリベリアのクーデター関連と，カダフィ暗殺未遂報道。Eはジンバブエの独立関連であり，Fは南アの核実験疑惑記事であり，Gは南部アフリカ諸国の相互協力，及びザンビアと北朝鮮との間の協力記事。

 Y群は，Iは既述，書籍及び人物の紹介記事であり，Kはナイジェリア原油再値上げ記事，Lは2つともエジプトのモスクワ五輪不参加記事である。Mは既述，あむかす記事であり，Nも既に触れているサダト大統領の出国・帰国と，セネガル・サンゴーン大統領の訪米記事である【3.85】。Oはトピック記事で，1つは「南アで白人と黒人が対決，毒ヘビと同居のガマン比べ」【20.04】，1つは「南アのバーナード博士，人質解放要求，身代金は心臓移植で」【18.82】との記事である。最も多いJは，各国の外交交渉（会談等）である。主として，エジプト関連のパレスチナ自治交渉がある。

 この月にポジティブな記事はない。

 アフリカ発の記事数は，22で全体の39.3％である。うち外電は既に述べたように13で，残りの9はすべて共同発（一般報道7，人物紹介2）の記事である。

 写真は14枚【324.83】，うち顔写真は3枚【10.27】。地図は5枚【13.31】。写真と地図の合計面積は【338.14】（総面積の21.0％），これは6.2段分である。

(3) 8月

 記事数，65。面積【3122.06】，これは3面と11.8段分の量である。

 A・Aは46【2543.45】で，それぞれ全体の70.8％，81.5％。B・Aは19【578.61】でそれぞれ29.2％，18.5％である。

 国別内訳は，A・Aはエジプト—24，リビア—22。B・Aはジンバブエ—9，エチオピア—3，ソマリア—3，南アフリカ—2，ザンビア—1，サバンナ—1，である。

 外電は，24【313.44】（5.7段分）で，全体のそれぞれ36.9％，10.0％である。

内訳は，ロイター（共同）―14【165.19】，AP（共同）―7【107.76】，UPI（共同）―2【16.03】，UPI サン（写真のみ）―1【24.46】。

うちアフリカ発は 11 ――カイロ（ロイター）―4，ソルズベリー（ロイター）―2，ナイロビ（ロイター）―1，ナイロビ（AP）―1，ウィンドホーク（UPI）―1，アレキサンドリア（AP）―1，メド・アブールコム（ロイター）―1，――である。

自社特派員記事は，この月にはない。いや正確にはあるが，それは内容から解説記事の方に含めている。

解説記事は，10【1373.29】（1 面と 10.0 段分）。このうち 7 はカイロ発，自社特派員の河口記者による連載企画記事の，「ナイルに生きる」である。この 7 記事のトータル面積は【1028.77】である。ほか 3 のうちの 2 は，やはり企画記事で共同・佐々木記者の，ソールズベリー発 2 回連載の，「試練に立つ新生ジンバブエ」である【291.83】。残る 1 つはカイロ発，共同・谷記者の，「特派員の目」欄のエジプト紹介記事である。「断食後に華やかな音楽，家族や友人集まり肉料理」との見出しで【52.69】。

共同の記者記事は，29 もある。面積も【1303.74】（1 面と 8.7 段分）と全体の 41.8％にも達する。内訳は，ワシントン発―14【883.93】，ヨハネスブルグ発―3【65.04】，ベイルート発―3【65.44】，テルアビブ発―3【117.31】，カイロ発―2【110.89】，ナイロビ発―2【27.58】，NY 発―1【16.56】，モスクワ発―1【16.99】である。

ワシントン発（林，大江，坂本，金子，横川，そして無署名）は，その 13 までがリビア関連で，ビリーゲート事件の記事である。残る 1 つは「米が，ソマリアと軍事施設利用協定」記事である【7.21】。

ヨハネスブルグ発は，新生ジンバブエの内部対立表面化記事が 2 つ（1 のみ「佐々木」の署名入り）と，「南アで内閣大幅改造」記事である【8.98】。

ベイルート発は，1 つ（大鹿）は「エジプト，リビア攻撃を計画。将校団反対で流産」【44.76】，1 つは「リビア，軍の一部反乱。非常事態宣言」【15.07】，残る 1 つは「エチオピアとシリア国交を樹立」【5.61】である。

テルアビブ発は，3 ともエジプト・イスラエルのパレスチナ自治交渉関連で

ある（1 記事に「佐藤」と署名入り）。

カイロ発もパレスチナ自治交渉関連である。エジプトがエルサレム問題で抗議，との見出しの記事（谷記者）もある。

ナイロビ発は，「ソマリア軍が侵攻とエチオピアが非難」との記事【6.25】と，「海外トピック」欄の「手負いのヒョウに襲われ，空手で一撃，危機脱出」記事【21.33】である。

NY 発は，ジンバブエの国連加盟を安保理が全会一致で決めた，との記事で，モスクワ発はモスクワ五輪関連で，ジンバブエの女子ホッケーチームが金メダルを取った記事である。

「その他」の記事は，2 つ【131.59】ある。映画紹介記事【87.51】と，書籍紹介記事【44.08】である。

内容区分は，**X 群 33** で，**全体の 50.8％**，**Y 群は 32 で 49.2％**である。内訳は，A―31，E―1，G―1。Y 群，H―8，I―1，J―19，L―2，O―2，である。

Ⓐの 31 のうち，ビリー事件関連が 18 を占める。この事件は金銭授受疑惑――あるいは政治的なことも含まれていたのかもしれないが――であり，Ⓐ項の中でも戦争や暴動とは違うニュアンスの記事である。同項の残り 13 のうち 4 も同じく**リビア**関連だが，こちらは軍の一部の反乱である。他には，**ソマリアとエチオピアの衝突，南アとアンゴラの交戦**等の記事がある。

Ⓔはジンバブエの首都から植民地時代の象徴の，支配者の銅像が撤去されるというニュース。Ⓖは米と**ソマリア**との間で軍事施設使用協定がなされたという記事である。

Y 群は，Ⓙが半数以上を占めているが，この月も**エジプト・イスラエル**，そしてアメリカを交えてのパレスチナ自治交渉関連が 9 ある。他は，新生**ジンバブエ**についての展望記事，イランでの米人人質交渉などである。

Ⓗは連載記事の「ナイルに生きる」7 がある。これは中日新聞の 8 月号に掲載されたものと同じで，それを書いた特派員名も当然同じ河口になっている。これは中日，中国，その他のブロック，地方紙が合同で派遣している記者と思われる。

図4-11　中国新聞，1980年8月　アフリカ関連記事，項目別比率（全65件）

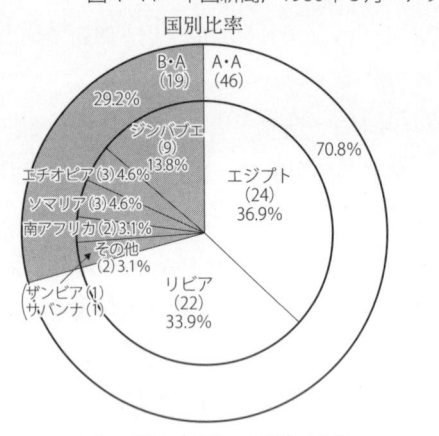

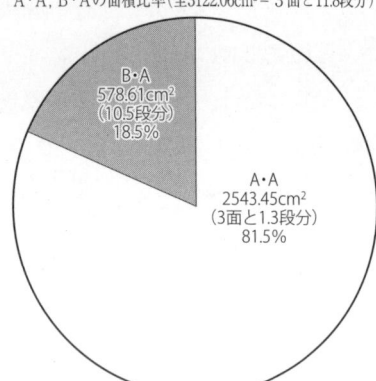

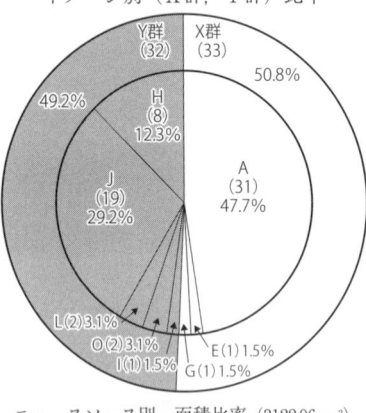

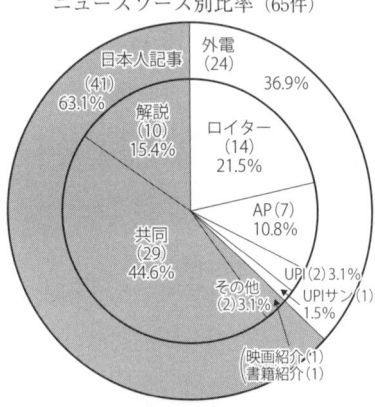

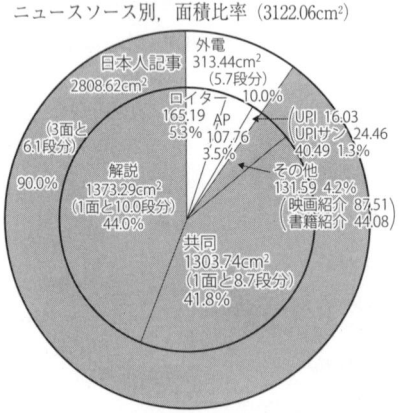

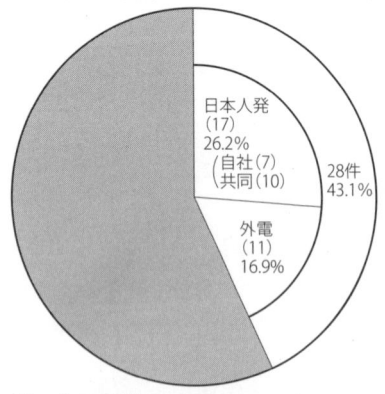

第1節　1980年の報道　265

Lの2は，うち1はスポーツ記事で既述，**ジンバブエの女子ホッケー**記事であり，あと1つは映画紹介記事（「その他」記事の2のうちの1つ）である。見出しは「アフリカ物語——最後の楽園舞台に動物主役のドラマ」である。

Oの2は，トピックで，既述「手負いのヒョウ…」が1と，「**ジンバブエ，象の数調整，1300頭射殺の運命**」【13.95】である。

Iは「古代**エジプト**の『死者の書』（石上玄一郎・人文書院），復活の書への転換」という見出しの書籍紹介記事（「その他」記事の，あと1つ）である。

この月にもポジティブな記事はやはりない。

アフリカ発の記事数は，28で全体の43.1%であり，うち既述外電は11だが，残り17のうち自社記者発は「ナイルに生きる」の河口分の7で，あとの10は共同の記者発（一般記事7，解説記事3）である。

写真は15枚【429.77】，うち顔写真は3枚【8.26】。地図は2枚【9.51】，写真との合計面積は【439.28】（総面積の14.1%）で，8.0段分である。

(4)　12月

記事数，36。面積【1094.85】で，これは1面と4.9段分に当たる。

A・Aは23【654.49】で，全体のそれぞれ63.9%，59.8%。B・Aは13【440.36】でそれぞれ36.1%，40.2%である。

国別内訳は，A・Aは，**エジプト**—14，**アルジェリア**—7，**リビア**—2。B・Aは，**ウガンダ**—4，**チャド**—3，で以下，ジンバブエ，タンザニア，セネガル，中央アフリカ，アフリカ全体，南部アフリカ9カ国（アンゴラ，ボツワナ，レソト，マラウィ，ジンバブエ，スワジランド，タンザニア，ザンビア，モザンビーク）が各1ずつある。

外電は，14【327.18】（6.0段分）で，全体のそれぞれ38.9%，29.9%。内訳は，ロイター（共同）—6【81.06】，AP（共同）—3【185.21】，UPI（共同）—4【48.73】，AP・DJ（共同）—1【12.18】。

うちアフリカ発は8——カイロ（UPI）—3，カイロ（ロイター）—2，カイロ（AP）—1，アルジェ（ロイター）—1，ダルエスサラーム（AP）—1，——である。

自社特派員記事は，この月もない。

解説記事は，1【55.93】。これはアフリカ全体記事で，文化面に掲載された「海外受験事情」との見出しの記事である。アフリカでもエリートの座を目指して猛烈な競争がおこなわれていると伝えている。これは記者記事ではなく，国学院大助教授・楠原彰の書くものである。

共同の記者記事は，18【459.87】。内訳は，カイロ発—6【238.95】，ナイロビ発—4【33.67】，カンパラ発—2【77.76】，ワシントン発—2【21.16】，ヨハネスブルグ発—1【37.64】，マプト発—1【12.34】，テヘラン発—1【30.33】，ベイルート発—1【8.02】。

カイロ発は，そのうち4つが伊東外相の訪問記事【140.79】で，うち3【143.38】が署名（樋口）入り記事である。残り2つは無署名で，1つは「リビア・シリア両首脳，統合等合意確認」記事【24.70】で，あと1つは中東和平交渉のための「キッシンジャー元長官，サダト大統領と会談」記事【64.46】である。

ナイロビ発は，ウガンダの新内閣発足記事【8.82】と，チャド問題でOAU首脳会談ラゴスで開幕【7.37】。そして閉幕記事【8.18】で，残る1つは中央アフリカ関連で，「亡命ボカサ前皇帝に死刑宣告，財産没収」の記事【9.30】である。

カンパラ発は，1つは署名（藤塚）入りで，「ウガンダ総選挙，人民会議が過半数。オボテ元大統領復帰へ」【67.82】との記事で，もう1つは同氏の就任記事【9.94】である（無署名）。

ワシントン発は，イラン事件で米代表がアルジェに着いたとの記事【12.02】と，同事件で解放条件の供託金などを協議したとの記事【9.14】である。

ヨハネス発は，ジンバブエ関連で，白人を殺した黒人閣僚に無罪判決記事。

マプト（＝モザンビークの首都）発は，南部アフリカ9カ国開発会議終わる，との記事。テヘラン発（水藤）は，イランと米との仲介にあたっているアルジェリア特使がイランに到着し，米の再回答書を渡したという記事。ベイルート発は，前年7月に起こった「トルコ・アンカラのエジプト大使館占拠，ゲリラ4人に死刑判決」との記事である。

第1節　1980年の報道　267

図4-12　中国新聞, 1980年12月　アフリカ関連記事, 項目別比率（全36件）

国別比率

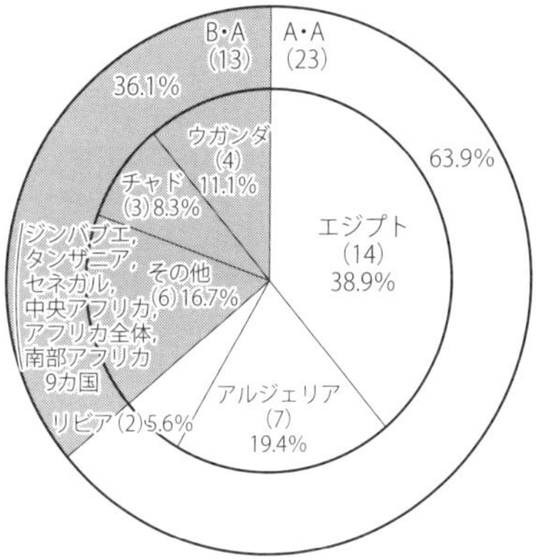

- A・A (23) 63.9%
- B・A (13) 36.1%
- エジプト (14) 38.9%
- アルジェリア (7) 19.4%
- リビア (2) 5.6%
- ジンバブエ, タンザニア, セネガル, 中央アフリカ, 南部アフリカ 9カ国 その他 (6) 16.7%
- チャド (3) 8.3%
- ウガンダ (4) 11.1%

A・A, B・Aの面積比率（全1094.85cm² ＝ 1面と4.9段分）

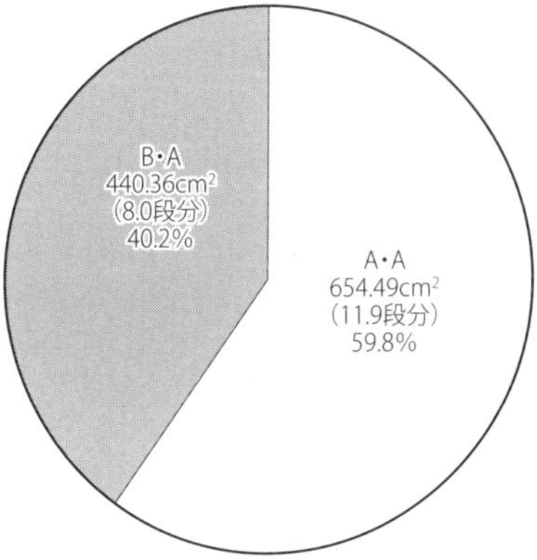

- A・A 654.49cm² (11.9段分) 59.8%
- B・A 440.36cm² (8.0段分) 40.2%

イメージ別（X群, Y群）比率

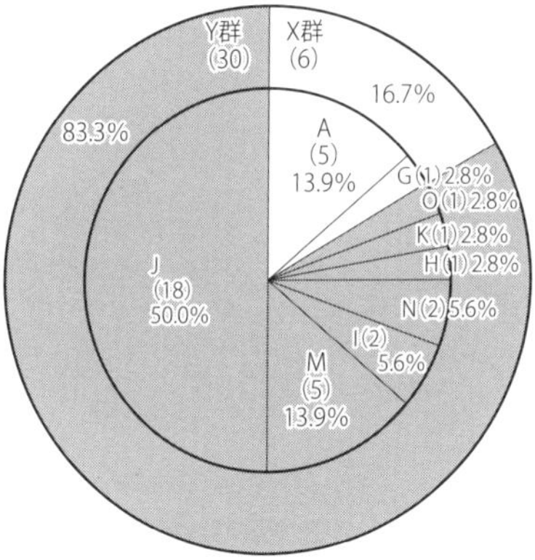

- Y群 (30) 83.3%
- X群 (6) 16.7%
- A (5) 13.9%
- G (1) 2.8%
- O (1) 2.8%
- K (1) 2.8%
- H (1) 2.8%
- N (2) 5.6%
- I (2) 5.6%
- M (5) 13.9%
- J (18) 50.0%

ニュースソース別比率（36件）

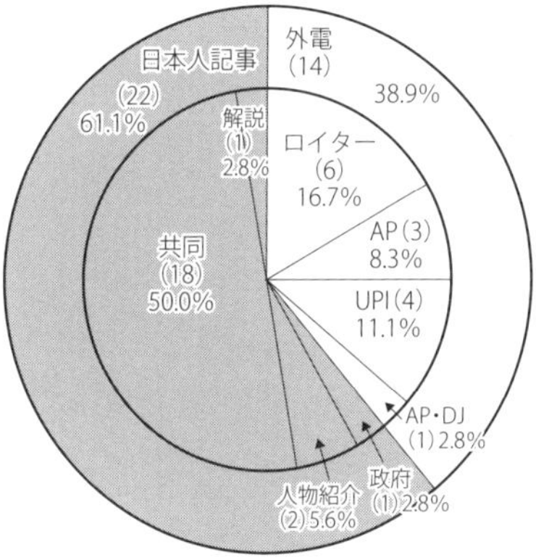

- 日本人記事 (22) 61.1%
- 外電 (14) 38.9%
- 解説 (1) 2.8%
- ロイター (6) 16.7%
- AP (3) 8.3%
- UPI (4) 11.1%
- AP・DJ (1) 2.8%
- 政府 (1) 2.8%
- 人物紹介 (2) 5.6%
- 共同 (18) 50.0%

ニュースソース別, 面積比率（1094.85cm²）

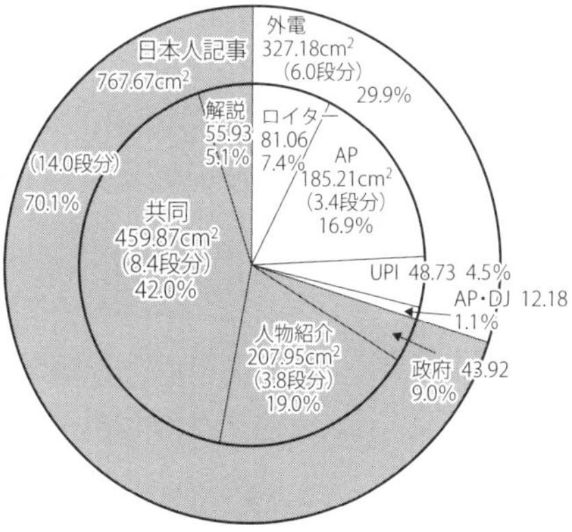

- 日本人記事 767.67cm² (14.0段分) 70.1%
- 外電 327.18cm² (6.0段分) 29.9%
- 解説 55.93 5.1%
- ロイター 81.06 7.4%
- AP 185.21cm² (3.4段分) 16.9%
- UPI 48.73 4.5%
- AP・DJ 12.18 1.1%
- 政府 43.92 9.0%
- 人物紹介 207.95cm² (3.8段分) 19.0%
- 共同 459.87cm² (8.4段分) 42.0%

アフリカ現地発記事(数)の比率とその発信源の内訳（全36件）

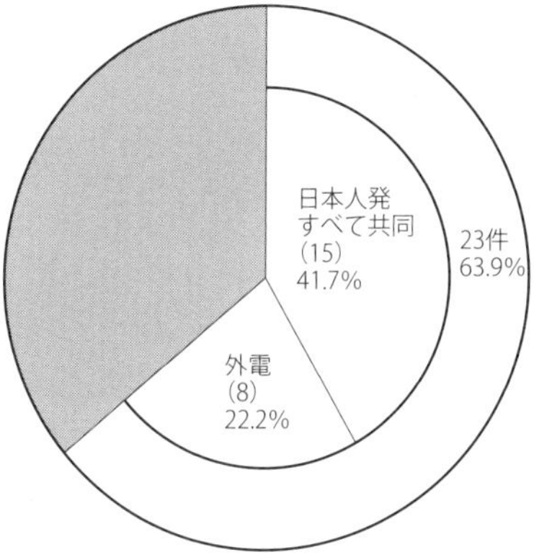

- 23件 63.9%
- 日本人発 すべて共同 (15) 41.7%
- 外電 (8) 22.2%

総面積（1094.85cm²）中に, 写真及び地図, 表, グラフ等の占める割合（119.16cm²⇒10.9%）

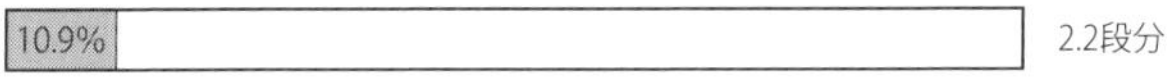

| 10.9% | | 2.2段分 |

自社特派員記事がない分,共同の記者記事がそれに代わっている感がある。この月は数,面積ともに共同記事が外電記事を凌駕している。

「その他」の記事は,政府関連(伊東外相の歴訪)が,1【43.92】と,人物紹介記事が2ある。これは1つは「この人」欄の,ウガンダ・オボテ大統領の記事【66.81】(藤塚共同特派員・カンパラ発)と,もう1つは「女性のひろば」面「コンニチハ」欄の,野間アフリカ出版賞第一回受賞者のマリアマ・バーさんの紹介記事である【141.14】。

内容区分は,X群6で全体の16.7%,Y群30で83.3%。内訳は,X群はA—5,G—1。Y群,H—1,I—2,J—18,K—1,M—5,N—2,O—1,である。

Aは,タンザニアで国連の職員を乗せた軽飛行機が墜落した記事と,チャドで反乱軍を政府軍が制圧した記事,それに亡命ボカサの死刑宣告記事(既述)などである。

Gはエジプトの米への基地提供記事である。

Y群は,Hは既述,アフリカ受験事情,であり,Iの2も既述人物紹介記事であり,Kはリビアの原油値上げ記事(AP・DJ)であり,Mは伊東外相のエジプト訪問関連であり,Nも既述,米代表のアルジェ着・イラン到着記事である。

Oは,サダト大統領がミイラの展示を「神を恐れぬ仕事」と拒否したことに,学者たちの困惑ぶりを伝える記事。JはOAU首脳会議や,ウガンダ総選挙関連記事などである。

この月にもポジティブな記事はない。

アフリカ発記事数は,23で全体の63.9%である。うち外電は8で,残り15は共同の記者記事(一般報道14,人物紹介1)である。

写真は7枚【119.16】(総面積の10.9%),うち顔写真は3枚【10.75】。地図はこの月にはない。写真の面積量は約2.2段分である。

第2節　1997年の報道

1　朝日新聞

(1)　1月

記事数，57。面積【2769.10】．これは3面と5.4段分であり，1記事当たりの平均面積は【48.58】である。

A・Aは17【893.69】で，それぞれ全体の29.8％，32.3％。B・Aは40【1875.41】でそれぞれ70.2％，67.7％である。

国別内訳は，A・Aが，アルジェリア—9，エジプト—6，リビア—1，サハラ—1。B・Aは，セネガル—12，南アフリカ—7，ルワンダ—5，ザイール—3，中央アフリカ—2，スーダン—2，ブルンジ—2，エリトリア—2，リベリア—1，エチオピア—1，ケニア—1，ルワンダ・ブルンジ—1，アフリカ全体—1，である。

外電は，4【102.01】（1.8段分）で，全体のそれぞれ7.0％，3.7％。内訳は，AP—2（うち1は写真のみ）【78.78】，AFP（時事）—2【23.23】。アフリカ発はない。

自社特派員記事は，24【753.34】。内訳は，カイロ発（荒田，川上，無署名）—10【215.70】，ナイロビ発（川崎，無署名）—8【311.55】，ケープタウン発（川崎）—3【93.22】，ヨハネスブルグ発（川崎）—1【34.65】，NY発（佐藤）—1【11.04】，北京発（藤原）—1【87.18】。

カイロ発は範囲的にはエジプト，アルジェリア，リビア等，北アフリカをカバーするもので，この月もそれら地域からの記事が出ている。10のうち6がアルジェリア関連で，エジプトが3，残り1はリビアである。

ナイロビ発は北アフリカ以外のすべてをカバーしていると言ってよい。ここでは8の内訳は，ルワンダ3，ザイール2，南ア2，中央アフリカ1である。尚，カイロ発の無署名とは「中東アフリカ総局」との記名であり，ナイロビ発は単に「支局」との記名の記事である。8のうち「支局」記事は2で，川崎記事は

6である。

　ケープタウン発は，すべて川崎記者の署名入りで，内容は当然のように南ア関連である。台湾との交渉——経済協議が2件で，あと1つは「シリアへ，武器輸出決定」記事である。

　ヨハネスブルグ発も，南ア関連の川崎記事で，マンデラ大統領の政策を報じる，「武器輸出をめぐり米の批判に不快感。どんな大国でもわれわれに指図できぬ」との見出し記事。

　NY発は，ルワンダ・ブルンジ関連で，国連の動きを伝えるものである。

　北京発は，アフリカ全体記事で，その見出しは「中国，アフリカ・中南米へ外相ら歴訪。台湾・人権で外交攻勢」である。

　解説等記事は，6【854.05】。うち1つは連載企画の「16歳の世界地図」記事【203.00】で，あと1つも自然紹介のエッセイで，サハラについて語るものである【46.54】。残り4つが国情等の解説的記事で，国別ではエジプトが2，アルジェリアが1，エリトリアが1，取り上げられている。自社記事との合計面積は【1607.39】で，これは1面と14.2段分である。尚，自然紹介のエッセイ以外の5記事は，自社記者によるアフリカ発記事である。

　共同の記者記事は，16【346.81】。発信地別内訳は，ダカール—8【242.26】，ナイロビ—5【64.40】，カイロ—2【27.50】，ジュネーブ—1【12.65】。ダカール発は，すべてパリ・ダカール・ラリー記事である。この年，日本人の乗る車が優勝したので，それを取り上げた記事が多く出てきている。

　ナイロビ発は，「ルワンダで大虐殺の2被告に死刑判決」【16.79】，「中央アフリカで国軍反乱し，仏軍と衝突」【15.87】，他ブルンジ，スーダン，ザイール関連で，いずれも難民射殺，エチオピアと聖戦，ツチ族勢力に反撃命令，といった暗いニュース記事ばかりである。

　カイロ発は，アルジェリアのテロ【12.65】と，「スーダン政府軍，反政府派拠点を爆撃」【14.85】記事であり，ジュネーブ発は「ルワンダ，帰還者の5千人余を拘束」記事である。

　この月には，時事通信社記事が1つある【35.83】。ダカール発で，やはりパリ・ダカール・ラリーを取り上げたもので，「日本人の篠塚に期待」との記事

である。

「その他」の記事は，人物紹介が 4（カイロ発，自社特派員記事 1 を含む）【402.90】，支援・援助が 1【35.39】，パリ・ダカール報告が 1【238.77】の計 6 件ある。

内容区分は，X 群 34 で全体の 59.6％，Y 群 23 で 40.4％である。内訳は，X 群，A—26，C—1，D—2，G—5。Y 群，H—2，I—4，J—3，L—10，M—1，N—1，O—2。

A—26 の主なものは，既に触れている「ルワンダの大虐殺」，「中央アフリカで反乱軍と仏軍の衝突」，「スーダンとエチオピアの聖戦」などだが，国別で見ると，アルジェリアが最も多い 7 件である。これは同国内各地での爆弾・テロ続発によるものである。アルジェリア以外の国を列記すると，ザイール 3，ルワンダ 3，中央アフリカ 2，スーダン 2，リビア 1，ブルンジ 1，エチオピア 1，リベリア 1，南ア 1，ルワンダ・ブルンジ 1，である。C もアルジェリアからの暗殺報道である。D はルワンダ関連の難民記事である。

Y 群は，L が 10 と一番多いが，これは既に各所（共同及び時事，またその他の項）で触れてきたパリ・ダカール・ラリー関連である（スポーツ扱い）。I の 4 のうち 2 も，それに優勝したドライバーの人物紹介である。残り 2 のうち 1 つは南アの 16 歳の女の子であり，残る 1 つはカイロからの新しいイスラム政党を目指す若手指導者を紹介する記事である。

J は 3 と珍しく少ない。南アと台湾の経済協議 2 と，エジプト・パレスチナの国交樹立関連である。H は，1 つはエリトリアに関するもので，「アフリカで一番若い国，エリトリア憲法制定『最も民主的』手続きで」という解説【214.82】で，あと 1 つもまた習慣・習俗の解説記事で，「エジプトで宗教論争，ベリー・ダンサーが提供の断食明け食，食べていい？悪い？」「権威も二分，混戦模様」という見出しの記事である【206.35】。

M はケニア・キスムの日本人漁網会社社長の帰国記事，N は中国外相のアフリカ歴訪記事，O の 1 つは，サハラ砂漠をテーマにした島田雅彦のエッセイ，あと 1 つは，ナイルの水で砂漠を緑化に，との解説記事である。

97 年の記事においてポジティブな内容の記事を探すが，積極的に「そうだ」

272　第4章　1980年（昭和55年），及び1997年（平成9年）のアフリカ報道

図4-13　朝日新聞，1997年1月　アフリカ関連記事，項目別比率（全57件）

国別比率

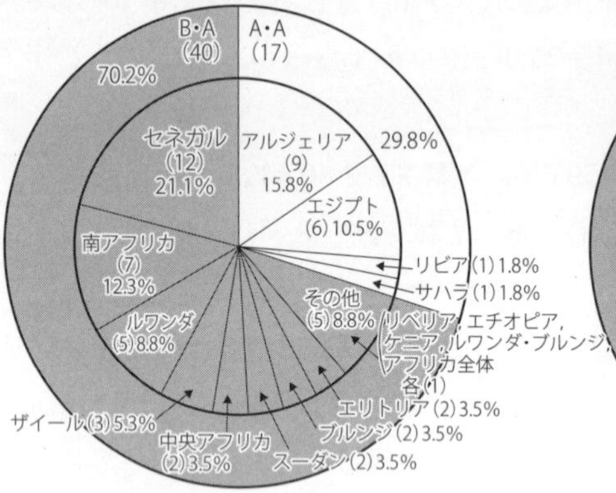

B・A (40) 70.2%
A・A (17) 29.8%
セネガル (12) 21.1%
アルジェリア (9) 15.8%
エジプト (6) 10.5%
リビア (1) 1.8%
サハラ (1) 1.8%
南アフリカ (7) 12.3%
その他 (5) 8.8% リベリア, エチオピア, ケニア, ルワンダ・ブルンジ, アフリカ全体 各 (1)
ルワンダ (5) 8.8%
ザイール (3) 5.3%
中央アフリカ (2) 3.5%
スーダン (2) 3.5%
エリトリア (2) 3.5%
ブルンジ (2) 3.5%

A・A, B・Aの面積比率（全2769.10cm² = 3面と5.4段分）

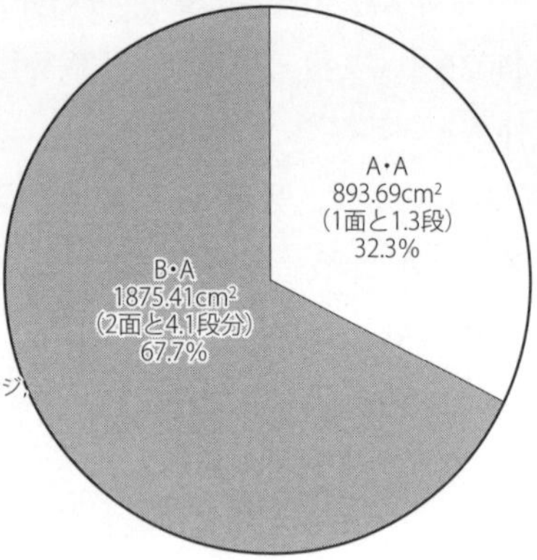

A・A　893.69cm²（1面と1.3段）32.3%
B・A　1875.41cm²（2面と4.1段分）67.7%

イメージ別（X群，Y群）比率

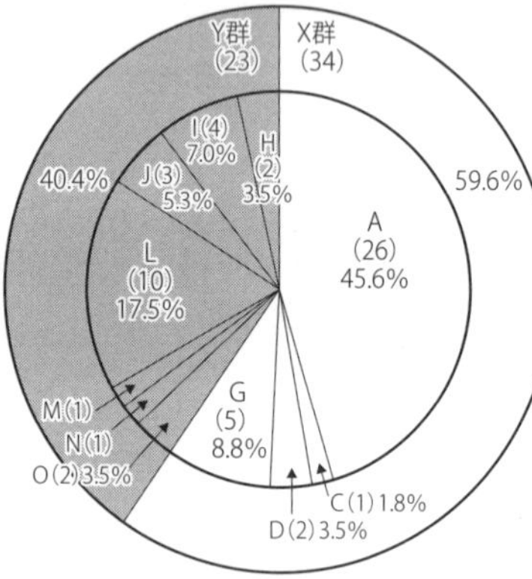

Y群 (23) 40.4%
X群 (34) 59.6%
A (26) 45.6%
I (4) 7.0%
J (3) 5.3%
H (2) 3.5%
L (10) 17.5%
M (1)
N (1)
O (2) 3.5%
G (5) 8.8%
C (1) 1.8%
D (2) 3.5%

ニュースソース別比率（57件）

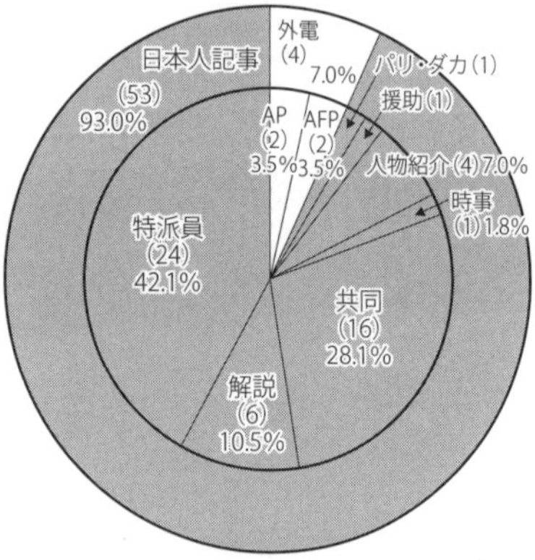

日本人記事 (53) 93.0%
外電 (4) 7.0%
パリ・ダカ (1)
援助 (1)
AP (2) 3.5%
AFP (2) 3.5%
人物紹介 (4) 7.0%
時事 (1) 1.8%
特派員 (24) 42.1%
共同 (16) 28.1%
解説 (6) 10.5%

ニュースソース別，面積比率（2769.10cm²）

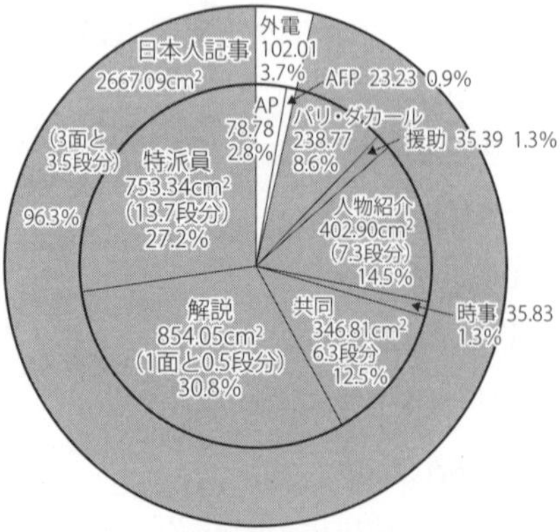

日本人記事 2667.09cm² 96.3%
外電 102.01 3.7%
AFP 23.23 0.9%
AP 78.78 2.8%
パリ・ダカール 238.77 8.6%
援助 35.39 1.3%
特派員 753.34cm²（3面と3.5段分）27.2%
人物紹介 402.90cm²（7.3段分）14.5%
時事 35.83 1.3%
共同 346.81cm² 6.3段分 12.5%
解説 854.05cm²（1面と0.5段分）30.8%

アフリカ現地発記事(数)の比率とその発信源の内訳（全57件）

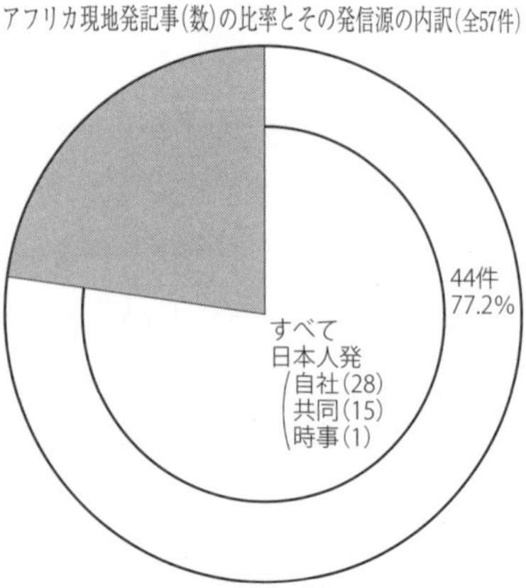

44件 77.2%
すべて日本人発
自社 (28)
共同 (15)
時事 (1)

総面積（2769.10cm²）中に，写真及び地図，表，グラフ等の占める割合（368.25cm² ⇒ 13.3%）

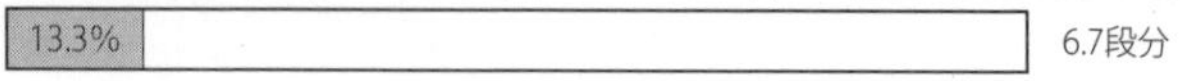

13.3%　　　6.7段分

といえるものはない。あえて言えば，既述のエリトリアの「最も民主的な手続きで憲法制定」であり，やはり解説の「ナイルの水で砂漠を大規模緑化」記事である。この2つぐらいに思う。

アフリカ発の記事数は，44で全体の77.2％である。既に触れているが外電は，1つもない。自社記事が28で，共同が15，時事が1である。何よりも外電がないということが，明瞭に年月の経過を物語っている。

写真は16枚【345.25】，うち顔写真は5枚【18.50】。地図は4枚【23.00】で，写真との合計面積は【368.25】。この量は6.7段分に当たり，総面積の13.3％である。

(2) 4月

記事数，54。面積【2998.91】で，これは3面と9.5段分で，また1記事平均の面積は【55.54】である。

A・Aは3【370.40】で，これは全体のそれぞれ5.6％，12.4％であり，B・Aは51【2628.51】でそれぞれ94.4％，87.6％である。

国別内訳は，A・Aは，アルジェリア―2，エジプト―1。B・Aは，ザイール―39，アンゴラ―3，ルワンダ―2，ブルンジ―1，ウガンダ―1，ケニア―1，南アフリカ―1，モザンビーク―1，エリトリア―1，アフリカ全体―1，である。

外電は，7【287.39】（5.2段分）で，全体のそれぞれ13.0％，9.6％である（但し，このうち4【260.02】は写真のみ）。内訳は，ロイター（写真のみ）―2【140.76】，AP（写真のみ）―2【119.26】，AFP（時事）―1【9.20】，DPA（時事）―2【18.17】である。うちアフリカ発は，ナイロビ（DPA）からの2件だけである。

自社特派員記事は，31【1281.25】。内訳は，ナイロビ発―14【649.15】，キンシャサ発―10【295.74】，NY発―3【64.59】，カイロ発―2【94.40】，ヨハネスブルグ発―1【145.42】，パリ発―1【31.95】。

ナイロビ発14（川崎，支局）のうち12はザイール関連で，キンシャサ発（すべて川崎）の10，NY発（佐藤，支局）の3のうち1，ヨハネス発（川崎）の1

もザイール紛争関連の記事である。ナイロビ発の残り2は，ルワンダとブルンジで，ザイールとも関係している。NY発の残り2はアンゴラ関連で，これも同地での混迷に対する国連の動向を伝えるものである。

カイロ発（川上）は2つともアルジェリアのテロや虐殺を伝えるものである。パリ発（小里）もザイール関連で，「『独裁者を支持』反省迫るフランス」との見出しである。

解説記事は，5【997.39】。ナイロビ発が2あり，これは「アンゴラ内戦，正式に幕」とのアンゴラ関連【130.07】と，「ザイール東部紛争，反政府側強気。停戦交渉難航か」とのザイール記事で，面積【241.93】を取る内容の濃いものである。これには2段，3段に見出しが，他に3つある。「大統領進退で対立──政治交渉」「一方的な戦局に──戦闘の行方」「難民救援，密林などに40万人。活動難しく窮状深刻」である。

キンシャサ発も2ある。ザイール関連で，首都や南部の都市・ルブンバシでの政府軍と反政府軍との緊張を伝えている。それぞれ【201.60】【147.79】の紙面を占める。以上4記事はいずれも川崎特派員の手になるものである。

あと1つは，カイロ発で川上特派員の記事である。「地球を歩く」欄で，カイロの「死者の町」を紹介している【276.00】。ほとんど屋根のない外壁に囲まれた墓の町に，数十万人が暮らしている，ということを伝えている。

自社記事との合計面積は【2278.64】で，これは2面と11.4段分に当たる。

共同の記者記事は，3【43.12】。キンシャサ発が1つでザイール関連【21.50】，ヨハネスブルグ発が1でザイール関連【7.82】，ワシントン発が1つで，ウガンダで類人猿の祖先の化石発見，記事【13.80】である。

時事通信の記事が1つある【24.32】。NY発でザイール関連である。首都での流血騒動を伝えている。

「その他」の記事は，支援・援助記事4【336.59】，政府・外交記事2【21.26】，死亡通知記事1──キンシャサ発で，南ア旧黒人区でソウェト市長のソフィー・マシテさん（39歳）が死んだことを川崎特派員が伝えている【7.59】。以上7件である。

内容区分は，**X群46で全体の85.2%，Y群は，8で14.8%**である。内訳は，

第2節 1997年の報道　275

図4-14　朝日新聞，1997年4月　アフリカ関連記事，項目別比率（全54件）

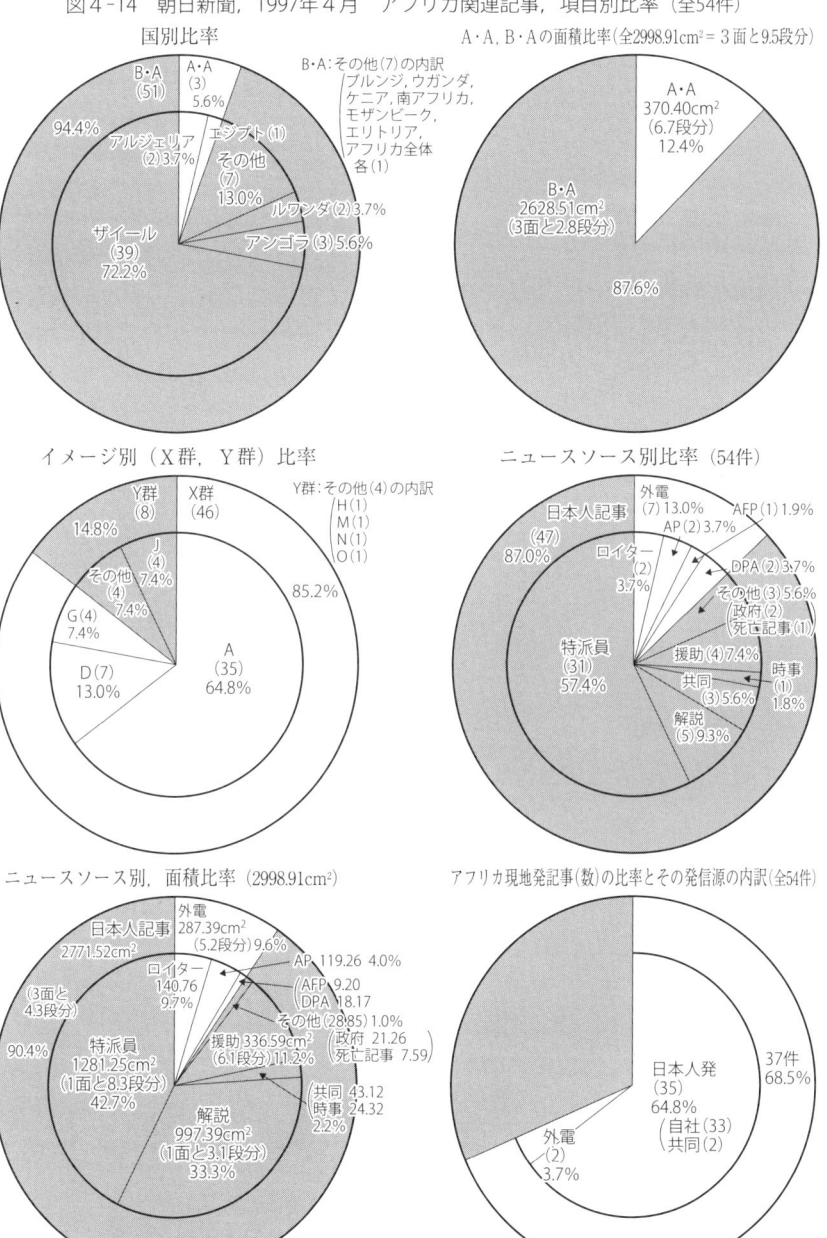

国別比率

- B・A (51) 94.4%
- A・A (3) 5.6%
- アルジェリア (2) 3.7%
- エジプト (1)
- その他 (7) 13.0%
- ルワンダ (2) 3.7%
- アンゴラ (3) 5.6%
- ザイール (39) 72.2%

B・A：その他(7)の内訳
ブルンジ，ウガンダ，ケニア，南アフリカ，モザンビーク，エリトリア，アフリカ全体 各(1)

A・A, B・Aの面積比率（全2998.91cm² = 3面と9.5段分）

- A・A 370.40cm² (6.7段分) 12.4%
- B・A 2628.51cm² (3面と2.8段分) 87.6%

イメージ別（X群，Y群）比率

- X群 (46) 85.2%
- Y群 (8) 14.8%
- その他 (4) 7.4%
- G (4) 7.4%
- D (7) 13.0%
- J (4) 7.4%
- A (35) 64.8%

Y群：その他(4)の内訳
H(1), M(1), N(1), O(1)

ニュースソース別比率（54件）

- 日本人記事 (47) 87.0%
- 外電 (7) 13.0%
- AFP (1) 1.9%
- AP (2) 3.7%
- ロイター (2) 3.7%
- DPA (2) 3.7%
- その他 (3) 5.6%
- 政府 (2)
- 死亡記事 (1)
- 特派員 (31) 57.4%
- 援助 (4) 7.4%
- 時事 (1) 1.8%
- 共同 (3) 5.6%
- 解説 (5) 9.3%

ニュースソース別，面積比率（2998.91cm²）

- 日本人記事 2771.52cm² (3面と4.3段分) 90.4%
- 外電 287.39cm² (5.2段分) 9.6%
- AP 119.26 4.0%
- AFP 9.20
- DPA 18.17
- ロイター 140.76 9.7%
- その他 (28.85) 1.0%
- 政府 21.26
- 死亡記事 7.59
- 特派員 1281.25cm² (1面と8.3段分) 42.7%
- 援助 336.59cm² (6.1段分) 11.2%
- 解説 997.39cm² (1面と3.1段分) 33.3%
- 共同 43.12
- 時事 24.32 2.2%

アフリカ現地発記事(数)の比率とその発信源の内訳（全54件）

- 37件 68.5%
- 日本人発 (35) 64.8% (自社(33)　共同(2))
- 外電 (2) 3.7%

総面積（2998.91cm²）中に，写真及び地図，表，グラフ等の占める割合（776.69cm²⇒25.9%）

25.9%　　　14.1段分

A—35，D—7，G—4。Y群は，H—1，J—4，M—1，N—1，O—1，である。

Aの主なものは，**ザイール**の内乱，**アンゴラ**内戦，そして**アルジェリア**のテロ関連である。Dも，ここではA項に関連する難民記事である。**ザイール**における**ルワンダ**難民の動向がすべてである。Gは4つとも日本人，あるいは日本の組織による支援・援助記事である。

Y群では，Mは**ザイール**の在留邦人に日本政府が退避勧告を出した記事であり，Nは**ルワンダ**大統領の来日記事で，「日本政府は3億円の無償援助」を約束と伝えている。

Jの4件の中にも，**ザイール**関連が3件ある。「首相指名」，「新内閣発足」，「大統領と反政府指導者の会談合意」で，あと1つは**南ア**の黒人市長の死亡記事である。

Hは既述，カイロの「死者の町」紹介，Oも既に触れている，**ウガンダ**で発見された類人猿の祖先の化石？記事である。

この月にもポジティブな記事はない。

アフリカ発の記事数は，37で全体の68.5％。外電は，既述ナイロビ発のDPAの2だけである。あとは33が自社記事で，2が共同記事である。朝日の場合，既に外電に頼る紙面作りはしていないことが分かる。殆どの記事を自社特派員で賄っている。

写真は16枚【701.95】，うち顔写真は2枚【7.36】。地図は9枚【74.74】で，写真との合計面積は【776.69】，この量はこの月の総面積【2998.91】の25.9％に当たり，つまりアフリカの記事に費やされた紙面のうち，1/4が写真と地図であったのである。段数になおすと，14.1段分である。

(3) 8月

記事数，54。面積【2497.76】，これは3面と0.4段分。1記事の平均面積は【46.25】。

A・Aは，17【778.41】で全体のそれぞれ31.5％，31.2％。B・Aは37【1719.35】でそれぞれ68.5％，68.8％である。

国別内訳は，A・Aは，エジプト―10，アルジェリア―5，モロッコ―1，リビア―1。B・Aは，南アフリカ―10，ザイール―3，ケニア―3，アンゴラ―3，チャド―2，コンゴ―2，中央アフリカ―2，リベリア―2，ルワンダ―2，ソマリア―1，ブルンジ―1，ザンビア―1，シエラレオン―1，コモロ―1，旧仏領アフリカ―1，アフリカ5カ国（ナイジェリア，チュニジア，モロッコ，カメルーン，南アフリカ）―1，アフリカ5カ国（リビア，チャド，マリ，ニジェール，ブルキナファソ）―1，である。

外電は，11【283.22】。これは全体のそれぞれ20.4％，11.3％である。内訳は，ロイター―3（うち写真のみ1）【81.32】，AP―2（うち写真のみ1）【99.78】，AFP（時事）―6【102.12】である。

うちアフリカ発は8――カイロ（AFP）―1，アルジェ（AFP）―1，ラバト（AFP）―1，トリポリ（AFP）―1，ケープタウン（AFP）―1，モンロビア（AFP）―1，ルヘンゲリ（ルワンダ，AP）―1，アブジャ（ナイジェリア，ロイター）―1，――である。

自社特派員記事は，29【1046.07】。内訳は，ナイロビ発―7【234.67】，NY発―6【174.94】，カイロ発―3【115.69】，ワシントン発―3【107.59】，ソウル発―3【220.08】，パリ発―2【89.94】，ジャカルタ発―2【59.43】，ローマ発―1【16.59】，香港発―1【17.94】，北京発―1【9.20】。

ナイロビ発（川崎，支局）7の内訳は，南ア関連3（マンデラ前夫人事件1，デクラーク元大統領政界引退2）と，ケニア1（観光地で暴動），ルワンダ1（難民キャンプで武装グループがツチ族虐殺），ザンビア1（カウンダ前大統領に警官が発砲，けがする），ザイール1（国連監視団，虐殺疑惑で旧ザイール入り）である。

NY発（佐藤，亘理）6の内訳は，中央アフリカ2，コンゴ2，アンゴラ2である。中央アフリカは同国に派遣した多国籍軍関連，コンゴも多国籍軍派遣関連，アンゴラは派遣のPKOに残留を勧告と，安保理が旧ゲリラに制裁決議，との記事である。

カイロ発（川上，中ア総）3は，エジプト，アルジェリア，サハラ周辺5カ国関連が1つずつである。エジプトはスエズ運河架橋関連と，アルジェリアは虐

殺関連，サハラ周辺5カ国は新経済圏設定へ，国連のリビア制裁に対抗，との記事である。

ワシントン発（辻，水野）3は，2つが北朝鮮の駐エジプト大使の亡命関連で，あと1つは南ア関連で，人類最古の第一歩発見記事である。

ソウル発（植村）も3すべて，北朝鮮のエジプト大使の亡命事件である。

パリ発（小里，大野）2は，1つは旧仏領アフリカ関連で，仏のアフリカ政策の転換を伝えるもので，もう1つはアルジェリア大量殺人に対して，仏報道官が語るアルジェリアの不安と衝撃である。

ジャカルタ発（吉村）2は，2つとも東ティモール問題に対して南ア大統領が仲介，との記事であり，ローマ発（藤谷）は「イタリア政府報告書，ソマリア国連平和執行部隊で市民に対する拷問があったと提出」との記事である。

香港発（市川）は「台湾外交部，チャドと外交関係樹立」であり，北京発（藤原）はその逆の「中国，台湾と外交関係を結んだチャドと断交を発表」である。

解説記事は，6【767.24】。うち5は自社特派員記事である。1つは「ブルンジのクーデターから一年，軍部の政策に不安定続く」【72.08】，とのナイロビ発・川崎記者記事。2つ目は「アンゴラ和平崩壊の危機」【204.30】，とのルアンダ発・佐藤記者記事。3つ目は「特派員メモ」欄の，「密林の奇病」【49.50】—ナイロビ発・川崎。4つ目はカイロ発・川上記者記事で，「エジプト，イスラム過激派，停戦声明」【184.86】であり，5つ目は「アフリカ，インド洋に浮かぶコモロ共和国の小島『仏領に戻して』とラブコール」【148.50】—ナイロビ発・川崎記事である。それぞれその背景を詳しく語っている。

あと1つはスポーツ面にある記事で，2004年の五輪に向けてその開催地に立候補する各都市を紹介するもので，この日は南アのケープタウンを取り上げている。開催が決まれば非白人の生活向上も，と記事にはある【108.00】。

共同の記者記事は，4【150.45】。内訳は，ヨハネスブルグ発—2【65.76】，キンシャサ発—1【47.46】，ソウル発—1【37.23】。ヨハネス発の1つはスポーツ記事で，サッカー・W杯に南アが初出場との記事。もう1つも，同じくスポーツ関連でナイジェリア以下のアフリカ5カ国記事である。これらの国々がW杯に出場すると。

キンシャサ発は，ザイールの難民虐殺疑惑に国連が調査，との記事で，ソウル発は，北朝鮮大使の亡命関連である。

　時事の記者記事は，1つ（カイロ発）で，アルジェ南方での住民虐殺を伝えている【34.20】。

　「その他」の記事は，3【216.58】。写真展（リベリア内戦を写す）記事【43.20】と，人形展「アフリカをテーマに和紙で作った人形展を開く榎本さん」記事【135.88】と，日曜版「地球の食材」欄に載る，ケニアの食料品紹介記事【37.50】である。

　内容区分は，**X群 32 で全体の 59.3％**，**Y群 22 で 40.7％**。内訳は，**X群**，A—23，B—1，C—1，D—1，G—6。**Y群**，I—2，J—15，L—3，N—1，O—1，である。

　Ⓐは，**ルワンダ**政府軍によるフツ族殺害，逆に難民キャンプでのツチ族虐殺。**アンゴラ**や**南アフリカ**，あるいは**リベリア**での混乱を伝える記事。

　Ⓑはインド洋に浮かぶ小島・**コモロ**の記事（既述）であり，これは貧困が原因で再び植民地を望んでいるものである。

　Ⓒは**ザンビア**のカウンダ前大統領の暗殺未遂事件であり，Ⓓは**ザイール**で発生している奇病の報告である。Ⓖは**コンゴ**，**中央アフリカ**，**アンゴラ**に派遣，あるいは派遣承認された多国籍軍及びPKO記事。またスエズ運河架橋に対する日本の援助記事などである。

　Y群は，この月もⒿ項が15と多いが，うち6はカイロの北朝鮮大使亡命関連で，他は**南ア**のデクラーク元大統領の引退，**チャド**と台湾の外交関係樹立などである。

　Ⓘは**ケニア**の食材（植物）紹介と，アフリカをテーマにした人形展記事であり，Ⓛは既述，サッカー関連や五輪開催立候補記事である。Ⓝはインドネシア大統領の**南ア**訪問，Ⓞは**南ア**で人類最古の第一歩発見，記事である。

　この月にはポジティブな記事はない。

　アフリカ発記事数は，27 で全体の 50.0％である。うち外電は 8，残り 19 のうち共同が 3，時事が 1 で，それ以外の 15 が自社記事（一般報道 10，解説 5）である。

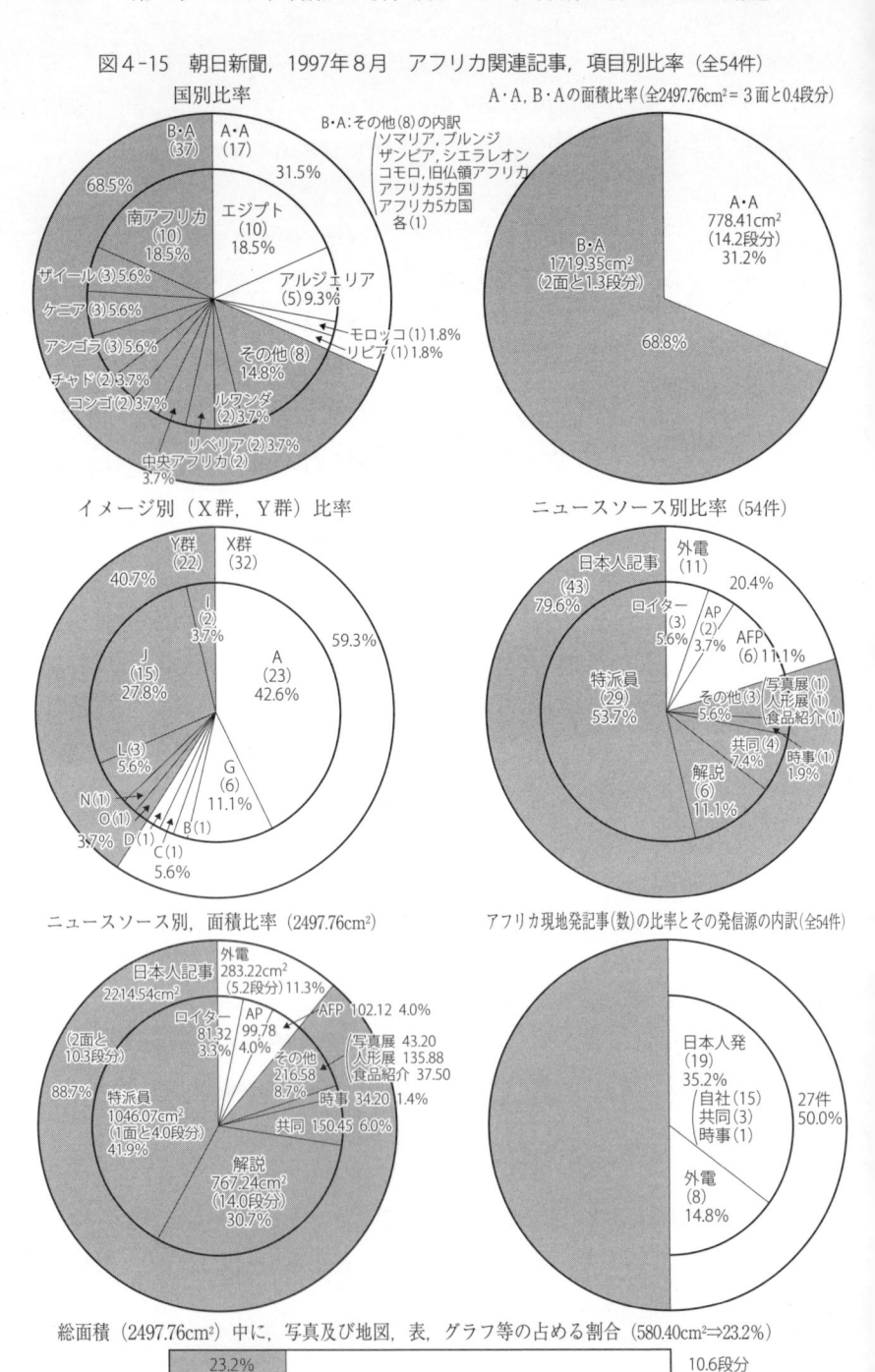

280   第4章 1980年(昭和55年), 及び1997年(平成9年)のアフリカ報道

図4-15 朝日新聞, 1997年8月 アフリカ関連記事, 項目別比率(全54件)

国別比率

- B・A (37) 68.5%
- A・A (17) 31.5%
- エジプト (10) 18.5%
- 南アフリカ (10) 18.5%
- アルジェリア (5) 9.3%
- ザイール (3) 5.6%
- ケニア (3) 5.6%
- アンゴラ (3) 5.6%
- チャド (2) 3.7%
- コンゴ (2) 3.7%
- 中央アフリカ (2) 3.7%
- リベリア (2) 3.7%
- ルワンダ (2) 3.7%
- モロッコ (1) 1.8%
- リビア (1) 1.8%
- その他 (8) 14.8%

B・A:その他(8)の内訳
ソマリア, ブルンジ
ザンビア, シエラレオン
コモロ, 旧仏領アフリカ
アフリカ5カ国
アフリカ5カ国 各(1)

A・A, B・Aの面積比率(全2497.76cm² = 3面と0.4段分)

- A・A 778.41cm² (14.2段分) 31.2%
- B・A 1719.35cm² (2面と1.3段分) 68.8%

イメージ別(X群, Y群)比率

- X群 (32) 59.3%
- Y群 (22) 40.7%
- A (23) 42.6%
- G (6) 11.1%
- J (15) 27.8%
- L (3) 5.6%
- I (2) 3.7%
- N (1), O (1), D (1), B (1), C (1) 5.6%
- 3.7%

ニュースソース別比率(54件)

- 日本人記事 (43) 79.6%
- 外電 (11) 20.4%
- ロイター (3) 5.6%
- AP (2) 3.7%
- AFP (6) 11.1%
- 特派員 (29) 53.7%
- その他 (3) 5.6%
- 写真展 (1), 人形展 (1), 食品紹介 (1)
- 共同 (4) 7.4%
- 時事 (1) 1.9%
- 解説 (6) 11.1%

ニュースソース別, 面積比率(2497.76cm²)

- 日本人記事 2214.54cm² (2面と10.3段分) 88.7%
- 外電 283.22cm² (5.2段分) 11.3%
- ロイター 81.32cm² 3.3%
- AP 99.78cm² 4.0%
- AFP 102.12 4.0%
- 写真展 43.20
- 人形展 135.88
- 食品紹介 37.50
- その他 216.58 8.7%
- 時事 34.20 1.4%
- 特派員 1046.07cm² (1面と4.0段分) 41.9%
- 共同 150.45 6.0%
- 解説 767.24cm² (14.0段分) 30.7%

アフリカ現地発記事(数)の比率とその発信源の内訳(全54件)

- 日本人発 (19) 35.2%
  - 自社 (15)
  - 共同 (3)
  - 時事 (1)
- 外電 (8) 14.8%
- 27件 50.0%

総面積(2497.76cm²)中に, 写真及び地図, 表, グラフ等の占める割合(580.40cm² ⇒ 23.2%)

23.2%   10.6段分

写真は 15 枚【542.73】，うち顔写真は 2 枚【6.90】。地図は 6 枚【35.42】，似顔絵は 1 枚【2.25】である。これらの 3 点の総面積は【580.40】で，10.6 段分である。この月に占める割合は 23.2% である。

(4) 12 月

記事数，60。面積【3178.19】で，3 面と 12.8 段分である。また 1 記事平均では【52.97】。

A・A は 15【722.16】で全体のそれぞれ 25.0%，22.7%。B・A は 45【2456.03】でそれぞれ 75.0%，77.3% である。

国別内訳は，A・A は，エジプト—9，アルジェリア—5，モロッコ—1。B・A は，南アフリカ—21，ケニア—5，ザイール—4，ソマリア—3，ルワンダ—3，ナイジェリア—2，ザンビア—2，セネガル—1，マダガスカル—1，エチオピア—1，スーダン—1，アフリカ 7 カ国（エチオピア，ウガンダ，ルワンダ，ザイール，アンゴラ，ジンバブエ，南アフリカ）—1，である。

外電は，5【153.20】（2.8 段分）で，これは全体のそれぞれ 8.3%，4.8%。内訳は，ロイター（写真のみ）—1【27.20】，AP（写真のみ）—1【63.90】，AFP（時事）—2【56.12】，中国通信—1【5.98】。うちアフリカ発は，2 件——ルクソール（AFP）—1，ヨハネスブルグ（中国通信）—1，——である。

ロイターの写真は，「マラケシュで，英・ヴァージングループ，熱気球に再挑戦」であり，AP のは，ルワンダを訪れた米・オルブライト国務長官がキガリ近郊にある「虐待犠牲者の墓地」を訪ねた時のものである。AFP は，1 つは NY 発で，「ケニア，地雷禁止条約に調印」と国連スポークスマンが語ったというものであり，そしてあと 1 つはエジプト・ルクソール発で，同地で起きたテロの犠牲者への慰霊祭報道である。また中国通信のヨハネスブルグ発・新華社電は，「中国銭外相，南アに到着」記事である。

自社特派員記事は，32【1269.81】。内訳は，ナイロビ発—17【724.15】，カイロ発—7【228.08】，ヨハネスブルグ発—5【228.37】，北京発—2【20.01】，マフィケン発—1【9.20】。

ナイロビ発（川崎，支局）は，ケニア，ザイール，ルワンダ，南ア，及びこ

の月にはアフリカ7カ国関連記事を配信している。カイロ発（川上，中ア総）は，エジプト，アルジェリア，ソマリアについての記事を，ヨハネス発（川崎）は，南ア4とナイジェリア1の配信である。北京発（藤原，支局）は2記事とも南アとの国交樹立関連である。マフィケン発は，「マンデラ氏，ANC議長を引退」記事である。

解説記事は，11【1292.33】。うち「マンデラ後」という企画記事が3回連載（そのうち2回が，ヨハネス発・川崎記事）である。これは上・中・下で【347.50】。また，「地球'97年『取材の現場で』」という特集記事が2【117.18】（ザイール発・川崎，エジプト発・定森）や，「コラム・私の見方」欄でのアフリカ関連記事（エジプト）が2【221.28】（うち1がカイロ発）ある。他には，ルクソールのテロ事件関連やソマリアの洪水（ソマリア発・川崎），それに伴う食糧不足・貧困，また部族対立などを解説する記事。さらにはかつての奴隷貿易の基地，セネガル・ゴレ島についての報告解説記事（川崎特派員発）等がある。自社記事との合計面積は【2562.14】で，3面と1.6段分に相当する分量である。

共同の記者記事は，7【84.18】。内訳は，カイロ発—4【55.66】，ナイロビ発—2【15.87】，ヨハネスブルグ発—1【12.65】である。

カイロ発は4，すべてアルジェリア関連で国内での過激派による住民殺害を伝えるものである。ナイロビ発は，1つはザイールでの難民虐殺関連，もう1つも「ルワンダ・ツチ族住民，フツ族武装集団に35人虐殺される」という記事である。ヨハネス発は「ザンビアの前大統領の拘束，国際的反発を」という報道である。

「その他」の記事は，人物紹介が3【204.34】（その中の1つに，ナイロビ発・川崎記事【56.50】がある），スポーツ記事が1【105.10】，支援・援助が1【69.23】である。

内容区分は，X群32で全体の53.3%，Y群28で46.7%。内訳は，X群，A—26，B—1，C—1，E—1，G—3。Y群，H—1，I—2，J—20，L—2，N—1，O—2，である。

Aには，ルクソール・テロ事件関連が8ある。他の主なものは**ザイール**及

びルワンダにおける部族対立，虐殺関連。アルジェリアで続発する住民虐殺事件，さらにこの月にはソマリア内戦関連も報道されている。

Bは，Aにも関係するソマリア南部で起こった洪水，それに対する救援活動が部族対立，無政府状態のために進まないことを伝えるものである。

Cはザンビアのクーデター未遂事件報道であり，Eはかつての奴隷貿易積み出しの島であったゴレ島(セネガル)を紹介するものである。これは企画記事の「地球を歩く」欄に載る，写真2枚地図2枚入りの【186.76】という9段組みの記事である。

Gは，米国によるスーダン反政府勢力への支援，また旧ザイール政権への援助。あと1つは日本の学者(京都大学教授)によるマダガスカルへの図鑑寄贈記事である。

Y群では，この月もJ項が多いが，これはアルジェリアやケニアでの上院選挙，大統領選挙を伝えるものも含まれている。他には，南アと中国との国交樹立，マンデラ後の南アの国情を展望する3回連載記事，などがある。

Hは，「窓」欄にあるエチオピア学会記事。Iは，京都で行なわれた地球環境会議に出席したナイジェリア人，ダグラス氏の紹介と，「ニュースの顔」欄の南ア・ムベキ副大統領の紹介記事である。

Lは2つとも福岡国際マラソンに優勝した南アのチュグワネ選手記事である。Nは中国外相の南ア到着記事。Oは，エジプトで「ツタンカーメンの乳母の墓発見」記事と，既述モロッコの熱気球記事である。

尚，写真・表，グラフ等の面積は【630.04】(11.5段分)で，総面積量の19.8%となっている。

この月にもポジティブな記事はない。

アフリカ発の記事数は，47で全体の78.3%。外電はすでに書いたように，ルクソール発のAFPと，ヨハネス発の新華社＝中国通信の，計2だけである。残り45のうち7が共同記事で，38は自社記者記事(一般報道30，解説7，人物紹介1)である。つまりこの月の60記事のうち，63.3%がアフリカからの自社の記者が書く記事だったのである。

284　第4章　1980年（昭和55年），及び1997年（平成9年）のアフリカ報道

図4-16　朝日新聞，1997年12月　アフリカ関連記事，項目別比率（全60件）

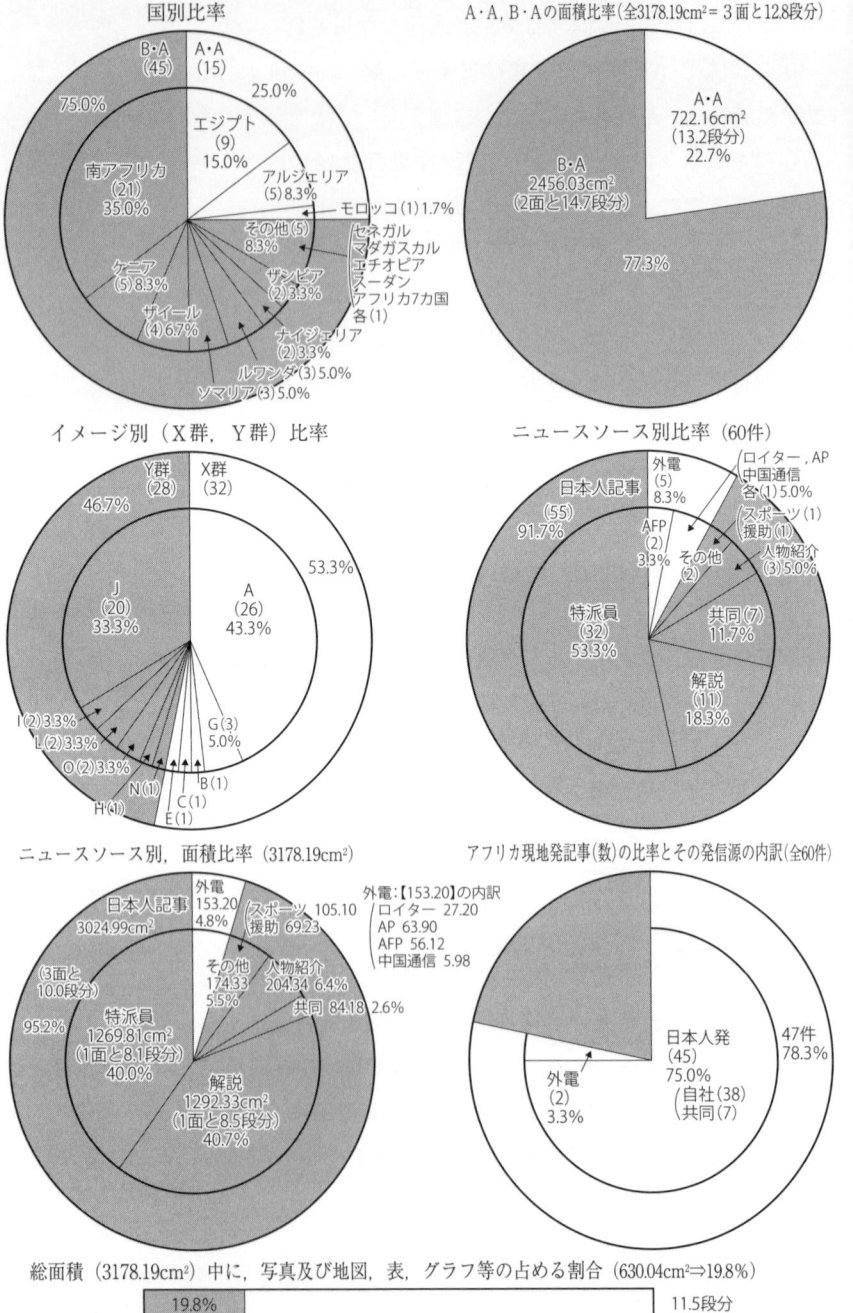

国別比率

B・A (45) 75.0%
A・A (15) 25.0%
エジプト (9) 15.0%
アルジェリア (5) 8.3%
モロッコ (1) 1.7%
その他 (5) 8.3%
セネガル
マダガスカル
エチオピア
スーダン
アフリカ7カ国　各(1)
ザンビア (2) 3.3%
ナイジェリア (2) 3.3%
ルワンダ (3) 5.0%
ソマリア (3) 5.0%
ザイール (4) 6.7%
ケニア (5) 8.3%
南アフリカ (21) 35.0%

A・A，B・Aの面積比率（全3178.19cm² = 3面と12.8段分）

A・A 722.16cm² (13.2段分) 22.7%
B・A 2456.03cm² (2面と14.7段分) 77.3%

イメージ別（X群，Y群）比率

Y群 (28) 46.7%
X群 (32) 53.3%
A (26) 43.3%
J (20) 33.3%
G (3) 5.0%
B (1)
C (1)
E (1)
N (1)
H (1)
O (2) 3.3%
L (2) 3.3%
I (2) 3.3%

ニュースソース別比率（60件）

日本人記事 (55) 91.7%
外電 (5) 8.3%
ロイター，AP
中国通信　各(1) 5.0%
スポーツ (1)
援助 (1)
人物紹介 (3) 5.0%
その他 (2)
共同 (7) 11.7%
解説 (11) 18.3%
特派員 (32) 53.3%
AFP (2) 3.3%

ニュースソース別，面積比率（3178.19cm²）

日本人記事 3024.99cm² 95.2%
外電 153.20 4.8%
スポーツ 105.10
援助 69.23
その他 174.33 5.5%
人物紹介 204.34 6.4%
共同 84.18 2.6%
特派員 1269.81cm² （1面と8.1段分） 40.0%
解説 1292.33cm² （1面と8.5段分） 40.7%
（3面と10.0段分）

外電：【153.20】の内訳
ロイター 27.20
AP 63.90
AFP 56.12
中国通信 5.98

アフリカ現地発記事(数)の比率とその発信源の内訳（全60件）

47件 78.3%
日本人発 (45) 75.0%
（自社 (38)）
（共同 (7)）
外電 (2) 3.3%

総面積（3178.19cm²）中に，写真及地図，表，グラフ等の占める割合（630.04cm² ⇒ 19.8%）

19.8%　　　11.5段分

第2節　1997年の報道　　285

2　中日新聞

　1997年の中日新聞は原紙から数値を計り面積を出している。原紙は，タテ51.7cm（1段3.45cm），ヨコ38.4cmであり，これを1955年の縮刷版に合わせる為に，タテは段数で区切れない記事に限って，実数に0.666を掛けて（2.3÷3.45）算出した。ヨコは0.635倍（24.4÷38.4）した。

(1)　1月

　記事数，36。面積【4235.52】で，この量は5面と2.0段分であり，1記事平均に直すと【117.65】で，100cm^{2}を越えている。

　A・Aは16【618.96】で全体のそれぞれ44.4％，14.6％，B・Aは20【3616.56】でそれぞれ55.6％，85.4％である。

　国別内訳は，A・Aは，アルジェリア―9，エジプト―5，モロッコ―1，リビア―1。B・Aは，ケニア―4，南アフリカ―3，中央アフリカ―2，セネガル―2，スーダン―1，ザイール―1，ブルンジ―1，ルワンダ―1，ウガンダ―1，マダガスカル―1，エチオピア―1，ザイール・コンゴ―1，中部アフリカ10カ国（カメルーン，ガボン，チャド，中央アフリカ，ルワンダ，ブルンジ，ザイール，コンゴ，赤道ギニア，サントメ・プリンシペ）―1，である。

　外電は，1記事もない。

　自社特派員記事は，13【591.14】。内訳は，パリ発―7【361.04】，カイロ発―6【230.10】である。パリ発（臼田）はアルジェリア関連5と，中央アフリカ関連2である。前者はすべて同国内でのテロ，虐殺，爆発等，殺戮記事で，後者は，同国内での反乱，それに対する仏の介入記事である。カイロ発（深田）はエジプト関連2，アルジェリア関連2，南アフリカ関連2である。エジプトは，1つは「盗掘の村，ついに幕。『王家の谷』のクルナ村，エジプト考古庁が取り壊し。住民らは移転」【53.72】記事であり，1つはエジプトのパンクロックの若者をイスラム指導者が，悪魔崇拝と105人摘発「悔い改めよ」，との記事である【36.00】。アルジェリア関連は，やはり同国内のテロ暴動記事である。南アは2つとも，南アの対シリア武器輸出関連である。

解説記事は，6【1802.66】（2面と2.8段分）。内訳は，エジプト関連3，アルジェリア関連1，ケニア関連1，中部アフリカ10カ国が1である。

エジプトは，すべて特派員（カイロ発・深田）リポートで，見出しでは「春は名のみの平和」【34.86】，「南へ去った動物たち」【35.15】，「砂の海に眠る化石」【37.72】となっている。

ケニアは，やはりナイロビ発の特派員（東）リポートで，見出しは，「ナイロビ　日本の童謡も力強く」【35.15】である。

以上カイロ発を含めた4記事は，「世界の街から」欄に掲載されている。

アルジェリアは，「ニュースサマリー」欄「海外」の記事で，アルジェで起こった爆発事件で21人が死亡したことの報道【10.34】。

そして【1802.66】のその殆ど（91.5%）を占める記事が，中部アフリカの解説紹介記事（日曜版）である【1649.44】。写真11枚【76.09】入り（うち顔写真10枚）。地図2枚＝全世界地図と中部アフリカ拡大図【824.72】。それに10カ国の各種データの表とグラフなどが掲載されている。見出しは，「世界の国，中部アフリカ10カ国。1960年代以降，フランス，ベルギー等から独立」「政争と民族紛争からみ，難民が日常化」である。

共同の記者記事（一般報道）は，6【142.50】。内訳は，ナイロビ発—3【63.11】，カイロ発—1【22.74】，パリ発—1【40.00】，NY発—1【16.65】。ナイロビ発は，1つはブルンジでの難民射殺，1つはスーダンのエチオピアへの宣戦布告，もう1つは「ウガンダ軍部隊，ザイール侵攻か」という記事である。カイロ発は，アルジェリアの5年ぶりの総選挙記事。パリ発は仏紙の報道記事で，「雇い兵がザイールで暗躍，欧州から200～300人」である。NY発はリビア関連で，安保理が空路再開で警告，という記事である。

「その他」の記事は，11【1699.22】。内訳は，書籍紹介3【359.69】スポーツ（パリ・ダカール）記事（パリ発・共同）2【432.42】，人物紹介2【265.91】，動物紹介1【549.00】，政府記事1【13.14】，支援・援助1【51.16】，石器発掘1【27.90】である。

内容区分は，**X群19で全体の52.8%，Y群17で47.2%**。内訳は，X群，A—16，E—1，G—2。Y群，H—4，I—6，J—1，L—2，M—1，O

—3，である。

　Ⓐは既に触れてきていることだが，**アルジェリア**のテロ・虐殺，そして**ザイール・ルワンダ・ブルンジ**国境辺におけるフツ族とツチ族による殺戮，さらにそこに**ウガンダ**も絡む展開。また**スーダン**と**エチオピア**の「聖戦」。**中央アフリカ**の内乱などがある。

　Ⓔは日曜版の企画もの「世界の国」で，この日は旧フランス，旧ベルギー植民地の紹介解説——各国の面積，人口，平均寿命，成人識字率等のデータを載せ，詳しく報じている。これは**ザイール**東部の紛争や，低迷する経済状況を伝えているという観点からＸ群に入れた。Ⓖの2は既述，**南ア**のシリアへの武器輸出である。

　Ｙ群は，Ⓘは書籍と人物紹介が3ずつあることによる。人物の方は，市民面に掲載されている「隣人にインタビュー」欄の記事で，1人は**ケニア**人留学生を伝え，1人はやはりケニアからの市民大使を伝えている。あと1人は，ユニセフのエイド大使（「その他」の記事，項目分けでは「支援・援助」に入れている）として**ルワンダ**で活躍するコスさんという人を写真のみで伝えている。

　Ⓗは特派員リポート3つと，日曜版の「私の一枚」欄に載った，平岩道夫撮影の写真入り記事である。「自然との語らい——楽園の午後のたわむれ」と見出しが付されて，**ケニア・アンボセリ・ナショナルパーク**でたわむれる2頭のシマウマが写されている。これは10段【549.00】の大きなスペースを取っている。

　Ⓛはパリ・ダカ記事，Ⓜは政府記事の，「**モロッコ**大使に中本経済協力開発機構代表部公使充てる」である。Ⓞは**エチオピア**での石器発掘。**エジプト**の「砂の海に眠る化石」。そしてエジプトのパンクロック族の若者記事である。

　ポジティブな記事はこの新聞のこの月にもない。

　アフリカ発記事数は，14で全体の38.9％。外電は既に記したようになく，すべては**日本人の書く記事**だが，うち4が共同記者記事で，残り10が自社特派員記事（一般報道6，解説4）である。

　写真は25枚【707.29】で，うち顔写真14枚【27.88】。地図8枚【868.48】，表・グラフ4枚【148.86】で，これらの面積の総計は【1724.63】，これはこの

288 第4章 1980年(昭和55年),及び1997年(平成9年)のアフリカ報道

図4-17 中日新聞,1997年1月 アフリカ関連記事,項目別比率(全36件)

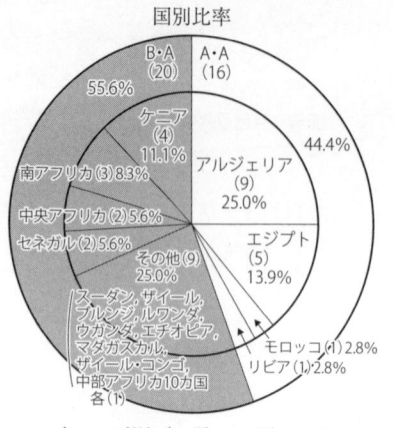

国別比率

- B・A (20) 55.6%
- A・A (16) 44.4%
- ケニア (4) 11.1%
- 南アフリカ (3) 8.3%
- 中央アフリカ (2) 5.6%
- セネガル (2) 5.6%
- その他 (9) 25.0%
- アルジェリア (9) 25.0%
- エジプト (5) 13.9%
- スーダン,ザイール,ブルンジ,ルワンダ,ウガンダ,エチオピア,マダガスカル,ザイール・コンゴ,中部アフリカ10カ国 各(1)
- モロッコ (1) 2.8%
- リビア (1) 2.8%

A・A, B・Aの面積比率 (全4235.52cm² = 5面と2.0段分)

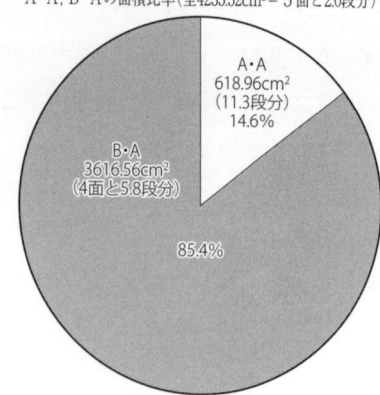

- A・A 618.96cm² (11.3段分) 14.6%
- B・A 3616.56cm² (4面と5.8段分) 85.4%

イメージ別 (X群,Y群) 比率

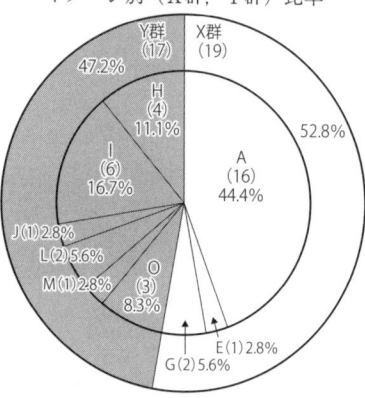

- Y群 (17) 47.2%
- X群 (19) 52.8%
- H (4) 11.1%
- A (16) 44.4%
- I (6) 16.7%
- J (1) 2.8%
- L (2) 5.6%
- M (1) 2.8%
- O (3) 8.3%
- E (1) 2.8%
- G (2) 5.6%

ニュースソース別比率 (36件)

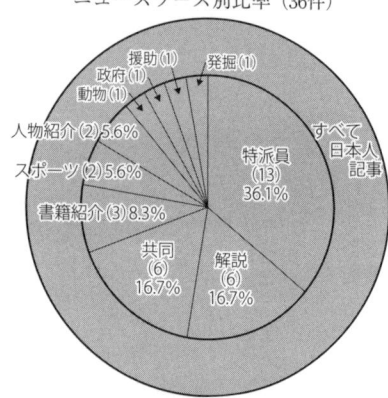

- 援助 (1)
- 発掘 (1)
- 政府 (1)
- 動物 (1)
- 人物紹介 (2) 5.6%
- スポーツ (2) 5.6%
- 書籍紹介 (3) 8.3%
- 共同 (6) 16.7%
- 解説 (6) 16.7%
- 特派員 (13) 36.1%
- すべて日本人記事

ニュースソース別,面積比率 (4235.52cm²)

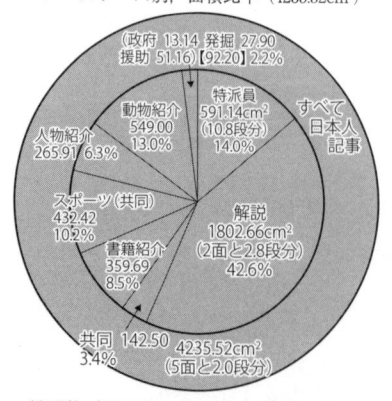

- (政府 13.14 発掘 27.90 援助 51.16)【92.20】2.2%
- 特派員 591.14cm² (10.8段分) 14.0%
- 動物紹介 549.00 13.0%
- 人物紹介 265.91 6.3%
- スポーツ(共同) 432.42 10.2%
- 書籍紹介 359.69 8.5%
- 共同 142.50 3.4%
- 解説 1802.66cm² (2面と2.8段分) 42.6%
- すべて日本人記事
- 4235.52cm² (5面と2.0段分)

アフリカ現地発記事(数)の比率とその発信源の内訳 (全36件)

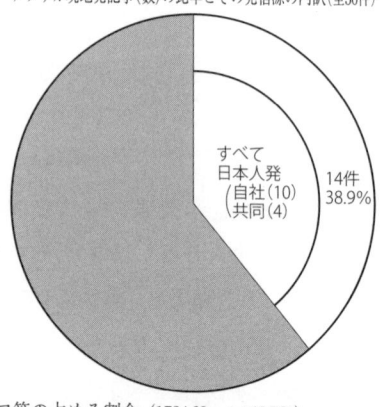

- すべて日本人発 (自社(10) 共同(4))
- 14件 38.9%

総面積(4235.52cm²)中に,写真及び地図,表,グラフ等の占める割合 (1724.63cm²⇒40.7%)

| 40.7% | 2面と1.4段分 |

月の全体の 40.7％に当たり，またこの量は 2 面と 1.4 段分である．

(2) **4 月**

　記事数，27。面積【1161.90】，これは 1 面と 6.1 段分。1 記事平均は【43.03】である。

　A・A は 5【132.52】で，それぞれ全体の 18.5％，11.4％。B・A は 22【1029.38】でそれぞれ 81.5％，88.6％。

　国別内訳は，A・A は，アルジェリア—3，エジプト—2。B・A は，**ザイール—9，ケニア—2，ルワンダ—2，スーダン—1，ウガンダ—1，アンゴラ—1，南アフリカ—1，タンザニア—1，エチオピア—1，マリ—1，ガボベルデ—1，アフリカ 5 カ国**（ルワンダ，ザイール，ウガンダ，カメルーン，赤道ギニア）—1，である。

　外電は，3【138.32】（2.5 段分），それぞれ全体の 11.1％，11.9％。内訳は，AP（写真のみ）—2【118.31】，DPA（時事）—1【20.01】。AP の写真とは，「世界の街から」欄の特派員リポートで，マリ・トンブクトゥの「平和を祈る女性たち」を写したもの【53.11】と，「世界の撮っておき」欄での「ルワンダ難民の子どもたち，痛々しいほどヤセている。ザイール難民キャンプで」【65.20】，とのキャプションのある写真である。

　DPA 記事は，ジュネーブ発のアフリカ 5 カ国関連で，「内戦でゴリラ絶滅の危機。WWF（世界自然保護基金）指摘」である。アフリカ発は従って外電においては，記事としてはない。

　自社特派員記事は，2【37.06】。2 つともカイロ発（田原）で，アルジェリアでの武装集団による住民虐殺記事である。

　解説記事は，5【320.48】。うちカイロ特派員（田原）記事が 3【191.32】で，残り 2 は，ナイロビ発（東玲子）が 1【37.15】，ジュネーブ特派員（熊倉）記事が 1【92.01】である。カイロ発はエジプトの国情・習慣・健康法を伝えるもの 2，スーダンの反政府勢力指導者とのインタビュー 1 であり，ナイロビ発は「世界の街から」欄で，「水くれ強盗団も出没」との国情記事で，ジュネーブ発は「ルワンダ難民 5 万人不明。コレラまん延，救助急ぐ」との国連高等弁務官

（緒方）発言記事で，同地の実情を報告している。

　共同の記者記事は，7【164.97】。内訳は，ヨハネスブルグ発—4【71.78】，ワシントン発—2【82.38】，キンシャサ発—1【10.81】。

　ヨハネス発は，ザイール関連3，アンゴラ関連1で，ワシントン発もザイール関連で，「米，モブツ大統領の退陣求める」と，「ウガンダで，世界最古の化石発見」記事である。キンシャサ発は「仏もザイール在留の仏人に退去勧告」と，やはりザイール関連記事である。

　この月には，時事通信記事が4【82.24】ある。ロンドン発—3【72.75】と，カイロ発—1【9.49】である。ロンドン発は3ともザイール関連で，カイロ発はアルジェリアでの住民虐殺を伝えるものである。

　「その他」の記事は，6【418.83】。内訳は，政府記事1【9.64】，支援・援助1【98.87】，経済記事1【9.35】，人物紹介1【167.08】，スポーツ記事1【71.28】，エッセイ1【62.61】である。

　内容区分は，X群17で全体の63.0％，Y群10で37.0％。内訳は，X群，A—14，D—2，G—1。Y群，H—1，J—3，K—1，L—1，O—4，である。

　Ⓐは，アルジェリアでのテロ・虐殺，ザイール和平への交渉とその延長，アンゴラ対立に終止符など。Ⓓは，ルワンダ難民キャンプのヤセた子どもたちの写真と，コレラまん延記事。Ⓖはタンザニアの難病少女を助ける為に，日本が治療援助呼びかける，との記事。

　Y群は，Ⓗは「ケニアの芸術家を訪ねて」で，絵かきの生活を紹介している。Ⓚは日本と南ア間に直行航空路が開かれた記事。Ⓛはボストン・マラソンでエチオピアのロバ選手優勝記事。Ⓙは，スーダン反政府指導者へのインタビュー記事と，ザイール和平交渉の協議開始記事。そしてそれが船上で直接行なわれたとの記事である。Ⓞは，「新世界事情」欄のエジプトの就職難を伝えるトピック記事。「健康法秘伝」欄にある，やはりエジプト発のベトウィン流健康法紹介記事。また海原純子の「ガボベルデの出来事」と題するエッセイ。さらにウガンダで類人猿の化石発見記事である。

　この月にポジティブな記事はない。

図4-18　中日新聞，1997年4月　アフリカ関連記事，項目別比率（全27件）

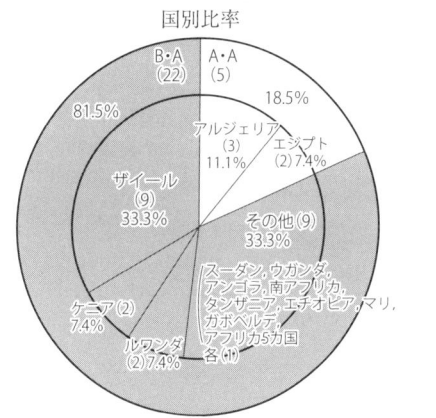

国別比率

B・A (22) 81.5%
A・A (5) 18.5%
アルジェリア (3) 11.1%
エジプト (2) 7.4%
ザイール (9) 33.3%
その他 (9) 33.3%
ケニア (2) 7.4%
ルワンダ (2) 7.4%
スーダン，ウガンダ，アンゴラ，南アフリカ，タンザニア，エチオピア，マリ，カボベルデ，アフリカ5カ国各(1)

A・A, B・Aの面積比率（全1161.90cm² = 1面と6.1段分）

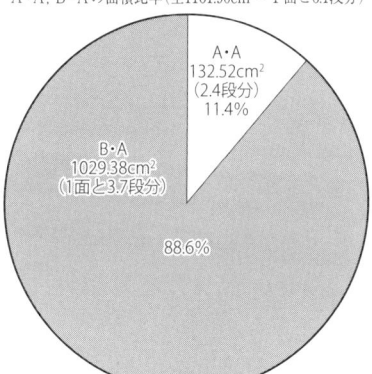

A・A 132.52cm² (2.4段分) 11.4%
B・A 1029.38cm² (1面と3.7段分) 88.6%

イメージ別（X群，Y群）比率

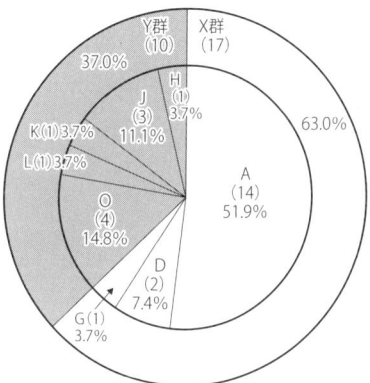

Y群 (10) 37.0%
X群 (17) 63.0%
H (1) 3.7%
J (3) 11.1%
K(1) 3.7%
L(1) 3.7%
O (4) 14.8%
G(1) 3.7%
D (2) 7.4%
A (14) 51.9%

ニュースソース別比率（27件）

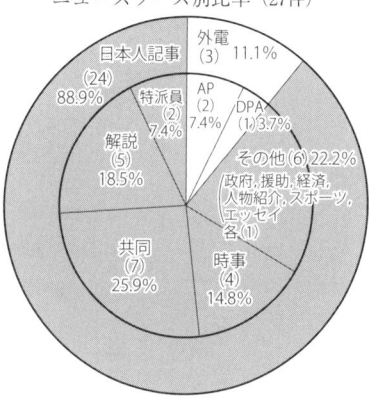

日本人記事 (24) 88.9%
外電 (3) 11.1%
特派員 (2) 7.4%
AP (2) 7.4%
DPA (1) 3.7%
解説 (5) 18.5%
その他 (6) 22.2% (政府，援助，経済，人物紹介，スポーツ，エッセイ各(1))
共同 (7) 25.9%
時事 (4) 14.8%

ニュースソース別，面積比率（1161.90cm²）

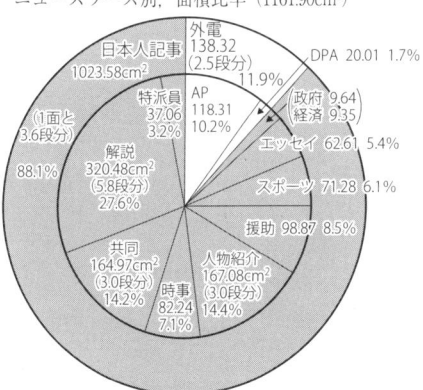

日本人記事 1023.58cm² (1面と3.6段分) 88.1%
外電 138.32 (2.5段分) 11.9%
DPA 20.01 1.7%
特派員 37.06 3.2%
AP 118.31 10.2%
解説 320.48cm² (5.8段分) 27.6%
政府 9.64
経済 9.35
エッセイ 62.61 5.4%
スポーツ 71.28 6.1%
援助 98.87 8.5%
共同 164.97cm² (3.0段分) 14.2%
人物紹介 167.08cm² (3.0段分) 14.4%
時事 82.24 7.1%

アフリカ現地発記事(数)の比率とその発信源の内訳（全27件）

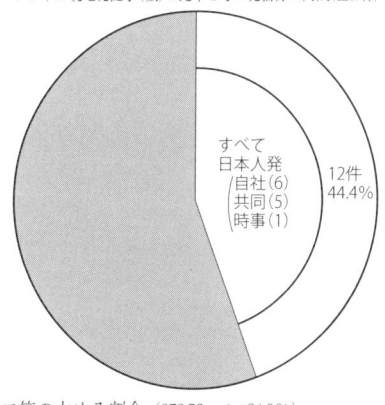

すべて日本人発 (自社(6) 共同(5) 時事(1)) 12件 44.4%

総面積（1161.90cm²）中に，写真及び地図，表，グラフ等の占める割合（278.53cm² ⇒ 24.0%）

24.0%　　　　　5.1段分

アフリカ発の記事数は 12 で全体の 44.4％である。外電はなく，自社特派員記事が 6（一般報道 2，解説 4）で，あとは共同記事が 5，時事記事が 1 である。

写真は 9 枚【262.61】，うち顔写真 2 枚【12.41】。地図は 4 枚【15.92】で，合計面積は【278.53】（総面積の 24.0％）。これは 5.1 段分である。

(3) 8月

記事数，41。面積【3832.13】で，4 面と 9.7 段分である。また 1 記事当たりは【93.47】。

A・A は 15【672.42】で全体のそれぞれ 36.6％，17.5％。B・A は 26【3159.71】でそれぞれ 63.4％，82.5％。

国別内訳は，A・A，エジプト—11，アルジェリア—4。B・A は，南アフリカ—4，アンゴラ—4，ケニア—3，ザイール—2，タンザニア—2，チャド—2，コモロ—2，ザイール・コンゴ—2，ナミビア—1，エチオピア—1，ルワンダ—1，ブルンジ—1，アフリカ 8 カ国（スーダン，ウガンダ，タンザニア，ケニア，エチオピア，エリトリア，ソマリア，ジプチ）—1，である。

外電は，4【94.39】(1.7 段分)，それぞれ全体の 9.8％，2.5％。内訳は，ロイター—1【13.00】，AP—3【81.39】。ロイターはアジスアベバ発で，エチオピア関連のスポーツ記事で，「5 千と 1 万メートルで世界記録をもつゲブレシラシエ選手が交通事故で軽傷」というもの。AP は，1 つは「各国の社会面」欄の，ヨハネスブルグ発の南ア記事で，「強盗に打たれたゴリラに『申し訳ない』」【43.15】というトピックで，1 つはチューリッヒ発のスポーツ記事で，「スイスで行われた陸上グランプリでケニアの新鋭・キプケテル 3000ｍ障害で先輩破る」【28.81】であり，あと 1 つは社会面，リスボン発で「アンゴラで着陸失敗，旅客機墜落，死者はなし」【9.43】である。従ってアフリカ発は，2 記事である。

自社特派員記事は，12【484.34】。内訳は，カイロ発—4【100.38】，ソウル発—4【210.21】，パリ発—2【101.82】，NY 発—2【71.93】。

カイロ発（田原）は，2 がエジプト関連で，2 がアルジェリア関連である。前者は北朝鮮大使の所在不明記事と，ムバラク大統領とアラファト議長との会談記事であり，後者はアルジェでのテロ事件である。

ソウル発（武田）は4つとも北朝鮮大使の失踪・亡命関連である。

　パリ発（臼田）は2つともコモロの小島の独立宣言・仏植民地への復帰願う記事である。

　NY発（永井）は2つともアンゴラ関連で，安保理が反政府勢力を制裁，との記事である。

　解説記事は，6【2558.60】。この月にも全2面を使った日曜版特集記事「世界と日本・大図解シリーズ」があり，アフリカ8カ国を紹介解説【1649.44】している。他には，「新世界事情」欄のエジプト発（田原）「妊娠中絶問題」記事【43.15】。特派員（田原）リポート・「世界の街から」欄の，「カイロ――ゴミの雨，頭上注意」【37.72】。日曜版「私の一枚」欄，ナミビア記事「幻想的な自然の芸術――夕暮れのタカロカイ」【549.00】。キンシャサ発共同記事，ザイールの状況を解説している，「モブツ独裁崩壊から3ケ月のコンゴ，希望語り始めた市民。失業対策など険しい再建」【56.86】。カイロ発，田原特派員記事で，アルジェリアでの虐殺の背景を語っている【222.43】。

　自社記事との合計面積は【3042.94】で，これは3面と10.3段分に相当する。

　共同の記者記事は，16【287.31】。内訳は，ナイロビ発―4【127.12】，ヨハネスブルグ発―3【42.06】，キンシャサ発―3【40.32】，ソウル発―3【49.47】，カイロ発―1【9.06】，北京発―1【9.64】，香港発―1【9.64】。

　ナイロビ発は，ケニア関連2，ルワンダとブルンジ関連各1。ヨハネス発，は南ア関連2，アンゴラ1。キンシャサ発は，ザイール・コンゴ関連2とザイール関連1，ソウル発は3つともエジプトの北朝鮮大使関連である。カイロ発はアルジェリア関連で村民虐殺記事である。北京発は，台湾と復交したチャドと中国断交記事。香港発は逆の，台湾とチャドが復交，である。

　「その他」の記事は，支援・援助2【274.62】，最古の足跡発見記事1【132.87】。尚これは，上記共同記事（一般報道）の処には含めていないが，ワシントン発の共同記者記事である。

　内容区分は，**X群22で全体の53.7%，Y群19で46.3%**。内訳は，**X群**，A―15，D―2，E―2，F―1，G―2。**Y群**，H―2，J―12，L―2，M―1，O―2，である。

294　第4章　1980年（昭和55年），及び1997年（平成9年）のアフリカ報道

図4-19　中日新聞，1997年8月　アフリカ関連記事，項目別比率（全41件）

国別比率

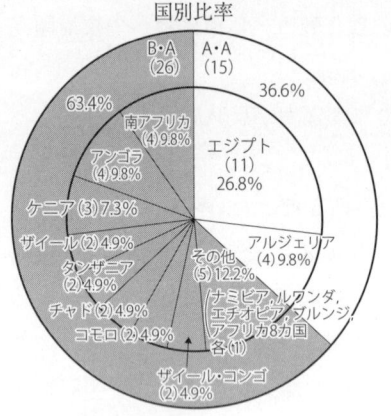

- A・A (15) 36.6%
- B・A (26) 63.4%
- エジプト (11) 26.8%
- アルジェリア (4) 9.8%
- その他 (5) 12.2%
- ナミビア，ルワンダ，エチオピア，ブルンジ，アフリカ8カ国各(11)
- ザイール・コンゴ (2) 4.9%
- コモロ (2) 4.9%
- チャド (2) 4.9%
- タンザニア (2) 4.9%
- ザイール (2) 4.9%
- ケニア (3) 7.3%
- アンゴラ (4) 9.8%
- 南アフリカ (4) 9.8%

A・A, B・Aの面積比率（全3832.13cm² = 4面と9.7段分）

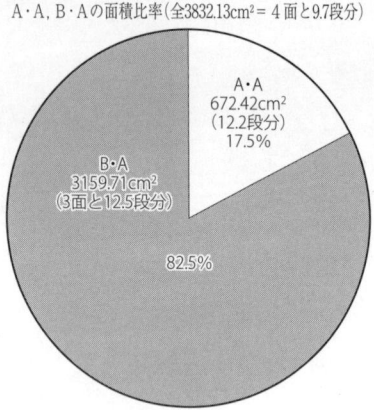

- A・A 672.42cm² (12.2段分) 17.5%
- B・A 3159.71cm² (3面と12.5段分) 82.5%

イメージ別（X群，Y群）比率

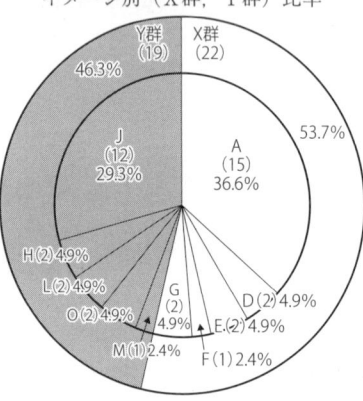

- X群 (22) 53.7%
- Y群 (19) 46.3%
- A (15) 36.6%
- D (2) 4.9%
- E (2) 4.9%
- F (1) 2.4%
- G (2) 4.9%
- J (12) 29.3%
- H (2) 4.9%
- L (2) 4.9%
- M (1) 2.4%
- O (2) 4.9%

ニュースソース別比率（41件）

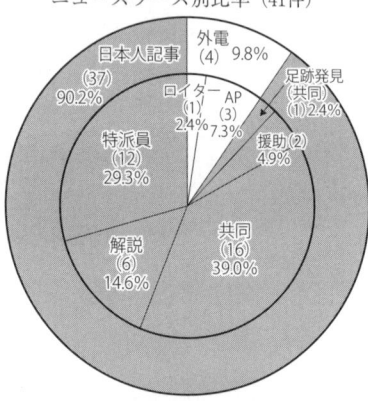

- 日本人記事 (37) 90.2%
- 外電 (4) 9.8%
- ロイター (1) 2.4%
- AP (3) 7.3%
- 足跡発見（共同）(1) 2.4%
- 特派員 (12) 29.3%
- 援助 (2) 4.9%
- 共同 (16) 39.0%
- 解説 (6) 14.6%

ニュースソース別，面積比率（3832.13cm²）

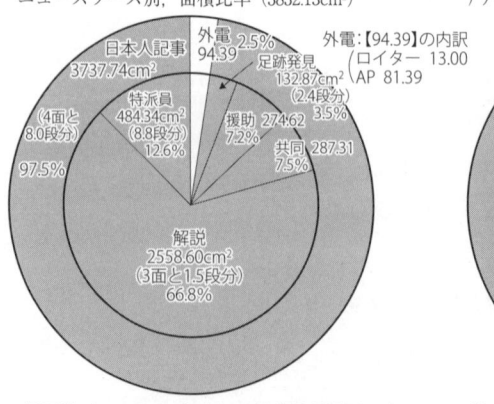

- 日本人記事 3737.74cm² 97.5%
- 外電 94.39 2.5%
- 足跡発見 132.87cm² 3.5%
- 特派員 484.34cm² (4面と8.0段分) 12.6%
- 援助 274.62 7.2%
- 共同 287.31 7.5%
- 解説 2558.60cm² (3面と1.5段分) 66.8%

外電:【94.39】の内訳
(ロイター 13.00
AP 81.39)

アフリカ現地発記事(数)の比率とその発信源の内訳（全41件）

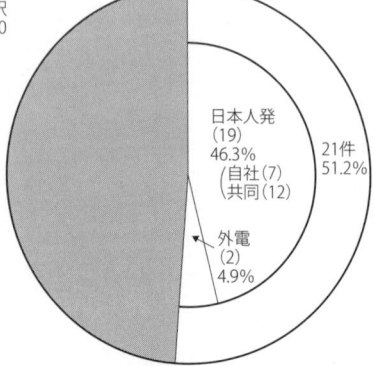

- 日本人発 (19) 46.3% (自社(7) 共同(12))
- 21件 51.2%
- 外電 (2) 4.9%

総面積（3832.13cm²）中に，写真及び地図，表，グラフ等の占める割合（1439.88cm² ⇒ 37.6%）

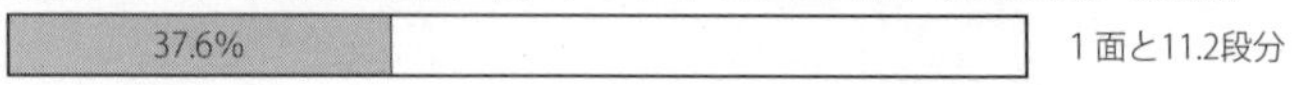

37.6%　　　　　1面と11.2段分

Aは，ザイール東部周辺の混乱，アルジェリア各地での住民殺害，**コンゴとコンゴ共和国との戦闘**，アンゴラ内戦関連等。

Dはエジプト，及び**東部アフリカ8カ国**の貧困関連。Eは**コモロ**の小島の植民地願望記事。Fは**南ア**の核製造疑惑関連。Gは**タンザニアとケニアへの**日本の援助記事。

Y群は，Hは「世界の街から」特派員リポートの，「カイロ——ゴミの雨，頭上注意」記事と，「私の一枚」欄の，「夕暮れのタカロカイ」記事である。Lはゲブレシラシエの交通事故と，陸上グランプリでのキプケテル記事である。Mは三重の有志がスワヒリ語の教科書を点訳し，**タンザニア**へ送った記事【104.06】。Oは既述，**南ア**のゴリラ記事と，12万年前の最古の足跡，南アで発見【132.87】である。Jはその多くが北朝鮮大使の亡命記事である。他には台湾と**チャド**との復交関連である。

この月にもポジティブな記事はない。

アフリカ発の記事数は，21で全体の51.2％。うち外電は，既に触れたように，2（ロイターとAP），共同記事は12（一般報道11，解説1），自社特派員記事は7（一般報道4，解説3）である。

写真は13枚【623.64】，うち顔写真は1枚【3.21】。地図は8枚【375.62】，表・グラフは12枚【440.62】。これらの面積の合計は【1439.88】で全体の37.6％に当たり，1面と11.2段分に相当する。

(4) 12月

記事数，46。面積【2339.24】で，2面と12.5段分である。1記事の平均面積は【50.85】。

A・Aは21【1107.03】で，全体のそれぞれ45.7％，47.3％。B・Aは25【1232.21】でそれぞれ54.3％，52.7％。

国別内訳は，A・Aは，エジプト—17，アルジェリア—2，リビア—1，モロッコ—1。B・Aは，南アフリカ—12，ケニア—2，アフリカ全体—2，アフリカ数カ国—2，ザンビア—1，セネガル—1，アンゴラ—1，ルワンダ—1，コモロ—1，ケニア・ソマリア—1，アフリカ4カ国—1，である。

外電は，3【159.28】(2.8段分)，それぞれ全体の6.5%，6.8%。内訳は，ロイター(写真のみ)—1【67.45】，AP—2【91.83】。ロイターはルワンダ・キガリの虐殺犠牲者の墓地を訪れたオルブライト米国務長官の写真である。APのうちの1つも写真のみの記事で，「ギザのピラミッドでボウリングのワールドカップ開催」【81.61】。あと1つはスポーツで，ヨハネスブルグで行われた親善サッカーでブラジルが南アを下した記事【10.22】である。この月には文章での所謂政治記事報道は1件もない。アフリカ発は，ヨハネスブルグ発のこのスポーツ記事1である。

自社特派員記事は，14【497.24】。内訳は，カイロ発—6【170.85】，北京発—4【228.08】，香港発—2【32.13】，パリ発—1【46.64】，イスマイリア発(エジプト)—1【19.54】。

カイロ発(田原)はエジプト関連が5，リビア関連が1である。前者はすべてルクソールで起きたテロ事件関連であり，後者はリビアからのサウジアラビアへの巡礼関連である。北京発(加藤，迫田)は4件とも中国と南アの国交樹立関連である。香港発(鈴木)は台湾総統のアフリカ歴訪関連であり，パリ発(臼田)はコモロの小島の独立関連である。

解説記事は，9【883.41】。内訳は，「世界の街から」欄記事3(カイロ発・田原2，ルクソール発・水野1)，「新世界事情」欄2，「ワールドAtoZ」欄1，「週間ニュース早わかり」欄1，残り2は，ヨーロッパ総局からと本社からの解説記事である。「世界の街から」はエジプト関連で，「新世界事情」2もエジプトから(カイロ発・田原)のトピックである。「ワールド…」もエジプトで，これはルクソールのテロ事件後の状況を語るもので，「週間ニュース…」は，アフリカ全体記事で，エイズの流行を伝えるものである。

ヨーロッパ総局記事はケニア大統領選挙を解説するものであり，本社発は南アと中国の関係を論じている。自社記事との合計面積は【1380.65】で，これは1面と10.1段分である。

共同の記者記事は，10【219.06】(正確にはあと1件あるが，後述「その他」の記事の方に入れているので，ここには含めていない)。内訳は，ヨハネスブルグ発—4【79.80】，カイロ発—2【20.60】，ナイロビ発—1【48.36】，ルクソー

ル発―1【32.38】，マフィケン（南ア）発―1【12.12】，香港発―1【26.00】。

　ヨハネス発は南ア関連3，ザンビア関連1。カイロ発は2つともアルジェリアでの住民虐殺報道，ナイロビ発はケニアとソマリア国境地帯での奇病流行記事で，ルクソール発はテロ事件犠牲者の慰霊祭記事。マフィケン発はANC議長にムベキ南ア副大統領を選出との記事で，香港発は南アと中国との国交樹立記事である。

　「その他」の記事は，10【580.25】。内訳は，政府記事2【14.90】，人物紹介2【173.74】，支援・援助1【108.75】，経済1【29.94】，スポーツ1【101.18】，気象1【44.10】，遺跡発見（共同・カイロ発）1【78.21】，年末十大ニュース1【29.43】。

　内容区分は，X群17で全体の37.0%，Y群29で63.0%。内訳は，X群，A―11，B―1，D―2，E―1，G―2。Y群，H―3，I―2，J―13，K―2，L―2，M―1，N―2，O―4，である。

　Aで多くを占めている国はエジプトで，ルクソールで起こったテロ事件関連が7ある。他はアルジェリア関連と，ルワンダでの虐殺事件である。Bはエルニーニョの異常気象の影響で，アフリカに洪水が発生するという記事。Dはエイズ関連，ソマリアとケニア国境辺での奇病流行記事。Eはコモロ分離主義者の小島独立悲願記事。Gは，ケニアの洪水被害に対しての日本の援助記事と，アンゴラ難民へのNGOの協力記事である。

　Y群は，Hはすべて「世界の街から」欄の，カメルーンとルクソールからのトピック記事である。Iは「隣人にインタビュー」欄の，日本に住むモロッコ人と，「ニュース・メーカー」欄の，ANC新議長になったムベキ氏の紹介記事。Kは「日産とエジプトによる小型トラック生産」記事と，南アの対中貿易関連記事である。Lは南アとブラジルのサッカー試合と，パリ・ダカール・ラリー記事。Mは小渕外相の外遊計画記事。Nは2件とも台湾総統のアフリカ歴訪記事。Oは「新世界事情」欄のカイロ特派員よりと，残り2件もエジプトの遺跡（ピラミッドでボウリング）と，ツタンカーメン王の乳母・マヤの墓発見記事である。Jは南アと中国との国交樹立関連と，ANC関連などである。

　この月にもポジティブな記事はない。

アフリカ発の記事数は23で全体のちょうど半数50.0%である。外電はAP

298 第4章 1980年(昭和55年),及び1997年(平成9年)のアフリカ報道

図4-20 中日新聞,1997年12月 アフリカ関連記事,項目別比率(全46件)

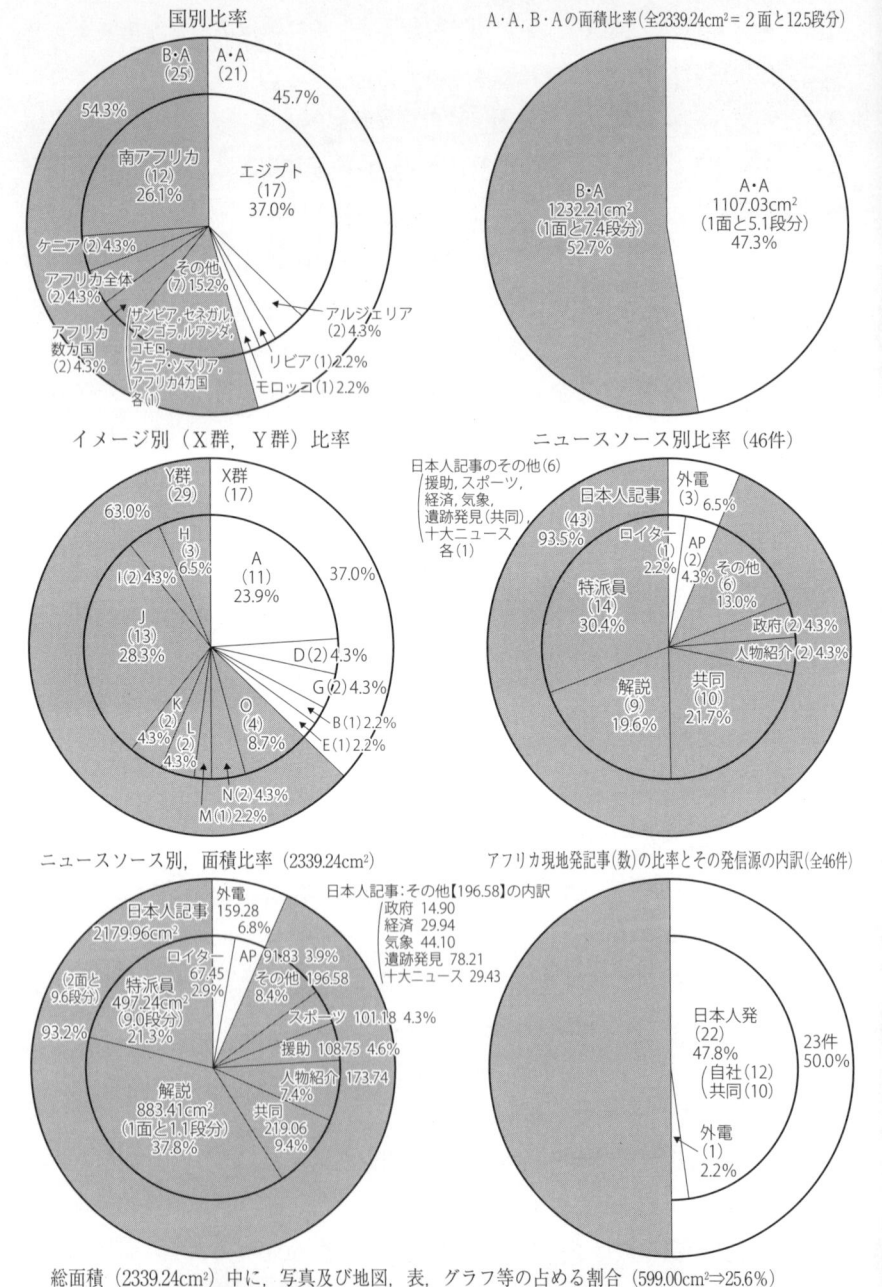

国別比率　　　　　　　　　A・A,B・Aの面積比率(全2339.24cm² = 2面と12.5段分)

- B・A (25) 54.3%
- A・A (21) 45.7%
- 南アフリカ (12) 26.1%
- エジプト (17) 37.0%
- ケニア (2) 4.3%
- その他 (7) 15.2%
- アフリカ全体 (2) 4.3%
- アフリカ数カ国 (2) 4.3%
- ザンビア,セネガル,アンゴラ,ルワンダ,コモロ,ケニア,ソマリア,アフリカ4カ国 各(1)
- アルジェリア (2) 4.3%
- リビア (1) 2.2%
- モロッコ (1) 2.2%

- B・A 1232.21cm² (1面と7.4段分) 52.7%
- A・A 1107.03cm² (1面と5.1段分) 47.3%

イメージ別(X群,Y群)比率　　　　　　ニュースソース別比率(46件)

- Y群 (29) 63.0%
- X群 (17)
- H (3) 6.5%
- A (11) 23.9%
- I (2) 4.3%
- J (13) 28.3%
- D (2) 4.3%
- G (2) 4.3%
- B (1) 2.2%
- E (1) 2.2%
- K (2) 4.3%
- L (2) 4.3%
- O (4) 8.7%
- N (2) 4.3%
- M (1) 2.2%

- 日本人記事のその他(6) 援助,スポーツ,経済,気象,遺跡発見(共同),十大ニュース 各(1)
- 日本人記事 (43) 93.5%
- 外電 (3) 6.5%
- ロイター (1) 2.2%
- AP
- その他 (6) 13.0%
- 特派員 (14) 30.4%
- 政府 (2) 4.3%
- 人物紹介 (2) 4.3%
- 解説 (9) 19.6%
- 共同 (10) 21.7%

ニュースソース別,面積比率(2339.24cm²)　　　アフリカ現地発記事(数)の比率とその発信源の内訳(全46件)

- 外電 159.28
- 日本人記事 2179.96cm² 93.2%
- 日本人記事:その他【196.58】の内訳
  - 政府 14.90
  - 経済 29.94
  - 気象 44.10
  - 遺跡発見 78.21
  - 十大ニュース 29.43
- ロイター 67.45
- AP 91.83 3.9%
- (2面と9.6段分)
- 特派員 497.24cm² (9.0段分) 21.3%
- その他 196.58 8.4%
- スポーツ 101.18 4.3%
- 援助 108.75 4.6%
- 人物紹介 173.74 7.4%
- 解説 883.41cm² (1面と1.1段分) 37.8%
- 共同 219.06 9.4%

- 日本人発 (22) 47.8% (自社(12) 共同(10))
- 23件 50.0%
- 外電 (1) 2.2%

総面積(2339.24cm²)中に,写真及び地図,表,グラフ等の占める割合(599.00cm² ⇒ 25.6%)

25.6%　　　　　　　　　　　　　　　　10.9段分

発のスポーツ記事1だけである（尚，写真のみの掲載はカウントしない）。自社特派員記事は12（一般報道7，解説5）で，共同記事は10（一般報道9，遺跡発見1）である。

　写真は14枚【422.34】，うち顔写真は2枚【4.58】。地図は1枚【5.11】，系譜図1枚【98.30】，円グラフなど1枚【73.25】である。17枚すべての合計面積は【599.00】で，10.9段分である。またこの量はこの月の全体の25.6％を占めるものである。

3　中国新聞

　この年は原紙を使って調べた。従って，中日新聞同様の比率（タテは段で見て，区切れない時は実測値に0.666を掛けた。ヨコは0.635を掛けた）で面積を算出している。

(1)　1月

　記事数29。面積【1454.02】，これは1面と11.4段分である。また1記事の平均面積は【50.14】である。

　A・Aは12【542.35】で，全体のそれぞれ41.4％，37.3％。B・Aは17【911.67】でそれぞれ58.6％，62.7％である。

　国別内訳は，A・Aは，アルジェリア―6，エジプト―4，リビア―1，モロッコ―1。B・Aは，南アフリカ―3，スーダン―3，ルワンダ―3，ケニア―1，ガーナ―1，セネガル―1，中央アフリカ―1，エチオピア―1，マダガスカル―1，コートジボアール―1，中央アフリカ・コンゴ―1。

　外電は，5【103.11】で，全体のそれぞれ17.2％，7.1％。内訳は，ロイター（共同）―2【42.62】，AP（共同）―3【60.49】。

　ロイターは，1つはカイロ発で，「カイロ北部で路線バス，橋上からナイル川に転落38人死亡」という，「アンテナ」欄に載る事故記事（写真1枚入り）【21.76】で，あと1つはナイロビ発で，「海外トピックス」欄の，「ケニア――象の糞から紙づくり考案」【20.86】である。

APは、カルツーム発の「スーダンの反政府勢力、政府軍150人を殺害」記事【28.19】と、「アンテナ」欄でパリ発の「マダガスカルで暴風雨、100人以上が行方不明」との災害記事【5.84】。そしてあと1つは、キャプション「爆弾テロで破壊された軍のトラックを検証する兵士」の写真のみの記事【39.29】である。

5件中、写真とスーダンの1つを除けば、いずれも事故・災害そしてトピック記事である。この新聞においても現代では、外電に政治的記事を頼ることが少なくなってきていることが窺われる。

自社特派員記事は、ない。

解説記事は、1【349.37】(6.4段分)。これは「人類の防衛」という特集記事だが、その一部にアフリカに触れている部分があり、そこではエボラ出血熱について解説している。【97.32】=約1.8段分を占める大見出しは、「人類の防衛：最前線、エボラ出血熱。コートジボアール、チンパンジーから殺人ウィルスを探せ」であり、【9.13】の小見出しは、「捕獲は200頭も、必ず感染源に。日本人も参加」とある。コートジボアールで調査・研究するWHOのスタッフの写真2枚、そして同地周辺とアフリカ全体の地図入り記事である。

共同の記者記事は、17【496.92】。内訳は、カイロ発―8【318.17】、ナイロビ発―7【109.97】、NY発―2【68.78】。

カイロ発は、アルジェリアのイスラム過激派による爆弾テロ・住民虐殺関連が5、残りは、エジプト関連が2、モロッコが1である。エジプトは中東和平で、シリアと協議記事【50.99】と、社会記事「動物殺して吸血の秘儀。悪魔の宗教はびこる。『アラー否定』と若者100人逮捕」【53.82】。モロッコは「世界一周の夢を託して気球で飛ぶが、失敗。遺言まで用意したが」というトピック記事【70.32】である。

ナイロビ発はルワンダ虐殺裁判関連2、同じくルワンダでフツ族によるツチ族襲撃関連1、スーダンとエチオピアの衝突関連が2、中央アフリカでの反乱軍と仏軍との衝突が1、南アでの黒人解放闘争のビコ氏殺害事件関連1である。

NY発は、ガーナ関連で、国連事務総長に同国出身のアナン氏就任記事と、リビア関連で、「安保理、トリポリ―ガーナの航空機往復を、リビアに警告」

第2節　1997年の報道　301

図4-21　中国新聞，1997年1月　アフリカ関連記事，項目別比率（全29件）

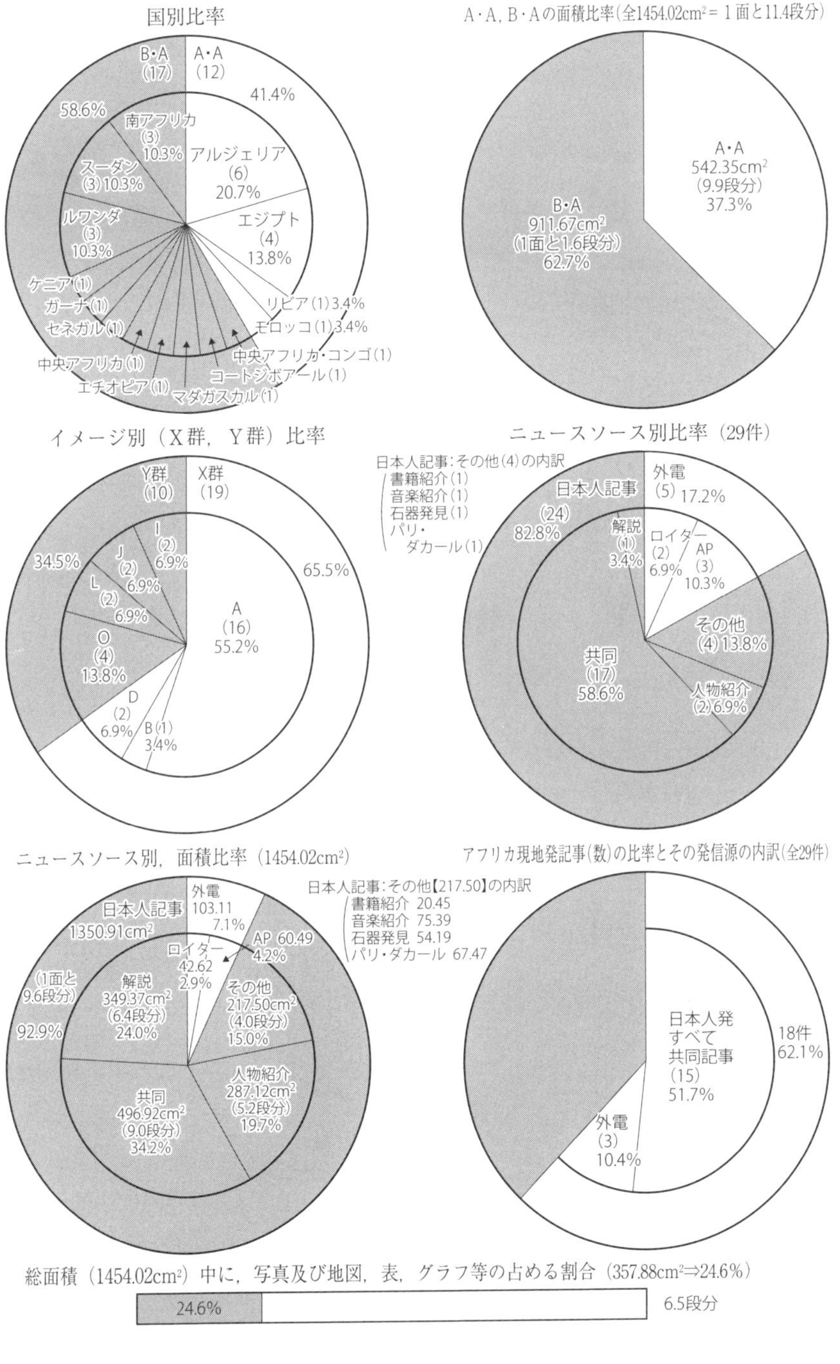

国別比率

- B・A (17) 58.6%
- A・A (12) 41.4%
- 南アフリカ (3) 10.3%
- アルジェリア (6) 20.7%
- エジプト (4) 13.8%
- スーダン (3) 10.3%
- ルワンダ (3) 10.3%
- ケニア (1)
- ガーナ (1)
- セネガル (1)
- 中央アフリカ (1)
- エチオピア (1)
- マダガスカル (1)
- 中央アフリカ・コンゴ (1)
- コートジボアール (1)
- モロッコ (1) 3.4%
- リビア (1) 3.4%

A・A, B・Aの面積比率（全1454.02cm² = 1面と11.4段分）

- A・A 542.35cm² (9.9段分) 37.3%
- B・A 911.67cm² (1面と1.6段分) 62.7%

イメージ別（X群，Y群）比率

- X群 (19) 65.5%
  - A (16) 55.2%
  - B (1) 3.4%
  - D (2) 6.9%
- Y群 (10) 34.5%
  - I (2) 6.9%
  - J (2) 6.9%
  - L (2) 6.9%
  - O (4) 13.8%

ニュースソース別比率（29件）

日本人記事：その他(4)の内訳
- 書籍紹介 (1)
- 音楽紹介 (1)
- 石器発見 (1)
- パリ・ダカール (1)

- 日本人記事 (24) 82.8%
  - 解説 (1) 3.4%
  - 共同 (17) 58.6%
  - 人物紹介 (2) 6.9%
  - その他 (4) 13.8%
- 外電 (5) 17.2%
  - ロイター (2) 6.9%
  - AP (3) 10.3%

ニュースソース別，面積比率（1454.02cm²）

日本人記事：その他【217.50】の内訳
- 書籍紹介 20.45
- 音楽紹介 75.39
- 石器発見 54.19
- パリ・ダカール 67.47

- 日本人記事 1350.91cm² (1面と9.6段分) 92.9%
  - 解説 349.37cm² (6.4段分) 24.0%
  - 共同 496.92cm² (9.0段分) 34.2%
  - 人物紹介 287.12cm² (5.2段分) 19.7%
  - その他 217.50cm² (4.0段分) 15.0%
- 外電 103.11 7.1%
  - ロイター 42.62 2.9%
  - AP 60.49 4.2%

アフリカ現地発記事（数）の比率とその発信源の内訳（全29件）

- 日本人発すべて共同記事 (15) 51.7%
- 外電 (3) 10.4%
- 18件 62.1%

総面積（1454.02cm²）中に，写真及び地図，表，グラフ等の占める割合（357.88cm² ⇒ 24.6%）

24.6%　　6.5段分

記事である。

「その他」の記事は，6【504.62】。内訳は，人物紹介2【287.12】，書籍紹介1【20.45】，音楽グループ紹介1【75.39】，石器発見1【54.19】，パリ・ダカール記事1【67.47】。

内容区分は，X群19で全体の65.5%，Y群10で34.5%。内訳は，X群，A—16，B—1，D—2。Y群，I—2，J—2，L—2，O—4。

Ⓐは既に触れている記事がいくつもある。**ルワンダ虐殺裁判**，フツ族とツチ族の抗争，**中央アフリカ**での仏軍との衝突，**アルジェリア**のテロ・虐殺，**スーダン・エチオピア**の「聖戦」，スーダンの内戦，そしてカイロのバスの転落事故も含んでいる。

Ⓑは「**マダガスカルの暴風雨**」記事。Ⓓは解説記事のエボラ出血熱と，エジプトにおける奇習（既述「動物を殺して吸血の秘儀」）である。

Y群は，Ⓘは人物と書籍紹介が1件ずつ。Ⓙはアナン氏就任記事と，中東和平交渉記事。Ⓛはパリ・ダカで優勝した日本人記事と，**南ア**の伝統音楽の女性3人組みの紹介（芸能）。Ⓞは，**エジプト**人権機構事務局長へのインタビュー，**モロッコ**から熱気球で世界一周，**ケニア**から象の糞で紙づくり，そして**エチオピア**で世界最古の石器発見記事である。

この月のこの新聞にもポジティブな記事はない。

アフリカ発記事数は18で全体の62.1%。うち外電は3で，残り15は共同記事である。

写真は11枚【341.36】うち顔写真は2枚【6.42】。地図は2枚【16.52】で，写真との計は【357.88】。これは総面積の24.6%に当たり，6.5段分である。

(2) **4月**

記事数31。面積【1089.41】，これは1面と4.8段分。1記事の平均面積は【35.14】。

A・Aは3【62.80】で全体のそれぞれ9.7%，5.8%。B・Aは28【1026.61】で90.3%，94.2%。

国別内訳は，A・Aは，**エジプト**—2，**アルジェリア**—1。B・Aは，**ザ**

イール—19，ルワンダ—4，エチオピア—1，南アフリカ—1，ウガンダ—1，アンゴラ—1，ザンビア—1。

　外電は，APの写真のみの2【72.51】で，これは2つとも「キサンガニ南方の難民キャンプで，栄養失調のルワンダ難民の子ども」を写したものである。【36.67】と【35.84】。

　自社特派員記事はこの月にもない。いや，このあとの8月にも12月にもない。

　解説記事もこの月にはない。

　共同の記者記事は，22【818.92】。内訳は，ヨハネスブルグ発—12【456.95】，NY発—3【130.76】，キンシャサ発—2【54.56】，ワシントン発—2【34.39】，カイロ発—1【15.19】，プレトリア発—1【82.16】，ブラザビル発—1【44.91】。

　ヨハネス発は，ザイール関連が11，アンゴラが1。前者は和平交渉が南アで行なわれる記事とともに，依然両勢力の反目を伝える記事が多い。モブツによる反大統領派の首相解任や，逆にモブツ退任を求めてキンシャサでゼネスト等といった記事である。

　アンゴラ関連は，「和平実現へ，20年余の対立解消。国民統一政府が発足」である【44.58】。

　NY発は3件とも，国連によるザイール東部のルワンダ難民救援関連である。

　キンシャサ発はザイール情報相が，「反政府勢力を米が支援」とアメリカを非難している記事【12.27】と，ザイール難民8万5千人が不明，との記事【42.29】である。

　ワシントン発は，米下院本会議でモブツ大統領の辞任を要求した記事【7.01】と，社会面記事で，ウガンダで最古のサル化石発見記事【52.45】である。

　カイロ発はアルジェリアでのテロ激化記事。プレトリア発はザイール和平交渉が同地でスタートした記事。ブラザビル発はザイールの紛争拡大に備えて，欧米各国民が脱出準備を始めたとの記事である。

　「その他」の記事は，7【197.98】。内訳は，遺跡等の発掘・発見2【91.88】，政府記事1【6.57】，経済記事1【11.39】，原爆関連1【16.49】，スポーツ1【63.47】，死亡通知1【8.18】。

304   第4章　1980年（昭和55年），及び1997年（平成9年）のアフリカ報道

図4-22　中国新聞，1997年4月　アフリカ関連記事，項目別比率（全31件）

国別比率

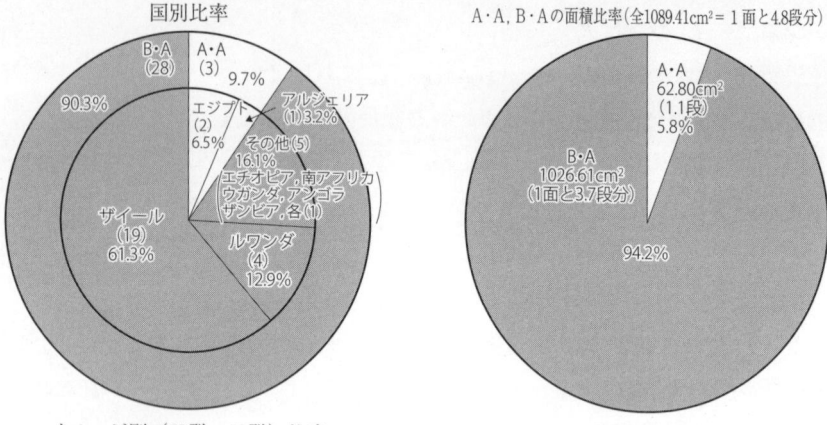

B・A (28) 90.3%
A・A (3) 9.7%
エジプト (2) 6.5%
アルジェリア (1) 3.2%
その他 (5) 16.1%
エチオピア，南アフリカ，ウガンダ，アンゴラ，ザンビア，各(1)
ザイール (19) 61.3%
ルワンダ (4) 12.9%

A・A，B・Aの面積比率（全1089.41cm² = 1面と4.8段分）

A・A 62.80cm² (1.1段) 5.8%
B・A 1026.61cm² (1面と3.7段分) 94.2%

イメージ別（X群，Y群）比率

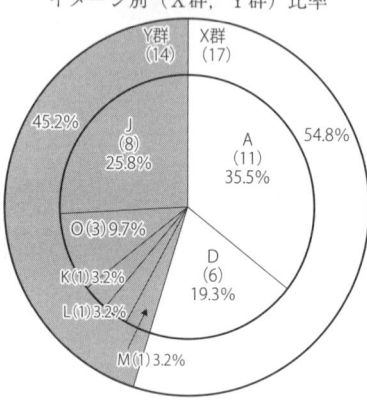

Y群 (14) 45.2%
X群 (17) 54.8%
J (8) 25.8%
A (11) 35.5%
O (3) 9.7%
K (1) 3.2%
L (1) 3.2%
M (1) 3.2%
D (6) 19.3%

ニュースソース別比率（31件）

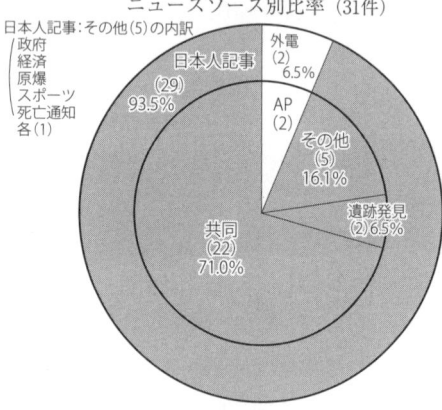

日本人記事：その他(5)の内訳
政府
経済
原爆
スポーツ
死亡通知
各(1)

日本人記事 (29) 93.5%
外電 (2) 6.5%
AP (2)
その他 (5) 16.1%
遺跡発見 (2) 6.5%
共同 (22) 71.0%

ニュースソース別，面積比率（1089.41cm²）

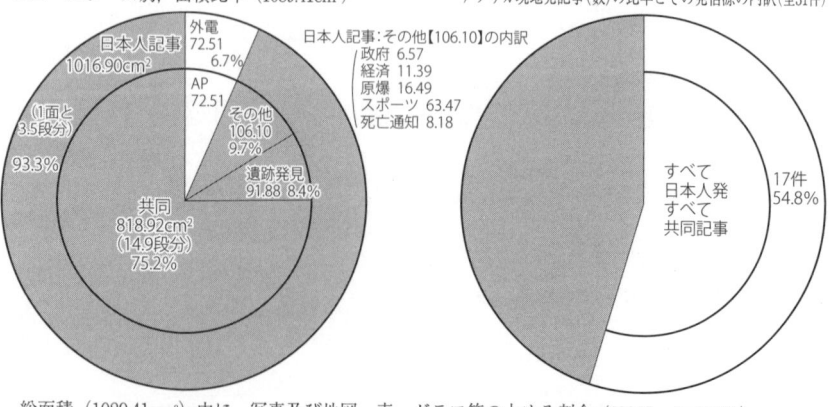

日本人記事 1016.90cm² (1面と3.5段分) 93.3%
外電 72.51 6.7%
AP 72.51
その他 106.10 9.7%
遺跡発見 91.88 8.4%
共同 818.92cm² (14.9段分) 75.2%

日本人記事：その他【106.10】の内訳
政府　 6.57
経済　 11.39
原爆　 16.49
スポーツ 63.47
死亡通知 8.18

アフリカ現地発記事(数)の比率とその発信源の内訳（全31件）

すべて日本人発すべて共同記事
17件 54.8%

総面積（1089.41cm²）中に，写真及び地図，表，グラフ等の占める割合（206.15cm² ⇒ 18.9%）

18.9%　　　　3.7段分

第 2 節　1997 年の報道　　305

　原爆関連とは，広島総合面の記事で，「来日中のルワンダ・カガメ副大統領,原爆資料館を見学」である。このような報道は中国新聞であるからこそと思われる。副大統領といってもアフリカの，それも小国であってはその土地の新聞でしか報じないであろう——原爆関連の施設に外国の要人が来ることは多く，発展途上国のアフリカの人たちにあっても，ここでは報道されることになる。これはこの新聞が広島を中心に発行されている故であろう。アフリカの人たちであっても話題になるという点では他紙と違った紙面づくりとなっている。

　スポーツ記事は，ボストン・マラソンでエチオピアのロバ選手が優勝した記事で，死亡通知とは，エジプトの元内相，ザキ・バドル氏が米国で死亡した記事である。

　内容区分は，X群 17 で全体の 54.8％，Y群 14 で 45.2％。内訳は，X群，A—11，D—6。Y群，J—8，K—1，L—1，M—1，O—3。

　Ⓐは**ザイールの混迷・混乱。アルジェリアでのテロ。アンゴラ和平へ向け**ての記事など。

　Ⓓは**ザイール**東部の難民の動向・帰還，また飢餓状況を伝えたもの。

　Y群は，Ⓙは**南ア**で行なわれた**ザイール和平交渉**関連など。これをX群に入れることも考えたが，平和へ向けてという意からこちらに含めた。他には既述，死亡通知記事。

　Ⓚは日本と**南ア**間に直行便開設記事。Ⓛはロバ選手優勝記事。Ⓜは**ザンビア大使に中村氏**，という政府・人事記事。Ⓞは早大，東海大調査団による大型墳墓発見記事。ウガンダでの，最古のサルの化石発見記事。及び，来日中のルワンダ副大統領広島訪問記事である。

　この月にもポジティブな内容の記事はない。

アフリカ発記事数は 17 で全体の 54.8％。すべて共同の記事である。

　写真は 8 枚【189.50】で，うち顔写真は 2 枚【2.17】。地図は 6 枚【16.65】，写真との合計面積は【206.15】（18.9％）。これは 3.7 段分である。

(3)　**8 月**

　記事数 39。面積【1809.64】で，これは 2 面と 2.9 段分の量である。1 記事平

均面積は【46.40】である。

　A・Aは15【587.56】で全体のそれぞれ38.5％，32.5％。B・Aは24【1222.08】でそれぞれ61.5％，67.5％。

　国別内訳は，A・Aはエジプト―8，アルジェリア―6，モロッコ―1。B・Aは，**南アフリカ―5**，ケニア―4，ルワンダ―3，ザイール―3，エチオピア―2，アンゴラ―2，ザンビア―1，チャド―1，リベリア―1，コモロ―1，リビア・ナイジェリア・コンゴ―1。

　外電は，AP（共同）の2【224.43】がある。1つはラバト発で，「国際スコープ――モロッコ王国に原理主義の脅威。貧困層の支持うけ伸長」との見出しの解説・紹介的記事【103.15】である。もう1つはスイス・チューリッヒ発スポーツ記事で，「ケニアのキプケテル，男子800ｍで世界新。16年ぶりに更新」【121.28】である。

　解説記事は，4【436.86】。うち2は，連載報告記事「緑地帯」欄のエッセイ（広島市立大の若山助教授記）で，2つともエジプト関連である。それぞれの見出しは「砂漠から麗しの島へ――ギザの丘」【64.34】，「砂漠から麗しの島へ――ツタンカーメン王の秘宝」【60.45】。

　残り2つのうちの1つは，尾崎・共同特派員のアンゴラ中部の町・クイトからの報告である。見出しは「アンゴラ内戦後遺症。地雷除去なお時間と労力。1200万個，手作業頼り」【195.48】。あと1つは木原・共同カイロ特派員からの，「米亡命北朝鮮大使，ミサイル情報把握に疑問」「カイロ軍事筋。最高機密アクセス困難。駐在武官が独占と指摘」との記事【116.59】である。

　共同の記者記事は，28【790.75】。内訳は，ナイロビ発―7【202.30】，カイロ発―7【105.58】，ソウル発―4【137.45】，ヨハネスブルグ発―3【130.93】，キンシャサ発―3【128.12】，香港発―2【30.65】，NY発―1【13.44】，ジュネーブ発―1【42.28】。

　ナイロビ発は，南ア関連2（マンデラ大統領，インドネシア大統領に東ティモール指導者の釈放要求と，黒人解放闘争の英雄ビコ氏の銅像完成），ルワンダ関連2（住民虐殺報道），リベリア関連1（最大武装勢力NPFLのテーラー議長，大統領に就任），ケニア関連1（反政府集会で日本の援助を批判），コモロ

関連1（コモロの2島，連邦から離脱。中央政府は認めず）である。

カイロ発は，アルジェリア関連6（いずれも住民への無差別テロ・殺害・爆発記事），エジプト関連1（北朝鮮大使，偽名を使って出国）。

ソウル発は，すべて北朝鮮大使の米への亡命関連。

ヨハネス発は，南ア関連2（デクラーク前大統領引退と，それに伴う国民党の後継者難記事），ザンビア関連1（カウンダ元大統領の車に警官が発砲）。

キンシャサ発は，ザイールと隣国コンゴとの間で砲撃戦記事2と，フツ族虐殺調査に合意，国連22日に現地入り記事1，である。

香港発は，台湾がアフリカ3国において代表部を閉鎖したとの記事と，同じく台湾がチャドとの国交を回復したとの記事。

NY発は，アンゴラ関連で，安保理が旧反政府勢力の幹部に制裁決議，記事。

ジュネーブ発は，ルワンダ関連で，フツ族民兵がツチ族難民107人を殺害，との記事である。

「その他」の記事は5【357.60】。内訳は，スポーツ記事3【198.68】，最古の足跡発見記事1【145.34】，過去の出来事紹介記事（社会面の「バック・トゥ・Today」欄）1【13.58】。

内容区分は，X群18で全体の46.2%，Y群21で53.8%。内訳は，X群，A—14，C—1，E—1，G—2。Y群，J—13，L—4，O—4。

Aはルワンダでの軍によるフツ族大虐殺。**ザイール**と**コンゴ**との戦闘。**アルジェリア**のテロ。そして**アンゴラ**内戦の後遺症などである。

Cはカウンダ元大統領暗殺未遂事件。Eは**コモロ**の小島の連邦離脱，仏への復帰願望。Gは**ケニア**への日本の援助に対する批判。「バック・トゥ・Today」欄の1977年に行なわれた国連砂漠会議記事（砂漠化防止のための協力等）である。

Y群は，Jの13のうち6は北朝鮮大使の亡命関連。他は**南ア・デクラーク**前大統領引退記事，台湾のアフリカ諸国との外交・復帰・断交関連である。

Lはすべてスポーツ記事。Oは**南ア**2，**エジプト**2，のそれぞれトピック記事である。

この月にもポジティブな記事はない。

308　第4章　1980年（昭和55年），及び1997年（平成9年）のアフリカ報道

図4-23　中国新聞，1997年8月　アフリカ関連記事，項目別比率（全39件）

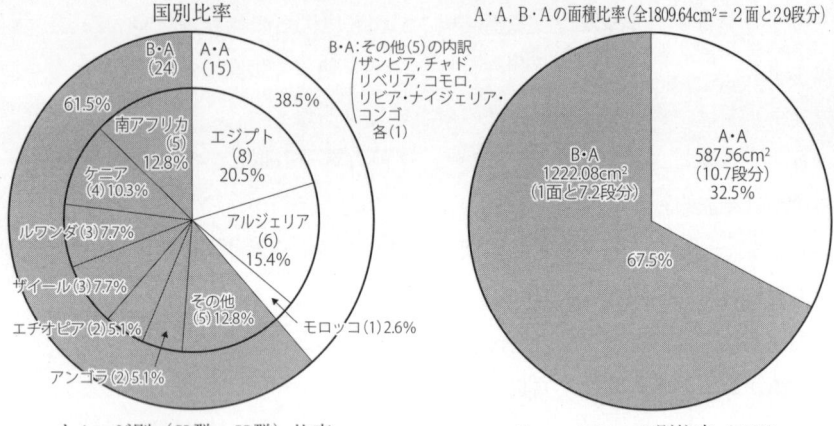

国別比率

- B・A（24）61.5%
- A・A（15）38.5%
- 南アフリカ（5）12.8%
- エジプト（8）20.5%
- ケニア（4）10.3%
- アルジェリア（6）15.4%
- ルワンダ（3）7.7%
- ザイール（3）7.7%
- エチオピア（2）5.1%
- アンゴラ（2）5.1%
- その他（5）12.8%
- モロッコ（1）2.6%

B・A：その他（5）の内訳
ザンビア，チャド，リベリア，コモロ，リビア・ナイジェリア・コンゴ　各（1）

A・A, B・Aの面積比率（全1809.64cm² = 2面と2.9段分）

- A・A　587.56cm²（10.7段分）32.5%
- B・A　1222.08cm²（1面と7.2段分）67.5%

イメージ別（X群，Y群）比率

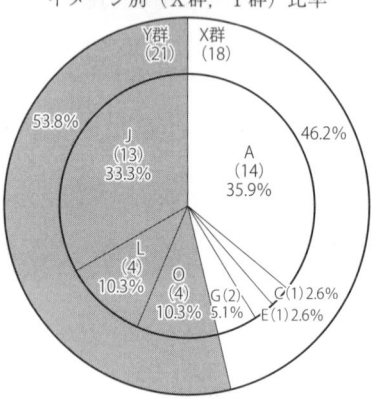

- Y群（21）53.8%
- X群（18）46.2%
- J（13）33.3%
- A（14）35.9%
- L（4）10.3%
- O（4）10.3%
- G（2）5.1%
- C（1）2.6%
- E（1）2.6%

ニュースソース別比率（39件）

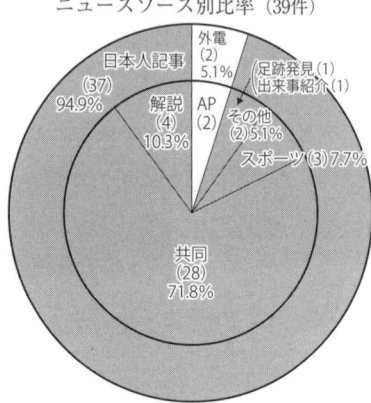

- 日本人記事（37）94.9%
- 外電（2）5.1%
- 解説（4）10.3%
- AP（2）5.1%
- その他（2）5.1%
- スポーツ（3）7.7%
- 共同（28）71.8%
- 足跡発見（1）
- 出来事紹介（1）

ニュースソース別，面積比率（1809.64cm²）

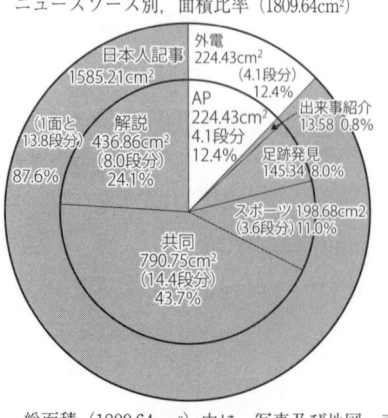

- 日本人記事　1585.21cm²（1面と13.8段分）87.6%
- 外電　224.43cm²（4.1段分）12.4%
- 解説　436.86cm²（8.0段分）24.1%
- AP　224.43cm²（4.1段分）12.4%
- 出来事紹介　13.58cm² 0.8%
- 足跡発見　145.34cm² 8.0%
- スポーツ　198.68cm²（3.6段分）11.0%
- 共同　790.75cm²（14.4段分）43.7%

アフリカ現地発記事（数）の比率とその発信源の内訳（全39件）

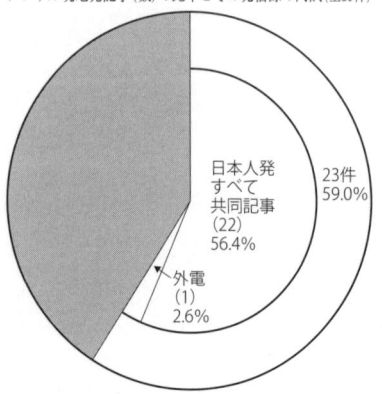

- 23件　59.0%
- 日本人発すべて共同記事（22）56.4%
- 外電（1）2.6%

総面積（1809.64cm²）中に，写真及び地図，表，グラフ等の占める割合（323.86cm² ⇒ 17.9%）

17.9%　　5.9段分

アフリカ発の記事数は 23 で全体の 59.0%。うち外電は，1，残り 22 は共同記事（一般報道 20，解説 2）である。

　写真は 10 枚【304.14】，うち顔写真は 2 枚【5.61】。地図は 8 枚【19.72】で，写真との合計面積は【323.86】。これは 5.9 段分であり，また総面積の 17.9% である。

(4) 12 月

　記事数 38。面積【2107.45】で，これは 2 面と 8.3 段分である。1 記事当たりの平均面積は【55.46】。

　A・A は 9【394.16】で，全体のそれぞれ 23.7%，18.7%。B・A は 29【1713.29】でそれぞれ 76.3%，81.3%。

　国別内訳は，A・A は，エジプト―8，アルジェリア―1。B・A は，**南アフリカ―12，ジンバブエ―4，ソマリア―2，ソマリア・ケニア―2，アフリカ全体―2，ケニア―1，ザンビア―1，セネガル―1，ルワンダ―1，ザイール―1，マダガスカル―1，中央アフリカ―1**。

　外電は，2【32.72】。内訳は，ロイター（共同）―1【20.74】，AP・DJ（共同）―1【11.98】。ロイターはケープタウン発で，「南アの心臓外科医，バーナード博士，心臓移植から 30 年，記念館を開館」であり，AP・DJ はカイロ発で，「エジプト，8 日から 3 カ月間ビザ無料にし，エジプト航空国内線半額とし，観光客誘致へ」との記事である。

　解説記事は，7【847.73】。うち 4 は「地球ウォッチング」欄の記事で，元青年海外協力隊員の書く紹介・解説である。これは新聞記者や学者の書くものとは違って生活感のある内容となっている。見出しだけを見てみると，①「地球ウォッチング：ジンバブエ発。食べ物――『サザ』と牛肉が中心」，②「ジンバブエ発。気質――時間に心に"ゆとり"」，③「ジンバブエ発。スポーツ――サッカー，群を抜く人気」，④「ジンバブエ発。楽しみ――おしゃれ競い合う」であり，それぞれの 1 記事当たりの面積は【142.30】。つまり 4 件で【569.20】（10.4 段分）である。

　残りの 3 は，1 つはヨハネスブルグ発の共同・磯谷特派員記事で，「南ア大

統領前夫人殺人疑惑公聴会終了，国民の不信感深まる」との見出しで書かれた解説【99.33】であり，2つ目はルクソール発の共同・松島特派員記事で，「特派員だより」としてエジプトの貧困層の不満がテロの背景にあると伝えている【43.18】。3つ目はカイロ発の共同・古池特派員記事で，やはりルクソールの観光客襲撃事件に関する解説で，イスラム団の分裂の深まりもその要因の1つであるとしている。彼等の組織が細分化して，取り締まりが困難になってきていることを伝えている【136.02】。

共同の記者記事は，解説の分以外として，21【811.53】ある（正確にはあと1記事ある。それは後述，「その他」の項の処で出て来る）。内訳は，ナイロビ発―6【143.81】，ヨハネスブルグ発―6【218.97】，カイロ発―4【159.54】，マフィケン発―2【108.54】，プレトリア発―1【96.29】，ルクソール発―1【70.09】，NY発―1【14.29】。

この月は，NY以外はすべてアフリカからの報道である。

ナイロビ発は，アフリカ全体の問題としてエイズの深刻化を取り上げるもの1件と，ケニア大統領選投票報道1件と，ケニア・ソマリア国境辺で発生している「なぞの伝染病」関連記事2と，そして，ルワンダ北西部のツチ族難民キャンプでのフツ族集団による虐殺報道2件，である。

ヨハネスブルグ発は，南ア関連5と，ザンビア関連が1である。前者は，マンデラ前夫人の少年殺害疑惑2と，大統領の交代1と，中国との国交樹立が2である。ザンビア関連は，前大統領の身柄拘束に米英が政府を非難という記事である。

カイロ発は，エジプト関連2（ルクソール事件関連と，ツタンカーメン乳母の墓発見）と，ソマリア1（内戦終結へ和平協定調印）と，アルジェリア1（上院議員選で大統領派が8割獲得）である。

マフィケン発は，2件ともANC新議長選出関連である。プレトリア発は，南アと中国との国交樹立関連，ルクソール発は観光客襲撃事件，NY発は，安保理がソマリア和平協議会での合意を歓迎，との記事である。

「その他」の記事は，8【415.47】。内訳は，支援・援助1【41.48】，人物紹介1（マフィケン発・共同・磯谷記事）【39.43】，音楽紹介1【57.40】，遺物発見1

第2節　1997年の報道　311

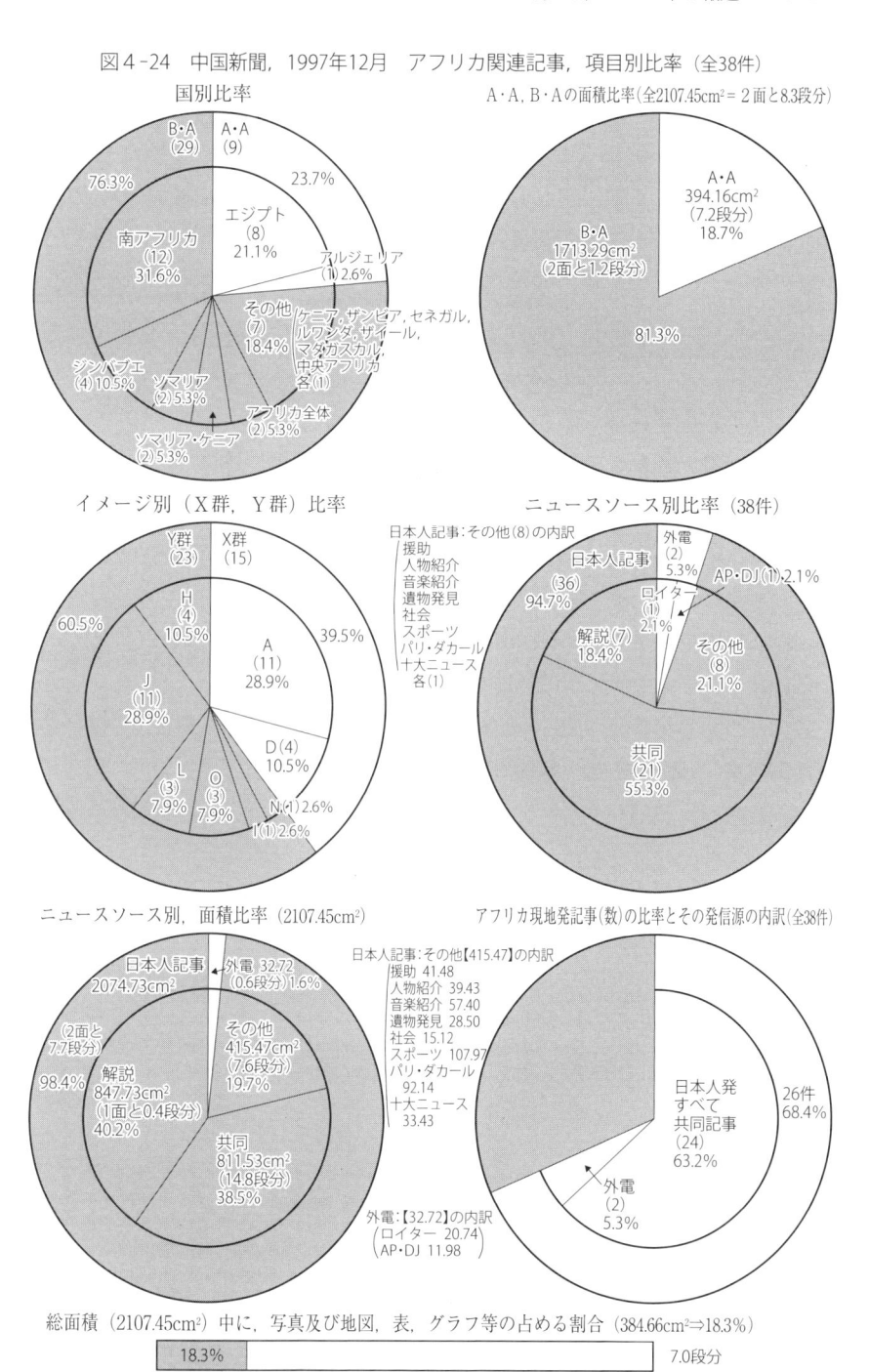

図4-24　中国新聞，1997年12月　アフリカ関連記事，項目別比率（全38件）

国別比率

- A・A (9) 23.7%
- B・A (29) 76.3%
- エジプト (8) 21.1%
- アルジェリア (1) 2.6%
- その他 (7) 18.4%（ケニア，ザンビア，セネガル，ルワンダ，ザイール，マダガスカル，中央アフリカ 各(1)）
- アフリカ全体 (2) 5.3%
- ソマリア・ケニア (2) 5.3%
- ソマリア (2) 5.3%
- ジンバブエ (4) 10.5%
- 南アフリカ (12) 31.6%

A・A，B・Aの面積比率（全2107.45cm² = 2面と8.3段分）

- A・A 394.16cm²（7.2段分）18.7%
- B・A 1713.29cm²（2面と1.2段分）81.3%

イメージ別（X群，Y群）比率

- X群 (15) 39.5%
- Y群 (23) 60.5%
- A (11) 28.9%
- D (4) 10.5%
- N (1) 2.6%
- I (1) 2.6%
- O (3) 7.9%
- L (3) 7.9%
- J (11) 28.9%
- H (4) 10.5%

ニュースソース別比率（38件）

- 日本人記事 (36) 94.7%
- 外電 (2) 5.3%
- AP・DJ (1) 2.1%
- ロイター (1) 2.1%
- その他 (8) 21.1%
- 解説 (7) 18.4%
- 共同 (21) 55.3%

日本人記事：その他(8)の内訳
援助
人物紹介
音楽紹介
遺物発見
社会
スポーツ
パリ・ダカール
十大ニュース
各(1)

ニュースソース別，面積比率（2107.45cm²）

- 日本人記事 2074.73cm²（2面と7.7段分）98.4%
- 外電 32.72（0.6段分）1.6%
- その他 415.47cm²（7.6段分）19.7%
- 解説 847.73cm²（1面と0.4段分）40.2%
- 共同 811.53cm²（14.8段分）38.5%

日本人記事：その他【415.47】の内訳
援助 41.48
人物紹介 39.43
音楽紹介 57.40
遺物発見 28.50
社会 15.12
スポーツ 107.97
パリ・ダカール 92.14
十大ニュース 33.43

外電：【32.72】の内訳
ロイター 20.74
AP・DJ 11.98

アフリカ現地発記事（数）の比率とその発信源の内訳（全38件）

- 日本人発すべて共同記事 (24) 63.2%
- 外電 (2) 5.3%
- 26件 68.4%

総面積（2107.45cm²）中に，写真及び地図，表，グラフ等の占める割合（384.66cm² ⇒ 18.3%）

18.3%　　　　　　　　　　　　　　　　　　　　7.0段分

【28.50】，社会（「バック・トゥ・Today」欄）1【15.12】，スポーツ1【107.97】，パリ・ダカール・ラリー1【92.14】，十大ニュース1【33.43】。

内容区分は，X群15で全体の39.5%，Y群23で60.5%。内訳は，X群，A—11，D—4。Y群，H—4，I—1，J—11，L—3，N—1，O—3。

Ⓐは，南ア，マンデラ前夫人の疑惑事件，ルクソール・テロ事件，ルワンダ難民キャンプでの虐殺，等々である。Ⓓは，エイズの深刻化，ケニア・ソマリア国境で伝染病関連である。

Y群では，Ⓙは，ANCの新議長選出，ソマリアにおける和平協定調印，アルジェリア上院議員選，南アと中国の国交樹立等である。Ⓗは「地球ウォッチング」欄の，ジンバブエ発4件の国情及び生活・習慣紹介記事。Ⓘは ANC 新議長となったムベキ氏の人物紹介。Ⓛは，福岡国際マラソンに優勝した，南ア・チュグワネ選手関連，パリ・ダカ関連の2件と，マダガスカルの伝統音楽紹介記事。Ⓝは，中国外相の南ア到着記事。Ⓞは，エジプト，ツタンカーメンの乳母の墓発見関連2と，南アの心臓移植から30年記事である。

この月にもポジティブな記事はない。

アフリカ発の記事数は26で全体の68.4%に当たる。うち外電は2，残り24が共同記事（一般報道20，解説3，人物紹介1）である。

写真は23枚【384.66】，うち顔写真は8枚【17.46】。この月には，地図等はない。写真の面積量は全体の18.3%で，7.0段分に当たる。

第3節　1980年，及び1997年の3紙の比較分析

[1] 1980年

　朝日新聞のこの年の4カ月の総記事数は259で，総面積は【15219.61】。1記事あたりの平均面積は【58.76】，面数換算では18面と6.8段分である。比率値で1年に単純に換算する（3倍する）と，55面と5.4段分となる。

　A・Aの記事数は113【4660.08】，これは全体のそれぞれ43.6%，30.6%。1記事の平均面積は【41.23】で，面積量の面数換算は5面と9.8段分。

　B・Aは146【10559.53】で，それぞれ全体の56.4%，69.4%。1記事の平均面積は【72.33】，面積換算は12面と12.1段分。

　A・Aの国別内訳は，**エジプト**が71と最も多く，A・Aの62.8%を占める。以下，**リビア**―24，**アルジェリア**―11，**チュニジア**―3，**モロッコ**―2，**モーリタニア**，**北アフリカ**―各1，となっている。

　B・Aの国別内訳では，この年独立した**ローデシア（ジンバブエ）**関連が20と最も多く，次いで連載企画記事のあった1月のみに出てくる**西アフリカ**が18となっている。そのほかに10記事を越えて登場した国は，**タンザニア**の15と，**ケニア**の12，の2国だけとなっている。以下，比較的多いのは，**南アフリカ**―9，**エチオピア**―8，**ナイジェリア**，**チャド**，**ウガンダ**の各7，である。

　そのあとに続く国々は，**リベリア**，**ザンビア・ジンバブエ**―各5，**アフリカ全体**―3，**ザイール**，**ソマリア**，**中央アフリカ**，**モザンビーク**，**ザンビア**，**ケ**

表4-1　1980年，朝日新聞のアフリカ関連記事，総記事数・総面積量，及びA・A／B・Aの区分け表

月	朝日新聞（1980年）		A・A			B・A		
	記事数	面積(cm²)	記事数	面積 (cm²)	面積の比率・%	記事数	面積 (cm²)	面積の比率・%
1	75	5680.60	28	828.59	14.6	47	4852.01	85.4
4	63	3711.44	23	1127.33	30.4	40	2584.11	69.6
8	65	3010.35	35	1241.54	41.2	30	1768.81	58.8
12	56	2817.22	27	1462.62	51.9	29	1354.60	48.1
計	259	15219.61	113	4660.08	30.6	146	10559.53	69.4
1記事平均面積	58.76cm²	面数換算 18面と6.8段分	記事数の比率 43.6%	1記事平均41.24 換算5面と9.8段分		記事数の比率 56.4%	1記事平均72.33 換算12面と12.1段分	

ニア・タンザニア，タンザニア・ザンビア，アフリカ5カ国，OAU—各2，トーゴ，スーダン，ナミビア，アンゴラ，エリトリア，ケニア・ウガンダ，アンゴラ・エチオピア，ケニア・ウガンダ・タンザニア・スーダン，東アフリカ，東・中央部アフリカ，南部アフリカ9カ国，アフリカ沖—各1，の33の国と地域である。

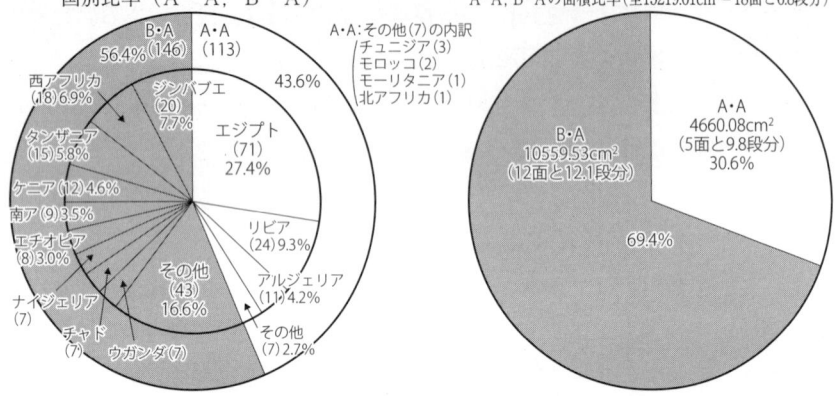

図4-25 朝日新聞，1980年（1月，4月，8月，12月，4カ月間）アフリカ関連記事，総記事の国別比率（全259記事）
国別比率（A・A，B・A） A・A, B・Aの面積比率（全15219.61cm² = 18面と6.8段分）

B・A(146) 56.4%
A・A(113) 43.6%
A・A：その他(7)の内訳
チュニジア(3)
モロッコ(2)
モーリタニア(1)
北アフリカ(1)

西アフリカ(18) 6.9%
タンザニア(15) 5.8%
ケニア(12) 4.6%
南ア(9) 3.5%
エチオピア(8) 3.0%
ナイジェリア(7)
チャド(7)
ウガンダ(7)
ジンバブエ(20) 7.7%
エジプト(71) 27.4%
リビア(24) 9.3%
アルジェリア(11) 4.2%
その他(43) 16.6%
その他(7) 2.7%

A・A 4660.08cm²（5面と9.8段分）30.6%
B・A 10559.53cm²（12面と12.1段分）69.4%

　ここまでを中日新聞，中国新聞でみると，中日は，記事数162【6975.01】，中国は，183【7159.75】と，朝日よりどちらも少ないが，2紙の間では中国の方が多い数値となっている。1記事の平均面積は中日が【43.06】，中国が【39.12】と，ここでは中日の方が勝る数値となっている。面積を面数換算にすると，中日は8面と6.9段分，中国は8面と10.2段分である。

　中日のA・Aの総記事数は95で，総面積は【4235.74】（5面と2.0段分）。これは全体のそれぞれ58.6％，60.7％。中国のA・Aの総記事数は107，総面積は【4825.43】（5面と12.8段分）で，全体のそれぞれ58.5％，67.4％と，2紙ともA・Aの方が数，面積とも多い。このことは朝日とはっきり異なることである。朝日の場合はB・Aの方がそれぞれ56.4％，69.4％と全体に占める割合は高かった。

　国別内訳では，A・Aにおいては中日，中国とも朝日と同じ傾向を示す。すなわち最も多いのはエジプトで，次いでリビア，アルジェリアと3番目まで同じ国が並ぶ。以下は2紙とも少数の記事量で残りの国々が並ぶ。中日は，モ

ロッコ，モーリタニア，北アフリカが各1ずつ。中国は，西サハラ―3，チュニジア―2，モーリタニア―1，である。

中日のB・A（総記事数＝67，総面積＝【2739.27】）の国別内訳は，ローデシア（ジンバブエ）―13，ケニア―9，リベリア―7，ナイジェリア，タンザニア，ウガンダ，南アフリカ―各4，ザイール―3，ザンビア，ソマリア・エチオピア，アフリカ全体，OAU―各2，ガーナ，エチオピア，スーダン，ガボン，ボツワナ，ソマリア，セネガル，中央アフリカ，チャド，ナミビア，南部アフリカ9カ国―各1，の以上の23の国と地域である。

中国のB・A（総記事数＝76，総面積＝【2334.32】）の国別内訳は，ローデシア（ジンバブエ）―18，南アフリカ―9，リベリア―8，チャド―7，エチオピア，ケニア，ウガンダ，ソマリア―各4，南部アフリカ9カ国―3，ナイジェリア，セネガル，タンザニア，ザンビア―各2，ギニア，中央アフリカ，ナミビア，東アフリカ3カ国，アフリカ全体，サバンナ，OAU―各1，の以上の20の国と地域である。

表4-2 1980年，中日新聞のアフリカ関連記事，総記事数・総面積量，及びA・A／B・Aの区分け表

	中日新聞（1980年）		A・A			B・A		
月	記事数	面積（cm²）	記事数	面積（cm²）	面積の比率・%	記事数	面積（cm²）	面積の比率・%
1	32	873.76	20	596.02	68.2	12	277.74	31.8
4	53	1563.70	23	587.09	37.5	30	976.61	62.5
8	44	3452.58	31	2374.98	68.8	13	1077.60	31.2
12	33	1084.97	21	677.65	62.5	12	407.32	37.5
計	162	6975.01	95	4235.74	60.7	67	2739.27	39.3
1記事平均面積	43.06cm²	面数換算 8面と6.9段分	記事数の比率 58.6%	1記事平均44.59 換算5面と20段分		記事数の比率 41.4%	1記事平均40.88 換算3面と4.9段分	

表4-3 1980年，中国新聞のアフリカ関連記事，総記事数・総面積量，及びA・A／B・Aの区分け表

	中国新聞（1980年）		A・A			B・A		
月	記事数	面積（cm²）	記事数	面積（cm²）	面積の比率・%	記事数	面積（cm²）	面積の比率・%
1	26	1332.22	14	743.55	55.8	12	588.67	44.2
4	56	1610.62	24	883.94	54.9	32	726.68	45.1
8	65	3122.06	46	2543.45	81.5	19	578.61	18.5
12	36	1094.85	23	654.49	59.8	13	440.36	40.2
計	183	7159.75	107	4825.43	67.4	76	2334.32	32.6
1記事平均面積	39.12cm²	面数換算 8面と10.2段分	記事数の比率 58.5%	1記事平均45.10 換算5面と12.8段分		記事数の比率 41.5%	1記事平均30.71 換算2面と12.5段分	

図4-26 中日新聞，1980年（1月，4月，8月，12月，4ヵ月間）アフリカ関連記事，総記事の国別比率（全162記事）
国別比率（A・A，B・A）　　　　　　　A・A，B・Aの面積比率（全6975.01cm² = 8面と6.9段分）

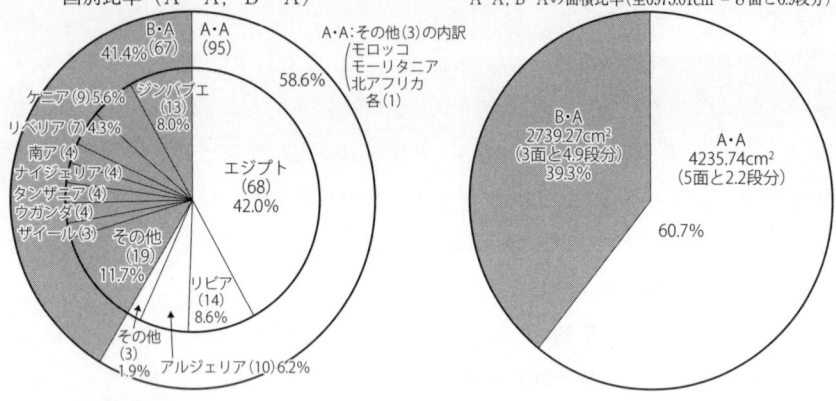

B・A 41.4%（67）　A・A（95）58.6%
A・A：その他(3)の内訳　モロッコ／モーリタニア／北アフリカ　各(1)
ケニア(9)5.6%　ジンバブエ(13)8.0%
リベリア(7)4.3%
南ア(4)
ナイジェリア(4)
タンザニア(4)
ウガンダ(4)
ザイール(3)
その他(19)11.7%
エジプト(68)42.0%
その他(3)1.9%
アルジェリア(10)6.2%
リビア(14)8.6%

B・A 2739.27cm²（3面と4.9段分）39.3%
A・A 4235.74cm²（5面と2.2段分）60.7%

図4-27 中国新聞，1980年（1月，4月，8月，12月，4ヵ月間）アフリカ関連記事，総記事の国別比率（全183記事）
国別比率（A・A，B・A）　　　　　　　A・A，B・Aの面積比率（全7159.75cm² = 8面と10.2段分）

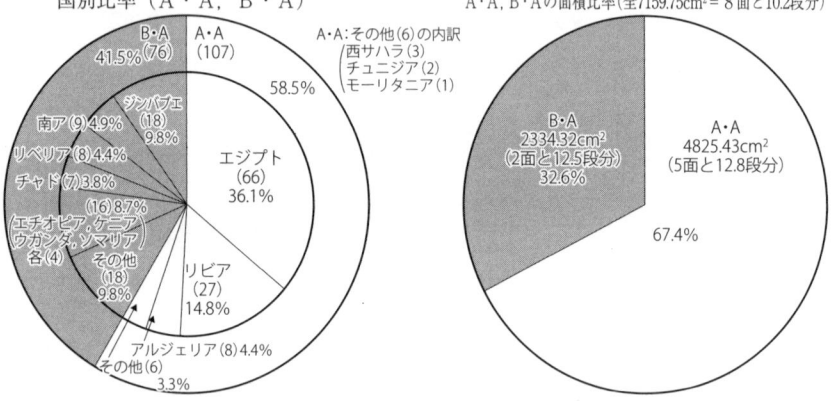

B・A 41.5%（76）　A・A（107）58.5%
A・A：その他(6)の内訳　西サハラ(3)／チュニジア(2)／モーリタニア(1)
ジンバブエ(18)9.8%
南ア(9)4.9%
リベリア(8)4.4%
チャド(7)3.8%
エチオピア，ケニア，ウガンダ，ソマリア 各(4)(16)8.7%
その他(18)9.8%
エジプト(66)36.1%
リビア(27)14.8%
アルジェリア(8)4.4%
その他(6)3.3%

B・A 2334.32cm²（2面と12.5段分）32.6%
A・A 4825.43cm²（5面と12.8段分）67.4%

次に自社特派員記事を見てみる。

朝日は83【3173.64】（3面と12.7段分），中日は24【1114.58】（1面と5.3段分），中国は3【62.68】（1.1段分）。ここでは地方紙の少なさが目立つ。つまりアフリカへ自らの記者を送ることは1980年においても極めて稀であることが分かる。

中日は1ヵ月平均にすると6記事あり，年間を通してみると70は越えるものと推察され，1960年時に比べるとはるかに多くの記事を送っていることが予測される。

朝日はさらに多く，月平均で20を越え，年間にすると250前後になるもの

と予想される。面積量においても9500cm^{2}を越えると考えられ，これは11面と7.8段分に当たる。

解説，及び連載・企画等記事は，朝日が61で【8708.30】（10面と8.4段分），中日は24で【3337.17】（4面と0.7段分），中国は20の【2407.66】（2面と13.8段分）と，やはり朝日が他2紙の2倍，あるいは3倍以上の記事数，面積量となっている。

社説にはしかし，この4カ月においては朝日，中日には1件もないが，中国においては1回掲載されている。エジプト関連で，パレスチナ問題について語るものである。

共同の記者記事（時事通信を含む）は，朝日が35【804.59】（14.7段分），中日はそれより数，面積量とも多い42【825.92】（約1面分）である。だが中国はそれよりさらに多い68【2432.26】（2面と14.2段分）であり，この数値は記事数で朝日のほぼ2倍，面積では3倍強になっている。自社特派員記事の少ないことを念頭に置けばこのことは，のちに述べる外電の数値とともに容易に推察できることである。

「その他」の記事は，朝日は22【1622.17】（1面と14.5段分），中日11【635.18】（11.6段分），中国12【765.43】（13.9段分）と，ここでは朝日が多くなっている。

写真は，記事数，面積量の数値に比例して，その多さは朝日＞中国＞中日の

表4-4　1980年，朝日新聞のアフリカ関連記事，自社特派員記事，解説記事等，及び写真・地図等の数量，面積量の表

朝日新聞 1980年	①自社特派員記事		②社説 ③解説報告等	共同・時事通信 その他	写真 （顔写真）		地図 似顔絵，表，グラフ	
月	数	面積(cm^2)	数／面積(cm^2)	数／面積(cm^2)	数	面積(cm^2)	数	面積(cm^2)
1	17	696.17		10/ 247.82	19	733.51	7	76.27
			27/3688.68	6/ 884.91	(2)	(7.59)	18	245.19
4	27	1039.60		8/ 137.33	20	828.93	13	148.18
			12/2216.56	3/ 113.36	(2)	(6.90)		
8	19	767.40		8/ 240.34	14	426.76	5	75.70
			14/1501.32	2/ 59.96	(1)	(3.45)	1	18.36
12	20	670.47		9/ 179.10	22	578.75	2	15.90
			8/1301.74	11/ 563.94	(7)	(25.89)	2	32.06
計	83	3173.64		35/ 804.59	75	2567.95	27	316.05
			61/8708.30	22/1622.17	(12)	(43.83)	22	295.61
1記事平均面積，38.24。①②③の合計面積は11881.94で14面と6.5段分。総面積に対する比率は78.1％である。					写真，地図，似顔絵，等3点の合計面積は3179.61でこれは面数換算，3面と12.8段分。			

318　第4章　1980年（昭和55年），及び1997年（平成9年）のアフリカ報道

表4-5　1980年，中日新聞のアフリカ関連記事，自社特派員記事・解説記事等，及び写真・地図等の数量，面積量の表

中日新聞 1980年 月	①自社特派員記事		②社説 ③解説報告等 数／面積(cm²)	共同・時事通信 その他 数／面積(cm²)	写真 （顔写真） 数	面積(cm²)	地図 似顔絵，表，グラフ 数	面積(cm²)
	数	面積(cm²)						
1	6	169.26		8/107.42	7	104.10	3	13.63
			2/ 185.17	3/203.86	(2)	(6.41)		
4	5	261.83		14/334.10	9	178.21	7	30.14
			6/ 562.01	2/ 53.16	(2)	(7.53)		
8	5	393.12		11/199.01	22	598.91	7	46.47
			13/2268.76	2/234.63	(5)	(18.61)		
12	8	290.37		9/185.39	7	117.70	2	10.42
			3/ 321.23	4/143.53	(3)	(10.43)		
計	24	1114.58		42/825.92	45	998.92	19	100.66
			24/3337.17	11/635.18	(12)	(42.98)		

1記事平均面積，44.58。①②③の合計面積は4451.75で5面と6.1段分。総面積に対する比率は63.8％である。
写真，地図，似顔絵，等3点の合計面積は1099.58でこれは面数換算，1面と5.0段分。

表4-6　1980年，中国新聞のアフリカ関連記事，自社特派員記事・解説記事等，及び写真・地図等の数量，面積量の表

中国新聞 1980年 月	①自社特派員記事		②社説 ③解説報告等 数／面積(cm²)	共同・時事通信 その他 数／面積(cm²)	写真 （顔写真） 数	面積(cm²)	地図 似顔絵，表，グラフ 数	面積(cm²)
	数	面積(cm²)						
1	1	19.56		9/ 327.32	11	297.03	2	11.87
			4/ 615.08	2/ 107.33	(2)	(6.73)		
4	2	43.12	1/ 129.95	12/ 341.33	14	324.83	5	13.31
			5/ 363.36	5/ 274.64	(3)	(10.27)		
8				29/1303.74	15	429.77	2	9.51
			10/1373.29	2/ 131.59	(3)	(8.26)		
12				18/ 459.87	7	119.16		
			1/ 55.93	3/ 251.87	(3)	(10.75)		
計	3	62.68	1/ 129.95	68/2432.26	47	1170.79	9	34.69
			20/2407.66	12/ 765.43	(11)	(36.01)		

1記事平均面積，20.89。①②③の合計面積は2600.29で3面と2.4段分。総面積に対する比率は36.3％である。
写真，地図，似顔絵，等3点の合計面積は1205.48でこれは面数換算，1面と6.9段分。

順になっている。朝日は75枚【2567.95】（3面と1.7段分），中国は47枚【1170.79】（1面と6.3段分），中日は45枚【998.92】（1面と3.2段分）である。これに地図等を加えた面積量は，朝日が【3197.61】となり面数換算にすると，3面と12.8段分となる。中国は【1205.48】で，1面と6.9段分，中日は【1099.58】で1面と5.0段分になる。また総面積に占める写真等の割合も，朝日が20.9％であり，中国は16.8％，中日は15.8％と，記事数の多少の順序と同じになっている。

　写真の数量においては差があるのにも拘らず，それに含まれる顔写真の量に差異がない（朝日─12，中日─12，中国─11）のは，それだけ朝日には顔写

第3節　1980年，及び1997年の3紙の比較分析　319

図4-28　1980年　朝日新聞，総記事（259件）における外国通信社発記事以外の自社記事（①特派員，②社説，③解説報告等），及び共同通信（含む時事通信5件）発，その他（経済等）記事の占める比率
外円：ニュースソース別，件数比率
内円：自社等記事数201件の内訳

外円：総面積（15219.61cm²）に対する外電の面積比率＝6.0%
内円：自社等記事（①②③と共同）の面積（14308.70cm²）比率＝94.0%

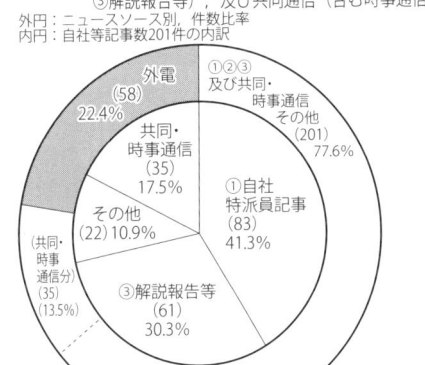

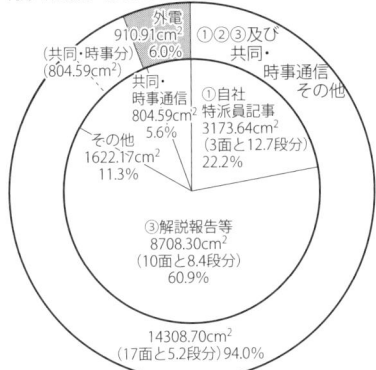

外電 (58) 22.4%
①②③及び共同・時事通信 その他 (201) 77.6%
共同・時事通信 (35) 17.5%
その他 (22) 10.9%
（共同・時事通信分）(35)(13.5%)
③解説報告等 (61) 30.3%
①自社特派員記事 (83) 41.3%

外電 910.91cm² (1面と1.6段分) 6.0%
①②③及び共同・時事通信 その他 804.59cm² 5.6%
その他 1622.17cm² 11.3%
①自社特派員記事 3173.64cm² (3面と12.7段分) 22.2%
③解説報告等 8708.30cm² (10面と8.4段分) 60.9%
14308.70cm² (17面と5.2段分) 94.0%

図4-29　1980年　朝日新聞，総面積に占める写真，地図等（3179.61cm²）の割合
外円：写真，地図，似顔絵の総面積中に占める割合（20.9%）
内円：写真，顔写真と地図，似顔絵等の割合

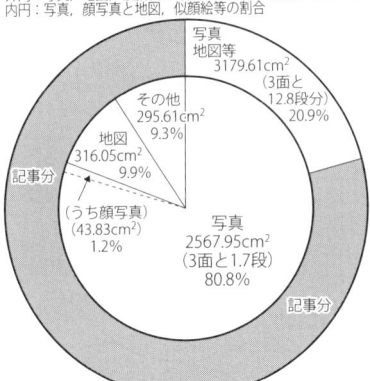

写真地図等 3179.61cm² (3面と12.8段分) 20.9%
その他 295.61cm² 9.3%
地図 316.05cm² 9.9%
記事分
（うち顔写真）(43.83cm²) 1.2%
写真 2567.95cm² (3面と1.7段) 80.8%
記事分

真以外のものが，他2紙との差の分だけ，多く掲載されていたことを意味する。朝日に限って言えば，記事においてその2割が写真等であったことは，アフリカに取り立てて興味のない読者層にも視覚にアプローチする，という効果はあったものと推察される。

外電では，朝日は58【910.91】（1面と1.6段分）で，1記事平均面積は

図4-30　1980年　中日新聞，総記事（162件）における外国通信社発記事以外の自社記事（①特派員，②社説，③解説報告等），及び共同通信（含む時事通信5件）発，その他（経済等）記事の占める比率
外円：ニュースソース別，件数比率
内円：自社等記事数101件の内訳

外円：総面積（6975.01cm²）に対する外電の面積比率＝15.2%
内円：自社等記事（①②③と共同）の面積（5912.85cm²）比率＝84.8%

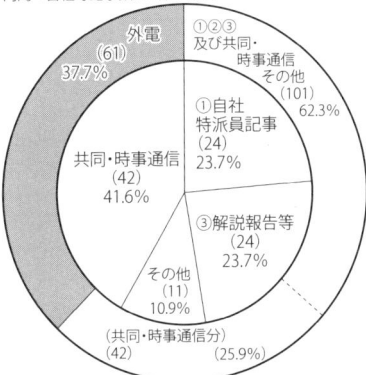

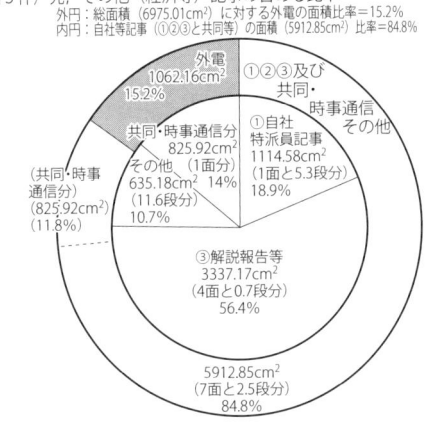

外電 (61) 37.7%
①②③及び共同 その他 (101) 62.3%
共同・時事通信 (42) 41.6%
①自社特派員記事 (24) 23.7%
③解説報告等 (24) 23.7%
その他 (11) 10.9%
（共同・時事通信分）(42)(25.9%)

外電 1062.16cm² 15.2%
①②③及び共同・時事通信 その他 825.92cm² (1面分) 14%
①自社特派員記事 1114.58cm² (1面と5.3段分) 18.9%
その他 635.18cm² (11.6段分) 10.7%
（共同・時事通信分）(825.92cm²) (11.8%)
③解説報告等 3337.17cm² (4面と0.7段分) 56.4%
5912.85cm² (7面と2.5段分) 84.8%

320　第4章　1980年（昭和55年），及び1997年（平成9年）のアフリカ報道

図4-31　1980年　中日新聞，総面積に占める写真，地図等（1099.58cm²）の割合
外円：写真，地図，似顔絵の総面積中に占める割合（15.8%）
内円：写真，顔写真と地図，似顔絵等の割合

- 写真地図等　1099.58cm²（1面と5.0段分）15.8%
- 地図　100.66cm²　9.2%
- （うち顔写真）（42.98cm²）3.9%
- 写真　998.92cm²（1面と3.2段分）90.8%
- 記事分

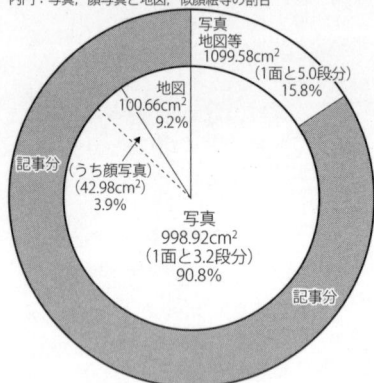

図4-32　1980年　中国新聞，総面積に占める写真，地図等（1205.48cm²）の割合
外円：写真，地図，似顔絵の総面積中に占める割合（16.8%）
内円：写真，顔写真と地図，似顔絵等の割合

- 写真地図等　1205.48cm²（1面と6.9段分）16.8%
- 地図　34.69cm²　2.9%
- （うち顔写真）（36.01cm²）3.0%
- 写真　1170.79cm²（1面と6.3段分）97.1%
- 記事分

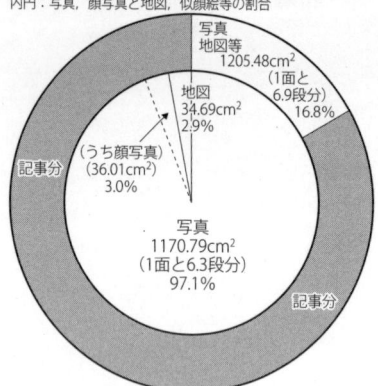

図4-33　1980年　中国新聞，総記事（183件）における外国通信社発記事以外の自社記事（①特派員，②社説，③解説報告等），及び共同通信発，その他（経済等）記事の占める比率
外円：ニュースソース別，件数比率
内円：自社等記事数104件の内訳
外円：総面積（7159.75cm²）に対する外電の面積比率＝19.0%
内円：自社等記事（①②③と共同等）の面積（5797.98cm²）比率＝81.0%

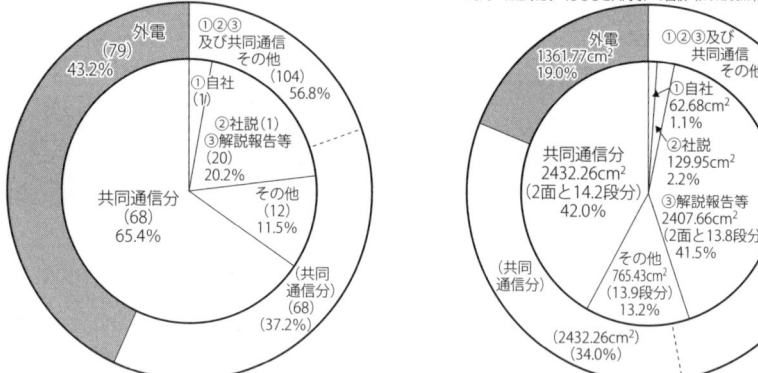

- 外電（79）43.2%
- ①②③及び共同通信その他（104）56.8%
- ①自社（1）
- ②社説（1）
- ③解説報告等（20）20.2%
- その他（12）11.5%
- 共同通信分（68）65.4%
- （共同通信分）（68）（37.2%）

- 外電　1361.77cm²　19.0%
- ①②③及び共同通信その他　5797.98cm²（7面と0.5段分）81.0%
- ①自社　62.68cm²　1.1%
- ②社説　129.95cm²　2.2%
- ③解説報告等　2407.66cm²（2面と13.8段分）41.5%
- その他　765.43cm²（13.9段分）13.2%
- 共同通信分　2432.26cm²（2面と14.2段分）42.0%
- （共同通信分）（2432.26cm²）（34.0%）

【15.71】，中日は61【1062.16】（1面と4.3段分）で，平均面積は【17.70】，中国は79【1361.77】（1面と9.8段分）で，同【17.24】である。数，面積とも通常とは逆の，中国＞中日＞朝日の順になっている。自社特派員記事が少ない分，この数値は予想されるものだ。

　記事数を発信通信社別でみると，3紙ともロイター電が多く，次いでAPであることも変わりない。そのあとは3紙ともそれぞれ異なっている。中国ではUPIで，この3社で数，面積とも9割近くになる。AFP電は1件もない。

　中日は3番目にAFPが来て，そしてUPIとなる。朝日は逆にUPI→AFP

第3節 1980年，及び1997年の3紙の比較分析　321

表4-7　1980年，朝日新聞，外国通信社記事の表

朝日新聞1980年 外国通信社		ロイター		AP		AFP 時事		UPI 共同		AP・DJ 共同		ルモンド紙 特約		朝鮮 通信		UPIサン (写真)		タス 共同		新華社 共同	
記事数	面積 (cm²)	数	cm²	数	cm²	数	cm²	数	cm²	数	cm²	数	cm²	数	cm²	数	cm²	数	cm²	数	cm²
総記事数 比(%)	総面積量 比(%)																				
1月 15 (20.0)	163.02 (2.9)	5	69.88	3	23.69	1	7.82	4	43.94	2	17.69										
4月 13 (20.6)	204.59 (5.5)	4	43.36	2	18.63	2	80.44	1	14.49	2	14.72					1	4.60	1	28.35		
8月 22 (33.8)	441.33 (14.7)	6	79.62	4	70.13	4	60.16	4	51.84	2	23.69	1	131.14			1	24.75				
12月 8 (14.3)	101.97 (3.6)	2	35.81	4	48.91	1	7.82	1	9.43												
合計 58 (22.4)	910.91 (6.0)	17	228.67	13	161.36	8	156.24	10	119.70	6	56.10	1	131.14			1	4.60	2	53.10		

表4-8　1980年，中日新聞，外国通信社記事の表

中日新聞1980年 外国通信社		ロイター		AP		AFP		UPI 共同		RP		AP・DJ 共同		ニューズ・ウイーク誌		UPIサン (写真)		DPA		中国 通信	
記事数	面積 (cm²)	数	cm²	数	cm²	数	cm²	数	cm²	数	cm²	数	cm²	数	cm²	数	cm²	数	cm²	数	cm²
総記事数 比(%)	総面積量 比(%)																				
1月 13 (40.6)	208.05 (23.8)	7	64.49	1	11.38			3	103.94			1	6.57			1	21.67				
4月 26 (49.1)	352.60 (22.5)	6	92.61	9	100.18	4	45.48	2	25.16	2	17.47	1	11.38			1	55.03			1	5.29
8月 13 (29.5)	357.06 (10.3)	3	29.98	4	58.46	2	38.88	3	27.41					1	202.33						
12月 9 (27.3)	144.45 (13.3)	3	71.17			4	38.78	1	15.07									1	19.43		
合計 61 (37.0)	1062.16 (15.2)	19	258.25	14	170.02	10	123.14	9	171.58	2	17.47	2	17.95	1	202.33	2	76.70	1	19.43	1	5.29

表4-9　1980年，中国新聞，外国通信社記事の表

中国新聞1980年 外国通信社		ロイター		AP 共同		AFP		UPI 共同		RP		AP・DJ 共同		新亜		UPIサン (写真)		タス 共同		新華社 共同	
記事数	面積 (cm²)	数	cm²	数	cm²	数	cm²	数	cm²	数	cm²	数	cm²	数	cm²	数	cm²	数	cm²	数	cm²
総記事数 比(%)	総面積量 比(%)																				
1月 10 (38.5)	262.93 (19.7)	3	49.28	2	95.23			4	103.83			1	14.59								
4月 31 (55.4)	458.22 (28.4)	7	82.76	13	154.40			5	68.04	1	7.05	1	42.53	1	8.02	3	95.42				
8月 24 (36.9)	313.44 (10.0)	14	165.19	7	107.76			2	16.03							1	24.46				
12月 14 (38.9)	327.18 (29.9)	6	81.06	3	185.21			4	48.73			1	12.18								
合計 79 (43.2)	1361.77 (19.0)	30	378.29	25	542.60			15	236.63	1	7.05	3	69.30	1	8.02	4	119.88				

図4-34 1980年 朝日新聞, 外電を含む
　　　 ニュースソース別, 件数比率 (259件)

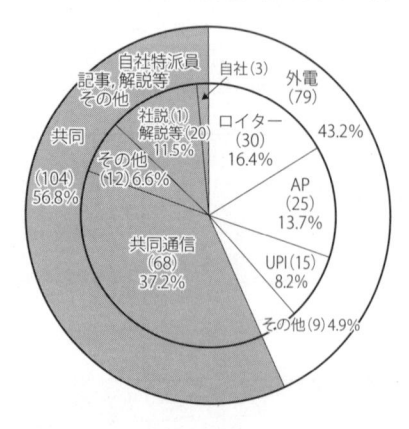

図4-35 1980年 朝日新聞, 外電のうち主要4社
　　　 (ロイター, AP, AFP, UPI) が占める面積, 及び件数比率
外円：外電総面積　910.91cm² (1面と1.6段分)
内円：総件数　58件

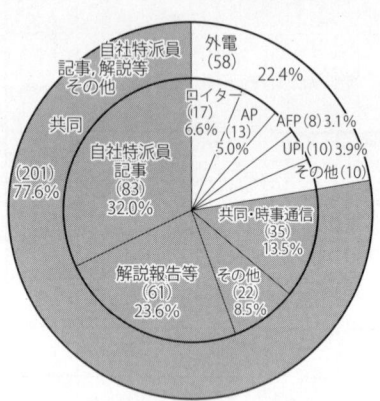

図4-36 1980年 中日新聞, 外電を含む
　　　 ニュースソース別, 件数比率 (162件)

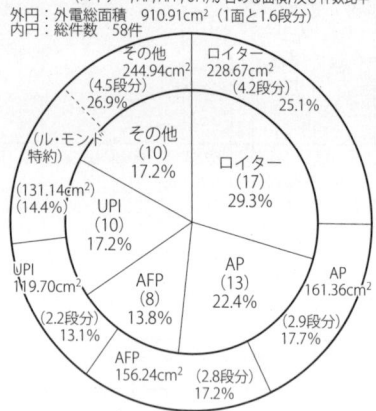

図4-37 1980年 中日新聞, 外電のうち主要4社
　　　 (ロイター, AP, AFP, UPI) が占める面積, 及び件数比率
外円：外電総面積　1062.16cm² (1面と4.3段分)
内円：総件数　61件

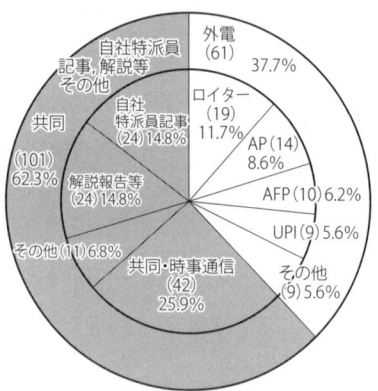

図4-38 1980年 中国新聞, 外電を含む
　　　 ニュースソース別, 件数比率 (183件)

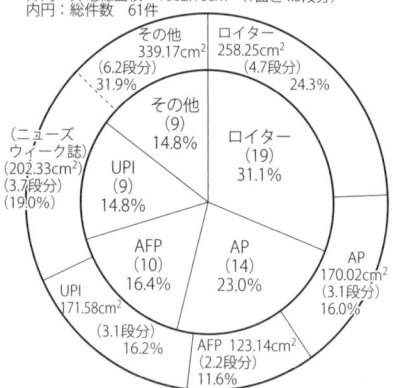

図4-39 1980年 中国新聞, 外電のうち主要4社
　　　 (ロイター, AP, AFP, UPI) が占める面積, 及び件数比率
外円：外電総面積　1361.77cm² (1面と9.8段分)
内円：総件数　79件

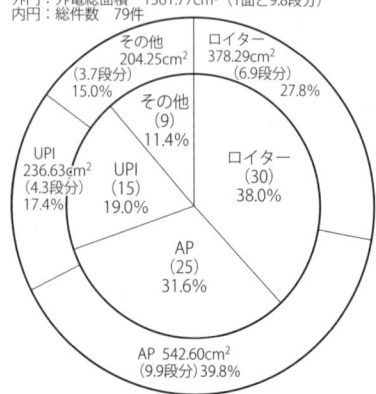

の順である。

　これら主要4社以外では，各紙まちまちの通信社等から記事の提供を受けている。写真のみの「UPIサン」からは3紙とも提供を受けている。他には，RP，新華社，AP・DJなどがある。

　内容区分では，朝日はX群124（47.9％），Y群135（52.1％）とY群の方が多いが，ほぼ両群の比率は均衡している。しかし中日になると，X群47（29.0％），Y群115（71.0％）と，はっきりとY群の方がX群を凌駕している（7割を越えている）。中国でも，X群70（38.3％），Y群113（61.7％）と，Y群の方が6割強を占めて多い。この年のサンプルとした4カ月においては1960年と比べると，大きな，というか日本にまで伝えられるほどのインパクトのあるニュース等はなかったことによる。

　Y群で3紙とも最も多いのはJ項で，これは内容としては，政治，外交交渉，あるいは会議・会談等の多かったことによる。X群では3紙ともA項が多いが，これは南アでの暴動が，またチャド内戦などがあった為である。

表4-10　1980年，朝日新聞，X群・Y群の表

1980年朝日		X群								Y群							
	X+Y	A	B	C	D	E	F	G	計/%	H	I	J	K	L	M	N	O	計/%
1月	75	19		1			1	6	27/36.0	23		11	6				8	48/64.0
4月	63	23	1	8		2		1	35/55.6	2	1	13	5	1	1	3	2	28/44.4
8月	65	26			1	1		5	34/52.3	3	3	14	3	1	1	2	4	31/47.7
12月	56	19	1					8	28/50.0	4	4	6	4		7		3	28/50.0
計	259	87	3	9	1	3	1	20	124/47.9	32	8	44	18	2	9	5	17	135/52.1
%		33.6						7.7		12.4		17.0	6.9				6.6	

表4-11　1980年，中日新聞，X群・Y群の表

1980年中日		X群								Y群							
	X+Y	A	B	C	D	E	F	G	計/%	H	I	J	K	L	M	N	O	計/%
1月	32	6		1	1			1	9/28.1	1	1	12	2	1	1	1	4	23/71.9
4月	53	6		11		2	1	3	23/43.4	1	1	19	3	1		3	2	30/56.6
8月	44	8						2	10/22.7	12	1	15		1		2	3	34/77.3
12月	33	4			1				5/15.2	1		14	1	1	5	5	1	28/84.8
計	162	24		12	2	2	1	6	47/29.0	15	3	60	6	4	6	11	10	115/71.0
%		14.8		7.4						9.3		37.0				6.8	6.2	

324　第4章　1980年（昭和55年），及び1997年（平成9年）のアフリカ報道

表4-12　1980年，中国新聞，X群・Y群の表

1980年中国	X+Y	X群							計/%	Y群							計/%
		A	B	C	D	E	F	G		H	I	J	K	L	M	N	O	
1月	26	3		1				1	5/19.2	3	3	8	1	2			4	21/80.8
4月	56	10		9		4	1	2	26/46.4		3	18	1	2	1	3	2	30/53.6
8月	65	31				1		1	33/50.8	8	1	19		2			2	32/49.2
12月	36	5						1	6/16.7	1	2	18	1		5	2	1	30/83.3
計	183	49		10		5	2	4	70/38.3	12	9	63	3	6	6	5	9	113/61.7
%		26.8		5.5						6.6		34.4						

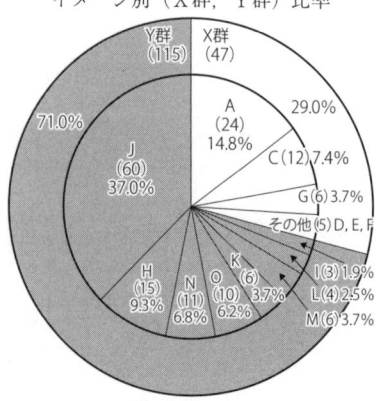

図4-40　1980年　朝日新聞，イメージの内容別比率

イメージ「X群」(A～G)の内容別比率(124件)

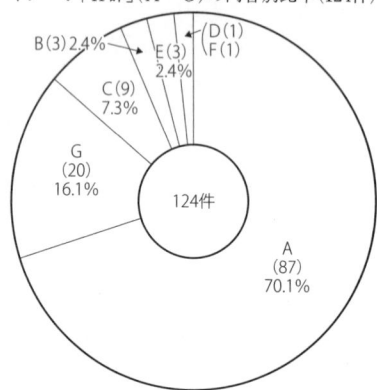

- A (87) 70.1%
- G (20) 16.1%
- C (9) 7.3%
- B (3) 2.4%
- E (3) 2.4%
- D (1)
- F (1)

イメージ「Y群」(H～O)の内容別比率(135件)

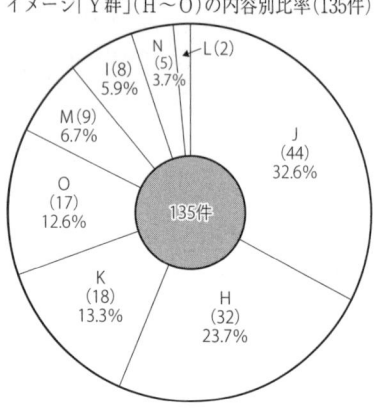

- J (44) 32.6%
- H (32) 23.7%
- K (18) 13.3%
- O (17) 12.6%
- M (9) 6.7%
- I (8) 5.9%
- N (5) 3.7%
- L (2)

図4-41　1980年　朝日新聞　イメージ別（X群，Y群）比率

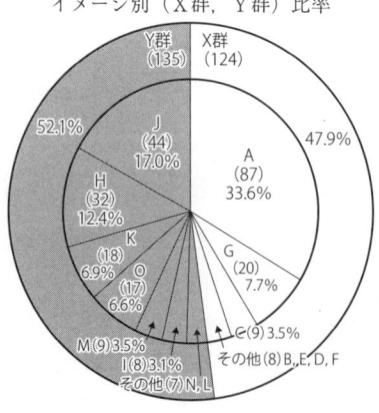

- Y群 (135) 52.1%
- X群 (124) 47.9%
- A (87) 33.6%
- J (44) 17.0%
- H (32) 12.4%
- G (20) 7.7%
- K (18) 6.9%
- O (17) 6.6%
- M (9) 3.5%
- C (9) 3.5%
- I (8) 3.1%
- その他(8) B, E, D, F
- その他(7) N, L

図4-42　1980年　中日新聞　イメージ別（X群，Y群）比率

- Y群 (115) 71.0%
- X群 (47) 29.0%
- J (60) 37.0%
- A (24) 14.8%
- H (15) 9.3%
- C (12) 7.4%
- N (11) 6.8%
- O (10) 6.2%
- G (6) 3.7%
- K (6) 3.7%
- M (6) 3.7%
- L (4) 2.5%
- I (3) 1.9%
- その他(5) D, E, F

第3節　1980年，及び1997年の3紙の比較分析　325

図4-43　1980年　中日新聞，イメージの内容別比率

イメージ「X群」(A～G)の内容別比率(47件)

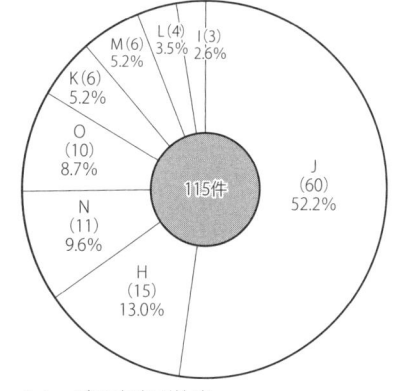

- A (24) 51.1%
- C (12) 25.5%
- G (6) 12.8%
- D (2) 4.3%
- E (2) 4.3%
- F (1) 47

イメージ「Y群」(H～O)の内容別比率(115件)

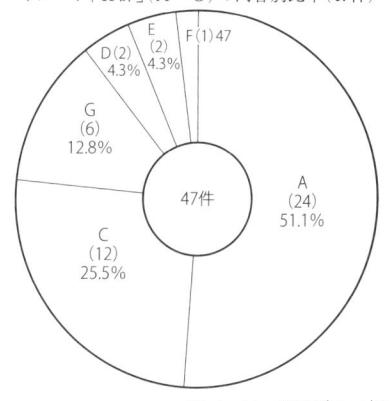

- J (60) 52.2%
- H (15) 13.0%
- N (11) 9.6%
- O (10) 8.7%
- K (6) 5.2%
- M (6) 5.2%
- L (4) 3.5%
- I (3) 2.6%

図4-44　1980年　中国新聞，イメージの内容別比率

イメージ「X群」(A～G)の内容別比率(70件)

- A (49) 70.0%
- C (10) 14.3%
- E (5) 7.1%
- G (4) 5.7%
- F (2) 2.9%

イメージ「Y群」(H～O)の内容別比率(113件)

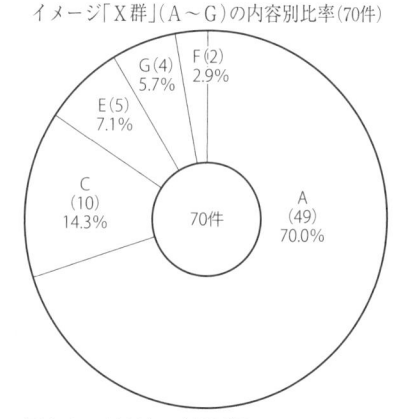

- J (63) 55.8%
- H (12) 10.6%
- I (9) 8.0%
- O (9) 8.0%
- L (6) 5.3%
- M (6) 5.3%
- N (5) 4.4%
- K (3) 2.7%

図4-45　1980年　中国新聞　イメージ別（X群，Y群）比率

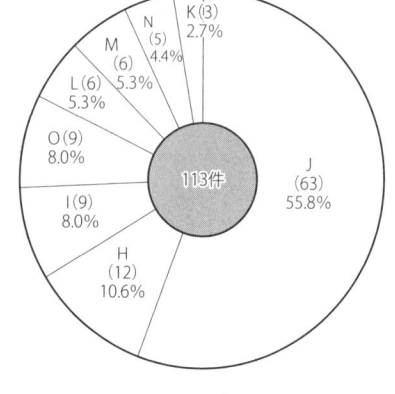

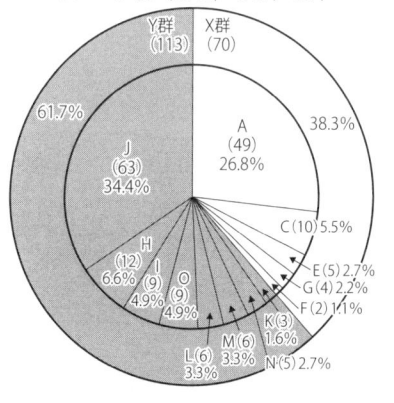

- Y群 (113) 61.7%
- X群 (70) 38.3%
- J (63) 34.4%
- A (49) 26.8%
- H (12) 6.6%
- C (10) 5.5%
- I (9) 4.9%
- O (9) 4.9%
- L (6) 3.3%
- M (6) 3.3%
- N (5) 2.7%
- E (5) 2.7%
- G (4) 2.2%
- K (3) 1.6%
- F (2) 1.1%

アフリカ発の総記事数は，朝日は141で全体の54.4％，中日は79で48.7％，中国は90で49.2％と，朝日のみが半数を越えているが，他2紙もそれに近い数値である。

うち外電の比率は，朝日の場合は，37でアフリカ発全体の26.2％。発信地別内訳は，**カイロ**—8，**アルジェ**—4，**ラバト**—2，**アスワン**—1，**トリポ**

リ―1，カサブランカ―1，エルアスナス（モロッコ）―1，以上A・A。ナイロビ―4，ソルズベリー―2，ラゴス―2，ンジャメナ（チャド）―2，ウィンドホーク（ナミビア）―2，ダルエスサラーム，カンパラ，カルツーム，モンロビア，キンシャサ，ルサカ，ヨハネスブルグ―各1，以上B・Aである。

中日は31で39.7%。発信地別内訳は，A・Aでは，カイロ―11，アルジェ―2，チュニス，トリポリ，カサブランカ，スエズ―各1。B・Aでは，ナイロビ―6，ラゴス―2，モンロビア―2，カンパラ，キンシャサ，ソルズベリー，ヨハネスブルグ―各1，である。

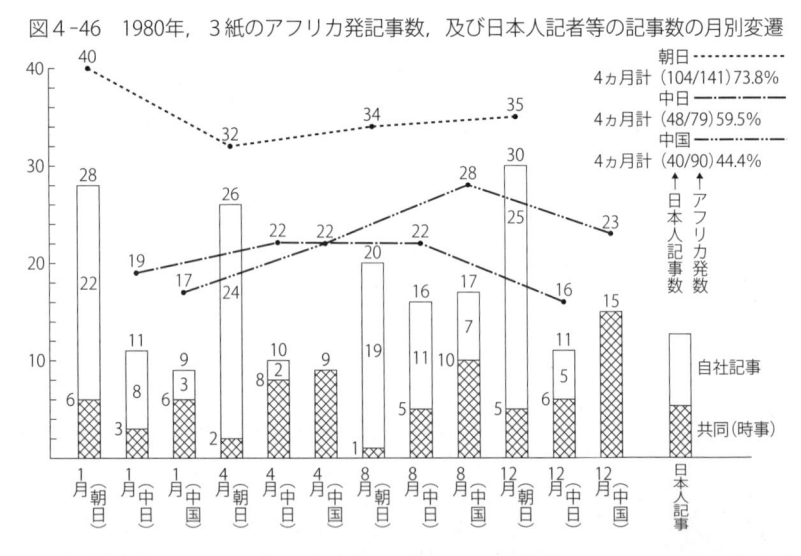

中国は40で44.4%。発信地別内訳は，A・Aでは，カイロ―13，アスワン―2，アルジェ，チュニス，トリポリ，ルクソール，アレキサンドリア，メトアブールコム（モロッコ）―各1。B・Aでは，ナイロビ―5，ソルズベリー―4，ヨハネスブルグ―2，ンジャメナ―2，ダルエスサラーム，フリータウン，モンロビア，ラゴス，ウィンドホーク，ケープタウン―各1，である。

図4-46　1980年，3紙のアフリカ発記事数，及び日本人記者等の記事数の月別変遷

これを見ても分かるように比率的には朝日が一番低い。この26.2%というのは換言すれば，アフリカの記事をアフリカにいる自社，あるいは共同の記者が書いている割合が73.8%という意味である。中日，そして中国と徐々にその比率は低くなってゆくことが見て取れる。

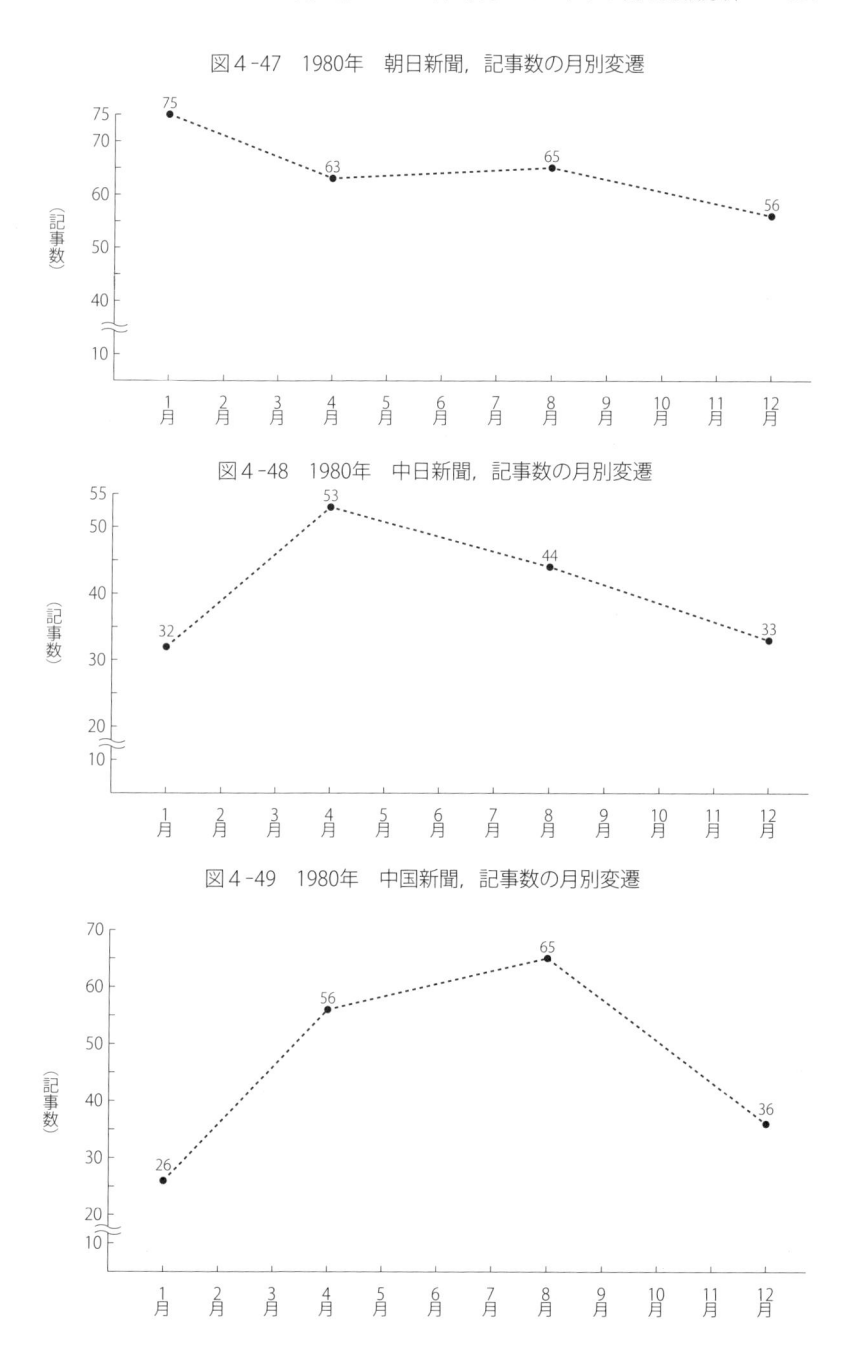

第 3 節　1980 年，及び 1997 年の 3 紙の比較分析　327

図 4-47　1980年　朝日新聞，記事数の月別変遷

図 4-48　1980年　中日新聞，記事数の月別変遷

図 4-49　1980年　中国新聞，記事数の月別変遷

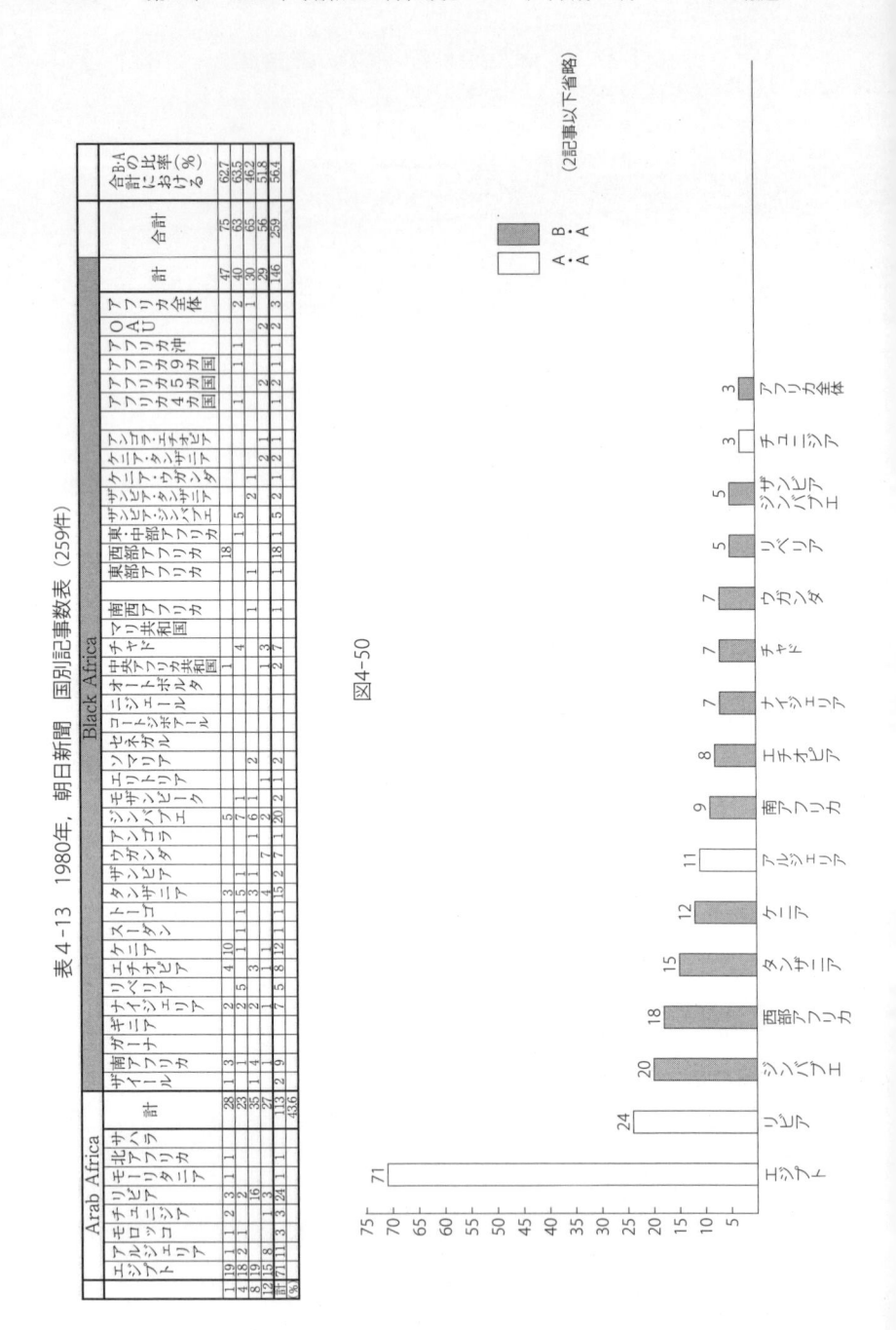

表4-13　1980年，朝日新聞　国別記事数表（259件）

	Arab Africa								
	エジプト	アルジェリア	モロッコ	チュニジア	リビア	モーリタニア	北アフリカ	サハラ	計
1	19	1	1	2	3	1	1		28
4	18	2	1		2				23
8	19				16				35
12	15	8		1	3				27
計	71	11	3	3	24	1	1		113
(%)									43.6

	Black Africa																									
	ザイール	南アフリカ	ガーナ	ギニア	ナイジェリア	リベリア	エチオピア	ケニア	スーダン	トーゴ	タンザニア	ザンビア	ウガンダ	アンゴラ	ジンバブエ	モザンビーク	エリトリア	ソマリア	セネガル	コートジボアール	ニジェール	オートボルタ	中央アフリカ共和国	チャド	マリ共和国	南西アフリカ
1	1	3			2		4	10			3				5								1			
4		1			2	5		1	1	1	5	1			7	1								4		
8	1	4			2		3				3	1		1	6	1		2								1
12		1			1		1	1			4		7		2		1						1	3		
計	2	9			7	5	8	12	1	1	15	2	7	1	20	2	1	2					2	7		1
(%)																										

	Black Africa																		
		東部アフリカ	西部アフリカ	東・中部アフリカ	ザンビア・ジンバブエ	ザンビア・タンザニア	ケニア・ウガンダ	ケニア・タンザニア	アンゴラ・エチオピア		アフリカ4カ国	アフリカ5カ国	アフリカ9カ国	アフリカ沖	OAU	アフリカ全体	計	合計	B·Aの合計における比率(%)
1			18														47	75	62.7
4				1	5						1		1	1		2	40	63	63.5
8		1				2	1									1	30	65	46.2
12								2	1			2			2		29	56	51.8
計		1	18	1	5	2	1	2	1		1	2	1	1	2	3	146	259	56.4
(%)																			

図4-50

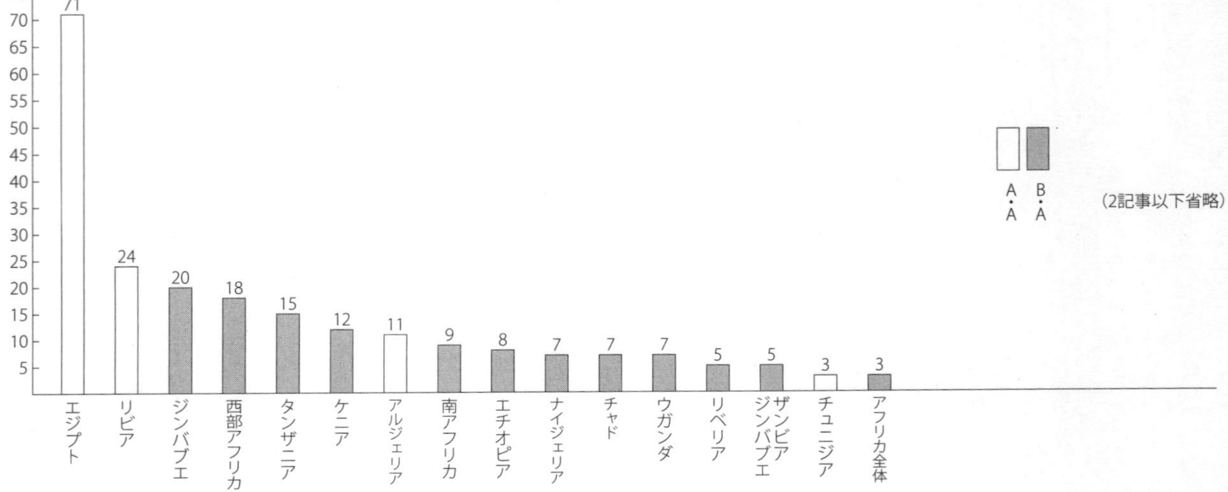

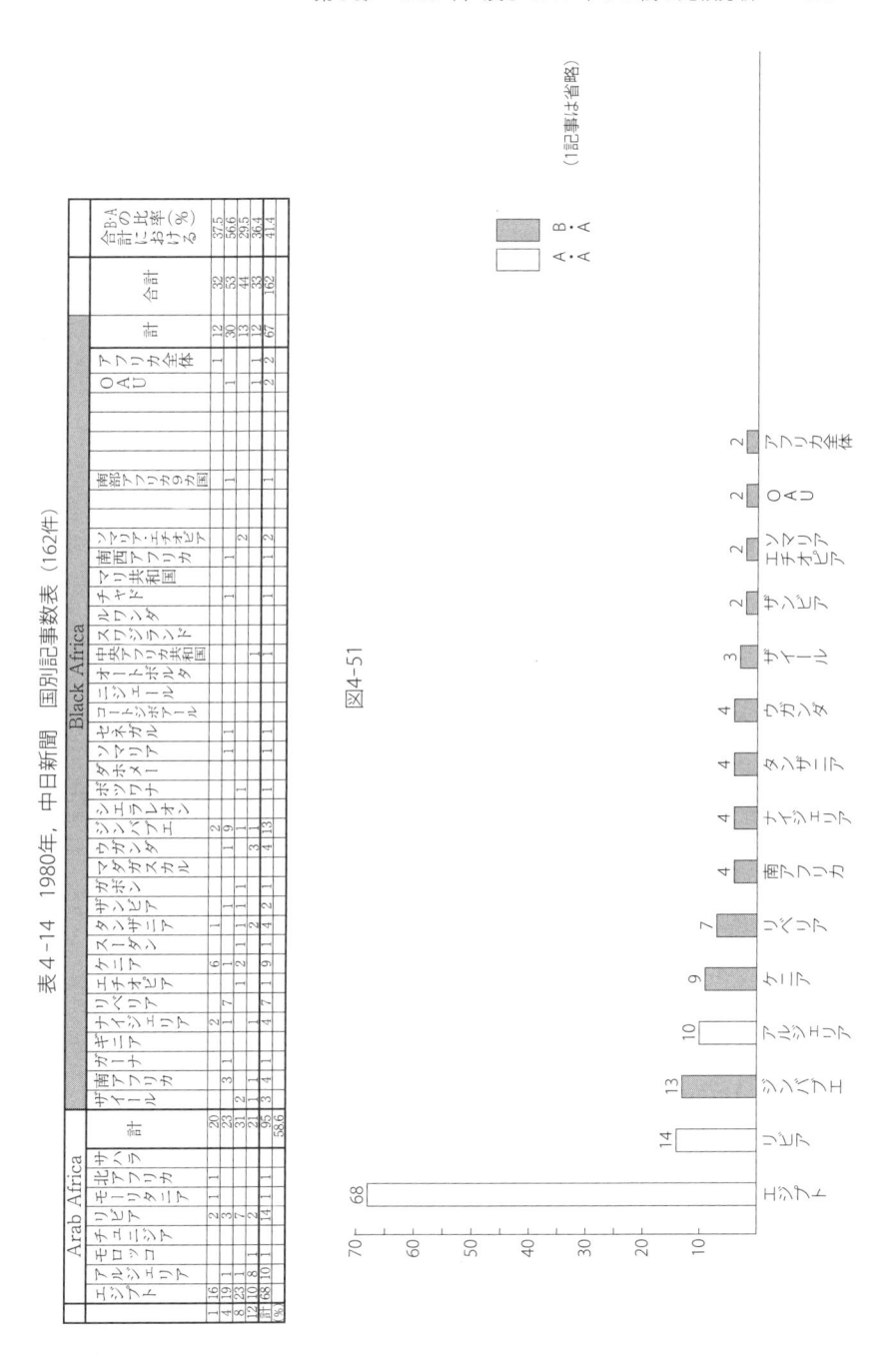

第3節　1980年，及び1997年の3紙の比較分析　329

表4-14　1980年，中日新聞　国別記事数表（162件）

Arab Africa							計	Black Africa																										計	OAU アフリカ全体	合計	合計B:Aの比率における(%)
エジプト	スーダン	リビア	モロッコ	チュニジア	北アフリカ	サハラ		南アフリカ	ガーナ	ギニア	ナイジェリア	エチオピア	リベリア	チャド	スーダン	タンザニア	ザンビア	マダガスカル	ガボン	サントメ	ボツワナ	ジンバブエ	エリトリア	ナミビア	セネガル	コートジボワール	マリ	アンゴラ	ボーキナ	中央アフリカ共和国	ウガンダ	ルワンダ	スワジランド	コンゴ共和国	南西アフリカ	モザンビーク	南部アフリカ9カ国			
1	16		2	1		1	20				2		1		6		1			2				1	1		1								1		1	12	32	37.5
4	19	1		3	1		23	1	1		17				2	1	1			9	1		1	1			1			1					1		1	30	53	56.6
8	23						31	2			2	1			1			1	1	1	1						1	2					1				1	13	44	29.5
12	10	8	1				21		4		2	2	1	2	1		2			3							1		2			1		1	2			12	33	36.4
計	68	10		14	1	1	95	3	4	1	7	4	1	2	9	1	4	1	1	14	1	1	1	2	1	1	3	2	4	1	1	1	1	1	4	1	2	67	162	41.4
%							58.6																																		

図4-51

（1記事は省略）

■ A:B
□ A・A

エジプト 68
ソマリア 14
リビア 13
アルジェリア 10
ケニア 9
コンゴ 7
南アフリカ 4
ナイジェリア 4
タンザニア 4
ウガンダ 4
ザイール 3
ザンビア 2
エチオピア 2
OAU 2
アフリカ全体 2

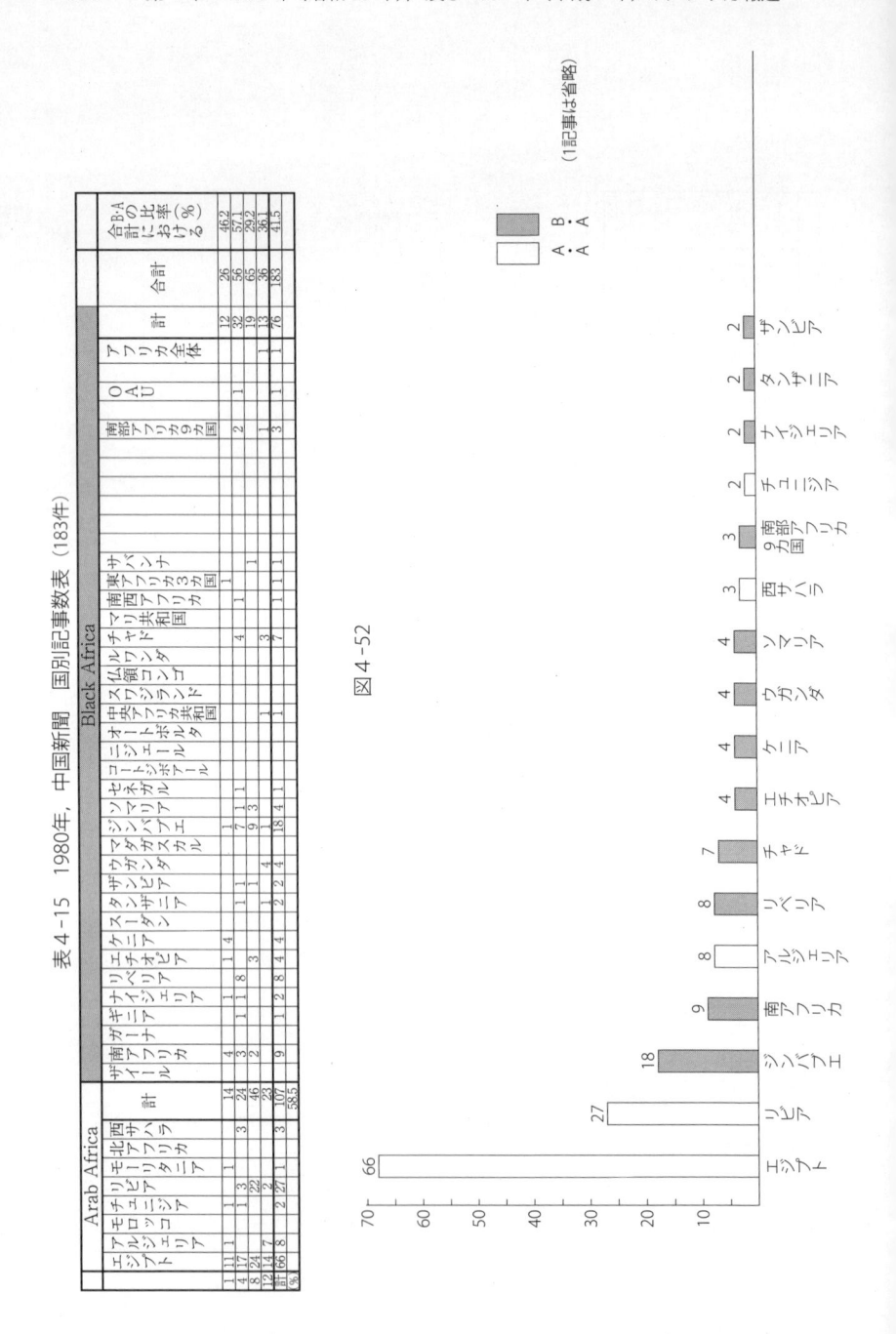

第4章 1980年（昭和55年），及び1997年（平成9年）のアフリカ報道

表4-15 1980年，中国新聞 国別記事数表（183件）

図4-52

図4-53　1980年　3紙のアフリカ関連総記事数（棒グラフ），及びアフリカ発記事数（棒グラフ＝アミカケ部。含む，日本人記事）と，総記事数におけるその比率（折れ線グラフ）％

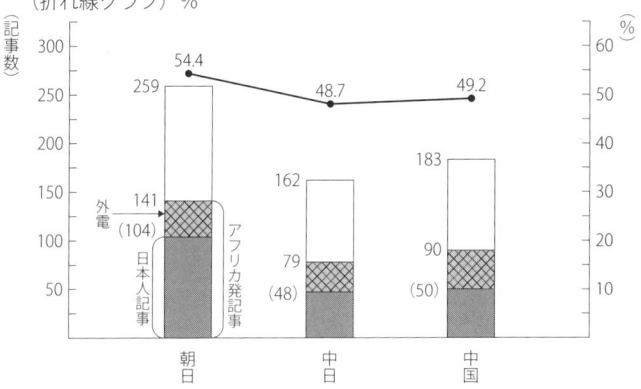

図4-54　1980年　3紙のＸ群，Ｙ群の割合，及びそれぞれの群の中で，最も高い項目の比率

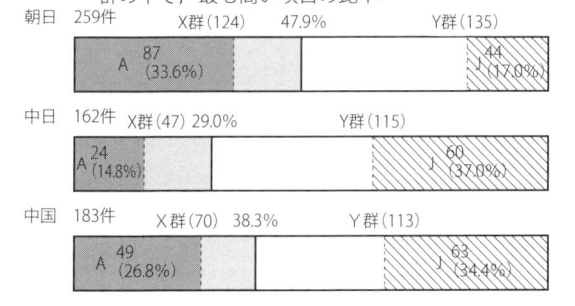

朝日　259件　Ｘ群(124)　47.9%　　Ｙ群(135)
　Ａ　87 (33.6%)　　　　　　　　　Ｊ　44 (17.0%)

中日　162件　Ｘ群(47) 29.0%　　Ｙ群(115)
　Ａ　24 (14.8%)　　　　　　　　　Ｊ　60 (37.0%)

中国　183件　Ｘ群(70) 38.3%　　Ｙ群(113)
　Ａ　49 (26.8%)　　　　　　　　　Ｊ　63 (34.4%)

2 1997年

　朝日のこの年，4カ月の総記事数は，225。総面積は【11443.96】であり，面数換算では13面と13.1段分となる。1記事の平均面積は【50.86】。

　中日は150【11568.79】であり，面数換算すると，ほぼ14面である。面積量では朝日より中日の方がいくらか多くなっている。1記事平均面積は【77.13】。

　中国は137【6460.52】。面数換算すると7面と12.5段分である。1記事平均面積は【47.16】と朝日と大きな違いはない。

　この年は1980年に比べると3紙とも記事数は減っていて，面積量も中日を除けば，朝日，中国とも減っている。

表4-16　1997年，朝日新聞のアフリカ関連記事，総記事数・総面積量，及びA・A／B・Aの区分け表

月	朝日新聞（1997年）		A・A			B・A		
	記事数	面積(cm²)	記事数	面積(cm²)	面積の比率・%	記事数	面積(cm²)	面積の比率・%
1	57	2769.10	17	893.69	32.3	40	1875.41	67.6
4	54	2998.91	3	370.40	12.4	51	2628.51	87.6
8	54	2497.76	17	778.41	31.2	37	1719.35	68.8
12	60	3178.19	15	722.16	22.7	45	2456.03	77.3
計	225	11443.96	52	2764.66	24.2	173	8679.30	75.8
1記事平均面積	50.86cm²	面数換算 13面と13.1段分	記事数の比率 23.1%	1記事平均53.17 換算3面と5.3段分		記事数の比率 76.9%	1記事平均50.17 換算10面と7.8段分	

　A・A，B・Aで見ると，朝日の場合，記事数（52），面積量（【2764.66】）ともA・Aは2割程度（それぞれ23.1％，24.2％）で，多くはB・A記事となっている。

　国別内訳では，**エジプト**，**アルジェリア**でA・Aにおいては9割を越える。他は**モロッコ**，**リビア**，**サハラ**が1～2記事あるだけである。

　B・Aでは再び**ザイール**関連が増えている。49とB・A全体の28.3％に当たる。次いで**南アフリカ**の39であり，以下，**セネガル**―13，**ルワンダ**―12，**ケニア**―10，と続いてゆく。この4カ月に登場した国・地域は上記ザイール等を含めて全部で28である。多い順に列記してゆくと，**アンゴラ**―6，**ソマリア**，**中央アフリカ**，**ブルンジ**―各4。**リベリア**，**スーダン**，**ザンビア**，**エリトリア**―各3。**ナイジェリア**，**エチオピア**，**コンゴ**，**チャド**，**アフリカ全体**―

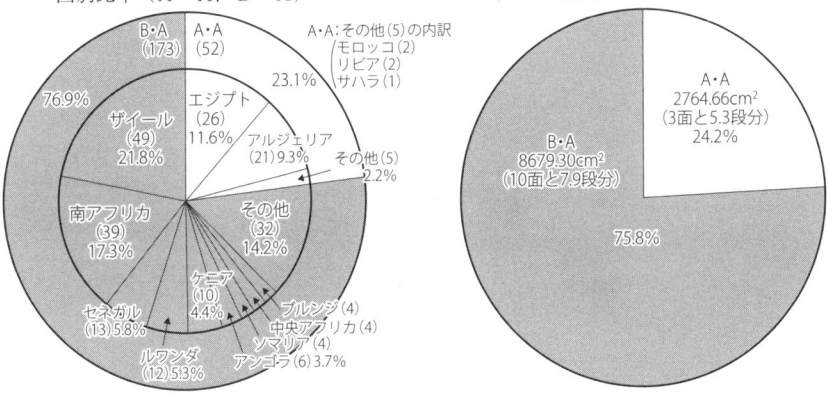

図4-55 朝日新聞, 1997年（1月, 4月, 8月, 12月, 4カ月間）アフリカ関連記事, 総記事の国別比率（全225記事）

国別比率（A・A, B・A）　　　　　　　　　　A・A, B・Aの面積比率（全1443.96cm² = 13面と13.1段分）

B・A (173) 76.9%
A・A (52) 23.1%
A・A: その他(5)の内訳
モロッコ (2) / リビア (2) / サハラ (1)
エジプト (26) 11.6%
アルジェリア (21) 9.3%
その他 (5) 2.2%
ザイール (49) 21.8%
南アフリカ (39) 17.3%
その他 (32) 14.2%
セネガル (13) 5.8%
ケニア (10) 4.4%
ルワンダ (12) 5.3%
アンゴラ (6) 3.7%
ソマリア (4)
中央アフリカ (4)
ブルンジ (4)

A・A 2764.66cm² (3面と5.3段分) 24.2%
B・A 8679.30cm² (10面と7.9段分) 75.8%

各2。マダガスカル，シエラレオン，モザンビーク，ウガンダ，コモロ，ルワンダ・ブルンジ，旧仏領アフリカ，アフリカ5カ国（ナイジェリア，チュニジア，モロッコ，カメルーン，南アフリカ），アフリカ5カ国（リビア，チャド，マリ，ニジェール，ブルキナファソ），アフリカ7カ国（ザイール，アンゴラ，エチオピア，ウガンダ，ルワンダ，ジンバブエ，南アフリカ）—各1，となる。

これを中日で見ると，やはりB・Aの方がA・Aより数，面積とも多い。記事数の比率は約6対4だが（62.0％：38.0％），面積量ではほぼ8対2と（78.1％：21.9％），よりその差は鮮明になっている。

国別内訳では，中日においてはザイールより南アフリカの方がより多く掲載されている。それぞれ20件，12件である。次に多いのは，ケニアの11で，

表4-17 1997年，中日新聞のアフリカ関連記事，総記事数・総面積量，及びA・A／B・Aの区分け表

月	中日新聞（1997年）		A・A			B・A		
	記事数	面積（cm²）	記事数	面積（cm²）	面積の比率・%	記事数	面積（cm²）	面積の比率・%
1	36	4235.52	16	618.96	14.6	20	3616.56	85.4
4	27	1161.90	5	132.52	11.4	22	1029.38	88.6
8	41	3832.13	15	672.42	17.5	26	3159.71	82.5
12	46	2339.24	21	1107.03	47.3	25	1232.21	52.7
計	150	11568.79	57	2530.93	21.9	93	9037.86	78.1
1記事平均面積	77.13cm²	面数換算 14面と0.4段分	記事数の比率 38.0%	1記事平均44.40 換算3面と1.1段分		記事数の比率 62.0%	1記事平均97.18 換算10面と14.4段分	

334　第4章　1980年(昭和55年), 及び1997年(平成9年)のアフリカ報道

図4-56　中日新聞, 1997年 (1月, 4月, 8月, 12月, 4カ月間) アフリカ関連記事, 総記事の国別比率 (全150記事)
国別比率 (A・A, B・A)　　　　A・A, B・Aの面積比率 (全11568.79cm² = 14面と0.4段分)

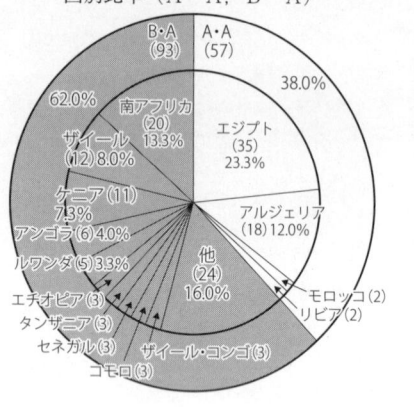

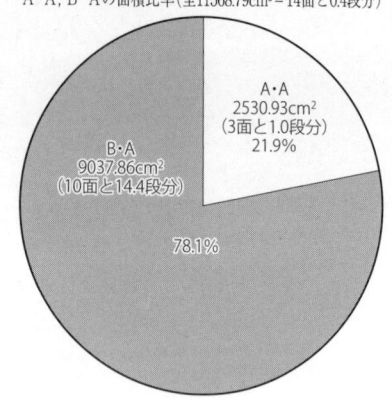

B・A (93) 62.0%
A・A (57) 38.0%
南アフリカ (20) 13.3%
エジプト (35) 23.3%
ザイール (12) 8.0%
ケニア (11) 7.3%
アンゴラ (6) 4.0%
ルワンダ (5) 3.3%
エチオピア (3)
タンザニア (3)
セネガル (3)
コモロ (3)
ザイール・コンゴ (3)
他 (24) 16.0%
アルジェリア (18) 12.0%
モロッコ (2)
リビア (2)

A・A 2530.93cm² (3面と1.0段分) 21.9%
B・A 9037.86cm² (10面と14.4段分) 78.1%

以下, **アンゴラ**—6, **ルワンダ**—5, でこれよりあとは3件以下となる。列記すると, **エチオピア, タンザニア, セネガル, コモロ, ザイール・コンゴ**—各3, **スーダン, ブルンジ, 中央アフリカ, チャド, ウガンダ, アフリカ数カ国, アフリカ全体**—各2, **マダガスカル, マリ, ザンビア, ナミビア, ガボベルデ, ケニア・ソマリア, アフリカ4カ国 (南ア他), アフリカ5カ国 (ザイール, ウガンダ, ルワンダ, カメルーン, 赤道ギニア), 東アフリカ8カ国 (ケニア, ウガンダ, タンザニア, スーダン, エチオピア, ソマリア, エリトリア, ジブチ), 中部アフリカ10カ国**—各1, である。掲載された国・地域の数は27である。

中国でも数, 面積ともB・Aが7割を越える比率を示している (71.5%,

表4-18　1997年, 中国新聞のアフリカ関連記事, 総記事数・総面積量, 及びA・A／B・Aの区分け表

月	中国新聞 (1997年)		A・A			B・A		
	記事数	面積 (cm²)	記事数	面積 (cm²)	面積の比率・%	記事数	面積 (cm²)	面積の比率・%
1	29	1454.02	12	542.55	37.3	17	911.67	62.7
4	31	1089.41	3	62.80	5.8	28	1026.61	94.2
8	39	1809.64	15	587.56	32.5	24	1222.08	67.5
12	38	2107.45	9	394.16	18.7	29	1713.29	81.3
計	137	6460.52	39	1586.87	24.6	98	4873.65	75.4
1記事平均面積	47.16cm²	面数換算 7面と12.5段分	記事数の比率 28.5%	1記事平均 40.69 換算1面と13.9段分		記事数の比率 71.5%	1記事平均 49.73 換算5面と13.6段分	

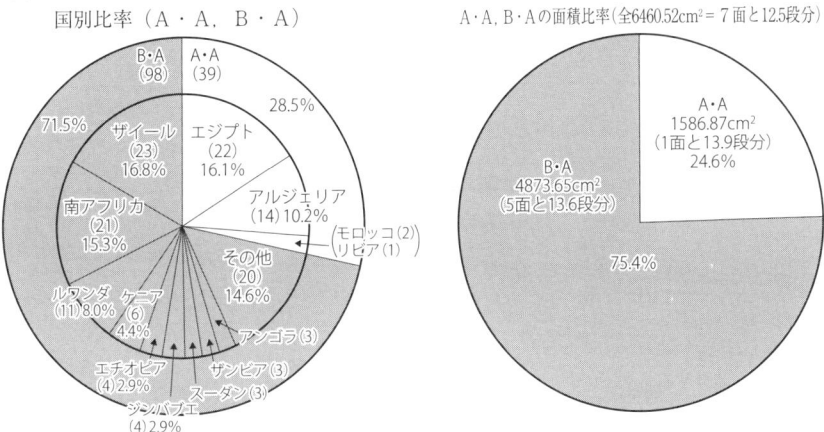

図4-57 中国新聞, 1997年（1月, 4月, 8月, 12月, 4カ月間）アフリカ関連記事, 総記事の国別比率（全137記事）
国別比率（A・A, B・A）　　　　　　　　A・A, B・Aの面積比率（全6460.52cm² = 7面と12.5段分）

75.4％）。

　国別内訳では，A・Aにおいては朝日，中日と同様に，**エジプト**─22，**アルジェリア**─14，の順で，あとは**モロッコ**─2，**リビア**─1，があるだけである。

　B・Aの内訳は，ここでは朝日と同様に**ザイール**関連が23と，僅かに**南アフリカ**─21に勝っている。但し，記事数ではそれぞれ朝日の半数ほどでしかない。南アフリカ以下の国・地域を列記すると，**ルワンダ**─11，**ケニア**─6，エチオピア，ジンバブエ─各4，スーダン，ザンビア，アンゴラ─各3，セネガル，ソマリア，**中央アフリカ**，マダガスカル，ソマリア・ケニア，アフリカ**全体**─各2，ガーナ，リベリア，コートジボアール，チャド，ウガンダ，コモロ，**中央アフリカ**・コンゴ，コンゴ・ナイジェリア・リビア─各1，以上23の国と地域が掲載されていた。

　登場する国や地域の数は，以上見てきたように28，27，23，と大きな違いはない。

　自社特派員記事は，朝日は116で面積は【4350.47】，1記事平均面積は【37.50】。また解説等記事は28【3911.01】で，1記事平均では【139.68】となっている。この2項目の記事の合計面積は【8261.48】で，これは10面と0.3段

336 第4章 1980年（昭和55年），及び1997年（平成9年）のアフリカ報道

表4-19 1997年，朝日新聞のアフリカ関連記事，自社特派員記事・解説記事等，及び写真・地図等の数量と面積量の表

朝日新聞 1997年 月	①自社特派員記事		②社説 ③解説報告等	共同・時事通信 その他	写真 （顔写真）		地図 似顔絵，表，グラフ	
	数	面積(cm²)	数／面積(cm²)	数／面積(cm²)	数	面積(cm²)	数	面積(cm²)
1	24	753.34		17/ 382.64	16	345.25	4	23.00
			6/ 854.05	6/ 677.06	(5)	(18.00)		
4	31	1281.25		4/ 67.44	16	701.95	9	74.74
			5/ 997.39	7/ 365.44	(2)	(7.36)		
8	29	1046.07		5/ 184.65	15	542.73	6	35.42
			6/ 767.24	3/ 216.58	(2)	(6.90)	1	2.25
12	32	1269.81		7/ 84.18	23	577.03	6	53.01
			11/1292.33	5/ 378.67	(9)	(32.72)		
計	116	4350.47		33/ 718.91	70	2166.96	25	186.17
			28/3911.01	21/1637.75	(18)	(64.98)	1	2.25

1記事平均面積，37.50。①②③の合計面積は8261.48で 10面と0.3段分。総面積に対する比率は72.2％である。 写真，地図，似顔絵，等3点の合計面積は 2355.38でこれは面数換算，2面と12.8段分。

分に相当する。また4カ月の総面積（【11443.96】）の72.2％，7割強を占める。

中日では，自社特派員記事は41【1609.78】で，1記事平均面積は【39.26】。解説等記事は26【5565.15】で，1記事平均は【214.04】と，いずれにおいても朝日より平均面積では多い数値を示している。またこの2項目の記事の合計面積は【7174.93】で，総面積（【11568.79】）の62.0％に当たり，面数換算では8面と10.5段分に当たる。

中国は，自社特派員記事は97年のこの4カ月間には1件もない。また解説

表4-20 1997年，中日新聞のアフリカ関連記事，自社特派員記事・解説記事等，及び写真・地図等の数量と面積量の表

中日新聞 1997年 月	①自社特派員記事		②社説 ③解説報告等	共同・時事通信 その他	写真 （顔写真）		地図 似顔絵，表，グラフ	
	数	面積(cm²)	数／面積(cm²)	数／面積(cm²)	数	面積(cm²)	数	面積(cm²)
1	13	591.14		6/ 142.50	25	707.29	8	868.48
			6/1802.66	11/1699.22	(14)	(27.88)	4	148.86
4	2	37.06		11/ 247.21	9	262.61	4	15.92
			5/ 320.48	6/ 418.83	(2)	(12.41)		
8	12	484.34		16/ 287.31	13	623.64	8	375.62
			6/2558.60	3/ 407.49	(1)	(3.21)	12	440.62
12	14	497.24		10/ 219.06	14	422.34	1	5.11
			9/ 883.41	10/ 580.25	(2)	(4.58)	2	171.55
計	41	1609.78		43/ 896.08	61	2015.88	21	1265.13
			26/5565.15	30/3105.79	(19)	(48.08)	18	761.03

1記事平均面積，39.26。①②③の合計面積は7174.93で 8面と10.5段分。総面積に対する比率は62.0％である。 写真，地図，似顔絵，等3点の合計面積は 4042.04でこれは面数換算，4面と13.5段分。

第3節　1980年，及び1997年の3紙の比較分析　　337

表4-21　1997年，中国新聞のアフリカ関連記事，自社特派員記事・解説記事等，及び写真・地図等の数量と面積量の表

中国新聞 1997年 月	①自社特派員記事		②社説 ③解説報告等		共同通信 その他		写真 (顔写真)		地図 似顔絵，表，グラフ	
	数	面積(cm²)	数/面積(cm²)		数/面積(cm²)		数	面積(cm²)	数	面積(cm²)
1					17/ 496.92		11	341.36	2	16.52
			1/ 349.37		6/ 504.62		(2)	(6.42)		
4					22/ 818.92		8	189.50	6	16.65
					7/ 197.98		(2)	(2.17)		
8					28/ 790.75		10	304.14	8	19.72
			4/ 436.86		5/ 357.60		(2)	(5.61)		
12					21/ 811.53		23	384.66		
			7/ 847.73		8/ 415.47		(8)	(17.46)		
計	なし				88/2918.12		52	1219.66	16	52.89
			12/1633.96		26/1475.67		(14)	(31.66)		

③の面積の総面積に対する比率は25.3%である。また，この量は1面と14.7段分である。　　写真，地図，似顔絵，等3点の合計面積は1272.55でこれは面数換算，1面と8.1段分。

等記事も12【1633.96】で，朝日に比べても中日に比べても半分以下と少ない。この面積量は1面と14.7段分，ほぼ2面分に過ぎない。また総面積（【6460.52】）の25.3%でしかない。朝日，中日のそれぞれ71.7%，62.0%に比べると，その比率の低さが分かる。

　尚，3紙とも社説には一度も取り上げられていない。

　共同・時事の記者記事は，朝日は33【718.91】（13.1段分），中日は43【896.08】（1面と1.3段分）だが，中国は自社特派員記事がない分，アフリカ関

図4-58　1997年　朝日新聞，総記事（225件）における外国通信社発記事以外の自社記事（①特派員，②社説，③解説報告等），及び共同・時事通信発，その他（経済等）記事の占める比率

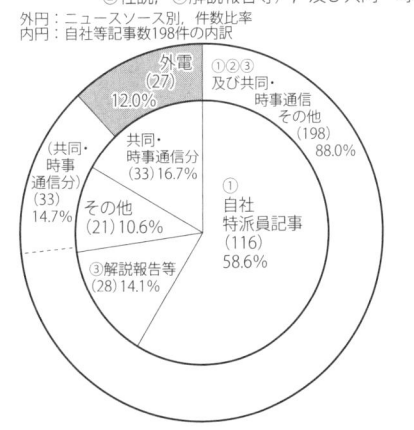

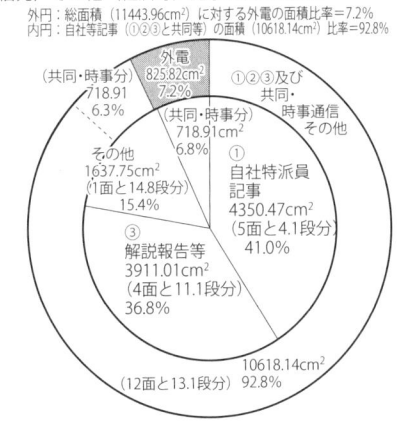

外円：ニュースソース別，件数比率　　外円：総面積（11443.96cm²）に対する外電の面積比率=7.2%
内円：自社等記事数198件の内訳　　内円：自社記事（①②③と共同）の面積（10618.14cm²）比率=92.8%

外円：
- 外電 (27) 12.0%
- ①②③及び共同・時事通信 その他 (198) 88.0%

内円：
- 共同・時事通信分 (33) 16.7%
- その他 (21) 10.6%
- ③解説報告等 (28) 14.1%
- ①自社特派員記事 (116) 58.6%
- (共同・時事通信分) (33) 14.7%

外円：
- 外電 825.82cm² 7.2%
- ①②③及び共同・時事通信 その他 10618.14cm² (12面と13.1段分) 92.8%

内円：
- (共同・時事分) 718.91 6.3%
- (共同・時事分) 718.91cm² 6.8%
- その他 1637.75cm² (1面と14.8段分) 15.4%
- ③解説報告等 3911.01cm² (4面と11.1段分) 36.8%
- ①自社特派員記事 4350.47cm² (5面と4.1段分) 41.0%

図4-59 1997年 朝日新聞，総面積に占める写真，地図等(2355.38cm², 2面と12.8段分)の割合
外円：写真，地図，似顔絵の総面積中に占める割合 (20.6%)
内円：写真，顔写真と地図，似顔絵等の割合

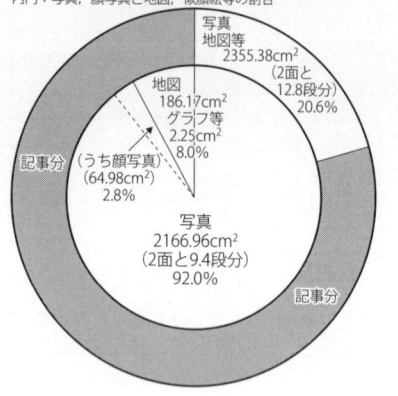

写真地図等
2355.38cm²
(2面と12.8段分)
20.6%

地図
186.17cm²
グラフ等
2.25cm²
8.0%

記事分

(うち顔写真)
(64.98cm²)
2.8%

写真
2166.96cm²
(2面と9.4段分)
92.0%

記事分

連記事は共同（この中国新聞には時事発記事はなく，すべて共同）の記事に負っている。88件で【2918.12】と，数でも面積でも前2紙より倍以上（面積では3倍以上）多い。この面積量は3面と8.1段分に相当する。

「その他」の項目には，朝日で21【1637.75】（1面と14.8段分），中日で30【3105.79】（3面と11.5段分），中国でも26【1475.67】（1面と11.8段分）とかなりのスペースとなっている。

図4-60 1997年 中日新聞，総記事(150件)における外国通信社発記事以外の自社記事（①特派員，②社説，③解説報告等），及び共同・時事通信発，その他（経済等）記事の占める比率
外円：ニュースソース別，件数比率
内円：自社等記事数140件の内訳

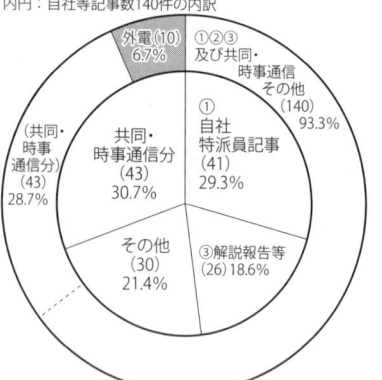

外円：総面積 (11568.79cm²) に対する外電の面積比率＝3.4%
内円：自社等記事（①②③と共同等）の面積 (11176.80cm²) 比率＝96.6%

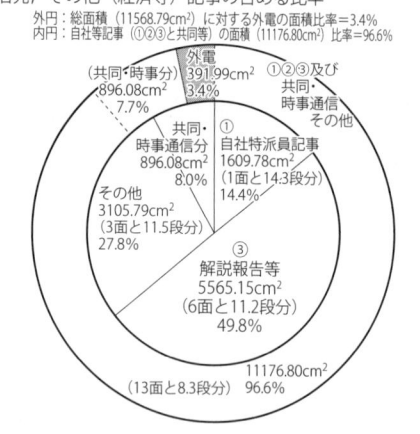

外電(10)
6.7%

①②③及び共同・時事通信その他(140) 93.3%

(共同・時事分)(43) 28.7%

共同・時事通信分(43) 30.7%

①自社特派員記事(41) 29.3%

その他(30) 21.4%

③解説報告等(26) 18.6%

外電391.99cm² 3.4%
(共同・時事分)896.08cm² 7.7%

①②③及び共同・時事通信その他

共同・時事通信分896.08cm² 8.0%

①自社特派員記事1609.78cm²
(1面と14.3段分)
14.4%

その他3105.79cm²
(3面と11.5段分)
27.8%

③解説報告等5565.15cm²
(6面と11.2段分)
49.8%

11176.80cm²
(13面と8.3段分) 96.6%

朝日も中日もそして中国においても，政治・経済記事というよりも，多くの紙幅を割いて語られているのは，支援・援助関連，人物あるいは動物，また書籍の紹介関連である。この月はそしてパリ・ダカール・ラリーを含むスポーツ記事である。

写真は，朝日は70枚【2166.96】，地図25枚【186.17】，似顔絵1枚【2.25】で，これらの合計面積は【2355.38】であり，これは2面と12.8段分に当たる。

中日は，写真61枚【2015.88】，地図21枚【1265.13】，似顔絵・表・グラフ

第3節　1980年，及び1997年の3紙の比較分析　339

図4-61　1997年　中日新聞，総面積に占める写真，地図等(4042.04cm²,4面と13.5段分)の割合
外円：写真，地図，似顔絵の総面積中に占める割合 (34.9%)
内円：写真，顔写真と地図，似顔絵等の割合

- 写真，地図等 4042.04cm² (4面と13.5段分) 34.9%
- 似顔絵，表，グラフ等 761.03cm² (13.9段分) 18.8%
- 写真 2015.88cm² (2面と6.7段分) 49.9%
- 地図 1265.13cm² (1面と8.0段分) 31.3%
- (うち顔写真) (48.08cm²) 1.2%
- 記事分

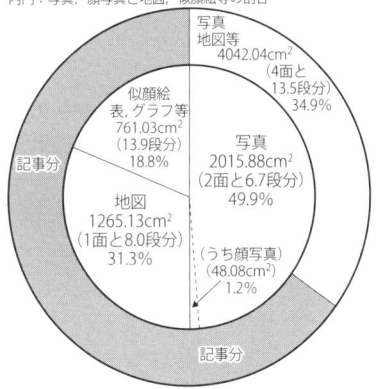

図4-62　1997年　中国新聞，総面積に占める写真，地図等(1272.55cm²,1面と8.1段分)の割合
外円：写真，地図，似顔絵の総面積中に占める割合 (19.7%)
内円：写真，顔写真と地図，似顔絵等の割合

- 写真，地図等 1272.55cm² (1面と8.1段分) 19.7%
- 地図 52.89cm² 4.2%
- (うち顔写真) (31.66cm²) 2.5%
- 写真 1219.66cm² (1面と7.2段分) 95.8%
- 記事分

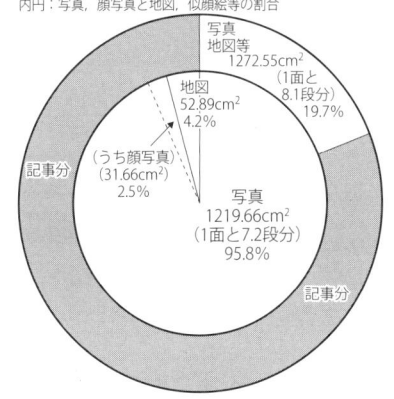

図4-63　1997年　中国新聞，総記事(137件)における外国通信社発記事以外の自社記事(①特派員，②社説，③解説報告等)，及び共同通信発，その他(経済等)記事の占める比率
外円：ニュースソース別，件数比率
内円：自社等記事数126件の内訳

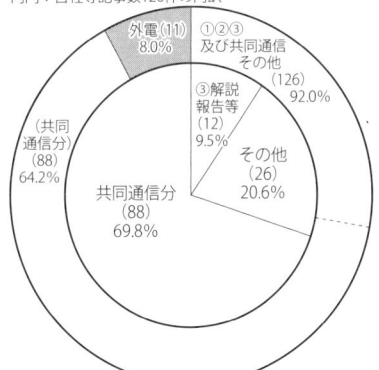

- 外電(11) 8.0%
- ①②③及び共同通信その他(126) 92.0%
- ③解説報告等(12) 9.5%
- その他(26) 20.6%
- (共同通信分)(88) 64.2%
- 共同通信分(88) 69.8%

外円：総面積 (6460.52cm²) に対する外電の面積比率=6.7%
内円：自社等記事 (①②③と共同) の面積 (6027.75cm²) 比率=93.3%

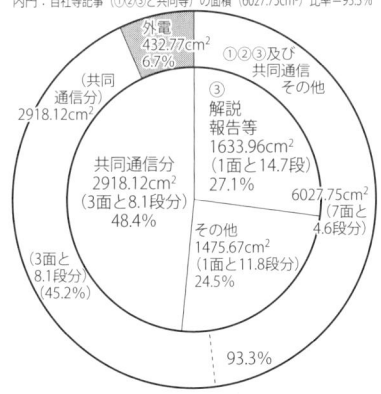

- 外電 432.77cm² 6.7%
- ①②③及び共同通信その他
- (共同通信分) 2918.12cm²
- ③解説報告等 1633.96cm² (1面と14.7段分) 27.1%
- 共同通信分 2918.12cm² (3面と8.1段分) 48.4%
- 6027.75cm² (7面と4.6段分)
- その他 1475.67cm² (1面と11.8段分) 24.5%
- (3面と8.1段分) (45.2%)
- 93.3%

等18枚【761.03】で，これらの合計面積は【4042.04】で，4面と13.5段分に当たる。

　中国では，写真52枚【1219.66】と，地図16枚【52.89】のみで，合計面積は【1272.55】，これは1面と8.1段分である。

　中日が特集記事で，地図を全2頁に渡って掲載したものがあり，それでこのような数値になっている。

340 第4章 1980年（昭和55年），及び1997年（平成9年）のアフリカ報道

表4-22 1997年，朝日新聞，外国通信社記事の表

朝日新聞1997年 外国通信社		ロイター		AP		AFP 時事		UPI 共同		DPA 時事		中国通信		ソビエトニュース		UPIサン（写真）		タス共同		新華社共同	
記事数	面積 (cm^2)	数	cm^2	数	cm^2	数	cm^2	数	cm^2	数	cm^2	数	cm^2	数	cm^2	数	cm^2	数	cm^2	数	cm^2
総記事数比(%)	総面積量比(%)																				
1月 4 (7.0)	102.01 (3.7)			2	78.78	2	23.23														
4月 7 (13.0)	287.39 (9.6)	2	140.76	2	119.26	1	9.20			2	18.17										
8月 11 (20.4)	283.22 (11.3)	3	81.32	2	99.78	6	102.12														
12月 5 (8.3)	153.20 (4.8)	1	27.20	1	63.90	2	56.12					1	5.98								
合計 27 (12.0)	825.82 (7.2)	6	249.28	7	361.72	11	190.67			2	18.17	1	5.98								

表4-23 1997年，中日新聞，外国通信社記事の表

中日新聞1997年 外国通信社		ロイター		AP		AFP 特約		UPI 共同		DPA		ANS		ソビエトニュース		UPIサン（写真）		タス共同		新華社共同	
記事数	面積 (cm^2)	数	cm^2	数	cm^2	数	cm^2	数	cm^2	数	cm^2	数	cm^2	数	cm^2	数	cm^2	数	cm^2	数	cm^2
総記事数比(%)	総面積量比(%)																				
1月 0																					
4月 3 (11.1)	138.32 (11.9)			2	118.31					1	20.01										
8月 4 (9.6)	94.39 (2.5)	1	13.00	3	81.39																
12月 3 (6.5)	159.28 (6.8)	1	67.45	2	91.83																
合計 10 (6.7)	391.99 (3.4)	2	80.45	7	291.53					1	20.01										

表4-24 1997年，中国新聞，外国通信社記事の表

中国新聞1997年 外国通信社		ロイター共同		AP 共同		AFP 特約		UPI 共同		AP・DJ 共同		ANS		ソビエトニュース		UPIサン（写真）		タス共同		新華社共同	
記事数	面積 (cm^2)	数	cm^2	数	cm^2	数	cm^2	数	cm^2	数	cm^2	数	cm^2	数	cm^2	数	cm^2	数	cm^2	数	cm^2
総記事数比(%)	総面積量比(%)																				
1月 5 (17.2)	103.11 (7.1)	2	42.62	3	60.49																
4月 2 (6.5)	72.51 (6.7)			2	72.51																
8月 2 (5.1)	224.43 (12.4)			2	224.43																
12月 2 (5.3)	32.72 (1.6)	1	20.74							1	11.98										
合計 11 (8.0)	432.77 (6.7)	3	63.36	7	357.43					1	11.98										

第3節　1980年，及び1997年の3紙の比較分析　341

　外電は，朝日は27【825.82】（約1面分），1記事平均面積は【30.59】。内訳は，AFPが11【190.67】，AP—7【361.72】，ロイター—6【249.28】，そしてDPA—2【18.17】，中国通信—1【5.98】である。

　中日は，10【391.99】（7.1段分）で，1記事平均は【39.20】。内訳は，AP—7【291.53】，ロイター—2【80.45】，DPA—1【20.01】，である。

　中国は，11【432.77】（7.9段分）。1記事平均は【39.43】。内訳は，AP—7

図4-64　1997年　朝日新聞，外電を含むニュースソース別，及び外電件数別比率

図4-65　1997年　中日新聞，外電を含むニュースソース別，及び外電件数別比率

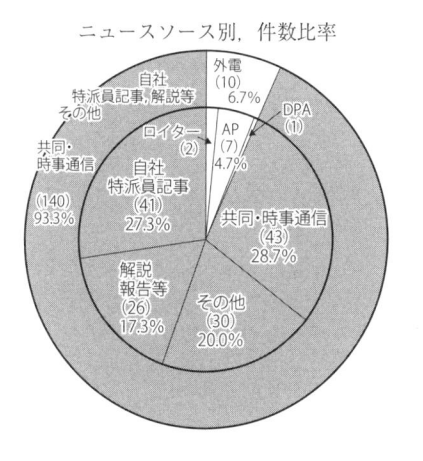

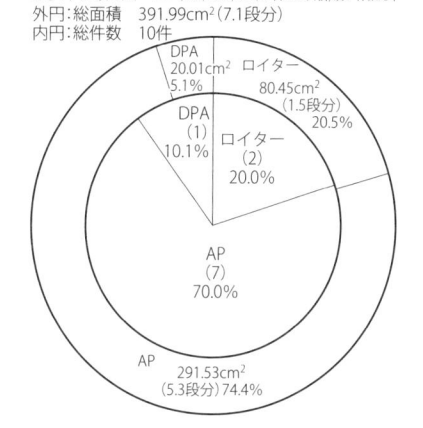

342　第 4 章　1980 年 (昭和 55 年), 及び 1997 年 (平成 9 年) のアフリカ報道

図 4-66　1997 年　中国新聞, 外電を含むニュースソース別, 及び外電件数別比率

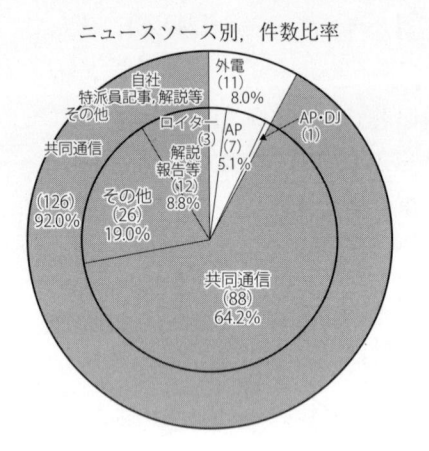

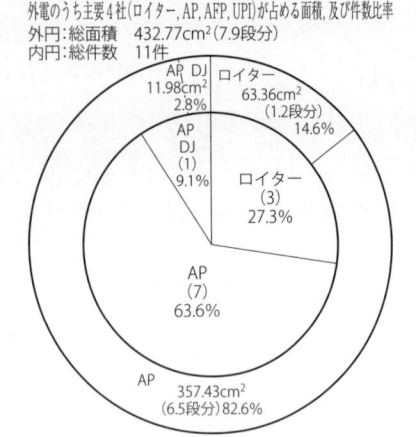

ニュースソース別, 件数比率

自社特派員記事・解説等その他(11)
外電(11) 8.0%
ロイター(3) 解説報告等(12) 8.8%
AP(7) 5.1%
AP・DJ(1)
その他(26) 19.0%
共同通信(126) 92.0%
共同通信(88) 64.2%

外電のうち主要 4 社(ロイター, AP, AFP, UPI)が占める面積, 及び件数比率
外円：総面積　432.77cm² (7.9段分)
内円：総件数　11件

AP DJ 11.98cm² 2.8%
ロイター 63.36cm² (1.2段分) 14.6%
AP DJ (1) 9.1%
ロイター (3) 27.3%
AP (7) 63.6%
AP　357.43cm² (6.5段分) 82.6%

【357.43】, ロイター―3【63.36】, AP・DJ―1【11.98】である。

　3 紙とも 80 年時に比べると, さらにその記事数は減っている。外電への依存度は極端に低くなっている。

　内容区分では, 朝日は 4 カ月の総記事数 225 のうち, X 群は 144 で全体の 64.0%, Y 群は 81 で 36.0%。

　内訳は, X 群, A―110, B―2, C―3, D―10, E―1, G―18。Y 群, H―4, I―8, J―42, L―15, M―2, N―4, O―6, である。

　中日は, X 群 75, Y 群 75 と同数である。内訳は, X 群, A―56, B―1, D―6, E―4, F―1, G―7。Y 群は, H―10, I―8, J―29, K―3, L―7, M―3, N―2, O―13, である。

　中国は, X 群 69, Y 群 68 でほぼ同数になっている。内訳は, X 群, A―52, B―1, C―1, D―12, E―1, G―2。Y 群, H―4, I―3, J―34, K―1, L―10, M―1, N―1, O―14, である。

　X 群, Y 群の比率は朝日と他 2 紙とでは異なるが, 3 紙とも依然として A 項が多いことには変わりない。朝日では半数に近く, 中日と中国ではそれぞれ 37.3%, 38.0% と 1/3 強を占めている。ザイール, ルワンダ, ブルンジ国境辺

第3節　1980年，及び1997年の3紙の比較分析　　343

表4-25　1997年，朝日新聞，X群・Y群の表

1997年朝日	X+Y	X群							計／%	Y群								計／%
		A	B	C	D	E	F	G		H	I	J	K	L	M	N	O	
1月	57	26		1	2			5	34/59.6	2	4	3		10	1	1	2	23/40.4
4月	54	35			7			4	46/85.2	1		4		1		1	1	8/14.8
8月	54	23	1	1	1			6	32/59.3		2	15		3		1	1	22/40.7
12月	60	26	1	1		1		3	32/53.3	1	2	20		2	1	1	2	28/46.7
計	225	110	2	3	10	1		18	144/64.0	4	8	42		15	2	4	6	81/36.0
		48.9			4.4			8.0				18.7		6.7				

図4-67　1997年　朝日新聞，イメージ別，イメージの内容別比率

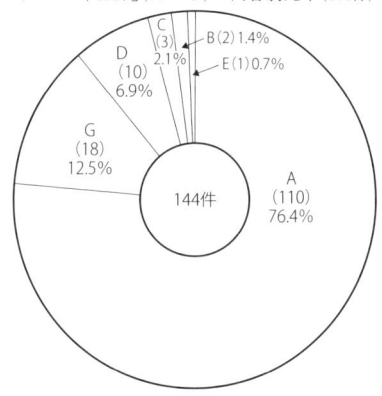

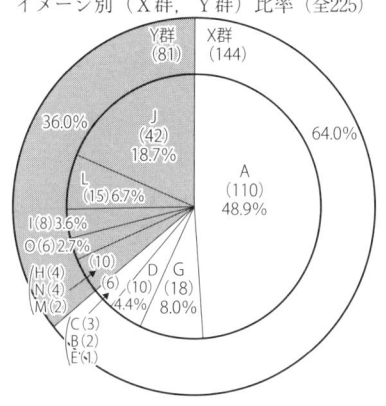

イメージ「X群」(A〜G)の内容別比率(144件)

イメージ「Y群」(H〜O)の内容別比率(81件)

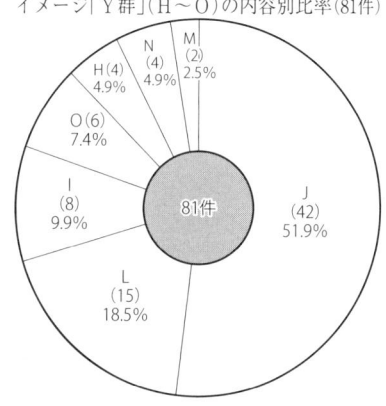

イメージ別（X群，Y群）比率（全225）

のフツ族・ツチ族の民族紛争・虐殺・混乱，アルジェリアでのテロ・暴動，スーダンとエチオピアの「聖戦」，アンゴラ内戦終結後の混乱などが挙げられる。

　Y群で多いのは，3紙ともJ項だが，これは国連を中心とする動きの報道が主なものであり，つまりA項の紛争等の解決への国際間の交渉・会談などを伝えるものである。

344   第4章　1980年（昭和55年），及び1997年（平成9年）のアフリカ報道

図4-68　1997年　中日新聞，イメージ別，イメージ内容別比率

イメージ「X群」(A～G)の内容別比率(75件)

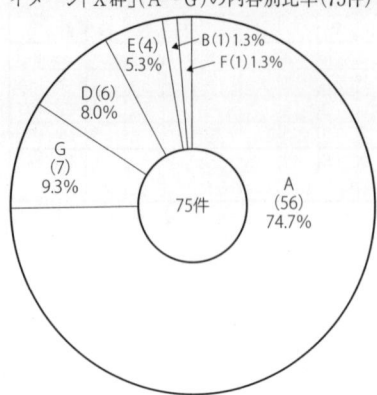

イメージ「Y群」(H～O)の内容別比率(75件)

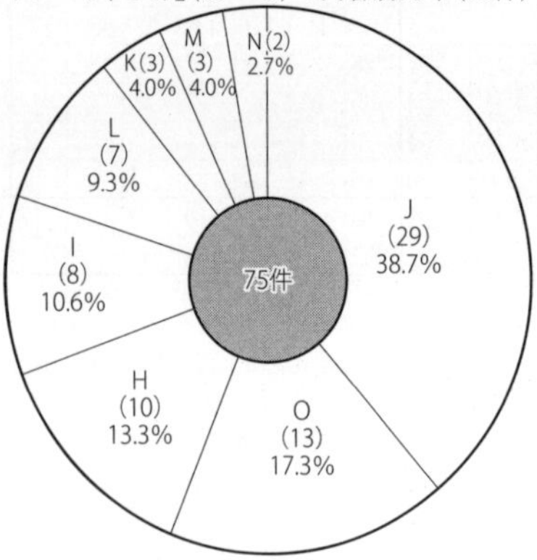

イメージ別（X群，Y群）比率（全150）

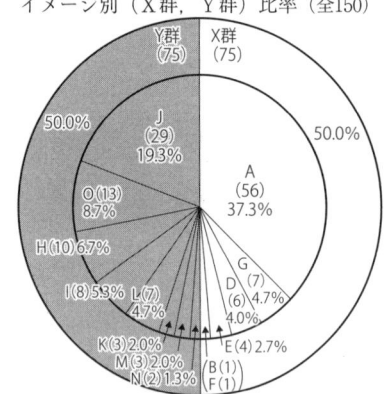

　1980年時においては3紙とも，Y群の比率が高かったが，97年においては再び逆転の傾向にある。

　アフリカ発の記事数は，朝日は155で総記事数の68.9％，約7割であり，中日は70で46.7％，中国は84で61.3％である。中日以外は6割を越している。

　うち外電の比率は，朝日は12（写真

表4-26　1997年，中日新聞，X群・Y群の表

1997年中日		X群								Y群							
	X+Y	A	B	C	D	E	F	G	計／%	H	I	J	K	L	M	N	O	計／%
1月	36	16				1		2	19/52.8	4	6	1		2	1		3	17/47.2
4月	27	14			2			1	17/63.0	1		3	1	1			4	10/37.0
8月	41	15			2	2	1	2	22/53.7	2		12		2			2	19/46.3
12月	46	11	1		2	1		2	17/37.0	3	2	13	2	2	1	2	4	29/63.0
計	150	56	1		6	4	1	7	75/50.0	10	8	29	3	7	3	2	13	75/50.0
		39.3								6.7		19.3					8.7	

第3節　1980年，及び1997年の3紙の比較分析　　345

図4-69　1997年　中国新聞，イメージ別，イメージの内容別比率

イメージ「X群」(A～G)の内容別比率(69件)
- G(2) 2.9%
- B, C, E 各(1) 各1.4%
- D(12) 17.4%
- A(52) 75.4%
- 69件

イメージ「Y群」(H～O)の内容別比率(68件)
- I(3) 4.4%
- K, M, N 各(1) 各1.5%
- H(4) 5.9%
- L(10) 14.7%
- J(34) 50.0%
- O(14) 20.6%
- 68件

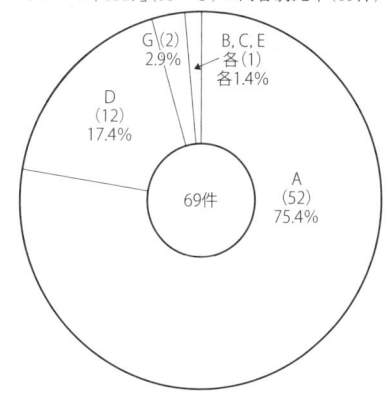

のみは除く）で，アフリカ発記事数全体の7.7％にすぎず，朝日においてはアフリカ発の9割以上が日本人の手によるものである。共同と時事の記者記事は29（うち，2が時事）で，朝日記者分は114である。比率では73.5％に当たる。

中日では外電は3で，アフリカ発記事全体の4.3％。また共同と時事の記者記事は32（時事は1）で，残り35が

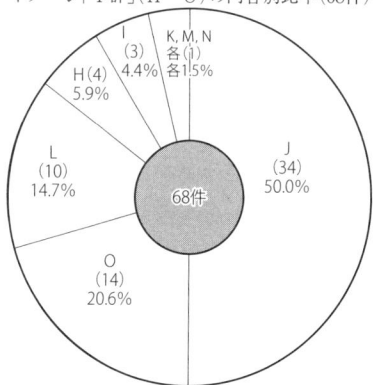

イメージ別（X群，Y群）比率（全137）
- Y群(68) 49.6%
- X群(69) 50.4%
- J(34) 24.8%
- A(52) 38.0%
- O(14) 10.2%
- L(10) 7.3%
- D(12) 8.8%
- H(4) 2.9%
- I(3) 2.2%
- G(2) 1.5%
- K, M, N 各(1) 各0.7%
- B, C, E 各(1) 各0.7%

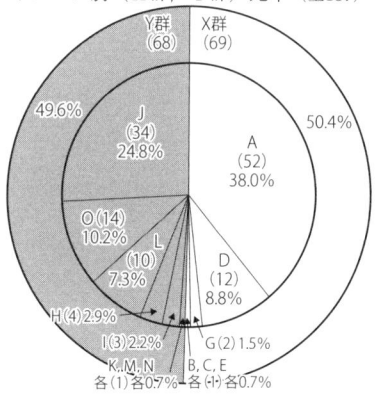

表4-27　1997年，中国新聞，X群・Y群の表

1997年中国	X+Y	X群							計／%	Y群							計／%
		A	B	C	D	E	F	G		H	I	J	K	L	M	N	O	
1月	29	16	1		2				19/65.5		2	2		2			4	10/34.5
4月	31	11			6				17/54.8			8	1	1			3	14/45.2
8月	39	14		1		1		2	18/46.2			13		4			4	21/53.8
12月	38	11			4				15/39.5	4	1	11		3	1	1	3	23/60.5
計	137	52	1	1	12	1		2	69/50.4	4	3	34	1	10	1	1	14	68/49.6
		38.0			8.8							24.8		7.3			10.2	

346 第4章 1980年（昭和55年），及び1997年（平成9年）のアフリカ報道

自社特派員記事となる。これはちょうど50.0％，半数がアフリカ発記事においての自社分である。

図4-70　1997年，3紙の記事数の月別変遷

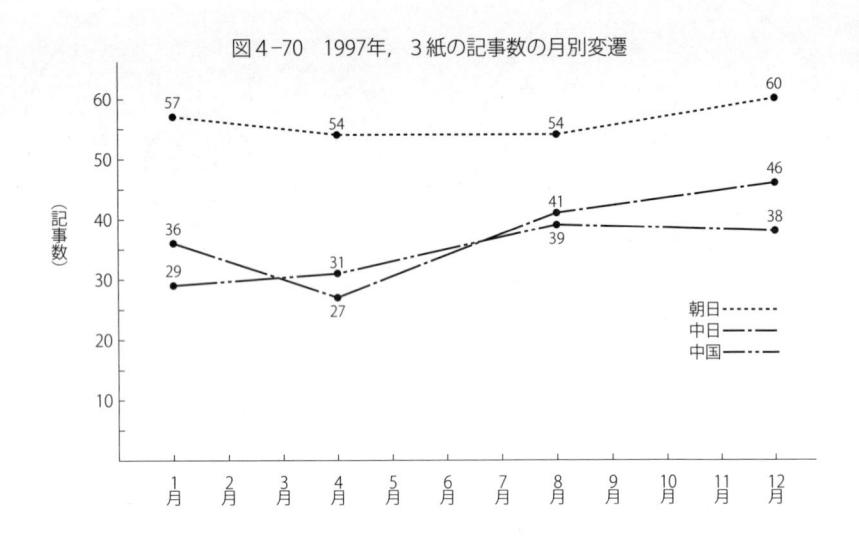

図4-71　1997年，3紙のアフリカ発記事数，及び日本人記者等の記事数の月別変遷

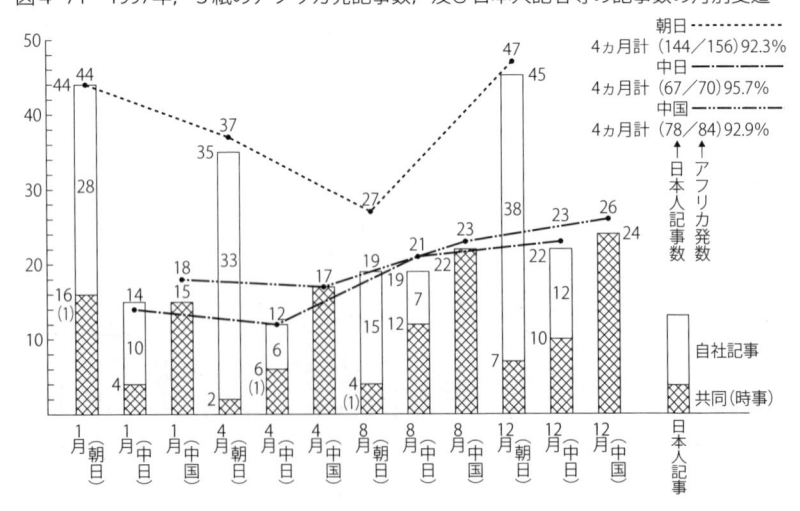

朝日　4ヵ月計（144／156）92.3％
中日　4ヵ月計（67／70）95.7％
中国　4ヵ月計（78／84）92.9％

中国は 6 でアフリカ発記事全体の 7.1%。中国においては自社特派員記者はゼロであるから，残り 78 はすべて共同の記者記事である。

97 年においては 3 紙とも，外電そのものが少なく，従ってアフリカ発記事も，より以上に僅かな数でしかなくなっている。

図 4-72　1997 年，3 紙のアフリカ関連総記事数（棒グラフ），及びアフリカ発記事数（棒グラフ＝アミカケ部。含む，日本人記事）と，総記事数におけるその比率（折れ線グラフ）%

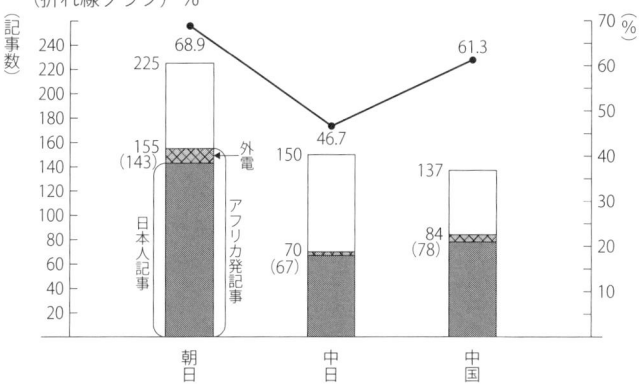

図 4-73　1997 年，3 紙の X 群，Y 群の割合，及びそれぞれの群の中で，最も高い項目の比率

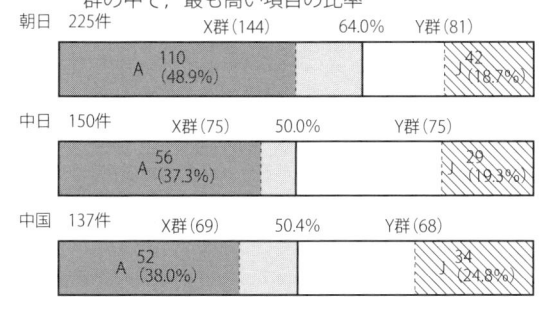

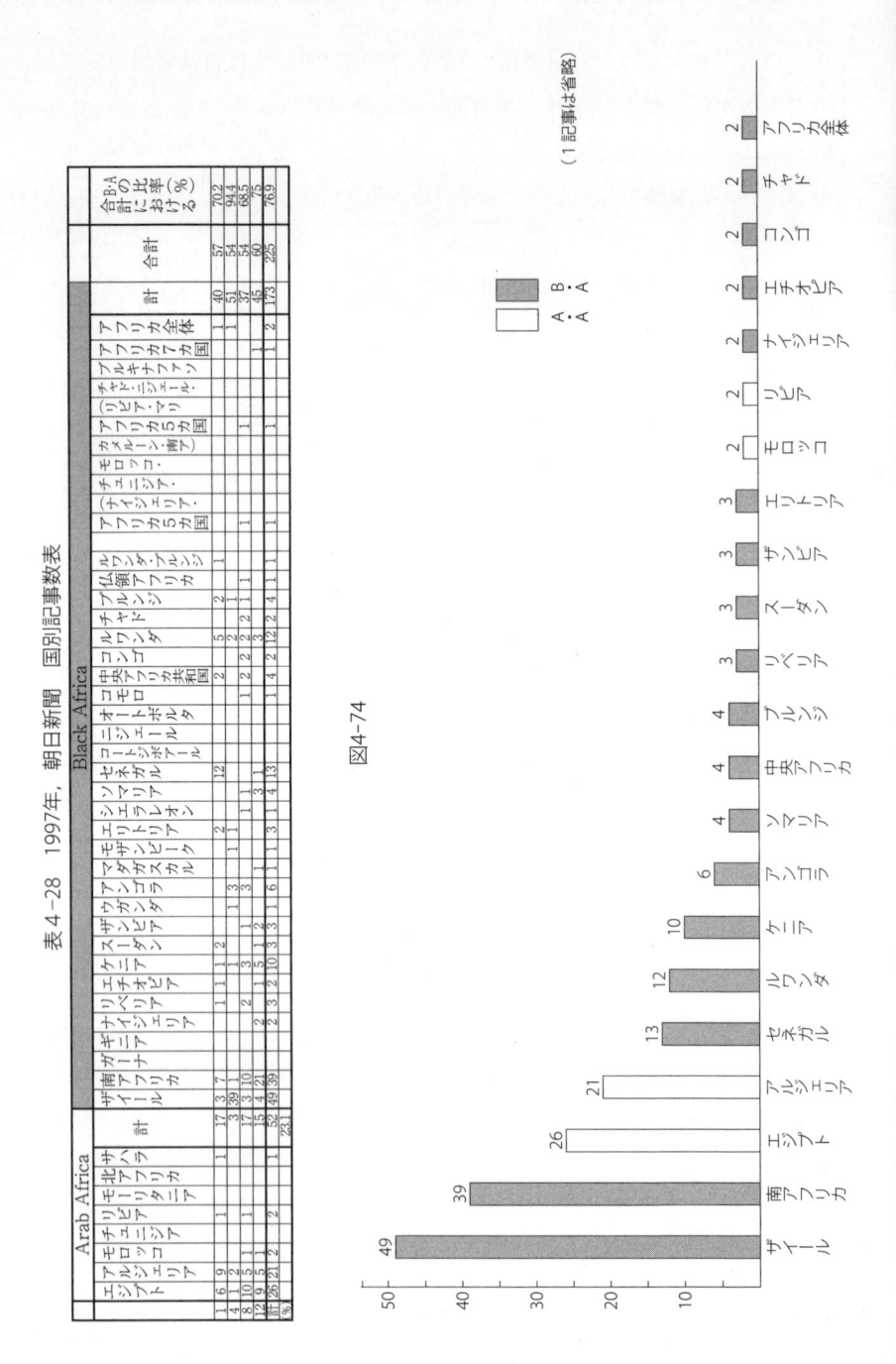

348　第4章　1980年（昭和55年），及び1997年（平成9年）のアフリカ報道

表4-28　1997年，朝日新聞　国別記事数表

図4-74

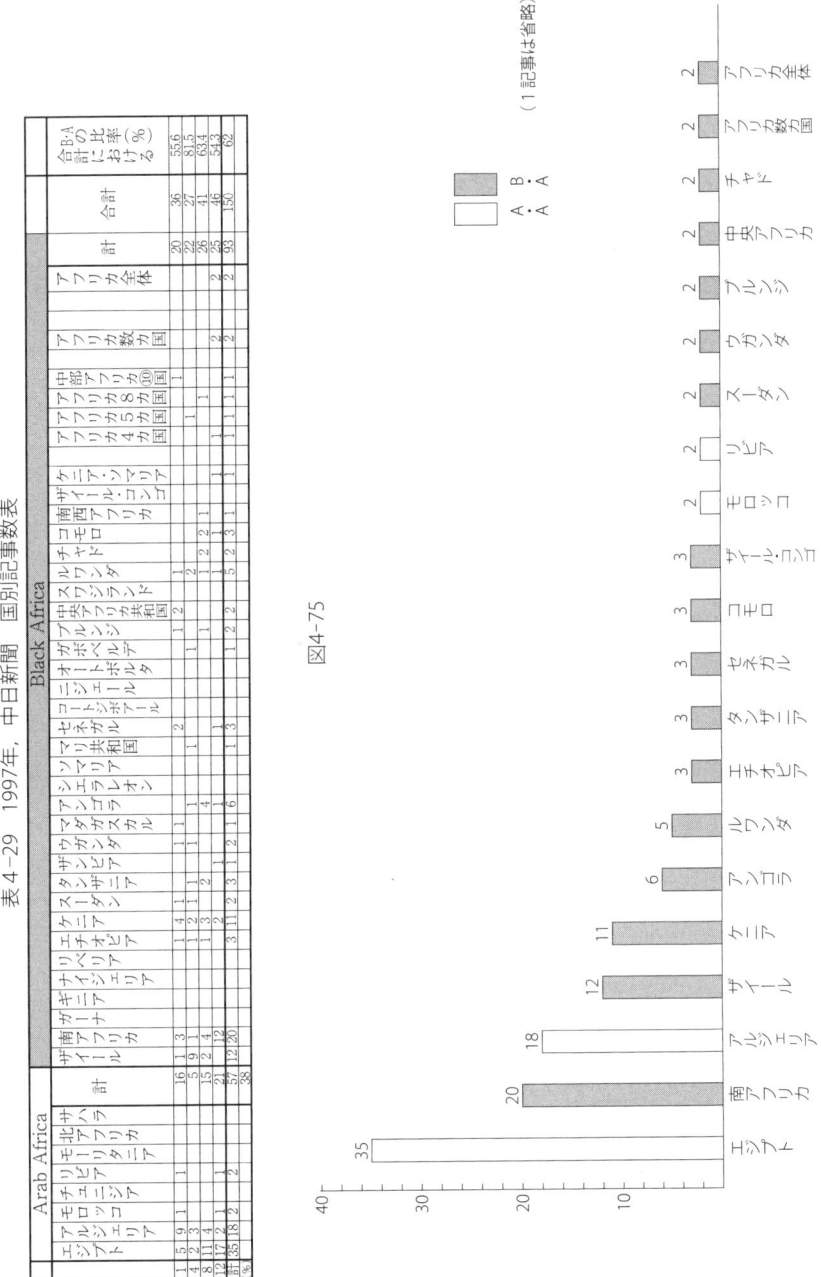

第3節　1980年，及び1997年の3紙の比較分析　349

表4-29　1997年，中日新聞　国別記事数表

図4-75

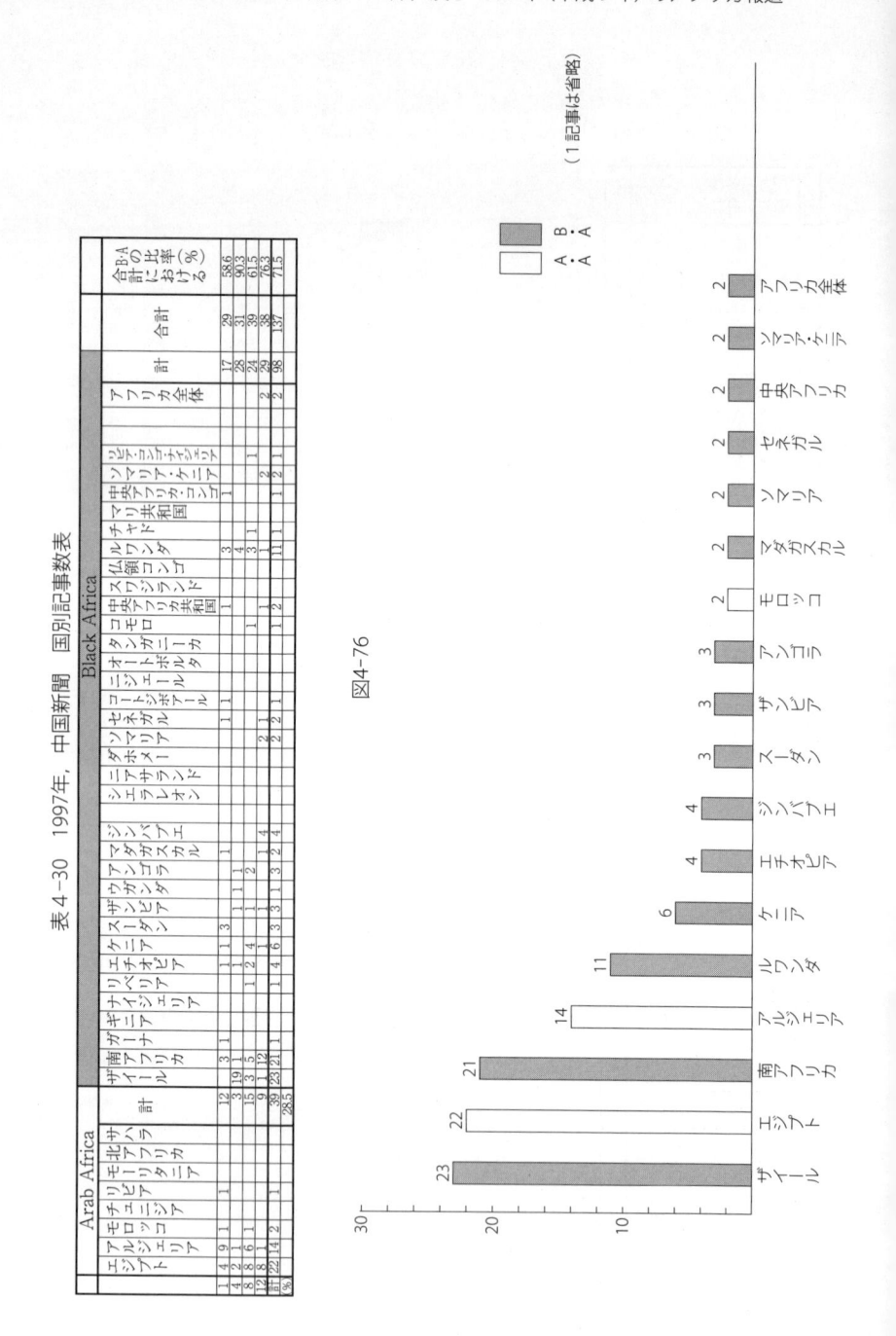

350　第4章　1980年（昭和55年），及び1997年（平成9年）のアフリカ報道

表4-30　1997年，中国新聞　国別記事数表

図4-76

表 4-31　1945 年〜1997 年の総記事数と総面積 (cm²)，及び X 群・Y 群の記事数とその比率

	朝日				中日				中国			
	総記事数		総面積 (cm²)		総記事数		総面積 (cm²)		総記事数		総面積 (cm²)	
1945 年	12		73.54									
	X群	Y群	X群(%)	Y群(%)								
	9	3	75.0	25.0								
1955 年	420		10029.99									
	X群	Y群	X群(%)	Y群(%)								
	223	197	53.1	46.9								
1960 年	2593		76827.49		1282		33798.67		1043		32618.63	
	X群	Y群	X群(%)	Y群(%)	X群	Y群	X群(%)	Y群(%)	X群	Y群	X群(%)	Y群(%)
	1640	953	63.2	36.8	906	376	70.7	29.3	794	249	76.1	23.9
1980 年	259		15219.61		162		6975.01		183		7159.75	
	X群	Y群	X群(%)	Y群(%)	X群	Y群	X群(%)	Y群(%)	X群	Y群	X群(%)	Y群(%)
	124	135	47.9	52.1	47	115	29.0	71.0	70	113	38.3	61.7
1997 年	225		11443.96		150		11568.79		137		6460.52	
	X群	Y群	X群(%)	Y群(%)	X群	Y群	X群(%)	Y群(%)	X群	Y群	X群(%)	Y群(%)
	144	81	64.0	36.0	75	75	50.0	50.0	69	68	50.4	49.6
計	3509		113594.59		1594		52342.47		1363		46238.90	
	X群	Y群	X群(%)	Y群(%)	X群	Y群	X群(%)	Y群(%)	X群	Y群	X群(%)	Y群(%)
	2140	1369	61.0	39.0	1028	566	64.5	35.5	933	430	68.5	31.5

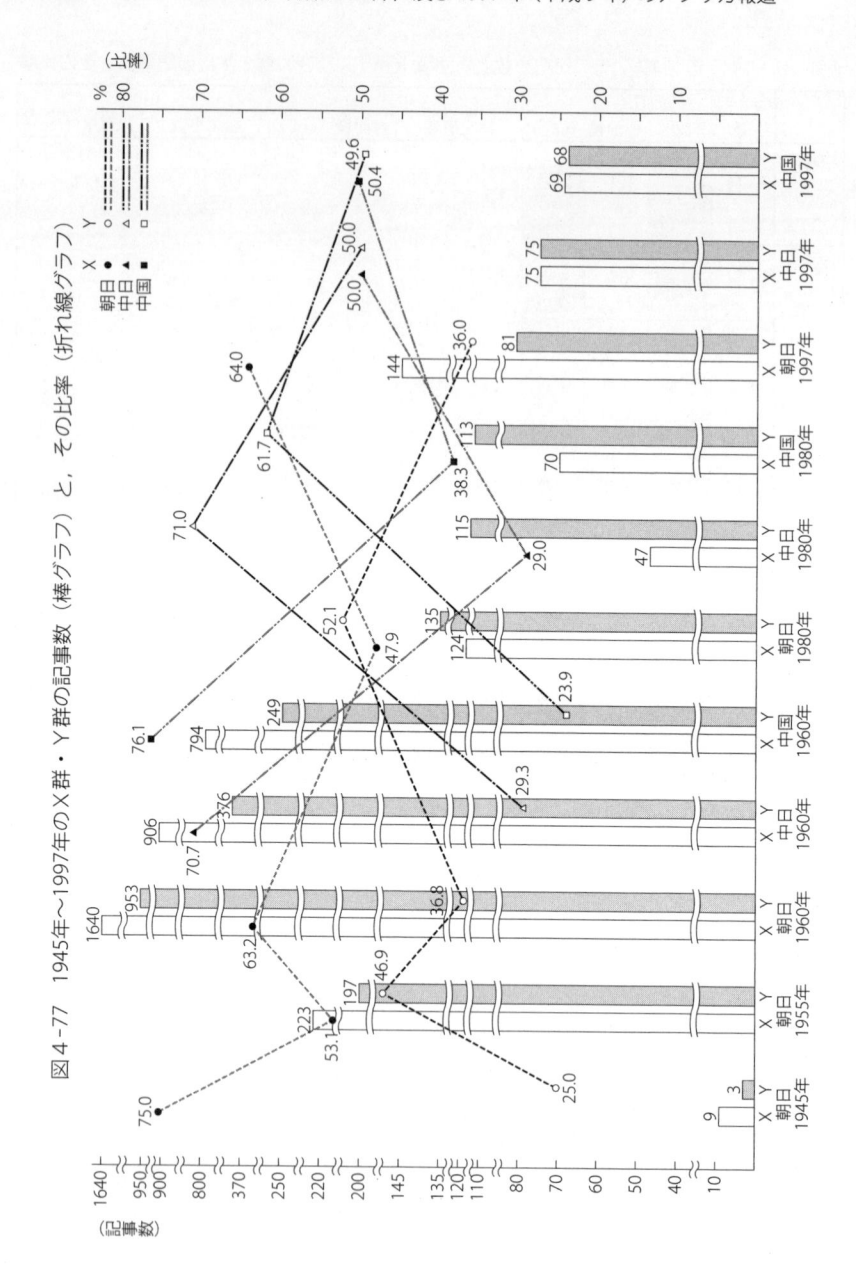

352　第4章　1980年（昭和55年），及び1997年（平成9年）のアフリカ報道

図4-77　1945年～1997年のX群・Y群の記事数（棒グラフ）と，その比率（折れ線グラフ）

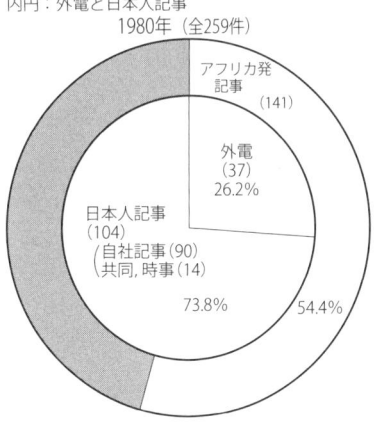

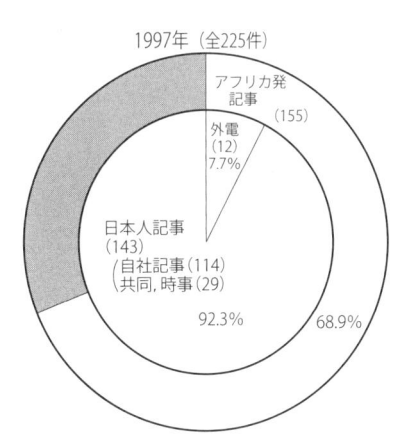

第3節　1980年，及び1997年の3紙の比較分析　　353

表4-32　朝日新聞におけるアフリカ関連総記事数に占めるアフリカ発の記事数とその比率，及びアフリカ発に占める外電の記事数とその比率，及び日本人記事数とその比率

朝日新聞

	アフリカ関連総記事数	アフリカ発の記事数	総数に対する比率(％)	アフリカ発の外電の記事数	アフリカ発に対する外電比率(％)	アフリカ発の日本人記事数 (334)		
						自社記事	共同及び時事	(％)
1945年	12	1	8.3	1	100.0	0		
						0	0	0
1955年	420	165	39.3	156	94.5	9		
						9	0	5.5
1960年	2593	1092	42.1	1014	92.9	78		
						73	5	7.1
1980年	259	141	54.4	37	26.2	104		
						90	14	73.8
1997年	225	155	68.9	12	7.7	143		
						114	29	92.3
計	3509	1554	44.3	1220	78.5	334		
						286	48	21.5

図4-78　朝日，総記事数に占めるアフリカ発の記事数とその比率，及びそこに占める外電，日本人記の記事数の比率

外円：総記事数とアフリカ発
内円：外電と日本人記事

1980年（全259件）

アフリカ発記事 (141)
外電 (37) 26.2%
日本人記事 (104)
（自社記事 (90)
共同，時事 (14)）
73.8%　54.4%

1997年（全225件）

アフリカ発記事 (155)
外電 (12) 7.7%
日本人記事 (143)
（自社記事 (114)
共同，時事 (29)）
92.3%　68.9%

表4-33 中日新聞におけるアフリカ関連総記事数に占めるアフリカ発の記事数とその比率，及びアフリカ発に占める外電の記事数とその比率，及び日本人記事数とその比率

中日新聞

	アフリカ関連総記事数	アフリカ発の記事数	総数に対する比率（％）	アフリカ発の外電の記事数	アフリカ発に対する外電比率（％）	アフリカ発の日本人記事数 (151)		
						自社記事	共同及び時事	(％)
1960年	1282	509	39.7	473	92.9	36		
						27	9	7.1
1980年	162	79	48.8	31	39.2	48		
						26	22	60.8
1997年	150	70	46.7	3	4.3	67		
						35	32	95.7
計	1594	658	41.3	507	77.1	151		
						88	63	22.9

図4-79 中日，総記事数に占めるアフリカ発の記事数とその比率，及びそこに占める外電，日本人記の記事数の比率

外円：総記事数とアフリカ発
内円：外電と日本人記事

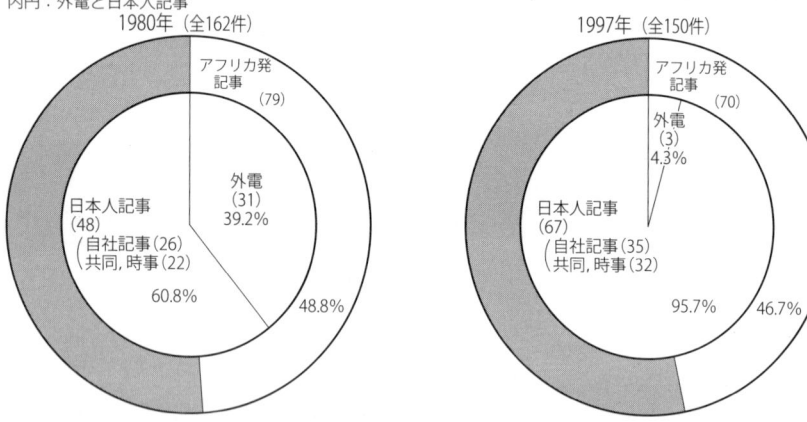

1980年（全162件）

アフリカ発記事 (79)
外電 (31) 39.2%
日本人記事 (48)
（自社記事(26)
共同, 時事(22)）
60.8%
48.8%

1997年（全150件）

アフリカ発記事 (70)
外電 (3) 4.3%
日本人記事 (67)
（自社記事(35)
共同, 時事(32)）
95.7%
46.7%

表4-34 中国新聞におけるアフリカ関連総記事数に占めるアフリカ発の記事数とその比率，及びアフリカ発に占める外電の記事数とその比率，及び日本人記事数とその比率

中国新聞

	アフリカ関連総記事数	アフリカ発の記事数	総数に対する比率（％）	アフリカ発の外電の記事数	アフリカ発に対する外電比率（％）	アフリカ発の日本人記事数 (171)		
						自社記事	共同及び時事	(％)
1960年	1043	425	40.7	382	89.9	43		
						24	19	10.1
1980年	183	90	49.2	40	44.4	50		
						10	40	55.6
1997年	137	84	61.3	6	7.1	78		
						0	78	92.9
計	1363	599	43.9	428	71.5	171		
						34	137	28.5

第3節　1980年，及び1997年の3紙の比較分析　　355

図4-80　中国，総記事数に占めるアフリカ発の記事数とその比率，及びそこに占める外電，
　　　　日本人記の記事数の比率

外円：総記事数とアフリカ発
内円：外電と日本人記事

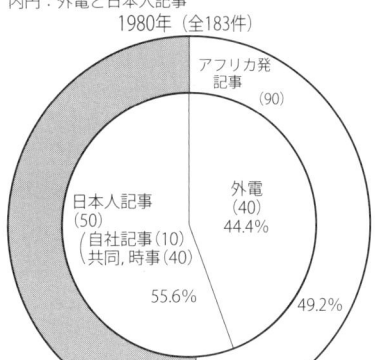

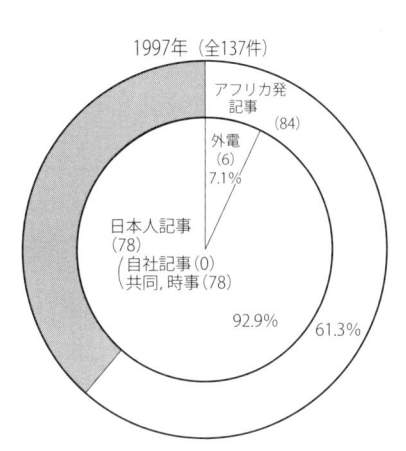

1980年（全183件）

アフリカ発記事（90）
外電（40）44.4%
日本人記事（50）
　自社記事（10）
　共同，時事（40）
55.6%
49.2%

1997年（全137件）

アフリカ発記事（84）
外電（6）7.1%
日本人記事（78）
　自社記事（0）
　共同，時事（78）
92.9%
61.3%

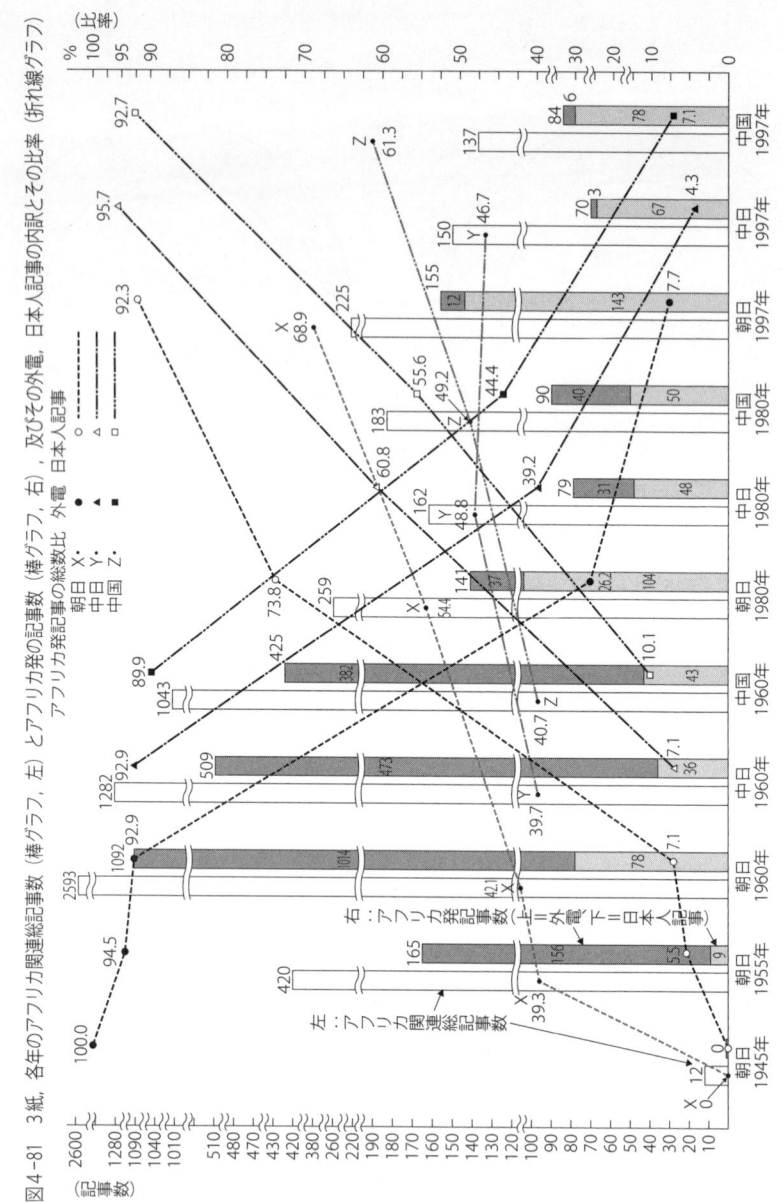

356　第4章　1980年（昭和55年），及び1997年（平成9年）のアフリカ報道

図4-81　3紙，各年のアフリカ関連総記事数（棒グラフ，左）とアフリカ発の記事の記事数（棒グラフ，右），及びその外電，日本人記事の内訳とその比率（折れ線グラフ）

第5章

結　　び

　わが国におけるアフリカ報道についてみてきた。作業を始める前に考えていたものと，異なっていたこともあるし，予想通りだったこともある。

　明治期の，それも新聞発行の黎明期に既にアフリカ関連の記事があったということは少なからぬ驚きであった。確かに，'アメリカの奴隷'に関する記述は，直接にはアフリカには関係ない。しかしそれを除いたとしても「アフリカ」，あるいは「亜佛利加」，等という文字が比較的それから時を経ずして現れてきていたのである。

　記事内容でも，西アフリカにおけるイギリスとの間に起こった，「アシャンテー戦争」などは1回だけでなく，幾日にもわたって掲載されていた。

　またアフリカを語る時，その古典的仄聞として必ず耳目の的となる，リビングストンの活動と，彼を探しに行ったスタンレーの逸話も出てきている。ほぼリアルタイムで，そのことが当時の日本に伝えられていたことは意外なことであった。

　これら明治期のアフリカ報道の特徴は，リビングストンとスタンレーの逸聞もそうだが，現実に日本人がその地に赴いて見聞して書いたものではない。つまり既にあったこと，起こったことの，「紹介」という域を出ない。そこには記述内容の正邪を問う姿勢はない。アフリカも単に，異国，外国の一つと把えられ，そこで起こったことを伝える，という程度のものでしかない。謂わば，「トピック」としての話題を提供しているのに過ぎない。

　本文中でも触れたが，明治にあってアフリカは遥かに遠く，まさに「未知」の地であり，その記事の読者は，それを「報道」（事実）ではなく，「物語」として把えていたのではないかと推測される。日本人にとって「黒い人」は，本

の中だけに出て来る人以外の何ものでもなかった筈だからだ。

　次いで，大正期，昭和の初期を越して，1945年（昭和20年）に飛ぶが，ここでのアフリカ関連の記事は予想された通り，数件でしかない。いやむしろ1件でもあったということを奇とするべきだろう。勿論，紙面が1枚＝表裏2頁でしかない当時，内容のほぼすべてが戦争関連であってみれば，アフリカものであってもそのことに関連していたのは当然のことだ。

　エジプトについての記載が多かったのは，歴史も古く，日本における知名度も高かった由と推測されるが，記事内容が‘枢軸国への宣戦布告’ということも，同国に対する無関心ではいられない理由の一つとなっていた。このことは，南アフリカについても言え，対日戦参加という記事において登場している。

　新聞は明治期にあっては，その読者層は限られた人々（経済的余裕があり，またある程度の教養人）であったし，昭和期に入っても，その特に敗戦までの数年間は，戦争関連の記事で埋められていたことを考え合わせると，誰でもが自由に，また話題豊かな，そして真実に近い新聞報道に接することができるようになったのは，極めて近いここ最近ということが言える。

　その始まりの頃，まだ日本が戦後の復興へと歩み出した1955年（昭和30年）の紙面を次に見ている。ここでのアフリカ報道は，どのようなものであったのか。

　任意に抜き取った——その前年でも，その一年後でも良かったが，戦後10年目の節目ということで——年であったが，偶然にもこの年に，記事数に大きな変化が起こっている。ある月を境にそれは見事に変じている。あたかもそのある月が分水嶺のように。それは7月という月を終えると共に始まった。

　そこまでの1月からの各月は，1，6，14，14，6，8，10と，多くても14記事でしかなかったのが，8月には，4倍を越える65記事にもなっている。そして，以後9月からは，46，116，81，48，と波はあるにせよ，7月までのような10件台ということはなくなる。その増加の中身は何か。

　それは外国通信社発の記事である。この時期，エジプト，モロッコ，アルジェリア等の，A・A＝アラブ・アフリカの記事が大きく増えている。モロッ

コ及びアルジェリアとフランスの関係を，またエジプトとイスラエルの対立を報じるものである。それらの問題はとりもなおさず国際的に強い関心を示す事柄であった。

　8月から11月まで，A・A記事がアフリカ関連総記事の8割以上を占めることになる（12月は8割に満たないが，それに近い79.2%ある）。

　また継続的な特派員によるアフリカ関連の記事が掲載されるのも，この年の9月からである。といってもこの月はまだパリやロンドン発の，アルジェリアやエジプトという，やはりA・A関連の記事においてであるが。

　こういった記事の増加と，それに伴う発信源（地）の多様化がマクブライド委員会で指摘された問題点（この頃はまだそのことを全く意識していないが）と結果的に関わってくる。

　同委員会報告は，マス・メディアが抱える多くの問題について言及している。様々な視点からマス・メディアの過去，現在を語り，未来を展望している。そのような多岐にわたるマス・メディアについての報告書であるから，その中のどこに視点を据えるかによって問題意識はガラリと変わってくる。それらの中から多くの論点を考察するのは，ここでは現実的ではなく，従って筆者は同報告にあって，関心を寄せた言葉，大切にしたい文言を指標としてこの結びを進めていく。

　記事の増加とはつまり，発展途上国にあっては，外国通信社記事が増えるということに他ならない。それが本稿中でも引用した，「マスメディアが，外国の支配下にある国は，国とはいえない」（第2章，第3節—55頁21行目）という問題と重なってくる。

　日本にあっては，それは本稿の調査年において言えば，1955年，及び1960年（昭和35年）に当たる。そしてこのことが今回の調査にあって，40年ほどの間で顕著な変化のあった事柄である。

　つまり1960年当時にはそれらの通信社からの発信記事は，アフリカ関連の総記事数の7割を越えるものだった。7割と言ってもむしろ8割に近いそれで，このことは3紙ともすべてに言えた。しかしそれは1980年，1997年と時を経

るに従って変容してくる。その依存状態が劇的に変化するのである。1997年にあっては、朝日は12.0%、中日は6.7%、中国は8.0%と、いずれも大きくその比率を減らしている。紙面に占める面積にいたっては、それぞれ7.2%、3.4%、6.7%と、3紙とも1割にも満たなくなる。

　このことだけを見て言えば、日本においては、「メディアが外国の支配下にある」ということはなくなっている。しかし、情報の「自由な流れと一方的な流れ、均衡と不均衡」(ユネスコ「マクブライド委員会」報告、邦訳書『多くの声、一つの世界』96頁6行目)は、現在でも「国際的な論争の問題点」(同頁7行目)になっていることに変わりはない。

　今調査から次に言えることは、その外国通信社への依存度合いの変容と裏表の関係にある、「自社特派員記事、及び共同通信、時事通信の記者記事」の増加である。時代を経るに従って、自前の特派員をアフリカにも送れるようになったことを意味している。朝日の記者や、中日や中国といったブロック紙、地方紙からの依存度合いの強い共同や時事の記者にあっては、アフリカにあっても、そこがニュースの源であれば、かなり特殊な地域であっても、出向くようになっている。このことは記事をより正確なものにしている。

　日本には自前の特派員を頻繁に送れなかった時代があった。

　そして現在でもそのような状況が発展途上国では見られる。そのことの結果として起こる情報の不均衡に対して、途上国側から強い不満が出て来ている。そのことの質的なものとして、次のようなことがある。

　「実際に出されるニュースが時として、現実を大いにゆがめているとする点」や、「ニュースは政治問題に集中し、一般に危機、クーデター、暴力闘争など」(前掲書、274頁1行目)を取り上げているという点である。

　そのことに対する国際的討議が行なわれているが、その焦点、主要なテーマは、「一部の強力で、テクノロジーの進歩した国々が、その優越性を利用して、他の国々の国家的独自性を脅かす、ある種の文化的、イデオロギー的支配を行っている」(同書、98頁14行目)という観点から出発している。これはつまり、情報の内容が主要な先進国によって作られるという指摘であり、発展途上国のイメージはしばしば誤った歪曲されたものになっているということを語ってい

るのである。

　個々の記事内容はどうであれ，1960年においてはアフリカ報道の8割近くを外電に依存していた現実を考えると，結果としてそのような虞れのある報道がなされていたことは否定できないだろう。

　ここに言う，強力で，テクノロジーの進歩した国による脅威や支配，とはどういうものであるのか。

　「一部の民族的ないし言語的な少数者集団は，情報の流れの制限から被害を受けている。なぜなら既成の径路は彼らのニーズを満たし，その文化的伝統を考慮に入れた形の情報を提供しないからである。これは故意の差別（一部の言語は独裁的な政府によって禁止されている），過度の中央集権化，多数者集団によるメディアの支配，無視と無関心，あるいは適当な職業要員の不足の結果かもしれない。辺地の住民もまた，コミュニケーション施設が適切でないため，十分な情報を与えられそうもない」（同書，260頁19行目）

　と言うことに集約される――このことはもちろん，今すぐにでも改善されなければならない。先進国と途上国間の情報の流れはあくまでお互い，対等な関係，民主的な関係であるはずだからだ。

　同報告が指摘することの中に，途上国についての報道がマイナス・イメージを与えるものに偏重している，というものがある。そのことを検証することも本稿のテーマの1つである。

　1945年から，5つの時点（は朝日のみで，中日，中国は3カ年だが）での新聞報道を調べてきたが，朝日，中日，中国の，そのすべてのアフリカ関連記事の合計数はいくつになるのか。朝日は 12 + 420 + 2593 + 259 + 225 = 3509記事。中日は，1282 + 162 + 150 = 1594記事。中国は，1043 + 183 + 137 = 1363記事。3社を合わせると，6466記事（3509 + 1594 + 1393）である。

　内容における区分けでみると，X群は朝日で2140，中日で1028，中国は，933で合計4101である。全体の63.4％を占める。マイナス・イメージのX群の方が多いのは予測されたことである。そうでないY群は残り36.6％ということになるが，マイナス・イメージを与えないといっても，それは決して「プラス」な記事という訳ではなく，ニュートラルな，ということである。

つまりこれだけの記事を調べても,ほとんど積極的な意味でのポジティブな記事はなかったのである。これは意外なことかもしれないが,遠い日本にあってはそのような内容の記事は,選択されないとも言える。たとえばアフリカのどこかの国で,経済が伸長したといっても,それを報じる意味は日本には大してない。

　そう考えると,今後も日本におけるアフリカ報道のあり方に大きな変化はないと考えられる。メディアがニュースを選んでいる,といわれても仕方のない結果が出ている——マイナス・イメージを与える記事が多いということ。現実に紛争,内乱,暴動が起こっていることもあるが,しかしもっと別の視点からアフリカを報じてもいいのではないか,という思いがある。

　ここで同報告の中で筆者が心に留めておきたいと思った文章をいくつか記す。それはメディアの役割について触れた部分である。

　「世界の世論は,多くの国に共通する国家的問題（低開発,飢えと栄養不良,社会的不平等,エネルギー危機,青少年問題）または国際的規模の問題（開発のための協力,全面軍縮,新経済秩序の樹立,非植民地化,その他）をめぐって徐々に形成されている」（360頁18行目）

　「メディアはこれらの問題のすべてについて,公衆の態度と意見を考慮する道義的,政治的な責任を持っている。（略）。もし西側工業諸国の多くが発展途上世界の関心事について,わずかな注意しか払わないとすれば,これはある程度までメディアのせいではないだろうか?」（361頁11行目）

　「われわれの時代の不可避的な問題（筆者注:平和の精神と平和を維持する意思——平和の擁護,他）を人々に理解させ,解決させるというメディアに課せられた仕事」（321頁12行目）を回避することなどできない。

　メディアは平和に対する関心を政治だけに任せず,モノ言える公衆を育ててもいる（＝要約,322頁7行目辺）。

　「メディアの第一の機能はつねに公衆に対し,重要な事実——たとえそれが不愉快あるいは不安なものであっても——を知らせることである」（323頁5行目）

*　メディアは公衆に事実を知らせ，途上国への関心を払わせ，国際的規模の問題に目を開かせる役割を負っている。途上国の負の面ばかりを報ずるのは疑問があるのではないかと思う。

　ここで同報告を別の観点から，あるいは客観的に見るために，同報告について語る他の文献をみてみる。
　「主権，主体性，独立が公的な政治決定から生じるだけでなく，おそらくもっと文化的・経済的生活の状況……要するに，各国の総体的開発が，次第にかみ合うような形で影響を及ぼす状況から発生するだろう，ということを多くの人たちは悟るようになっている」（アンソニー・スミス著，小糸忠吾訳『情報の地政学』245頁1行目。アンダーライン，筆者。以下同じ）
　この文章こそマクブライド報告の中心問題を要約している。そして，次のような文章が続く。
　「新国際情報秩序の大義は，情報構造がどのようになっているかによって，各国が成長するかしないかが決まるということが分かるにつれ，強化される」（同書，245頁7行目）
　「『不平等はどこにも，あらゆる社会に，あらゆる階層に，各国内に，各国間に，各地域内，各地域間に存在する』
　厄介なのは，問題の巧妙（だが公正）な言い直しが，決議と同じではないということである。同報告は実際的な示唆を提示する。その多くはそれ自体が適切であり有効であるが，不均衡，不平等あるいは妨げられた流れを取り除くのには役に立たない。『頑強に，忍耐強くこれらを少なくするよう努力することが肝要である』。たしかにそうであるが，願望はめったに事実を生じさせないし，もっとも間違っている人が，注意を払うことはありそうもない。いずれにせよこれらの問題は，歴史に，人間の態度をはぐくむ風土にあまりにも深く根ざしているので，今までになかったような世界勢力の大変革がなければ，これらの不平等が逆転されることは期待できない」（同書，245頁13行目）

　これらの文章を読んだあとで，次の記述はひどく示唆的に映る。

1980年の朝日新聞をチェックしている時，目にした記事である。「西欧合理主義への反省」という小見出しがある。

——西洋以外の思考に，それなりの正当性があることを私は主張してきた。ひとつの文化が世界を支配することは，危険だからだ。文化にとって大切なのは，多様性である。例えば十年ほど前，第三世界で「緑色革命」という農業革命があった。これは最も生産性が高い品種だけを人工的に栽培したが，環境変化や病気などでその品種が絶滅したとき，それに代わる品種がなくなるなどの理由で革命は失敗した。

カナダの太平洋岸では，西洋医学者と呪術的要素を持った民間療養の医師が，協力して病気をなおしている例がある。というのはそれぞれの文化によって病気の社会的働きが違うため，西洋医学では効果があがらない場合もあるからだ。私は，西洋文明の最大の失敗は「合理主義によって完全に合理的社会を作ることができる」という信念にあったと思う。人間にとって，非合理的な部分が多くの役割を果たすことを，理解しなかったのだ。現在の危機は，人間の非合理的な部分からの復しゅうではないだろうか——

フランスの人類学者，クロード・レヴィ＝ストロース教授に聞く；『なぜ日本研究が必要か』より——《1980年3月15日（土），夕刊，第5面「文化」欄》

お互いがお互いの文化や伝統・習俗を認め合い，尊重し合うことが（文化の違いはあまりにも深い風土に根ざしているのだから），ひいては情報を含む，不均衡，不平等を解消する道だと思う。非合理であるものも「非合理である」という存在価値を認め，民間療養も同様に，である。そんな多様性を認め合う関係が築かれた時，真の国際情報秩序は達成されるだろう。

1980年にマクブライド報告が発表されてから，18年が過ぎてもなお，この問題が解決されたとは聞かない。それだけ難しい様々な事柄を含んでいる。しかし，不均衡や不平等が解消されることを望まない者はいない。

ここから再び，今回の調査結果から判然としたことを述べる。
　「外電記事と特派員記事の違い」は，1955年時点で既に顕著になっている。つまり外電の1記事に占める面積が $10cm^2$ 前後，多くても $20cm^2$ を僅かに超える程度であったのに対し，特派員記事は，$100cm^2$ に近い，あるいはそれを超えているのである。つまり1記事に込める内容が濃いということである。各種の問題を，特派員の目から見て，深く掘り下げた記事を書いているといえる。そしてこれは年を経ても変わることのない特徴となる。
　1955年11月からカイロ特派員電として（今調査において）初めて大陸から記事が送られて来ている。エジプトを含む中東をカバーするものである。
　次に言えることは，このサンプルの3カ年（60年，80年，97年）でみる場合，アフリカ関連の記事そのものの数が減っているということである。1960年は世界的にアフリカが注目された年であり，従って朝日にあっては，月平均200記事を超える年間2600（2593）に近い記事が掲載されていたが，97年にあっては4ヵ月で225，年間にすると（単純に3を掛けると），675で，1/3以下に減っている。このことは中日にあっても，1282が450（150×3）と1/3に近い数に，中国にあっては，1043が411（137×3）と，4割ほどに減っている。
　但し，1記事当たりの面積量という点から言うと，60年当時に比べると2倍以上に増えていて，中身の濃い――内容への言及が多い――記事となっていることが窺える。
　「全国紙，ブロック紙，地方紙という観点からの比較」では，やはりその順に記事数の多少が存在する。但し，既に触れているが，全国紙とブロック紙の差ほど，ブロック紙と地方紙の間には数，面積とも差は存在しない。むしろ地方紙の方が多いことさえある。従って情報量という場合，全国紙を多とすることは可能だが，以下2紙の比較では，さほどの違いはない。これは今回調査してみて明らかになったことの一つである。

　次に，そしてこのことが筆者にとっての大きな関心事の一つであったが，「報道される国の掲載頻度」である。アラブ・アフリカに関しては，その国数で言えば，大陸における割合は少なく（エジプト，アルジェリア等，本論では

8つ＝地域を含む＝しかない），ある程度予測されていた。そして確かにアルジェリアとエジプトの2国とで，このサンプルの年にあっては，過半数以上を常に，それは3紙とも，占めていた。

　関心は，B・A，ブラック・アフリカにおいてはどうであったか，である。ここで筆者は意外な国名を目にする。ニュース報道にあって，日本に伝えられたアフリカで予想もしていなかった国名が頻繁に登場していた。それは1960年の朝日にあっては，ザイール，南アフリカ，ガーナ，エチオピア，の次にくる（「アフリカ全体」項を除く），69件。中日にあっては，ザイール，南アフリカ，エチオピア，ガーナの次にくる，26件。中国にあっては，ザイール，南アフリカ，エチオピア，の次にくるガーナと同数の，20件という頻度で出て来ていた国。

　ギニアである。一般の日本人にとっては，もっと知られたアフリカはある。たとえばケニアであり，そしてナイジェリアとかリベリアの方がギニアよりは知る人は多いように思われる。これは何を意味するのか。アフリカ内にあってはギニアの国家的地位は低くないということを示唆している。勿論当時の記事内容が，同国の社会主義化，という西側にとって最も神経質にならざるを得ないものであった故のことだったが。

　実際，80年には中国新聞に1回登場しただけで，他2紙には掲載はなく，また97年にいたっては，3紙ともその国名の記事は皆無になっていることを考え合わせると，やはり西側にとっての関心の有無如何が掲載基準になることを示唆している。

　ここで60年，80年，97年の朝日における，A・A，及びB・Aの掲載頻度の高かった国，上位3国を挙げる（サンプル3カ年の合計記事数で見る）。

　A・Aは，第1位は，アルジェリアで403。これはA・A3カ年の総記事数891の45.2％に当たる。第2位は，エジプトで246，比率は27.6％。第3位は，サハラで128，同14.4％。つまりこれら3国（地域）で，全体の87.2％を占めている。

　B・Aは，第1位は，ザイールで1148。これはB・A3カ年の総記事数2186の52.5％に当たる。第2位は，南アフリカで210。これは総記事数の9.6％。

第3位は，アフリカ全体の104で，これは4.8％である。ザイールは5割を超え，第2位は1割にも満たない。いかにこの調査の3カ年においてザイールが報道の対象になっていたかが分かる。

B・Aの場合，大陸から離れた小島を除けば，すべての国名が一度は登場していた。その頻度に差はあるにせよ，また内容に濃淡はあるにせよ，何らかの記事として伝えられていたことは，やはり存在を認められている，無視されていない，ということであり，筆者にはほっとするものがある。

次に，「発信地と記事内容の関係」について触れたい。

A・Aにおいてはその多くが，カイロ発，アルジェ発であり，前者はイスラエル（パレスチナ）関連，南の比較的近隣国スーダン，エチオピア，エリトリア，ソマリア関連，そして国内のアスワンダム，各ピラミッド等の遺跡関連が多く，後者は，そのほとんどが国内の暴動・騒乱関連の報道である。

A・Aでは「エジプト」と「それ以外の国」，と分けることが内容的には適切である。エジプト発にはトピック的記事も多く発信されているが，アルジェを含む，チュニス，及びモロッコ各地からの記事は，地震を含めて，国内混乱，テロ・虐殺などの，はっきりとマイナス・イメージを与える内容のものが多い。

B・Aでは，60年には圧倒的にザイール（コンゴ）関連が多く，それはザイール国内からは現地報告であり，状況を詳細に伝えるものである。ザイール以外では南アフリカのヨハネスブルグやケープタウン等から配信があるが，これも多くが暴動関連である。

発信地によって記事内容が顕著に異なるのは，アフリカ以外からのアフリカ関連記事であり，それはたとえば，NYからなら国連の動きを伝えるものであり，ワシントンならアメリカの対応を報じるものであり，フランス発の場合は，アルジェリアやモロッコ，チュニジアに対する植民地政策の方針を伝えるものである。ロンドン発も同様に，イギリスの旧英領植民地に対する方針関連であり，当該国との交渉，協議等の内容となっている。

以上のように先進国発のアフリカ記事は，それら各国（及び，国連）の対応を報じるものであり，アフリカの現状を伝えるものとは当然異なる。尚，アフ

リカ以外からの発信としては，以上のアメリカ，フランス，イギリスで，その9割以上を占める。

日本の場合で見てみると，「本社執筆記事と特派員現地電との違い」では，やはり現地発の記事の方が，個々の状況を詳細に伝えているし，臨場感もあるものとなっている。本社記事はアフリカの状況を概略的に，全体的に把える視点で書かれているものが多い。

「社説」において登場する場合は，憂慮させる状況に対するその対応策，国際世論の方向性を示す内容となっている。

但し本社記事でも，元あるいは前特派員の書くものには，現地発記事に近い状況の解説をするものが多い。60年について言えば，ある期間派遣されていた記者の書く連載特集記事には，派遣当該国の習慣，習俗，文化を伝えるものとして，アフリカ理解に役立つと思われるものがある。

アフリカ報道が，その紙面の国際面に占める割合は，その時起こっている他の国際的事柄の軽重に関わっている。もし極めて重要な事件，問題，事柄が他地域で発生していれば，それは脇へ追いやられる。あるいは全く報道されない。例えば，1998年5月に東アフリカ一帯を襲った大洪水（これはケニアに限っていえば大きな被害をもたらした）を，日本のマス・メディアはほとんど取り上げなかった。この頃，日本の国際面を大きく飾っていたのは，「インドの地下核実験」(11日付)，「英・バーミンガムでサミット開幕」(15日付)，「インドネシア国会議長，大統領に辞任要求」(18日付)，そして「スハルト大統領辞任」(21日付)，「北アイルランド，和平案を承認」(23日付)，「パキスタンも核実験」(28日付)，という記事であり，アフリカのその状況（水害）は顧みられる（報道される）ことはなかった。

日本の国際面を飾る比率は，上記の例も示すように，特段の事柄がない限り，アメリカ，欧州，アジア関連ものでその大部分は占められる。それ以外のアフリカを含む，オセアニア，南アメリカの記事は，ベタ記事扱いが多い。これは第2次大戦後から一貫して変わることのない事情である。

そう考えると，1960年は特別な年だったということができる。朝日につい

て言えば，あの年間 2600 にも近い配信があった時の総面積は 76827.49cm^2 で，これは 93 面と 2.3 段分あり，1ヶ月にすると，7 面と 11.4 段分がアフリカ関連で占められていたことになる。

　これを同年の最多月，9 月にとってみると，11348.13cm^2 で，この面積量は 1 日平均では (30 日で割ると) 378.271cm^2 で，これは 6.88 段分である。つまり毎日毎日約 7 段分をアフリカの記事が埋めていたことになる。これは国際面が 1 頁であった当時，その約半分の面 (7/15) を占めていたことになる。

　米ソ冷戦の真っ只中にあって，独立への気運高まる 1960 年のアフリカは世界の注目を集める揺籃の時であった。他の (国際) 記事を置いても，「アフリカ」が伝えられていたある意味で最も，アフリカにスポットの当たった (それは全世界的に) 時だった。以後，1980 年，1997 年時においては，そのようなことはなくなっている。

　再び，マクブライド報告の文章を見てみる (メディアの役割について)。
「すべての人権を守ることは，メディアの最も重要な任務の一つである」(474 頁 7 行目)。
　情報の不均衡，不平等が解消されることは，より確かな国際的な安寧をもたらす。同報告はこのことにも触れている。
「あらゆる国の普通の人々——これは『敵』とされている国を含んでいる——は平和な生活に対する熱望を共有している。この願望は，もし動員され，表明されるならば，政府の行動にも影響を持つことができるのである。これらの言葉は，自明のようにみえるが，<u>もしそれがメディアにもっと持続的に現われるならば，平和はより安泰となるであろう</u>」(323 頁 11 行目)。
　メディアも人が管理するものであるならば，人間としての最終目標は，世界平和であるに違いない。そのことに貢献するメディアであって欲しいと思いつつ，この稿を閉じたい。

370　第5章　結　び

表5-1　朝日、中日、中国、3紙の各項目別総記事 (件) 数比率の一覧

朝日 年	総記事数	A・A・B・A比率			X群、Y群比率				ニュースソース別比率				アフリカ発の比率				アフリカ発のうち日本人記事比率		
		A・A (%)	B・A (%)		X群 (%)		Y群 (%)		日本人記事 (%)		外電 (%)		アフリカ発 (%)		それ以外発 (%)		日本人記事 (%)		外電 (%)
1945	12	10 (83.3)	2 (16.7)		9 (75.0)		3 (25.0)		11 (91.7)		1 (8.3)		0 (0)		12 (100.0)		0		0
1955	420	377 (89.8)	43 (10.2)		223 (53.1)		197 (46.9)		53 (12.6)		367 (87.4)		165 (39.3)		255 (60.7)		165		9 (5.5)		156 (94.5)
1960	2593	726 (28.0)	1867 (72.0)		1640 (63.2)		953 (36.8)		553 (21.3)		2040 (78.7)		1092 (42.1)		1501 (57.9)		1092		78 (7.1)		1014 (92.9)
1980	259	113 (43.6)	146 (56.4)		124 (47.9)		135 (52.1)		201 (77.6)		58 (22.4)		141 (54.4)		118 (45.6)		141		104 (73.8)		37 (26.2)
1997	225	52 (23.1)	173 (76.9)		144 (64.0)		81 (36.0)		198 (88.0)		27 (12.0)		155 (68.9)		70 (31.1)		155		143 (92.3)		12 (7.7)
計	3509	1278 (36.4)	2231 (63.6)		2140 (61.0)		1369 (39.0)		1016 (29.0)		2493 (71.0)		1553 (44.3)		1956 (55.7)		1553		334 (21.6)		1219 (78.4)

中日 年	総記事数	A・A (%)	B・A (%)	X群 (%)	Y群 (%)	日本人記事 (%)	外電 (%)	アフリカ発 (%)	それ以外発 (%)	日本人記事 (%)	外電 (%)
1960	1282	351 (27.4)	931 (72.6)	906 (70.7)	376 (29.3)	275 (21.5)	1007 (78.5)	509 (39.7)	773 (60.3)	509	36 (7.1)	473 (92.9)
1980	162	95 (58.6)	67 (41.4)	47 (29.0)	115 (71.0)	101 (62.3)	61 (37.7)	79 (48.8)	83 (51.2)	79	48 (60.8)	31 (39.2)
1997	150	57 (38.0)	93 (62.0)	75 (50.0)	75 (50.0)	140 (93.3)	10 (6.7)	70 (46.7)	80 (53.3)	70	67 (95.7)	3 (4.3)
計	1594	503 (31.6)	1091 (68.4)	1028 (64.5)	566 (35.5)	516 (32.4)	1078 (67.6)	658 (41.3)	936 (58.7)	658	151 (22.9)	507 (77.1)

中国 年	総記事数	A・A (%)	B・A (%)	X群 (%)	Y群 (%)	日本人記事 (%)	外電 (%)	アフリカ発 (%)	それ以外発 (%)	日本人記事 (%)	外電 (%)
1960	1043	304 (29.1)	739 (70.9)	794 (76.1)	249 (23.9)	242 (23.2)	801 (76.8)	425 (40.7)	618 (59.3)	425	43 (10.1)	382 (89.9)
1980	183	107 (58.5)	76 (41.5)	70 (38.3)	113 (61.7)	104 (56.8)	79 (43.2)	90 (49.2)	93 (50.8)	90	50 (55.6)	40 (44.4)
1997	137	39 (28.5)	98 (71.5)	69 (50.4)	68 (49.6)	126 (92.0)	11 (8.0)	84 (61.3)	53 (38.7)	84	78 (92.9)	6 (7.1)
計	1363	450 (33.0)	913 (67.0)	933 (68.5)	430 (31.5)	472 (34.6)	891 (65.4)	598 (43.9)	765 (56.1)	599	171 (28.5)	428 (71.5)

図5-1 表5-1に対応するグラフ

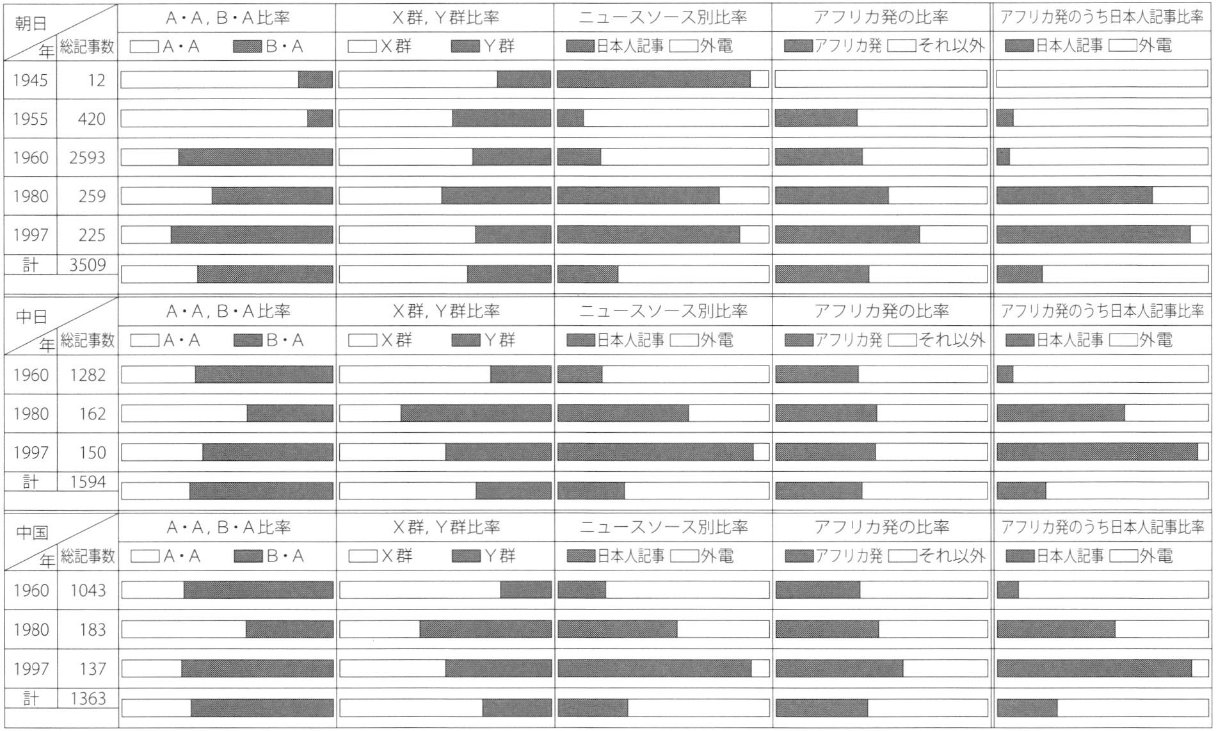

	年	総記事数	A・A、B・A比率 □A・A ■B・A	X群、Y群比率 □X群 ■Y群	ニュースソース別比率 ■日本人記事 □外電	アフリカ発の比率 ■アフリカ発 □それ以外	アフリカ発のうち日本人記事比率 ■日本人記事 □外電
朝日	1945	12					
	1955	420					
	1960	2593					
	1980	259					
	1997	225					
	計	3509					
中日	1960	1282					
	1980	162					
	1997	150					
	計	1594					
中国	1960	1043					
	1980	183					
	1997	137					
	計	1363					

372　第5章　結　び

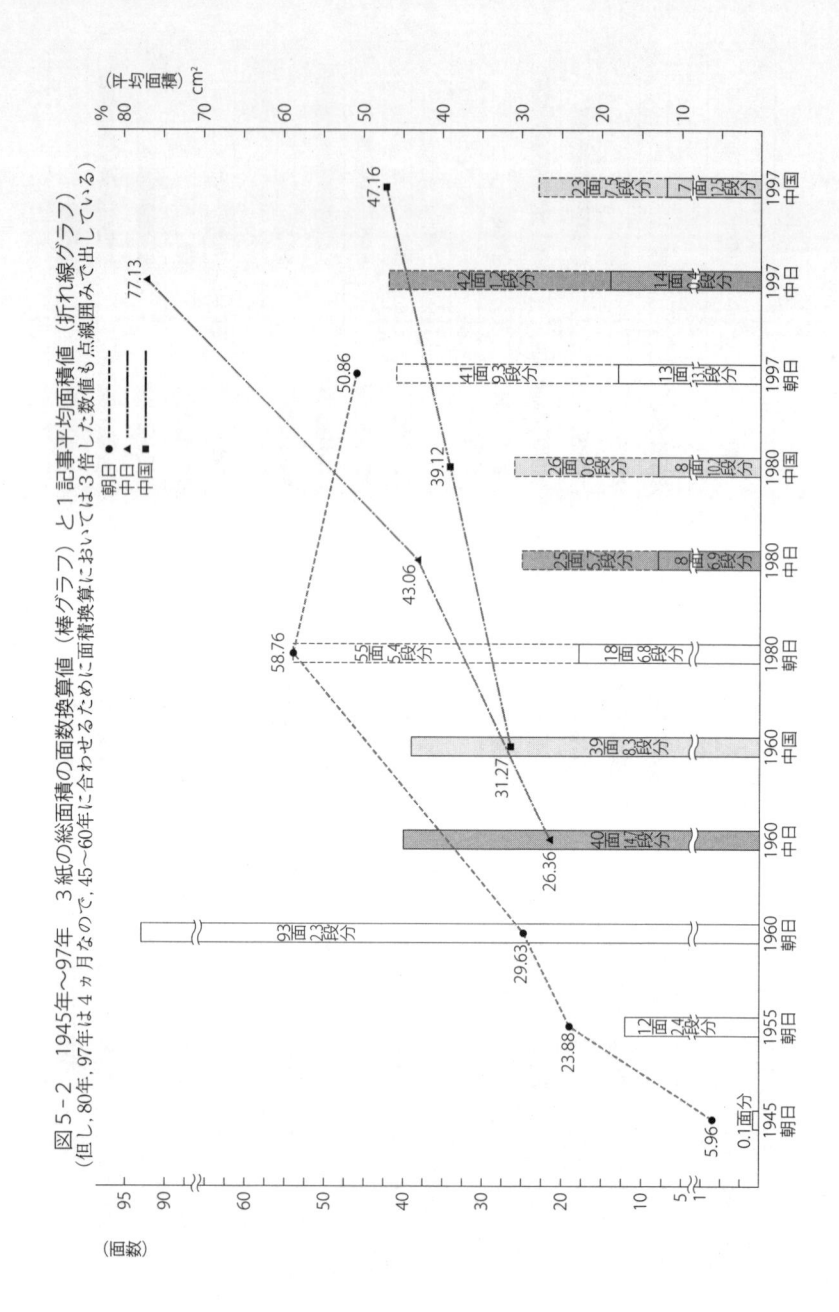

図5-2　1945年～97年　3紙の総面積の面数換算値（棒グラフ）と1記事平均面積（折れ線グラフ）
（但し、80年、97年は4ヵ月なので、45～60年に合わせるために面積換算においては3倍した数値も点線開みで出している）

参考文献

アンソニー・スミス著, 小糸忠吾訳『情報の地政学』TBS ブリタニカ, 1982
アンリ・ラブレ著, 山口昌男訳『黒いアフリカの歴史』白水社, 1962
石川旺『パロティングが招く危機:メディアが培養する世論』リベルタ出版, 2004
今西錦司・梅棹忠夫編『アフリカ社会の研究』西村書店, 1968
岩村忍『秘境を探検した人々』さ・え・ら書房, 1965
浦野起央『アフリカ国際関係論』有信堂, 1975
エベレット・M・ロジャース著, 宇野善康 他訳『イノベーションの普及学』産能大学出版部, 1985
エリザベス・ノエル・ノイマン著, 池田謙一訳『沈黙の螺旋理論』ブレーン出版, 1988
エリュー・カッツ, ポール・F・ラザースフェルド著, 竹内郁郎訳『パーソナル・インフルエンス』培風館, 1968
小田英郎編『アフリカの政治と国際関係』(「アフリカの21世紀」3) 勁草書房, 1991
川田順造『アフリカ』(「地域からの世界史」9) 朝日新聞社, 1993
楠原彰『アフリカは遠いか』すずさわ書店, 1981
佐藤毅『マスコミの受容理論』法政大学出版部, 1990
佐藤誠『飢餓からの解放——南部アフリカの自立と協同組合運動』芽ばえ社, 1984
ジョセフ・T・クラッパー著, NHK放送大学研究室訳『マス・コミュニケーションの社会理論』日本放送出版会, 1966
聖心女子大学キリスト教文化研究所編『アフリカとの対話』(「宗教文明叢書」2) 春秋社, 1990
竹内郁郎『マス・コミュニケーションの社会理論』東京大学出版会, 1990
竹内郁郎・児島和人・川本勝 編著『ニューメディアと社会生活』東京大学出版会, 1990
タモツ シブタニ著, 広井脩 他訳『流言と社会』東京創元社, 1985
土屋哲『近代化とアフリカ』朝日新聞社, 1978
デービット・ウィーバー 他著, 竹下俊郎訳『マスコミが世論を決める』勁草書房, 1988
永井浩『アジアはどう報道されてきたか』ちくまプリーマーブックス, 1998
西川潤『アフリカの非植民地化』三省堂, 1971
西川潤編『アフリカの独立』平凡社, 1973
沼沢均『神よアフリカに祝福を』集英社, 1995
バズル・デヴィッドソン著, 内山敏訳『古代アフリカの発見』紀伊國屋書店, 1961
ハドリー・キャントリル著, 斉藤耕二・菊池章夫 共訳『火星からの侵入』川島書店, 1971
林晃史『アフリカの歴史』(「アフリカの21世紀」1) 勁草書房, 1991
春原昭彦『日本新聞通史:1861年～2000年』新泉社, 2001
福井聡『アフリカの底流を読む』ちくま新書, 1996

藤田博司『アメリカのジャーナリズム』岩波書店，1991
ヘンリー・M・スタンリー著，仙名紀訳『緑の魔界の探検者——リビングストン発見記』小学館，1995
ボーム著，川田順造訳『アフリカの民族と文化』白水社，1961
ポール・F・ラザースフェルド 他著，有吉広介監訳『ピープルズ・チョイス』芦書房，1987
宮本正興・岡倉登志編『アフリカ世界——その歴史と文化』世界思想社，1984
宮本正興・松田素二編『新書アフリカ史』講談社，1997
矢内原勝編『「アフリカナイゼーション」の意味と現実』アジア経済研究所，1973
山口昌男『黒い大陸の栄光と悲惨』(「世界の歴史」6)講談社，1977
米山俊直『アフリカ学への招待』NHKブックス，1986
ロバート・K・マートン著，柳井道夫訳『大衆説得』桜楓社，1973

NHK『日米テレビ報道比較研究——テレビは相手国をどう伝えているか——』日米テレビ報道比較研究委員会，NHK放送文化研究所，マンスフィールド太平洋問題研究所，日本民間放送連盟研究所，NHK情報ネットワーク，1995年2月13日
ユネスコ「マクブライド委員会」報告，永井道雄監訳『多くの声，一つの世界』日本放送出版協会，1980

あ と が き

　1995年1月，阪神淡路大震災が起こり，同年3月，東京で地下鉄サリン事件が発生し，この年は年明けと共に世間を揺るがす大きな天災・事件が相次いだ。このことは私に都市の脆弱性と予期しない危険がどこにでもあることを，その被害者になる可能性がどこにでもあることを知らしめた。そして後者の事件から，メディアの報道姿勢を深く考えさせられるに至った。

　後者の事件はオウム真理教によるものと，のちに判明したが，その数年前から起こっていたいくつかの不可解な事件——1989年11月に起こった，横浜市の弁護士一家三人の失踪事件。95年2月の品川区の公証役場事務長拉致事件等——も同教団によるものと一部指摘されながら，警察は積極的な対応・対策を示して来なかった。そしてこのことはマス・メディアも——積極的に報道しなかったということにおいては——同様だった。

　それどころか警察は，その前年（94年）6月に起こった「松本サリン事件」では，その発生現場に近隣する一般住人（第一通報者）を被疑者として捕えた。確たる証拠もないのに，隣接するというだけで，また化学薬品を所持していたというだけで，その隣人（K氏）を拘束した。

　そしてその後は例のメディアの力によって，犯人に仕立て上げられていった。このことはその一連の犯罪がオウムによるものと判明するまで続いた。このK氏もその時から報道被害者の一人となった。

　昔から，メディアと報道被害の，そのことの常在性，常態性は言われて来ていた。

　警察による冤罪事件も繰り返されている。結果として真犯人は別に居た，ということが判明しても，一時犯人扱いされた者の名誉はなかなか回復されない。いや，原状（もと）に戻すのはその疑いが払拭されても不可能と言える。一度そのことでマス・メディアに取り上げられたからには，それまでの平穏，平静な時間は甦っては来ない筈だから。

こういった状況を目にする度，メディアに対する不信は自然に高まっていったのだった。果たして，"今伝えるそれは真実の報道をしているのかどうか"。そこには何らかの作為が働くこともあるのではないかと。
　そういった思いから，報道について検証・研究してみたく，本学に入学した。
　各講義で，メディアのあり方，メディアの特性，情報の流れ，情報の質，送り手側による大衆操作等，様々なことを学んだ。特に大衆に影響力の大きい，テレビ及び新聞報道のあり方には多くの時間が割かれた。
　"メディア・リテラシー"という言葉も一部伝えられ出している。受け手側の情報判断処理に関するものである。メディアから出される情報を正確に読み解く能力ということである。

　私はここでの研究として，日本からは距離的にも心情的——関係性的，歴史的——にも最も遠い地域の一つである"アフリカ"を取り上げた。伝えられるその情報の質や頻度を考察して，日本にとってそこはどのような存在であるのかを，またそこでの情報がどのような経路を経て，日本に伝わるのかを，「マクブライド委員会」のいう"情報主権の獲得"の観点から見つめていった。
　必ずしも多くのサンプルによる検証ではなかったが，いくつかの傾向をそのことによって確認することはできた。
　一つの結論めいたことだが，日本における「アフリカ報道」は，その質・内容においては，戦前・戦後を通じて大した変化はないということである。それはとりも直さず，それだけ距離的に遠く，また心情的にも距離があるということを現代においても物語っているのである。
　確かにアフリカで起こる内乱・紛争は日本に殆ど関係はない。中東でのそれのように，"石油"の輸入に影響が生じる訳ではないのだから。
　しかし全地球的観点から考えれば，遠い処で起こっていることに対しても，強い関心を持つということが，今後のこの国の生き方，行き方を考える時，重要で必要なことなのではないかと思えている。
　日本とアフリカを考える上で，本稿が何がしかの意味を与え得れば幸いである。

尚，本書は，1999年1月提出の修士論文を基に，いくつかの文章を，また新しい考察を加えたものである。表や図においても，改めて提示したものがいくつもある。重複気味のそれが多々あることを，ここで断っておきたい。

　文章上でのことだが，本来なら「本書」とすべき処を，「本稿」あるいは「本論」としている。もともとは論文として書いたものである為に，その言葉をそのまま使用した。前後の脈絡からも，また感覚的にも「本書」とするのには違和感があって……。「本稿」あるいは「本論」とした方が──筆者の感性に合い──しっくりしたからだ。

　この「あとがき」と「参考文献」以外は，その殆どが1997〜1998年の時点での記述である。従って，2004年の今からは時系列的にはおかしな処もあるが，1997〜1998年に書かれたものと思って，読んで頂きたいと思っています。

　上智大学文学部新聞学科教授，藤田博司先生，そして石川旺先生には本論を書き上げるに際して多くの御指導・御教示を頂きました。深くお礼申し上げます。

　両先生には他学生と共に学校を離れても，多くの時間を過ごさせて頂きました。講義とはまた別なお話は，講義に勝るとも劣らない知識の糧を私たち学生に与えました。そしてそれは卒業したあとの現在にも続いています。重ねて深くお礼申し上げます。

　石川先生にはさらに公私にわたってお世話になりました。いつでも気に止めて下さっている御厚情に深謝致します──先生とお会いしたことが，マス・メディアと個人を強く考え始めるキッカケでした。

　また現在は既に退職された同学科教授，春原昭彦先生にもお礼申し上げます。新聞の歴史の講義は──その広い知識と深い経験に基づかれた講義は──，毎時間新鮮な感動を与えました。御退職前にその講義を一年間拝聴できた幸運をかみしめています。

　同大学院に同期入学した韓国人留学生，徐亨錫氏にはコンピュータ操作に関して多くのアドバイスを頂きました。ユーモアに，また豊かな人間性に満ちた同氏に出会って，より楽しい学園生活を送ることができました。お礼申し上げ

ます。

　同じく韓国人留学生，韓永學氏——には，韓国を訪れた時，同氏の御実家に泊まらせて頂きました。韓国の家庭の味を満喫させて頂きました——，他，同国からの留学生，中国からの留学生，台湾からの留学生，そして勿論日本人院生，それぞれ当時共に学んだ人たちにお礼申し上げます。貴重な時間となっております。

　本論を出版するに当たって，学文社の三原さんに，大変お世話になりました。多くの表及び図，またグラフの頁割は大変な作業だったと想像されます。
　しかしいつも乍らの手際の良さで——入稿から，数回の校正作業を経て，約一年半後に完成したことを記しておきます——，完璧に処理して下さりました。論文とは違った体裁になり，それとは違った印象を与えています。厚くお礼申し上げます。

　　2004年6月

　　　　　　　　　　　　　　　　　　　　　　　　　　　著　者

鈴木　正行
1949 年　東京生
1988 年　明治大学法学部（二部）卒業
1991 年　早稲田大学第二文学部卒業
1999 年　上智大学大学院文学研究科
　　　　　新聞学専攻・博士前期課程修了
著書に　『アフリカ漂流』全 6 巻（学文社）
　　　　『マダガスカルの風』（学文社）他がある。

日本の新聞におけるアフリカ報道
マクブライド委員会報告の今日的検証
──外国通信社への記事依存度の変遷を視座にして──

2005 年 10 月 1 日　第 1 版第 1 刷発行

鈴木　正行　著

発行者	田中　千津子	〒 153-0064　東京都目黒区下目黒 3-6-1 電話　03 (3715) 1501 (代)
発行所	株式会社 学文社	FAX　03 (3715) 2012 http://www.gakubunsha.com

乱丁・落丁の場合は本社でお取替します　　　印刷所　新灯印刷
定価はカバー，売上カードに表示

ISBN 4-7620-1446-X

鈴木 正行

アフリカ漂流

アフリカ乞食行　〔全6巻〕

「あふりか浮浪（全6巻）」改版
各巻　四六判並製カバー　本体各850円

第Ⅰ部　エジプト、スーダン、ケニア、ウガンダ、ルワンダ、ブルンディ、タンザニア（一九八一年三月～同年十月）

第Ⅱ部　ザンビア、マラウィ、ジンバブエ、ボツワナ、南西アフリカ（ナミビア）、南アフリカ共和国、レソト（一九八一年十月～八二年二月）

第Ⅲ部　ボツワナ、ジンバブエ、モザンビーク、マラウィ、ザンビア、ザイール（一九八二年二月～同年五月）

第Ⅳ部　ザイール、中央アフリカ、カメルーン、チャド、コンゴ（一九八二年五月～同年九月）

第Ⅴ部　コンゴ、ガボン、赤道ギニア、カメルーン、ナイジェリア、ベニン、トーゴ、ガーナ、コート・ジボアール、リベリア、シエラ・レオン、ギニア、ギニア・ビサウ（一九八二年九月～同年十二月）

第Ⅵ部　セネガル、ガンビア、モーリタニア、マリ、オート・ボルタ、ニジェール、アルジェリア（一九八二年十二月～八三年三月）